[원서 2판]

커플가족치료

신경과학과 마음챙김의 통합

Suzanne Midori Hanna 저

박수룡 · 전영주 · 서미아 · 김현수 · 최지원 · 김수지 공역

학지사

헌정사

자신의 삶을 상처 낸 수많은 트라우마와 고통으로부터

나를 안전하게 지켜 주신 나의 아버지 고(故) Mervil Hanna에게 이 책을 바칩니다.

우리는 즐거웠어요! 아버지는 나의 영웅이에요. 사랑해요, 아버지.

역자 서문

커플가족치료는 1950년대에 태동한 이후 사회적 변화와 과학적 발전에 맞추어 눈부신 계발을 거듭하고 있다. 특히 최근의 신경과학적 발견으로 기존의 가족치료 이론과 기법들이 얼마나 뛰어난 것이었는지를 입증하고 있으며, 다른 한편으로는 지금까지 미처 깨닫지 못한 점들과 주의를 기울여야 할 점들을 분명하게 보여 주고 있다.

우리 역자들은 오랫동안 대학에서 커플가족치료에 대해서 가르치기도 하고, 또 임상 현장에서 커플가족치료를 실천하고 있다. 우리는 커플가족치료의 유용성을 확신하면서도 아직 불충분한 점에 대해서 잘 알기에 최신의 치료적 지견과 경향에 대한 관심을 가지고 있다. 그러한 노력의 결실 중 하나가 『커플상담과 신경생물학』(학지사, 2019)의 번역 출판이었다. 이 책에 대한 독자들의 지대한 호응은 우리로 하여금 후속 작업에 착수하게 하였다.

이후 우리의 관심은 Suzanne Hanna 박사의 『The Transparent Brain in Couple and Family Therapy』에 모아졌다. 이 책에서 Hanna 박사는 최근까지의 신경과학적 연구 결과를 요약하면서 동시에 애착이론부터 마음챙김치료까지의 치료적 개입이 신경과학적으로도 충분히 근거가 있다는 점을 보여 주고 있다. 그리고 우리 치료사들이 이런 최신 지견을 통하여 임상 현장에서 개인적 · 가족적 · 사회적 어려움 때문에 고통을 겪는 사람들, 그리고 그 때문에 자신과 이웃에게까지 고통을 주는 사람들에 대한 이해와 치료적 개입 수단을 계발하도록 격려한다.

이 책의 독자는 대부분 커플가족치료에 깊은 관심과 필요를 가졌을 것으로 짐작된다. 여러 가지 이유로 번역과 출판 과정이 쉽지는 않았지만, 우리의 수고가 이분들께 작은 길잡이가 되고 나아가 더 많은 이들이 원치 않는 고통에서 벗어나 건강하고 행복한 삶을 누리는 데 도움이 되기를 바란다.

박수룡

21세기 들어 신경과학적 접근은 가족치료를 포함한 상담과 심리치료의 지평을 넓히고 있다. 그럼에도 한국 가족치료의 현장에서 신경과학의 접목은 아직 충분히 시도되지 않고 있다. 우리 역자들은 한국가족치료학회에서 동료로 인연을 맺고 오랜 시간 함께 커플가족치료 임상과 신경과학의 지식을 공부하였다. 이 책이 한국의 신경과학 가족치료 발전에 조금이나마 기여할 수 있기를 바란다.

전영주

이 책은 보이지 않는 마음의 세계를 뇌의 신경생리학적 활동을 통하여 투명하게 볼 수 있도록 해 준다. 우리는 개인, 커플, 가족을 대상으로 상담을 하면서도 그들의 변화가 신경생리적 부분에서 실제로 어떻게 일어나고 있는지는 알지 못했다. 다만 '그럴 것이다.' 정도의 직관적 느낌으로 추측해 왔을 뿐이다. 이제 이 책을 통하여 우리는 우리가 하고 있는 상담이 어떤 변화와 효과를 가져오는지 좀 더 투명하게 과학적으로 이해할 수 있게 되었다. 오늘도 상담 현장에서 내담자의 변화와 회복을 위하여 고민하며 애쓰고 있을 모든 상담자에게 이 책을 추천한다.

서미아

이 책은 아동, 청소년, 성인의 외상과 그 영향에 대한 이해를 돕는 생물심리사회적 틀(bio-psycho-social framework)을 제시해 주고, 특히 신경발달적인 접근을 통한 상향식(bottom-up approach) 개입이 외상 치유에서 무엇보다도 중요함을 강조했다는 점에서 오늘날 외상 치료사들에게 주는 함의가 큰 책이라고 할 수 있다.

김현수

인간의 뇌는 관계적으로 재구성된다. 사회적인 뇌란 인간의 생물학적 구조조차 관계로 점철되어 있음을 과학적으로 밝히고 있어 관계치료를 하는 임상가로서 자긍심이 느껴진다. 특히 부록은 다양한 체크리스트를 제공하여 임상가들이 실증적 자료로 사용하기에 최적화되어 있다.

최지원

남자와 여자는 다른 별에서 온 것인가? 우리는 남성과 여성의 차이에 대해 늘 궁금증을 갖고 있다. 남녀는 뇌구조부터 다른 것인가, 아니면 동일하게 태어났지만 자라면서 달라지는 것인가? 이 책을 통해 변화하며 적응하는 뇌가소성과 남성과 여성의 뇌를 알게 된다면 커플은 서로에게 한 걸음 더 다가갈 것이다.

김수지

이 책은 6명의 가족치료전문가가 자유롭게 의견을 나누고 저자의 글을 한국적으로 어떻게 재탄생시킬 것인지를 고민하며 여정을 함께하였다. 서론과 제1장, 제2장은 박수룡 원장, 제4장과 제6장은 전영주 교수, 제7장과 제9장은 서미아 교수, 제5장과 제6장은 김현수 교수, 제8장과 부록은 최지원 교수, 제3장과 제7장은 김수지 교수가 번역하였다.

끝으로, 이 책이 완성되기까지 애써 주신 분들에게 감사의 뜻을 전한다. 뇌과학과 가족치료를 연결하기 위한 새로운 책을 출판하기 위해 늘 애써 주시는 학지사의 김진환 사장님과 꼼꼼하고 세심하게 살펴 주신 편집부 유가현 선생님께도 감사드린다.

2025년 3월

역자 일동

저자 서문

1990년대에 '뇌의 시대'가 처음 등장하고 이제 30여 년이 지났다. 2010년대에 출판된 이 책의 초판에서는 신경과학자들이 발견한 '투명한 뇌'를 가족치료사와 대중에게 소개했다. 그 발견은 우리의 뇌에서 어떤 일이 일어나는지를 볼 수 있게 해 주었다. 계속되는 발견으로 우리의 뇌는 과거보다 더 투명해지고 있다. 사람의 목소리에 빛을 발하는 아기의 뇌는 나에게 여전히 감동적이다(Lloyd-Fox et al., 2012). 나는 우리의 직업인 정신건강 서비스와 관련된 이런 지식에 깊이 감사한다. 더 많은 발견과 놀라움이 가득 찬 대단한 모험, 즉 변형의 여정에는 우리가 배워야 할 것이 아직도 많다.

우리는 각자 받은 수련과 상관없이 이 여정을 함께하고 있다. 초판이 나올 무렵 우리는 여러 수련의 갈림길에 서 있었다. 그리고 그 교차점에서 통합하여 함께 나아가기로 했다. 이번 판에서는 Marsha Linehan 같은 정신건강 의학계 거장의 연구 결과를 신경과학자들이 어떻게 공부하는지를 보여 준다. David Miklowitz는 양극성 장애 환자의 다중가족 집단상담 전후에 기능적 자기공명(fMRI)을 실행한다. Bruce Ferry는 신경순차적 치료 계획(neurosequential treatment plans)으로 기적적인 결과를 나타냈다. 이러한 통합은 모든 장에서 등장하는데, 이번 판에서 내가 가장 좋아하는 것이기도 하다. 한편, 가족치료 분야에 큰 업적을 남긴 고(故) 마이클 화이트의 치료를 신경과학적 관점에서 살펴보았다. 또 복원치료(restoration therapy)와 정서중심 커플치료에 관한 연구와 개념들을 추가하였다.

Bronfenbrenner(1979)의 선구적인 연구로 알려졌으며 나의 학문적 배경이기도 한 사회생태학은 이제 많은 사람의 주목거리이다. 나는 커플가족치료의 수련을 받았다. 나는 이 생태계적 상담을 치료 시스템 전반으로 확장하는 것을 사명으로 생각한다. 이미 의심할 여지가 없는 사실이 되었지만, 이번 판에서는 여러 학자가 환경이 유전자와 유전에 미치는 강력한 영향력을 보여 준다. 이는 생태계적 작업 사례에서 강력하게 드러난다. 모든 심리치료사는 수련이나 자격증과 무관하게 서로 소통할 수 있다. 남녀노소를 막론하고 모든 뇌는 상담실 밖에서의 연결을 필요로 한다. 이번 판은 여러 상황에 있는 일선 치료사들이 '투명한 뇌'라는 생태계적 지혜를 통합할 수 있도록 특히 주의를 기울였다. 예를 들어, 강간 대본(rape script)이란 무엇인가? 이것은 신경과학과 어떻게 관련되는가? 또 생존자를 위한 생태계적 개입에 어떻게 포함되어야 하는가? 이에 대한 대답은 제6장을 참조하라.

초판과 비교하면 이 책의 약 60%가 새로워졌다. 세 개의 장이 새로 쓰였으며, 제5장부터 제9장의 자료는 완전히 새로운 내용이면서 내담자의 발달단계에 맞게 수정하였다. 일부 생물정신사회학 용어는 생태계 용어로 대체하였는데, 이는 독자가 신경생태학에 익숙해져서 모든 대인관계와 심지어 우리의 세포에 영향을 미치는 우주의 치유력을 느끼게 하려는 의도에서 그렇게 하였다.

1. 제2장에서는 우리의 스트레스 반응 시스템과 정동 조절 시스템의 생화학을 보여 준다. 이것은 스트레스와 트라우마에 대한 효과적 개입을 개발하는 데 핵심적이다. 그 내용을 분명하게 보여 주는 많은 도표가 있다.
2. 두 개의 새로운 장에서 아동, 청소년 및 성인의 트라우마에 대한 평가와 치료를 소개한다. '알려지지 않은, 즉 불투명한' 뇌는 선사시대부터 현대까지, 내부와 외부에서, 그리고 모든 측면에서 탐색되고 있다. 신경순차적 치료모델(Neurosequential Model of Treatment: NMT)은 이번 판에서 소개하는 수십 가지 개입에 대한 프레임을 제공한다. 다른 장에서는 슬픔과 상실, 가정폭력 및 전쟁과 같은 트라우마 상황을 다루는 데 필요한 자료들을 추가로 제시한다. '10점 계획'은 기초적인 트라우마 치료를 현실 세계에 적용한 것이다.
3. 새로 쓴 제9장은 물질 남용, 경계선 성격장애, 양극성 장애 및 적대적 반항 장애에 대한 생태계적 개입의 광범위한 세부사항을 제공한다. 이것은 단순히 진단을 넘어서, 정서 조율에 초점을 맞추고 생태계적 환경을 포함하며 발달 가능성에 주목하여 궁극적인 생존 조건으로서의 안정애착을 유지하는, 신경과학 연구의 다섯 가지 공통 요소를 보여 준다.
4. 부록에서 트라우마, 커플 관계 및 정동 균형을 위한 여덟 개의 평가 도구를 제공하였다. 치료사는 문제와 증상을 평가하기 위해서 이것을 비공식적으로 사용할 수 있으며, 공식적으로는 치료 계획과 심리교육에 사용할 수 있다.
5. 이번 판은 전반적으로 내담자 심리교육의 중요성에 중점을 두었다. 그래서 이 목적에 맞도록 자료들을 재편성하였다. 각 장의 개요와 주제에서 다양한 문제에 적용 가능한 틀을 제시하였다.

6. 뇌 친화적인 치료를 통한 폭력 예방이 이번 판의 핵심이다. 나는 우리 사회의 부적절한 생태계적 보호 시스템 때문에 발생하는 죽음들이 정말 안타깝다. 우리는 숨어 있다가 종종 폭력적으로 변하는 사람들에 대해서 더 잘 알게 되었다. 그래서 그들의 안전, 상처, 분노 및 절망감 등 그들의 뇌에 일어난 문제들을 꽤 많이 알고 있다. 이제 우리는 그들을 찾아내고 치유하여 그들이 우리를 죽이는 것을 멈추기 위해 더 노력해야 한다. 본문에서 소개하는 상담 사례의 상호작용 개요와 참여 전략은 폭력 예방에 대한 나의 실제 실천 경험에서 비롯된 것이다.
7. 나는 군인들과 그들의 가족을 위하여 의도적으로 여러 장에서 전쟁의 상처에 주의를 기울였다. 그들을 위한 심리교육과 신체-정신 개입 및 기타 치료 실행의 예가 제6장부터 제8장에 들어 있다. [부록 J]는 트라우마의 심리교육에 관한 연구 지침으로 가족 심리교육 프로그램의 개요이다. 각 장의 결론은 개별 장의 주제를 보여 주기 때문에, 독자들이 이 책을 읽으면서 메모할 때 지침으로 사용하면 도움이 될 것이다.

차례

제6장

매복된 뇌: 성인의 상처와 전인적 치료 • 193

제7장

결혼, 사랑, 성에서의 뇌 • 243

제8장

사회적인 뇌: 친족을 변형시키기 위한 생태계적 접근 • 281

제1장

뇌의 중심으로의 여정

생존의 생태학으로 가는 여정

동양과 서양의 발전 과정

종교에서 의학, 심리치료, 가족치료에 이르기까지

가족치료와 애착이론, 그리고 신경과학의 러브 스토리

치료사 여정의 시작

신경과학의 용어들

치료사를 위한 여행 지침

결론: 과거에서 미래로

The Transparent Brain in Couple and Family Therapy

우리 조상은 우리와 함께 있다. 나는 이 점에 진심으로 감사한다. 그들은 우리에게 유전자와 유전물질을 물려주었다. 또 우리의 사회적 환경, 문화 및 가족도 남겨 주었다. 그들이 고난이나 장애물까지 남겨 놓았을 수도 있지만, 나는 그들이 우리에게 준 선물, 즉 문제를 해결하여 생존하며 번성할 수 있는 능력에 경외심을 느낀다. 그 능력의 중심에는 대인관계의 힘이 있다. 먼저, 우리는 아기일 때 가족과 보호 관계망의 필수적인 도움을 받아 생존하는 법을 배운다. 나중에 우리는 이 관계망 밖에서 유대를 형성하고 번식하면서 종(species)의 생존에 이바지한다. 아이를 낳아 기르지 않는 사람들도 공동체를 만들고 사회적 지원을 제공함으로써 이 생존에 기여한다(Small, 2011; Kropotkin, 1902). **이 생존 능력이 뇌의 중심을 찾아가는 우리 여정의 핵심 요소이다.** 뇌에 대한 연구는 우리 조상이 부족민이었다는 사실에 초점을 맞추게 한다. 우리에게는 부족이 필요한데, 이 부족은 다양한 역할을 하는 사람과 세대로 채워진다. 투명한 뇌의 세계에 오신 것을 환영한다!

매일 뉴욕이나 도쿄 기차역을 지나는 출·퇴근자들처럼, 수백만 개의 분자가 뇌를 통과한다. 이 분자들은 화학적, 전기적 정보를 운반한다. 뇌는 이 정보를 구조화해서 분류하며 저장하고 조직화하여 우리의 생존에 도움을 준다. 예를 들어, 우리 인간에게는 타인과의 애착이 매우 중요하다. 그래서 우리에게는 자신이 무리에 잘 소속해 있으며 또 그것이 잘 이루어지고 있는지를 감지하는 능력이 있다. 불과 물을 이용해서 기본적인 생존 문제를 해결한 다음에 우리가 바라는 것이 무엇이겠는가? "다른 사람들이 나를 원하는가?" 일 것이다. 개인과 집단의 이런 상호관계는 문명화가 진전됨에 따라 더욱 복잡해졌다. **우리의 사고 능력이 생존의 과제에 복잡하고 고차원적인 무수히 많은 세부적 사항들을 추가했기 때문이다.** 현대생활은 너무 복잡해서 종종 신체적, 정신적 건강을 소홀하게 한다. 신경과학의 발전으로 '정신건강'이 사실은 '대인관계의 건강'인 이유가 더 분명해졌다. 제4장에서는 사회적 뇌의 신경생리학과 애착에 대한 요구를 살펴볼 것이다.

> '정신건강'은 사실 '대인관계의 건강'이다.

아차, 조금 전의 말은 마음을 몸과 분리했다. 이는 지난 수 세기 동안의 분열된 생각에서 나온 것이다! 신체건강과 정신건강을 분리하는 것은 누구의 생각이었을까? 뇌를 다른 신체와 분리하는 이 '**개념 단두대**(conceptual guillotine)'가 지난 수 세기 동안 서양 의학과 건강 연구를 지배했다(Damasio, 1994, 2010). 현대의 기술 덕분에 이제 우리는 컴퓨터 화면과 단층촬영 기계로 몸 전체를 볼 수 있다. 우리 신경계는 머리에서부터 몸 끝까지 광범위하게 뻗어진 고속도로이다. 이 고속도로의 교통은 최고 수준의 공상과학 스릴러 또는 스포츠카 추격전 만큼 흥미롭다. 그 내용은 좋은 드라마들이 그렇듯 대부분 위협과 생존에 관한 것이다. 치료사가 이 '**몸-전체**(whole-body)'의 드라마를 이해하면 내담자를 훨씬 더 잘 도울 수 있다. 내담자의 대인관계를 빼놓고 어떻게 그 사람을 도울 수 있겠는가?

뇌가 투명해지면 신경계가 대인관계 시스템을 포함한 전체 시스템과 어떻게 연관되는지를 알게 될 것이다. 이 관계망은 대인관계가 뇌의 발달에 생물학적으로 영향을 미치는 방식을 보여 주는 '**생존의 생태학**'이다. 이 발견을 통해서 우리 정신건강 치료사는 인간이 대인관계에서 어떻게 서로 연결되는지, 또 왜 평생 유대감을 '갈망'하게 되는지에 대한 세포 수준의 증거를 가지게 되었다. '갈망'이라는 단어가 너무 강하게 들리는가? 예를 들어, Ed 같은 은둔형 외톨이는 관계를 전혀 갈망하지 않는 것처럼 보일 수도 있다. 그러나 트라우마와 애착에 대하여 Van der Kolk 등(2003)이 제안하는 몇 가지 중요한 점이 제5장에 나온다. 갈망에 대하여 더 많이 알게 되면, Ed처럼 관계의 상처가 있는 사람에게는 다른 어떤 치료보다 관계-중심 치료가 가장 필요하다는 점을 알게 될 것이다.

최근 신경과학자들은 '관계'가 마음과 몸 사이의 거리를 좁히는 것 외에도, 생존 또는 파멸의 근간이 된다는 점을 분자 수준에서 보여 주었다. 치료사들이 신경과학을 더 잘 알게 되면, 정신건강 치료 현장에서 그 효과를 경험하여 장차 생존의 생태학을 더 많이 활용하게 될 것이다. 우리가 생존할 수 있는 것은 사회 생태계 덕분이며(Berkman & Syme, 1979; Berkman & Glass, 2000; Small, 2011), 사회적 지원의 강도는 여러 건강 지표로 나타난다(Loucks et al., 2006).

미국에서 가족치료 운동이 시작될 무렵에 Gregory Bateson(1979)은 '뇌는 관계를 지향한다.'는 점을 언급했다. 이는 아기가 출생 순간부터 대인관계를 추구하도록 설정되어 있다는 최근의 연구 결과와도 일치한다. **마음은 사회적이다.** 인간의 뇌를 '백지 상태(tabula rasa)'로 보던 모델은 이제 근거를 잃었다(Cavanagh, 2006). 이와 반대로, 유아는 환경에 관여할 수 있는 많은 가능성을 가지고 태어나 기본 대인관계를 시작한다. 생존은 매우 대인관계적이며, 대인관계는 실제로 생존과 직결된다. 결혼 생활의 질(quality)이 상처의 치유를 포함한 많은 건강 문제의 예측 인자라는 점은 오래전부터 알려져 있다(Kiecolt-Glaser et al., 2005). 이 책에서는 최신의 뇌 연구를 토대로 과거 가족치료의 기본 개념을 결혼 관계로 확장하여 살펴볼 것이다. 우리는 조상들과 함께 있지만, 동시에 선배 치료사들의 어깨 위에 서 있기도 하다. 그들 중 많은 이들이 자신의 시대를 앞서갔다. 이제 우리는 그들의

생존은 매우 대인관계적이며, 대인관계는 실제로 생존과 직결된다.

비전을 충분히 평가할 수 있는 새로운 도구들을 가지고 있으며, 그 혜택은 정신건강 서비스의 모든 분야에서 나타나고 있다.

생존의 생태학으로 가는 여정

Bateson은 가족치료사들에게 관계적 뇌에 덧붙여 의사소통을 알려 주었다. 당시는 정신분석이 대세였으므로 치료사들은 꿈과 자유연상에 대해서 능숙했으며 내용과 과정을 구분하였다. 그들은 치료에서 간과되던 의사소통 과정에 주목했으며, 치료의 초점을 관계 역동에 두었다. 그리고 커플이 '무엇'에 관하여 싸우는지보다 '어떻게' 싸우는지에 관심을 기울였고, 커플에게 새로운 패턴을 학습시키는 것을 중요하게 여겼다. 이 분야가 진화함에 따라, 내용에 관한 관심은 개인의 현상학적 주제와 문제로 옮겨갔다. 예를 들어, 갈등상태의 커플이 상대 배우자에 대하여 갖는 해석을 각자의 생태학적 관점에서 이해하려고 했다. 치료는 새로운 의미와 행동의 춤(dance)이 되었다. 가족치료사들은 수십 년 동안 이런 수준에서 의사소통을 분석해 왔다.

나는 이런 패러다임을 확장하여 이 기본 개념에 '관계의 생리학'을 추가할 것을 제안한다. 뇌 기능을 고려하지 않는 상담은 신경 관계망 전체를 동원하지 못할 뿐 아니라 매우 중요한 부분을 절단하는 것과 같다. 이런 맥락 절제술(contextual lobotomy)은 치료의 세계에서 치료사의 활동 범위를 제한한다. 극단적인 내담자 중심 접근에서도, 치료사가 얻는 무언가는 자신이 보고 생각하는 것이다. 따라서 내담자의 풍부한 생물사회적(biosocial) 자원을 활용하는 것이 중요한데, 생물학적 수준에서 뇌에는 매 순간 관계의 이미지가 흐르고 있기 때문이다.

초기의 가족치료 수련에서는 기본적으로 이런 대인관계 요소를 고려하였다(Hanna, 2019). 그런데 이런 관점보다 심리사회적 평가를 더 중요시하는 치료 현장들이 나타났다. 이런 곳에서는 이성과 인지는 강조하면서 정서나 관계 및 생리학적 과정은 배제하는 경향이 있었다. 하지만 최근의 신경과학 연구 결과는 인간의 발달에는 전자보다 후자가 더 핵심적인 요소라는 점을 보여 준다. 이 책에서는 내용과 과정, 생리학을 삼각형으로 하는 개입 전략과 치료 계획을 수립하는 방법에 대해서 논의할 것이다.

이제는 두려움, 수치심, 상처나 굴욕감 같은 원초적 감정을 말하는 것만으로는 충분하지 않다. 가족 상호작용의 부산물로 나타나는 이런 감정들은 신경망에 연결된 호르몬과 화학물질, 그리고 전기(electricity)의 홍수를 일으킨다. 이런 관계망에는 각자의 개인적이고 복잡한 촉발요인이 포함되어 있다. 극단적인 경우, 이 촉발은 트라우마에 대한 신체 반응으로 나타나기도 한다. 제2장에서 이런 촉발의 생리학에 대하여 설명하겠다. 생태학적으로 설명하자면, 이런 정서적 현상은 선사시대에는 우리에게 자연스러웠던 감정의 흐름이 가로막혀서 발생한 것이라 할 수 있다. 오늘날에는 (남자는 울지 않는다거나 여자는 착해야 한다는) 젠더 역할과 문화적 대본처럼 문명화된 '사회적 수문'이 그런 흐름을 억제한다. 이처럼 대가를 치르면서 회피하고 억압한 감정은 언제 터져 쏟아질지 모르는 혼란의 저수지 또는 모래 지옥이 될 수 있다.

그 대가는 무엇일까? 내분비학적인 예를 들자면, 눈물은 신체 균형 체계에 중요하고 자연스러운 일부분이다. 정서적 한계에 다다랐을 때 신체적으로 극단적 과잉 또는 과소 활성화의 잔해가 나타난다. 이럴 때 우리 체내에 독성 폐기물이 축적되는 것을 막아 주는 스트레스 호르몬이 눈물을 통해서 분비된다(Ishii et al., 2003). 제6장에서는 증상의 심각성을 식별할 수 있는 트라우마 평가 도구를 제공하겠다. **그 저수지가 터지고 모래 지옥이 무너지는 지점은 각자의 뇌에 새겨진 대인관계망에 달려 있다.** 하지만 적절한 도움을 받으면 뇌가 극단적으로 활성화되어 이성이 마비되는 시간을 목표로 삼아 치료적 개입을 할 수 있다. 제6~9장에서는 관계에 대한 생리학의 역할에 주목하면서 내용과 과정, 생리학을 삼각형으로 하는 개입 방법에 대해서 살펴볼 것이다.

뇌 과학에 기반한 치료 프로그램은 다음과 같다.

1. 신체의 위협-생존 회로를 비활성화한다.
2. 내담자의 이야기와 치료 과정에서 드러난 애착 문제를 해결한다.
3. 신체적, 정동적 및 대인관계적 변형을 포함한 새로운 회로를 활성화한다.

개인적인 이야기를 하자면, 지난 15년간의 신경과학에 관한 나의 연구는 나 자신에게도 놀라운 효과를 가져왔다. 나는 선사시대 조상과 아기들, 그리고 동물에 관심이 많다. 신경과학자들은 이들을 사랑하며 이들에 관한 이야기를 자주 한다. 나의 상담 회기 중에는 이들에 관한 은유가 떠오르는데, '**기본 생존 과정**'에 대해서 더 많이 생각할수록 또 다른 은유들이 이어 나온다. 나는 모든 분야의 이론들을 하나의 틀에 담을 수 있는 '**통합 이론**'을 발견하고자 했던 과학자 E. O. Wilson(1998)의 상상력에 매료되었다. 그가 소망한 것처럼, 나는

나는 선사시대 조상과 아기들, 그리고 동물에 관심이 많다. 신경과학자들은 이들을 사랑하며 이들에 관한 이야기를 자주 한다.

사회적 과정과 뇌 과정 사이의 유사점을 발견할 수 있기를 내 온 마음을 다하여 소원한다.

이 책은 관계의 질이 절대적으로 작용하는 뇌의 특성을 밝히는 여정이다. 아쉽게도, 많은 뇌 과학자들이 관계에 익숙해지는 수련을 받지 않아서 주로 개인의 애착 분야에 집중한다. 물론 대부분의 책에는 관계와 관련된 장(chapter)이 하나쯤 들어 있지만, 생태학적 치유의 자원이 되는 부족의 영향력은 거의 강조하지 않는다. 예를 들어, 동료의 장례식 초대를 거절할 퇴역 군인이 있겠는가? 여전히 강력한 정신분석 이론의 영향력에도 불구하고, 신경과학은 생태학적 치료사를 필요로 하고, 생태학적 치료사에게는 신경과학이 필요하다. 이 과정에서 치료사의 역할은 무엇일까? 제8장과 제9장에서 확인할 수 있다.

우리는 인류가 생존을 위하여 정복 활동을 시작했던 오래전으로의 시간여행을 통해서 뇌에 관한 기본적인 통찰을 얻을 수 있다. 아프리카 속담에 "잊어버린 것을 위해 돌아가는 것은 잘못이 아니다."라는 말이 있다. 우리는 잊어버린 것들을 찾기 위하여 조상의 정신을 불러내며 과거로 거슬러 가 보자. 예술적인 치유의 세계를 살펴보면, 산업화한 문화에서는 잃어버린 신체와 건강, 그리고 죽음에 대한 기념비적 발견이 가득 차 있다. 우리가 몸-전체를 인식하게 되면, 머리와 몸통 및 사지(extremities)의 연결이 건강 또는 질병과 어떻게 연관되는지를 깨닫게 될 것이다. 이 시간여행으로 우리는 서양이 몸-전체를 버리고 각 부분에 사로잡히게 된 것과 또 동양이 반대의 오류를 저지른 것을 알게 된다. 우리는 그들의 실수로부터 배울 수 있다. 또한 지구의 양쪽에서 장점을 얻으면, 현대의 신경과학 영역에서 똑바로 설 수 있다. 당신이 시간여행을 하는 동안 당신의 생각에 심대한 영향을 끼친 전통적인 사상들에 대한 자기 평가를 해 보라. 우리를 앞서간 사람들의 길을 따라가면서, 우리는 마음과 몸, 그리고 관계를 치유하는 우리의 방식에 대해 보완을 하거나, 의견을 교환하거나, 아니면 개조하기로 결정할 수 있다.

동양과 서양의 발전 과정

초기 인류에게 생존은 단순한 음식, 옷, 그리고 주거지 이상의 것들을 의미했다. 각종 증상과 질병은 처음부터 우리를 괴롭혔다. 주요 문명은 수 세기 동안 균형, 생명력(정령), 그리고 에너지를 기본으로 하여 질병에 대항했다. 고대 유물에는 영매나 종교의식을 치유의 수단으로 이용한 기록이 포함되어 있다. 여기에는 가족과 지역사회가 연관되었으며, 대개 약초 치료가 행해졌다. 서양과 힌두 및 중국의 전통을 보면, 고대의 시술은 대부분 영적이고 초자연적인 신앙에 근거한 것이었으며, 질병은 신의 저주로 여겨졌다.

다음은 인간 해부학과 생리학에 대한 서양의 지식이 지난 5천 년 동안 어떻게 진화되었는지를 개략적으로 보여 준다.

- 기원전 약 4천 년, 고대 수메르인은 양귀비 식물이 마음을 변화시키는 효과를 기록했다.
- 기원전 약 2천7백 년, 중국에서는 Sin Nung이 침술을 개발했다.
- 기원전 약 1천6백 년, 이집트인은 최초로 해부를 기록했다.
- 기원전 약 1천3백 년, 힌두교도는 아유르베다 의료체계를 개발하기 시작했다.

이런 시술에는 한계가 있었으므로, 인간은 **생명의 가능성**을 상상하면서 신체를 더 잘 알려고 노력하였다. 서양에서는 신체와 장기에 관한 연구를 추구했으며, 그 결과 다음과 같이 발달하였다.

- 기원전 약 400년, 그리스의 Hippocrates는 질병은 신이 내리는 벌이 아니라고 하면서 자연 환경적 원인으로부터 질병이 나타나는 방식을 주장했다. 이후 서양 무대에서는 이 새로운 접근이 중심이 되었다. 그는 뇌가 우리 지성의 중심이라고 믿었다.
- 기원전 약 387년, Plato는 뇌가 우리 생각의 중심이라고 믿었다.
- 기원전 약 335년, Aristotle은 심장이 우리 생각의 중심이라고 믿었다.
- 서기 약 150년, 로마의 뛰어난 과학자이며 외과 의사 및 철학자인 Galen이 우리의 해부학적 지식에 크게 이바지했다. 그의 노력은 순환기계, 호흡기계 및 신경계에 관하여 풍부한 정보를 남겼다.
- 서기 약 400년, 로마 제국의 쇠망과 함께 Galen의 업적이 분실되었다. 그러나 그의 업적은 이미 아랍어로 번역되어 이슬람 의학에 중대한 영향을 미쳤다. 이 번역본으로 그의 업적이 서양 세계에 다시 드러날 수 있었다.

이후 1천 년 동안 과학자들은 인체의 신경, 근육과 기관을 해부하여 명명하고 연구하였다. 의료 종사자들은 사회에서 특정한 지위를 갖기 시작했다. 그런데 **의학적 재앙**이 나타났다. 불과 몇 년 만에 전 인구의 30~60%가 죽는 세상을 상상해 보라. 이웃 사람 한두 명이 아니라, 거리의 사람들 거의 절반이 죽는 것이다. 공상 소설로 들리겠지만, 이것이 중세의 흑사병(서기 1348~1350년)이다. 서양은 유럽 대륙, 중동, 그리고 아시아를 가로지른 전염병에 포위되어 있었다. 이 재앙은 사회의 모든 분야에 영향을 미쳤으며, 당시의 사람들은 의학의 효능에 의문을 제기했다. 이 막대한 손실이 남겨 준 것이 있다면, 아마 Jassen이 서기 1590년에 현미경을 개발하여 기술의 가치를 드러내고 나중에 세균 이론이 출현할 수 있는 토대를 마련한 정도일 것이다. 현미경이 개발되기 전까지 신체에 대한 우리의 관점은 우리가 맨눈으로 볼 수 있는 것에 국한되어 있었다. 따라서 당시의 의학, 즉 **총체 해부학**(gross anatomy)은 중세 전염병의 치료에는 도움이 되지 않았다.

사람들이 신체를 더 잘 알 수 있는 기술을 찾고 있을 때, 철학자 Rene Descartes(서기 1596~1650년)는 정신과 육체가 어떻게 구분되고 또 연결되는지를 탐구하고 있었다. 당시의 교회 권력은 그에게 정신을 건드리지 않는다는 조건에서 신체 연구를 허락했다. Damasio(1994; 2003)의 지적대로, 교회는 정신적인 것을 모두 독점하려고 했으며 결과적으로 '정신과 신체'라는 이원론을 가져왔다. Descartes는 정신의 개념화 방식을 독점하려는 교호와 심한 갈등을 일으키면서도, 수백 년 이후까지 그의 흔적을 남겼다. Descartes는 van Leeuwenhoek가 1675년에 현미경으로 세포와 박테리아를 관찰하고 기록하기 불과 수년 전에 죽었다. 그가 더 살았더라면 이 새로운 지식을 이용하여 무엇을 했을지 누가 알겠는가?

르네상스로 진입하면서 서양 세계는 흑사병의 비극적인 손실을 끝낼 수 있었으며, 그런 성공을 가져온 현대적 기술에 열광하였다. 뇌에 관한 발견이 늘어나면서 뇌의 구조와 기능에 관한 다양한 연구 또한 가속되었다. 총체 해부학은 국소 해부학, 세포 생리학, 신경생리학, 그리고 면역학 같은 여러 세부 분야에 길을 터 주었다. 이런 발견으로 비로소 흑사병의 트라우마로부터 안식을 얻은 서양에서는 역학이 급속히 발전하였다. 과학자들은 이전에는 볼 수 없었던 미생물학이라는 우주를 개척했다. 우리 몸은 이제 원자와 분자 그리고 세포의 집합체로 이해되었으며, 조직과 장기, 그리고 체계(시스템)라는 새로운 인식 수준이 첨가되었다.

> 흑사병의 비극적인 손실을 끝낼 수 있었으며, 그런 성공을 가져온 현대적 기술에 열광하였다.

한편, 동양에서는 신체와 질병에 관한 연구가 일부는 서양에서와 비슷하고 일부는 다른 방향을 향했다. 고대 중국의 문서에는 영매가 신의 자비를 바라며 조상에게 기도하는 기록이 있다. 기원전 256년경 치료사들은 초자연적인 영역에서 분리되어 내과의, 외과의, 영양사처럼 전문화되기 시작했다. 그들은 공기, 나무, 불, 흙 및 물 같은 자연 요소들이 신체와 어떻게 관련되는지에 주목하였다. 잘 알려진 음-양 개념은 신체에서 균형을 이루는 반대되는 힘을 개념화한 것이다. 현대의 침술도 이런 균형 개념을 적용한 것이다.

인도의 의료체계인 아유르베다는 기원전 1400~1200년 사이에 개발되었다. 이 고대 문헌은 사제이자 의사였던 치료사들의 전통에서 진화한 것으로, 세계에서 가장 오래된 것에 속한다. 이 전통은 신체와 정신, 그리고 영혼의 균형에 초점을 맞추고 있다(Patwardhan, 2008). 전형적인 아유르베다 의료의 치료 전략은 약초, 식이, 마사지, 호흡 훈련, 생활습관 변화, 그리고 우주의 조화에 대한 추구였다. 기록에 따르면 그리스, 이집트 및 중국의 전문가가 이런 방법을 배우기 위해서 인도를 방문하였으며, 그 지식을 자기 나라로 가져갔다고 한다. 인도 요법의 기반에는 사람과 외부 환경은 보이지 않는 힘으로 연결되어 있다는 믿음이 있다. 이 전제는 중국 의학의 핵심 신조이기도 하다(Hong, 2004). 자연적 요소의 균형을 추구하는 것이 정서의 생리학과 어떻게 관련되어 있는지는 제2장에서 논의하겠다. 정서가 기본 에너지라는 관점에서 보면 균형이 필수적이다.

> 정서가 기본 에너지라는 관점에서 보면 균형이 필수적이다.

중국인 또한 자신들만의 기술을 개발하였다. 16세기에는 천연두에 대한 최초의 예방접종 사례가 있었다고 한다(Buck, 2003). 의학 수련은 내과, 소아과 및 안과 같은 전문 분야로 번창했다. 그런데 18세기 초에 정치 세력이 새로운 기술을 억제했기 때문에 의학의 발전이 중단되었다. 그 결과로 창의성과 엄격함이 부족해지고 전문가의 훈련이 부족해져서 과거의 진보에서 쇠퇴하여 전통 중국 의학과 전문 의학이 뒤섞이게 되었다(Hong, 2004). 19세기에 기독교 선교사들이 소개한 진보된 서양 의학의 공중보건 혜택이 분명하여지자 정부는 이 새 접근을 채택하였다.

인도와 중국 역시 흑사병으로 엄청난 손실을 겪었다. 그러나 전통 의료가 서양 의료는 치료할 수 없었던 경우에도 더 나은 결과를 보이는 등 많은 사례에서 만족스러웠기 때문에 대중들은 서양 방식을 외면하였다(Hoizey & Hoizey, 1993). 중국에서는 오늘날에도 전통 치료가 모든 의료 수단의 약 40%를 차지하며, 인도에서도 약 60%가 아유르베다 의학을 의지한다고 한다. 이런 전통적 접근에서 강조하는 몇 가지 점들이 서양의 기준에서는 추상적이고 모호하게 보인다. 하지만 정신과 생명력, 그리고 에너지에 대한 동양의 관점은 현재 서양을 포함한 전 세계에서 공명을 얻고 있다. 이 때문에 미국 국립보건원은 보완 및 대체 의학 분과(an Office of Complementary and Alternative Medicine)를 두어 전통 의료의 효과를 연구하고 있다.

전통 의료가 전 세계에서 나타나는 현상이라는 점에서, 오늘날의 신경과학 연구는 몸, 신체 및 정신 사이의 광대한 연결을 밝히려고 한다. 우리의 신경계가 본래 전기적이며 화학적이라는 사실은, 우리 지식의 원점을 신체 에너지에 관한 고대의 건강 이론으로 되돌

> 우리의 신경계가 본래 전기적이며 화학적이라는 사실은, 우리 지식의 원점을 신체 에너지에 관한 고대의 건강 이론으로 되돌아가게 한다.

아가게 한다. 즉, 지금까지 우리의 생존에 크게 이바지해 온 원시적이며 복합적인 작동원리를 상기시킨다. 우주는 관찰 가능한 방식으로 우리 건강에 가시적인 영향을 미치지만, 다른 한편으로는 보이지 않는 전기적 및 화학적 힘으로 가득 차 있다. 이 화학적 힘은 조지타운 대학교의 중심 연구가 되었고, 그 연구진은 신경전달물질과 신경펩티드에 관한 발견으로 노벨상을 받았다. 이 물질들은 정서에 관한 정보를 전달하는 화학적 메신저로 우리 몸을 따라 흐른다. 또한 그 신호들은 우리 몸의 면역계로부터 마음의 상태에 이르기까지 각자의 고유한 영향을 미친다.

Candace Pert(1997)는 세포에서 자석과 비슷한 아편 수용체를 발견했다. 이들은 우리가 어떤 정서를 느낄 때 배출되는 화학적 메신저를 자석처럼 끌어온다. 이 수용체는 각자 끌어들이도록 짝지어진 화학물질을 발견하면, 그 물질이 세포와 '결합'한다. Pert는 이것을 '분자 수준의 섹스'라고 했는데, 이는 매우 적절한 표현이다. 그녀의 연구는 정서와 건강에 대한 우리의 지식에 혁명을 일으켰다(Pert, 1997, p. 23). 제2장에서는 인간관계 및 사회적 관계망과 관련이 있는 메신저에 대해서 살펴보고, 제5장과 제6장에서는 이들이 트라우마의 생리학과 어떻게 관련되는지를 설명하겠다. 그 후 제7장에서는 이 지식을 적용한 결혼의 신경생리학을 다룰 것이다.

현재 연구되고 있는 최첨단의 전문분야는 **정신신경면역학**(Pychoneuroimmunology: PNI)이다. 이것은 신경계, 내분비계, 정서 및 건강 사이의 연관성을 연구한다. 이제는 건강을 생물학적, 정서적, 그리고 대인관계 측면을 포함한 몸–전체적인 관점에서 고려한다. PNI는 결혼과 건강, 사회적 지원과 건강, 스트레스와 건강, 애착과 건강 등을 평가한다(Ader, 2007; Lincoln et al., 2010; Mays et al.,1996). 이런 진보를 이룰 수 있는 것은 복합적 사고를 할 수 있는 **호모 사피엔스** 뇌의 의식 영역 덕분이다. 인간의 뇌 피질은 축복인 동시에 저주가 될 수도 있는 복합적인 사고 능력을 갖추고 있다. Sapolsky(2004)는 그에 관한 설명으로 인간이 아닌 다른 포유류들은 궤양에 걸리지 않는다는 점을 들었다.

인간의 뇌 피질은 축복이자 저주가 될 수 있는 복합적인 사고 능력을 갖추고 있다.

이처럼 최고로 미시적인 발견이 계속되고 있으므로 세포와 분자 연구가 유전자와 DNA에 도달하는 것은 단지 시간문제일 뿐이다. 인간 게놈 프로젝트(1990~2003)는 인간 유전자의 정교한 신체적, 기능적 특성을 규명하려는 연구이다. **게놈**은 결국 한 사람의 전체이다. 과학자들이 이 새로운 지식을 얻으면, 생물학의 다른 분야들이 그랬던 것처럼 유전학도 세부전문화될 것이다. 유전과 유전적 조건의 발현을 연구하는 과학자들 덕분에 건강관리는 이제 예방으로 나아가고 있다. 따라서 유전학은 유방암의 발견과 예방 같은 건강관리 분야에서도 점점 더 중요한 역할을 한다(Williams et al., 2009). 한편 인간의 행동에 대한 설명으로 '유전 대 양육'이라는 풍부한 논쟁이 있었지만, 한 유전자의 발현은 다른 유전자와 환경에 영향을 받는다는 점이 분명히 밝혀졌다.

정신질환의 유전성에 관한 최근의 연구들은, 대부분의 정신 장애 발현이 특정한 표지자를 가지고 있는 것이 아니라 같은 유전자 집단을 공유한다는 점을 보여 준다(Anttila et al., 2018; Brainstorm Consortium, 2018; Broad Institute of MIT and Harvard, 2018). 하지만 자폐증 같은 신경학적 장애는 정신 장애와 유전자를 공유하지 않는다. 이런 일련의 뇌 연구 결과에 초점을 맞추면, 지금까지는 정신건강 체계를 간소화하려고 진단적 범주를 사용해 왔지만, 앞으로는 이러한 방식을 바꿀 수 있을 것이다. 유전학자들은 건강한 상태 또는 정신질환이나 물질 남용에 관계되는 유전자의 발현에 **사회적 환경**이 중대한 영향을 미친다는 점을 발견하였다(Tung & Gilad, 2013; Williams et al., 2009; Dick & Kendler, 2012; Rutter, 2012). 특정 장애에 대한 취약성이 그 발병과 직결되는 것은 아니며, 이러한 조건의 발현에는 고립이나 예기치 못한 사망 같은 사회적 경험이 강력한 영향을 미친다(Keyes et al., 2014). 부모는 유전자와 환경을 제공하며, 그 결과로 유전자와 사회적 환경의 상호작용에 관한 연구 사례를 제공한다. 제9장에서는 신경과학자가 치료사에게 감정 조절 능력과 관련된 환경의 영향을 공부하고 이 수준에서의 치료적 개입방법을 개발하도록 촉구하는 이유를 설명하겠다.

> 부모는 유전자와 환경을 제공하며, 그 결과로 유전자와 사회적 환경의 상호작용에 대한 연구 사례를 제공한다.

우리 자신과 우리를 둘러싼 환경을 탐험한 결과, 우리 인간은 정상적인 기능을 위해 애착을 필요로 하는 사회적 동물이라는 점이 계속 입증되고 있다. 각 사람의 사회적 기능 수준은 자신의 상처와 증상의 치유에 중요한 역할을 한다. 정신건강 서비스가 몸-전체의 모든 연결과 회로를 충분히 활용할 수 있는 방법을 알게 되면, 우리 치료사들은 지역사회와 가족, 또 총체 해부학과 분자에 숨어 있는 모든 자원을 활용하여 더 개별적이면서 더 효과적인 치료를 할 수 있을 것이다.

신경과학이 사회과학 분야에 영향을 주었던 것처럼, 몸-전체를 통합적으로 치료하려는 동서양의 기본 관점은 심리치료에도 해당한다. 정신건강의 초점을 총체 해부학을 넘어서 '보이지 않는' 세포와 유전자 연구로 전환한 결과, 심리치료는 관계, 의미 및 감정의 내러티브에 한정되지 않고 신경과학과 생리학을 포함하는 것으로 확장되었다. 이 여정의 종착점에 이르면 우리는 한 발짝 물러서서 여러 시대를 통한 정신건강 치료의 발달 과정을 되돌아보게 될 것이다. 그리고 우리는 자신이 세계 역사라는 큰 드라마의 한 부분이라는 점을 깨닫게 될 것이다. 우리의 내러티브가 증상과 행동을 넘어설 수 있게 한 이 중요한 발견은, 과거 현미경의 발명처럼, 우리 시대의 역사적 성취가 되었다.

종교에서 의학, 심리치료, 가족치료에 이르기까지

정신질환 치료에 관한 대략적인 역사를 보면, 정신질환에 대한 낙인이 고대 사회부터 지금까지 변화된 적이 결코 없음을 알 수 있다. 먼저 정신 장애는 **악령**에게 사로잡힌 것으로 생각되었다. 그리스에서 히포크라테스가 정신 장애의 생리학적 원인을 주장한 이후, 치료는 뇌에 구멍을 뚫는 것부터 혈액, 점액, 황담즙 및 흑담즙 같은 기본 체액의 균형을 가져올 수 있는 식이요법을 포함한 신체적인 것에 더욱 집중되었다. 정신질환을 앓고 있는 사람들에 대한 낙인, 고립, 처벌, 그리고 수치심은 대부분의 나라에서 현재까지 계속되고 있다. 미국에는 악마에 사로잡힌 것을 처벌하는 세일럼 마녀재판이 있었다. 유럽에서는 히스테리가 '돌아다니는 자궁'에 의해서 생긴다고 생각되었다. 동양에서는 가족에 대한 불명예를 피하려고 장애인을 감추곤 했다. **시설수용과 탈시설화**의 패턴은 문제 행동을 하는 사람들에 대한 만족스러운 서비스를 발견하는 데 전 세계가 대부분 실패했음을 시사한다(Foerschner, 2010).

Sigmund Freud가 19세기에 꿈, 자유연상, 그리고 무의식에 초점을 맞춘 '대화치료'를 소개한 이후, 그때까지의 암흑의 바다에서 그가 어떤 등대 역할을 했을지 쉽게 짐작할 수 있다. Freud는 인간의 복잡한 심리 과정을 정신분석 이론으로 풀어 설명하였는데, 이는 정신건강 개념에 새로운 수준의 계몽을 가져왔다. 여성들은 자궁절제술 대신 정신분석을 통해서 정서적 증상에서 벗어날 희망을 얻었다. **신체 의학의 시대에 정신을 추상적으로 탐험할 여지가 열린 것이다.** 하지만 여전히 정신질환을 생물학적으로 해결하려고 그 방법을 찾는 의사들도 있었다. 그런 노력으로 뇌엽 절제술, 향정신성 약물, 그리고 전기경련치료가 시도되었다.

이런 탐험에 힘입어 1960년대에는 정신질환, 결혼 불화, 가족 붕괴 및 아동의 행동 문제에 대한 대인관계 개입으로 가족치료 분야가 등장했다(Hanna, 2019). 이 시기는 Freud의 제자들이 평생 걸리는 정신분석을 실행하고, 다른 정신의학 시설들은 진보된 의약품으로 환자들을 치료하던 때이다. **정신건강 의사 중 일부 독립적인 개척자들은 가족 관계의 중요성에 주목하여 가족의 정서적 생태계를 변화시킬 수 있는 치료 전략에 관심을 가졌다. Salvador Minuchin은**

Salvador Minuchin은 당뇨병 어린이들에게 그 부모가 다투는 것을 일방경 뒤에서 관찰하게 하면서 채혈하였는데, 그 당시 대부분의 가족치료사는 시대를 앞서간 그의 생각을 전혀 모르고 있었다.

당뇨병 어린이들에게 그 부모가 다투는 것을 일방경 뒤에서 관찰하게 하면서 채혈하였는데, 그 당시 대부분의 가족치료사들은 시대를 앞서간 그의 생각을 전혀 모르고 있었다. 그는 혈액 내 화학물질의 수준을 측정하여, 가족 간 행동방식이 자녀의 생물학에 영향을 미칠 거라는 자기 생각을 확증하였다. 그는 비슷한 방법으로 거식증도 탐구하였다(Minuchin et al., 1978). Minuchin은 모든 가족치료 기법 중 가장 많이 연구된 치료법인 '구조적 가족치료'를 개발하였다. 헤로인 중독부터 행동 장애까지, 가족 생태계의 변화는 수많은 건강 문제들을 개선하였다(Stanton & Todd, 1982; Henggeler et al., 1999; Liddle, 2000; Sprenkle, 2012). 그의 연구는 현대적 기준으로 표준 PNI에 해당된다고 하겠다.

Minuchin을 이은 가족치료사들 중 일부는 '의료 가족치료'라는 하위 전문분야를 발전시켰다(McDaniel et al., 1992; Rolland, 1994; Hargrave & Hanna, 1997). 이 분야는 천식부터 심장병에 이르는 신체 질환에 대한 치료적 자원으로 가족을 주목한다. 설령 자원이 되지 못하더라도 그 가족은 중요한 유전학적 배경이며, 최소한 치료에 잠재적인 장애가 될 수도 있다. 따라서 이런 경우에는 적절한 개입으로 회복에 대한 방해나 도전을 줄여야 한다. Engel(1977)은 가족치료사의 성실한 평가의 중요성을 강조하면서 생물-심리-사회적(bio-psycho-social)이라는 용어를 만들었다.

Siegel(1999)은 『발달하는 마음: 대인관계 경험의 신경생물학(The Developing Mind: The Neurobiology of Interpersonal Experience)』이라는 책을 출판하였는데, 그 후 많은 가족치료사는 그의 연구가 제시하는 내용에 주목했다. 그는 소아청소년과 의사였기 때문에, 인생 초기의 애착 경험과 최적의 뇌 발달에 관심을 기울였다. 그는 애착이론과 기억, 인지 및 감정에 관한 수많은 기존 연구들을 검토했다. 그의 작업은 뇌의 발달과 대인관계 과정 간의 상호영향을 요약하여 보여 주는 획기적인 결과로 나타났다(Siegel, 1999). 애착이론에 관한 신경생물학적 연구의 일부는 제3장에서 요약할 것이다.

가족치료와 애착이론, 그리고 신경과학의 러브 스토리

John Bowlby(1969)의 애착과 분리 및 상실에 대한 이론은 수많은 인간 발달 이론 중 가장 중요한 것이 되었다. 그는 가족 환경이 아동의 안녕에 미치는 영향을 탐험하여, 이 기본적 생존 메커니즘이 어떻게 인간에게 가장 중요한 동기부여 과정이 되는지를 보여 주었다. Bowlby가 젊은 환자의 부모와 상담한 기록은 최초의 가족치료 회기 기록에 속한다(Bowlby, 1949). 애착이론은 정서중심 커플치료(EFT), 다차원적 가족치료(MDFT), 애착 기반 가족치료(ABFT) 등에 매우 큰 영향을 끼쳤으며, 인간의 생존에 필요한 신경과학적 발견과도 일치하는 지도를 제공한다(Porges, 2007; Liddle, 2014; Diamond et al., 2016; Johnson, 2002; Siegel, 1999).

이후 수많은 가족치료 모델은 이 애착이론을 나름의 용어로 사용하고 있다. 그 용어는 각자의 전략과 제안을 내포하고 있다. 가족치료의 선구자들은 내담자를 위한 안정애착을 추구했다. 그리고 분화 및 투과성 경계 같은 표현을 사용하였다. 이 개념들은 모두 애착의 씨앗이 되는 대인관계 과정을 표현한 것이다(Minuchin, 1974; Bowen, 1978). 가족치료사들은 치료사와 내담자 간의 미세한 관계를 특히 중요시하면서 전통적인 진단적이고 배제적인 면담을 반대하였다. 그들은 면담을 **합류 또는 관여**로 인식하여 언어 혹은 비언어적 행등으로 나타나는 **공감과 조율**을 강조하였다(Satir, 1972). 이후의 제3 및 4세대 가족치료사는 가족과의 조율, 그리고 내담자를 위한 안전한 피난처를 추구한다. 또한 가족치료의 전략과 개입은 내담자의 의미와 경험의 중요성을 포함한 현실 구성에 초점을 맞추는 것으로 진화하였다(White & Epston, 1991; Hargrave & Pfitzer, 2003). 결과적으로 최근의 가족치료사들은 내담자의 관점을 중시하고 그들의 삶에서 대인관계의 변화를 촉진하는 치료 기법을 추구한다. 이런 치료적 개입으로 뇌를 조율하는 방법은 제4장에서 몇 가지 사례를 들어 설명하겠다.

21세기로 들어설 무렵 가족치료사들은 정신건강에 관한 여러 치료 상황에 대하여 대체로 의견 일치를 이루었다. 하지만 인간 심리에 대한 Freud의 이론과 각종 향정신성 약물의 발전은 마음과 몸을 분리하는 접근이어서, 이 둘 사이에는 진정한 통합이 불가능해 보였다. 그러나, 신경과학의 발전은 마음, 몸 및 대인관계의 이해에 도움이 되는 새로운 지식을 제공하고 있으며, 따라서 정신의 여러 측면을 이어 주는 다리가 되고 있다(Sluzki, 2007). 이제는 가족에 대한 체계론적 개입이 왜 중요한지를 보여 주는 신경과학적 증거들이 충분하다. 또 대인관계의 중요성에 관한 생물학적 증거들 덕분에 정신건강 치료사들에게는 새로운 기회가 열리고 있다.

어떤 면에서, 현대의 심리치료사는 그 나름의 '총체 해부학'을 이미 가지고 있는 셈이다. 치료사가 하는 일은 치료 회기에서 얻은 자료로 하나의 세계를 구성하는 것이기 때문이다. 지금까지 사람의 행동을 이해하기 위한 이론은 많았지만, 그 그림에 생리학이나 생존의 기현대의 심리치료사는 그 나름의 '총체 해부학'을 이미 가지고 있는 셈이다.

본 메커니즘까지 통합한 이론은 드물었다. 하지만 이제는 달라지고 있다. Gottman과 동료들이 폭력 사례 커플을 연구하면서 그들의 생리학을 측정한 것은 이미 잘 알려져 있다. 커플이 갈등 영역에서 다투고 있을 때, 우리는 그들의 심장박동과 기타 감정 활성화의 징후들을 생물학적 그림으로 볼 수 있다(Gottman et al., 1995). 애착이 발생하는 것도 실시간으로 확인할 수 있는데, 사람의 목소리를 들으면 아기의 머리가 밝게 빛나는 것을 모니터로 볼 수 있다(Lloyd-Fox et al., 2012). 이런 사실이 관계의 생리학을 강하게 증명하고 있다. 만약 가족치료사가 치료 회기 중에 내담자의 뇌를 컴퓨터 모니터에 연결해 놓고 그 신경 발화 패턴을 볼 수 있다면 어떤 일이 일어날까? 그런 날이 머지않다. 양극성 장애 가족에 대한 정신교육 개입 전후에 기능적 자기공명영상을 실시한 Miklowitz 등(2019)의 연구 결과를 제9장에서 확인하라. 실제 치료 회기 중은 아니지만, 연구자들은 공감과 신경의 상관관계를 탐지할 수 있다(Preston et al., 2007). 최첨단의 생리학 연구 덕분에 우리는 내담자가 느끼는 안전에 관한 미세한 비언어적 신호를 충분히 감지할 수 있다.

최근 등장한 마음챙김 수련은 생물정신사회적 치료에 적잖은 영향을 미치고 있다(Stith et al., 2011; Hargrave et al., 2019; Kabat-Zinn, 2006). Kabat-Zinn의 선구적인 연구는 수많은 임상 실천의 주제가 되었다. 일련의 마음챙김 운동 전후의 뇌 단층 영상을 비교해 보면 운동 후에 내담자의 자기-진정 능력이 향상된 것을 볼 수 있다. 이것이 내가 이 책의 모든 장에서 이 운동을 강조하는 이유이다.

보이지 않는 과정까지 고려하도록 수련을 받은 치료사는 생물학적 공감이라는 새로운 수준의 공감을 할 수 있다.

이러한 놀라운 치료적 발전에 맞추어 치료사가 적절한 준비를 할 수 있도록, 이후의 장에서는 도표와 지도 및 은유를 이용하여 뇌를 투명하게 보여 주겠다. 보이지 않는 과정까지 고려하도록 수련을 받은 치료사는 **생물학적 공감**이라는 새로운 수준의 공감을 할 수 있다. 이제 우리는 총체 해부학과 파편화의 세계에서 벗어나 비로소 완전한 원을 그릴 수 있게 되었다. 고대세계에는 에너지와 생물학, 그리고 정신을 느낄 수 있는 지혜가 존재했다. 우리가 이 세 가지 모두를 통합하면, 내담자와 치료사가 온전히 함께할 수 있다. 내담자의 의식과 무의식에 대한 정보가 개별적 치료에 도움이 되었듯이, 내담자의 가족과 사회적 관계에 대한 이해는 뇌-친화적인 심리치료에 더 많은 역할을 할 수 있다. 신경과학이 심리치료라는 '예술'에 도움이 될 거라고 누가 상상이나 했겠는가?

다음 [글상자 1-1]은 생물정신사회적 관점을 적용한 나의 상담 사례 중 한 회기의 축약 대본이다. 여기서 생물정신사회적 영역의 기능과 그것이 상호관계의 치료 단계별 결정에 어떻게 영향을 주었는지를 볼 수 있다.

Carlini 가족은 26세의 아들 Will이 대학교 4학년일 때 집에 돌아와서 1년을 지내다가 자살을 시도하여 나를 찾아왔다. 부모님은 그에게 도움받을 것을 권했지만 그가 거절했다. 거절은 안전을 찾으려는 시도이다. 거절을 동기 부족으로 설명하는 일반적인 이야기들은 안전을 추구하려는 인간의 생존 본능을 잘 모르고 하는 말이다. 공포에 빠진 사람은 성격적 결함이나 사악한 의도가 있다는 라벨(label)의 희생자가 되기 쉽다. 나는 가족 체계 수련 덕분에 개인 심리치료의 틀 밖에서 생각할 수 있었다. 나는 그들에게 Will이 같이 와서 관찰하기만 하고 무슨 말은 하지 않아도 된다고 하면서 그를 초대하도록 격려했다. 그렇게 해서 Will은 그 부모와 초기 회기에 참석했다. 어떤 사람이 자발적으로 오는 것을 꺼릴 때는, 다음 몇 가지 때문일 수 있다.

1. (자신이 아닌) 부모에 의해서 선임된 치료사라는 점
2. 다른 사람들이 이미 했던 것과 같은 비난의 가능성에 대한 두려움과 불안
3. 무슨 말을 할지 또는 문제를 어떻게 설명해야 할지 모르는, 일종의 동결 반응
4. 치료사에 대한 각 매체와 사람들의 부정적인 고정관념

뇌가 새로운 기능을 익히기 위해서는 우선 안전과 선택이라는 두 가지가 필요하다.

나는 Will과 비언어적으로 소통하고, 이것은 그가 편안한 방식으로 안전과 위험을 평가할 수 있는 틈을 마련해 준다. 그리고 부모를 의사소통 통로로 사용하면서 그들이 문제를 정의하는 방식이나 기타 대인관계 기능의 수준을 알아본다. 나는 그가 자발적으로 상호작용을 시작하기 전까지 그를 관찰자로 남겨 두기로 한다.

글상자 1-1 윌과 그 가족들과의 첫째 회기

상담자: 안녕하세요. 반갑습니다. 두 분께서 Will에 대해서 걱정이 있으시다고요?

어머니: 네, 우리는 아들이 정말 걱정돼요. 얘는 살고 싶지가 않고, 차라리 태어나지 않았으면 좋았겠다고 해요. 얘는 대학 수업에 들어가기를 싫어하고 방에서 비디오 게임만 해요. 지난주에는 모든 것을 끝내고 싶다고 했어요.

[비디오 게임을 하면서 자신을 고립하는 것은, 다른 선택지가 없을 때의 자기–진정의 한 형태이다. 나는 어떻게 해서 그의 선택이 게임으로 제한되었을지를 생각한다. 생리학적으로 말하자면, 비디오 게임은 집중, 전략, 경쟁 및 승리를 포함한다. 이런 것들은 신경전달물질 중 테스토스테론과 도파민의 생성을 자극할 수 있다. 이 호르몬들은 수행능력을 향상하고 동기를 강화한다. 자기–진정은 몸, 마음 및 정신의 균형이 필요함을 의미한다.]

상담자: 이런 일이 얼마나 오래되었나요?

[그의 이야기를 발달학적으로 살펴보면 무엇이겠는가? 과학의 발달로 우리는 뇌가 26세에 최종적으로 완성된다는 점을 알게 되었다(제2장 참조). 이 시기의 젊은이들 대부분은 더 안정적이고 주도적으로 기능하기 시작한다. 따라서 그의 기능에 영향을 미친 어떤 일이 더 이른 시기에 일어났음이 틀림없다.]

어머니: 글쎄요. 이렇게 지낸 지는 꽤 되었어요. 사실…… 아들은 수업을 더 따라갈 수 없다면서 집에 왔죠.

상담자: 그렇군요. 그런데, 아버님은 이런 점에 대해서 어떻게 생각하시나요?

아버지: Will은 집을 떠난 후 행복하지 못했던 것 같아요. 이 애에게는 항상 어떤 응급상황이나 재앙이 일어나는 것 같았어요. 아들이 전화하면 진정시키고, 그러면 다음 사건까지 몇 주 정도는 잘 지내기도 했어요.

[진정이 필요하다는 외침. 이것은 불안 발작일까? 아드레날린이 뇌의 이성적 부분을 짓누른 것일까?]

상담자: 어떤 일이 있었나요?

아버지: 아, 짐작하시겠지만, 과제를 못 마치거나 누가 무슨 말을 해서 그 애를 화나게 하는 것들이죠.

[촉발요인, 이것은 뒤늦게 드러날 수 있다. 이런 경우에는 한동안 도피 또는 동결처럼 느껴지다가, 눈에 띄지 않는 위협이 심리학적 생존 한계에 도달한 후에 비로소 투쟁으로 드러날 수도 있다. 분노는 고통, 수치, 공포일 수도 있다. 타인을 조종하려는 사람은 사실 두려워하는 사람일 수도 있다.]

어머니: 아들은 대체로 사람들과 잘 어울리지 못해요. 인터넷에서 찾아봤는데, 아스퍼거 증후군 같아요.

상담자: 그 점에 대해서 좀 더 말씀해 주시겠어요?

어머니: 그러니까, 그런 사람들은 은둔적이라서 다른 사람들을 피하고, 정상적인 방법으로는 사람들과 관계를 맺지 못한다고 나와 있던데요…….

상담자: 알겠습니다. 그 점에 대해서는 다음에 더 알아보기로 하지요.

[아스퍼거 증후군은 뇌 기능과 관련이 있다. 모든 형태의 호기심과 탐험은 확인해 보는 것이

좋다.]

Will: 저도 그런 걸 인터넷에서 봤어요. 꽤 맞는 것 같기도 하고…….

상담자: 아, 그랬나요? 여러분들 모두 이 상황을 이해하려고 꽤 노력하신 것 같네요.

[회기 중 Will의 첫 번째 반응이었다. 나는 재촉하지 않으면서 공감을 전하고 싶었다.]

어머니: 네, 우리는 Will이 이런 일을 잘 이겨 내도록 여러 방법을 찾아봤는데, 이 애는 아무 노력도 하지 않아요.

Will: 그게 효과가 없을 거라는 걸 이미 아니까 그렇죠!

어머니: 네가 어떻게 아니? 네가 정말 하려고만 하면, 너도 변할 수 있어.

Will: (큰 소리로) 이미 말했잖아요, 나는 변할 수 없다고!!

상담자: 그러니까, 두 분은 무엇이 문제고, 어떻게 해결할 것인지에 대해서 얘기를 나눴군요?

어머니: (짜증스럽게) 네! 항상 그렇죠!

[여기에는 순서가 있다. Will의 의도와 동기에 대해서 어머니가 "아무 노력도 하지 않는다……."처럼 어떤 가정을 한다. Will은 '하려고만 하면'이라는 해결 시도 때문에 좌절한다. 해결 시도가 문제가 되면, 그 시도는 두려움의 근거가 되어 합리적인 뇌에서 사라진다(제2장 참조). 이런 사이클이 계속될수록 Will은 격앙된다. 치료사의 공감은 이 촉발요인을 완화하며 거리를 두게 할 수 있다. 왜냐면, 이것은 첫 회기이기 때문이다. 사람들이 조절 능력을 되찾게 하려면, 감정 반응 과정을 작은 부분으로 나누어서 다루는 게 좋다. 이는 아기가 반복을 통해서 자신의 방식대로 진정하는 하강 조절 리듬에 익숙해지게 하는 것과 같다. 어머니가 '절대로'라고 말한 것처럼, '항상' 역시 하나의 신호이다. 절대성은 사람의 관점을 축소하는 촉발요인이 된다. 그녀의 말은 아들과 자신의 장래에 대한 두려움에서 나온 투쟁 반응일 수 있다. 마찬가지로, Will의 말도 절망감에서 나온 동결 반응일 수 있다.]

상담자: 좋습니다. 잠시 전체를 살펴보도록 하죠. 그러니까, Will, 당신은 최근에 대학 생활하기가 더 렵다는 거죠? 이전에는 어떤 문제가 있었나요?

[이제는 대답하기 쉬운 질문을 Will에게 직접 해서 그를 끌어들이고, 자신의 이야기를 다른 사람들이 하게 하는 대신 자신의 의견으로 초점을 옮길 때이다. 조금 전의 비언어적 상호작용에서, 그는 스스로 말할 준비가 되었음을 알려 주었다.]

Will: 어, 그러니까, 저는 주위 사람들이 저를 우습게 여기는 것 같은 느낌을 받았어요. 저는 공부하기가 어렵고 대체로 학교가 싫어요.

어머니: 사실 이 애는 아주 똑똑해요. 고등학교 때는 늘 꾸물대기만 하고 공부를 안 하는 것 같았지만, 성적은 늘 B를 받았어요. 아주 놀라웠어요. 이 애는 열심히만 하면 훨씬 뛰어날 거예요.

아버지: 그래요, 이 애는 남들은 신경 쓰지 않을 어떤 사실이나 날짜 같은 것을 아주 쉽게 알아내곤

했어요. 그건 뭔가가 있다는 거죠.

[책임이 커짐에 따라 동결은 고립과 두려움으로 이어진다. 아드레날린은 성능을 향상하는 약물이며, 코르티솔은 과잉 경계와 집중을 가져온다. 문제가 되는 사이클의 생리학, 그리고 투쟁, 도피 및 동결 반응을 이해하는 것, 이것이 감정적 공감이다(제2장 참조).]

상담자: 그러면, 항상 이런 식이었나요?

어머니: 아뇨, 아녜요. 얘는 항상 귀여운 아이였고 모두 얘를 좋아했어요. 얘도 사람들과 함께 있는 것을 좋아했고, 누구나, 심지어 어른들까지 얘와 이야기하는 것을 좋아했어요.

상담자: 아, 그런데 뭔가가 변했군요……. 무슨 일이 있었나요?

어머니: 끔찍한 일이 일어났죠, 그게 뭐냐면…….

상담자: 어떤 거죠?

[발달 과정으로 돌아가서 검토하기, 그것은 간단하지만 아주 중요한 질문이다. 언제나 더 많은 것이 있다. 여기서 우리는 현재–중심적인 접근이 발달학적인 주제를 명확히 하는 데에는 별 도움이 되지 않는다는 것을 알 수 있다. 신경계의 조절 장애를 가져올 만큼 삶을 변화시킨 경험이 무엇일까?]

Will: 그놈들이 나를 뒤쫓아 온 것 같아요.

어머니: 얘는 중학교 때 아주 끔찍한 일을 겪었어요. 아이들이 얘를 괴롭히고, 얘에 대해서 거짓말을 했어요.

상담자: 으음. 아주 끔찍하게 들리네요.

Will: (고개를 끄덕이며) 정말 엿 같았어요.

상담자: 정말 안타깝네요. 그것에 대해서 나중에 더 알아보고 싶네요. 괜찮겠어요?

Will: 그럼요. [이제 그는 나를 치료사로 받아들인다. 우리의 계약이 시작된 것이다.]

상담자: 지금 당장은, 내가 생각하고 있는 것을 이야기해서 그것이 당신에게 맞는지를 알고 싶어요. 여러분은 아스퍼거 증후군을 언급하셨는데, 또 이런 상태에 겹쳐서 일어난 끔찍한 일에 대해서도 이야기하셨어요, 맞나요?

모두: (동의하며 고개를 끄덕인다.)

[그 '끔찍한 일'에 대해서 내가 왜 지금 더 알아보지 않았을까? 시간은 지나고 있으며, 지금은 첫 회기이기 때문이다. 또 Will이 당장이라도 죽고 싶어 하기 때문이다. 만약 내담자가 충분한 동기가 있고 활성화된 사람이라면 나는 구조(structure)를 선택했을 것이다.]

상담자: 그런 점을 고려해서 저는 이것을 다음 시간에 더 자세히 알아보고, 또 실제로 당신들의 가족 역사도 살펴보면서 이것이 잘 들어맞는지를 알아보고 싶습니다. 만약 이 길이 맞지 않으면 우리는 언제든 아스퍼거로 돌아올 수 있습니다.

[안전과 선택. "우리는 언제든 돌아올 수 있다……." 나는 트라우마를 검토하여 거기에서 볼 수 있는 것을 찾고 싶다. Will은 상호작용에 유연성을 가지고 있다. 그는 고통에도 불구하고 세상에 대해 잘 알고 있다.]

상담자: 나는 우선 당신의 삶에 대한 큰 그림을 완성하고, 그 후에 더 자세히 살펴보고 싶네요. 대개는 이렇게 하는 것이 그 모든 요소를 고려하여 치료 방향을 세우는 데 도움이 됩니다. Will, 부모님과 함께 다시 와서 내가 당신의 이야기와 가족사에 대해서 더 많은 자료를 얻을 수 있도록 하시겠어요?

Will: 예.

[이들은 이제 자발적 내담자이다. 그들의 열심에 맞추어 나는 책임을 떠맡아 질서와 평온을 제공할 구조의 윤곽을 세우고자 한다.]

상담자: 만약 당신이 삶을 끝내고 싶어지면, 저에게 전화해서 제가 당신의 그런 감정을 극복하도록 하게 해 주시겠어요?

Will: 예, 그렇게 할게요.

상담자: 부모님, 만약 두 분이 Will의 상태 때문에 어떤 식으로든 놀라게 되면 저에게 전화하실 거라고 믿어도 될까요?

어머니: 네, 감사합니다. 그러면 도움이 되겠네요.

상담자: 좋습니다. 이 문제의 근원으로 가서 어떻게 좋은 변화를 만들어 낼지에 대해서 알아보기로 합시다.

[누구나 희망을 필요로 하지만 특히 계속해서 자극을 받아 고립과 절망에 이르는 사이클에 갇힌 고통을 겪는 사람들은 더 그러하다. **만약**이 아니라, "**어떻게** 변화를 만들어 낼지 알아봅시다."라는 말이 아주 중요하다. 현 상황을 더 낫게 만들 방법에 대하여 내가 확신이 있다는 점을 분명하게 전한다. 도파민은 희망과 기대의 신경전달물질이다. 그들이 겪고 있는 현재 사이클 대신, 나는 그들에게 '새것'을 마련해 줄 것이다.]

나흘 후 둘째 회기를 시작할 때, 나는 Will에게 검사(트라우마 후 스트레스 장애 환자용 검사: PCL-C; [부록 D])에 응해 달라고 했다. 그것을 채점했는데, Will은 55점으로 PTSD에 해당되었다. 나는 특히 Will이 '꽤 그렇다'와 '아주 그렇다'라고 표시한 항목들을 살펴보았다. PCL은 DSM-IV에 나열된 증상들을 평가한다(제6장 참조). 가족 정신교육, 개인 신체치료(somatic therapy), 그리고 이야기 치료를 복합하여 실시한 여덟 달 후 그의 점수는 30이었다. 그의 동기부여 문제와 그에 대한 더 자세한 이야기는 제4장에서, 증상, 치료 계획 및 도움이 된 트라우마 개입에 대해서는 제5, 6장에서 논의하겠다.

치료사 여정의 시작

우리는 시간여행에서 현재로 돌아왔다. 이제 당신 자신의 여정에 대해서 잠시 생각해 보라. 우리에게는 세계의 역사를 반영하는 각자의 역사가 있다. 당신은 그 역사의 어느 자리에 있는가? 당신의 전문가로서의 발달 이야기는 어떠한가? 여기까지 어떻게 도달했는가? 몇 가지 전통적인 기본에서 시작하여 다양한 지식을 접하면서 점점 더 확장되었는가? 당신은 어떤 전통을 소중히 여기는가? 어떤 관점들은 버렸는가? 당신의 여정에 도움을 준 사람은 누구인가? 좌절도 겪었는가? 그것을 어떻게 이겨 냈는가? 우리는 모두 두려움을 떨치고 나서지만, 시행착오와 좌절을 경험한다. 하지만 우리는 비전과 회복탄력성을 가지고 있다. 또 꿈을 가지고 있으며, 그 꿈을 추구한다. 이 책이 당신이 원하는 곳에 도달하는 데 도움이 되기를 바란다. 다음 장들에서는 여러 임상적 가능성을 자세히 탐구할 것이다. 이제 미래로 여행을 떠날 시간이다. 낯선 나라에 들어가기 전에는 몇 가지 기본 언어와 따라야 할 몇 가지 여행 지침을 배우는 것이 좋다.

신경과학의 용어들

신경과학의 폭발적 연구는 여러 분야에서 사용하는 용어들을 만들어 냈다. 과학자는 새로운 용어를 만들어 내는 재주가 있다. 그들은 아주 작은 차이도 정확하고, 또 주의 깊게 포착하도록 훈련되었다. 그들이 서로 소통하는 외래어 같은 용어나 화학물질의 약자는 우리를 졸리게도 한다. 어떤 사람들에게는 이 책의 문체가 초보적으로 보일 것이다. 이는 치료사에게 전달하려는 내용을 내담자에게도 익숙한 용어로 표현하려는 의도에서 비롯한 것이다. 치료사라는 직업의 필수적 부분은 일반인에게도 통해야 하기 때문이다. 이 책에서는 공식적인 과학 용어들을 내담자에게 친화적인 쉬운 용어나 은유로 바꾸어 사용하였다. 하지만 기초 지식 이상을 바라는 치료사들에게는 전문적 분야를 이해하는 것 역시 중요하다.

이 책의 제목에서 사용한 '신경과학'은 뇌 연구의 가장 광범위한 영역을 의미한다. 다음은 신경과학의 넓은 영역에 포함되는 몇 가지 개념, 분야 및 상담 활동을 기술하는 주제 중심적

용어집이다.

신경

정동 신경과학

정서와 관련된 뇌 과정에 대한 연구이다. 일부 과학자들은 정서보다는 정동이라는 용어를 사용한다. 정동(affect)은 공포나 분노처럼 생존에 필요한 신체의 기본 상태를 가리킨다. 정서(emotion)는 정동 상태의 조합으로 나타날 수 있는 상황적인 반응을 가리킨다.

인지 신경과학

뇌의 정신 과정이 어떻게 진행되는지에 대한 연구이다. 정보처리 모델, 언어학, 인지, 비정상의 영향, 기억, 학습, 그리고 문제해결 등을 포함한다.

대인관계 신경생물학

대인관계가 뇌의 발달, 건강 및 치유에 중대한 영향을 준다고 주장한 Daniel Siegel(1999)이, 이런 뇌 과정에 대한 자신의 통합적 연구를 명명하려고 사용한 용어이다. 그는 인류학, 사회학 및 심리학에서 이 용어를 가져왔다.

신경해부학

뇌의 모든 부분에 관한 연구이다.

신경생물학

살아 있는 뇌에 관한 연구이다.

신경화학

모든 뇌 화학물질과 그 특성에 관한 연구이다.

신경내분비학

뇌, 분비샘, 그리고 호르몬이 기능하는 방식과 내용 및 상호관계에 관한 연구이다.

신경생리학

신경의 모든 부분이 함께 작동하는 방식을 연구한다. 생리학에는 생존의 생태학에 기여하는 모든 화학물질을 포함하여 해부학에 대한 지식도 필요하다.

신경과학

이 모든 것에 대한 가장 일반적인 명칭으로, 기능, 손상, 질병, 대인관계 과정 및 인간 발달을 포함한, 뇌와 신경계에 관한 모든 연구와 학문이다.

정신신경면역학

신경계, 내분비계, 감정 및 건강 간의 연관성에 관한 연구이다.

사회 신경과학

생물학적 과정과 사회적 과정에 어떻게 관련되는지에 대한 학문이다. 수많은 연구자가 사회적 행동의 이론과 호르몬, 신경펩티드 및 뇌 영역 간의 관련성을 탐구한다.

기타 학문

문화인류학

세계의 문화적, 경제적, 정치적 다양성에 관한 연구이다.

발달 정신병리학

아동과 성인의 증상, 행동 및 정신건강 상태에 이르는 과정에 관한 연구이다.

진화 생물학

지구에서 생명이 어떻게 진화했는지에 대한 연구이다. 여기에는 유전자, 미생물학, 선사시대 생명체 및 환경 생태학 등 많은 하위 전문분야가 속한다.

의료 인류학

각 문화에서 건강과 관련된 실행들, 생존을 위한 집단의 생물학적 적응 및 건강의 사회생태학을 다루는 문화인류학의 하위 전문분야이다(McElroy & Townsend, 1989).

사회 내분비학

호르몬, 행동 및 사회적 환경에 관한 심층 연구이다. 그 대부분은 남녀의 테스토스테론, 옥시토신 및 에스트로겐에 관한 것이다.

몸 체험(Somatic Experiencing®: SE)

Peter Levin이 개발한 트라우마 치료법으로, 감각느낌(felt sense) 훈련, 의학적 생물물리학 및 다미주신경(polyvagal) 이론(Porges, 2007) 등 신체의 에너지를 이용한다(Porges, 1997, 2010).

개념들

생물사회적

McFarlane(2002)이 조현병의 치료에서 생물학과 가족/사회의 순환적 상호 과정을 설명하기 위해서 사용한 용어이다. Linehan(1993)도 같은 방식으로 변증법적 행동치료를 설명했다.

생존의 생태학

생존의 기본 과정에 관련되는 대인관계 개입의 내용, 과정 및 생리학에 관하여 이 책에서 사용하는 용어이다.

건강 불균형

특정 집단에서 불균형한 비율로 나타나는 질병 상태를 말한다. 예를 들어, 아메리카 원주민은 일반 인구의 두 배 비율로 외상 후 스트레스 증후군을 경험한다. 캘리포니아에서 젊은 아프리카계 미국인 남성은 다른 집단보다 행동 장애의 진단을 더 많이 받는다.

신경순차적(neurosequential)

뇌가 성장하는 순서를 말한다. 인간의 배아에서는 뇌간(brain stem), 간뇌(diencephalon), 변연계(limbic system), 그리고 피질(cortex)이 차례대로 발달한다. Perry(2014)는 복합적 발달 트라우마를 겪은 피학대 아동에 대한 치유적 개입으로 뇌 기능의 발달 순서와 일치되는 치료 지도와 공식을 제안하였으며, 이에 대해서 신경순차적 치료법 모델(Neurosequential Model of Therapeutics: NMT)이라는 명칭을 사용했다. 이에 따르면, 내담자의 현재 나이와는 무관하게 신경 발달, 스트레스 생리학 및 애착 반응으로 얻은 정보에 따라서 치료 계획 순서를 주의 깊게 개발한다.

다미주신경 이론

미주신경(vagus nerve)은 세 가지 신체 경로를 가지는데, 이 신경계에 관한 이론이다. 첫 번째 것은 가장 큰 감각 신경섬유 집단으로, 횡격막 아래 장기의 정보를 뇌로 전달한다. 두 번째는 뇌에서 내장으로 가는 운동 신경섬유의 묶음이다. 세 번째 집단은 심장과 얼굴처럼 횡격막 위의 기능을 조절하는 운동 신경섬유이다. 따라서 이 신경은 다양한 섬유 케이블 묶음처럼 여러 가지 기능을 한다(Porges, 2017). 이 이론은 미주신경의 세 가지 기능을 사용하여 뇌와 신체가 위협과 위험 상태에서 상호 조정하는 방식, 즉 사회참여 시스템에서 시작하여, 내부 장기가 투쟁/도피를 준비하도록 전환하고, 끝으로 투쟁/도피라는 외부 행동을 준비하기까지의 과정을 설명한다.

몸-전체

다른 자료들에서 나오는 마음/몸, 몸/마음 등을 대체하기 위해 이 책에서 사용하는 용어이다. 머리, 몸통 및 사지는 균형과 건강을 추구하면서 계속 상호작용한다.

치료사를 위한 여행 지침

1. **자신과 다른 사람들의 역사에서 배우라.** 우리가 뭔가를 알고 있다고 생각할 때, 역사에 대한 '거시적 관점'은 우리의 그런 생각을 넘어서는 발달이 세계 어디에선가 일어나고 있음을 보여 준다.
2. **'절대로'라고 절대로 말하지 말라.** 가능성이라는 말은 매우 독특하게 인간적이다. 당신 자신의 역사가 이미 놀라움과 우연의 결합이다. 이런 것이 언제든 일어날 것을 믿어라. 세계 역사의 가장 위대한 진보들은 "무엇이 가능할까?" "어떻게 더 잘할 수 있을까?"라고 질문하는 사람들로부터 시작되었다.
3. **기본이 먼저이다.** 포유류와 아기들은 우리에게 이런 기본 사항을 가르쳐 주고, 기본 과정의 관점에서 우리 행동의 의미를 설명해 준다. 어떤 관점에서는 비합리적으로 보이는 행동도 보호와 생존이라는 렌즈를 통해서 보면 완벽하게 이해할 수 있다. 이는 특히

트라우마 반응으로 고통받는 사람들에게 해당한다.

4. **통합하라.** 내용, 과정, 그리고 생리학은 광범위한 개념, 전략 및 상호작용을 포함한다. 내용은 질병의 극복부터 안정애착을 얻기까지 과정의 여러 생존 목표를 포함하는 것이다. 과정은 생존의 목표를 달성하는 데 관련된 사회적 및 대인관계 과정을 말한다. 생리학은 위협과 생존의 문제를 해결하는 과정 동안 우리 몸에서 일어나는 것이다. 모든 인간 경험은 생리학적 요소를 포함하고 있다. 생각은 생리학적 사건이며, 정동은 생리학적 상태이다.
5. **보이지 않는 것을 존중하라.** 오감의 저변에는 신체의 무의식 및 잠재의식을 포함한 생존 드라마가 있다. 이는 정신분석에서 사용하는 것과는 다른데, 여기서 말하는 무의식적 과정에는 의식적 노력이 필요하지 않다. 그것은 호흡, 혈류, 호르몬 분비 및 기억 저장을 포함한다. 잠재의식은 우리가 아무 생각 없이 하지만 그럴 필요가 있을 때는 인식할 수 있는 일상 행동을 포함한다. 이런 것들은 정동, 의미 및 기억 재생을 포함한다. 과학자들은 이런 것들과 관련된 용어의 사용에 정밀하고 기술적인 논쟁을 벌이지만, 우리에게는 익숙하게 인식하고 간단하게 구분할 수 있는 정도면 충분하다.

결론: 과거에서 미래로

이 장에서는 전 세계의 의학 및 정신건강 치료의 역사를 간단하게 둘러보았다. 이것이 필요한 이유는, 전통적인 정신건강 치료사들이 최근의 신경과학을 통합하고 이해하는 데 도움을 주려는 것이다. 전기적이고 화학적인 신체 에너지를 인식하려면 동서양의 역사를 검토하여 양측의 전통을 이해해야 한다. 총체 해부학부터 미생물학에 이르는 서양의 기술은, 에너지의 균형을 통해서 치유를 얻으려는 동양의 치료가 정당함을 보여 준다. 이런 보이지 않는 힘은 마음, 몸 및 관계와 관련된다. 심지어 유전자도 이런 차원의 상호작용 때문에 영향을 받을 수 있다. 이 힘과 작용은 스트레스 반응이나 정서 조절 장애를 유발할 수도 있다.

정신건강 서비스의 역사는, 심령 치료와 총체 해부학이 전해 주는 지식에 대한 Freud의 반응, 그리고 Minuchin이 기존의 치료와 다른 가족치료를 개척한 진화 과정을 보여 준다. 그 과정에서 창조적인 가족치료사들은 새로운 치료 방법을 구상하였다. 그들이 사이버네틱스, 체계, 부분/전체, 상호작용 및 순차 같은 용어를 도입하면서 장차 그런 용어의 뿌리인 생물학으로 되돌아가게 될 것을 누가 알았겠는가?

심리치료사가 이런 학문의 역할과 전 세계적인 치유 노력을 역사적으로 이해하게 되면, 인간 생존의 기본으로 되돌아가 그 내용을 오늘날의 정신건강 개입에 포함할 방법과 비전을 개발할 필요를 깨닫게 된다. 생물학적 공감의 개념은 치료사가 개입방법을 개발하기 전에 생리학을 우선적으로 이해할 필요가 있음을 보여 준다. 정신건강 치료 현장에서 관계의 생리학 이용을 촉구하는 것이 이 책의 핵심이다.

정신건강 치료사가 관심을 가지는 신경과학과 마음, 몸 및 관계의 상호작용의 중심에는 애착이론이 있다. 치료사가 이런 점을 깨달으면 미시적 대인관계의 중요성을 이해할 수 있다. 다음 장들에서는 개인, 커플 및 가족의 생리학적 균형을 회복하기 위해서 관계와 생태계에 초점을 맞춘 개입이 얼마나 중요한지를 보여 주겠다. 치료사가 몸-전체를 자원으로 인식하게 되면, 치유를 위한 다차원적 전략은 내담자와 상담자 모두에게 성장과 발달이라는 보람 있는 여정이 된다. 가족치료사가 이런 차원에서 내린 결정을 사례 연구와 첫 회기의 기록으로 보여 주었다.

이번 장은 몸-전체 관점을 처음 접하는 사람들을 위한 지침으로 마무리한다. 용어집은 신경과학이 어떻게 해서 다학제 간 통합 노력으로 발전하였는지를 보여 준다. 이런 접근과 개념은 임상적 자원이기도 하다. 뇌는 여러 곳의 정보를 끊임없이 통합하고 있다. 이 책은 내부/외부, 고대/현대, 동양/서양, 마음/몸, 우리/그들, 과학/정신을 함께 엮어서 우리의 뇌를 투명하게 보여 줄 것이다.

제2장

기적 같은 생물학적 드라마

등장인물

The Transparent Brain in Couple and Family Therapy

인간에게 뇌가 무엇을 의미하는지에 대한 답을 찾는 데 수천 년이 걸렸다는 점을 제1장에서 보았다. 그래서 뇌란 무엇일까? 가족치료의 틀에서 보면, 그 답은 누구에게 묻는지에 달려 있다. 총체 해부학은 뇌엽(brain lobes)과 그 기능을 알려 준다([그림 2-1] 참조). 세 개의 뇌엽을 이루는 백질은 버터처럼 부드럽고 연하다. 그래서 질긴 뇌막, 윤활과 완충작용을 하는 액체, 그리고 끝으로 두개골이라는 단단한 껍질의 강력한 보호를 받고 있다. 이것은 이미 100년 전에 알려진 것이다. 그런 다음 전기적 뇌, 화학적 뇌, 인지적 뇌, 감정적 뇌, 사회적 뇌, 그리고 정신신체적 뇌가 등장했다. 역사적으로 '정신신체적(psychosomatic)'이란 말은 몸-전체, 즉 다방향적 정보의 관계망을 의미한다. 뇌는 아주 광범위한 드라마의 유일한 배우임이 드러났다. Pert(1997)는 뇌가 '호르몬 가방'이라는 것을 발견했다(p. 139). 내분비학자의 관점에서 뇌는 호르몬의 형태로 먼 곳과 양방향으로 메시지를 주고받는 커다란 분비샘(gland)이다. Chopra(1997)는 뇌가 전신을 의식할 수 있는 능력을 갖추고 있다는 점에서, 머리에만 있는 것이 아닌 움직이는 뇌라고 했다. 이런 점에서 마음챙김(mindfulness)과 감각느낌(felt sense) 훈련이 매우 타당하게 보인다. 이 점에 대해서는 다음에 설명하겠다. 이 '뇌들' 각자에 관한 이야기는 하나의 수정란이 어떻게 발달해 가는지를 배우면서 투명(transparent)해질 것이다.

이 드라마의 서사적 여정에서 수백만의 등장인물들, 즉 세포, 화학물질 그리고 신경세포의 제각기 다른 형태, 크기 및 성격이 드러난다. 그 운송 및 통신 체계는 전기적이고 화학적이어서 육안으로는 볼 수 없었으나, 이제는 단층촬영 기계와 혈액 검사로 그런 미시적 부분의 특성을 '눈으로 볼' 수 있게 되었다. 신경망은 기본적으로 신경세포의 분열에서 시작하여 회로(circuits), 층(layers), 기관(organs) 및 체계(systems)로 성장한다. 그 과정에서 일어나는 상호작용의 결과로 우리의 기억, 의식, 그리고 생존과 관계있는 평가가 만들어진다. 신경세포의 여행은 뇌와 척수에 한정되지 않고 신경세포가 갈 수 있는 모든 곳으로 이어지는데, 예를 들어 심장과 소화기계(창자)에도 수천 개의 신경세포가 있다. '모두 (머리에서) 생각하기 나름'이라는 오래된 속담이 있지만, 이제는 '몸-전체에서 생각한다.'라고 말할 만하다. 이 생존의 생태학적 은유를 통해서, 사회 시스템이 어떻게 해서 우리 몸의 생물학적 시스템과 닮게 되었는지를 살펴보기로 하자.

신경세포와 회로의 위대한 이주

뇌는 아래에서 위로, 그리고 안에서 밖으로 발달한다. 신경세포는 신경판(neural plate)[1]에서 아래로 그리고 밖으로 이동한다. 아직 발달하지 않은 신경세포, 즉 신경아세포(neuroblasts)[2]는 뇌간과 척수(중추 신경계)를 형성한 다음 수조 개의 세포로 분열하며 층(layers)을 이룬다. 이들은 1분에 25만 개라는 폭발적인 속도로 세포분열하면서 수 주일 동안 성장한다. 이 신경아세포들은 어떻게 될까? 임신 9개월 동안 이들의 최종 생산량의 절반이 사라진다. 이 가지치기 과정을 거치면서, 가장 강하고 중요한 연결은 에너지와 영양을 공급받지만, 반면 약하고 관련이 없는 연결은 사라진다. 이후 '세포 이주(cellular migration)'라는 놀라운 과정이 일어나는데, 이는 우리 사회에서 일어나는 과정과 평행한 현상이다.

'위대한 이주'라는 용어는 생명과학 전반에서 여러 방식으로 사용된다. 그 이유는 아마도 삶과 생존의 모든 과정에는 적절한 자원을 찾는 것이 필수적이기 때문일 것이다. 여러 지식을 하나로 조합하려고 했던 E. O. Wilson(1998)의 사상을 보면, 사회적 과정과 생물학적 과정은 서로에게 유용한 정보를 제공한다. 즉, 신경세포의 이주나 다른 형태의 이주는 그 어느 하나만 관찰할 때보다 서로를 비교하며 알아보면 각각을 더 잘 이해할 수 있다. 그런 한 예는, 아프리카에서 목초지와 물의 변화를 감지하는 야생동물들의 장엄한 이주에서 찾아볼 수 있는데, 그들은 곳곳에 숨어 있는 악어와 번개처럼 빠른 포식자들을 본능에 따라 피하여 살아남는다.

신경아세포는 특정한 장소, 즉 자신의 수상돌기와 축삭(axon)을 성장시킬 수 있는 자원이 있는 곳으로 스스로 이주해 간다. 그들이 생겨난 처음 환경은 자원이 부족하였기 때문에, 그들은 증식 중인 다른 세포들과 회로의 거미줄을 통과하여 그들의 궁극적인 목적지를 찾아가는 여행을 해야만 한다. 그들은 배아 신경판이 수조 개의 세포를 생산하여 쏟아 내는 혼잡하고 넓은 교통망을 작은 조각배처럼 가로지르며 여행한다. 이 여행이 위험할 수 있지만, 그들은 자신이 필요한 곳에서 전문화되어 자신의 역할을 할 수 있도록 정해진 기간 내에 이주를 완수해야 한다. 이 말이 익숙하게 들리지 않는가?

1 역자 주: 척추동물의 발생 초기 배(胚)의 등 쪽에 생기는 납작한 조직. 이것을 바탕으로 해서 중추 신경이 만들어진다.

2 역자 주: 신경세포 또는 신경원으로 분화될 배세포(胚細胞).

또 다른 위대한 이주는 미국 역사(약 1915~1970년)에서 일어났다. 6백여만 명의 아프리카계 미국인들이 산업화의 약속을 믿고 적대적인 남부 지역을 떠나 아직 알지 못하는 대륙의 북부, 중서부, 그리고 서부로 향하는 영웅적인 전환을 했다. 그들은 자신의 생존에 필요한 자원이 결핍된 노예제를 떠나, 정착하여 자신의 가능성을 발달시킬 수 있는 새로운 곳으로 이주했다. 그리고 각자의 전문성을 기르고 새로운 전망이 가능한 새 경험과 환경을 발견했다. 그 과정에서 (개인적 및 제도적 인종차별, 부족한 주거지, 열악한 근로 조건 등) 해로운 환경은 그들의 이주를 매우 힘들게 하였다. 하지만 아프리카계 미국인들의 도전은 다양하고 복잡한 미국 사회에 크게 이바지하였다. 생물학적으로 우리를 호모 사피엔스(현명한 사람)로 만드는 것은 다양성과 복잡성이다. 남은 사람들도 자신의 위치에서 자신의 방식으로 전문화되었다.

> 생물학적으로 우리를 호모 사피엔스(현명한 사람)로 만드는 것은 다양성과 복잡성이다.

이처럼 어떤 신경세포들은 원래 있던 곳 근처에 머물러서 뇌의 일부, 즉 뇌엽, 분비샘, 뇌구조물, 또는 감각계가 된다. 다른 것들은 무리를 지어 나가 먼 거리를 여행하여, 척수와 미주신경처럼 몸의 먼 곳까지 이르는 성숙한 신경세포가 된다. 이들은 특정 장소에 도달한 후 서로 소통하기 위해서 수상돌기와 축삭을 키워 낸다. 이 소통 관계가 그들의 정체성을 형성한다([그림 2-1] 참조). 그 특성에 따라서 '공동체'가 발달하는데, 이는 나중에 시각, 정서, 언어, 행동, 심장박동 및 소화 같은 기능을 담당하여 생존을 돕는 중앙 통신 시스템이 된다. 뇌는 그 발달 과정에서 여러 계층의 시민들을 새로운 곳으로 보낸 결과로, 복잡성, 다양성 및 창조성이라는 놀라운 가능성과 전문화라는 혜택을 얻는다. 배아 신경세포의 본질적 특성은, 말하자면 자신의 성장을 위해서 필요한 자원을 찾는 '사람들'이다. 과학자들은 이 세포가 언어나 인식 같은 각각의 전문성을 발달시킬 특정 장소에 정착하도록 사전에 프로그래밍된 것이 아니라는 점을 발견하였다. Sweeney(2009)가 말한 것처럼, "신경세포는 그들의 여정과 목적지 때문에 다른 특성을 가지게 된다."

> 신경세포는 그들의 여정과 목적지 때문에 다른 특성을 가지게 된다.

인간 발달의 다른 측면과 마찬가지로, 맥락이 모든 것이다. 신경세포는 자신의 성숙에 도움이 되는 각자의 여정을 가지고 있다. 유전학자들은 우리가 특정한 유전자를 받았다 해도 그 발현은 우리가 살면서 겪는 경험과 환경에 의해서 크게 영향을 받는다는 점에 합의하였다(Tung & Gilad, 2013; Williams et al., 2009; Dick & Kendler, 2012; Rutter, 2012; Rossi, 2002). 신경세포가 어떻게 특화된 기능을 하는지는 그 이주의 성공 여부에 달려 있다. 임신부에 대한 산전 건강 경고는, 대부분의 독성 물질이 신경세포의 이주와 도착, 그리고 다른 세포들과 회로를 완

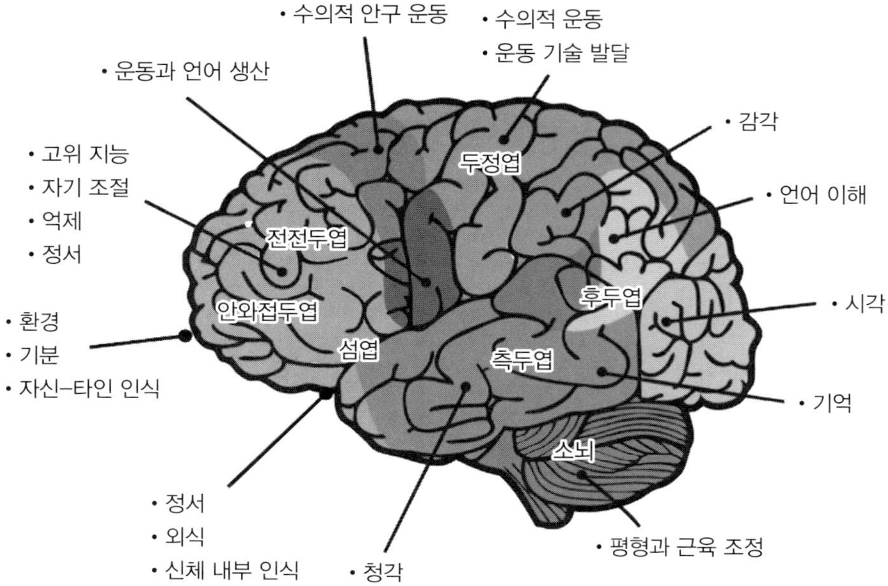

[그림 2-1] 뇌엽들과 뇌의 기능

성하는 데에 지장을 준다는 사실에 근거한다. 그런 영향은 각 세포의 잠재력을 지연시킬 수 있다. 하지만 제3장에서 보듯이 뇌는 역경을 직면해도 적응과 변형이라는 놀라운 능력을 가지고 있다.

마찬가지로, 아기는 출생 전에 어려움을 겪었더라도 출생 후 오감(five senses) 전체를 자극하는 가족 관계를 통해서 계속 성장할 수 있다(Porges & Furman, 2011). 심한 학대를 받은 아이의 치료 사례를 제5장에서 보여 주겠다(Perry, 2014). 출생 전에 어려움을 겪은 부분에 대한 집중적인 조기 개입은 그 회로를 증가시키는 효과가 있다. 이런 회로는 1초당 9~400피트로 발화하여, 스포츠카처럼 신체를 지나며 정보를 전달한다. 이 세포들은 이주하면서 연결되고 또 전문화 과정을 통하여 완전한 신경계를 형성하는데, 결과적으로 모든 정보는 몸-전체의 고속도로로 유입된다. 우리 뇌에는 세 구역이 있어서, 때로는 삼위일체 뇌라고 말하기도 한다. 한편 Perry(2009)는 학대를 받은 아동을 위한 치료법을 개발하면서, 뇌의 나머지 부분에 집중했다. 그의 모델에 따르면, 우리는 출생 시에 (1) 뇌간과 소뇌, (2) 간뇌(시상과 시상하부), (3) 변연계, 그리고 (4) 신피질의 네 가지 수준을 가지고 태어난다. [그림 2-2]에서 변연계가 뇌간과 신피질 사이에 끼어 있는 모습을 확인하라. 하위 수준 및 고위 수준의 뇌는 정서적 뇌를 진정시키는 데 핵심 역할을 한다.

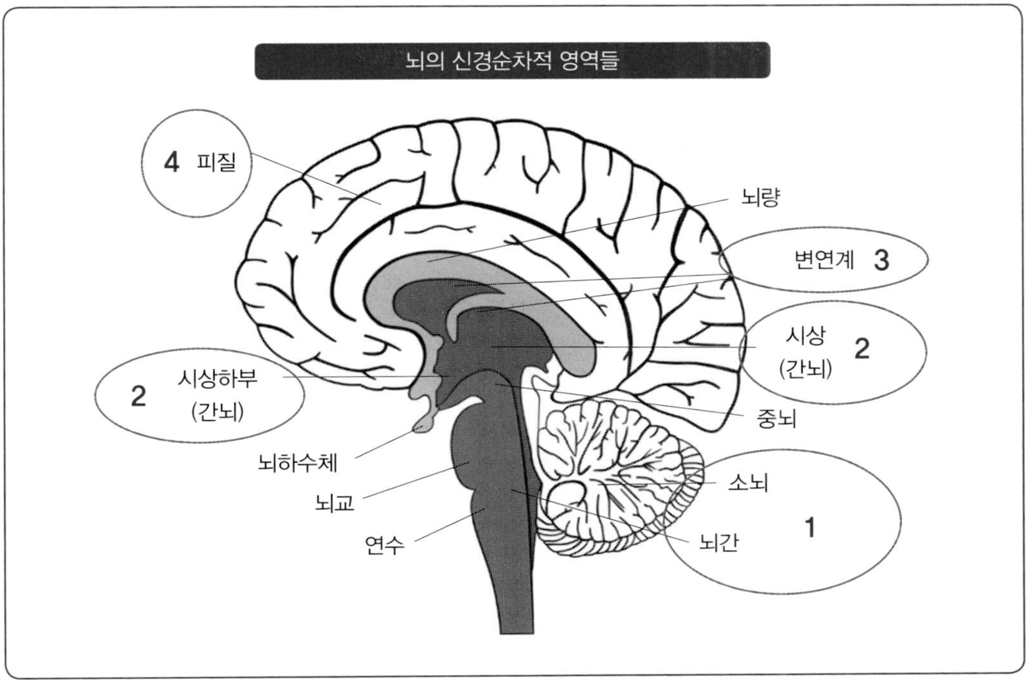

[그림 2-2] 뇌간과 4구역

뇌에는 전문화된 생존 전략을 위한 플랫폼을 제공하는 반구들(hemispheres)이 있다. **좌우 반구**에 관한 연구는 이 두 반구 간의 깊은 보완적 관계로 옮겨지고 있다. McNeilage, Rogers와 Vallortigara(2009)는 선사시대부터 좌뇌 반구는 확립된 패턴을 통제하는 것에, 그리고 우뇌 반구는 예상하지 못한 자극을 탐지하는 것에 전문화되어 왔다고 제안했다. 언어와 오른손잡이 기능은 신체에 필요한 안정적 행동을 충족하는 과정에서 발달한 것으로 보인다. 한편, 얼굴 인식 또는 공간 관계 지각과 관련된 기능들은 포식자를 빨리 감지하기 위한 진화의 결과일 것이다. 그들의 이론은 편도와 우뇌 반구 사이에서 관찰되는 연관성과도 일치한다.

애착이론가들은 우뇌에 관심이 많다(Schore, 2005). 많은 치료법이 트라우마나 애착과 관계가 있는 우뇌의 처리 과정을 대상으로 한다. 우울증 연구자들은 환자가 슬퍼하는 동안 좌뇌가 더 활성화되는 이유를 알고 싶어 했다. 우세한 뇌에 손상이 있을 때 우울증이 더 자주 발생하며, 우세하지 않은 뇌에 손상이 있을 때는 조증 행동이 더 자주 나타난다는 보고가 있다(Sweeney, 2009). 각 반구에 관한 고정 관념적인 설명이 있지만, 대부분의 학자는 다음의 몇 가지 기본적 특성을 인정한다.

오른쪽 혹은 비 우세 반구는 대체로 다음과 같은 역할을 한다.

1. 비언어적 의사소통을 해석한다.
2. 음성 언어의 의미(뉘앙스)를 구별한다.
3. 감정을 표현하고 타인의 감정을 지각한다.
4. 공간 관계를 인식한다.
5. 부분을 그림 전체에 통합한다.
6. 예기치 않은 자극을 감지한다.
7. 얼굴 표정에 집중한다.

왼쪽 혹은 우세 반구는 대체로 다음과 같은 역할을 한다.

1. 언어적 의사소통을 처리한다.
2. 언어(듣기, 말하기, 읽기, 쓰기)를 기억한다.
3. 세부를 분석한다.
4. 범주를 인식한다.
5. 운동 반응을 활성화하고 행동에 착수한다.
6. 수립된 패턴을 통제한다.

(Trevarthen, 1996; Schore, 2005; MacNeilage et al., 2009)

몸-전체에 대한 동양식 및 서양식 사고를 통합하려는 연구가 진행 중이다. 비강 우세(nasal dominance)를 대뇌 우세(cerebral dominance)의 지표로 인식하는 요가 호흡 기술은, 마음의 상태에 따라 다른 수행을 적용한다. 비강 호흡(nasal breathing)으로 어느 뇌 반구를 다른 반구보다 우세하게 전환한 것의 효과를 입증하는 연구가 있다. 예를 들어, 왼쪽 콧구멍을 더 열면 우뇌 반구가 더 우세해진다는 식이다. 다른 연구에서는 왼쪽 콧구멍으로 호흡할 때 공간작업 수행이 유의미하게 향상되고, 반대로 오른쪽 콧구멍 호흡은 언어 작업 수행에 유익한 경향을 보였다고 한다(Jella & Shannahoff-khalsa, 1993). 하지만 Block, Arnott, Quigley와 Lynch(1989)는 남성은 왼쪽 콧구멍 호흡 중에는 언어 작업을, 그리고 오른쪽 콧구멍 호흡 중에는 공간 작업을 더 잘 수행한다고 보고했다.

Rossi(2002)는 내담자가 위기 상황에서 비강 우세를 전환하도록 하는 치료법을 꾸준히 활용한다. 그는 만성 알코올 중독자인 남자에게, 술을 마시고 싶은 충동이 강해질 때 자신의 대뇌 우세를 판단하게 했다. 그 남자는 퇴근 무렵 자신의 오른쪽 콧구멍이 더 열려 있는 것을 발견했는데, 이는 그가 여전히 좌뇌가 우세한 상태로 있어서 휴식으로 술을 원하는 것이라고 해석되었다. 그래서 그는 수년 동안 요가로 비강 우세 전환 기술을 훈련했다. 비강 우세 연구는 이제 뇌파의 패턴, 수학적 작업, 그리고 대인관계 갈등에까지 이어지고 있다. 치료사들은 내담자들의 (흥분하는) **교감신경계**와 ('낙하산'을 떠올리며 진정하는) **부교감 신경계**가 균형을 이루도록 돕는데, 이들이 몸의 모든 기본 기능과 내장 장기를 조절하기 때문이다.

TIP

이제 잠깐 시간을 내어 코로 숨을 쉬어 보라. 어느 콧구멍이 더 많이 열려 있는가? 그 콧구멍이 당신의 현재 정신 상태와 일치하는가? 이 책을 읽으면서, 어떤 이들은 왼쪽 뇌로 읽기를 원하고, 어떤 이들은 오른쪽 뇌로 읽기를 원할 것이다. 손으로 어느 콧구멍을 막거나 혹은 어느 쪽으로 엎드리면 대개 몇 분 안에 우세가 옮겨진다. 과학적 세부사항 모두를 파악하기가 불편한 사람은 오른쪽 반구를 이용하여 큰 그림 정도만 훑어보고 전체 부분에 대한 이해는 다음으로 미뤄 두어도 된다. 만약 급하게 세부적인 사항과 모든 부분을 이해하고 파악할 필요가 있다면, 각 부분을 범주화하고 분석하는 왼쪽 반구가 도움을 줄 것이다.

뇌 반구에 관한 이야기는 아직 개발 중이다. 제5장에서는 April의 사례를 통해서 비우세한 손으로 글씨를 쓰는 것이 치유 과정에 어떻게 도움이 되는지를 보여 주겠다. 대부분의 뇌 구조는 좌우 양측을 가지고 있으므로, 뇌 단층촬영에서 밝게 빛나는 구역의 활동을 여러 가지로 조합하는 연구들이 최근 들어 실시되고 있다. 이 모든 것에 관한 세밀한 탐구를 지속하면, 뇌 반구에 관한 이야기를 개발하여 무대로 올릴 수 있을 것이다. 새로운 장면이 전개됨에 따라 그 내용에 맞게 무대 세트를 재배열하게 될 것이다. 이제 그 드라마의 가장 작은 부분에 관한 막이 올라간다.

신경세포의 전기화학적 구성단위

[그림 2-3]은 각 신경세포의 구성요소와 그들이 서로 연결되는 방법을 보여 준다. 이런 활동을 1만 5천 배로 확대하여 보여 주는 전자 현미경이 없었다면 어쩔 뻔했는가? 이 수준에서는 정보가 한 방향으로만 흐른다. 세포는 **수상돌기**(dendrites) 또는 세포벽을 통해서 화학물

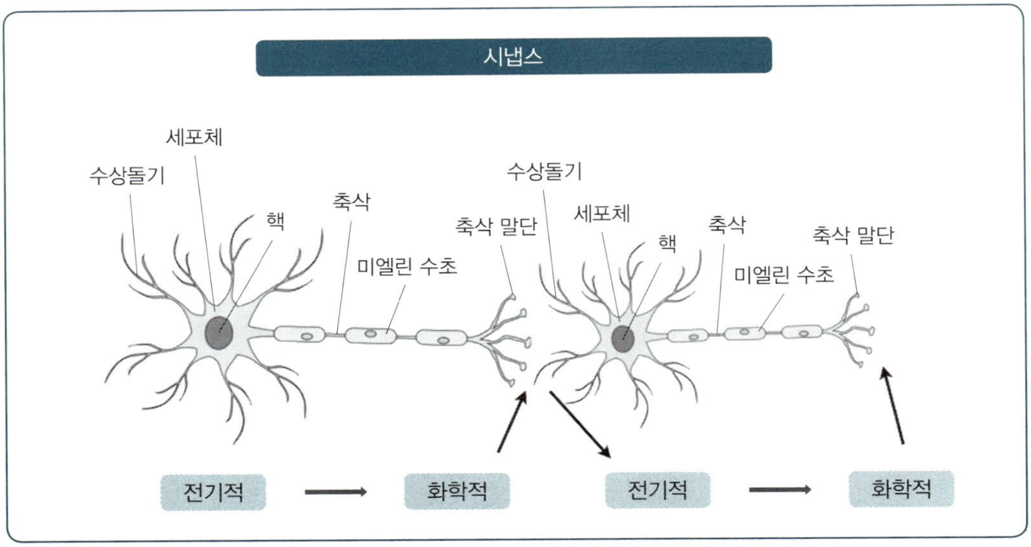

[그림 2-3] 신경세포

질을 받아들인다. 이것이 전기적 부하(electrical charge), 즉 **발화**를 일으킨다. 세포체는 켜지거나 꺼지는 것으로 그 전하를 축삭(axon)으로 전달하고, 축삭의 가지(branches)는 주변 신경세포들의 수상돌기로 화학적 메시지(**신경전달물질**)를 방출한다. 수상돌기에 밀집해 있는 가지와 축삭들은 각 세포에 대해서 수천 번의 연쇄 반응을 일으킬 수 있다. 신경세포들은 배아기의 최고점 이후 대량으로 사라지지만, 그 능력에 영향을 주는 것은 **연결의 수와 밀집도**이다. 배아의 이런 성장 과정은, 자궁을 벗어난 사회적 관계에도 적용할 만한 교훈을 준다. 예를 들어, 대인관계 및 사회적 관계망은 우리 뇌의 밀집도를 높인다. **고립은 신경망을 희박하게 하지만 사회적 관계가 늘어나면 신경 밀집도도 증가한다.**

각 축삭을 따라서 **미엘린 수초**가 있다. 이 지방 외피는 전기적 부하의 속도와 정확성을 향상한다. 이 수초 형성은 소뇌부터 시작하여 두정부를 지나 이마 쪽으로 진행되는데, 23~25세 정도에 완성되며, 이 시기는 대략 미국 자동차 보험회사가 운전 위험이 줄어든다고 보고한 때이기도 하다(Laird, 2011)! 전두엽은 미엘린 수초가 최후로 완성되는 곳으로, 이는 인간의 발달이 동물보다 얼마나 더딘지를 보여 준다. 소아 청소년과 성인들에게 **발달학적으로 적절한 개입을 결정할 때, 이 미엘린 화(myelination)의 순서는 아주 중요한 요인이다.** 예를 들어, 전전두엽 피질의 미엘린 화가 완성되지 않은 **청소년은 위험을 무릅쓸 가능성이 매우 크다.** 반면, 25세 이후에는 그 가능성이 감소한다(Chein et al., 2011).

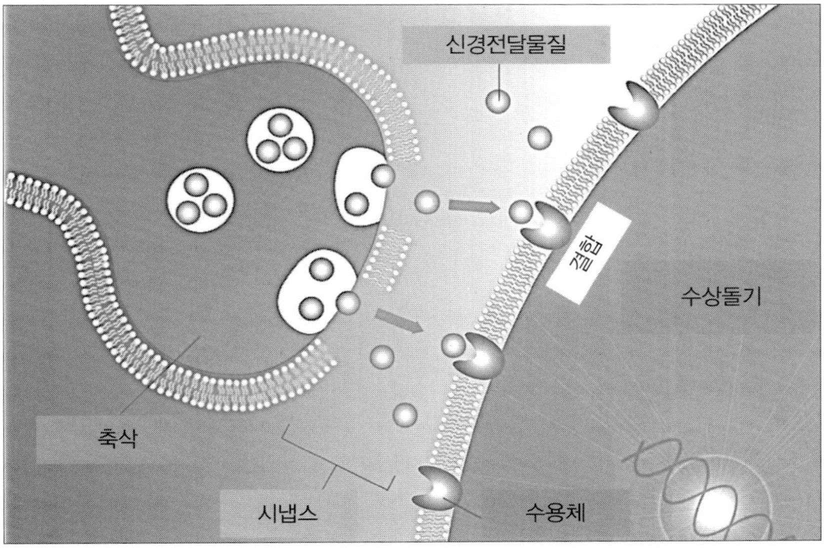

[그림 2-4] 시냅스와 결합

[그림 2-4]는 수조 개의 수상돌기와 축삭들이 물리적으로 '접촉'하지 않으면서 연결하는 방식을 보여 준다. 축삭과 다음 수상돌기 사이에는 미세한 간격이 있다. 이 **시냅스**는 각 축삭이 화학물질의 작은 가방을 가지고 있다가 전기적 부하에 의해서 그것을 쏟아 내고 화학적으로 폭발하는 활동 장소이다. 각 축삭은 100개가 넘는 화학물질의 작은 자루를 가지고 있는데, 이들 대부분은 신경펩티드이다. 역설적으로, 시냅스는 간격인 동시에 연결 지점이다. 그 연결은 물리적 접촉이 아닌 화학적 전달로 이루어진다. 이런 연결 방식 덕분에 각 요소의 세밀한 균형이 필요한 섬세한 환경이 만들어진다. 출생할 때까지 신경세포의 수는 감소하고 시냅스는 증가한다. 아기의 경험에 따라서 **회로**(circuit), 즉 연결된 신경세포들을 따라 일어나는 발화(firing)도 발달한다. 신경세포들은 우선은 활동의 사슬에서 발화하는 이웃이며, 다음으로는 일련의 메시지가 담긴 화학물질을 멀지만 올바른 곳으로 보내는 먼 친척이다.

이 화학물질의 목적지에는 그 화학물질을 받아들여 세포 내에서 화학적 반응을 일으키는 작은 분자, 즉 **수용체**(receptor)가 있다. 그 대부분은 이웃 신경세포의 축삭이 배출한 화학물질을 받아들이는 수상돌기에 있다. 다른 수용체는 신경세포 벽을 직접 통과한 화학물질만 받아들이는데, 이들은 세포 내에서 화학물질을 '열심히 기다리고' 있다. 어떤 경우든 이 수용체 세포들은 올바른 화학물질(**리간드**, ligand)과 결합하기를 기다리고 있다. 수용체는 각 화학물질에 특이적(chemical-specific)이어서 하나의 물질과만 결합한다.

다음 단계는 결합(binding)이다. 결합에 대한 대부분의 설명은 열쇠와 열쇠 구멍으로 비유한다. 그러나 Pert(1997)는 수용체와 리간드가 결합 직전에 진동하는 것을 현미경으로 관찰하고 이를 '분자 수준의 섹스'라고 하였다. 그녀의 비유는, 세포로 들어가는 관문인 수용체를 여는 초인종을 울리는 것처럼, 알맞은 노래 악보를 발견한 수용체와 리간드를 이미지화한 것이다. 수용체는 그 화학물질을 세포 내로 받아들이고, 그 화학물질은 그 세포와 수용체의 종류에 따라서 여러 과정을 촉진하거나 억제함으로써 세포의 특성을 변화시킨다. 이 이야기가 남녀 간의 데이트 같지 않은가? 이 촉진 또는 억제하는 능력은 무엇보다 애착, 사랑, 섹스, 평온함, 그리고 특히 중독의 신경생리학을 이해하는 데 핵심적이다. 그 효과는 근육을 수축시킬 수도 있고, 피부나 다른 기관의 메시지를 뇌로 전달할 수도 있다. 이 등장인물들의 역할은 이 장의 후반에서 스트레스 반응으로 설명하겠다.

> 이 촉진 또는 억제하는 능력은 무엇보다 애착, 사랑, 섹스, 평온함, 그리고 특히 중독의 신경생리학을 이해하는 데 핵심적이다.

놀랍게도, 이 모든 활동은 1초의 천분의 1 또는 시속 200마일의 속도로 일어날 수 있다. (Fincher, 1981). 이 과정은 하나의 전기적 부하가 일으키는 화학적 반응으로 시작하는데, 이것이 일련의 전기적 부하를 일으킨다([그림 2-3] 참조). 과학자들은 에너지의 흐름에 관한 구조적 및 화학적 특성을 시각화하기 위하여 강한 결합(hard-wired)이나 약한 결합(soft-wired)이라는 용어를 사용한다. 결합으로 인한 화학적 반응의 특성이나 발화로 인한 전기(electricity)의 강도는 도달된 감각 정보의 유형, 신경세포의 종류, 리간드의 종류, 그리고 그 순간에 뇌에 존재하는 화학물질들의 균형에 따라 달라진다. 이런 감각 정보는 사회적 및 감정적 환경을 포함한다는 점을 기억하라.

> 우리는 전기적-화학적인 존재이다.

TIP

책을 계속 읽기 전에 잠깐 멈추어 보라. 눈을 감고 가능한 한 가장 깊고 길고 느리게 호흡하라. 숨을 천천히 마시고 내쉬라. 당신의 심장박동 외에 다른 곳의 가장 작은 감각을 느낄 수 있는가? 이것은 당신의 동맥과 모세혈관을 흐르는 피와 산소, 그리고 그 이상의 것들이다. 우리는 전기적-화학적인 존재이다. 이 간단한 훈련은 트라우마의 생존자들, 갈등 중인 커플들, 그리고 여러 강한 정서가 표출되는 현장에서 일하는 우리 치료사들을 위한, 정서 조절의 기본 단위이다. 이 과정은 다음 장들에서 나오는 여러 중재에도 적용된다. 잠시 시간을 내어 당신의 몸, 머리 꼭대기부터 손가락과 발가락 끝까지 흐르는 에너지를 느끼는 당신의 능력을 음미하라. 이것은 당신의 의식적인 마음과 당신 몸 사이의 대화이다. 그것을 '감각느낌(felt sense)'이라고 한다(Gengdlin, 1996).

대인관계 연결의 화학물질

드라마에 긴장감 혹은 강한 감정을 일으키는 등장인물들이 없다면 배역 구성에 문제가 있는 것이다. 등장인물의 관계에 의미를 부여하고 행동을 설명하며 드라마의 결말을 드러내는 것은 이 메신저(messengers)이다. 축삭은 다재다능하여, 받은 화학적 부하에 따라서 각각 다른 메신저를 내보낸다. 인간의 생화학에는 아주 깊고 넓은 세부사항들이 포함되어 있기 때문에, 이제부터는 커플 관계, 아동의 발달, 트라우마 및 중독에 깊은 관련이 있는 물질에만 초점을 맞추어 논의할 것이다.

어떤 물질은 신경전달물질과 호르몬 모두 될 수 있다. 신경전달물질은 시냅스를 통해서 이웃 신경세포를 활성화한다. 이들은 시냅스에 있는 수용체가 그들을 '맞아 주기'를 정중하게 기다린다. 반면에 호르몬은 혈액을 따라 먼 곳까지 여행하여 세포핵과 결합한다. 호르몬은 곧바로 세포벽을 통과해서 자신의 역할을 한다. 이런 예는 (에피네프린이라고 불리기도 하는) 아드레날린과 노르아드레날린인데, 이들은 중추신경계와 부신에서 분비되는 스트레스 호르몬이다. 이들은 위협적 상황에서 즉각적으로 혈류로 분비되어 투쟁/도피/동결 반응을 일으킨다. 스테로이드와 기체들도 즉각적인 효과를 낼 수 있도록 핵으로 침투하는 것으로 밝혀졌다. 예를 들어, 코르티솔은 혈류에 분비되는 스테로이드로서 위협에 대한 투쟁/도피/동결 반응을 일으키는 호르몬이다.

흥미로운 역할교차(cross-over)는 세로토닌이다. 전체 세로토닌의 90% 이상은 소화기관(창자)에서 생산되는데, 이곳에는 척수에서보다 더 많은 신경세포가 있다(Gershon, 1998). 이 신경세포 다발은 중추신경계와 독립적으로 기능하기 때문에, 내장신경계(enteric nervous system)라고 불리기도 한다. 세로토닌은 이곳의 여러 곳에서는 호르몬처럼 활동하며 식욕과 혈관의 긴장 조절에 도움을 주지만, 뇌에서는 여러 회로와 시냅스를 따라 활동하면서 행복감을 유발하는 신경전달물질로 활동한다. 행복감은 이처럼 두 곳에서 조절된다.

또 베타 엔도르핀류의 펩티드는 천연 모르핀 같은 역할을 하는데, 이들은 신체의 먼 곳까지 여행하여 효과를 낸다. 아편류 펩티드 시스템은 일반적으로 동기부여, 감정, 애착, 스트레스, 통증 및 식욕과 관련된 역할을 한다. 이들을 기다리는 아편 수용체가 우리 몸 전체에 있다. 현미경적으로 말하면, 우리의 몸은 아편 수용체로 덮여 있다. 이들은 그 화학적 구성이 아니라 원거리를 여행한다는 점에서 호르몬으로 간주된다.

TIP

이제 다시 한번 휴식을 취할 때이다. 당신이 있는 방을 둘러보고 당신을 미소 짓게 하는 것에 집중하라. 그림? 사진? 기념물? 당신을 웃게 하는 더 좋은 것이 있는가? 의식에 떠오르는 이야기도 좋다. 충분히 쉬었다면 당신의 몸은 기쁨으로 이완될 것이다. 그 바탕에는 고통을 완화하고 보상과 행복감을 향상하기 위해서 혈류를 흐르는 베타 엔도르핀과 도파민이 있다. 그 감각에 주목하라. 호흡을 이용하여 그것에 집중하라. 이 5분의 '훈련'에는 다른 혜택도 따른다. 글루타메이트는 뇌에서 가장 풍부한 신경전달물질 중 하나인데, 학습과 기억 및 뇌 가소성을 증진한다. 미소와 웃음, 힘든 일상에서 틈새의 기쁨. 그런 기억을 다른 사람과 나누면, 옥시토신까지 함께하는 '삼관왕'을 얻게 될 것이다. 이 훈련은 마음챙김의 한 형태로, 뇌의 화학적 상태와 회로를 변화시킬 수 있다(제5장 참조).

보호와 방어를 위한 시스템: 스트레스 반응 3단계

뇌간의 최상부 피질에는 뇌 전체의 드라마에서 가장 생생한 대화를 나누는 한 무리의 출연자들이 있다. 이곳은 우리 몸에서 가장 복잡한 교차로 중 하나로, '정서적 뇌'의 영역이다. 오감(five senses), 미주신경 및 피질로부터 무대를 오르내리는 메신저들의 드라마가 여기에서 펼쳐진다. 이렇게 많은 자료가 이렇게 많은 방향을 오가며, 또 이렇게 많은 정보를 처리하는 곳은 여기 말고는 없다. 이곳은 두개골 내의 중심, 즉 코와 비강 통로 바로 뒤에 있다. 이곳을 **정서적 뇌** 혹은 **변연계**라고 하는데, 이들은 몸 전체를 담당한다. 신경생리학 연구가 늘어나면서, 우리는 감각, 기억, 의미 및 감정이 몇 가지 분비샘이나 어느 구조물에 한정된 것이 아니라, 몸 전체라는 아주 넓은 무대에서 형성된다는 것을 알게 되었다. 이것은 생존 상황, 정서, 동기 및 관계를 처리한다(Van der Kolk, 2014; Siegel, 2012; Levin, 2010). 이는 마치 국가 안보와 관련된 정보들을 모으고 분석하여 처리하는 여러 분과를 가진 미국 국토안보부와 비슷하다. 이 정보에는 발달기 아동의 안정 혹은 불안정 애착경험이 포함된다. 이 시스템은 합리적 생각부터 성적 탐닉까지 몸의 모든 기능에 개입하며 필요한 것을 집행하는 권한을 가지고 있다. 이것은 일종의 메타 시스템(meta system)[3]으로, 다른 여러 시스템과 계속해서 거래하고 협상한다. 이곳에서는 일상의 모든 경험이 친구 아니면 적으로 처리되는데, 이 생

3 역자 주: 체계 간 서로 연결되어 상호작용이 가능하도록 융합된 거대하고 유기적인 통합 체계.

존 드라마에는 위협을 인식하여 적절하게 화학물질을 배치하고 활성화하는 세 가지 미시적 단계가 있다.

제1단계: 위협의 인식

우리의 오감, 시상, 편도체, 해마 및 안와전두엽 피질(OFC)은 사회적 및 물리적 자극의 잠재적 위협을 평가한다. 이것은 1초의 몇 분의 1이라는 순식간의 분석을 통해서 몸을 흥분시키거나 억제한다.

안와전두엽 피질(OFC)

충동 조절, 자기 인식, 주위 및 기분과 관련한 반응에 관여한다. 이 영역이 손상되면 인격의 변화가 나타난다. Schore(2005)는 눈 맞춤, 대면 소통 및 감정 조율 등 애착 인물과의 정서적 연결에서 오는 자극을 OFC가 담당한다고 제안했다. 부모와 아동의 정서 발달을 촉진하는 우뇌 대 우뇌의 소통은 왼눈 대 왼눈 맞춤으로 이루어진다.

시상과 오감

이 두 뇌엽의 신경 다발은 호두 크기로 그 중간이 연결되어 있다. 이들은 뇌간과 신피질 사이에 자리하여 피질, 편도체 및 해마의 영역으로 가는 감각 정보에 대한 관문 역할을 하며, 매우 광범위한 영역과 접촉한다([그림 2-5] 참조). 이곳은 모든 감각 정보가 오가는 혼잡한 교통을 통제하는 거대 중앙역이다. 모든 감각은 시상으로 먼저 보내져서 처리 과정을 거친다. 하지만 오직 하나의 예외로 후각은 편도체로 먼저 간다(후각 망울은 작은 가지를 편도체로 직접 보낸다). 어떤 이들은 냄새를 편도체로 직접 보내서 임박한 위험에 대하여 빠르게 신호를 보내도록 한 이유가, 선사시대에는 후각이 우리 몸의 '최초 감지 시스템'이라고 할 만큼 중요한 감각이었기 때문으로 추측한다. 또 어떤 이들은 시상이 의식 경험의 감각에 중추적 역할을 한다고 주장한다(Siegel, 2012).

편도체

편도체는 임신 8개월경에 완전히 발달한다(Cozalino, 2006). 좌우 양측에 있는 편도체는 어떤 위협이 내부적(애착 손상)이든 외부적(교통사고)이든 가리지 않는 신체의 '경비견'이다(Johnson et al., 2001). 아몬드 크기의 이 신경세포 다발은 좌우 해마의 위에 자리하며, 위협,

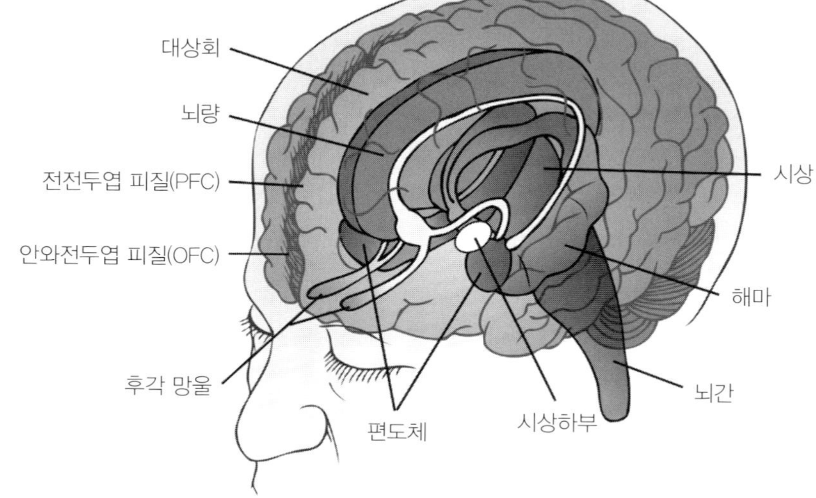

[그림 2-5] 변연계 영역

공포 및 불안에 특히 민감하다. 무엇인가 잘못되면 편도체가 가장 먼저 반응한다. 편도체는 출생 전 자궁 속에서도 공포를 느낄 수 있다(Cozalino, 2006). 출생 후에는 시상, 시상하부, 중격핵(septal nuclei), 안와전두엽 피질, 대상회(cingulate gyrus), 해마 및 뇌간과 밀접하게 작업하여, 이들로부터 얻어진 안전에 관한 정보를 처리한다. 공포와 공격성에 관한 편도체의 역할을 고려하면, 특히 애착 손상이 심각한 결혼 갈등에는 무려 4개의 편도체가 커플 두 사람을 능가하는 셈이다. 위협에 대한 반응 경로는 두 가지가 있다. 하나는 전전두엽 피질(PFC; 합리적인 뇌)을 완전히 우회하는 것(싸워라! 또는 도망가라!)이고, 다른 하나는 집행 위원인 PFC와 해마에게 자문하는 것이다. 한편, 냄새는 편도체로 직접 가기 때문에, 시상하부를 통한 정서적 반응과 내분비 반응에 영향을 미칠 수 있다. 이런 사실은 에센셜 오일 또는 비강으로 흡입된 중독성 물질의 효과에서 확인할 수 있다. 코카인, 접착제 또는 기타 흡입제들을 '맡으면', 곧바로 편도체로 가서 공포나 불안을 줄일 수 있다(제9장 참조).

해마

이 구조도 좌우 양측에 있으며, 측두엽 내부와 변연계 사이에 구부러진 호 모양이다. 이것은 코르티솔의 분비 조절을 돕고, 주어진 환경의 시각적 및 공간적 상호작용에 관한 방향감각을 제공한다. 또 어떤 사건과 관련된 사실 정보와 세부사항, 그리고 자기 자신에 대한 감각(**자서전적 기억**)을 저장하고 복구한다. 이것은 편도체, PFC와 함께하는 집행 위원회의 일원이다. 해마는 단기 기억에 매우 중요한 역할을 하며, 장기 기억의 패턴 수립에 관한 필요조건이기도 하다. 궁극적으로 **기억 저장은 대뇌 피질의 다른 영역으로 옮겨져야** 한다. 이렇게 기억이 부호화되는 장소는 기억의 유형에 대한 기능도 갖는다. 그래서 Van der Kolk(2014)는 자신의 책 제목을 '몸은 기억한다'라고 붙였다. 이렇게 확립된 기억은 전두엽 및 두정엽-측두엽-후두엽의 연합 피질 영역에 저장된다(Sweeny, 2009). 덧붙이자면, 해마는 2~3세까지의 장기 기억은 가지고 있지 않다. 우리가 출생에 대해 기억을 하지 못하는 것은 그때문이다.

제2단계: 화학적 슈퍼스타들

주요 출연진의 특별한 관계는 **시상하부-뇌하수체-부신 축**(HPA axis)에서 나타난다. 이것은 위급상황에서 우리를 구해 주는 119 같은 역할을 한다. 감정 호르몬은 뇌에서 멀리 떨어진 간(liver)에도 영향을 미치는데, HPA 축은 이 과정에도 관여한다. [그림 2-6]은 HPA 축과 그 활성화가 다른 시스템에 영향을 미치는 방식을 보여 준다. '행동을 개시하라!'라는 명령과 동시에, HPA 축은 투쟁/도피/동결 반응을 일으키는 호르몬의 복잡한 연쇄 반응을 시작한다. 동결 반응이 투쟁/도피의 경우와 동일한 화학물질의 홍수로 나타난다는 점이 놀랍지 않은가? 위협에 대한 생리학적 반응과정들이 대체로 비슷하다는 점에서 이 투쟁/도피/동결 반응은 단일한 구조이다. 동결 상태는 붙잡혀서 움직일 수 없는 절박한 운명의 표현이다. 변연계가 '위협적이다'라고 판단하면 화학적 연쇄 반응이 시작된다. 우리가 곰에게 쫓기는 경우를 상상해 보면, HPA 축은 이런 식으로 우리에게 생존할 기회를 주는 셈이다. 이 HPA 축은 응급 상황에서는 필요하지 않은 다른 시스템들, 즉 면역 체계나 소화기계의 기능, 심지어 PFC마저 차단한다.

시상하부

리마 콩 크기(약 1.3cm)의 이 세포 집단은 **몸에서 가장 높은 밀도의 혈액 공급 중 하나를** 받고 있다. 시상하부의 가장 중요한 기능은 뇌하수체를 통하여 신경계와 내분비계를 연결하는 것이다. 시상하부는 **최고위 분비샘(뇌하수체)을 지휘**하는데, 즉 신체의 균형을 유지하기 위해서 뇌하수체가 하는 모든 것을 지도한다. 이 둘은 빠른 활성 능력을 유지하기 위해서 결합

쌍둥이처럼 같은 혈관을 공유한다. 이것은 문제의 징후를 경계하며 감지하는 수석보좌관처럼 정기적으로 편도체와 조회한다. 또 HPA 축의 한 부분으로서, 뇌하수체에 메신저를 보내어 부신이 스트레스 및 섹스 호르몬을 분비하도록 자극함으로써 투쟁/도피/동결 반응을 촉진한다. 시상하부는 비록 크기는 작지만, 뇌의 정서적 중추라는 점이 정동 과정을 추적하는 수많은 연구에서 밝혀지고 있다.

뇌하수체

이 작은 분비샘은 병아리콩 크기(약 0.6cm)로, 두개골의 일부인 작은 컵에 들어 있다. 이것은 호르몬 생산 세포를 가진 (신경 다발이 아닌) 분비샘이다. 앞에서 말한 대로, 뇌하수체의 모든 과정은 **최고위 분비샘**으로 알려진 시상하부가 지도하며 그 상당한 몫을 차지한다. 뇌하수체에서 분비되는 여러 호르몬 중에서 여기서 거론할 것은 **베타 엔도르핀으로**, 이것은

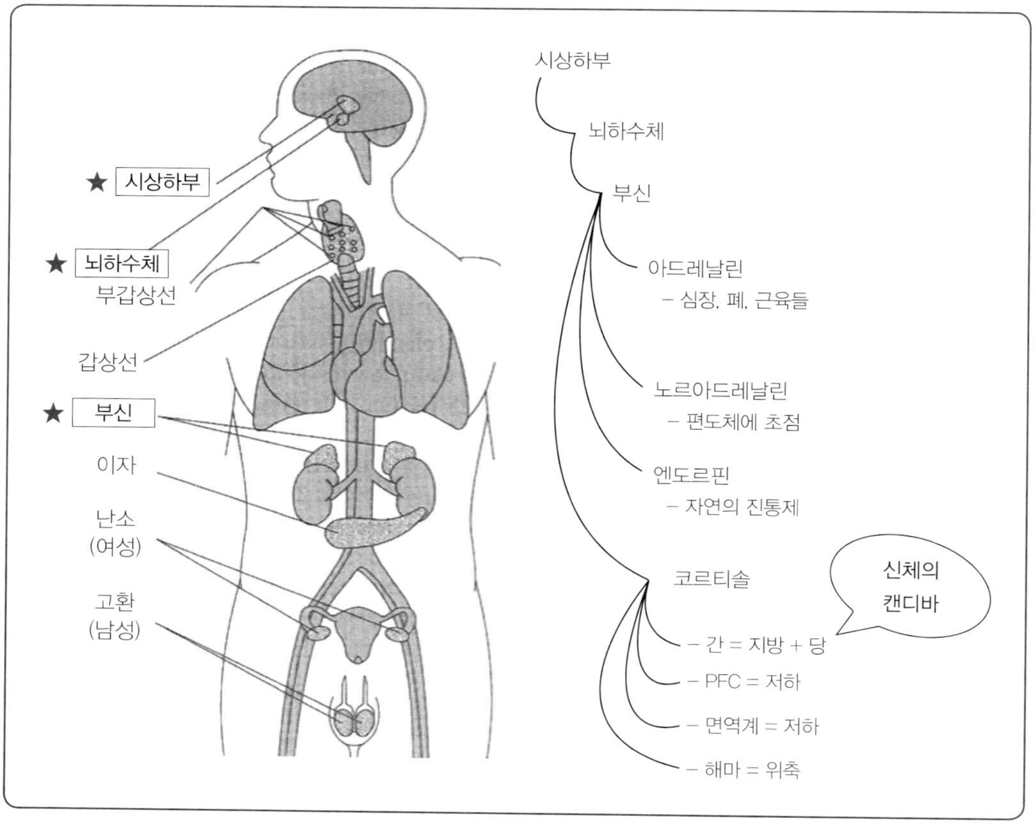

[그림 2–6] HPA의 화학물질들

다른 분비샘들을 자극하여 테스토스테론, 에스트로겐, 아드레날린, 노르아드레날린, 엔도르핀 및 코르티솔을 방출하게 한다. 뇌하수체는 HPA 축이 활성화되는 동안 부신이 계속 작업하도록 독려한다.

부신

엄지손가락 크기인 이 한 쌍의 분비샘은 성 호르몬과 스트레스 호르몬을 분비한다. 만약 내담자의 저하된 성욕이 문제라면, 이것과 스트레스가 원인이다(제7장 참조). 부신은 사춘기에 매우 중요하다. 이것은 자체적으로 호르몬을 분비하여 영양, 소화, 섹스 및 안전 등의 조절에 도움을 주는데, 스트레스 신호가 없을 때도 소화와 혈당에 관한 역할을 하기 위해 매일 코르티솔을 뿜어낸다. 신체 불균형의 대부분은 호르몬이 여러 기능을 수행하기 때문에 생긴다. 한 영역에서 기능이 과도해지면 다른 영역에서는 기능이 억제되어, 부신 과부하(adrenal overload) 상태가 된다. 신경과학자들은 이제 정동과 정서가 위협 평가 기능과 연관되어 있다는 점에 동의한

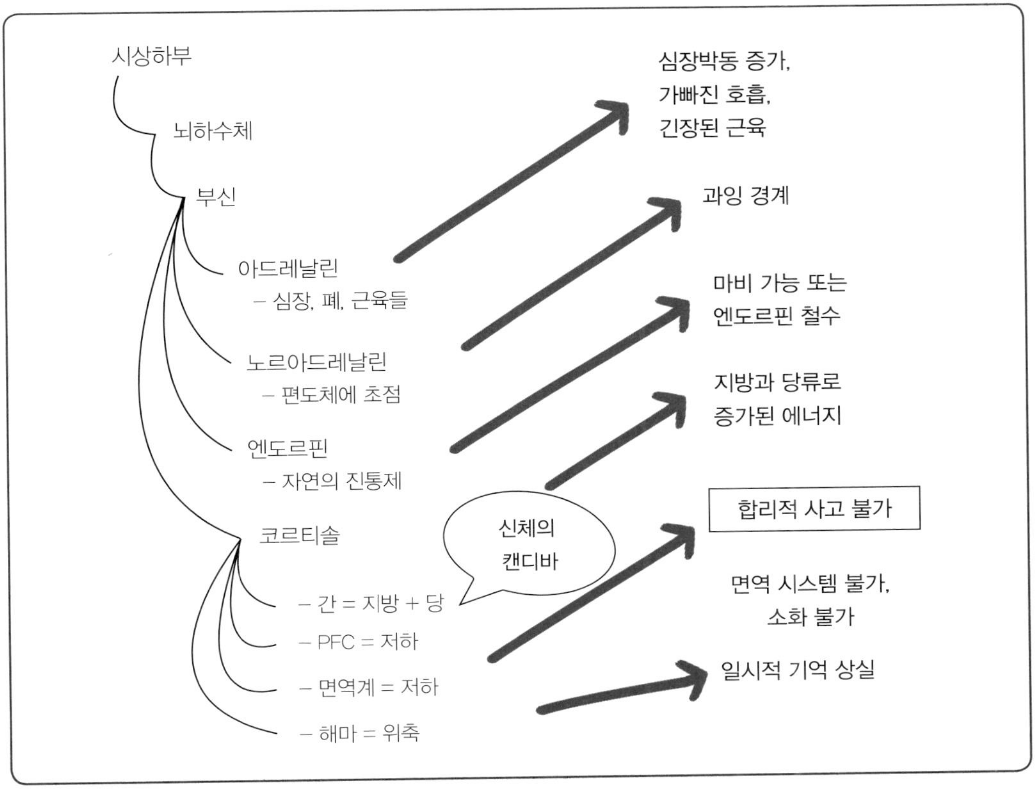

[그림 2-7] HPA의 효과들

다(Evans, 2002; Siegel, 2012). 우리가 경험하는 인정, 기억, 의미 및 정서는 부신에 중대한 영향을 준다. 만약 우리 몸이 균형과 조화를 원하는 경우는 즉각적으로 변화를 추구하지만 우리의 정확한 평가와 실행 능력은 경험, 맥락 및 트라우마로 지장을 받을 수 있다. [그림 2-6]과 [그림 2-7]은 내적 및 외적 활성화로 이어지는 화학물질의 연쇄 반응을 보여 준다.

1. 편도체는 위협을 인식하면 시상하부에서 부신피질자극호르몬 방출 호르몬(CRH)을 분비하게 한다.
2. CRH는 뇌하수체에서 여덟 가지 호르몬 중 하나인 부신피질자극호르몬(ACTH)을 혈류로 보내도록 신호를 보내고, ACTH는 부신에서 아드레날린, 노르아드레날린, 코르티솔 및 엔도르핀의 분비를 자극한다.
3. 아드레날린은 심장, 폐 및 근육들을 흥분시킨다.
4. 노르아드레날린은 편도체의 흥분을 증가시킨다.
5. 코르티솔은 전쟁터에서 공격하는 군대처럼 사방으로 퍼진다([그림 2-8] 참조).

제3단계: 활성화

최종 단계는 이 복잡한 일련의 내부 생리학이 행동으로 발현된 결과이다. 이것은 위협에 당면하여 보호 또는 방어가 필요할 때 나타나는 공황발작의 해부학이다. 투쟁/도피/동결 반응에는 다양한 장기가 동원된다. 심장, 폐 및 근육은 지원 세력과 연합하여 신체적 생존을 준비한다. 편도체 생리학은 과잉 경계와 고조된 공포 기억으로 명백해진다. 코르티솔은 간에 저장된 글리코겐을 쏟아져 나오게 하고, 이것은 당(sugar)으로 변환된다. 또 다른 기능에 의해서 지방 수준이 상승한다. 이 간 생리학은 빨리 달려야 할 때 혈액에서 지방과 당이 상승하는 것으로 드러난다. 낮은 혈당과 낮은 에너지 상태에서 잘 달릴 수 있겠는가? 이런 것이 스트레스를 받는 간의 기능이 활성화되는 방식이고, 내가 간을 '몸의 캔디바(candy bar)'라고 부르는 이유이다. 여분의 당과 지방을 소비할 신체적 에너지 방출이 없으면, 이것들은 몸의 다른 부분에 축적된다. 따라서 당신이 스트레스를 받고 있다면, 카우치 포테이토[4]가 되지 않도록 주의하라!

4 역자 주: 카우치 포테이토(couch potatoes): 소파 붙박이가 되어 TV만 보느라 살찐 사람.

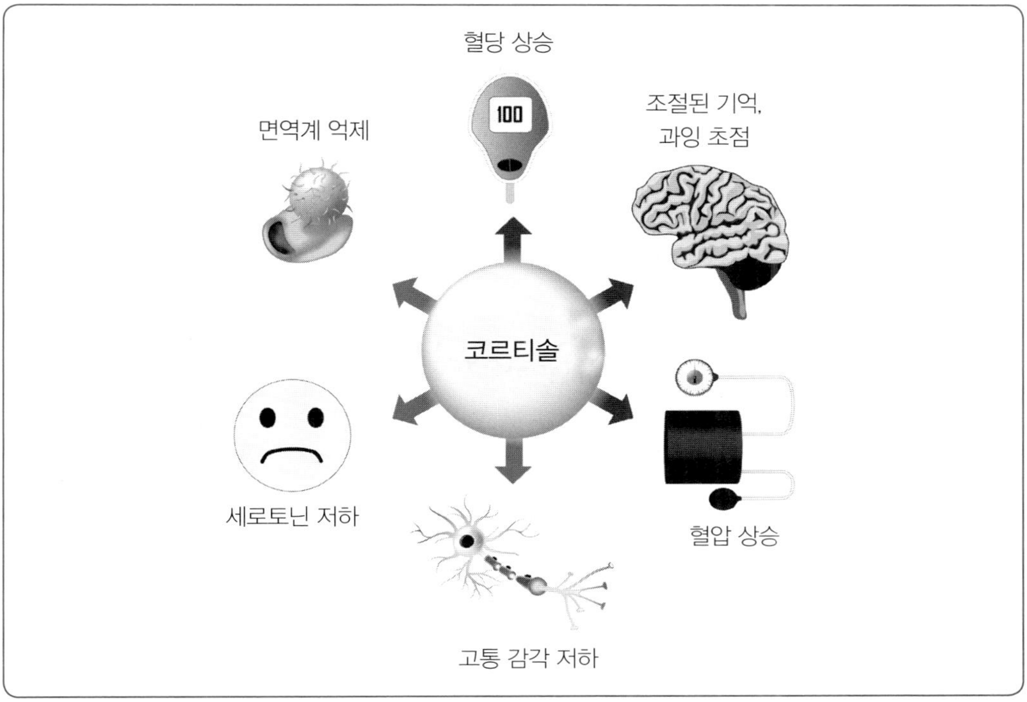

[그림 2-8] 코르티솔의 효과

> 생물학적 공감을 개발하기 위해서는 HPA 축과 스트레스 반응을 이해하는 것이 중요하다.

코르티솔 역시 PFC, 면역계, 해마 및 소화 장기에서 에너지를 쓰지 않게 한다. 투쟁/도피/동결 중에는 이런 것이 필요 없기 때문이다. 하지만 만약 당신이 일상생활 중에 트라우마 증상이나 다른 위협으로 인한 공황발작이 나타나면, 이 때문에 일시적인 집중 장애나 합리적 사고, 기억 및 소화 기능의 저하 같은 문제를 겪을 수도 있다. 게다가 이런 증상은 그 스트레스의 원인과 특성에 따라서 만성화될 수도 있다. 어떤 사람들은 머릿속, 심장이나 사지에서 (화약이 터지는 것 같은) 스트레스를 겪기도 한다. 제5, 6장에서는 이런 증상들을 다루고, 각 연령대에 따른 트라우마 개입 프로그램을 제공할 것이다. 생물학적 공감을 개발하기 위해서는 HPA 축과 스트레스 반응을 이해하는 것이 중요하다. 생물심리사회적 방법을 터득하여 운동과 내부 감각에 초점을 맞추면 긴장을 조절할 수 있다. 전통적인 '대화 요법'을 포함한 여러 임상적 치료법이 기념비적 향상을 이룰 수 있었던 것은 이런 공감이 가능해진 덕분이다.

Arnsten(2009)은 HPA 축(편도체)이 스트레스 노출에 매우 민감하다는 사실을 보여 주는 많은 증거에 주목한다. 그는 '가볍지만 통제할 수 없는 급성 스트레스'조차 인지능력에 극단적인 변화를 일으킬 수 있다고 주장한다. 그의 연구는 스트레스가 어떻게 부신 과부하 현상으로 이어지고 또 PFC 변화나 정신질환을 일으키는지를 설명한다(Farah et al., 2015). 트라우마 연구자들이 제안하듯이, 치료사가 적절한 치료를 하기 위해서는 '잘못된 것'을 평가하려는 것보다 '일어난 일'에 대해서 배우는 것이 더 중요하다. 스트레스와 트라우마의 생리학에 대한 지식을 어떻게 생물학적 공감과 개입으로 이어갈 것인지에 대한 세부사항은 제5장에서 검토하겠다.

HPA 축이 구조를 위한 소방차라면, 불이 꺼지고 잠재적 피해가 끝나는 때가 온다. 때로는 위험이 별 탈 없이 지나가기도 한다. 생존의 경쟁에서 신체적 안전을 회복한 경우의 안도감은, 휴식 혹은 이완 상태에서 일정한 리듬으로 숨을 들이마시고 내쉬는 무의식적 호흡으로 나타난다. 애완동물을 기르는 사람이라면, 그 동물이 잠들기 직전에 짓는 특유의 한숨을 잘 알고 있을 것이다. 바로 이것이 그간의 노력과 활동을 진정시키는 부교감 신경계이다(Levin, 2010).

안전을 위한 시스템: 정동 조절 3단계

우리를 보호하고 방어하는 생리학적 시스템과 세상에 존재하는 모든 위협을 고려하면, 과연 해피엔딩으로 끝날 수 있을지 상상하기 어렵다. 지금부터 우리 신체의 놀라운 균형 능력을 살펴보겠다. 인간은 부족과 마을이라는 경계 안에서 가족을 이루고 안전하게 생존할 수 있는 사회적 및 기술적 보호 시스템을 개발했다. 그런 안전이 창의력과 발명을 가져왔다. 우리 문명은 그 위에 세워졌다. 따라서 우리는 '필요는 발명의 어머니'라는 말 대신, '안전이 발명의 어머니'라고도 말할 수 있다. 분명한 생각, 진정제 화학물질, 그리고 기쁨의 분자도 신체의 자기 조절 시스템 때문에 가능하다. 우리는 PFC 덕분에 믿음, 용기와 모험 정신을 가지고 미래를 상상하며 미지의 개척지로 나아갈 수 있다. 이 모두는 신체적 안전의 확보로 가능하다. 하지만 안전에 대한 욕구가 때로는 탐욕, 지위 추구, 혹은 중독으로 변하는 것처럼, 이 시스템도 가끔은 균형을 벗어난다. 이런 점에 대해서는 제9장에서 더 자세히 알아볼 것이다. 이 균형 회복시스템이 트라우마를 겪는 동안 생기는 조절 장애까지 완전히 예방할 수는 없지만, 그 불균형 상황에서 회복할 수 있게 도와주는 여러 생물정신사회적 방법이 있다(제5, 6장 참조). 이런 불균형에 대응하는 부교감 신경계와 보상 시스템의 기본적인 조절 기능을 이제부터 설명하겠다.

제1단계: 안전, 쾌락, 그리고 보상

위험을 평가하는 바로 그 구조가 안전을 평가한다. 후각은 편도체로 직접 전달된다. 다른 네 감각도 멀리 떨어져 있지는 않다. 편도체, OFC(안와전두엽 피질) 및 PFC(전전두엽 피질)는 해마 및 시상과 함께 위험의 수준을 평가한다. 시간이 지나면 각 사람에게 고유한 정상적 패턴이 만들어지는데, 즉 어떤 사람은 뱀을 무서워하는데, 다른 사람은 그렇지 않은 식이다. 또 어떤 사람은 부모와 함께 있는 것이 편안한데, 다른 사람은 불편해한다. 안전에 대한 욕구는 이처럼 개인화된다. 우리는 '스트레스'라는 용어를 쉽게 쓰지만, 우리의 몸은 내부적이든 외부적이든 가리지 않고 그 상황이 완전히 평가될 때까지는 모두 위험으로 지각한다.

[그림 2-7]에서 보듯이, 위험의 감지와 그에 대한 반응은 단계적 폭포로 나타난다. 평온에 이르는 구조도 마찬가지의 단계를 거친다. 부교감 신경계는 HPA 축에 상응하는 좋은 예이다. 한 번의 위험으로 지나갔거나 그 위험을 성공적으로 극복한 경우에는 뇌 생리가 무의식적으로 재설정되어 호흡과 심장박동이 정상화되고 시스템에 GABA[5]가 흘러와서 마음을 새롭게 하고 몸도 이완된다. 조절 기능의 회복에는 호흡과 산소의 흐름이 결정적이라 할 만큼 중요하다. 새삼스러운 말이지만, 산소 흐름의 제한은 스트레스 반응의 한 특성으로 반드시 교정되어야 한다. 우리는 종종 산소 결핍 상태에 있게 되는데, 우리가 섬세한 마음챙김 상태에 있으면 이런 기본으로 돌아가는 것이 쉬워지고 따라서 더 건강해진다.

위험과 안전에 계속 반응하는 것은 썰물과 밀물처럼 모든 생명체의 정상적 부분이다. 여러 트라우마 치료법의 목표는 이런 사이클에서 조금 더 쉽게 회복하는 것이다. 이런 무의식적인 회복 사이클이 중단된 고착 상태에 빠지면, 활성화와 비활성화 사이를 쉽게 오갈 수 있도록 몸을 재훈련시켜야 한다. 이런 부교감 신경계의 주요 등장인물은 뇌간의 12 뇌 신경, 피질 깊은 곳의 섬엽(insula), 중뇌의 동기부여 시스템, 변연계 영역을 둘러싼 기저핵(basal ganglia), 그리고 뇌엽의 모든 피질이다. 이들은 각자 고유한 역할을 맡고 있다.

5 역자 주: Gamma-AminoButyric Acid의 약자. 포유류의 중추 신경계에서 가장 일반적인 신경전달물질로, 억제성 시냅스 후 전위를 일으킨다.

12 뇌 신경

뇌교(pons)와 연수(medulla)에서 갈라져 나온 12 뇌 신경은 Porges(1995, 2001, 2007, 2014)의 다미주신경 이론(polyvagal theory) 때문에 특별한 관심을 받고 있다. 그는 이 이론으로 애착의 신경학적 우선권(neurological primacy)에 관한 기본 개념, 즉 신생아의 출생 순간부터 뇌 신경이 사회적 관여 능력에 협연하는 방식을 제시하였다([그림 2-9] 참조). 그 연구의 요약과 제5, 7, 9 및 11번 뇌 신경들에 대해서는 제3장에서 더 자세히 설명하겠다. 이 뇌 신경들은 아기의 생존에 필요한 소통 과정에서 중요한 역할을 한다. Porges는 투쟁/도피/동

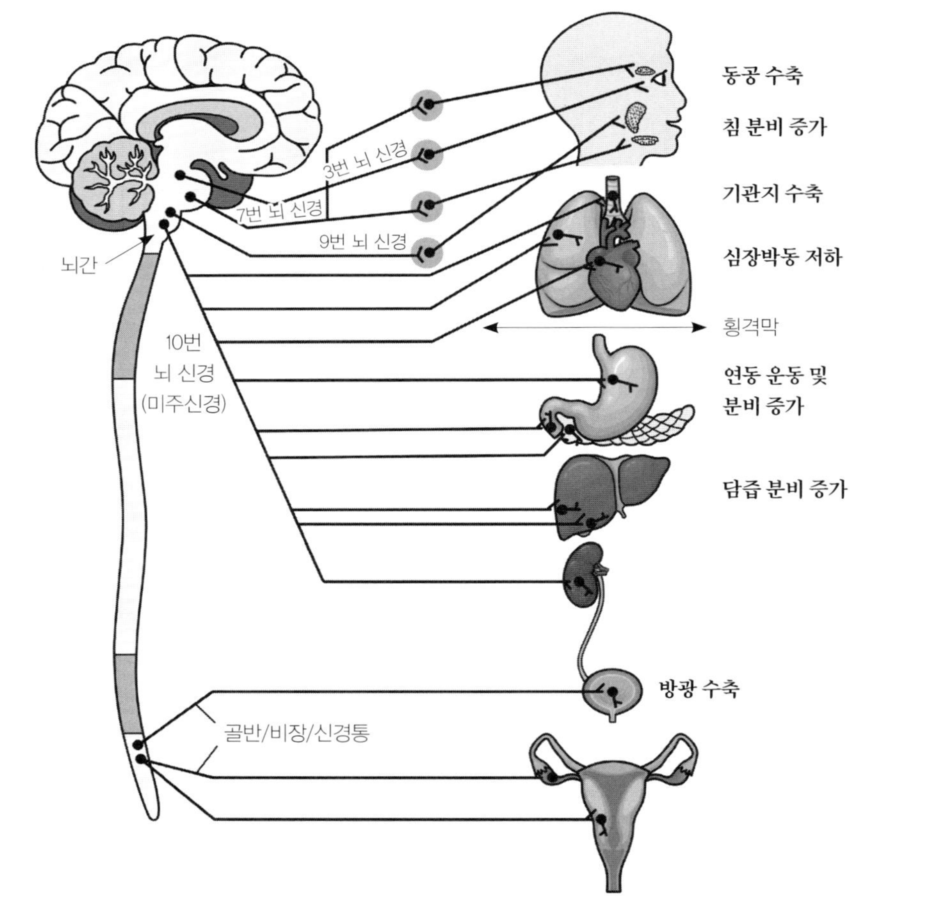

[그림 2-9] 부교감 신경계와 미주신경

결에 대한 신경과학의 사고방식을 변화시켰다. 그는 아기가 자기보호와 방어를 위하여 최초의 반응으로 타인과 관여하는 능력을 갖추고 태어난다고 주장한다. 즉, 어머니의 젖가슴이든 친구의 경청이든 사회적 참여가 성공적이면 HPA 축의 영향력이 감소한다는 것이다. Taylor(2006)는 이것을 옥시토신과 밀접한 관련이 있는 '**돌봄**(tend)**과 우호적인**(befriend)' **반응**[6]이라고 하였다.

이런 안면신경 외에, 또 다른 소통 전문가인 미주신경(10번 뇌 신경; 방황, 방랑자에 해당하는 라틴어 vagus)이 연수에서 급하게 나와 아래로 간다.

미주신경(10번 뇌 신경)

10번째 뇌 신경인 미주신경은 연수에서 좌우의 가지로 갈라져서 몸통을 따라 내려간다([그림 2-9] 참조). 이것은 우리 몸에서 두 번째로 긴 신경으로, 주요 장기들과 내장 및 창자 사이를 뱀처럼 지나면서 광범위한 그물망을 통해서 그것들로부터 정보를 모으고, 그 정보를 의식과 무의식에 보내어 주요 장기를 연수에 연결한다. 미주신경은 심장과의 연결, 즉 심장박동을 늦추며 우리 몸을 진정시킬 수 있다는 점에서 그 감정 조절 능력이 특히 주목을 받고 있다(Beauchaine, 2001). 이처럼 미주신경은, 대형건물의 핵심 위치에 있으면서 영상을 중앙통제소(섬엽, 시상, 편도체)로 보내는 보안 네트워크라고 할 수 있다. 그 작업의 약 90%는 내장에서 뇌로 향하는 단방향이며, 그 10%만 내려보내는 메시지이다. **미주신경은 우리의 의식 밖에 있는 내부적인 위험을 포함한 안전을 점검하고 있다.** 또 인지된 위협을 낮추도록 편도체로 메시지를 보내어 몸의 행동을 자극할 수도 있다.

Gottman과 동료들이 어린이의 정서적 반응의 척도인 심장박동 변동성이 미주신경의 높낮이와 관련이 있다[7]고 제안한 후, 미주신경은 가족치료의 세계에서 유명해졌다(Gottman et al., 1997). 또 미주신경은 PNI(Psychoneuroimmunology, 정신신경면역학) 연구[8]나 마음-신

6 역자 주: 스트레스를 받은 사람들은 일반적으로 투쟁 또는 도피 반응을 보인다. 그러나 Taylor와 동료들은 여성은 스트레스에 대한 다른 반응, 즉 돌봄(tend)과 우호적인(befriend) 반응을 보일 수도 있음을 발견했다. 이런 여성들은 스트레스 상황에서 오히려 다른 사람을 돌보고 보살피는 한편, 새로운 사람들을 만나거나 기존 인간관계를 강화하는 등 사회적 관계의 구축과 유지에 집중한다.

7 역자 주: Gottman 등은 어린이의 정서적 반응, 심장박동 변동성(HRV)과 미주신경 활동의 관계를 연구했는데, 즉 긍정적 감정은 HRV 증가를 통해 미주신경 활동을 증가시켜서 스트레스가 감소하며, 부정적 감정은 HRV 감소를 통해 미주신경 활동을 감소시켜서 스트레스가 증가한다고 하였다. 이 연구는 미주신경 활동이 어린이의 정서 발달과 건강에 중요한 역할을 한다는 것을 보여 준다.

체 연구를 하는 신경과학자의 관심을 받고 있다(Porges, 1998). Whipple과 Komisaruk(2002)는 척수 손상이 있는 여성들에 관한 연구에서 흥미로운 발견을 보고했는데, 척수에 대한 우회로로써 미주-자궁경부 경로를 자극하자 그녀들은 오르가슴을 경험할 수 있었다고 한다. 이때 활성화된 뇌 영역은 일반적인 척수 경로의 경우와 비슷했다. 또 미주신경은 심장과 연결된 신경섬유가 많이 있어서, 심장박동기를 부착하는 곳으로도 유명하다. 이렇게 여러 내장과 다양하고 광범위한 연결을 가진 미주신경은 뇌가 몸에도 존재하는 또 다른 방법이다. '뱃속이 두근거리고 메스꺼운' 느낌은 미주신경이 우리의 의식에 보내는 '내장 수준의(gut level)' 정보일 수 있다. 이처럼 미주신경은 내장신경계의 오랜 친구이다!

이 회로와 관련된 연결을 몸-전체 접근으로 활용하는 방법을 보여 주는 연구가 많다. 미주신경은 섬엽에 아주 많은 메시지를 보낸다. **이것은 장기에서 받은 정보를 의식에 전달하는 미주신경의 능력인데, 우리는 그 특별한 관계를 활용할 수 있다.** 한편, 섬엽(insula)은 편도체, 측좌핵(nucleus accumbens) 및 OFC와 정보를 주고받는다. 섬엽에는 도파민 수용체가 풍부한데, 이런 특성은 보상체계와 가깝다는 점에서 특별히 관심을 끈다. 우리의 내부와 외부 상태에 대한 인식은 섬엽에 등록되고, 이것은 다시 조절에 유용한 통로가 된다(Seth et al., 2012).

섬엽

이 1달러 동전 크기(2~3cm)의 양쪽 뇌엽은 OFC와 측두엽 사이에서 변연계와 마주하고 있다. 섬엽은 의식, 감정, 혐오감 및 공감에 관여하는 것으로 보인다(Damasio, 2010; Siegel, 2010; Sapolsky, 2017). 특히 흥미로운 것은 **내부수용감각(interoception)**인데, 이것은 호흡 같은 신체 내부의 활동 경험에 의식을 집중하는 감각느낌(felt sense)과 매우 흡사하다. 몸은 내부의 위험이나 안전을 감지하여 다른 구조에 알리는 **무의식적 시스템(neuroception**, 신경수용감각)을 가지고 있는데, 섬엽은 그 시스템의 일부이다. 연구에 따르면, 8주간의 마음챙김 명상 후에 섬엽의 활성과 밀도가 증가하였다. 조밀한 뇌는 더 많은 연결과 조절을 할 수 있으므로 더 건강한 뇌이다. 다른 20주 요가 훈련 참가자들은 섬엽 활성이 증가했는데(van der Kolk, 2014), 이 결과는 섬엽의 특성인 신체 인식으로 신체적 진정상태의 유

> 조밀한 뇌는 더 많은 연결과 조절을 할 수 있으므로 더 건강한 뇌이다.

8 역자 주: PNI 연구에 따르면 미주신경은 면역계와 내분비계를 조절하여 정신건강 문제를 개선하는 역할을 한다. 예를 들어, 미주신경을 자극하면 신경전달물질인 세로토닌과 도파민의 수치가 증가하고 스트레스 호르몬인 코르티솔의 수치가 감소한다는 보고가 있다. 따라서 스트레스는 줄고 면역력은 향상한다는 것이다.

지 능력을 강화할 수 있다는 점을 제시한다. 다른 연구에서는 공감과 거울 신경세포의 발달에 섬엽 회로가 관련된다는 점이 발견되었다(Siegel, 2010 중 Carr). Siegel(2010)은 피질, 섬엽, 편도체 및 미주신경의 고리를 '공명 회로(resonance circuit)'라고 제안했다.

> 이것이 우리가 다른 사람들과 생리학적으로 공명하는, 심지어 우리의 호흡, 혈압 및 심장 박동이 타인의 내부 상태와 어울려 함께 올라가고 내려가는 방식이다. …… 우리가 자신의 내적 상태를 감지할 수 있을 때, 다른 사람과 공명할 수 있는 주요 통로도 열린다. …… 이런 정보와 에너지를 가져오는 섬엽의 활동은 우리 피질의 인식에 색깔을 입히고 우리가 추론하고 결정하는 방식을 가공(shaping)한다. (pp. 61~63)

제2단계: 우리 몸의 구급함

기저핵

기저핵(basal ganglia)은 깊은 곳에 있는 변연계를 둘러싸는 봉투 같은 회로로 신체의 불안 수준을 설정하고 운동을 통합하며 동기를 부여하여 즐거움과 쾌감을 촉진하는 것으로 보인다(Amen, 1998). 위쪽으로는 선조체(striatum)가 피각(putamen), 미상핵(caudate nucleus) 및 담창구(globus pallidus)를 포함하고 있다. 앞쪽에 있는 측좌핵(nucleus accumbens)은 피각과 미상핵이 결합하는 작은 지역이다. 변연계 영역의 바로 아래에는 중뇌(midbrain)가 세로토닌과 도파민을 생산하여 측좌핵, 변연계 및 대뇌 피질로 보낸다. [그림 2-10]은 이러한 신경전달물질의 흐름을 보여 준다. 기저핵은 시상 양쪽에 있는 한 쌍의 귀마개(putamen)처럼 보이는데, 미상핵은 시계방향으로 구부러져서 편도체와 결합한다. 중뇌에 있는 흑질(substatia nigra)은 칭찬이나 돈 같은 보상 자극을 받으면 도파민을 선조체(striatum)로 내보낸다(Izuma et al., 2008). 흑질과 담창구는 우리를 진정시키는 GABA를 분비한다. 이런 보상과 관련된 동기부여 시스템과 이 구조들을 긍정적으로 활용하여 트라우마에 개입하는 방법에 대해서는 제5, 6장에서 논의하겠다. 제9장에서는 중독치료와 관련되는 미세 역학에 대해 논의할 것이다.

이런 신경전달물질의 흐름에 추가하여, 기저핵에는 옥시토신에 대한 주요 수용체가 있다. 이것은 옥시토신의 대인관계 효과에 관한 광범위한 연구로 알려졌다. 이 펩티드는 시상하부에서 생산되어 뇌하수체에 저장되지만, 기저핵과 변연계 영역에 아주 많은 수용체를 가지고 있다는 점에서 그 중요성이 드러난다. 측좌핵, 편도체 및 (편도체의 주요 출구인) 분계선조침대

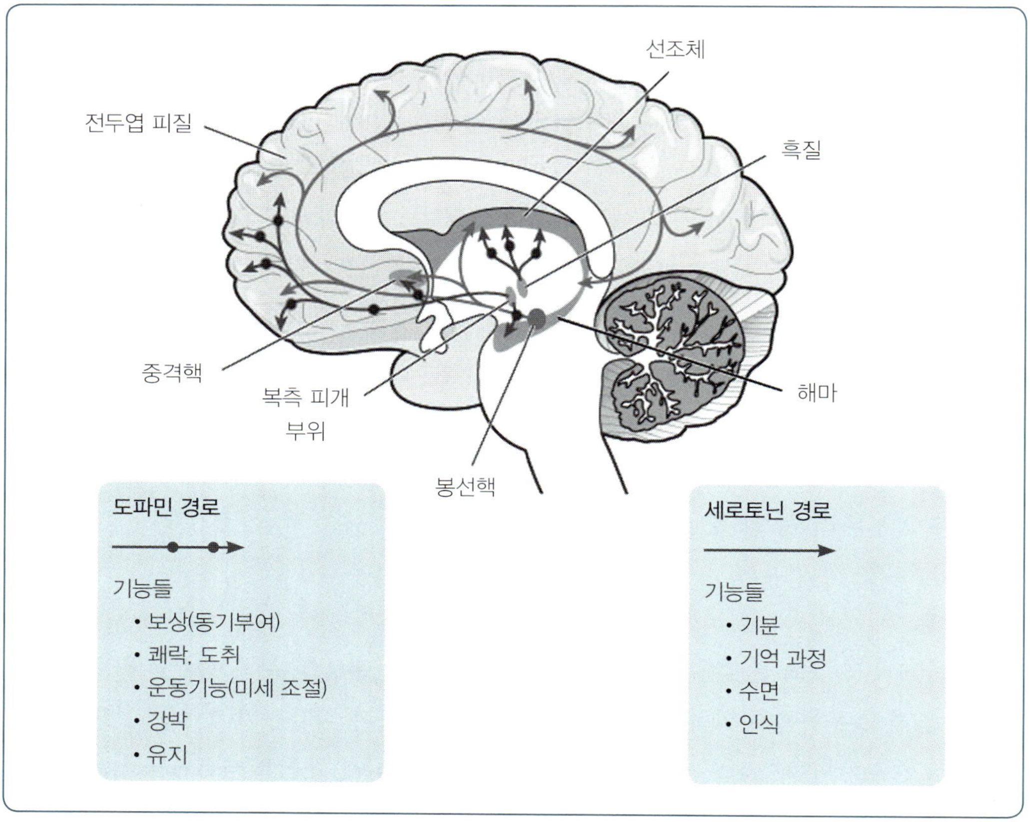

[그림 2-10] 도파민과 세로토닌의 경로들

핵(bed nucleus of stria terminalis)에는, 옥시토신이 도파민 및 세로토닌과 같은 통로를 거쳐서 '기분을 좋게 하는' 신경전달물질 역할을 하는 수용체가 있다. 21세기 초까지는 옥시토신의 사회적 효과가 논쟁거리가 되기도 했지만, 연구가 정교하게 진행되면서 뇌와 사회적 관계에 상당한 효과를 미친다는 점이 인정되었다. 예를 들어, Kogan 등(2018)은 사회적 지원을 적게 받는 가난한 지역의 젊은 아프리카계 미국인 남성은 사회적 지원을 더 많이 받는 사람들보다 옥시토신 수치가 낮다는 것을 보고했다. 나아가 이 수치는 약물 남용과 반비례했다. 옥시토신은 사회적 유대를 강화하는 것으로 알려졌으며, 실험실 내의 사회적 유대와 관계의 질에서도 같은 결과를 나타내었다. 또 옥시토신은 코르티솔 수준을 감소시켜서 건강을 향상한다. Porges의 다미주신경 이론과 Taylor의 돌봄과 친밀감

> Porges의 다미주신경 이론과 Taylor의 돌봄과 친밀감 연구는, 옥시토신이 조절 능력을 상승시키는 내부적 및 외부적 지렛대가 될 수 있다는 점에서, 애착의 중요한 지표라는 점을 제시한다.

연구는, 옥시토신이 조절 능력을 상승시키는 내부적 및 외부적 지렛대로 작용한다는 점에서, 애착의 중요한 지표라는 점을 보여 주었다. 이 옥시토신을 이용한 트라우마 개입 전략을 제5장에서 소개하겠다. 제7장에서는 성 역할과 커플 관계를 이야기하면서, 옥시토신에 관한 사회적 내분비학 연구를 개략적으로 소개할 것이다.

중뇌

중뇌(midbrain)는 휴게소처럼 뇌교(pons) 위에 놓여 있다([그림 2-2] 참조). 이곳에 있는 솔기핵(raphe nuclei)은 **선조체(기저핵)**와 **측좌핵**으로 **세로토닌**을 분비한다. 이 핵들은 중뇌의 아래에 있는 뇌교와 연수까지 일렬로 군집을 이루고 있다. 중뇌에 있는 핵은 세로토닌을 측좌핵과 피질로 보내지만, 뇌간을 따라 일렬로 있는 핵은 중추 신경계의 다른 곳으로 세로토닌을 분비한다.

중뇌의 **복부덮개구역**(Ventral Tegmental Area: VTA)은 PFC, 측좌핵 및 해마로 도파민을 분비한다. 어떤 이들은 중뇌와 기억 중추의 이런 연결이 중독 가능성이 있는 보상, 심지어 애착을 강화한다는 이론을 제시한다(Zellner et al., 2011). VTA의 활성화는 다른 보상 및 동기부여와도 관련이 있다. 이것은 편도체와 함께 회피와 공포 조건화에 역할을 하기도 한다. 새로운 자극, 예상 외의 보상, 그리고 약물 효과 기대 같은 단서에 VTA의 신경세포들이 반응하는 것을 뇌 기록에서 볼 수 있다. Fisher 등(2006)은 애착과 상실, 그리고 중독과 금단처럼 사랑에 빠지고 끝나는 것과 관련되는 VTA 반응을 기록했다. 중뇌는 이렇게 풍부한 신경전달물질의 조합으로, 조절에서 벗어난 비상사태를 진압할 준비를 하고 있다. 이 신체의 구급함은 정서적 응급 처치를 위해서 GABA, 옥시토신, 세로토닌 및 도파민이라는 응급 용품을 갖추고 있다. 트라우마 치료에서 코르티솔의 독성을 방지하려면 이런 생산을 자극하는 것이 좋다(제5, 6장 참조).

제3단계: 비활성화

우리가 의식하지 못해도 우리 몸은 일상의 순환에서 활성화와 비활성화 사이를 오간다. 이 보호와 방어의 회로는 주변 사물을 점검한다. 만약 편도체가 행복하면, HPA 축은 대기 상태에 머무른다. 건강한 신경계는 잘 균형 잡힌 시소처럼 오르고 내리고, 들어오고 나간다. 마음, 감각, 그리고 몸은 어떤 작업도 유연하게 수행할 준비를 하고 있다. 신경계가 건강하면 다음과 같이 보인다.

1. 평온하고
2. 유연하며
3. 타인에게 호응하고
4. 편안하고
5. 개방적이고
6. 자신 있고
7. 인식하며
8. 자기 우호적이다.

모든 드라마에는 소강상태와 전환, 대화와 행동이 있다. 드라마가 언제나 비극으로만 끝나지 않는 것처럼, 긴장은 대부분 해소된다. 정상 상황에서는 스트레스 반응 시스템과 자기 조절 기능이 작동하여 당면한 도전을 물리치고 보상을 얻게 된다. 만약 신경계가 만성적인 과부하로 시달리면, 우리 몸은 고속 자동차 추격 장면이나 공포 영화처럼 모든 상호관계가 동결된 감옥에 갇힐 수도 있다. 제5장과 제6장에서 이런 과부하 상태를 살펴볼 것이다.

결론적으로, 뇌란 무엇인가? 모든 역경에 대항하여 살아남기를 원하는, 그 사람의 몸-전체이다. 모든 사람은 안전, 사랑 및 정서 조절이 필요하며, 타인과의 애착을 통해서 생존한다. 우리 몸은 내부 및 외부와 소통한다. 치료사는 내담자가 안전, 보호 및 방어를 이해하도록 도와서 그들이 몸 안의 균형과 조화를 추구하도록 한다. 이 모든 것은 우리 종(species)의 생존을 위해서 수고한 조상들 덕분이다.

결론: 몸-전체의 스냅 사진

이 장은 '뇌란 무엇인가?'라는 질문으로 시작했다. 전기적 뇌, 화학적 뇌, 인지적 뇌, 정서적 뇌, 사회적 뇌, 정신신체적 뇌, 그리고 끝으로 움직이는 뇌가 있었다. 뇌는 사실상 몸 전체를 아우른 것이다. 뇌의 발달은 사회적 및 문화적 이주 과정과 비교되는 이주의 역사이고 자원과 생존의 추구에 관한 것이다. 신경세포도 이렇게 한다. 이주가 완성되면 뇌엽 신피질과 두 개의 반구가 만들어지고, 생존의 드라마에서 각자의 역할을 맡은 배우들이 등장한다.

이 장의 나머지 부분에서는 좌우 반구를 비교하였다. 그런 후, 흥분하고 진정시키며 보상하느라 꼭대기부터 바닥까지 흐르는 화학물질들의 연쇄 반응을 소개하였다. 이 화학물질은 자신과 들어맞는 수용체를 찾는다. 이들은 스트레스 반응 시스템, HPA 축, 보상 시스템 및 자기 조절 같은 여러 장면에서 중요한 역할을 한다. 이 과정은 여러 형태와 크기를 가진 신경 다발의 집합체인 변연계 영역에서 진행된다. 심리치료와 사례 관리에 해부학과 생리학 지식을 적용하려는 상담자에게는 뇌간과 미주신경이 유용한 자원이 된다. 이런 자료를 활용하면 생물학적 공감이 가능하다. 우리 몸이 위협을 받으면 어떻게 반응하는지, 그리고 생존자의 신경계 회복을 돕는 방법에 대한 지식으로 트라우마를 치료할 수 있다.

추가로, 독자가 몸-전체 치료 접근을 경험하도록 호흡법과 명상의 예를 제공하였다. 청소년 사례 연구는 이러한 아이디어를 사용하여 양극성 장애 증상을 어떻게 치료할 수 있는지 보여 주었다. 보상 시스템의 화학물질을 촉진하는 대인관계적 개입이 효과적이라는 점에서 사회적 유대가 중요하다는 것을 확인하였다. 가족치료사는 애착을 위협하고 화학적 메시지를 방해하는 세상의 풍파에 대하여 안전한 등대 역할을 한다.

제3장

선사적, 미시적, 전기적 인간 발달

The Transparent Brain in Couple and Family Therapy

정신건강 전문가들은 어떻게 평소 일상생활에서 신경생리학을 이해하고 있는가? 신경과학의 영향력이 확대되면서, 증상의 사회생물학적인 측면을 통합하는 일관된 주제들이 등장하고 있다. 정서 조절을 연구하는 과학자들은 행동과 정서 과정을 깊게 탐구함으로써 뇌 활동에 기반한 다양한 진단이 재분류될 수 있다고 제안한다(Gross & Munoz, 1995; Gross, 1998). 『정신질환의 진단 및 통계 편람(DSM-5)』과 같은 분류체계가 변하지 않을 수도 있지만, 내담자 증상의 맥락에서 기본적인 신경생리학을 연구함으로써 임상적인 검토 방식을 변화시킬 수도 있다. 예를 들어, 우울 증상은 동결 반응이 될 수 있고 외상에 대한 정신적, 신체적 개입이 필요할 수도 있다. 태어날 때부터 정서 조절은 발달과 대인관계의 핵심 과정이다. 따라서 뇌 과학을 기반으로 한 내러티브는 세대 간 유전과 현대 생활방식의 복잡성이 교차되어 증상을 이해하는 데 도움이 된다. 인간의 고통과 증상은 과거와 현재 간의 충돌에서 만들어지게 된다.

> 뇌 정보 내러티브는 조상의 유산과 현대 생활방식의 복잡성을 불러일으켜 증상을 정상화한다.

신경과학에 대한 흥미로운 점은 애착 과정과 생물학을 연결하는 새로운 투명성을 제공하는 것이다. 신경생리학은 생물사회적 과정을 추적하여 애착 내러티브를 형성한다. 상담자들은 "뭐가 문제지?"라고 묻는 대신에 "무슨 일이 일어나고 있지?"라고 질문할 수 있다. 이는 개인의 생존 전략, 신체감각, 패턴의 반복, 관계의 질, 그리고 문화적 소망에 대한 질문을 포함한다. 이러한 주제들은 상담자로 하여금 자신의 작업에 신경생리학을 효과적으로 통합하는 데 도움이 되는 다섯 가지 원칙을 제시한다.

원칙 1: 생존 고려하기

생물생리학적 관점에서 하위 기능이 제대로 작동하지 않으면 다른 모든 작업에 영향을 미친다(Perry, 2009). 그러므로 생물사회적 환경은 우리의 기능을 향상시키거나 저해할 수 있다. 인간 발달을 연구하는 사람들은 주로 인지 발달, 나이와 단계, 운동 기술, 심리사회적 발달 등의 표현을 학습한다. 그러나 신체는 이론적 구성과 상관없이 제한된 수의 방식으로 반응한다. 논쟁의 열기, 고립의 슬픔, 또는 전환의 혼란을 해결하기 위해 스트레스 호르몬은 몸 전체에 메시지를 보내는 역할을 한다. 신경생리학은 일련의 사이클과 루프, 직선이 아닌 복잡한 구조이다([그림 3-1] 참조). 위협-생존의 신경생리학은 사람들이 도움을 요청할 때 작동한다. 스트레스 반응과 보상 시스템은 수면 아래에 숨어 있어서 생존의 언어는 이러한 시스템과 상호작용하는 방식으로 표현될 수 있다.

생존언어

생존언어(survival language)를 배우는 것은 다학제적인 경험이다. 생물학, 진화론, 인류학은 모두 생존에 대한 다양한 이야기를 담고 있다. 생물학은『종의 기원(Origin of the Species)』에서의 다윈(Darwin, 1859)의 시각을 가장 많이 드러낸다. 그러나 우리가 위협과 생존이 인간에게 어떻게 영향을 미치는지를 완전히 이해하려면, 자연선택(natural selection)[1]에 대한 다윈의 연구와 그 해석 및 신화에 대한 이해가 필요하다. 다윈 시대에서 '적자생존(survival of the fittest)'이라는 용어는 오늘날 사용되는 의미와는 크게 다르다(Spencer, 1864). 다윈 시대의 사람들은 종의 생존이 주어진 환경에 적응하는 능력과 관련이 있다고 봤다. 제1장에서 언급된 이주(migration)는 적응의 사례이다. 제한된 자원에서의 경쟁은 힘과 지배력이 아니라 협력이 중요했다. 사실, 많은 생물학자는 생존 생태학의 중요한 부분으로 유기체 간 협력을 강조한다. 동물의 세계에서는 작은 새가 큰 동물들 위에 앉아 큰 동물의 털에서 곤충을 먹는 경우가 있다. 큰 물고기는 작은 새우가 입 안의 미생물을 먹을 수 있도록 도와준다.

인간으로 진화하면서, 러시아의 지리학자이자 사회운동가인 Peter Kropotkin(1902)은 문명의 생존 내러티브로 협력이 중요하다는 논문을 썼다. 인류학자들은 생존을 위한 사회적 네트워크의 필요성에 주목한다. Small(2011)은 결혼, 가족, 부족 간 유대가 위협으로부터 보호하는 생존 메커니즘인 것을 시사한다. 인간에게 적자생존(survival of the fittest)은 사실상 애착의 생존(survival of the attached)을 의미한다. 역학연구자들과 정신신경면역(Psychoneuroimmunology: PNI) 연구자들은 이 아이디어를 뒷받침하는 연구 결과들을 축적해 왔다. 수백 명의 참가자를 대상으로 한 다수의 연구로 가족과 부족이 적의 공격으로부터 보호받을 수 있다는 명백한 이점과 더불어 사회적 고립과 사망률 간의 관련성을 보여 준다(Berkman & Syme, 1979; Berkman & Glass, 2000). 이러한 연구에서 상담자들이 치료 계획을

1 역자 주: '자연도태(自然淘汰)'라고도 한다. 생물의 생존 경쟁에서 유전적 변이 개체 중 생존에 유리한 것만이 살아서 자손을 남기는 일이다.

하기 위한 사회적 네트워크 지수(Social Network: SNI) 질문을 사용한다([글상자 3-1]; 연구용은 [부록 A] 참고). 이러한 관점에서 생존 언어는 적응력, 협력, 친밀감, 사회적 지지를 포함한다. 여기에 제2장의 자기 조절 과정이 더해지면, 인간의 이야기는 선사적(prehistoric), 미시적(microscopic), 그리고 전기적(biographic)인 것이 결합된다.

글상자 3-1 사회적 네트워크 지수(SNI) 질문

1. 사적인 문제에 대해 이야기할 수 있는 친한 친구, 편안하게 느끼는 사람들이 몇 명이나 있나요?
2. 이러한 친한 친구들 중에서 적어도 한 달에 한 번은 만나는 사람이 몇 명이나 있나요?
3. 사적인 문제에 대해 이야기할 수 있는 친지(relatives), 편안하게 느끼는 사람이 몇 명이나 있나요?
4. 이러한 친지들 중에서 적어도 한 달에 한 번 만나는 사람이 몇 명이나 있나요?
5. 노인 센터, 사회 또는 직장 그룹, 종교적으로 연결된 그룹, 자조 그룹, 자선 단체, 공공 서비스 또는 지역사회(community) 그룹에 참여하고 계신가요?
6. 종교적인 모임이나 예배에 얼마나 자주 참석하시나요?
7. 당신의 말을 들어줄 수 있는 사람이 있나요? 얼마나 있나요?
8. 문제에 대해 좋은 조언을 해 줄 수 있는 사람이 있나요? 얼마나 있나요?
9. 당신에게 사랑과 애정을 보여 줄 수 있는 사람이 있나요? 얼마나 있나요?
10. 당신은 누군가가 당신에게 정서적인 지지(문제에 대해 이야기하거나 어려운 결정을 내리는 데 도움)를 제공해 줄 것이라고 기대할 수 있나요? 얼마나 있나요?
11. 당신은 친밀하다고 느끼는 사람, 신뢰하고 속마음을 털어놓을 수 있는 사람과 원하는 만큼 접촉을 하고 계신가요? 얼마나 있나요?

위협-생존의 생물사회생태학

생물학적으로, 인간은 신체적 방어와 보호 메커니즘에서 다른 동물들과 유사하게 작동한다. 면역 체계, 기아의 고통, 그리고 사회적 유대와 사회 형성에 이르기까지 본성은 어린 자신을 보호하는 방어책을 태어나자마자 제공한다. 신체는 굶주림, 질병, 신체적 손상으로부터 보호하는 데 많은 능력을 가지고 있다. 동시에, 다른 동물들과 비교할 때 인간은 고차원적인 사고 능력을 갖추고 있다. 이는 단순한 생존을 넘어 끝없는 가능성의 상상력으로 이어진다. 예를 들어, 미래의 발전을 상상하고 "무엇이 가능한가?"라고 질문하는 능력은 오직 인간에게만 주어진 것이다. 이러한 신경생리학 가능성의 이면에는 생존 욕구, 스트레스 대응, 문제해결 전략, 세대 간 생존, 궁극적으로 집단적인 인간 진보에 대한 보상적인 감각이 포함된다.

인간은 고도의 인지능력에도 불구하고, 생존을 위해 양육자에게도 가장 의존한다. 이러한 모순은 모든 연령에서 사회적 고립의 위협으로 이어진다. 사회생태학에서 이 부분은 마치 신체가 물리적인 공격을 받고 있는 것과 같은 일련의 화학물질을 수반한다. **정서적 고통**은 **경험**의 화학적, 전기적 에너지로 이어지는 **정동**, **의미**, **기억** 및 **행동**의 활성화를 이끈다. 위협이 생물학적이든 사회적이든, 신체는 감각느낌과 오감을 통해 그것을 감지한다. 이러한 감각은 편도체, 해마, 안와전두엽 피질(OFC), 시상하부에서 자세히 전달한다. 이 트리오는 집행자로서 전기화학적이나 행동적으로 어떤 조치를 취할 것인지를 결정하는 역할을 한다. 물리적인 거리나 정서적 친밀감에 대한 욕구가 서로 다른 **두려움**에서 나온다면, 동일한 생물학적인 홍수를 유발할 수 있다. 이것이 신체가 개념에 따라 차별하지 않는 이유이다. **추적-거리두기 댄스**는 많은 커플이 추는 춤이다. 투명한(transparent) 뇌의 관점에서 각각의 사람들은 이러한 보편적인 댄스를 추지만 개인적으로 서로 다른 댄스를 추는 경우도 있다.

> 위협이 강하게 일어날 경우, 생물학적으로 이성이 작동하지 않을 수 있다.

커플의 아이러니한 유사성 외에도 이들의 패턴에는 또 다른 신경학적 요소가 있다. 아드레날린은 몸에 투쟁(fight)/도피(flight)를 위한 자원을 위해 피질을 차단한다. 결혼 과정에서 반복적으로 편도체에서 전전두엽 피질(PFC)로 가는 회로가 전전두엽 피질에서 편도체로 가는 회로보다 더 강한 외상처럼 작용할 수 있다. 때로는 드라마가 코미디로 바뀌기도 하고, 무언가에 깜짝 놀라다가 심각하지 않음을 깨닫기도 한다. 이것은 안와전두엽 피질(OFC)이 편도체에게 말하는 것이다. "진정해. 보이는 것과는 달라." 편도체는 무엇이 잠복해 있는지를 보기 위해 안와전두엽 피질에 의존해야 한다. 다른 때에는 경계 수준이 높고 생명을 위협하는 위험에 대한 메신저도 전전두엽 피질 주변에 장애물과 우회로를 보낸다. 지금은 대화가 없고 운동 뉴런만 있다. 이 우회는 신호가 뒤섞이고 위협이 실제로 경미한 경우 매우 문제가 될 수 있다. 위협을 평가하는 우리의 능력은 낮은 수준의 불편함에서 상당한 과부하에 이르는 메시지를 통해 발전한다. 당시 상황에 따라 이러한 과부하는 전기 폭풍을 유발하는 맹렬한 화학비를 내리고 안와전두엽 피질의 위협 평가 중에 시야를 흐리게 할 수 있다. 이러한 상황으로 인해 많은 내담자(clients)가 경계 태세로 우리 사무실에 들어온다. 그들은 안전과 침착함을 조율할 수 있는 새로운 무대 감독의 생물학적 공감이 절실히 필요하다. 이는 시상하부-뇌하수체-부신(HPA) 축과의 주기(cycle)를 끊기 위해 변연계에 말하면서 일어날 수 있다. 따라서 커플싸움이 한창일 때나 부모-청소년 자녀 간의 소원함으로 좌절할 때, 치료적 개입의 시작이 되는 감정적 드라마 뒤에는 생물사회적 단계가 있다. 생존을 위한 진정한 전투로서 그들은 몇 가지 예비 질문을 던진다.

1. 몸의 어느 부분에서 이 갈등이 느껴지나요? (감각을 인식하고 집중하기, 호흡하기, 명상하기 등)
2. 어떤 것들이 많이 반복되나요?
3. 위협은 물리적인 것인가요, 아니면 사회적인 것인가요? (누가 당신의 안전을 지원할 수 있나요?)

이러한 질문은 상담자가 패턴을 깨는 개입을 개발하고 호흡과 마음챙김(mindfulness)을 통해 생물사회적 방출(release) 포인트를 정확히 찾아낼 수 있도록 준비시킨다. 신체의 논리는 모든 위협을 생물학적인 것으로 취급한다. 사회적 프로세스의 계층은 각 위협의 의미와 강도에 영향을 미친다. 물리적 위협 외에도 사회적 관계의 생태계에 얼마나 많은 위협이 포함되어 있는지 이해하는 것이 중요하다. [그림 3-1]은 사회적 프로세스의 계층과 각 계층의 위협이 어떻게 신경계를 활성화하고 조절 장애(dysregulation)를 일으킬 수 있는지를 보여 준

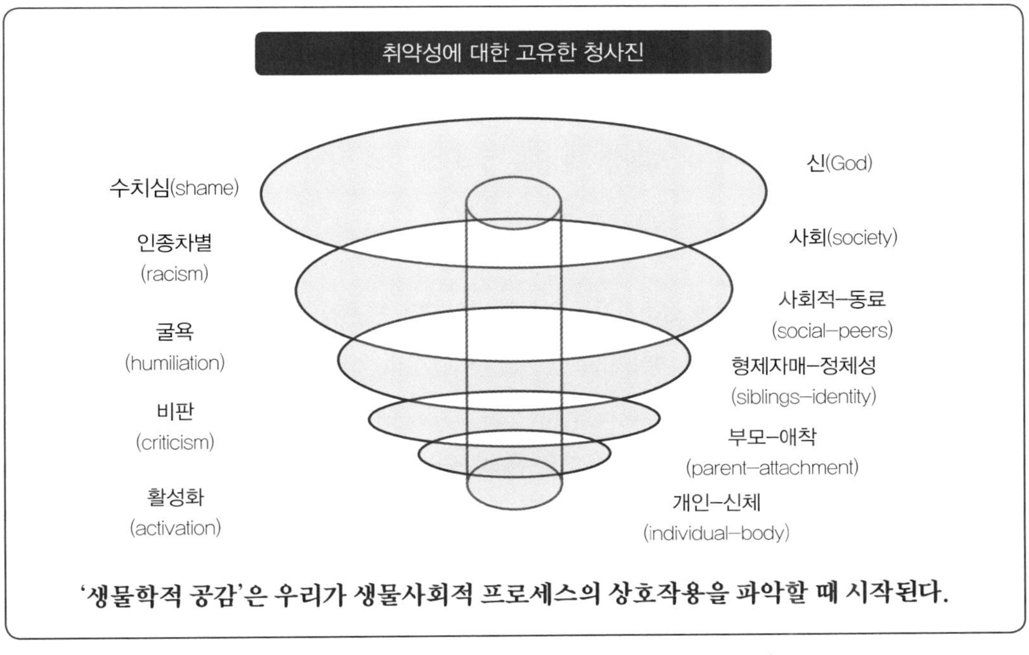

[그림 3-1] 취약성에 대한 고유한 청사진

출처: Suzanne Midori Hanna, Ph.D.로부터 사용 허가를 받음.

다. 반복이 하나 이상의 계층에서 만성화되면, 조절 장애로 이어질 수 있는 경험의 유형에 관계없이 내담자가 외상 선별 도구에서 높은 점수를 받는 경우가 많다(제5장 및 제6장 참조). 따라서 우리의 개인/신체 생리가 다른 모든 층을 가로지르면서, 우리는 애착, 비판, 굴욕, 인종차별, 수치심의 생리가 어떻게 존재하는지 이해할 수 있다. 이 층들과 전기화학적 회로는 부드러운 버터 속의 거미줄처럼 우리 뇌에서 떠다닌다. 임상적으로 이러한 **사회적 프로세스의 고정 배선**(hardwiring)은 상담자에게 생물학적 공감과 사회 생태 분석을 사용하여 각 수준에서 안전망을 만들고 스트레스 반응 회로를 방해하도록 요구한다. 안전망은 사회적 네트워크 지표(SNI)에서 시작하여 새로운 생존 회로를 구축하는 데 도움이 될 수 있는 지지자인 '은신처(safe houses)'와 긍정적인 관계를 찾는 것으로 계속될 수 있다. 인종차별 및 기타 공격과 같은 만성적인 사회적 규제 곤란으로 고통받는 사람들은 종종 강한 가족 및 종교적 유대를 통해 안전망을 구축한다. 그러나 이러한 보호 요인이 부족한 경우, 치료 계획은 새로운 안전망을 알아볼 수 있다.

생존의 생태학은 빈곤의 영향도 고려해야 한다. 현재 신경과학자들은 빈곤이 뇌에 미치는 영향을 연구하고 있다. 인도의 농부들과 뉴저지의 쇼핑몰 손님들을 포함한 다양한 그룹을 조사한 연구자들은 '**대역폭**(bandwidth)'이라는 은유를 사용하여 뇌가 자기 조절 및 문제해결과 관련하여 어떻게 제한된 양의 대역폭을 가지고 있는지 설명한다. 빈곤층과 재정이 위협받는 사람들을 추적하여 자원이 부족한 상태에서 작업을 수행하도록 요청한 결과, 그룹 전체에서 더 나쁜 선택을 했으며 자제력이 낮아졌다(Mani et al., 2013). 빈곤은 너무 많은 대역폭을 필요로 하기 때문에 더 복잡한 작업을 수행하는 데 거의 남은 여력이 없다. 따라서 다음과 같이 볼 수 있다.

> 빈곤 자체가 인지능력을 감소시키는 것으로 나타났다. 빈곤과 관련된 걱정이 정신적 자원을 소비하여 다른 과제를 할 여력이 줄어든다(Mani et al., 2013, p. 976).

일부 연구자들은 이러한 결과에 대해 다양한 이론을 제안하며, 다른 일부는 유사한 결과를 얻는 다양한 연구에서 활발하게 논의된다(Ong et al., 2019; Dang et al., 2015; Vohs, 2013). 그러나 이 자료들 중 어느 것도 스트레스 호르몬이 행동에 미치는 영향에 대해 직접적으로 언급하지 않는다. 여기에서는 인간 조건의 핵심 주제로서 생존이 강조될 때, 정신건강 서비스 제공자는 소외된 사람들에 대한 사회적 기대를 고려하는 것이 적절하다. 결국 심리치료사는 일상적인 생존에 어려움을 겪는 사람들의 대역폭에 대한 과도한 요구에 대해 그들의 전통을 검토

할 수 있다. 예를 들어, '시스템 탐색'을 돕거나 가정 기반 서비스 및 간소화된 사례 관리를 제공하는 프로그램은 일상생활에서 어려움을 겪는 사람들에게 정신적 대역폭을 절약할 수 있다. 제6장에서는 트라우마 증상이 있는 성인을 돕는 관점에서 이러한 요소들을 다룬다.

의식주에 대한 기본적인 욕구가 충족된 것처럼 보이는 사람들에게도 생존을 위한 복잡한 욕구가 여전히 존재한다. 사회적 연결과 정체성 형성에 대한 인간 두뇌의 복잡성과 의존성은 많은 대인관계 및 문화적 도전을 신체의 삶과 죽음의 문제로 만든다. 아동, 청소년 또는 성인을 막론하고 모두 사회적 생존에 대한 욕구를 가지고 있으며, 이는 우리의 기본적인 신체적(physical) 욕구만큼 신체(body)에 중요한 요소가 된다. 따라서 움직이는 두뇌는 암묵적 기억이 될 수 있는 신체의 위치를 발견하면서 모든 도전의 생리학을 고려해야 한다.

원칙 2: 몸 전체 고려하기

과거의 데카르트적인 관점과 관념적인 단두대를 떠나, 현대 임상 의사들은 이제 전체 인체의 뉴런 네트워크를 감지할 수 있게 되었다. 몸은 정신 그 자체이다. 몸은 자체적인 정신을 가진 정보 처리 네트워크로서 작용한다(Pert, 1997, p. 185; Levine, 2010; Ross, 2008). 메신저, 수용기, 회로, 샘플러, 그리고 기관들은 다양한 부분 간의 상호작용에 대한 몸의 논리로 작동한다. 몸 전체가 내부에서 외부로 신호와 감각을 처리함으로써 균형, 안정성, 그리고 건강을 찾기 위해 집단 지성을 활용한다.

신체의 집단 지성은 **경험**, **감정**, **의미**, **기억**, **행동**의 신경생리학을 중심으로 한 대화의 연속이다. 몸 전체의 회로는 이러한 순차적인 정보 흐름의 기반을 이루며, 그 결과로서 **존재 상태**와 **정신 상태**를 형성한다. Siegel(2012)은 정신의 정의에 대한 합의가 없다고 지적한다. 그는 신체에서 **에너지와 정보 흐름**(전기 및 화학물질)이 대인관계 과정과 교차할 때 **'정신'이 나온다고** 제안한다.

> "몸에는 나름대로 이유가 있지만, 이성은 추론할 수 없다."(Levine, 2010, p. 157)

트라우마에 중점을 둔 신경과학자들은 몸 전체를 경험에 의해 형성된 생물학적인 기억의 창고(storehouse)로 간주한다(van der Kolk, 2000). 이는 (신체를 통해) 마음(the heart)과 정신(the mind)을 지식의 두 가지 다른 원천으로 본 철학자 Pasqual의 변형이다. Levine은 **신체의 논리**가 어떻게 생존 반응을 중심으로 돌아가고, **정신의 논리**가 어떻게 계획, 문제해결 및 창의성을 중심으로 돌아가는지 조명한다. 이 두 영역을 통합하는 것이 제5장과 제6장에서 설명한 것처럼 대부분의 트라우마 치료의 목표이다. 여기서는 스트레스와 보상 반응이 합리적인 뇌를 방해할 수 있기 때문에 먼저 몸 전체에 집중하는 것이 중요하다. 선사시대 전통에는 먼저 그러한 능력이 필요했다. 문제해결은 생존 후, 곰이 도망친 후에 이루어졌다. 그러나 이 세대에 몸이 기억을 어떻게 저장하는지 생각하는 것은 참신한 생각일 수 있다. 따라서 이러한 생물학적 기억은 감각느낌(felt sense)을 사용하면서 알기 쉬워질 수 있다. 이는 **신체의 지혜**에 접근하는 과정을 시작한다.

감각느낌

오감이 환경에서 외부 정보를 받아오는 것뿐만 아니라 몸이 어떻게 느끼는지에 대한 신호로 작용한다. 아기들은 자율 신경계 너머에서 고통을 전달받을 때의 **감각느낌**을 경험한다고 보고한다. 또한 배변 훈련은 유아의 감각느낌을 발전시키는 중요한 부분이다. 우리는 일생 동안 배고픔, 갈증, 피로와 같은 기본적인 신체적 욕구를 의식적으로 감지한다. 그러나 감각느낌은 더 나아가 정서적인(affective) 프로세스를 기록하고 신경계의 균형을 조절하는 메커니즘이 될 수 있다(Levine, 2010; Ross, 2008; Heller & LaPierre, 2012).

스트레스나 학습 중에 발생하는 모든 상태가 기억될 수 있다. Perry 등(1995)은 '**상태**(states)'가 반복 패턴에서 '**특성**(traits)'이 되는 방식을 설명하며 인간 발달을 추적한다. 이러한 진전을 해체하고 상태를 다루기 위한 개입을 연결하는 그의 연구는 변화의 잠재력에 대한 깊은 의미를 가진다. 이는 자아, 정체성, 영속성의 개념에 대한 변화에 도전하는 혁신적인 신경과학의 적용이다. 따라서 몸 전체의 상태는 개입과 치유의 관문이다.

> **치료적 도구로 내면으로부터 몸에 대해 집중하면 신체가 어디에 강한지에 대한 중요한 정보를 가져온다.**

이제 제2장에서의 연습이 어떻게 시작하는 경험을 제공하는지 감각느낌을 기억해 보자. 눈을 감고 가장 깊고 느린 호흡을 하면서 다른 부위에서의 감각을 인식해 보라. 그 감각이 어디에 있는지, 편안한지 불편한지를 느껴본다. **긍정적인/중립적인** 위치를 찾으면 해당 위치에 초점을 맞추어 본다. 그 지점에서 어떤 감각을 느꼈는지를 경험해 본다.

긍정적인 위치를 찾으면 그 위치에서 뇌로 메시지가 전달된다. 작은 부위일지라도 그 부위에 집중하고 그 자리에 앉아 보라. 뇌는 바람직한 회로에서 발화된 뉴런들을 회복탄력성을 위한 미래 자원으로 사용한다. 이것을 그라운딩(grounding)이라고 부른다(Levine, 2010; Ross, 2008; Heller & LaPierre, 2012). 그 장소와 감각이 나에게 '말'을 하는가? 잠시 시간을 내어 감각에 대한 **마음챙김**(mindfulness)에 참여해 보라.

이 개정판을 작성하는 동안 나는 이 연습을 계속했다. 손의 진동에 집중하며 손가락 끝, 관절, 손바닥 등의 감각에 주의를 기울였다. 이러한 자각과 감각의 향유 후에 나에게 무슨 말을 하는지 궁금증이 생겼다. 나에게 "계속해서 써라! 너는 쓰기를 좋아한다!"라고 답한다. 따라서 감각느낌, 오감, 몸의 정서, 그리고 의미와 기억의 표현은 의식과 감각을 통해 몸 전체의 지혜에 집중하는 토대를 제공한다.

정동

뉴런은 발달 초기에 발화한다. 자율 신경계의 회로는 출생 순간부터 '온라인(online)' 상태가 되어 기본적인 생존 반응을 개발한다. 신체의 각성 상태는 정동의 첫 신호이다. 많은 신경과학자들은 개념적으로 정동(affect)과 정서(emotion)를 구분한다. 정동은 생존과 관련된 생리적 상태이다. 감정은 대인관계 발달이 복잡해짐에 따라 발달한다. 연구가 계속됨에 따라 두 프로세스 간의 차이가 강조되고 있다. 따라서 영아는 정동적 상태(affective states)에 대한 능력으로 시작한다. 예를 들어, 아기가 울고, 음식을 받거나, 달래지거나, 가족으로부터 다른 반응을 받고, 감각느낌(felt sense)은 변화, 변화 없음, 평온, 불확실성, 편안함, 괴로움, 기쁨 등의 신체적 감각을 등록한다. 이러한 각성–평가의 정서적 프로세스는 의미의 시작이다(Siegel, 2012). 패턴이 반복되면 회로가 강화되고 기대가 형성된다. 이것은 역사를 바탕으로 유아가 익숙한 것을 기대하는 기억의 시작이다. 웰빙은 기본적인 생존 욕구와 관련된 감각의 집합체이다. 따라서 의미는 신체의 '좋은' 느낌에서 시작되어 나중에 이것들은 신뢰와 안전이 된다. 신생아의 정동 표현은 보편적인 생존 패턴으로 시작한다.

1. 기본적인 신체적 욕구를 감지한다(내부 수용 감각).
2. 자원이 있는 사람들의 참여를 끌어들인다(사회적 참여).
3. 자원을 받는다.
4. 자원이 충분한지 평가한다(의미).
5. 충분하다면, 보상 구조는 '좋음, 안전함 등'의 신호를 보낸다(기억).
6. 충분하지 않은 경우, 위협 구조는 '나쁨, 두려움 등'의 신호를 보낸다(기억).

각성 ⇨ 평가 ⇨ 의미 ⇨ 기억

Porges와 Furman(2011)은 사회적 참여에 대한 반복적인 노력이 결과를 얻지 못하는 경우, 더 원시적인 수단인 투쟁/도피(fight/flight)로 이동하고 최선을 희망한다고 설명한다. 이러한 전략이 실패한 경우 극단적인 정지(shutdown)를 동결(freeze)이라고 한다. 동물의 세계에서 일부 동물은 포식자로부터 어떠한 부상도 없이 신체의 극한의 경직 모드로 인해 갑자기 사망하기도 한다(Porges, 2007; Levine, 2010). 인간이 발달하면서 평가 메커니즘이 다양한 자극을 처리함에 따라 이러한 기본적인 시퀀스는 더욱 복잡해진다. 기본적인 좋음/나쁨 또는 안전/불안 패러다임에서 아이들은 다양한 신체 상태와 다양한 자극을 미묘하게 구분하기 시작한다. 예를 들어, '젖병 상태(bottle state)'는 '좋음'으로 느낄 수 있지만 '엄마 미소' 상태와는 다른 방식으로 느낄 수 있다. 젖병 상태와 엄마 미소 상태가 결합되면, 이러한 연관성에서 발생하는 회로가 '애착' 신호를 보낼 수 있다.

이러한 연관성에서 발생하는 정동은 고유한 생리학적 신호가 된다. 이러한 연관성은 생존을 위한 자원을 제공하는 최초의 양육자에 대해 우리가 느끼는 첫 번째 감정이 된다. 우리가 발달 정신 병리학 분야로 빨리 나아간다면, 일부 트라우마 생존자들이 안전이나 생존의 경험을 부호화하지 않은 신체를 가질 수 있음을 알 수 있다. 따라서 피질과 측두엽은 그 사람이 살아남았다는 것을 '알 수' 있지만, 내분비계나 편도체는 '알지 못할 수' 있다. 신체 시스템은 정보 흐름이 상황에 따라 구성원에게 정체되거나 전달될 수 있는 '가족'과 유사해진다.

정서 신경과학 분야에서 Panksepp(2011)은 일곱 가지 원초적 정동 상태를 확인하기 위해 동물과 인간의 뇌 스캔에서 도출한다([글상자 3-2]에 요약). 그는 일반적인 감정 상태와 구별하기 위해 대문자를 사용한다. **탐색**(SEEKING), **분노**(RAGE), **두려움**(FEAR), **성욕**(LUST), **주의**(CARE), **공황/슬픔**(PANIC/GRIEF) 및 **놀이**(PLAY)의 **상태**는 건강이 손상될 때 균형이 깨질 수 있는 기본적인 인간 욕구에 대한 뼈대를 제공한다(Panksepp & Watt, 2011). 예를 들어, 그는 놀이의 맥락에서 주의력 결핍 과잉 행동 장애(ADHD)의 근원을 탐구하고, 어떤 아동이 신경계를 조절하기에 충분한 놀이를 제공받는지 질문한다(Davis & Panksepp, 2011). **분노**에 대한 그의 연구 또한 인간의 공격성에 중요한 의미를 내포하고 있다. 음식 **탐색하기**는 신생아의 울음과 관련된 공격의 한 형태일 수 있고, 감금 또는 신체적 상해에 직면한 **분노**는 공격성과 완전히 다를 수 있기 때문이다(Panksepp & Zellner, 2004). 이 연구를 빈곤의 생리학과 연결하면, 과거에 잘못 이해되었던 행동이나 결정에 대한 새로운 해석이 있을 수 있다. 이러한 구분은 정서중심커플치료(EFT)와 같이 기본 정서(primary emotions)에 접근하려는 가족치료사에게도 도움이 될 수 있다. 또한 특정 행동에 애착을 느끼는 의미와 기억에 대한 지침을 제공한다(Panksepp & Bivin, 2012).

글상자 3-2 Panksepp의 일곱 가지 정동적 상태

탐색 (SEEKING)	안전과 같은 보상 및 자원을 원함. 접근–탐색 행동, 욕구 및 열망을 포함. 욕구충동 현상학의 기본적인 조절 시스템. 인지(2차 학습)와 연결될 수 있고 인식 및 평가(3차 형태)와 연결될 수 있음.
분노 (RAGE)	자원 보호, 신체적 구속에 의해 활성화됨, 행동의 자유 없음. 다른 생명 유지 자원을 빼앗길 수 있다는 위협. 혐오 자극에서 활성화됨.
두려움 (FEAR)	경직 및 도피와 같은 회피 패턴을 통한 위험 회피. 포식자의 냄새, 신체적 지지의 상실, 보호되지 않은 높이를 제외하고 대부분 학습된 경험에서 비롯됨.
성욕 (LUST)	짝짓기 및 성교에 참여. 이 능력은 임신 초기에 발달하지만 사춘기까지는 활성화되지 않음. 여성 유형의 욕구는 남성 뇌에 존재할 수 있으며 그 반대도 마찬가지임(Pfaff, 1999).
돌봄 (CARE)	포유류 및 조류의 각 유형에 필요한 모성적 돌봄을 제공함. 고도로 사회적인 종에게 요구됨. 에스트로겐, 프로게스테론, 프로락틴 및 옥시토신의 변화에 의해 자발적으로 활성화됨. 성인에서 더 강력함.
공황/슬픔 (PANIC/GRIEF)	보살펴 달라고 외침. 아이가 길을 잃었을 때. 이 능력은 애착을 강화함. 갑작스러운 사회적 상실감 또는 분리의 고통. 정신적 고통. 성인의 경우, 슬픔을 유발함(Panksepp, 2011).
놀이 (PLAY)	즐거운 방식으로 다양한 사회적 가능성을 탐색하고 우정과 동맹을 형성함. 놀고 싶은 충동은 포유류의 뇌 깊은 곳에서 시작됨. 동물의 신피질이 제거되어도 여전히 놀고 싶은 충동이 있음. 아이들에게 충분한 놀이가 허용되지 않으면 더 많은 행동과 충동이 생기고 말썽꾸러기(ADHD)로 잘못된 꼬리표가 붙음. ADHD를 치료하는 약물은 장난기를 감소시킴. 웃음은 참여한 놀이 시스템의 신호(Panksepp, 2011에서 재인용)

또한 Ekman(2007)의 연구에서는 문화 전반에 걸쳐 보편적인 것으로 보이는 기본적인 정동과 그에 상응하는 얼굴 표정을 확인하고 있다. 커플 간의 상호작용에 대한 Gottman의 연구에서는 이혼 예측 변수와 관련된 감정을 코딩하기 위해 Ekman의 스키마를 포함한다(Buehlman et al., 1992). Ekman은 인간이 생존과 관련된 특정 정서 상태에 대한 능력을 가지고 태어난다고 제안한다. 특정 정서 상태는 기쁨, 괴로움, 분노, 두려움, 놀람, 혐오감이다. 감정의 자유로운 표현을 막는 문화에서도 얼굴 표정을 분석하면 연구 과제 중에 이러한 기본적인 얼굴 표정이 마이크로 초 단위로 나타나는 것을 알 수 있다. 신체는 인종, 성별 또는 문화에 관계없이 정동을 표현한다.

의미와 기억

정서 체계에 대한 긍정적 또는 부정적 반응으로 의미가 발달함에 따라 역사와 패턴에 대한 기억이 학습으로 몸에 저장된다. 기억에는 여러 유형이 있다. **명시적(explicit) 또는 서술적(declarative) 기억**은 말로 표현할 수 있는 사실 및 사건에 관한 것이다(측두엽 및 해마). Fivush(2011)는 자서전적 기억이 주관적 경험으로부터 시간이 지남에 따라 발전하는 누적된 삶의 이야기라고 설명한다. 개인의 자기 이야기에 축적되는 개인, 성별, 가족 및 문화적 경험에 연속성을 부여한다. 어머니가 자녀와 함께 추억을 회상할 때, 더 정교하고 일관된 자전적 기억이 발달한다. **암묵적(implicit) 또는 비서술적(non-declarative) 기억**은 특히 생존과 관련된 움직임, 기술 및 조건화되거나 감정적인 반응을 포함한다(편도체; LeDoux, 2003). 이는 유아가 걷는 법을 배울 때 몸의 기억이다. Schore(2001)는 암묵적 기억이 출생 순간부터의 애착 경험을 포함하여 경험의 무의식, 비언어적 측면과 관련이 있다고 설명한다. 출생 이전에 발달한 암묵적 기억은 신생아가 임신 중에 어머니가 연주한 음악을 인식할 때 작동하는 것이다.

몸은 행함으로써 배운다. 피질은 우리의 의식적 경험의 배경에서 움직임을 지시한다. 움직임 외에도 신체는 다양한 화학적 및 세포 작용을 학습한다. 이러한 것들은 신체적 움직임과 마찬가지로 의식적인 주의가 없는 배경에서 자동으로 일어난다. 이것은 **활동 의존적 학습(activity-dependent learning)**, 의식 및 무의식적 정동, 의미, 기억, 움직임, 기술 및 회로를 통해 연결된 분자 프로세스를 포함하는 기억 학습 시스템이다(Rossi, 2002).

기억이 발달함에 따라 기억은 정동과 의미를 생존에 대한 개인의 인식에 연결시킨다. Siegel(2012)은 기억이 '**신경망 프로파일(neural net profile)**'이라고 하는 회로로 구성되어 있다고 설명한다. 이러한 프로파일은 과거의 생물학이 미래의 생물학에 어떤 영향을 미칠지에 대한 확률을 전달한다. 전기화학적 에너지의 강도가 크면 클수록 반복과 기억이 있을 가능성이 더 높아진다. 예를 들어, Gottman(1993)의 커플 간의 상호작용 연구는 분노 갈등 중에 한쪽 또는 양쪽 파트너에게 발생할 수 있는 감정의 **홍수(flooding)** 패턴을 기록하였다. 홍수의 예측 가능성은 이러한 스트레스 반응이 유사한 경험에서 변연계 영역에 저장되었음을 시사한다. 또한 구술 기록 분석에서는 이혼 가능성과 밀접한 관련이 있는 기억 요소를 확인하였다(Buehlman et al., 1992). 이러한 기억은 다른 선택지를 보는 커플의 시야를 흐리게 한다. 아기의 울음소리와 유사하게, 결혼 파트너에 대한 범람은 특정 회로가 위협을 감지한다는 생물학적 보고이다. 시간이 지남에 따라 이러한 조절 장애의 반복은 의미와 기억으로 이어진다.

이제 신경과학자들은 '학습된 무기력'과 '학습된 안전'을 정동과 반응의 패턴으로 인한 두 가지 대안으로 이야기한다(Porges, 2014; Seligman & Maier, 1967; Seligman et al., 1968). 안전감이 없으면 무력감이 이혼으로 이어질 수 있다. 궁극적으로 이러한 정서적, 행동적 반응은 경험의 여러 차원을 하나로 묶는 신체 전체의 회로 때문에 쉽게 촉발된다.

원칙 3: 회로 고려하기

우리의 두뇌는 유동적인 바다에 떠 있는 거미줄과 같은 회로 네트워크를 가지고 있다. 그것들은 얇은 층으로, 하나 위에 다른 하나가 있다. 각 뉴런에는 가능한 수상(dendritic) 연결이 10,000개나 있기 때문에 회로는 특정 지점 주변의 여러 층을 통해 지그재그로 이동할 수 있으며, 심지어 가능성이 희박한 쪽으로 우회할 수도 있다. 일생 동안 수상돌기와 축색이 증가하여 새로운 기능의 필요성과 사용에 따라 밀도가 높아지거나 희박해진다. 뇌 연구자들은 우리의 회로와 관련하여 "사용하지 않으면 잃게 된다."라는 규칙을 인용한다. 새로운 연결을 개발할 가능성은 거의 무한하다. 활동 의존적 학습을 통해 우리의 회로는 경험 패턴에 따라 연결되고 재구성된다. 시냅스는 단순한 나노 공간일지라도 사용하면서 전기화학적 전하[2]를 강화한다. 대인관계에서와 마찬가지로 시냅스 사이의 친숙함은 안정애착과 같은 뉴런 사이의 결속을 형성한다. 따라서 신경과학자들은 Hebb의 법칙(1949)을 사용한다.

함께 발화하는 뉴런은 함께 연결된다.

1940년대에 시작된 이 흥미진진한 발견은 Pavlov가 옳았다는 것을 증명했다. 발화 뉴런의 회로는 감각과 상호작용의 반복적인 시퀀스에서 화학적으로 결합한다. 우리는 모두 '파블로프의 개'이다. 회로는 일상에서 반복되는 다양한 조건이나 폭발적인 과부하 순간에 형성된다. 그 후 회로의 한 지점이 다른 지점을 활성화할 수 있다. 원치 않는 조건의 경우, '연좌제(guilt by association)'라고 부를 수도 있다.

연상

제2장에서는 뇌 해부학의 많은 부분, 반구 및 영역을 설명한다. 이는 우리 드라마가 펼쳐

2 역자 주: 전하(電荷). 물체가 띠고 있는 정전기의 양으로 모든 전기 형상의 근원이 되는 실체

지는 여러 무대가 된다. 회로는 직선이 아니다. Pavlov의 개처럼 침을 흘리는 부위는 청각이나 시각 부위와 다르다. 미주신경이 몸통 바닥까지 뻗어 있기 때문에 위장 감각, 심박수, 심지어 자궁까지도 등장인물의 역할을 할 수 있다. 미주신경 외에도 우리는 초인종이 울리기만을 기다리면서 몸 전체에 수용체 분자가 있는 명료한 내담자를 시각화할 수 있다. 따라서 대본에 강렬한 감정이 변연계를 포함할 때, 신경펩티드와 호르몬은 백스테이지의 메신저가 된다. 그들은 관객석에 앉아 있는 감독과 프로듀서 같은 수용체들에게로 여행을 떠난다. 그들은 무대에 있지 않더라도 '크게 소리칠 수' 있다. 하나의 경험은 뇌의 회로와 다른 위치로의 화학물질 흐름을 동시에 포함할 수 있다.

의학에서 뇌졸중 환자는 기능을 회복하는 데 도움이 되는 여러 치료법을 가지고 있다. 한 가지 중요한 치료법은 약한 부위를 **집중적으로 사용**하는 것이다. 한 연구에서 환자들은 10일 동안 하루에 6시간씩 작업 프로그램을 받았다. 그들은 상당한 개선을 이루었다. 또 다른 핵심은 **초점**이다. 특정 방식으로 마음을 지시하면 뇌가 바뀔 수 있다(Hubbard et al., 2012). 뇌졸중으로 중풍에 걸렸을 수도 있는 사람들에게 2년 만에 능력이 돌아온다는 것은 기적처럼 보일 수 있다. 다른 경우에는 우뇌가 손상된 부위 주변에서 작동하는 회로로 손상된 좌반구를 보상할 수 있다. 한 흥미로운 연구에 따르면 태어날 때부터 맹인인 사람들은 그들이 점자를 읽는 동안 후두엽이 완전하게 활성화된다. 그들의 손가락은 단어를 읽을 수 있는 '눈'이 되고 그 과정은 후두엽에 등록된다(Amedi et al., 2005).

뇌는 유휴 공간을 활용할 수 있는 것 같다. 여러 개의 스크린이 있는 영화관처럼 한 영화가 상영 준비가 되지 않았다면 그 자리를 대신할 영화를 예약하자! 이러한 영역은 창의적이다. 뇌의 일부가 신호를 받지 못하면 공간을 채우기 위해 다른 신호를 모집할 수 있다. 이러한 탄력성의 예는 내담자의 투명한 뇌와 앞으로 어떤 가능성이 있는지 상상하는 데 도움이 되는 핵심이다.

> 뇌는 투명할 수 있을 뿐만 아니라 부상을 극복한 사람들의 회복력을 통해 뇌의 다재다능함을 볼 수 있다.

연구자들은 여전히 특정 회로가 어떻게 발달하기로 결정하는지 알아내려고 노력하고 있다. 예를 들어, 이탈리아 과학자들은 원숭이가 다른 동물의 활동을 관찰하는 동안 원숭이에서 뉴런 그룹이 발화하는 것을 발견했다. 다른 사람을 단순히 관찰하는 것만으로도 원숭이가 실제로 행동을 취하는 것과 동일한 뇌 활동을 일으키는 것으로 보인다(Rizzolatti & Craighero, 2004). 거울 뉴런으로 알려진 그들은 모방, 공감, 마음 이론 및 기억의 과정에 대한 관심을 불러일으켰다. 인간 연구에서 아기는 간병인의 얼굴 움직임을 따르고 모방한다. 많은 연구에서 인간이 관찰 행동을 할 때 발화하는 다양한 뇌 위치를 조사했다(Mukamel et al.,

2010). 모방에 대한 인간의 메커니즘이 뇌에서 더 분산되어 있고 원숭이 연구가 보여 주는 것보다 더 많은 영역을 포함한다는 새로운 증거가 발견된다.

한 연구에서는 인간의 공감과 정서적 · 사회적 인지의 증거를 밝혔다(Schulte-Rüther et al., 2007). 또 다른 연구에서는 학습과 기억이 정보를 순차적으로 기록하는 방법을 추적하였다(Paz et al., 2010). 인지 신경과학의 이 영역은 인간의 뇌가 사회적 상호작용에 반응하는 방식을 조사하는 더 많은 연구로 발전하고 있다. 그러나 공감에 대한 거울 뉴런의 실제 영향에 대해서는 논란이 있다. 제2장에서 다룬 Siegel(2010)의 공감과 기저핵에 대한 논의는 심리치료와 더 관련이 있다. 대조적으로, 유아들은 아기가 보호자와 상호작용할 때 시각 행동 회로를 식별한다(Simpson et al., 2014). 사실, 신생아의 모방 능력이 태어난 순간에 활성화된다는 증거도 있다. 이것은 사회적 참여가 인간의 첫 번째 생존 전략이라는 Porges의 이론과 일치한다.

또한 신경과학자들은 음악과 예술과 관련된 연관성을 연구한다. 이들은 트라우마 치료 및 반사회적 행동에 대한 개입과 매우 관련이 있다. 한 연구는 연구 설계에 사람이 관여하지 않았음에도 불구하고 음악 처리 시스템과 공감 사이의 연관성을 발견했다(Wallmark et al., 2018). 저자들은 음악이 방에 있는 다른 사람인 것처럼 행동하는 뇌 활동을 설명한다. 음악은 공감을 증가시켰다. 반사회적 행동의 신경생리학 연구에 대한 관심은 종종 공감과 도덕적 의사 결정을 높이는 방법에 초점을 맞춘다(Shirtcliff et al., 2009). 코르티솔 수치와 HPA 축은 신경생리학과 반사회적 행동 사이의 연관성을 이해하는 데 있어 몇 가지 고려 사항이다. 그러나 대인관계 과정을 이 생리학에 연결하는 것은 치료사가 기여해야 할 부분이다. 예를 들어, 제9장에서 Keim(2014)은 투쟁/도피 외상 생리학, 부모 복지 및 긍정적 강화를 다루는 적대적 반항 장애에 대한 부모-자녀 중재를 설명한다. 이러한 차원에서 치료적 공감의 모델링과 부모와 자녀를 위한 진정 전략에 대한 관심이 필요하다. 음악과 예술은 진정과 완화의 호르몬 흐름을 자극할 수 있는 중요한 요소이다.

조율과 생물학적 공감의 치료사 모델링을 강조하는 개입은 그들이 신경과학의 최첨단에 있음을 알 수 있다. 두뇌가 기록하는 관찰 행동의 힘은 치료의 변화 과정의 사회적 결정 요인에 관심이 있는 모든 직업에 정보를 제공할 수 있는 큰 잠재력을 가지고 있다. 제8장과 제9장에서는 소셜 네트워크와 커뮤니티에 참여하는 방법에 대해 논의한다. 자연환경에 여러 롤모델이 있을 때 치유와 성장의 가능성이 높아진다.

종종 신경 연결에 대한 이해는 경험하는 동안 모든 감각의 목록을 작성함으로써 얻을 수 있다. 예를 들어, 한 남자가 철인경기의 결승선을 통과할 때 행복감의 순간이 생긴다. 지구력의 강렬한 도전에는 달리기, 수영 및 자전거 타기가 포함된다. 그의 아내와 딸들이 그를 마중하러 왔고, 그는 근처 바비큐에서 요리하는 갈비 냄새를 맡을 수 있고, 비틀즈 노래가 배경에서 흐르고 그의 근육이 이완되기 시작한다. 그가 느끼는 피로감은 성공의 기쁨, 긍정적인 가족 유대감, 좋은 음식 냄새, 그리고 항상 이 순간을 상기시켜 줄 노래와 뒤섞인다.

각 차원은 시상에 정보를 전달할 때 오감과 느낌으로 시작하는 회로망이 된다. 전화 교환원(switchboard operator) 역할을 하는 시상은 정보를 피질의 적절한 위치로 안내한다. 가족의 이미지는 시상하부(변연계)로 이동하여 도파민 수용체가 보상을 등록하거나 축하 포옹 중에 옥시토신을 활성화할 수 있다. 전면의 시간을 외치는 아나운서와 배경에서 비틀즈의 노래가 들린다면 이 데이터는 이 성취가 무엇을 의미하는지에 대한 생각을 확인하기 위해 피질로 갈 수 있고 결국 이 영역은 정보를 해마로 보낼 수 있다. 그런 다음 해마는 이것을 장기 기억에 저장할지 여부를 결정한다.

라디오에서 비틀즈의 노래를 들을 때 모든 자극이 같은 강도로 넘쳐난다면 그는 그 순간을 다시 느낄 수 있다. 그렇지 않다면 최소한 그가 경험한 것의 요지를 그에게 줄 것이고 그는 혼자 미소를 지을 것이다. 그가 아버지에 대해 나누는 대화는 다르게 작용한다. 그는 아버지를 성공의 많은 기회를 놓친 비극적인 인물로 보았다. 그는 성인이 되자 아버지처럼 되지 않겠다고 다짐했다. 그 행복감의 순간에 그는 삶을 충만하게 사는 사람으로서 자신의 정체성도 확인하였다. 그의 감정을 고조시키고 해마가 이것을 영원히 기억하도록 자극하는 것은 이 차원일 수 있다. 그렇다면 의도적으로 그 경험을 음미(집중)하여 뼛속 깊이 스며들게 할 수 있다. 최악의 두려움을 물리쳤다. "이게 나야. 아빠처럼 되지는 않을 거야. 인생을 마음껏 살 거야!" 이러한 회로와 전기화학적 강도는 많은 커튼콜을 위해 무대로 돌아올 수 있다. 연상이 강렬하고 강력하며 중요한 의미가 부여되면 여러 차원의 영향, 의미, 기억 및 행동을 되살리는 비자발적 활성화인 트리거(trigger) 수준에 도달할 수 있다.

촉발요인

회로는 살아 있는 색상과 미세한 정의에서 우리 삶의 비디오와 같다. 때때로 우리는 어떤 차원이 기록과 가장 관련이 있는지 결정한다. 다른 때에는 어떤 침입자가 현장에 들어올 수 있는지 통제할 수 없다. 비디오가 위협적일 때 회로에 과부하가 걸리고 예측할 수 없는 방식으로 내부 불꽃놀이를 촉발할 수 있다. 거슬리는 생각과 당혹스러운 아드레날린 분출은 정체성에 수치심을 더할 수 있다. 나에게 무슨 일이 일어나고 있나? 내가 미쳐 가는 거야? 대중 연설을 하는 순간 딸꾹질을 하는 것처럼 가장 불편한 시간에 회로가 예고 없이 발화할 수 있다. 트리거를 사용하여 회로의 한 부분을 활성화하면 전체 회로가 작동할 수 있다. 사회적 뇌에서는 같은 방에 있지도 않은 자극에서 온몸이 활성화될 수 있다. 인간으로서 우리는 상상만 하면 회로가 작동한다. 우리의 뇌는 **커다란 더플백처럼** 우리가 어디를 가든 나와의 관계의 이미지를 갖고 다닌다. 때때로 우리는 "내가 무슨 생각을 하고 있었지?"라고 말한다. 스트레스를 받는 상황에서 대답은 "아무것도"이다. 전체 회로를 활성화하려면 하나의 이미지만 검색하면 된다. 이것은 수치심, 굴욕, 비판 또는 트라우마의 생리를 설명할 수 있다. 몸, 마음 또는 영혼에 대한 반복적인 공격에서 비롯된 모든 연관성은 트리거가 될 수 있다.

> April의 경우를 보자. 그녀가 50세였을 때, 그녀는 Avon 파티에 친구와 함께 참석하고 있었다. 도중에 April과 꽤 가까워진 그녀의 친구는 순진하게 말했다. 그 질문 하나로 April의 자의식이 무너졌다. 그녀는 충격을 받았다. 그들이 파티에 도착했을 때 그녀는 즉시 집에서 빈 침실을 발견하고 태아 자세로 웅크렸다. 그녀는 파티가 끝날 때까지 그곳에 머물렀다. 질문에 대한 대답은 "예."였다. 하지만 April은 자신의 그런 부분을 말소하기 위해 50년을 애썼다. 2년 동안 그녀를 학대한 남자들은 어머니의 남자친구들이었다. 그녀의 어머니는 감정적으로 거리가 멀었다. 부모님의 이혼 후, 세 살 때 그녀는 인생에서 아버지에 대한 결핍을 겪었다. 그러나 성인이 되어 결혼을 하게 되면서 새로운 교회생활, 자신을 지켜 줄 남편, 아름다운 딸들, 그리고 자신의 예능에 큰 확신을 갖게 되었다. 이 정도면 모든 악이 사라지기에 충분하지 않을까?
>
> 마침내 April이 치료사에게 가는 데 18개월이 걸렸다. 그러는 동안 성난 분노가 그녀를 괴롭혀 두려운 유령으로 변했다. 그녀의 남편은 조롱과 비판으로 그녀의 고통에 반응했다(PANIC). 그녀의 증상은 장기 기억에 접근하라는 권유로 촉발된 회로였다. 그녀의 몸은 여전히 기억하고 있다. 대신 그녀의 자전적 기억은 침입자의 공격을 받았다. 주변 사람들에게 알려지지 않은 그녀의 새로운 정체성은 삶과 죽음의 문제였다. 그것은 아이가 없는 어린 시절의 바다에 떠 있는 구명보트였다. 세월이 흘러도 진실은 배를 침몰시키겠다고 위협하는 다른 정체성의 회로였다.

우리의 뇌는 우리의 사회적 맥락이 증언에 대한 안전을 제공하지 않을 때 **내장형 증인 보호 프로그램**이 될 수 있다. 그날 밤 발동한 회로는 그 경계선 위반의 수치와 현재의 정체성을 확보한 회로였다. 단열재가 없는 두 개의 활선처럼 그들은 문자 그대로 그녀의 뇌를 뒤섞었다. 두 회로는 완전히 다른 ID를 기록했다. 첫째는 수치심에 휩싸인 무기력한 아이이고 다른 하

APRIL의 뇌: 기억, 수치심, 혼란의 회로

HEBB의 법칙: 함께 발화하는 뉴런은 함께 연결된다.

[그림 3-2] April 뇌 발화(firing)

출처: Suzanne Midori Hanna, Ph.D.로부터 사용 허가를 받음.

나는 자상한 아내, 어머니, 지역 사회에서 저명한 예술가이다. 각각은 시각, 소리, 사람, 관계, 지리 등 서로 다른 연관성을 포함하는 경험에서 발전했기 때문에 고유한 위치(단계)를 가졌다. 각 회로는 별도의 세계에서 그녀의 감정, 기억 및 행동을 조절했다. 첩보 활동과 마찬가지로 비밀 요원이 외출하면 전체 임무가 위태로워진다. [그림 3-2]는 April에게 일어날 수 있는 회로를 보여 준다.

아이러니하게도 그 친구는 April의 이야기를 들려줄 안전한 피난처의 시작이었다. 그러나 편도체와 PFC가 그녀가 수용 가능한 항구라고 결정했을 때 해마는 허를 찔렸고 보고서를 정리하지 못했다. 결국 거의 50년이 흘렀다. 그녀의 트라우마는 아직 일관된 내러티브로 통합되지 않았다. 그녀의 어린 시절 트라우마에 더해 그것을 다루라는 권유도 트라우마가 되었다. 62세가 된 지금은 달라져 그녀는 자신의 경험에 대해 공개적으로 말했다. 그녀의 성인 자녀는 그녀에게 일어난 일을 알고 이해한다. 그녀는 자신의 정체성을 통합하고 온전한 사람을 위한 평화와 수용을 찾았다. 제7장에서는 April의 사례를 다시 살펴보며 그녀의 드라마에서 왜 그녀의 결혼이 가장 큰 피해가 되었는지 살펴보도록 하겠다. 제6장에서는 그녀의 트라우마 작업과 그녀와 같은 초기 과부하를 피할 수 있는 방법에 대해 설명한다.

감각, 정서, 의미 및 기억을 함께 연결하는 회로는 불꽃을 뇌의 다른 부분으로 확장하여 모든 구석에 도달한다. 암시적(무의식) 기억의 일부인 경우 오감, 운동 피질, 변연계 영역과 같은 원래 위치에 저장된다. 명시적(의식적) 기억의 일부인 경우 피질 영역이 기억을 저장할지 아니면 사라지게 할지 결정하기 전에 해마로 되돌아갈 수 있다. 라켓볼이 좌우로, 뒤에서 앞으로, 모서리를 비스듬히 튕기는 것처럼 우리의 회로는 우리 경험의 스냅숏이 되고 다음 이벤트를 기다린다. 지속적으로 사용하면 시냅스가 너무 강해져서 의식적인 노력 없이도 회로가 활성화된다(Konorski, 1948; Hebb, 1949). 그것들은 정동의 전기화학적 힘에 따라 우리의 뇌를 순환한다(Ferree & Cahill, 2009). 이것이 정신건강 개입의 프로세스가 여러 감각을 동시에 목표로 할 때 가장 효과적일 수 있는 이유이다. 가족 및 소셜 네트워크는 이러한 변형적인 소셜 스크립트와 새로운 뇌 회로를 위한 다양한 구성요소를 제공한다.

원칙 4: 애착 고려하기

Bowlby(1969) 이론에서 애착은 생존 메커니즘으로서 중요성을 갖고 시간이 지남에 따라 지속되는 사람들 사이에서 추구하는 감정적 유대로 광범위하게 정의될 수 있다(Ainsworth, 1989; Bretherton, 1992). 그것은 안정감의 기초가 되는 복잡한 대인관계 과정이다. 어린이의 경우 안정애착은 그들이 걱정 없이 환경을 탐색할 수 있게 해 준다. 애착 연구자들은 정신건강에서 인간 애착 과정의 중심성을 조사하는 데 수십 년을 보냈다(Bowlby, 1969; Ainsworth et al., 1978; Main, 1995; Cassidy & Shaver, 1999). 유아기부터 노년기에 이르기까지 연구는 안정애착의 이점과 불안정애착의 책임을 보여 준다(내용). 이러한 과정은 이러한 초기 애착 행동을 정신건강과 연결하는 발달 신경과학자에 의한 많은 연구의 중심에 있었다(Sroufe et al., 1999; Schore, 2005; Porges, 2007).

정신건강 실습에서 주류 가족치료사들은 일반적으로 가족 상호작용(과정) 분석을 제공하는 일련의 접근 방식을 연구했다. 이들 중 다수는 신경과학 연구와 큰 관련이 있다. 가족치료의 선구자들이 일련의 대인관계 과정에 대한 고유한 레이블을 개발했지만, 많은 임상의는 애착이론이 많은 가족치료 관행에 중요한 프레임워크를 제공한다는 것을 발견했다(Johnson, 1996; Liddle & Schwartz, 2002; Hanna, 2019). 또한 애착 과정은 사회과학과 신경생리학 사이의 연결고리로서 눈에 띄는 초점이 되었다(Cozalino, 2006; Porges, 출판 중; Siegel, 2012). 인류학자 Gregory Bateson(1972, 1979)이 의식의 관계적, 상호작용적 측면에 대해 논의하기 시작했을 때, 그는 애착의 신경과학이 사후 수십 년 동안 그의 생각을 어떻게 뒷받침할지 생각하지 못했을 것이다. 사실 내용물, 과정, 생리학은 애착 과정의 초석이다. 우리 삶의 내용은 나이가 들어감에 따라 진화할 수 있지만 안전한 애착을 추구하는 과정은 평생 동안 계속되며 우리의 생리는 이 탐구를 지원한다.

다미주신경 이론

생물학적으로 애착은 빨기 및 뿌리 내리기와 같은 섭식 반사를 특징짓는 주요 생존 과정으로 항상 알려져 왔다. 그러나 많은 신경과학자는 대인관계 과정을 위협-생존 드라마의 중심 단계에 둔다(Swain et al., 2007). 이러한 감각 능력은 신생아의 생존 전략을 조사하는 연구에서 나타난다. 사회적 참여 과정은 Porges(2007)의 획기적인 다미주신경 이론(polyvagal theory)에서 두드러진다. 그는 뇌간에서 분기되는 각 뇌 신경의 기능을 추적한다. 신생아는 출생 몇 주 전에 사회적 참여 시스템의 마무리 작업을 수행한다고 제안한다. [그림 3-3]은 음성 의사소통과 사회적 참여를 위해 이러한 신경이 눈, 귀, 코 및 후두에 연결되는 방식을 보여 준다. 이러한 발달은 인간을 하등 동물 형태와 구별하고 사회적 참여를 위해 신생아를 준비시킨다. 막이 열리기 전의 무대 담당자처럼 이 뇌 신경은 아기의 웅장한 입장을 준비한

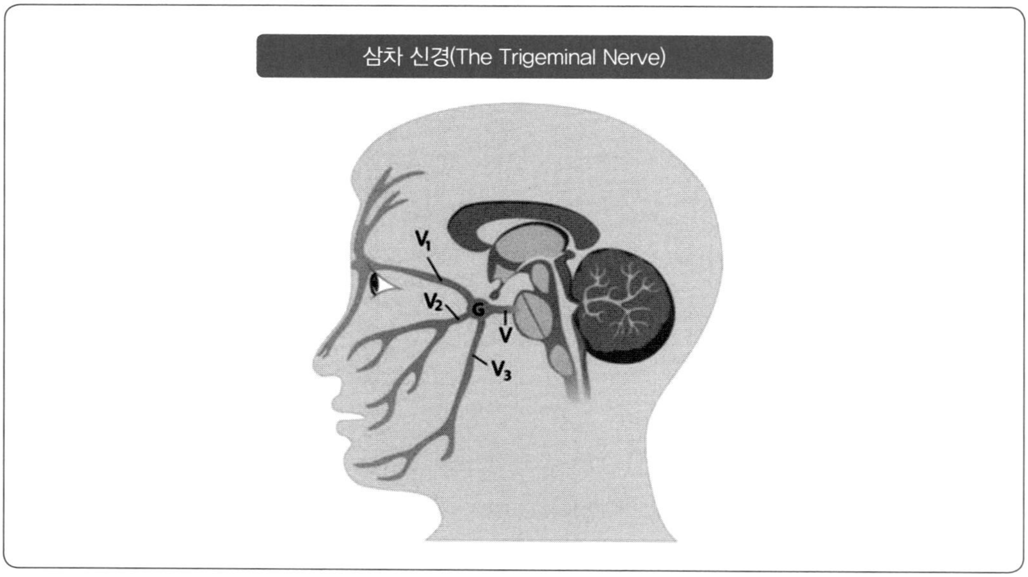

[그림 3-3] 삼차 신경과 사회적 참여

다. 영아가 사람의 목소리를 다른 배경 소리와 구별하는 데 도움이 되는 작은 등골근이 중이에도 있다(Porges, 2007).

인간은 태어날 때부터 다른 사람에게 전적으로 의존하지만 대인 애착을 통해 성공을 준비하는 많은 정교한 전략을 수행한다. Polyvagal 이론은 위협에 대한 인간의 반응을 포함하는 세 가지 경로의 계층 구조를 제안한다. Porges의 패러다임 변화는 사회적 참여가 실제로 우리 뇌의 가장 발전된 부분에서 나오는 첫 번째 생존 전략이라고 주장한다. 사회적 참여 없이는 빨기 또는 옹원이 발생하지 않다. 그는 본능과 행동 관찰(전체 해부학)에 기반한 행동 모델에 도전하고 뇌간에서 분기되어 감각 기관과 내장 기관을 감싸는 뇌 신경의 미세한 활동에 대한 창을 제공한다.

사회적 참여 시스템은 친숙한 양육자를 향한 방향 설정과 스캔으로 시작된다. 사회적 참여 시스템이 진정 효과를 내지 못하는 경우 두 번째 계층 전략은 투쟁/도피이다. 동물 이웃과 마찬가지로 처음 두 사람이 결과를 얻지 못하면 최후의 수단은 동결이다. 동물계에서 많은 동물들이 동결을 보호 전략으로 사용하는 것을 보여 준다. 트라우마 치료와 관련하여 제5장에서 이에 대해 자세히 논의할 것이다. 현미경이 세포 수준에서 이러한 대인관계 프로세스로 전환함에 따라 가족 및 관계 중심 치료사는 관계 품질이 삶과 죽음의 문제라고 확실하게 말할 수 있다.

다미주신경(polyvagal) 용어는 미주신경의 한 가지(복부)가 사회적 참여를 촉진하고 다른 가지(등쪽)가 동결을 촉진한다는 사실에서 유래한다. 부교감 신경계의 일부로서 두 가지는 진정 또는 종료와 관련이 있다(제2장의 [그림 2-9]). 반면, HPA 축은 에너지 방출과 관련된 교감 신경계의 일부이다. 대부분의 아동 성적 학대 피해자는 즉시 동결이라는 개념과 관련이 있다. 생물학적으로 동결은 사회적 참여가 배신이 되고 싸움/도피가 불가능해질 때 비극적인 선택이 된다. 동결 반응은 트라우마로 유발된 만성적이고 반복적인 경험을 치유하는 데 중요한 초점이다. 제5장과 제6장에서는 이를 해결하기 위한 개입을 설명한다. 이러한 외상 증상 외에도 이러한 전략은 조율, 정체성 및 소속감과 같이 나이가 들면서 진화하는 애착의 복잡한 요소에 대한 중요한 토대를 마련한다.

조율

아기의 생물학적 생존이 안정되면 애착의 질은 이상적으로는 안전한 피난처를 만들기 위한 아동의 생물사회적 요구의 발달 복잡성을 해결하기 위해 반응을 확장하는 양육자와의 정서적 연결과 관련이 있다. 차례로, 부모가 제공하는 것과 자녀에게 필요한 것 사이의 적합성은 평생 동안 자존감, 사회적 기술 및 건강에 영향을 미친다. 이것이 조율이다(Siegel, 2012). **다른 사람의 필요를 정확하게 평가하고 그 평가에 따라 선의로 행동하는 것은 끊임없이 변화하는 능력이다.** 생물학적 공감은 내부와 외부의 체계적 수준에서의 조율이다.

Bowlby(1944, 1969)의 후기 작업은 유아기 이후의 관심 주제인 **분리와 상실**을 다룬다. 따라서 애착, 별거, 상실의 내용은 청소년기 독립, 아동방임, 이혼 등의 맥락을 말한다. 이상적인 과정은 구조, 성취, 자존감 또는 슬픔의 치유에 대한 대인관계의 초점과 같은 아동, 청소년 및 성인 두뇌의 다양한 요구에 의해 추진된다. 생리학은 **조율의 정확성**과 사회적 환경에 함께 존재하는 **욕구의 긴급성**에 달려 있다.

예를 들어, 의료 인류학 분야에서 Helen Fisher의 연구는 동일한 신경화학물질을 유발하는 전통적인 형태의 **슬픔 및 상실**과 유사한 조건으로서의 사랑 관계 및 이별의 긴급성(Fisher et al., 2010)을 논의한다. 슬픔과 상실에 대한 조율이 필요하다. 이후 장에서는 슬픔과 상실을 효과적으로 다루는 방법에 대해 논의한다. 감정적 신경과학자들은 애착과 조화라는 용어로 중독과 금단의 신경생물학을 추적한다(Zellner et al., 2011). 직관적으로 많은 심리치료사는 이러한 경험에서 유사점을 본다. 이제 우리는 이러한 직관을 확인하는 생물학적 현실과 그에 부합하는 임상 전략을 본다. PNI 연구는 커플 불화, 부모 상호작용, 사회적 고립, 애착 스타일에서 조율 부족이 어떻게 관찰될 수 있는지를 보여 준다(Kiecolt-Glaser, 2009; Kiecolt-Glaser et al., 1998; Kiecolt-Glaser & Newton, 2001; Kiecolt-Glaser, et al., 2003; Kiecolt-Glaser et al., 2005; Parker-Pope, 2010). **조율과 관련된 이러한 세포 프로세스는 이 책의 나머지 부분에서 개입 전략을 알려 준다.**

진화의 영향

청소년기와 성인기에 애착 욕구는 생존을 위한 지속적인 중요성을 나타낸다. 위협-생존 경험은 분화 또는 쌍 결합과 같은 심리적 및 감정적 과정처럼 보일 수 있다. 그러나 진화론적 의미에서 신체는 인간의 진보에 진정으로 중요한 위협에 대응하고 있다. 예를 들어, 10대의 뇌에 대한 연구는 **역설적으로 위험을 감수하는 행동이 어떻게 생존 가치를 갖는지 설명한다**(Chein et al., 2011). 친구들과 위험을 감수할 때, 청소년들은 보상과 관련된 뇌 영역(복측 선조체, OFC)에서 높은 활성화를 보였다. 이 활성화는 미래의 위험 감수를 예측했다. 성인보다 높은 위험 감수성이 없으면 청소년은 집을 떠나지 않아서 종의 생존을 위협할 수 있다.

사랑 관계와 관련하여 Fisher와 동료들은 열광과 매력이 번식을 촉진하는 동안 어떻게 도파민이 급증하는지 설명한다(Fisher et al., 2005; Fisher, 2009; Fisher et al., 2006). 사랑의 경험은 애착과 친밀감에 대한 이전 경험의 기억을 기반으로 특정 신경회로를 공동 생성한다. 다양한 뇌 구조와의 이러한 상호작용으로 인해 일부 사람들은 연인이 실제로 "나는 온 마음을 다해 당신을 사랑한다."라고 말해야 한다고 제안했다(Cohen et al., 2007).

따라서 사랑과 섹스에 대한 대중적 개념은 육체적 멸종이 가능하다는 신체의 감각을 설명하지 못한다. Fisher 등(2002)은 헌신적인 관계에서 사랑에 빠진 '도파민에 흠뻑 젖은' 상태는 약해질 것이지만 옥시토신과 같은 신경펩티드는 유대감을 조장하는 중첩 본능에 기여한다고 제안한다. 종의 생존을 위해서는 남성이 유대감을 형성하는 것이 특히 중요하다. 인류학의 생각은 남성이 머물지 않고 영토를 지키지 않고 자손을 보호하지 못하면 그들과 그들의 자녀가 상당한 위협에 직면했기 때문에 석기 시대 여성은 파트너를 선택하는 데 신중해야 한다는 것이다. 그러나 가족이 함께 결속되면서 옥시토신은 종의 생존을 촉진하고 스트레스 화학물질의 영향을 낮추는 자연의 방법이었을 수 있다. 수많은 연구에서 옥시토신을 공감, 낙관주의 및 사회적 유대감과 연결한다(Olff et al., 2013; Saphire-Bernstein et al., 2011; Barraza & Zak, 2009). 이런 식으로 조율은 종의 생존을 지원한다.

소속

가족치료 운동의 형성기에 Kantor와 Lehr(1975)는 가족의 심리정치학이라는 용어를 만들어 냈다. 이것은 가족의 기대와 각 개인의 발달 요구 사이의 상호작용이다. 적응과 독특함 사이의 균형이 필요하다(Hanna et al., 2011). 그에 해당하는 몇 가지 질문은 다음과 같다.

- 여기 자리가 있나요?
- 내 자리는 어디인가요? 좋은 곳인가요?
- 지원은 제공되나요, 보류되나요?
- 누가 나를 위해 거기에 있나요?
- 누구를 믿을 수 있나요?
- 누가 내 편인가요?
- 내가 누구에게 중요한가요?

소속감의 핵심은 안전한 피난처이다. 이 탐구의 주관적 특성은 화학적 전하를 수반하는 암묵적 및 명시적 기억에 내재되어 있다. 유아의 활성화된 울음이든, 짝을 선택하는 동안의 성인의 동기든, 각자는 안전을 추구한다. 아기를 달래는 것은 내면화된 안전감과 애착으로 이어지는 과정이다. 생물사회적 요구는 [그림 3-1]의 각 계층에서 복잡한 사회적 관계의 일부로 발전한다. 병의 예측 가능성(신뢰성)이 확립된 후 우리는 사회적 환경에서 안전을 필요로 하게 된다. Hanna, Harper와 Nelson(2011)은 아이들이 형제자매 역할에서 정체성을 얻을 때 안내하는 애착의 요소로서 소속감과 개성의 상호작용을 탐구한다. 형제자매의 스타일이 받아들여지고 찬사를 받거나 비판을 받는가? 부모와 형제자매로부터 관계의 각 단계가 상승하면서 또래, 사회, 우주는 거부 또는 소속의 플랫폼이 되는가?

소속감은 가족 내 애착의 일부로 발생하는 것 같지만, 시간이 지나도 지속되지 않는 사회계에서도 발생한다. 흥미로운 일련의 뇌 연구는 **가족 외의 성인에 대한 사회적 보상의 중요성**에 대한 증거를 제공한다. 하나는 자원봉사자들이 게임을 하고 보상으로 돈이나 칭찬을 받았다. 실시간으로 뇌 영상 기술을 사용하여 연구원들은 보상 센터에 돈만큼 강력하게 칭찬이 등록되는 것을 발견했다. 이 사회적 보상 시스템의 강점으로 인해 연구자들은 **인간은 소속감을 갖도록 '내장'되어 있다고** 결론지었다(Izuma et al., 2008). 칭찬은 소속감을 표시하는 것으로 보이며, 사회적 환경에서 그 사람이 수용될 수 있음을 나타낸다. 장기적인 유대감이 없더라도 사회적 자아는 소속감 경험과 연결된 생물사회적 과정의 집합체이다(Hood, 2012).

장기 위탁 보호 아동의 경우 안전한 피난처를 찾는 데 어려움 중 하나는 소속감을 키우는 것이다. 양육자가 이러한 그리움을 전달할 수 있다는 희망에도 불구하고 '가족 소속감'의 힘은 많은 위탁 아동에게 여전히 강력하다. 생물학적 가족이 안전한 피난처를 제공하지 못했을 때 특히 당혹스러워 보일 수 있다. 일부 근친상간의 경우에도 자녀는 가족에 대한 충성심을 유지할 수 있다. 그러나 여기에 정체성의 개념을 더한다면, 안전한 애착이나 소속감이라는 안식처가 없더라도 정체성에 따라 생존이 좌우될 수 있다.

정체성

집착하려는 충동이 중심적인 생존 드라마인 것처럼 인간도 자신이 중요하다는 것을 알아야 한다. 애착-소속-정체성 매트릭스의 질문은 다음과 같다.

- 나는 다른 가족들과 같은가요 아니면 다른가요?

- 다른 가족들은 어떤가요?
- 그들의 스타일은 무엇인가요? 내 스타일은 무엇인가요?
- 나는 누구와 어울리나요?
- 다르다면 감히 그 차이를 보여 줄 수 있나요?
- 가족에 대한 대안은 무엇인가요?
- 다른 곳에 자리가 있나요?
- 나는 당신에게 누구인가요?
- 나에게 나는 누구인가요?

소속감이 안전에 관한 것이라면 정체성은 틈새시장을 찾고 개성, 기여 및 목적과 안전의 균형을 맞추는 것이다(Adler, 1938; Dreikurs & Grey, 1968; Dinkmeyer et al., 1997). 자살하려는 남자가 어머니에게 "누구나 사랑할 사람이 있어야 해요, 엄마."라고 말한 적이 있다. 그의 신랄한 진술에는 출신 가족, 더 큰 사회적 맥락 및 자아 정의와 관련된 다양한 의미가 내포되어 있다. 그는 계속해서 살인-자살을 저질렀고, 편집증적 사고, 손상된 면역 체계, 실패한 정신건강 서비스의 비극적인 용광로에 휩싸였다. 분명히 그는 삶과 죽음의 문제로 자신의 정체성을 경험했다. 그는 대인관계에 서툴렀다. 옛날 노래에서 말했듯이 "어떤 '몸'이 당신을 사랑할 때까지 당신은 '몸'이 아닙니다."

아무도 아닌 사람이 된다는 위협에는 실제로 '아무도 아닌'이라는 단어와 관련된 몇 가지 흥미로운 요소가 있다. 우리가 대인관계에서 개인으로 인식되거나 검증되지 않으면 아마도 우리는 무의미한 감각의 부족, 신체가 없다는 느낌으로 이어지는 신경 화학의 희생양이 될 것이다. 마음의 개념에 많은 정의가 있는 것처럼 정체성의 개념도 마찬가지이다. 철학과 사회 과학에서 사용되는 정체성은 인식 가능하고 개성과 자아 감각을 갖는 속성이다. Hood(2012)는 **정체성이 관계의 맥락에서만 존재하고**, 인간은 사회적 환경에 매우 민감하며, 따라서 생물사회적으로 다양한 맥락에서 각 개인에 대한 다중 정체성을 초래한다고 주장하는 많은 연구를 지지한다(Mead, 1934; Rosenberg & Gara, 1983). 그는 **사회적 자아**에 대해 쓴 Cooley(1902)에서 나온 **거울 자아**의 개념을 사용한다. 다른 사람들의 통찰은 개인 행동의 성공적인 결과인 **자기효능감** 또한 정체성에 영향을 미친다고 제안한다(Gecas & Schwalbe, 1983). 그들은 사회적 영향만이 아니라 자유 의지가 정체성에 영향을 미친다고 주장한다. 확실히 우리가 사회적 관계를 주관적으로 관찰할 때 자유 의지가 작용할 수 있다.

Siegel(2012)은 자아에 대한 개념을 기억, 의식 및 신경생물학과 통합한다. 이러한 생각의 흐름은 대인 경험의 명시적 기억에서 나오는 자전적 자아를 묘사하는 사람들로부터 나온다(Schore, 2005; Jack et al., 2009; Fivush, 2011). 해마의 역할을 추적하면서 그는 PFC와 현재 경험에 대한 다른 뇌 구조 간의 상호작용 모음으로서 명시적 기억을 검토한다. 가족치료의 일부 간단한 활동은 부모와 자녀가 과거 사건에 대한 대화에 참여하도록 하는 기억 연구에 의해 뒷받침된다. Jack 등(2009)은 어린 시절의 이러한 대화가 청소년의 초기 기억에 영향을 미칠 수 있음을 발견했다. 따라서 기억은 '우리가 기억하는 것, 기억하는 방법 및 기억하는 자아를 형성'하는 부모-자식 대화의 영향을 받는다(Siegel, 2012, p. 59). 이를 위해 치료에서 가족 전기의 구성은 모든 연령대의 부모와 자녀가 협력적 성찰에서 나타나는 새로운 정체성을 형성하는 데 도움이 될 수 있다(Hanna, 1997, 2010; 2019, Suddaby & Landau, 1998).

이러한 개념을 통합하여 정체성은 기억, 내러티브 및 인식으로부터 몸에 등록되는 보상 또는 안전의 과정을 의미한다. 보상의 일부는 개성에 있다. 정체성은 가족과 사회에서 보상이나 위협으로부터 형성된다. 개인이 원가족과 함께하는 사적인 대화의 예는 무수히 많다(Hanna, 2019). 이것은 사람이 자신의 정체성을 형성하려는 의도에 대한 무언의 진술이다. 대화는 원가족과 같거나 다를 수 있다. 예를 들어, 가난하게 자란 사람들은 그러한 불이익을 극복하기로 결심할 수 있다. 그들의 기억에는 가난의 스트레스가 있을지 모르지만 그들의 정체성은 부모의 시련을 극복하는 데 있다. 다른 사람들은 부모나 형제자매의 특성을 피하기로 결심한다. 아빠가 없는 경험은 딸이 아빠됨을 소중히 여기는 파트너를 찾도록 동기를 부여할 수 있다. 알코올 중독자 부모의 많은 자녀들은 절대 술을 마시지 않기로 결심한다. 신경생물학적으로 이러한 경험은 즐겁든 고통스럽든 기억과 정체성이 정서적 강도와 어떻게 연결되어 있는지를 보여 준다. 보상 센터와 스트레스 호르몬은 모두 우리의 정체성을 형성하는 데 중요한 역할을 한다.

스트레스가 많은 상황에서 아이들이 종종 느끼는 무력감은 생존의 무게를 짊어진 절박한 성인 역할로 아이들을 몰아갈 수 있다. 절망 내러티브가 평가절하 및 부적응과 관련될 때(Hardy & Laszloffy, 2005) 생존 모드는 싸움/도피 또는 동결일 수 있다. 한 연구는 청소년이 게임 중에 또래에 의해 배제될 때 뇌파의 변화에 대한 사회적 수용의 영향을 강조한다(White et al., 2012). 결과는 거절에 대한 가능성, 스트레스 수준의 과소 보고 및 낮은 뇌파와 관련된 높은 수준의 불안정한 애착을 보여 주었다. 여기서 가설은 정지 모드이다. 안정적으로 애착을 가진 그룹의 사람들은 배제로 인한 유사한 고통 패턴을 나타내지만 뇌파가 더 낮지는 않았다. 따라서 정체성은 다양한 정서 패턴으로 이어지는 원초적 애착 과정에 뿌리를 두고 있을 수 있다. 그러나 나이에 관계없이 사회적 고립에 대한 취약성은 삶과 죽음의 문제로 보일 수 있다.

가족의 현 상태에 대한 거부는 가족과 인간의 조화를 아직 느끼지 못한 사람에게는 생존 전략일 수 있다. 다른 곳에서 애착을 추구함으로써 반항적인 사람도 적응할 수 있다. 또한 청소년 관계의 일부인 극적인 기분 변화는 종의 생존에 필요한 작업에 뿌리를 두고 있다. 따라서 사적인 대화는 "나는 사랑받을 자격이 있고 그것을 찾을 때까지 지켜볼 것이다."일 수 있다. 종종 '자격이 있다'라는 용어는 말로 표현되지 않는다. 자신의 권리에 대한 사적인 의미를 진술하는 것을 가족 및 문화적 금기사항으로 여긴다(Boszormenyi-Nagy & Krasner, 1986; Hargrave & Pfitzer, 2003, 2011). 제7장과 제8장은 이 핵심 문제를 다루는 치료 전략을 탐구한다.

번식 생존은 가족과 자녀의 분화에 달려 있기 때문에 Bowen(1978)이 옳았다. 번식에 성공하려면 인간은 원가족 밖에서 분화하고 애착을 가져야 한다. 이것은 생존이 문화적으로 복잡해지는 곳이다. 서구 사회에서 우리는 처음에는 원가족에서, 그다음에는 가족이나 가족 외부의 중요한 타인 네트워크에서, 그리고 성별, 인종, 계급, 작업 그룹, 이웃 등으로 정의되는 더 큰 시스템에서 정체성을 발전시킨다. Hood(2012)는 [그림 3-1]에 나와 있는 것처럼 이러한 다중 정체성이 고유한 신경회로를 각각 가지고 있다고 믿는다. 본질적으로 정체성은 다양한 사회계를 기반으로 한 대인관계 경험이다. 번식은 출산의 가족 안에서 개인 정체성의 일부가 된다.

그러나 집단 사회에서 정체성은 소속감의 중요성을 중심으로 강하게 형성된다. 번식은 부족에 소속되고 기여하는 것의 일부이다. 세대 간에 더 많은 적합성과 상호의존성이 있다. 이러한 사회는 서구 사회와는 매우 다른 생존 위협을 가지고 있다. 예를 들어, 남아프리카에서는 당신의 이름이 아니라 씨족의 이름을 아는 것이 가장 중요하다. 거리에서 어떤 사람은 "마디바!"라고 인사하며 다른 사람을 맞이할 수도 있다. 그들의 씨족 구성원에게 하는 인사말이다. 이 인사말은 운동팀을 응원하는 정신을 담고 있다("레드삭스 파이팅! 다저스 파이팅!"). 그러나 생존에 대한 역사적 위협은 이러한 더 강력한 통합과 응집력에 대한 맥락을 제공한다.

많은 사적인 대화가 정체성의 표현이 되면서 육체적 생존과 엄청난 관련성을 갖는다. 조율 부족은 혈류와 뇌파에서 위협-생존 반응을 공동 생성하는 대인관계 주기의 반복이다(Levine, 2010; Schore, 2000). [그림 3-1]에 설명된 대인관계 회로의 계층은 애착, 소속 및 정체성의 생물학을 형성한다. 현재까지 이러한 경험을 수용하는 단일 위치에 대한 증거는 없다. 대신, 그들의 회로는 우리 개발의 모든 중요한 사건에 대한 위치, 광경, 소리 및 감각의 파노라마를 연결하는 에너지 그물에서 발사된다. 이러한 회로는 뇌에 정통한 치료사의 탐정 작업을 위한 템플릿이 된다. 차례로 임상 작업은 이러한 회로를 변환 치료 계획에 통합할 수 있다.

원칙 5: 변형 고려하기

인간이 생존을 추구함에 따라 전신은 균형과 웰빙을 달성하기 위해 모든 구석에서 회로를 멀티태스킹하고 동기화한다. 그들은 사회적 환경에서 조율과 애착을 추구한다. 그들의 몸에는 이러한 환경적 요구를 처리하는 특수 안테나가 있다. 필수 아미노산과 마찬가지로 내부에서 애착을 일으킬 수 없다. 그들은 외부와의 상호작용에서 그것을 찾아야 한다. 그것들이 없으면 위험한 증상이 나타난다. 그들이 발견했을 때 이러한 필수 영양소로부터 혜택을 받으려면 특정 조건이 존재해야 한다. 이러한 조건은 가뭄을 우회하고 오래 지속되는 방식으로 함께 배선할 새로운 회로를 만들기 위해 **반복**과 **새로움**이 필요하다. 이러한 변형을 **신경가소성**이라고 한다.

삶의 썰물과 썰물에서 배웠듯이 생존을 위한 탐구에는 변화가 수반된다. 결과적으로 신

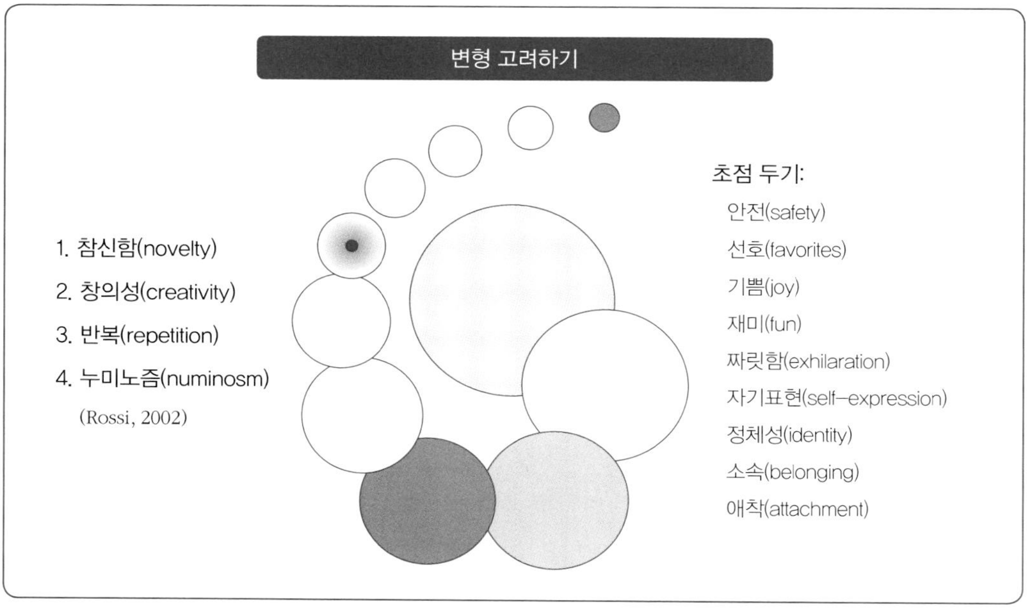

[그림 3-4] 변형(Transformation)

출처: Suzanne Midori Hanna, Ph.D.로부터 사용 허가를 받음.

경가소성은 때때로 의도하지 않은 불균형을 초래할 수 있다. 예를 들어, 참신함은 도파민 방출에 너무 관대한 보상 센터를 탈취할 수 있다. 뇌의 기억 및 학습 센터와 공모하여 신체가 보상으로 구성하는 거의 모든 것이 만성적인 위협의 여파로 중독성이 될 수 있다(Erickson, 2007). 도파민이 만들어 내는 긍정적인 기대가 있다. 그것은 헤로인 주입을 준비하는 단계를 거치는 것과 같은 보상에 대한 기대만으로도 풀릴 수 있다(Erickson, 2007; Maté, 2010). 따라서 신경가소성에는 장단점이 있다(Jäncke, 2009; Doidge, 2007). 전반적인 건강 상태는 예외와 반복이 어떻게 새로운 회로를 생성하는지에 달려 있다. 제9장에서는 애착과 상실을 목표로 하는 개입을 통해 중독의 신경생물학을 다룬다.

오늘날 이러한 불균형은 문명이 전신의 능력을 능가하는 기술 발전을 이루었기 때문에 더욱 시급한 방식으로 발생했다. 이러한 맥락에서 심리치료는 Freud의 초기 직관에서 나왔고 심리치료에 대한 체계적이고 전체론적인 접근은 관계를 중요한 자원으로 보는 렌즈를 넓혔다. 이제 신경과학의 도움으로 정신건강 서비스는 이 중요한 능력을 변화와 지원 방법에 사용할 수 있다. 신경가소성의 핵심은 [그림 3-4]에 나와 있는 것처럼 집중, 반복, 참신함, 창의성이다.

초점

신체에서 회로는 연결 및 모양의 변화를 통해 변형된다. 고맙게도 우리의 뇌는 나이에 상관없이 변할 수 있다. 두뇌는 모든 대인관계 경험에 변화를 기록한다. 그러나 이러한 변경 사항은 피상적이거나 관련이 없을 수도 있다. 얼마나 많은 내담자가 본 치료사의 이름을 기억하지 못하는지 흥미롭다. 뇌졸중 환자가 조금씩 기능을 발휘할 수 있는 것처럼 새로운 관계와 새로운 정체성을 찾는 사람들도 마찬가지이다. 좋은 책에 집중하거나 피아노를 배우는 것과 같은 다른 형태의 집중도 뇌를 발달시킨다. 고정 관심은 활성화를 전환하는 힘이 있다.

새로운 회로를 만들기 위해 감각느낌을 사용한 이전 연습은 우리의 의식적 마음을 우리 몸의 모든 부분에 연결할 수 있는 잠재력을 소개한다. 감각을 발달시키는 것은 십자말 풀이나 산수와 같은 정신적 기술이다. 차이점은 감각느낌이 피질이 아닌 뇌간과 맞물린다는 것이다. 내부 감각에 초점을 맞추는 것은 말 그대로 정신적 레이저 빔과 같은 특정 영역으로 에너지를 보낸다. 감각느낌을 사용하는 것 외에도 마음챙김과 같은 다른 형태의 정신적 집중은 수상돌기의 밀도를 증가시킨다(Siegel, 2010; Kabat-Zinn, 2006). 이러한 유용한 도구의 성공 비결 중 하나는 반복이다.

반복

이것은 임상의가 기억해야 할 중요한 측면이다. 보상 시스템을 활용하는 것은 반복을 촉진하는 방법이다. 예를 들어, 임상의가 커플나 가족의 희망과 꿈에 대한 의식을 고취할 때 그들은 기대에 의해 자극되는 보상 시스템을 활용한다. 그들이 각 세션에서 몇 분동안 꿈에 대한 초점을 유지하도록 반복하면 의례는 새로운 회로를 만든다.

마음챙김의 반복과 관련하여 다양한 연구에서 서로 다른 프로토콜을 설명한다. 하나는 8주 동안 매주 5일 30분을 실시하고 6주 동안 7시간의 반복을 포함하는 표준 Kabot-Zinn 프로토콜을 사용했다(Davidson et al., 2003). 또 다른 사람은 건선 치료에 13주 동안 일주일에 세 번 오디오 테이프를 사용했다(Kabat-Zinn et al., 1998). 세 번째는 1주일에 걸쳐 5일 동안 30분 세션을 사용했고 뇌섬엽(insula)[3]의 밀도가 지속해서 증가한 것으로 나타났다(Tang et al., 2015).

따라서 개인이나 가족이 선택한 활동이나 일과에 관계없이 경험상 8주 동안 일주일에 여러 차례 하기를 권장한다. '8주 챌린지'를 수행할 수 있는 경우 작업을 관리할 수 있고 끝이 보인다. 물론 많은 사람이 보상 시스템을 활용하기 때문에 새로운 삶의 방식으로 이러한 작업을 계속한다. 예를 들어, 한 남자는 체육관에 가는 데 관심이 없었지만 자전거를 타는 것에 대해 물었다. 그는 매일 평평한 코스에서 자전거를 타려는 의욕이 강해졌다. 우리는 그가 얼굴에 바람을 느끼거나 근육이 페달을 밟는 것을 느낄 때 최면 상태와 같은 상태를 유도할 수 있는 집중 및 감각운동을 개발했다(이 과정에 대한 자세한 내용은 제8장 참조). 이러한 감각을 들이마시는 것은 그에게 매우 보람 있는 마음챙김 운동이 되었다. 마음챙김 경험과 새로운 감각을 만들기 위해 많은 즐거운 활동을 호흡 및 신중한 움직임과 결합할 수 있다.

참신함

뇌의 보상 시스템과 다른 여러 뇌 영역을 자극하는 활동이 가장 큰 영향을 미친다. 정서적, 정신적, 촉각적, 운동감각적, 시각적, 대인관계 회로는 모두 보상과 새로움에 대한 큰 잠재력을 포함하고 있다. 칭찬은 돈만큼 좋다는 것을 기억하라. 대인관계 보상은 여러 뇌 반응을 동시에 활성화하는 정체성 회로를 생성할 수 있다. 예를 들어, 칭찬에는 다음이 포함될 수 있다.

3 역자 주: 대뇌 반구에서 가쪽 고랑 깊은 곳에 묻혀 있는 대뇌 겉질의 부분.

- 긍정적 정체성(피질)
- 소속감(변연계)
- 미소(시각적)
- 포옹(촉각적)

아이들이 성장함에 따라 반복적인 가족 확인 패턴이 보상 시스템을 촉발한다. 칭찬이 일상이라면 그들의 회로는 또한 정서 조절(미주신경)의 척도로 낮은 심장 변동성을 포함할 수 있다. 이러한 연관성은 긍정이 예상치 못한 시간과 다양한 상황에서 올 때 더욱 강해진다. 이것은 우리 내담자에게도 마찬가지이다. 예를 들어, 우리가 치료사에 대한 부정적인 기대에 '부응'하지 못할 때 그들은 "기분 좋게 놀란다." 이러한 감각은 하나의 회로가 비활성화되면 다른 회로가 발달하고 강화되면서 변형된다. 이것은 일반적인 육아 처방의 생물학적 확증, 즉 아이가 옳은 일을 하는 것을 포착하는 것이 된다. 기대는 반복에서 발전한 회로이다. 그것을 깨는 것도 참신함을 지닌 반복이 필요하다.

> 16세 백인 여성 Joy가 고등학교 때 미성년자 음주를 시작했을 때 참신한 사례가 발생했다. 그녀의 어머니는 지역 Sierra Club이 후원하는 30일 야생 프로그램에 그녀를 보냈다. 치료 주거 프로그램과 달리 그녀는 자기 발견 경험을 위해 서명한 성인들로 둘러싸여 있었다. 그룹 내에서 막내임에도 불구하고 그녀는 임무를 완수했고 1일 솔로 서바이벌 경험을 포함하여 모든 도전을 성공적으로 마쳤다. 그녀가 돌아오자 다른 참가자들과 야생 지도자들은 그녀의 성과를 칭찬하고 그녀의 성숙한 능력을 확인했다.
>
> 사실 그녀가 원가족으로부터 짊어진 짐은 더 어른스러운 것이었고 그녀는 가족에게서 이 역할에 대해 감사를 받지 못했다. 그녀의 음주 습관은 조숙한 가족 역할, 연대기적 연령, 조율 부족 사이의 적합성 부족에 대한 자가 치료였다. 그녀는 무사히 고등학교를 졸업했고 성공적인 교육자가 되었다. Joy의 경험이 10일 동안 하루 6시간씩 일하는 뇌졸중 환자와 같을까? 신경학적 데이터는 없었지만 반복, 참신함, 창의성, 초점 및 검증과 같은 올바른 요소가 모두 포함되어 있다고 추측할 수 있다. 알코올 사용에만 초점을 맞추는 프로그램과 달리 변화에는 많은 뇌 영역이 관여해야 한다.

> **변화에는 많은 뇌 영역이 관여해야 한다.**

성인의 경우 환경을 풍요롭게 하고 새로운 것을 배우고 새로운 활동을 수행할 때마다 신

> 위기에 처한 사람에게는 잦은 강도가 필요할 수 있다.

경가소성이 발생한다. 이러한 새로운 차원이 지속될 때 변환이 발생한다. 일부 과학자들은 연령과 관련된 손실이 시간이 지남에 따라 더 제한된 환경에 일부 기인한다고 주장한다. 따라서 모든 연령대의 내담자를 위해 임상의는 사람들을 양육하는 것과 관련된 환경 전반에 걸쳐 새로운 정서적, 정신적, 신체적 반복을 장려함으로써 뇌 기능을 자극할 수 있다. 프로그램을 강화하는 중요한 방법은 소셜 네트워크를 포함하는 것이다(Sluzki, 2008, 2010). 많은 사람에게 익명의 알코올 중독자, 체중 감시자 및 기타 상호 지원 프로그램이 도움이 되는 이유가 있다. 사회적 지원은 의례, 전통 및 일상에서 많은 감각을 사용할 수 있는 생존의 중요한 구성요소이다.

Shirley는 집중적인 다차원적 접근이 필요했다. 그녀는 빈 둥지 정체성 위기의 한가운데서 나에게 왔다. 매일의 불안 발작으로 아무것도 도움이 되지 않는 것 같았다. 그녀는 수면을 돕기 위해 저용량의 클로나핀을 사용했지만 도움이 되지 않았고 항우울제와 항불안제로 인한 매우 바람직하지 않은 부작용이 있었다. 그녀의 세대 간 역사에는 언제든지 죽을 수 있음을 자녀에게 상기시킨 만성 질환 어머니가 포함되었다. 이 때문에 그녀는 밖에서 친구들과 놀고 활동에 완전히 참여할 수 없을 때마다 매우 죄책감을 느꼈던 것을 기억한다. 그녀의 육아 기간 동안 그녀의 남편과 아이들은 그녀가 즐거운 가족 활동을 많이 중단하고 모든 사람의 모든 행사를 망칠 것이라고 불평했다. 자살 위험을 배제한 후 외상 평가는 외상 후 스트레스 장애(PTSD)를 나타냈다.

첫 번째 단계는 HPA 축(PFC 참여)에 대한 그녀와 그녀의 남편을 위한 심리교육이었다. 마음챙김, 반복, 참신함을 중심으로 한 그녀의 트리거에 대한 치료 계획을 개발하면서 마음챙김 수련에 완전히 참여하기에는 너무 많은 산만함을 보고했다. 그래서 그녀에게 맞는 것은 집중과 참신함을 요구하는 즐거운 활동이었다. 그녀는 정원 가꾸기와 요리를 하기로 결정했다. 참신함이라는 과제를 받아들인 그녀는 이전에 한 번도 사용한 적이 없는 재료를 포함하는 두 가지 요리법을 매주 수정하기로 동의했다. 또한 그녀는 새로운 품종의 식물로 새로운 정원을 설계하기로 결정했다.

그녀의 남편이 세션에 참여하면서 그는 아내에게 함께 골프를 치러 가자고 권유했다. 그녀는 이른 아침 골프를 하면서 코스의 식물과 초목의 냄새를 맡고 이른 아침 공기의 감각을 들이마셨다. 커플에게는 윈윈이었다. 그녀는 스스로 요리하는 동안 좋아하는 음악을 들었고 결국 이웃과 자전거 타기를 시작했다. 이 모든 활동을 통해 그녀는 '8주 챌린지'를 수행했다.

한 달 동안 일주일에 두 번 만나는 치료 세션에서는 성장한 자녀의 문제에 대해 커플와 브레인스토밍하고 8주 챌린지를 강화하였다. 그녀의 공황발작이 감소함에 따라 세션은 한 달 동안 매주 진행되었다. 8주 후에 그녀는 가족 관계에 대처할 수 있을 만큼 충분히 강해짐을 느꼈고 남편은 설교나 강의 없이 새로움과 반복을 격려할 수 있는 힘을 느꼈다. 그들은 알래스카 끝자락에 있는 머나먼 어촌에 있을 때 친구들과 휴가에 대해 브레인스토밍하기 시작했고 나에게 문자를 보냈다. 나는 "숨을 들이쉬세요! 그럴 자격이 있어요!"라고 답장을 보냈다.

창의성과 누미노즘

이 사례는 또한 성공의 네 번째 열쇠인 창의성을 보여 준다. 여러 면에서 이러한 원리는 우리가 이미 알고 있는 것과 신경과학의 새로운 언어를 결합한다. 그 과정에서 사물의 순서와 속도에 대해 더 많이 생각하도록 우리를 초대하는 생리학의 역학이 있다. 몸은 생존 우선순위에 따라 마음을 형성한다. 집중과 반복은 HPA 축을 진정시킨다. 그런 다음 마음은 이러한 우선순위를 소속감과 정체성의 회로를 통해 부착된 생존에 연결한다. 시에라 클럽, 다가구 집단, 이웃과 자전거 타기, 남편을 위한 요리는 새로운 것을 제공한다. 기본이 만족되면 더 추구하는 것이 지극히 인간다운 일이다. 창의성이 변화로 이어지는 때이다. Rossi(2002)는 창의성을 자극하기 위한 누미노즘(numinosum)[4]의 개념에 대해 자세히 설명했다(Otto, 1950).

> 우리의 삶에 동기를 부여하는 매혹, 신비, 거대함의 경험…… 세상을 탐험하는 모험심, 예술과 과학에서의 창의적인 노력, 궁극적인 것에 대한 영적 탐구에 수반되는 경이로움의 긍정적인 감정.
>
> (Rossi, 2002, pp. xvii-xviii)

Rossi는 경험이 참신함–누미노즘–신경발생 회로를 불러일으킬 때 이것이 의식, 관계 및 치유를 변형시킨다고 제안한다. 언어를 사용하는 것만으로도 창의성의 씨앗을 심을 수 있

4 누미노즘(numinosum)이란 '의지의 힘이 미치지 않는 곳에서 생기는 하나의 동적인 존재, 혹은 작용이다.'라고 정의한다. 이 누미노즘의 작용은 인간 주체를 사로잡고 지배하며, 인간은 그것을 만들어 낸 자라기보다 오히려 그것의 제물이며, 그것은 인간의 의지에 구애받지 않는 인간 주체의 조건이다. 즉, 누미노즘은 눈에 보이는 객체의 성질이거나 보이지 않고 현존하는 것의 영향이며, 의식에 특수한 변화를 일으키는 것이다(Jung, 1985).

다. Fisher의 생각을 빌리자면, 이 말은 기쁨과 기대의 회로를 성장시키는 도파민에 흠뻑 젖은 경험이 될 수 있다(Fisher et al., 2002). Shirley와 그녀의 남편이 받은 심리교육의 일부는 좋아하는 것의 중요성에 관한 것이었다. 이것은 자동적인 적합성을 제공하는 각 개인의 주관적인 선호도이다. 음악, 영화, 음식, 장소, 사람, 경험, 환상, 오락 등 즐겨찾기는 내 모든 치료 계획의 중심 부분이 되었으며 권한을 부여하고 그들의 역할을 장려한다. 더 많은 도파민을 얻으려면 기쁨, 모험, 재미, 흥분, 정체성, 소속감, 애착의 원천인 안전한 영역을 탐색하라.

또한 '모험 속 탐험'의 역할도 중요하다. 동물은 위험에서 벗어나 안전함을 느끼면 탐색을 시작한다. 이것은 치유의 표시이다. 호기심과 탐색의 측면을 격려하고 주목하면 내담자가 자신의 치유 과정에 적응하는 데 도움이 된다.

> PTSD로 인해 여전히 내향적인 Will(1장에서)이 동물원에 갔다고 언급했을 때 우리는 그가 방문하게 된 과정에 초점을 맞췄다. "나는 그것에 대해 듣고 있었고 궁금했다." 나는 이 동물 비유를 설명하고 그의 호기심이 안전의 새로운 신호가 될 수 있는지 물었다. 그는 자신의 몸을 조율하고 "예, 그럴 수도 있다."라고 대답했다. 몇 달 후, 지역 게임 매장에서 게임의 밤에 가기로 결정했다. 20년 만에 처음으로 완전히 낯선 사람들과 대면 카드 게임에서 경쟁하게 된다. 이기든 지든, 그를 다시 돌아오게 한 친절함이 있었다. 그는 공황발작 없이 금요일 밤에 '단골'이 된다. 라커룸에서 또래들에게 폭행을 당한 11세 소년에게는 이번이 처음이다. 그는 이제 34세였다.

모험과 관련하여 Perel(2007)은 커플이 성적 경험에 가져오는 감정적 요구를 탐구하기 위해 에로틱한 환상을 사용하는 섹스 요법에 대한 몇 가지 지침을 제공한다. 그녀는 환상이 해결책을 찾는 문제와 관련된 주제를 가지고 있다고 제안한다. 한 사람의 감정적 역사는 '에로틱한 청사진'으로 이어진다. 그녀의 시작 대화에는 다음과 같은 질문이 포함된다.

1. 당신에게 섹스는 무엇을 의미합니까?
2. 당신은 섹스에서 무엇을 추구합니까?
3. 만남에서 무엇을 경험하고 싶습니까?

(Perel, 2011, p. 9)

이러한 질문에 대한 답은 커플이 친밀감에 대한 억제와 욕구를 극복하기 위해 원하는 심리적 안전을 추구함에 따라 누미노즘에 대한 탐구를 형성한다. 그녀는 이러한 문제를 놀이의 필요성과 연관시키고 각 파트너가 모험심을 받아들일 만큼 충분히 안전하다고 느끼도록 돕는다. 세션의 제정은 사람들이 애착 경험을 섹스 중 욕망과 연결하는 데 도움이 된다. 예를 들어, 커플이 서로의 얼굴을 잡는 것은 친밀한 경험으로 양쪽 모두 **돌봄**의 영향을 불러일으킨다. 그녀의 세션에서 드러나는 **놀이**의 감각과 상상력은 짐이 겹겹이 쌓여 목소리를 낼 수 없었던 연인들에게 변화를 일으킨다.

따라서 긍정적이고 지속적인 경험이 풍부한 변혁은 새로운 회로를 성장시키고 이러한 회로가 연결되는 데 걸리는 시간을 인내한다. 이제 얼마나 걸리는지 알았으므로 임상의는 즉각적인 구제를 위한 위기 개입으로 시작하여 지속적인 패턴이 되는 새로운 성장 회로로 발전할 수 있는 프로세스에 대해 내담자를 교육하고 준비할 수 있다. 〈표 3-1〉은 신경과학의 다섯 가지 원칙을 임상 실습에 적용하는 대화 경로를 제공한다.

결론

우리의 생리학과 마찬가지로 이러한 과정은 백그라운드에서 실행되어 생태계, 생물사회 치료사에게 더 큰 의식을 생성할 수 있다. 이 장에서는 신경과학자들이 탐구하는 진단 과정의 일부 개정에 대해 설명한다. 또한 선사 시대에 기초적인 신경생물학이 어떻게 발전하여 현재 첨단 기술 사회와 충돌하는지 설명한다. 이 장의 다섯 가지 원칙은 바이오가 어떻게 사회적이 되고 그 반대인지를 보여 주는 패러다임을 형성한다.

생존 고려하기(Think survival). 생존이 우리에게 위협, 위험, 적응성, 협력 및 애착의 언어를 소개한다고 생각해 보자. 생존의 생리는 자신의 신체, 부모, 형제자매, 또래, 공동체, 신 또는 우주와의 관계로 구체화된 사회적 과정의 계층과 교차한다. 이러한 계층은 자산 또는 부채가 될 수 있는 방법을 평가하기 위해 생물학적 공감이 필요한 회로를 나타낸다. 빈곤의 생리학 및 기타 사회적 과정은 생존 욕구가 행동과 의사 결정에 어떻게 영향을 미치는지에 대한 예를 제공한다.

몸 전체 고려하기(Think whole body). 몸 전체가 Descartes에게 마음과 몸을 하나로 결합하는 데 도전한다고 생각해 보자. 움직이는 두뇌는 몸 전체에서 작동하며 몸에는 오감, 정서 및 의미의 경험을 인코딩하기 위한 고유한 메모리 시스템이 있다. 몸의 지혜는 이성적인 두뇌를 따르지 않는다. 감각느낌(felt sense)과 감각에 대한 마음챙김은 이 집단적 지혜에 접근할 수 있다.

회로 고려하기(Think circuits). 사고 회로는 뇌 회로의 특성과 그것이 어떻게 발달하는지에 주의를 환기시킨다. Pavlov의 개는 뇌의 서로 다른 부분의 연관성이 어떻게 자율 반응으로 연결되는지에 대한 예를 제공한다. 방아쇠는 다른 모든 부분을 활성화하는 회로의 한 부분에 있는 자극제이다. 연상과 방아쇠는 모방을 촉진하는 거울 뉴런 시스템의 활성 부분이다. 그들은 또한 적대적 반항 장애 및 PTSD의 일부인 전기화학적 전하와 같은 증상에서 작동한다. April의 사례는 이러한 개념을 보여 준다.

애착 고려하기(Think attachment). 애착이 애착이론의 신경생물학을 제공한다고 생각해 보자. Porges의 다중미주신경 이론은 생존 전략을 검토하는 데 유용한 지도를 제공한다. 그는 타고난 자율적 생존 전략의 순서가 (1) 사회적 참여, (2) 싸움, (3) 도주, (4) 동결이라는 전통적인 관찰을 확대한다. 애착의 요소는 조율의 질에 달려 있다. 진화적 관점에서 애착 생리학에 대한 검토가 있다. 애착의 사회적 측면은 소속감과 정체성이다. 각각은 기억과 의미의 회로로 이어지는 신경화학적 과정을 가지고 있다. 명시적 기억은 자전적 기억에 기여한다. 신경과학자들은 사회적 맥락에 따라 유동적인 정체성 현상을 추적한다.

변형 고려하기(Think transformation). 사고 전환은 치료 과정과 관련된 **초점, 반복, 참신함, 창의성** 및 **누미노즘**의 개념을 검토한다. 그들은 성장과 치유의 새로운 패턴을 장려한다. 보상 시스템은 새로운 회로 개발의 핵심 요소이다. 호흡, 움직임, 감각, 칭찬, 환상, 관계 등 오감을 모두 활용하여 치료사는 다감각적이고 다차원적인 치료 계획을 세우도록 권장한다. 다가족 그룹 및 사례 연구와 같은 임상 사례는 이러한 지침을 사용한 변화의 시나리오를 보여 준다.

표 3-1 다섯 가지 원칙의 경로

원칙/요소	대화 경로
전신 집단 지성 감각느낌 정동 의미 기억	당신의 몸은 당신에게 메시지를 보낸 적이 있습니까? 그것에 대한 당신의 직감(gut feeling)은 무엇입니까? 당신이 그것을 느끼고 있을 때, 당신 몸의 어디에서 그것을 감지합니까? 몸을 진정시키기 위해 잠시 멈추고 숨을 몇 번 들이마실 수 있습니까? 이러한 감정을 다른 순간으로 거슬러 올라갈 수 있습니까? 그때 무슨 일이 있었나요? 지금 안전하다고 느끼는 것은 무엇입니까?
생존 적응력 협력/팀워크 사회적 지원 생물사회생태학 신체적 피해 격리	함께 있는 것을 가장 좋아하는 사람들은 누구입니까? 상황이 어려워지면 누구를 의지할 수 있습니까? 좋아하는 관계에 대한 가장 좋아하는 기억이 있습니까? 생명을 위협하거나 생명을 바꾸는 부상 또는 질병을 입었습니까? 언제 가장 외롭다고 느꼈습니까?
대인관계 사회적 참여 애착 소속감, 정체성 심리정치학	다른 사람들은 당신을 어떻게 묘사합니까? 당신의 자존감에 가장 큰 영향을 미치는 사람은 누구입니까? 누구의 의견이 당신에게 가장 중요합니까? 당신에게 가장 중요한 사람은 누구입니까? 누구에게 가장 중요합니까? 자라면서 가족 중 다른 사람들과 어떻게 달랐습니까?
회로 연상 촉발요인	정확히 무슨 일이 일어났는지 비디오 이미지를 얻을 수 있습니까? 누가 누구에게 무엇을 말했습니까? 다음에 무슨 일이 일어났습니까? 정확히 무엇을 듣고 보았습니까? 당신은 무엇에 대해 가장 수수께끼입니까? 자신에 대해 더 잘 이해했으면 하는 것이 있습니까?
변형(transformation) 신경가소성 보상 반복 참신함 놀라움 창의성 다중수준 지역 사회 가족 개인 셀룰러(cellular)	자신과 서로에 대한 희망과 꿈은 무엇입니까? 인생에서 가장 중요한 변화는 무엇입니까? 그 일이 일어났을 때 무슨 일이 일어났습니까? 가장 놀랐던 점은 무엇입니까? 그것이 당신의 가족과 사회적 관계에 어떤 영향을 미쳤습니까? 몸에서 가장 두드러진 느낌은 무엇이었습니까? 상쾌함 또는 평온함? 당신의 몸은 아직도 그 느낌을 기억할 수 있습니까? 지금 어디에서 느낄 수 있습니까? 지금까지 해 본 것 중 가장 위대한 모험은 무엇이었습니까? 자신과 세상에 대해 생각하는 방식에 어떤 영향을 미쳤습니까? 다른 모험에 관심이 있습니까?

제4장

소울 푸드

신경생리학과 치료적 관계

뇌를 잘 아는 치료사의 자기

뇌 과학 기반의 동맹

결론: 소울 푸드와 관계기술

The Transparent Brain in Couple and Family Therapy

미국에서 '소울 푸드(soul food)'는 궁핍하지만 창의적이고 혁신적인 남부 흑인 요리의 깊은 풍미를 떠올린다. '위로를 주는 음식(comfort food)'에는 내 편이 뒤에 있다는 안전감과 가슴에 와닿는 좋은 느낌이 있다. 회복력이 있는 사람에게는 생존을 위해 필요한 것을 알려 줄 뇌 과학의 도움이 굳이 필요하지 않다. 남부 흑인의 전통은 (BL과 재즈 음악처럼) 좋은 느낌의 공명 덕에 백인문화의 중심이 되었다. 소멸 위협에 처한 사람들에게는 생존 전략으로 두뇌 친화적인 무엇인가가 솟아나는 것 같다. 주류 미국은 자아의 위협적 부분을 접하지 않았지만, 소울 푸드와 감성적 음악의 인기는 모든 사람의 신체에 분명한 영향을 미친다. 치료적 관계는 내담자에게 다른 것은 차치하더라도 **위로, 돌봄, 자아에 대한 깊은 긍정**, 이 세 가지를 제공해야 한다.

이 장은 위로, 돌봄, 자아에 대한 깊은 긍정을 촉진하는 대화와 담론에 대해 다룬다. 초기 이론이 현재 우리가 알고 있는 뇌 과학 지식 측면에서는 부족했지만, 그 노력의 가치는 인정할 만하다. 제1장에서 제시한 용어해설에 혼란이 있을 수 있으나, 신경과학은 많은 치료 모델의 계승을 이해하는 통합적 틀이 될 수 있다. 임상 최면의 선구자인 Milton Erickson은 **"나는 각 내담자를 위한 새로운 이론을 고안했다."**라고 하였다(Rosen, 1988). 그는 각 사람을 위한 개별화된 접근의 중요성을 강조하였다. 이것은 사회과학에서 심리치료 분야가 '바벨탑'이 된 이유일 수 있다. 다양한 접근은 도움을 주는 사람(치료사)과 받는 사람(내담자)의 다양성과 조화를 이룬다. Erickson의 제자들은 그의 업적의 중심적 요인을 기술하였다(Zeig & Lankton, 1988; O'Hanlon, 1987). 그들은 인간이 복잡한 존재임에도 여전히 많은 보편적 특징을 가지고 있음을 보여 주었다. 신경과학은 두 개의 기둥 사이에 위치해 개인차를 다루는 통합적 틀을 제공할 수 있다. 그런 차이들은 치료적 관계에서 분명하다.

뇌를 잘 아는 치료사의 자기

이 책에서 독자에게 기대하는 바는 한 발 뒤로 물러서서 세계사 속의 더 큰 드라마의 일부인 자신을 바라보는 것이다. 그 드라마는 우리 집 뒷마당이나 세상에 대한 것이거나 인간의 전반적 진보에 대한 것일 수 있다. 상담자는 어떻게 타인을 돕는 직업에 입문하게 되었는지에 관한 자기만의 이야기를 품고 있다. 때로 드라마나 코미디, 또는 액션영화나 러브스토리 같은 것일 수 있다. 이 이야기는 우연이 신의 섭리로, 기회가 사명으로, 과학적 탐구가 개인적 치유를 위한 탐색으로 이어지는 넓은 범위에 걸쳐 있다. 모든 이의 이야기에는 이러한 요소들의 이런저런 것들이 포함될 수 있다. 우연히 입문한 학생이 이타성에 반해 개인적 탐구에 불이 붙을 수 있다. 일에 대한 소명을 갖고 시작했지만, 결과와 책임에 대한 관심으로 옮겨 갈 수도 있다. 이러한 모든 가능성은 자문으로 이어진다. 나의 기여가 내가 원하던 것인가? 내가 원하는 결과를 얻고 있는가? 내가 놓치고 있는 것은 없는가? 이 모든 질문은 인간 고유의 질문이다.

우리 집 뒷마당을 넘어서면 다원주의 사회가 있으며, 더 많은 인생 이야기와 드라마로부터 끝없는 세계관이 펼쳐져 있다. 뇌 기반 언어로 말하자면, 우리는 편도체, 해마, 보상센터(reward centers)에 대해 탐색함으로써 정체성 회로(identity circuits)의 강점이나 반복을 해체할 수 있다. 이는 생리적 활성화의 신호로 볼 수 있다. 원활하게 흘러가고 있는가? 또는 어디선가 고착되었는가? 뇌를 잘 아는 치료사는 활성화 수준에 주목한다. 다음 단계는 치료사의 자기 개발에 대한 것이다. 치료사의 뇌는 투명한가? 감각느낌(felt sense)은 좌뇌와 우뇌의 균형에서 나오는 창조성의 지주인가? 신체와 정신, 관계의 통합을 위해 내담자와의 첫 회기(session)를 할애하는가? 또는 치료적 대화가 한 가지 이상의 차원을 생략하고 있는가?

치료사는 그들의 생존 이야기를 시작함으로써 직업적 복지 목록을 만들 수 있다. 치료사의 이야기는 각 사례의 대화에 중요한 영향을 미친다. 사이버네틱스 이론은 뇌 회로의 파동을 발생시키며 대인관계 고리로 펼쳐지는 관계에 대한 인식으로 우리를 이끈다. 각 치료 회기는 각 사람의 발달을 촉발하는 분기점이다. 감각 고리는 현재 관계를 조사하고 그것과 이전 경험(특정 고리를 촉발하거나 하지 않는)을 비교한다. 이야기는 편도체와 해마, 전전두엽 피질(PFC)에 의해 조직화된 피질에 저장되어, 치료 회기 동안 우리 신체의 정서적 톤에 영향을 미친다. 역으로, 이 톤은 우리가 선택하는 언어와 질문, 호소 문제에 대한 묘사 등에 영향을 미친다.

뇌를 잘 아는 치료사는 치료 회기의 효과성을 저해하는 침습적 사고(intrusive thoughts)나 정서적 산만함(distraction), 협소한 사고 등을 규명하기 위해 개인의 신경 영역을 탐색해 균형 잡힌 신경계를 만들 수 있다.

- 새 내담자에 대한 예상을 저해하는 두려움이나 기억, 산만함이 있는가?
- 내담자 행동이 우리 신체의 활성화에 영향을 미치는가?

일단 이런 현상이 우리 신체에 나타나면 이 에너지와 반복적 회로를 씻어 내야 한다. 앞

장에 나왔던 감각느낌과 호흡 연습은 이런 과정의 예라고 할 수 있다. 제5장에서는 트라우마에 적용할 때 고려해야 할 자세한 부분들을 다루지만, 일상생활에서도 마음챙김의 형태로 유용하다. 더 많은 보건 및 정신건강 상담자들이 일상의 개인적인 마음챙김 회기를 실천하고 있다. 신경계의 탐색은 사람에 따라 심층적이거나 표면적일 수 있다. 다음과 같은 질문은 분명한(의식적) 장기 기억과 관련된 가장 심층적인 반영과 함께 시작된다. 하지만 상담자는 적합하다고 생각되는 어떤 수준에서든 이 과정을 시작할 수 있다.

1단계: 진입을 위한 질문 정하기

1단계 주제는 위협–생존 이야기에서 타인의 중요성에 대한 것이다. 우리의 신체는 21세기에 살고 있다는 것을 의식하지 못하기 때문에 생존 이야기는 의식적 정신과 분명한 기억에 대한 소개를 의미한다. 생존은 인간에게 대인관계 과정이며, 의미 있는 타인은 모든 생존 이야기의 한 부분이다. 만일 누군가 (심지어 낯선 사람이라도) 어떤 식으로든 우리의 생존에 도움을 주었다면 그 사람은 우리의 변연계에 의미 있는 존재로 꼬리표가 붙는다. 이와 같이 생존에서 '누구'란 매우 중요하게 결부되며, 이것 없이 회로에 대해 완전하게 이해하기 어렵다.

예시로 다음과 같은 질문을 던질 수 있다.

- 나의 생존 이야기는 어떠한가?
- 나의 생존사에서 중요한 사람은 누구인가?
- 아동기에 나의 신체적, 정서적 욕구를 돌봐 준 사람은 누구인가? 그들은 예측 가능했는가?
- 나의 양육자가 내 욕구를 충족시켜 준 방식에서 도전, 승리, 또는 안전의 이야기는 어떠했는가?
- 어떻게 애착이 생겼는가? 성장하면서 내가 필요할 때 함께 있었던 사람은 누구인가?
- 나의 유대, 소속감, 정체성의 이야기는 어떠한가? 자기 지각의 발달에서 누구의 목소리가 가장 두드러지는가?
- 내 정체성은 고통에 대한 반응인가? 제3장에 나왔던 아이언맨처럼 나는 다른 이의 방식에 대한 나의 지각 반응으로 ________ 이어야만 했는가?
- 나의 정체성은 신체적, 정서적, 대인관계적 보상으로부터 어떻게 유래되었는가? 누가

그런 보상을 주었는가? 내가 중요하다는 것을 어떻게 아는가? 누구에게 내가 중요한가?

- 어떻게 임상 회기에서의 나의 행동이 생존 전략인가? 내가 말하는 방식이 어떻게 생존과 연관되어 있는가? 그것이 안전감 또는 불안전감에서 나오는가?
- 과거 임상 작업에 가장 '반짝이는 순간'은 무엇이었는가?(Epston & White, 1992) 내가 차이를 만들었다는 것을 언제 알게 되었는가?
- 나에게 가장 어려운 내담자는 누구인가? 그들이 유대, 소속감, 정체성을 위협하는가?

2단계: 활성화 영역 선택하기

2단계 주제는 신체가 어떻게 우리의 경험을 저장하는가에 대한 것이다. 활성화는 생존-애착-신체 회로이며, 상담자는 이 회로에 다가감으로써 좌뇌/우뇌 균형을 발전시킬 수 있다. 제3장에서 다루었던 기초연습은 감각을 음미하고 즐김으로써 긍정적인 것을 강화할 수 있는데, 이는 즐거움을 주는 단어나 이미지일 수 있다. 회기 전 기초 연습은 상담자가 자신의 자원과 연결될 수 있도록 돕고 신경계를 유연하게 해 준다(Ross, 2008).

- 내 신체의 어느 감각이 이 질문을 활성시키는가?
- 1단계의 어느 질문이 내 신체의 가장 강한 긍정적 감각 또는 부정적 감각을 불러일으키는가?
- 질문과 관련되지 않은 신체 활성화 위치가 있는가? (접근 가능한 의식적 정신으로부터의 유체가 아닌 온전한 감각일 수 있다.)
- 만일 나의 정신의 초점을 불편한 감각에 둔다면 어떤 일이 생길까? 정신의 초점을 불편한 감각에 두고, 무슨 일이 생기는지 주목할 수 있을까?

시간이 있다면 활성화의 위치 초점을 자체적으로 불편한 곳에서 편안한 곳으로, 의식을 이동시키기도 한다. 시간이 부족하다면, 다음 회기 준비를 위해 의식을 편안한 곳으로 돌려놓는 것이 좋다.

회기를 마치면 회기의 에너지를 씻어 내기 위해 '핫스팟(hot spot)'에 초점을 두는 것이 필요하다. 제2장과 제3장에 나왔던 감각느낌 연습은 개화의 음과 양을 소개한다. 우리 신체에는 기분 좋게 느끼는 지점과 그렇지 않은 지점이 있다. 좋은 지점은 자원이자 요새로 다른 곳의 긴장과 소란을 탐색할 수 있게 해 준다. 그러나 내담자와 같이 있는 경우처럼 소란을 기술해야 할 정해진 때는 없다. 우리의 생리적 망에 트라우마가 남아 있다면, 자원과 안전을 감지하기 전 성급한 탐색을 하는 것이 최악의 선택이 될 수 있다.

> 우리의 생리적 망에 트라우마가 남아 있다면 자원과 안전을 감지하기 전 성급한 탐색을 하는 것이 최악의 선택이 될 수 있다.

제3장에서 나왔던 April의 경험은 안전감 없는 상태에서 동시다발적 위협에 닥칠 때 얼마나 깊은 혼란에 빠질 수 있는지 보여 준다. 이러한 감지는 사건이라기보다 안정애착과 같은 것으로, 치료사가 타인의 안전에 대한 무언의 욕구에 민감할 때 나온다. April의 사례에서 그가 치료사를 찾아갈 만큼 안전하게 느끼기까지 1년 이상이 걸렸다. 성폭력 생존자였던 그녀의 친구는 회복까지 훨씬 더 오래 걸렸으며, April의 여정의 초입에 어떤 자원이 결여되었는지 알지 못했다. 치료사들은 고갈된 자원에 대한 책임을 피할 수 없다. 우리는 가끔 직업적 정체성의 한 부분인 사회적, 정서적 압박에 매우 취약하다. 보건 분야 전문가들에게 뇌 건강이 특별히 중요한 이유이기도 하다.

3단계: 사회참여 실천하기

3단계의 주제는 고립을 최소화하고 신체를 풀어 주기 위해 연결을 유지하는 방식에 대해 다룬다. 심리치료사들은 실천 배경의 특성이나 개인적 철학으로 인해 협소한 인간관계에 사로잡힐 수 있다. 진화적 관점에서 볼 때 가족이나 종족과의 연결은 현대사회의 '콘크리트 정글'에서 생존하는 핵심이다. 인간은 생존의 첫 번째 전략으로 사회참여를 활용하도록 만들어졌다. 참여가 부족할 때 '투쟁/도피'가 나타난다. 임상에서 치료사가 너무 고립되면 회기에서 투쟁/도피 반응이 촉발되는 형태가 나타난다. 외롭고 고립되었거나 유기된 사람일수록 정서적 활성화나 동결(freeze) 수준이 높게 나타나는 것은 이상한 일이 아니다(Schore, 2003; Porges, 1995). 상담자가 2단계 질문을 기반으로 사회적 지지 자원에 도달하는 데 취약한 영역이 있는가? 어떤 경우에는 중요한 관계를 유지하기 위해 목록이나 그림, 상징 등에 의지하는 것이 유용하다. 타인과의 새로운 연결은 새로운 사회적 지지를 활성화시킬 수 있는데, 그 결과 좌뇌/우뇌 균형이 촉진되고, 신체 리듬의 유연성과 안전감이 커지며, 가장 중요한 것은 가장 어려운 내담자를 도울 수 있는 선택 범위가 넓어진다. 제3장에 나왔던 5개의 원칙을 활용하면 상담자는 직업적 변신(professional transformation)의 핵심인 생존 애착-신체 회로를 확인할 수 있다. 이러한 변신은 유연성을 높이며, 성공적인 치료적 동맹을 증진한다.

뇌 과학 기반의 동맹

모든 사례의 첫 회기는 상담실에 있는 사람의 수만큼 많은 생존 회로 간의 만남이다. 협력으로 가는 길에는 위협과 생존, 안전 등이 겹겹이 존재한다. 마치 첫 데이트처럼 "내가 안전할까?"라는 동일한 질문이 상담실에 있는 모든 사람에게 크게 다가온다. 내가 당신에게 원하는 방식으로 당신이 나를 바라볼까? 상담자가 긴장 상태를 확인하고 깊은 숨을 내쉬며, 멘토의 지혜를 떠올리고 반짝이는 순간을 회고하면, 내담자를 위한 소울 푸드를 제공할 타이밍이다. 낙심에 직면했을 때 돌봄은 희망을, 깊은 긍정은 안전과 신뢰를 가져온다. 칭찬과 금전을 비교한 연구에서 배웠듯이, 긍정적 관계는 강력한 보상이다.

평정 대(對) 가동성: 편도체에게 말 걸기

우리의 대인관계 스타일은 중요하다. Griffith와 Griffith(1994)는 "생물학적 현상으로서의 심리치료"(p. 37)를 언급한 바 있다. 우리의 대인관계 스타일과 이론적 스타일은 차분하게 하거나(평정) 활성화(가동성)시킨다. 양쪽 다 나쁜 것은 아니며, 신체에 영향을 미치는 타이밍과 적합성이 중요하다. 저자들은 언어와 정서적 자세가 평정과 가동성에 영향을 미친다고 하였다. 만일 취약성이 평정되지 않는다면 가동성은 활성화하기 어렵다. 기대나 무언의 정서적 욕구를 표현하는 것이 동맹을 쌓는 데 중요하며, 내담자가 안전하게 느낄 때까지 말하지 않아도 된다는 허용은 평정을 창출하는 데 중요하다. 신뢰는 사건이 아니라 과정을 통해 형성되므로 치료사는 인내심을 가지고 내담자의 발달적 욕구를 충족시켜야 한다.

심리치료의 기술은 내담자가 가지고 있는 무언의 욕구와의 비언어적 소통을 포함한다. 치료적 역동이 시작되고, 만일 답하지 않은 수많은 질문이 있다면, 편도체와 전전두엽 피질(PFC)은 상담실이 솔직해져도 될 만큼 안전한지 결정할 수 있다. 이러한 뇌 구조는 내담자를 다른 곳으로 이동시킨다. "여기는 우리에게 맞지 않네요. 갑시다." 〈표 4-1〉은 내담자의 무언의 욕구와 이들을 위로할 수 있는 질문을 보여 주는데, 내담자의 무언의 메시지와 치료사의 간접적 대응 방식을 보여 주며 이 역동에 대해 설명한다. 마치 신생아를 둔 부모처럼, 관계의 초기 단계는 수수께끼 게임이다. 신경과학은 숨겨진 취약성의 이유와 그것을 존중

신뢰는 사건이 아니라 과정을 통해 형성되므로 치료사는 인내심을 가지고 내담자의 발달적 욕구를 충족시켜야 한다.

해야 하는 이유에 대해 설명함으로써 치료사의 딜레마에 기여하였다. 애착이론이 영아를 둔 부모에게 양육 지도를 제공하는 것과 같이, 신경과학은 치료사가 내담자의 발달 수준을 존중할 수 있도록 돕는다.

〈표 4-1〉은 맥락적 편향을 포함할 수 있는데, 심리치료의 역사를 보면 건강하지 않은 사고나 감정, 행동을 설명하는 방식에 상반된 주장이 있다. 어떤 이는 진실성에 직면하는 것이라 주장하고, 다른 이는 교육하는 것이라고 한다. 정신건강 서비스의 약물 남용 처치 전략은

표 4-1 평정과 희망

내담자 욕구	생존 욕구	내담자의 내적 메시지	치료사의 태도 및 반응
체면	정체성	당신에게 나는 누구인가요? 나에게 굴욕감을 주지 마세요. 나를 비난하지 마세요. 무언의 두려움, 부끄러움, 슬픔, 상처를 존중해 주세요. 앞으로 나아갈 수 있도록 도와주세요.	당신은 좋은 의도를 가졌습니다. 당신은 좋은 마음을 가졌습니다. 당신을 존중합니다. 당신을 좋아합니다.
치료사 신뢰도	애착	당신은 나에게 누구인가요? 당신은 이것을 할 수 있나요? 당신으로부터 무엇을 기대할 수 있나요? 내가 무엇을 원하는지, 그리고 어떻게 그것을 얻는지에 대해 항상 알고 있다고 생각하지 말아 주세요.	당신의 문제에 대해 내가 아는 것은 이것입니다. 내가 할 수 있는 것은 이것입니다. 내가 제공해야 하는 것은 이것입니다. 이것이 적합합니까?
혼란으로부터의 질서	애착	나를 돕기 위해 당신은 무엇을 할 수 있나요? 당신은 전문가입니다. 이것이 어떻게 작동하고 있는 건가요? 내가 안전하게 느낄 때까지는 약해지지 말라고 하지 마세요. 나에 대해 조심해 주세요(만일 트라우마를 겪고 있다면).	우리는 한 걸음씩 나아갈 수 있습니다. 첫째, 나는 무엇이 당신에게 맞는지 알고 싶습니다. 사람마다 다른 것이 필요합니다. 다음으로 우리는 함께 계획을 세울 수 있습니다. 윈-윈 접근이 당신에게 어떻게 들립니까?(커플인 경우)
가능성	정체성	나는 어떤 사람이 될 수 있죠? 내가 무엇을 생각하나요? 이것을 할 수 있을지 모르겠어요. 나에게 희망이 있나요?	당신 안의 힘이 느껴집니다. 유리잔은 절반 채워졌어요. 가능성을 함께 찾아봅시다.
연결	소속감	내 말 알겠어요? 내 삶을 이해할 수 있나요? 나를 보호해 줄 사람으로 당신을 신뢰해도 되나요? 솔직히 나를 어떤 사람으로 보나요?	환영합니다. 당신을 이해하고 싶습니다. 당신에게 중요한 모든 것에 대해 배울 기회를 주세요. 당신은 중요합니다.

치료사의 변화 유도 방식을 종잡을 수 없는 미로로 만들었다. 미로에는 막다른 길이 많기에 발자취를 더듬으며 원하는 목적지로 가는 방향을 선택해야 한다. 1980년대에 결혼가족치료(MFT) 공동체는 이러한 막다른 길을 살펴보기 시작했다. 어떤 사람은 저항이라는 용어와 치료사가 내담자의 행동을 이런 식으로 해석했을 때 치료사에게 닥칠 수 있는 유언, 무언의 비판에 대해 우려하였다. 대부분은 "저항은 내담자의 독특성을 표현한다."라는 Milton Erickson의 의견에 매력을 느꼈다. Erickson 학파의 치료사들은 내담자의 독특성에 도전하기보다는 그것을 활용하는 많은 방법을 찾으려 노력했다(Erickson & Rossi, 1979; Rossi, 1983; O'Hanlon, 1987).

이러한 분석은 언어의 변화로 이어졌고, 많은 가족치료사는 더욱 내담자와의 협력에 대한 민감성을 추구하게 되었다(White, 1986; Berg & Dolan, 2001; McFarlane, 2002; Cunningham & Henggeler, 1999). 중독 연구자들이 초기 가족치료사들의 실천 덕에 풍부해진 개입 모음을 개발하기까지 거의 30년이 걸렸다. 많은 연구는 이러한 협력적 접근이 성공적 처치의 중요한 구성요인이라는 것을 보여 주었다(Miller & Rollnick, 2013; Stanton & Heath, 2004). 동기강화상담(motivational interviewing)이 대표적 예이다. 이는 양면성을 기술하고 변화를 위한 동기를 강화하기 위해 치료사와 내담자 간의 미시 상호작용에 주의하는 전략적 방법이다(제6장과 제9장 참조). 언어와 소통유형에 관한 Miller와 Rollnick(2013)의 연구는 동기와 변화를 자극할 수 있는 치료적 대화에 관한 연구 근거를 제공하였다. 이들은 모든 사람이 무엇인가에 의해 동기 강화되기 때문에 동기를 자극하는 것은 치료사의 우선적 과제라고 제안하였다. 이들의 가장 중요한 연구 결과 두 가지는 (1) 양가성은 변화과정의 자연스러운 부분이며, (2) 많은 사람이 자신은 성공하지 못할 것이라고 생각하기 때문에 변화하고 싶지 않은 것처럼 행동할 수 있다.

제5장과 제6장에서 기술하였듯이, 이 두 가지 원칙은 트라우마 생존자와 작업할 때 적용하면 특히 유용하다. 양가성은 치료사가 딜레마에 대해 입장을 취하기보다 딜레마를 포용하고 탐구할 기회를 제공한다. 내담자가 "네, 그러나……."라고 반응할 때 이것은 치료사가 내담자의 내적 경험에 대한 조율에서 벗어났다는 신호이다. 정신의 발달은 전전두엽 피질(PFC)과 정서 및 기억 중추를 포함하는 회로의 혼합물이다. 신경과학은 어떻게 대립이 치료적 막다른 길로 이끄는지, 뒤이은 미세공정(microprocesses)이 왜 중요한지에 대해 설명한다. 그렇게 보이지 않을지라도 많은 사람은 두려워한다. 제9장은 대립과 '거친 사랑(tough love)' 접근을 피해 뇌 친화적(brain-friendly) 약물 남용 프로그램이 더 많은 보살핌을 제공하는 방식에 대해 설명한다.

동기강화 상담과 같은 뇌 친화적 실천은 판단을 비롯한 두뇌 기능의 모든 영역을 탐색한다. 긍정, 반영, 요약 등은 양가성 해결로 이끄는 대화이다. 이러한 상호작용 스타일은 자신의 목소리를 찾기 위해 고군분투하는 생존자들이 새로운 관계를 발전시킬 수 있는 공간을 갖도록 해 준다. 개인이 자신의 자율성을 방어할 필요가 없을 때, 역설적으로 이러한 안전감이 유연성을 촉진한다. 또한 생존자는 수치와 자기비난을 경험하기 쉬운데, 이것은 변화에 대한 자신감 부족을 가져오고, 트라우마 증상 관리에 진을 빼게 한다. 아직 연구가 필요하지만 자신감 부족으로 변화를 거부하는 것은, 동결(freeze) 반응의 표출로 보인다.

제1장에 나왔던 Will의 사례가 이러한 예이다. 그는 독립적으로 상담 약속을 잡지 못했다. 상담을 참관만 해도 된다고 안심시키며 부모와 함께 동행해도 된다고 하자(안전) 참석에 동의했다. 그는 몇 년간 부모와 감정적 비난과 절망적인 토론을 이어간 끝에 자신의 기능을 위한 최선의 시도로 고립과 비디오 게임이라는 대처 전략을 택하였다. 치료 회기 대화를 보면, 어머니가 "네가 원하면 변화할 수 있어."라고 말하자, Will은 "이미 말했잖아요. 나는 변화할 수 없어요!"라고 답했다. 이야기를 들으면서 Will이 11세부터 외상적 동결(freeze) 상태에 있었다는 것을 알게 되었다. 일반적으로 11살짜리는 26세 청년처럼 만남 약속을 잡거나 독립적으로 치료사를 만나지 못한다. 2회기에 과도기적 맵핑(transitional mapping)을 포함하였다(제9장과 부록 참조). 그는 본인이 조부모와 형제들에 대해 관찰한 것을 자유롭게 말하였다. 우리는 그가 5학년 때 겪었던 따돌림의 타이밍과 맥락에 대해 얘기했지만, 더 자세한 내용을 탐색하기 위해서는 개별 세션까지 기다려야 했다. 그는 또한 대학 시절의 공황발작에 대해 불안해하며 이야기했다. 첫 발작은 부모가 그를 대학에 데려다주고 기숙사에 이사하는 것을 도와줄 때였다. 부모님이 운전해 떠날 때 그는 자신을 두고 떠나지 말라고 말하면서 도로변에서 흐느끼며 울었다. 부모는 정상적인 10대의 불안이라고 생각했다. 그가 '동기가 없고' '고집 센' 모습을 보였던 몇 년간 "그 해결책은 나에게 안 통해요. 나는 다른 무엇인가가 필요한데 그게 뭔지 모르겠어요." 등 더욱 자세한 반응이 있었다. 성인 트라우마 생존자들조차 그들의 동결(freeze) 반응의 개념화를 어려워한다. 그것은 복잡하다! 마침내 가족 심리교육과 외상 후 스트레스 장애(PTSD) 진단을 통해 변화되기 시작했다. 부모들은 예전 행동에 대한 새로운 설명을 알게 되었다. 제6장은 신체훈련과 심리치료에 대한 그의 작업을 살펴볼 것이다.

Will의 이야기는 동기 강화 개입 기술이 '동기가 없는' 사람의 동기(자연스럽게 발생하는)를 가동화하는 방식을 보여 주는 중요한 예시이다. 우리는 "내담자가 도움을 원치 않으면 당신은 그들을 도울 수 없다." "그들은 본인 스스로를 돕고자 해야 한다." 또는 "삶의 개선을 진짜로 원한다면 작업할 의지를 가져야 한다." 등의 신화를 얼마나 자주 들어왔던가? Will과 같은 사람들이 생존, 회로, 애착 등의 전쟁에서 싸우고 있을 때, 어떤 이들은 편히 앉아 탁상공론식 자문이나 하며 그들의 인생 경험을 활용하고 있다. 치료사가 이러한 정신 작업을 할 때, 뇌 안의 상처에 접근하기 위해 필요한 훈련이 부족한 사람들과 전문가들의 신화가 생기는 것을 탐색해야 한다. 나가서 Will과 같은 사람들을 찾아내어 그들이 위로와 보살핌, 긍정을 찾을 수 있는 안전한 장소를 제공해야 한다. 앞의 〈표 4-1〉과 같이 도움을 위한 로드맵을 활용할 수 있다.

체면

전문가를 포함해 모든 사람은 체면에 대한 욕구가 있다. 편도체, 해마, 그리고 전전두엽 피질(PFC)은 "타인이 나를 어떤 사람이라고 생각하길 바라는 나"를 결정한다. 이러한 욕구는 우리의 정체성 및 "타인에게 내가 어떤 사람이길 소망하는 나"와 연결되어 있다. 체면은 진정시키는 생물학적 과정이며, 굴욕과 부끄러움은 애착-정체성-소속감 회로에 깊이 닿아 있는 인간관계의 폭력이다. 치료사는 첫 회기 동안 내담자에게 공감하고자 접근하지만 오히려 내담자는 치료사의 두려움 회로를 유발하는 행동을 보일 수 있다. 어쩌면 내담자는 강력한 분노, 슬픔, 불안, 비난 등의 감정을 표현할 수도 있다. 내담자의 편도체가 이미 어떤 형태의 굴욕에 대해 표현하고 있을 가능성도 있다. 내담자에게 가장 필요한 것은 평정심이다. 일단 치료사가 자신의 불안을 퍼뜨리면 평정심은 전전두엽 피질에 의해 지배되는 명시적 말이나 행동이 아닌 편도체로 말한다. 다음 예시는 이런 점을 설명해 준다.

> 어떤 내담자가 나에게 엽서를 건네 주었는데 거기에는 이렇게 적혀 있었다. "내가 말할 수 없는 것을 당신이 견뎌 줄 수만 있다면." 이것은 편도체가 내담자를 동결(freeze) 상태로 가두고 있음을 보여 준다. 나는 신경과학에 대해 알지 못했지만, 직관적으로 결과를 알 수 있었다. 나는 첫 10회기 동안 거의 말을 하지 않았고 대부분의 질문에 단지 "네." "아니요."라고 답하거나, 또는 어깨를 으쓱할 뿐이었으며, 그는 회기 사이에 나에게 엽서를 적어 주었다. 나는 매주 그가 올 때마다 그의 편지에 답을 했다. 이러한 엽서 교환은 그에게 위로를 주는 방식으로 소통을 가능하게 했으며, 나의 보살핌을 보여 주었다. 그의 일반적인 가족 상호작용

> 과 대화 패턴을 알고 있었기 때문에, 나는 그만의 각별한 영향, 정서, 딜레마(긍정)에 대해 체계적 공감을 제공할 수 있었다. 그의 해마는 내가 그의 가족과 같을지 모른다는 판단(부정적 기대)으로 기억들이 경계를 늦추지 않았지만, 나의 공감적 노력은 그의 해마에 도달할 수 있었다. 내가 이것을 인식하고 있게 되자 우리는 편안한 상태로 발전했다. 이제 편도체, 해마, 전두엽은 전열을 갖추게 되었고 진정되었다.

추수감사절 만찬의 칠면조(goldilocks)처럼 딱 맞게 맞출 수 있다는 것을 보여 주어야 했다. 가족에 대해서 너무 비판적이지 않으면서 동시에 너무 수용적이지 않은…… 딱 적절하게! 나의 비언어적 행동은 그의 체면을 지켜 주었다. 나는 그의 불안한 편도체와 해마가 줄 수 있는 것 이상을 요구하지 않았다. 아슬아슬하게 엄청난 아드레날린의 분비를 "간신히 피한 것이다." 두려움과 위협 속에서 내담자의 체면을 지켜 주는 것은 치료사에 대한 신뢰성의 토대를 굳건하게 해 준다(Cunningham & Henggeler, 1999).

치료사의 신뢰성

내담자는 질문할 권리 및 치료사의 신뢰성(credibility)의 근거에 대해 알 권리가 있다. 하지만 신뢰성은 결과와 관련된 것으로, 강렬한 분노, 슬픔, 불안, 비난의 면전에서 내담자가 "나를 다룰 수 있겠어요?"라고 말할지도 모른다. 상담자의 가치 철학과는 맞지 않는 미디어의 감각적인 심리치료 묘사 때문에 치료에 대한 고정관념이 생길 수도 있다. 내담자는 TV 리얼리티 프로그램처럼 참여자가 비판에 버티는 사회적 심판을 기대하는가? 또는 친구로부터 치료사는 무비판적인 경청자이자 자문가라고 들었는가? 커플 간의 전형적인 시나리오로, 진단과 처벌, 비판의 말로 "당신은 상담이 필요해."라는 문구가 있다. 한쪽 배우자가 홀로 상담에 와서 다른 쪽 배우자가 오고 싶어 하지 않는다고 말한다면, 치료사는 즉각 커플의 대화 언어를 해체하여, 상담에 오기 싫은 것이 매복 공격에 참여하는 것에 대한 거부라는 점을 알아채야 한다. 일단 치료사가 비자발적 배우자에게 말할 수 있다면, 위협–생존 회로는 진정될 수 있다. 이런 선입견을 무시하는 것은 기억 저장과 불안이 경험을 정리하는 곳인 해마와 편도체의 영향을 배제하는 것이다. "이 기억을 보관해야 하나? 그이가 상담하려 할 때 그게 필요할지도 몰라." 새로운 내담자가 처음 왔을 때, 해마와 전전두엽 피질(PFC)은 고정관념을 떨쳐버리거나 이전 심리치료에서 좋지 않았던 경험과 차별화된 정보를 필요로 한다. 일단 그들이 정보를 얻게 되면 편도체를 진정시킬 수 있고, 당신이 동일한 실수를 하는 것을 보며 기다리게 된다. 상담자들이 이러한 구조를 진정시키면 활성화(투쟁/도피 상태)를 피할 수 있다.

내 임상 작업에서 가져온 이 사례는 주간보호기관에서 만난 한 소년의 부모에 관한 것이다. 그 가족은 장남의 비극적 죽음을 겪었다. 예전 치료 경험에서 불편했던 점에 대해 탐색해 보니, 그 가족은 내가 하려고 했던 바로 그 방향에 대해 말하는 것이었다. 나는 "흠… 그럼 지금 무엇을 해야 할까?" 고민했다. 첫 번째로 해야 할 일은 왜 그 방향이 불편했는지 알아보는 것이었다. 부모는 그것이 그들을 슬프고 우울하게 만들었다고 하였다. 나는 귀중한 정보를 준 것에 감사하다고 말했고, 이전 상담과 동일한 접근을 하지 않겠다고 약속했다. 비록 나의 편향으로 인해 불리하다고 느꼈지만, 그 경험은 유연성에 대한 모험이었다. 이제 나는 무엇을 하지 말아야 하는지 안다. 그들의 생존과 관련된 '지금-여기'와 관련된 이슈가 많기 때문이다.

30년 후, 나는 부모가 자녀를 위해 상담에 참석할 때 활성화가 높아지는 것을 피하는 지혜를 깨닫게 되었다. 부모는 자신들이 높은 활성화를 촉발한다는 것을 알고 있었고, 아들의 행동 위기에 대해 과제 지향적인 자세를 갖고 있었다. 할리우드 영화인 〈보통사람들(Ordinary People)〉과 유사하게, 감정통제 상실에 대한 위협은 타인에게 공포와 공격이 될 수 있다. 당시에 많은 이론은 죽음이 어린 아들의 행동화(acting out)의 핵심 요인이라고 했다. 이 논쟁에 대한 신경과학의 기여는 신체의 타당성과 타이밍의 생리학, 그리고 정서통제에 대해 소개했다는 것이다. 영화에서 형제의 활성화는 부모와의 관계 지각과 더 관련이 있었다.

죽음에 대한 설명 여부보다 '죽음의 효과를 설명하는 방식'이 중요한 이슈이다. 트라우마 치유에 대한 Levine(2010)의 접근은 재경험의 필요 없이 훌륭한 결과를 얻을 수 있도록 한다. 제5장에서 Levin이 신경계의 재균형을 돕기 위해 부드럽지만 지략적인 방식으로 신체 신호를 이용하는 방법을 자세하게 검토하였다. 첫 단계는 신체에 있는 긍정적 감각을 느낌으로써 자원을 구축한다. 나는 이러한 신지식은 없었지만 아들의 무단결석 행동에 대해 작업하겠다는 약속을 지켰다. 안전한 방식으로 소통을 늘려갈 계획을 세우도록 도움으로써 그들의 비언어적 슬픔에 대해 말할 수 있었다. 예를 들어, 개인의 대처 스타일에 대한 교육은 내가 개인 차이를 수용한다는 무언의 메시지를 전달하는 식이다. 이렇게 함으로써 아들의 대처 스타일에 대한 논의와 그가 필요로 하는 것이 부모와는 다를 수 있다는 논의로 이어졌다.

우리는 각 사람의 행동과 그 행동이 내포한 메시지에 대해 이야기했다. 다음으로 부모가 아들의 정신 상태에 맞추도록 도울 수 있는 의사소통 계획을 수립하였다. 그가 형을 그리워한다는 메시지는 간단한 슬픔의 신호로 전해질 수 있었다. 슬플 때 그는 어떤 것을 원하는가? 그것이 그의 잘못이 아니라는 말을 듣고 싶었거나, 형이 그립지만 가끔은 즐겁게 살아도 괜찮다는 말을 듣고 싶었다. 그는 부모님의 수용(애착과 소속에 대한 메시지)을 원했고, 부모님이 괜찮다는 안도감을 원했다.

죽음에 대한 자세한 내용을 이야기하거나 죽음의 맥락과 의미를 분석하지 않은 상태에서 우리는 미래로 이동했다. 애도치료 없이도 정서 조율, 용서, 안도감 등 모든 동일한 과업을 성취할 수 있었다. 이미 발생한 일에 대해 이야기하기보다, 지금 어떻게 생존해야 하는지에 대해 이야기했다. 상담이론에 따라 모든 것을 변화시키는 개혁을 굳이 착수할 필요가 없다는 것을 나는 배웠다. 대신 가족의 위협-생존 체계가 명령하는 대로 한 부분에서 작은 참여를 할 수 있었다. 이것은 가족이 혼란으로부터 질서를 만들기 위한 전제조건인 평정을 되찾게 해 주었다.

혼란으로부터의 질서

혼란으로부터 질서를 만들려면 가족이 원하는 구조에 대한 치료사의 조율이 필요하다. 대부분의 가족은 상담계획에 대해 질문할 수 있다는 사실을 알지 못한다. 얼마나 많은 치료사가 첫 회기 말미에 상담계획을 말해 주는가? 어떤 내담자는 치료사가 다음 단계에 계획하는 근거 정도만 알고 싶어 하지만 어떤 내담자는 길 아래 멀리까지 보는 것을 원한다. 정보처리에서의 이런 차이는 자기위로(self-soothing) 모드와 관련되어 있다. 시간이 흐르면서 사람들은 각자 다른 방식으로 자신을 진정시킨다. 어떤 이는 논리가 필요하고, 어떤 사람은 큰 그림을 원한다. 따라서 치료사는 각 단계별로 근거와 함께 상담경험의 일반적 단계에 대해 말해 주고, 다양한 인지 스타일로 이것을 설명할 수 있어야 한다.

탐색
명료화
분석
교육
실험
토론
브레인스톰
결정
헌신
계획
수정
질문
답변
소통
축하

협치(politics of collaboration)를 통해 모든 당사자의 다른 스타일과 위치에 동일한 중요도를 부여할 수 있다. 치료사가 가장 잘 아는 내담자의 주변에는 일반적으로 무언의 딜레마가 있다. 내담자는 스스로 안전하게 느끼려면 무엇이 필요한지에 대해 알고 있으나, 치료사에게 그것에 대해 질문해도 되는지에 대해 확신이 없다. 치료사와 내담자 간의 권력 차이가 있기 때문에 승인이 필요한 것이다. 치료사는 일반적으로 어떻게 작업하며 그 틀 안에서 어떤 선택을 제공하는지 설명해 주는 것이 좋다. 다음으로, 내담자 본인이 선호하는 것에 대한 브레인스토밍을 할 수 있다. 예를 들어, 첫 회기 말미에, 마치 첫 데이트처럼, 입맞춤을 할지, 또는 집으로 갈지 생각해 볼 수 있다. 치료사가 그저 "돌아가고 싶습니까?"라고 물어보며 회기를 마무리하는 것은 마치 "내가 입맞춤해도 될까요?"라고 질문하는 것과 같다. 과거에는 "질문해야 하는 거면 묻지 마라."는 원로의 조언을 지혜로운 것으로 간주했지만, 이제 미투(Me too) 운동의 각성과 함께 "네 또는 아니요 이상의 뭔가가 있다."라고 해야 할 것 같다. 관계 안에 권력이 존재하기 때문에 내담자 중 누군가 동결(freeze) 반응에 있지는 않은지, 무언의 딜레마를 검토하는 것이 필요하다(Porges & Peper, 2015). 이것은 조율의 댄스에 대한 훌륭한 은유이다. 만일 치료사가 이 지점에서 미묘한 차이(뉘앙스)를 읽었다면, "혹시 제가 놓친 게 있나요?"라고 묻는 것이 좋다. 어떤 내담자는 집에 돌아가 그것에 대해 생각할 것이다. 어떤 내담자는 절차에 대한 제안이 있을 수 있고, 어떤 이는 다음 예약을 정하는 데 관심이 있을 것이다. **당신에게는 무엇이 효과가 있는가?** 만일 내담자에게 시간이 더 필요하다는 뉘앙스가 느껴졌지만, 치료사에게 말하는 것을 망설이는 것 같다면, 그들에게 조금 생각해 보고 치료사를 다시 부르라고 제안할 것이다. 그렇다면 내담자는 분명히 다시 치료사를 부를 것이다. 선택의 힘은 권한을 갖게 하기 때문이다.

첫 회기 말미의 미세공정(micro processes)에는 직감이 필요하다. 치료사-내담자 간 적합성(fit)은 어떠한가? 내담자의 몸짓언어(보디랭귀지)가 적합성을 표현하고 있나? 나는 첫 회기를 시작할 때 "**최고의 결과를 위해서 치료적 관계의 질이 중요하기 때문에, 오늘 상담의 목표는 우리(상담자와 내담자)가 서로 잘 맞는지 탐색하는 것입니다.**"라고 말한다. "어떤 도움이 필요하신지 말씀해 주신다면 보통 그런 상황을 어떻게 설명하는지 말씀드리겠습니다. 우리가 잘 맞는지 최선을 다해 살펴보고, 만일 다른 분이 필요하시다면 기쁜 마음으로 더 적합한 전문가를 소개해 드리겠습니다."라고 말함으로써 치료사가 쓸데없이 추측하지 않고 탐색을 시작할 수 있다. 또한 약속의 댄스는 어디든 갈 수 있는 선택과 자유를 허용해 준다. 치료사가 이러한 암묵적 가능성에 대해 소통할 때, 서로 맞지 않더라도 내담자가 치료사 기분을 상하게 할지에 대한 걱정을 내려놓을 수 있다는 신호가 된다.

나는 처음부터 상담자-내담자 간 적합성이 부족할 수 있다는 가능성을 열어놓는 편이다. 이렇게 함으로써 대화가 유연해지고 많은 선택이 가능해진다. 동시에 계획도 갖고 있는데 이것이 구조를 제공해 준다. 어떤 경우에 편도체(amygdalae)는 선택을 필요로 하고, 어떤 경우는 구조를 필요로 한다. 첫 회기의 리더로서, 치료사는 내담자에게 가족 안에 존재하는 경험과 선호의 다양성을 인정하면서 내담자와 조율할 수 있다. 이것은 가족 안의 심리정치(psychopolitics)의 암묵적 인식을 전달하는 것이기도 하다. 제7장에서는 남성과 여성의 뇌가 어떻게 다른지, 그리고 임상 과정에서 이 차이를 어떻게 조율할 수 있는지 논의할 것이다.

내담자의 선호와 상관없이, 과정에 논리와 순서를 제공하는 제안은 전전두엽 피질(PFC)

표 4-2 **계획을 위한 구조화 요소**

요소	가능성
문제 정의	내담자의 단어로 시작하고, 신체, 위협, 관계를 포함하는 과장된 언어를 시도하라. 그것들이 잘 맞는지 보라. 단정하지 말라.
내담자 선호	구조, 비전, 선택권, 감사, 옹호, 통찰
과정 선택권	탐색, 명료화, 분석, 교육, 실험, 논의, 브레인스톰, 결정, 헌신, 계획, 수정, 질문, 대답, 소통, 축하, 반영, 경청, 궁금함, 창조, 사색, 공상, 백일몽
동기	희망과 꿈, 가능성, 정의, 안전, 고통의 경감, 위기

을 관여시키고 편도체 조련을 위해 전전두엽 피질을 강화한다. 그런 후에 치료사는 내담자가 반응하고 수정하고 대응하도록 격려할 수 있다. 치료사는 또한 지도자 위치에서 먼저 과정을 조직화하고 다음으로 세부내용을 기술하는 등 치료 순서를 세운다. 〈표 4-2〉는 예비 계획의 요소를 제안한다. 어떤 동사(動詞)가 임상적 행동을 묘사하는가(탐색하다, 명료화하다, 분석하다, 교육하다, 실험하다, 의논하다, 브레인스토밍하다, 결정하다, 헌신하다, 계획하다, 수정하다, 질문하다, 대답하다, 소통하다, 기념하다)? Griffith와 Griffith(1994)는 진정시키는 언어로 반영, 경청, 궁금함, 창조, 사색, 공상, 백일몽 등이 있다고 하였다. 뇌 친화적 치료사는 이러한 동사들의 혼합을 사용할 수 있으며, 특정한 순서를 제안하고, 내담자에게 그것을 수정하겠는지 질문한다.

이러한 예로 원가족과의 갈등을 탐색했던 내담자 Ellen이 있다. 나는 첫 회기에 Ellen에게 남편을 만나고 싶다고 했는데, 남편이 그녀의 상황을 어떻게 보고 있고 그녀에게 어떤 도움이 될 수 있는지 탐색하기 위해서였다. 남편은 안정된 결혼 생활과 Ellen의 원가족에 대한 지각을 공유하고 있었으며, Ellen의 치료 과정에서 그의 지지가 필요하다면 돕겠다고 하였다. 양자 합의에 따라 남편은 그 후의 치료 회기에 참여하지는 않았다. 나는 Ellen에게 선호에 따라 몇몇 다른 방식으로 대응할 수 있다고 설명하였다. (1) 그녀의 감정을 이야기하기 위해 가족원을 초대하거나 (2) 행동전략을 가지고 과제나 실험을 하거나 (3) 그녀의 가족에 대해 좀 더 분석하거나 등의 안을 가지고, 회기 사이에 시간을 갖고 함께 논의한 다른 아이디어들을 반추할 수 있었다. Ellen은 세 번째 안을 선택하였다. 4회기 후, 그녀는 자신의 행동을 바꾸었고 일요일 저녁 식사에서 부모에 대한 방식이 자랑스럽다고 말하였다. 우리는 행동 변화에 대해서 말한 적은 없었다.

이러한 선택을 할 수 있게 한 것은 확정된 공식적 처치가 아닌, 치료사의 정신 상태와 내담자의 정신 상태를 연결하는 연습이다. 언어는 자극제가 될 수 있으므로 이러한 절차상의 고려는 개인이 선택권을 검토함으로써 신체의 긍정적 활성화를 가져올 수 있다. 치료사는 내담자가 유연해질 수 있고 이 전략 중 하나를 통해 문제가 해결 가능하다는 점을 전달하는 것이다. 이러한 활성화는 희망을 가질 때 분비되는 도파민으로 인한 것이다.

희망: 도파민의 공세

반영
경청
궁금함
창조
사색
공상
백일몽

주저하는 내담자일지라도 자신이 원하는 것이 무엇인지 알고 있다. 만일 첫 회기에 이것을 건드리지 못한다면 뇌의 보상체계를 깨울 기회를 놓치게 된다. Miller와 Rollnick(2013)은 모든 사람이 무엇인가에 의해 동기화된다는 점에 주목했다. 내담자의 가장 강력한 동기를 찾아내는 것은 치료사의 책임이다. 보상이 되는 것에 기대를 갖는 것만으로도 도파민이 분비된다. 어떤 접근은 첫 회기에 내담자에게 '소망과 꿈'에 대해 질문한다(Loddle, 2000). 해결지향(solution-oriented) 치료사로 오랜 세월 일한 Bill O'Hanlon은 그의 치료를 소위 '가능성 치료'로 발전시켰다(O'Hanlon & O'Hanlon, 1999a). 그의 접근은 한계를 받아들이고 현실적으로 고통과 괴로움의 깊이에 머무는 것처럼 보이지만, 여전히 치유의 모든 가능성을 탐색한다. 성폭력 생존자인 그는 치료사가 언어를 통해 내담자와 함께 가능성을 구축하는 동반자여야 한다고 주장한다(O'Hanlon, 1999b).

가능성

어떤 언어는 가능성을 열고, 어떤 언어는 가능성을 닫는다. 예를 들어, 최근 어느 학생이 성폭력 생존자 대상의 교육자료를 공유하였다. 자료의 내용은 이렇게 시작된다. "당신이 이 학대로부터 완벽하게 치유되지 못할지라도 더 나은 대처는 가능하다." 그는 성학대로 인한 고통의 깊이와 심각성을 인정하려고 노력하였다. 그럼에도 불구하고 모든 가능성을 테이블 위에 올려놓을 수 있는 언어를 사용하는 것은 중요하다. 이 자료는 "모든 사람은 다르다. 당신의 치유 과정을 맞춤형으로 도울 수 있는 새로운 처치가 많다. 당신이 오늘보다 더 나아지는 것은 항상 가능하다. 핵심은 당신에게 딱 맞는 것을 찾아내는 것이다."로 마무리된다.

긍정적 기대와 희망이 어떻게 강력한 치유 효과를 갖는지 보여 주는 위약효과(placebo effects)에 관한 연구는 충분히 많다. 또한 동기강화 상담에 관한 연구들은 사람들이 성공에 대한 확신 부족으로 인해 변화에 대해 양가적이 된다는 점을 밝히고 있다(Miller & Rollnick, 2013). 가능성의 언어는 존재하는 힘을 인정하고 더 나은 미래에 대한 희망을 심어 준다. 이것은 Pavlov의 개가 음식 없이도 침을 흘리는 이유이다. 가능성의 언어는 뇌의 보상체계에 위치한 도파민 펌프의 마중물이다.

가능성의 언어는 뇌의 보상체계에 위치한 도파민 펌프의 마중물이다.

연결

애착이론에서 조율(attunement)이란 타인의 신호를 읽고 그들의 마음 상태에 반응하는 능력이라고 Siegel(2012)은 주장하였다. 이것은 '공감받음(feeling felt)'을 감지하도록 해 준다. 유아가 반복되는 소통에서 조율을 기대하게 되면서 안정애착이 형성된다. 치료사의 조율에서 내담자의 연결이 성장하며 발전한다. 이해받는 느낌과 중요한 존재라는 느낌은 마치 칭찬처럼 소속감 회로를 건드린다. 조율은 내담자가 자신의 목소리를 찾는 동안 인간의 기본 욕구를 긍정하는 정신과 가슴의 공명을 일으킨다.

McFarlane(2002)은 다중가족집단에서 얻은 교훈으로 새로운 집단 참여자가 환영받는다고 느끼면 비록 안전감을 느끼기 전일지라도 집단으로 돌아온다고 하였다. 이 집단훈련 매뉴얼은 촉진자에게 사교클럽과 호스트의 역할을 가정한다. 이 비정통적 접근은, 조현병 자녀의 문제를 본인 탓으로 느끼고 비난과 소심함으로 지쳐 있는 부모를 위해 촉진자가 환영하는 분위기를 만들어 부모의 소속감을 자극한다. 환영받는 느낌은 참여자로 하여금 집단으로 돌아와 상황을 살펴보게 한다. 이러한 반복은 뇌 회로의 변화를 위해 필수적이다. 환영받는 느낌이 공감받음으로 진전될 때 이것이 안정애착의 출발점이 된다.

환영받는 느낌이 공감받음으로 진전될 때 이것이 안정애착의 출발점이 된다.

유아가 안정애착을 느낄 때 세상을 자유롭게 탐색한다는 것을 연구들은 보여 준다(Ainsworth et al., 1978). 안정애착으로 가는 길에 성인이나 아동은 그들이 말할 수 없는 것에 대해 치료사가 이해하고 있다는 것을 알아야 한다. 내담자는 종종 가족의 심리정치(psychopolitics)나 인간관계 딜레마를 표현할 언어를 가지고 있지 않다. 말하기 어려운 딜레마를 확인하는 것은 공감의 가장 깊은 형태이며, 뼛속까지 맞다고 느끼게 된다(Griffith & Griffith, 1994).

깊은 긍정: 말하기 어려운 딜레마

가족치료의 내용과 과정, 생리학은 위협-생존 회로(새로운 영역의 모든 대화의 막후에 있는)로 수렴된다. 신체에서 내용은 위협에 대한 것이고, 과정은 애착에 대한 것이며, 생리학은 보호와 방어에 대한 것이다. 회로는 정신 창조의 길을 밝혀 주는 신경세포를 발화하는 고리이다. 그러므로 개인의 욕구와 커플/가족의 욕구 간의 균형을 잡는 방식은 고유하며 복잡한 일련의 정치를 창조한다. 생물학적 과정은 개인이 가족 심리정치의 균형에 대해 얼마나 편안하게 느끼는지를 반영해 준다. 무엇인가 균형이 깨졌을 때, 관계와 기억, 정체성, 애착에서 딜레마가 발생한다(Friel & Friel, 2012). 상충하는 이해관계의 큰 그림에서 인간관계 갈등이 이해될 때, 이것이 바로 **체계적 공감**(systemic empathy)이다(Hanna, 1995).

인지 신경과학자들은 사회적 맥락의 다양성 안에서 기억과 학습이 우리의 정체성을 창조한다고 주장한다(Hood, 2012). 아기들은 생후 6개월이 되면 자신들이 타인과 별개의 존재라는 것을 배운다. 우리의 **외현기억**(explicit memory)은 2살 이후의 어느 시점부터 시작된다. 아동이 성장하면서 보상체계는 타인으로부터 오는 긍정적 메시지를 기억한다. 유아에 대한 획기적 연구로 Hamlin, Wynn, Bloom(2010)은 아기들이 친사회적 행동을 하는 강아지를 그렇지 않은 강아지보다 선호하는 능력에 대해 보고하였다. 이 결과는 뇌가 사회적 과정에 얼마나 민감한지 잘 보여 준다. 4세경의 어린 아동은 타인의 사고를 인식하게 되는 **마음의 이론**(theory of mind)을 갖기 시작한다(Siegel, 2012). 이는 **거울자아**(남이 보는 나: looking glass self)가 나타나는 때이다. 아동은 어떻게 타인이 그들에 대해 생각하는지에 대해 해석하기 시작한다.

Hood(2012)는 우리가 자율적이고 독립적 사고체라고 의식적으로 생각함에도 불구하고 정체성은 사회적으로 구성된다고 제시하는 연구들을 광범위하게 검토하였다. 그는 내현기억(implicit memory)이 일상기능의 중요한 무의식적 사회과정을 숨기는 데 관여하고 있다고 보았다. 예를 들어, 대부분의 사람은 신발끈을 조이도록 배운다. 그러나 동일한 회로에 강렬한 정서가 위치하지 않는 한, 이러한 기억은 암묵적이거나 무의식적이다. 대인관계적으로 뇌 안에는 가족과정의 망(webs)과 네트워크가 있지만, 우리 행동이 이런 자극으로부터 어떻게 처음 나타났는지에 대해 크게 의식하지는 않는다. Hood는 **사람들이 자아감을 유발하는 관계 안의 암묵적 정치에 대해 대체로 의식하지 않는다**고 하였다. 또한 우리가 속한 각 사회적 맥락에 민감하기 때문에 다중적 자아를 가진다고 하였다. 이러한 자아가 말로 표현하기 어려운 어떤 딜레마의 중심에 있을 수 있는데, 치료사가 이것을 탐색하기로 하기 전까지 대체로 암묵기억의 한 부분이기 때문이다. 최종 공식이 무엇이든, 가족 상호작용은 각 기억에 붙어 있는 감정의 양념으로 분쟁을 일으키게 된다. 각 기억은 강렬함이나 중요성에 있어 차이가 있다. 사회학습은 좋을 때는 도파민 급증으로, 안 좋을 때에는 코르티솔 급증으로 둔갑한다. 가족 안에서 각 자녀에 대한 사적 대화는 다음과 같다. **"내가 누구인가? 나는 얼마나 적합한가? 나는 타인과 얼마나 다르거나 혹은 같은가? 내가 달라도 여전히 소속될 수 있는가?"** 상담자들은 이 장의 앞부분에 있는 질문을 활용할 수도 있다. 내담자의 세계에 들어가서 그 복잡성을 이해하고 존재하는 생존기술과 힘을 기념하는 것은 중요한 과업이다. 애착이론을 개념 틀로 활용하는 장점은 기본적이고 보편적인 인간의 욕구를 정상화하며 특별한 주의가 필요한 고통스러운 시기를 인정한다는 것이다. 맞추려는 행위와 고유하고자 함의 균형이 교착상태에 빠질 때, 기본적 욕구는 딜레마가 된다.

정체성

근본적으로, 신체는 우리가 선택적, 주관적으로 해마와 측두엽(자서전적 기억, autobiographical memory)에 보내는 정체성 담론의 집합이다. 이러한 **독특한 이야기는 서류 캐비닛보다는 '퇴비 더미'에 비유하는 것이 더 적절하다**(Hood, 2012, p. 82). 시간이 지나면서 하나의 이야기가 다른 이야기에 미치는 순환적 영향이 자아감을 초래하는데, 자아감은 이야기의 상호 영향으로부터 정제된 초상이라 할 수 있다.

> 베트남 전쟁 시기에 17세였던 Glen은 전쟁 참전을 위해 어머니의 허락을 구하러 갔다. 어머니는 그에게 "왜 그러니! 넌 아직도 어린 소년일 뿐이야!"라고 소리치며 그에게 굴욕감을 주었다. 다섯 명의 누이들은 그 대화를 엿듣고 어머니 흉내를 내며 Glen을 놀리며 조롱했다. 그가 찰나의 순간에 느낀 굴욕감의 섬광은 분노가 되었고 결심했다(Hartling, 2007; Otten & Jonas, 2013). 그들에게 보여 줄 것이다! 베트남에서의 그의 여정은 남성성을 증명하기 위한 앙갚음이었다. 가장 위험한 과업 중 하나인 헬리콥터 사수로 싸웠고 살아남았으며 군사훈련 교관이 되었다. 헬리콥터 밖에 매달려 적을 향해 총을 발사하며 그의 아드레날린은 짜릿한 남성성의 선언이었을 것이다.
>
> 회고해 보면 그는 전우를 잃은 외상 입은 군인을 응대했기에, 스스로에 대해 거칠고 죽음 앞에서도 두려움이 없으며 금욕적이라고 묘사했다. 그가 맡은 일은 전우들이 '박차고 일어나' 전투에 나갈 준비가 되도록 하는 것이었다. 그 세계에 약함이나 취약성의 자리는 없었다.

수년이 지난 후 그는 타인의 죽음이 그에게 결코 외상이 아니었다고 말하였다. 그것은 단지 '인생의 실상'이라고 털어버렸다. Glen에게 짧은 순간의 굴욕감은 그가 경험했던 어떤 것보다도 죽음과 가까웠다. 총포 아래서 그의 남성성을 보여 주는 것이 의미 있는 유일한 생존이었기 때문에 육체적 죽음에 대한 두려움은 없었다. 그는 전쟁에서 돌아와 30년간 금을 찾으며 거의 고립되어 보냈다. 금광 밖에서 고립은 그에게 안전한 곳이었다. 고립된 상태는 굴욕감에 대해 걱정할 필요가 없었다. 그런 상태로 생존하는 것이 관계 딜레마의 문제에 말려들지 않는 것이었다.

> 내담자의 세계에 들어가서 그 복잡성을 이해하고 실존하는 생존기술과 힘을 기념하는 것이 중요한 과업이다.

상담자는 가족 안에서의 개별화와 소속 욕구의 이중성이 초래하는 애착 딜레마를 확인함으로써 체계적 공감을 실제 행동으로 보여 줄 수 있다. Glen의 딜레마는 남성을 평가절하한다고 느끼게 하는 여성 지배적 가족에 어떻게 소속될 것인가였다. 가족에서의 '적'은 베트남 전쟁보다 훨씬 더 컸다. 그러나 그는 자신의 분노로 인해 균형에서 멀어졌다는 것을 알고 있었다. 그가 그나마 믿을 수 있는 누이와 선택적으로 관계를 시작하기까지 40년이 걸렸다. 투쟁/도피 반응은 즉각적 교환과 함께 시작되지만, 잠재적 상실이 정체성을 수반할 때 전생애에 걸쳐 지속될 수 있다.

역할

정체성이 사회적으로 구축되는 것이라면, 여러 상황에서의 역할은 우리의 정체성에 기여한다. 가족 역할은 전 생애적 애착 과정이므로 특별한 범주라 할 수 있다. 가족 내 자신의 역할을 의식하는 자녀도 있지만 의식하지 않는 자녀도 있다. 역할에 대해 질문했을 때, 가족 내 기능을 묘사하는 사람도 있고(나는 갈등 중재자였어요.), 개인의 특성에 대해 말하는 사람도 있다(나는 위험을 감수하는 편이에요.)(Hanna et al., 2011). 자녀가 특정 기능에 대한 책임감을 갖고 있지만, 그 기여에 대한 공을 인정받지 못할 때 딜레마가 발달한다. 역할이 무의식적 과업이고, 이러한 독특한 인생 경험을 표현할 길이 없을 때 종종 말할 수 없는 딜레마가 된다. 맥락적 가족치료에서 치료사는 부모화된 자녀가 이 딜레마에 목소리를 부여하는 담화를 발전시킨다(Boszormenji-Nagy & Krasner, 1986).

청소년과 작업할 때의 한 가지 경험 법칙으로, 가장 무책임하게 보이는 사람이 가장 부담을 많이 느끼는 경우가 종종 있다. 가족의사소통 유형은 각 가족원의 인생 이야기를 인정할 수도 있고 억압할 수도 있다. 전통적 심리사회 역사에서 자전적 기억(autobiographical memory)을 중요한 요소로 간주하는 실천 환경은 거의 없었지만, 거기서 나오는 역할과 딜레마에 대한 논의를 포함하는 것은 중요하다. 그러한 논의는 양쪽 유형의 기억(외현기억과 내현기억)에 접근하고 통합하게 해 준다. 역으로, 이것은 우뇌와 좌뇌의 균형을 잡아 준다. 이 장과 제3장에 있는 질문들은 이러한 경험을 탐색하고, 딜레마의 암묵적 측면에 대한 인식을 제기해 준다.

의사소통: 말하기와 딜레마

치료적 대화는 말하기 어려운 딜레마를 다양한 방식으로 풀 수 있는 가능성을 갖는다. 첫째, 내담자의 언어를 사용함으로써 상담자가 내담자의 세계를 방문하는 방문자라는 것을 인정한다. 만일 딜레마가 인생 이야기를 억압했다면, 이야기를 말할 수 있는 새로운 언어의 공간을 만들어 주는 것이 중요하다. 다중 감각에 관계를 맺는 것은 애착, 정체성, 소속감에 대한 깊은 대화가 나오도록 촉진할 수 있다. 음악, 예술, 일기, 결말 사건에 대한 시각적 연대기, 대형 가계도 등은 새로운 회로와 정서 상태를 활성화할 수 있는 시각적, 청각적 자극을 제공한다. 언어적 내러티브는 다른 감각이 제공하는 이미지로부터 나온다. 사진과 그림은 전통적 검사에서 일반적으로 접근하지 않는 기억회로의 부분을 끌어들여 온다(제5장과 제6장의 예시를 참조할 것). 스토리텔링은 딜레마를 인정하고, 공을 인정하고, 치유가 필요한 신체의 영역을 확인하는 중요한 작업이다(Stanton, 1992). 우리 웹사이트에 이 책의 초판에 나온 Elsie의 사례연구 분량 전체를 올려놓았다. 그 사례는 남아프리카공화국 출신으로, 확대가족을 둔 노숙자 여성의 정체성과 역할 딜레마를 포함한다. 가계도와 연대기, 음악, 확대가족을 통해 그녀의 이야기를 들으며 그러한 딜레마를 말하는 것이 치료의 중요한 부분이었다.

발달적으로 체계적 딜레마는 말하기 어려운데, 이는 종종 숨겨진 의제(아젠다) 또는 언어적 담론 밖에 있는 가족의 조직적 욕구를 포함하기 때문이다. 예를 들어, 강력한 지도자가 없는 가족은 특정 상황에서 책임을 지는 자녀를 통해 진공상태를 억제하기도 한다. 역할을 맡는 것이 딜레마 그 자체는 아니다. 중요한 것은 개인이 역할에서 경험하는 것이 평가절하되거나 억압되지는 않았는지 여부이다. 다음으로, 역할은 발달적으로 적합한가? 역할이 제대로 가치 평가받지 못했거나 정신적, 인간관계의 부담인 경우, 생물학적 타격이 오게 된다. 여기에 치료사와 위탁 아동인 Ben이 나눈 위탁가정에서의 역할 전환에 관한 대화록이 있다. Ben은 어머니의 집에서 네 형제의 첫째였다. 어머니가 성매매를 하며 2~9세 사이인 네 자녀를 매일 긴 시간 동안 방임하였다.

치료사: 네가 동생 모두를 잘 돌보고 챙긴 것 같아. 주변에 아무도 없을 때 너는 최선을 다해 동생들을 돌보았구나. 기저귀를 갈아 주고, 동생들이 먹을 음식을 구하고. 네가 동생들을 위해 함께 있었구나.

Ben: (끄덕이며) 네.

치료사: 궁금한 게 있는데……. 네가 더 이상 혼자 남겨지지 않아서 좋다고 말했지만, 모두 너에게 의지했던 때가 지나가니, 혹시 네 일(역할)이 사라진 것 같은 상실감을 느끼니?

Ben: (뺨에 눈물이 흐르고 고개를 저으며) 아니요.

치료사: 오케이……. 그러니까 네 눈물은 무엇을 의미할까? 편안해서? 아니면 불편해서?

Ben: 안심해서요. (더 많은 눈물을 흘림)

치료사: 아. 그렇구나. 그러니까 안도감이구나.

Ben: 네. 더 이상 그런 일을 하지 않아도 되니까요. (여전히 눈물을 흘림)

치료사: 좋아, Ben. 네가 눈물로 그런 안도감을 느끼는 것은 좋은 일이야. 잠시 시간을 갖고 그 안도감을 느껴 보자. 너의 눈물이 모든 부담을 떠나보낼 수 있도록 하면 좋겠어. 안도감이 얼마나 좋은지 그냥 느껴 봐.

Ben: (미소 지음. 위탁모가 팔로 그를 두른다.)

치료사: 그래! 넌 더 이상 그런 일을 할 필요 없어. 잘했어.

불확실성으로 가득 찬 긴 시간 동안 아동 혼자 남겨진 스트레스는 생물학적이며 암묵적이다. 아이는 치료사와의 대화에서 전이를 느끼며 에너지를 비우면서 즉각적으로 신체에서 눈물이 흘러나온 것이다. 외현기억에 접근하는 것과 내현기억을 언어화(체계적 공감)함으로써 Ben이 두 가지 기억을 일관성 있는 담론으로 통합할 수 있게 되었다. 비록 그의 전전두엽피질(PFC)은 "더 이상 그 일을 할 필요 없어."라는 것을 이미 알고 있지만, 이제 그의 신체도 그것을 알게 되었다.

Ben의 새로운 담론은 예전의 딜레마에서 신체가 느꼈던 것을 통합하였지만, 그것을 표현할 마땅한 언어가 없었다. 치료사의 언어는 의도적으로 그의 기분을 기념해 주고, 순간을 즐기도록 해 주며, 정확한 말로 머물러 있도록 해 주었다. 또한 Ben에게 종이로 만든 상장을 수여하며 가족의 '기념'이 되도록 하고, 이것을 바인더에 정리해 그의 성취와 경력(biography)으

표 4-3 깊은 긍정: 말하기 어려운 딜레마

이슈	딜레마	치료사 반응
권력 (치료사와 차별화된)	치료에서 수용 가능한 것은 무엇인가?	여행 가이드. 주로 이렇게 진행됩니다….
	이 과정이 어떻게 진행되는가?	저는 이런 방식으로 작업하는데….
	우리가 잘 맞지 않는다면?	잘 맞는지 확인하고 싶습니다. 우리에게는 선택안이 있습니다.
정체성	수치심	동정. 끔찍했겠어요. 그때로 돌아가면 뭐라고 말하고 싶습니까?
	다중 자아	확인. 오늘날 우리 세계는 너무 복잡하죠. 모든 상충되는 요구를 꾸려나가는 것이 힘들죠. 당신이 있는 모든 다른 세상을 계획해 봅시다.
	심리정치	자립하는 데 많은 용기가 필요했겠어요. 그것에 대해 당신 자신에게 뭐라고 말하겠습니까? 지금 어떤 일이 일어나면 좋겠습니까?
역할	경계 왜곡/침해	당신은 아무것도 할 수 없었겠군요. 그건 공정하지 않아요. 당신은 분노할 권리가 있습니다.
	자격	당신이 한 일은 인정받을 만합니다. 당신이 인정받을 만하다고 스스로 생각해 본 적이 있습니까?
조율	부모의 조율 결여	어울리지 않는 조합이었군요. 당신 잘못이 아닙니다. 당신에게 가장 힘든 부분이 무엇이었습니까?
	배우자/또래의 조율 부족	이슈

로 인정해 주었다. 〈표 4-3〉은 말하기 어려운 딜레마를 탐색하는 다양한 예를 보여 준다.

Griffith와 Griffith(1994)는 내담자가 불협화음의 경험에서 목소리를 찾았을 때의 의학적 증상에 대해 다양한 예시를 기술하였다. 딜레마를 말함으로써 증상으로부터 해방해 주는 전략으로 갈 수 있다. 그들의 환자 중 일부는 발작, 거식증, 불안, 기타 경련 등을 보이는 사람들이다. Wolin과 Wolin(1993)은 "손상(damage)에 이름을 붙이는 것은 그것을 정복하는 것이다."라고 언급했다(p. 22). 코르티솔과 아드레날린은 약세공격(bear attack)과 정체성 공격(identity attack)을 구분하지 못하기 때문에, 투쟁/도피나 동결(freeze) 에너지를 위한 신체 이완이 없을지라도 신체는 서서히 오염된다. 그러므로 딜레마는 작은 생물학적 드라마로 시작해 생명을 위협하는 응급상황으로 변할 수 있다. 내현기억에 접근해 내담자가 목소리를 찾는 동안 치료사는 내레이터로 조력하는 역할을 할 수 있다. 표에는 내담자가 그들의 경험을 외치고 더 완전한 담론을 창조할 수 있도록 내담자를 격려할 수 있는 제안을 포함한다.

예를 들어, Glen은 자기 삶에서 헬리콥터에 매달려 총을 쏘며 많은 에너지를 소진했다. 하지만 그를 수치스럽게 했던 것은 어머니와 누이들이었으며, 그는 (전쟁에서) 잘못된 적들에게 총을 쏘았다. 그에게 필요한 것은 그의 신체에 저장된 수치심을 비우고, 누이들의 심리정치에 활용할 수 있는 정서적 방어기제의 개발법이었다. 그는 자신이 베트남에 있는 동안 배운 동양의 종교를 치유법으로 사용하였다. 그는 명상을 통해 자신의 변화 방법을 탐구했다. 그러나 사회참여만으로는 그의 수치심을 해결할 수 없었으며, 그는 투쟁/도피 모드에 교착된 채 오랫동안 머물러 있었던 것 같다. 감각느낌 연습(felt sense execises), 초점화(focusing), 마음챙김(mindfulness) 등에서 유래한 에너지 이완은 스트레스 호르몬 수준을 낮춘다. 그 결과, 30년이 지나서야 그의 회피 모드는 약화되었다. 새로운 형태의 마음챙김이 그의 회복을 단축했을 수도 있다. 그의 이야기는 전체 신체에 수렴된 요소들이 어떻게 정체성을 발달시키는지 보여 준다. 가족과의 관계에 있어, 고립은 그의 안정제(도피 모드)였다. 그는 다른 세계에서 그의 정체성에 긍정적 기여를 할 수 있는 다른 자아를 개발하였다. 뇌 친화적 치료사는 그의 수치와 무기력 회로를 비활성화하는 데 도움을 줄 수 있었을 것이다. 그러면 그는 가족들과 단절하지 않아도 안전과 위협을 다룰 수 있는 위치에 있었을 것이다.

결론: 소울 푸드와 관계기술

이 장은 치료적 관계에 대한 뇌 과학적 관점을 해체하기 위해 소울 푸드(soul food)라는 은유를 사용하였다. 사례 예시들과 함께 치료사의 자기 성찰(self of the therapist), 치료에서의 조율의 미세 요소, 그리고 각 사람의 인생 이야기의 한 부분이 되는 정체성 및 역할 딜레마에 대한 의견 등을 검토하였다.

우리는 생존 이야기를 검토하였고, 창조성과 진정성의 지배력을 강화하는 신체의 활성화 영역에 대해 살펴보았다. 또한 우리를 풍요롭게 해 주고 진정시켜 주는 요소인 인간관계의 자원에 대해서도 다시 논의하였다. 누군가를 위해 요리하기 전에 우리 자신에게 위로와 돌봄을 베풀어야 한다.

우리 자신의 허기 때문에 누군가를 위한 최고의 식사를 망치지 않으려면 치료사인 우리가 중심을 잃지 말아야 한다. 그들에게 맞는 것은 무엇인가? 여기에는 개인적 요소와 보편적 요소가 있다. 좋은 소울 푸드처럼 딱 맞춘 것이어야만 한다. 어떤 사람은 맥앤치즈(mac and cheese)를 원하지만 어떤 사람은 채식을 원한다. 너무 달지 않은 햄호크(ham hocks)가 들어 있는 것을 원하기도 하고, 돼지 곱창을 원하는 사람도 있다. 어떤 사람은 닭고기만 찾기도 한다. 아미노산과 트립토판(tryptophan)이 풍부한 닭고기는 자연의 항우울제이다!

우리가 중심을 잡고 유연할 수 있다면 다양한 기호와 협상하는 것은 어렵지 않다. 우뇌는 뉘앙스를 느끼고 독특한 특성들에 대해 계획한다. 동기 강화상담은 내담자의 양가성을 수용할 수 있도록 품위 있고 긍정적인 방식으로 강화하는 일련의 기술이다. 우리는 손님에게 선택할 수 있는 메뉴를 가지고 작업하며 그들의 기호를 탐색한다. 그러나 우리의 식사에는 단지 입맛의 문제 이상의 것도 있다. 그들의 발달적 수준은 어떠한가? 자연적으로 발생한 그들의 동기적 집합을 인식하고 있는가? 그들은 유동식이 필요한가? 그들은 스테이크 나이프를 다룰 수 있는가? 혹시 음식 알레르기는 없는가? 세 개의 사례의 예에서 선택-지향 처치(choice-oriented treatment) 계획과 말하지 못하는 딜레마를 확인하는 대화록을 볼 수 있다.

이러한 생물학적, 심리학적 고려사항은 은유 그 이상이다. 내담자가 체면을 지키도록 돕고, 치료사의 신뢰성을 가늠하고, 혼란으로부터 질서를 감지하고, 연결의 가능성을 도우면서 평정과 희망을 키울 수 있는가? 상담자는 정체성과 역할의 발달적 위기에서 초래된 말하기 어려운 딜레마를 인식할 수 있는가? 대부분의 사례에서 치료사와 내담자는 이 장의 구성요소가 혼합된, 뇌에 정통한 동맹 안에서 한마음이 될 수 있다.

제5장

습격당한 뇌
트라우마의 기초, 아동과 청소년

트라우마란 무엇인가

트라우마의 종류

트라우마 증상, 촉발제, 이름 없는 영웅 증상, 안전한 참여 그리고 진단의 정치

아동과 청소년의 증상

24세까지 발달을 지속하는 청소년의 뇌

트라우마의 치유: 신경순차적 치료모델

결론

The Transparent Brain in Couple and Family Therapy

이 책은 우리 몸을 지배하는 주요한 작동기제로 위협과 생존을 강조한다. 인간은 무수히 많은 사건과 도전 속에서 생존해 왔다. 인간의 몸은, 예측 가능한 일과나 패턴을 기준으로, 신경계를 조절하는 일련의 기대인 '학습된 안전감(learned safety)'을 발달시킨다(Porges, 2014). 하지만 인생을 살다 보면 몸의 전기화학적 흐름을 방해할 만한 사건을 겪기도 하고, 어떤 때는 '트라우마'라 부를 만한 사건을 겪기도 한다. 지금부터는 전기화학적 흐름을 방해하는 경험에 대한 정상적인 위협-생존 반응에서 '상처' 혹은 '큰 부상'에 해당하는 트라우마 경험에 대한 반응으로 이야기의 초점을 전환하려 한다. 제4장에서는 치료적 관계의 단면을 표현하기 위해 '소울 푸드(soul food)'라는 은유를 사용했었다. 하지만 몇몇 특별한 사례를 위해서는, 소울 푸드 외의 추가적 조치나 처치가 필요하다. 기아, 기근, 중증 부상으로부터 누군가를 구하고자 한다면, 우리는 응급처치로 영양소의 보충을 생각해 내야 할 것이다. 이 경우, 링겔이나 특별식이 취약한 몸과 마음을 위해 제공될 것이다. 이게 바로 트라우마 치료사가 하는 일이다.

제5장과 제6장은 흥미롭고 영감을 일으키는 21세기 트라우마 치유의 세계를 독자에게 소개한다. 뇌는 다양한 사건으로 사방이 매복되어 있다. 선사시대로부터 현대에 이르기까지 그리고 몸의 내부로부터 외부에 이르기까지, 세상은 인간의 뇌에게 항상 친절했던 것만은 아니었다. 이 장에서는 트라우마의 정의, 유형, 증상 및 현 진단 체계를 둘러싼 비판, 트라우마 치료 참가와 관련한 쟁점, 아동・청소년 트라우마 치료의 문제점 등을 포함한 다양한 내용을 고찰할 것이다. 제6장은 이러한 사고를 성인에 확장할 것이고, 트라우마 치료를 위한 통합적, 전체적 모델을 제시하는 것으로 장을 마무리할 것이다.

공개하자면, 저자는 최근 발생한 테러사건의 발생 지점으로부터 16km, 총기난사사건의 발생 지점으로부터 96km 인근에 살고 있다. 학생 중 하나는 총기난사사건의 생존자이며, 내담자 중 다수는 인종차별이 팽배한 환경 속에서 살고 있다. 제5장과 제6장은 본 저자에게는 매우 사적인 장이다. 미국에서는 정신과 병력이나 범죄력이 없는 사람이 자행한 총기난사사건이 많다. 이들이 사건을 일으켰다면, 도움 제공의 시도는 통계에 잡히지 않는 특성으로 인해 별다른 효과를 거두지 못할 것이다. 이런 이유로, 저자는 통계적 아웃라이어들(outliers)이 피하고 있는 돌봄 체계, 이들을 관여시키고자 노력하는 사람들, 마련은 되어 있으나 모두에게 접근 가능하지는 않은 돌봄 체계에 관한 연구에 몸담았다(Hanna, 2019).

플로리다주 파크랜드의 총기 난사자로부터 급진적이고 공격적인 일반시민에 이르기까지, 이들을 하나로 묶는 공통분모는 진단되지 않은 트라우마이다. 예를 들면, 문화적 상처는, 그것이 어떻게 진단되든, 누구에게나 트라우마가 될 수 있다. 이민자 집단은 취약성과 위험 의식에 영향을 주는 수많은 미묘하고도 차별적인 상호작용에 노출되어 있다. 9/11 테러 이후, 다수의 개인주의자가 보이는 사회 지배적 태도로 인해 지역사회에서 평화로운 관계를 추구하는 소수의 집단주의자가 위협을 느끼고 있다(Daneshpour, 2017, 1998). 이처럼 관계 내 안전이란, 참전군인, 이민자, 우울증 환자, 학업 문제로 허덕이는 고등학생을 포함, 그 누구에게나 생존을 위협하는 중요한 문제가 될 수 있다(Hanna, 2019).

비록 많은 내담자가 통상치료(treatment as usual)로부터 도움을 받고 있으나, 이 중 일부는 그들이 지고 있는 특별한 짐 때문에 추가적 치료 혹은 더 나은 치료를 필요로 한다. 위험 집단을 위한 개별화된 접근은 각 집단 고유의 문화적 쟁점에 대한 탐색을 요구한다. 예를 들어, 고독한 총기 난사자는 난사 희생자인 특정 피해자 집단에게 그 집단에 치명적일 수 있는 특수한 증상을 만들어 낼 수 있다. 반면, 테러리스트 공격은 피해자가 속한 문화집단에 해를 끼칠 뿐 아니라 가해자가 속한 문화집단에도 영향을 주고 가해자가 속한 문화집단에 대한 안 좋은 고정관념을 만들 수 있다. Rosin(2016)은 덴마크의 한 혁신적 프로그램에 대해 소개하고 있는데, 이 프로그램은 ISIS와 싸우기 위해 조국을 떠난 젊은 이슬람교도들의 회복과 치유를 목표로 한다. 프로그램은 급진화 이전 발생한 문화적 상처에 초점을 맞추고 있다. 그 범위가 문화 신경과학으로 인식되지 않는 한, 받은 개입이 정신건강 서비스일 거라 인식하는 참가자가 없을 정도였다(Daneshpour & Dadras, 2013). 큰 시련을 받은 이들에게 최선의 돌봄을 제공한 후에야 우리는 비로소 모두를 위한 최선의 돌봄 제공 방법을 알게 된다.

여러 이유로 아웃라이어들은 우리 사회에서 숨겨져 있다. 이들은 낙인을 피하기 위해 의도적으로 보호체계를 피해 숨어 있을 수 있다. 혹은 진단 기준을 충족하지 못해 고통에 방치될 수도 있다. 마지막으로, 동기나 협력이 부족하다는 식의 소비자를 비난하는 전통으로부터 자격자 혹은 포함 기준을 지나치게 좁게 정의하는 전통에 이르기까지 이들의 상황을 적절히 대변하지 못하는 정신건강 서비스 전통으로 인해 숨어 있을 수 있다. 예를 들어, 자살 충동이 있는 아동의 가족은 기밀유지를 위해 치료사의 도움을 거부할 수 있다. 하지만 아무리 역기능적인 부모라 할지라도 기밀유지 서약을 깨지 않는 심리교육으로부터 도움을 얻을 수 있으며, 아무리 건강하지 않은 부모라 할지라도 지지 체계를 통해 도움을 얻을 수 있다. 제9장에서는 길을 잃지 않도록 사람들을 돕는 약물 남용 치료 프로그램에 대해 소개한다. 이들 프로그램은 기술 부족에 대한 설명과 제4장과 제5장에서 소개하고 있는 여러 최첨단 훈련 요소를 포함하고 있다. 이후의 장에서는 뇌 친화적 임상 활동이 균열(틈)에 빠진 사람을 조속히 찾아낼 수 있기를 바라는 마음으로 균열에 빠진 사람을 '숨어 있는 사람'이라 지

칭할 것이다.

지난 10년은 두뇌와 애착의 10년이라 말할 수 있으며, 두뇌와 애착의 10년은 전쟁, 성학대, 대량학살이 개인에게 미치는 파괴적 결과를 이해한 그 전 수십 년을 뒤이었다. 트라우마 목록에는 이혼, 인종차별, 갱 폭력, 아동방임과 같은 지역사회 붕괴와 관련된 사건이 추가되었다(Hardy & Laszloffy, 2005). 그리고 이 모든 것의 결과는 별다른 효과를 내지 못하는 압도된 사회 프로그램, 현대의 정신병동이라 할 수 있는 붐비는 감옥, '언어치료(talk therapy)'의 한계를 드러내는 복합외상자의 치료사 혹은 복합외상자의 정신건강 서비스 제공자이다. 여기서, 트라우마는 우리 삶의 중요한 관계를 해치는 유령이 되곤 한다(Schore, 2001; Siegel, 2012; Porges, 2017).

트라우마는 우리 삶의 중요한 관계를 해치는 유령이 되곤 한다.

이에 제5장은 치료(treatment)와 완치(cure)가 아닌 '**치유(healing)**'와 '**회복(recovery)**'에 초점을 두려 한다. 임상사회의 최근 동향은 서양 의학에서 벗어나 동양적 성장과 변형에 관심을 두고 있는데, 현대의 트라우마 학자는 이런 패러다임적 변화를 적극 수용하고 있다(van der Kolk, 2000; Siegel, 2010). 우뇌-좌뇌 간 통합이 트라우마 개입에 있어 중요하기 때문에, 트라우마 전문가는 치료를 '**치유의 과정(process of healing)**'으로 생각하며 접근한다. 이들은 상처나 부상은 생길 수 있으며 생긴 상처나 부상은 치유될 수 있다는 전제를 가지고 개입을 시작한다. 그리고 이 입장은 의학 모형에서 나온 '병'이나 '질환'이라는 개념을 버렸다. 즉, 사람을 낙인찍지 않고 정체감을 위협하지 않으면서 희망적 내러티브를 강조함으로써 어려움을 병이나 질환으로 보는 병리적 입장을 버렸다.

트라우마란 무엇인가

현재 우리가 아는 트라우마에 관한 지식 대부분은 뇌 과학을 통해 알게 된 것들이다. 트라우마는 **공통의 생리학적 결과물, 즉 신경계 조절 장애**라는 공통의 생리학적 결과물을 만들어 내는 넓은 범위의 경험(들)을 말한다. 트라우마 경험이었는가는 그 경험이 개인에게 정신적, 정서적 혼란을 야기하는 다양한 신체적 상태를 유발했는가에 달려 있다. 사건의 성격, 시기, 빈도는 지속적 영향을 미칠지의 여부를 결정하는 독특한 내부 생태를 만든다. 현재, 여러 연구는 애착 상처가 신체적 상처와 동일한 생리학적 효과를 냄을 발견하였다(Hood, 2012). 또한 복합 발달 트라우마를 경험한 어린 아동이나 청소년에서 트라우마 폐해를 해결할 자원이 부족함을 발견하였다. 어린 아동은 몸의 전기화학적 에너지를 밖으로 내보내는 방법을 모를 수 있으며, 따라서 이들에서는 안 좋은 에너지(아드레날린, 코르티솔, 쇼크, 압도된 감각 등)가 몸에 갇혀 있을 가능성이 높다. 이것이 바로 **몸의 기억**이라는 것이다(van der Kolk, 2014). 게다가, 청소년은 트라우마로 인해 와해된 몸의 균형을 회복하기 위해 애정적 부모나 애정적 성인의 도움, 즉 이들과의 안정적 상호작용을 필요로 할 수 있다.

> ……트라우마는 사건이 아니다. 적응에 관여하는 신경계 능력을 압도하는 경험(들)에 대한 생리적 반응이다.

전술했듯이, 트라우마는 사건이 아니다. 트라우마는 개인을 무력화하는 과부하 반응이다. 적응에 관여하는 신경계 능력을 압도하는 경험(들)에 대한 **생리적 반응**이다. 그 경험은 '**낙타의 등을 부러뜨리는 빨대**'와 같은 효과를 낼 수 있다. 이 경험은 해마, 편도체와 연결된 더 큰 회로의 일부분이 된다. 그리고 연결된 해마와 편도체는 또 다른 사건 혹은 환경 요인과 연결이 되어 다른 사건 혹은 환경을 관여시킨다. 이제 전체 회로가 '빨대'가 되어 트라우마 증상을 발달시킨다. 예를 들어, 차 사고로 인한 신체 부상은 같은 차에 탄 사랑하는 이의 죽음과 합쳐질 수 있다. 여기에 사고 전날 사망한 사람과 말다툼이 있었다면 이것도 추가될 수 있다. 어떤 사람에게는 이 말다툼의 의미가 사소할 수 있겠으나 다른 사람에게는 중요할 수 있다. 신체 부상도 사소할 수도, 심각할 수도 있다. 부상에 대한 의학적 치료도 각각 다르다. 어떤 경우, 경험은 **그 순간 신경계를 압도하는 쇼크**를 유발할 수 있다. 이 모든 가능한 순열을 이용하게 되면, 트라우마 증상이 개인 **고유의 취약성 청사진**으로부터 어떻게 등장하게 되는지 쉽게 이해할 수 있다. 이 같은 복잡성 때문에 부모나 다른 이들은 일부 증상을 간과하기도 한다.

제3장의 [그림 3-1]은 취약성의 생물심리사회적 청사진과 자원을 보여 준다. 대인관계 과정의 여러 층은 우리 뇌 안에서 거미줄처럼 떠다니는 뉴런의 회로가 된다. 사회적 환경의 각 층은 신경계 전역에서 다른 층과의 상호작용을 가능케 하는 긍정적 혹은 부정적 촉발제를 가지고 있다. 가장 기본적인 관계는 신체에 대한 우리의 인식이다. 센터 역할을 하는 신체에 대한 인식은 세 가지 피드백 루프를 통해 우리의 사회적 환경을 위와 아래로 연결한다. 하나는 **신경지(neuroception)**로, 이는 시상하부-뇌하수체-부신 축(HPA 축)의 작용과 같이 위험에 직면하여 자동적으로 그리고 무의식적으로 신체를 조정하는 인식능력, 즉 몸으로 드러내는 인식능력을 말한다(단, 그 주체는 자신이 그렇게 조정했다는 사실조차 인지하지 못한다). 또 다른 하나는 **내수용감각(interoception)**으로, 이는 조정, 편안, 고통과 같은 몸의 변화된 내부 메시지를 감지하는 능력을 말한다(뇌섬으로 이어지는 미주신경; Porges, 2017). 세 번째는 **고유수용감각(proprioception)**으로, 균형과 지남력의 감지 능력을 말한다. 주변 물리적 공간과의 관계를

아는 것 등이 이 인식에 포함된다. 다음의 지문을 통해 Demian의 인생에서 어떤 피드백 루프가 활성화되었는지 확인해 보자.

> Demian의 사례는 경험의 축적이 어떻게 트라우마 반응으로 이어지는지 보여 줍니다. 헤드스타트 프로그램 진행 중에 Demian은 구내식당에서 한 소년의 쟁반을 낚아채 멀리 던졌습니다. Demian의 과격한 행동에 어른들이 나서기 시작했습니다(어른들이 Demian을 붙잡았다면, 고유수용감각은 누군가가 그의 공간에 들어와 그의 몸을 물리적으로 통제한다는 신호를 보냈을 것임). 이전 삶을 돌아보면, Demian은 5세의 어린 나이부터 사회적 예민성을 발달시키기 시작했습니다. 연령이 증가하여 정체감과 소속감이 또래 사이에서 중요한 문제가 되면, 생존은 좀 더 복잡한 문제가 됩니다. Demian은 그의 가족이 다른 가족과 다르다는 사실을 깨닫기 시작했습니다. 그리고 엄마가 학교 행사에 오지 않았을 때 큰 슬픔을 느꼈습니다(예: 심장이나 위장의 반응 변화를 인식한 내수용감각). 과거로부터 쌓여 온 이러한 애착 경험은 배식 중 한 소년이 돌아서서 "넌 부모가 없니?"라며 놀리기 시작했을 때 Demian의 정체감과 소속감에 큰 반향을 불러일으켰습니다(위험에 관한 신경지).

Demian의 힘의 행사는 투쟁/도피 행동의 흔한 예로, 스트레스 화학물질이 위협에 반응하는 매우 흔한 방식이다. 하지만 대부분의 상황에서, 성인을 관찰한다고 해서 긴장 고조를 막고 자원 붕괴를 막는 법을 알게 되었다고는 말할 수 없다. 이 장 후반부에서는 청소년 트라우마 증상의 예방을 위한 다양한 조치와 임상 활동을 소개할 것이다.

트라우마의 종류

트라우마 치료 현장에서는 여러 쟁점에 대해 어느 정도 합의가 이루어진 상태이다. 첫째, 아동기 및 청소년기 트라우마에는 발달적으로 특별한 특성이 개입되었다는 사실이다. 국가 아동 트라우마 스트레스 네트워크의 복합트라우마 태스크포스는 발달적 외상장애(developmental trauma disorder)라는 반복적이고 만성적인 트라우마를 경험한 아동을 위한 별도의 진단이 필요함을 강조하고 있다(DePierro et al., 2019; van der Kolk, 2009). 문헌은 아동기 자기 조절 문제가 명백하고 성인기 만성 장애의 취약성이 드러나는 그런 임상적 상태가 존재함을 보여 주고 있다(Schore, 2001; van der Kolk, 2009; Siegel, 2012). 둘째, 트라우마 삽

표 5-1 트라우마 경험

경험 구분	증상으로 이어질 수 있는 경험의 예
과도한	전쟁, 인종차별, 문화적 상처, 박해, 성차별과 계층 차별, 자연재해, 투옥이나 감금, 살인, 폭행, 이민
일상적	차 사고, 낙상, 수술, 중증 질병, 만성 통증, 친지 사망, 물에 빠짐, 질식
복합적	아동기 학대나 방임, 가정위탁, 성학대, 가정폭력, 집단따돌림, 강간
아동/청소년의	미아, 동물로부터의 공격, 타인의 기대를 만족시키지 못함, 중요한 가족원의 사망, 교사/학교와의 관계, 또래 배척, 애정 고백에 대한 또래 비수용, 아동/청소년 대상의 인터넷 폭력 및 착취
충격적(트라우마라면 적어도 이 특성이 일부 있음)	고강도/회피 불가능한 공격으로부터 받은 신체적 타격

출처: Ross (2008).

화의 반복 혹은 다중 발생은 증상과 회복을 더욱 복잡하게 만든다는 사실이다. 셋째, 대인관계 트라우마는 다층의 증상을 가지고 있다는 것이다. 넷째, 생물학적 장애의 범위는 신체의 일부에서 몸 전체에 이르기까지 다양하다는 것이다(van der Kolk, 2005, 2009; Schore, 2001). 〈표 5-1〉은 다양한 트라우마 경험을 요약하고 있다. 따라서 임상가는 개인이 가진 고유의 취약성 청사진을 살필 필요가 있다.

트라우마 증상, 촉발제, 이름 없는 영웅

DSM(정신 장애의 진단 통계 편람)은 미국 정신질환 분류 및 진단의 성서이다. 그럼에도, 외상 후 스트레스 장애(PTSD)는 1980년이 되어서야 DSM으로부터 공식 장애로서의 자격을 인정받았다. 당시 DSM은 PTSD를 생물학이 아닌 압도하는 인생 사건에 대한 결과물로 인식했다. DSM-3의 저자들은 장애를 이해함에 있어 생물학적 기반에 집중하였다(Harrington, 2019). 그럼에도, 심지어 지금까지도, DSM-5는 PTSD는 '환경+생물학'이라는 인식을 받아들여 트라우마 진단 및 증상 준거 설정에 있어 다방면의 검토를 통해 기준을 정하는 정책을 고수해 왔다. Van der Kolk(2014)와 Felitti 등(1998)은 트라우마에 관한 확장된 정의 및 추가적 분석을 요구하는 PTSD 특이 경험 및 증상을 발견한 사람들이다. 다른 이들은 DSM-5에 명시되지 않은 경험으로도 트라우마 증상이 유발될 수 있다고 언급하고 있다(Chapman,

2014; Pieterse et al., 2010; Johnson, 2002; Perry & Dobson, 2013). 예를 들어, 정서적 학대와 언어적 학대가 아동에게 장기적 영향을 미칠 수 있다.

신경과학이 출현하기 전, 트라우마 증상과 관련한 비판은 주로 증상의 다양성과 생존자 간 극명한 증상 차이 때문에 나타났다. 트라우마 증상은 트라우마에 대한 대처 방식이라고도 할 수 있는데, 트라우마에 대한 극단적 대처 전략이 증상을 구성한다. 우울한 표정이나 공격적 표정이 그 예가 될 수 있는데, 이들 간 공통점은 강도(intensity)에 있다. 투쟁, 도망, 동결 그 어떤 기제에 갇혀 있든, 거기에는 경직성 혹은 극단성의 특성이 있다. 신체가 방어적 모드 혹은 보호적 모드에 있다면, 이때에는 긴장 이완이 함께할 수 없다. 안전은 사치이다. 우리 몸은 위험, 부상, 상호작용의 와해, 신체 · 정체감 · 애착유대에 가해진 단 한 번의 엄청난 타격으로부터 뭔가를 배운다. 예로, 전쟁에서 공격을 받았을 때, 학교에서 왕따를 당했을 때, 가족으로부터 굴욕을 당했을 때, "우리의 몸은 그것을 기록하고 기억한다"(Van der Kolk, 1994; van der Kolk et al., 2005). 치료사는 극도의 도전적 행동에 동반되는 내적 경험을 이해함으로써 뇌 친화적이 될 수 있다.

치료사는 극도의 도전적 행동에 동반되는 내적 경험을 이해함으로써 뇌 친화적이 될 수 있다.

트라우마 생존자는 높은 경계심과 정교한 계산(calculation)을 무기로 하여 신체 지형도에 만들어진 정서적 기복을 헤쳐 나가길 원한다. 이들은 영웅이다. 이들의 길은 평탄한 인도라기보다 익스트림 스포츠의 루프 드 루프[1]에 가깝다. 구체적 지침은 Van der Kolk(1994, p. 3)의 아동기 학대 · 방임 피해자를 위한 매핑(mapping)에서 얻을 수 있다.

> 트라우마 경험과 직접적 관련이 없는 촉발제가 극단적 반응을 야기할 수 있다. 따라서 PTSD 환자는 일반적 과각성에 더해 특정 상기물에 대한 생리적 비상 반응으로 고통을 겪는다. PTSD의 핵심인 정서 조절 능력의 상실은 트라우마 환자가 왜 정서 상태를 행동 신호로 이용하지 못하는지 설명해 준다. 이들은 현재 벌어지고 있는 일의 의미를 면밀히 평가하기보다는 자극에서 반응으로 급속하게 이동한다. 이런 이유로, 트라우마 환자는 사소한 도발에 얼어붙거나 과잉 반응하거나 상대를 위협하는 식으로 반응한다.

빠르고 일반화된 반응은 기억을 좀 더 넓은 관점에서 보는 것을 어렵게 만들며, 이는 과거를 계속적으로 재생하는(relive) 특성으로 이어질 수 있다. 그리고 이 재생(reliving)에 관여하

1 역자 주: 360° 공중회전의 험로

는 뇌 부위가 반복적 놀람 반응을 야기하는 뇌 부위와 생리학적으로 연결된다. 스트레스 화학물질은 기억 저장 공간 안에서 공백을 야기하며, 재생은 이런 기억 공백을 메우려는 시도일 수 있다(de Quervain et al., 2000). 예를 들면, 옥시토신은 특정 유형의 기억상실을 야기할 수 있다. Van der Kolk(1994)는 엄청난 스트레스에도 불구하고 출산자가 출산 과정을 좀처럼 트라우마로 기억하지 않는다는 사실에 주목하였다. 그는 옥시토신이 PTSD 환자에게 고통스러운 기억 간 기억 공백을 만들어 내고, 이 기억 공백은 다시 촉발된 기억 및 행동의 다음 사이클에 연쇄 영향을 주는 식으로 왜곡을 만들어 낸다고 주장했다. 여러 층의 왜곡은 참으로 따라 하기 힘든 행동이다.

스트레스 화학물질은 기억상실에 더해, '고통에 동기화된 행동'과 '방어 행동' 간 복잡하고 특이한 균형을 만들어 내기도 한다. 방어하는 동안 분비되는 자연적 스트레스 화학물질 중에는 통증을 차단하는 뇌아편제도 포함되어 있다. 동물에서 상처를 핥는 것은 취약성을 알리고 포식자를 유인할 수 있다. 아편제는 공격을 받는 동안 상처에 주의를 두고자 하는 유기체의 충동을 낮춘다. 2차 세계대전 중 최전선에서 모르핀을 요청한 부상자 수가 적었다는 관찰을 시작으로, 일부의 사람은 강한 정서가 신체적 고통을 감소시키고 있음을 관찰하였다. 신체 내 여러 시스템 간 상호작용은 한편으로는 과도한 방어로, 다른 한편으로는 통증 둔감성으로 이어진다. 한 생리학적 방식이 높은 정서적 활동과 낮은 신체적 고통을 동시 경험하도록 만든다는 점에서 이는 신경계 '경련'처럼 보일 수 있다.

게다가 과부하(overload)는 '말문이 막히는 공포(speechless terror)'라 불리는 현상을 초래하는데, 여기서 사람들은 자신의 경험을 언어나 상징으로 표현하는 데 어려움을 보인다(Van der Kolk, 1994). 촉발제는 트라우마 사건이라는 경험적, 생리적 회로를 여행하며 안전 내러티브(narratives)의 형성 및 활용을 제한하는 생리적 부메랑이 된다. 이것이 바로 말보다 신체적 반응에 주의를 주어야만 하는 이유이다. 이 장 후반부에서 몇 가지 사례를 제시할 것이다. 먼저, 2세나 3세 아동에서 형태가 아닌 양측 낙서가 트라우마 생존을 위한 회복의 출구가 될 수 있음을 보여 주는 사례를 제시할 것이다. 아동 트라우마를 다루는 미술치료사는 아동이 색깔을 선택하는 동안 그리고 몸의 정서를 대변하기 위해 낙서 활동을 하는 동안 무슨 일이 벌어지고 있는지 설명할 수 있다(Chapman, 2012, 2014). 몸에 기반한 활동은 우뇌의 내현적 · 암묵적 기억 경험을 좌뇌의 외현적 기억으로 이동시킨다. 몸에 기반한 활동은 그 과정에서 물리적 에너지의 방출을 가능하게 하는 동시에 일관된 내러티브의 형성을 돕는다. 트라우마 생존자를 위한 일관된 내러티브는 경험을 스냅숏에서 비디오로 확장하며, 이는 전체적인 사건 처리를 통해 몸을 안전한 상태로 이끈다. 이런 종류의 신체 지향적인 개입이 없었다면, 악화될 위험이 높은 사람은 계속해서 낙인과 오해의 대상으로 방치될 것이다. 대중을 위한 정신건강 서비스 교육이나 현명한 정신건강 서비스 소비자 되기의 교육은 현재 상당히 부족한 실정이다.

> ……촉발제는 트라우마 사건이라는 경험적, 생리적 회로를 여행하며 안전 내러티브의 형성 및 활용을 제한하는 생리적 부메랑이 된다.

증상, 안전한 참여 그리고 진단의 정치

미국의 정신질환 치료 역사를 보면, 진단이 양날의 검으로 작용할 때가 있음을 알게 된다. 미국에서 문화적 현상으로서의 정신건강 서비스는 홍보에 있어 심각한 문제점을 드러내고 있다. 대중 매체에서 언급되는 내용을 자세히 살펴보면, 일반 대중이 심리치료를 **결함을 교정하는 방법, 성격 결함에 대한 처벌, 병에 대한 치료**로 이해하고 있는 듯하다. 상담을 받아 보라는 가족과 친지의 제안은 흔히 갈등이나 비난의 맥락에서 나오곤 한다. 이들은 내담자가 얼마나 '아픈지' 임상가가 알아주길 바란다. "걔가 일을 할 수 있을까요?" "걘 뭐든 저희를 비난해요." "이 아이는 이성의 소리를 듣지 않아요." "역기능적 가족" "미쳤다"라는 용어는 정신건강 서비스에 붙어 다니는 또 다른 낙인이다. 이런 불만이나 호소는 놀란 가족원이 고통 속에 있고 현 상황을 달리 볼 만한 방법이 없기 때문에 초래된 결과로 이해된다. 내담자의 가족 또한 교육과 가용한 치료 옵션이 부족한 상태에 있다.

일부에게는 진단이 희망을 북돋고 회복에 대한 방향성을 제공하는 좋은 역할을 한다. 하지만 다른 이에게는 견디기 어려운 낙인(정신과적 장애라는 낙인)을 만들고 중요한 서비스의 추구를 방해하는 부정적 역할을 한다("손상된 상품이라 사람들에게 손가락질 받기 싫어요. 문제는 제가 아니에요. 문제는 바로 당신이에요."). 일부의 사람은 문제가 무엇인지로 가족과 힘겨루기를 한다. 이런 이유로, 이들은 자발적 내담자가 되지 못하고 제4장에서 논의한 동기 강화 면담과 같은 접근에 더 끌리거나 여기에 호의를 보인다. 숨겨진 사람들의 민감성을 다루어 주는 것은 내담자 중심 임상 작업에서 매우 중요하며, 좋은 견본이 된다. 생텍쥐페리의 『어린왕자』라는 아동소설에서, 여우는 왕자에게 관계를 맺고 대상을 길들이는 방법에 대해 가르친다. 여우는 상대가 그를 볼 수 있는 거리, 그러나 너무 가깝지 않은 거리를 만들라 제안한다. 그리고 이후 신뢰가 쌓이면 매일 조금씩 더 다가가는 의례를 취해 보라 제안한다. 다가가는 데 결국 이 같은 조심성과 인내가 말보다 더 큰 힘을 발휘한다(Saint-Exupéry, 2000).

군인과 함께 일하면서 군 생존자에게는 낙인과 병리를 배제한 언어가 필요하다는 사실을 깨닫게 되었다. 정체감과 소속의 문제는 소위 애국자, 수호자, 투사라 불리는 사람에게 더 중요하다. 온갖 유형의 트라우마 생존자가 있으며, 이 중에는 심지어 자신이 극한 상황에서 살아남았다는 사실조차 모르는 이도 있다(해리 때문에). 평범한 활동을 통해 뇌의 기초를 소개하는 것은 회복의 씨앗을 심고 낙인을 무력화하는 방법이 될 수 있다. 많은 생존자는 자신을 '아픈 것이 아니라 상처받았다.'라고 생각한다. 트라우마의 치료는 낙인의 치료이다.

낙인의 무력화는 생존자 혹은 생존자 가족과의 첫 만남에서부터 시작해야 한다. 가능한 모든 관점을 허용하는 내러티브를 스크립트로 작성해 보라. 역기능이 아닌 고통과 통증을 인정하는 비병리적 언어로 시작하라. 다음의 용어를 사용하여 신체 반응을 정상화하는 제3장의 주요 주제들(main themes)을 활용하여 이 작업을 수행해 보라.

미국에서 문화적 현상으로서의 정신건강 서비스는 홍보에 있어 심각한 문제점을 드러내고 있다.

- 싸움/도피/동결 반응(생존, 몸 전체, 회로)
- 신경계 조절 곤란(생존, 몸 전체, 회로)
- 불수의적 공황발작 혹은 아드레날린 과분출(생존, 몸 전체, 회로)
- 안전 수단(생존)
- 대처 전략(생존)
- 촉발제(몸 전체, 회로)

개인이 보이는 반응이 DSM-5의 외상장애 진단준거를 만족하지 못할 수 있다(노출, 침습, 회피, 인지/기분의 변화, 각성/반응성). 대신, 다른 평가 도구를 통해서는 고통을 호소할 수 있다. 다음과 같은 용어가 여기에 해당된다.

- 사회적 불평등(애착 혹은 도덕적 상처)
- 전쟁 후 스트레스(생존, 몸 전체, 촉발제)
- 전쟁 상처(생존, 몸 전체, 촉발제)
- 복합 발달 트라우마(생존, 몸 전체, 촉발제)
- 애착 위협, 상처, 혹은 배신(생존, 애착)
- 정체감 위기(생존, 애착, 촉발제)
- 문화적, 인종적, 성적 상처(생존, 애착, 촉발제)
- 미해결된 애도(생존, 애착, 정체감)

마지막으로, 대중을 향한 홍보는 서비스에 대한 다른 용어를 찾음으로써 보다 적절해질 수 있다. 교도소 출소 여성을 위한 12단계 거주 프로그램을 진행하면서, 저자는 정서를 다루는 개입에 대한 참가자들의 관심을 물었다. 모두가 관심이 있다고 손을 들었다. 내담자 경험에 맞춘 서비스는 다음과 같이 명명될 수 있다.

- 정서에 도움 주기
- 교육 받기
- 상처 치유를 위한 프로그램 제공하기
- 갈등을 위한 문제해결 제공하기
- 관계에서 안전감 확보하기
- 자기연민 배우기
- 수면 개선하기
- (사람들과의) 신뢰 쌓기
- (사람들을) 내 편으로 만들기
- 가족 내 평판 바꾸기

> 트라우마의 치료는 낙인의 치료이다.

DSM 준거를 넘는 보다 확대된 트라우마 정의가 필요하다는 비평이 있어 왔고, 앞에 제시된 목록은 이런 비평을 수용한 것이다. 제시된 목록은 생존자의 입장을 공감하고 이들의 고통을 수용하는 새로운 내러티브라 할 수 있다. 임상 현장에 가 보면, 제6장에서 소개하는 외상 평가 도구에서 높은 점수를 받는 내담자에게서 커플 갈등, 도덕적 상처, 급성 불안, 미해결된 애도 호소자가 많음을 보게 된다. 또한 연구를 보면, 경계성 성격장애, 양극성 장애, 적대적 반항 장애를 포함한 여러 진단이 트라우마 증상과 관련이 있음을 알게 된다. 제9장에서는 이들 장애 낙인(labels)을 위한 뇌 친화적 접근을 소개한다. 여러 발견을 고려해 볼 때, 트라우마 선별은 호소 문제와 상관없이 모든 사례에서 이루어질 필요가 있다. 그렇다면 이어질 질문은 어떤 평가를 수행해야 하는가의 문제이다. 제5장 나머지 부분에서는 아동, 청소년의 트라우마 평가와 치료에 초점을 맞출 것이다. 그런 다음 제6장에서는 성인기 트라우마에 등장하는 독특한 도전을 전달하는 방법에 대해 논할 것이다.

아동과 청소년의 증상

제5장 나머지 부분에서는 트라우마를 경험한 아동과 청소년의 증상과 치료를 다루고자 한다. 트라우마로 인한 생리적 변화가 연령 관계없는 공통분모라 하더라도, 아동기에 시작된 생리적 변화는 치유 활동에 보다 근본적인 기반, 즉 시작점이 될 수 있다. 최선의 경우, 아기와 아동을 치유하는 발달에 기초한 전략(아동을 대상으로 한 개입)이 오랜 기간 지속될 수 있는 만성 상태의 예방에 도움을 줄 수 있다. 아동기에 증상이 시작된 성인조차도 동일한 치료 작업을 통해 치료 효과를 얻을 수 있다. 예를 들어, 트라우마 치료는 하향식(top-down, 인지적 측면을 먼저 강조) 방식을 취하거나 상향식(bottom-up; 생리적 측면 먼저, 인지적 측면 나중) 방식을 취할 수 있다.

Schore(2000; 2009)와 Porges(2017; Porges & Furman, 2011)는 정서 조절(변연)의 욕구가 애착(양육자, 친구, 배우자 등과의 관계를 위한 안면 · 사지 움직임과 목소리)을 만든다고 언급했다. 우뇌는 애착, 조율, 관계, 정서를 암호화하고 관장한다. 따라서 아동의 증상은 경험의 발생 시점(경험이 언제 발생했고)과 단순 · 급성(사고, 질병, 수술) 대 다중 · 만성(학대, 폭력, 상실)의 여부에 따라 특정 발달 영역에 나타날 수 있다. Van der Kolk가 훈계한 내용을 살펴보자.

> 연구는 아동기 트라우마 경험이 매우 흔할 뿐 아니라 여러 기능 영역에 중대한 영향을 끼침을 보여 준다. 예를 들면, 알코올 중독 부모를 가진 아동이나 가정폭력에 노출된 아동은 대체로 안정적 아동기를 갖질 못한다. 이들의 증상은 광범위하고 다면화된 경향이 있으며, 우울, 각종 의학질환, 충동 · 자기파괴적 행동을 포함하고 있을 가능성이 높다. 내적 혼란이라는 방대한 체계가 아닌 이들이 보이는 각각의 문제에 개입하는 접근은 나무를 보느라 숲을 놓치는 위험을 초래한다.
>
> (Van der Kolk, 2005, p. 402)

Chapman(2014)은 DSM-5의 외상 관련 장애 준거가 아동의 발달단계는 물론 발달단계가 아동 증상에 미치는 영향을 충분히 고려하고 있지 못하다고 지적한다. 그녀는 독특하면서도 심각한 아동의 급성 PTSD 증상에 대해 보고하고 있는데, 이들 증상은 아동이 경험한 것에 대한 보다 진보된 사진(advanced picture)을 제공한다. 트라우마에 대한 반복적 노출로 고통을 받고 있는 아동은 급성 증상과 추가적 증상이 축적되었을 가능성이 높다. 성공적 치료

표 5-2 아동과 청소년의 증상

단계	급성 트라우마 증상	반복 노출 증상
유아기	매달리거나 집착하는 행동, 철회/회피, 과도한 놀람 반응, 짜증 난, 우는, 긴장을 낮추기 위한 움직임, 비명을 지르거나 울거나 반복적 움직임을 보임	자기자극행동, 양육자에게 조절해 달라고 추구하는 조절 추구 행동, 자극에 대한 반응 결여
걸음마기 & 학령전기	움츠러들어 보호자세 취하기, 시선회피 위로에 저항함, 낯선 사람에 대한 고조된 불안 악몽, 반복 놀이, 퇴행(손가락 빨기, 아기 말투, 야뇨증) 걷기, 먹기, 말하기의 거부를 통한 통제 행동	남과 공격적으로 놀고, 말로 혹은 상징적으로 학대를 재생, 자기비하적인
학령기	공포, 수치심, 죄책감, 자기비난, 시선 회피 놀이 철회, 어른들의 지지를 얻고자 하는 퇴행적 욕구, 침습적 심상, 오감을 통한 촉발, 재경험, 그림에 죽음과 부상에 대한 두려움을 드러냄, 가해자에 대한 분노, 상실(기능, 외관, 소유, 친지의 상실)에 대한 애도가 급성기를 넘어서도 주의를 요구함	핵심적인 정체감 문제, 불안과 공포, 부정적 자기상, 신체, 정서, 행동과 관련한 자기 조절 문제, 효율적 정보처리의 어려움, 과경계의, 불안한, 항상 살피는, 기억 및 학습 문제
청소년기	오래 살고자 하는 기대가 적음, 복수하는 환상을 갖거나 이를 행동화함, 행동 결과물에 대한 판단 부족	수면, 섭식, 공황, 물질 사용 문제, 무기력함, 부주의한, 과민한, 저항적, 반사회적, 방어적

출처: Chapman (2014).

의 핵심은 아동 증상을 정상 반응으로 인정해 주고 수용해 주는 것이다. 즉, 정상화해 주는 것이다. 성인에서와 마찬가지로, 아동에서도 증상을 비병리화하는 것, 즉 증상을 공포와 테러를 경험한 아동이 나타낼 수 있는 당연한 결과로 설명해 주는 것이 생물학적 공감과 안전감을 높이는 작업이 될 것이다. 〈표 5-2〉는 발달단계에 따른 아동의 트라우마 증상을 정리한 것이다. 뇌는 사춘기에 가까워지면서 급격한 변화를 나타낸다.

24세까지 발달을 지속하는 청소년의 뇌

뒷부분에서 앞부분으로의 뇌 발달이 완료되면, 전기적 발화 주변을 절연하는 수초화가 회로 간, 엽 간, 신체 구조 간 소통을 가속화한다. 신경과학자들은 청소년은 뇌가 거의 성장하지 않는다고 말한다. 대신, 뉴런 코팅을 통한 대대적인 재조직화(reorganization)가 일어난다고 말한다(Luna et al., 2010).

가속이 이루어짐에 따라 좀 더 큰 인지 조절을 위해 축삭돌기는 더 먼 영역에 있는 수상돌기와 소통한다. 하지만 증가된 속도가 유연성을 가져다주는 것은 아니다. 전전두엽 피질(PFC)은 수초화 작업에서 가장 나중이지만 역설적이게도 상대적으로 더 오랜 기간 유연성을 유지한다. 일부의 사람은 이런 유연성 때문에 청소년이 성인 세계에서 보다 유연하게 적응할 수 있다고 말한다. 20대 중반에 들어서면 수초화는 완료되며, 이는 안정성의 증가, 유연성의 감소로 이어진다. 그러나 안정성이 발달하기 전, 인간은 사춘기로 촉발된 호르몬의 변화, 감정의 변화를 겪게 되며, 이런 변화 속에서 청소년 특유의 유연성을 갖게 된다. 사춘기 시작 평균 연령이 여자는 10세, 남자는 12세라 한다면, 청소년기는 실질적으로 언제부터라고 말할 수 있는가? 청소년기에 대한 법적, 이론적, 교육적, 종교적, 문화적 정의는 신경과학의 그것과 일치하지 않는다!

Boynton-Jarrett 등(2013)은 신체학대와 성학대가 초경에 주는 영향을 확인하기 위해 67,658명을 대상으로 간호 설문 연구를 진행하였고, 다중회귀분석을 실시하였다. 초경 연령 예측에 잘 알려진 변인들은 통제를 위해 공변인으로 투입되었다. 분석 결과, 사춘기 증후는 초경 시작 2년 전부터 나타나기 시작함을 알 수 있었다. 이에 이 연구에서는 학대가 사춘기 이전에 시작됐는지 혹은 이후에 시작됐는지 알 길이 없었다. 그럼에도, 결과는 성학대의 심각도와 빠른 초경 간에, 그리고 신체 학대의 심각도와 늦은 초경 간에 관계가 있음을 보여주었다. 성학대가 심할수록, 빠른 초경의 위험은 49%였다. 신체학대가 심할수록, 느린 초경의 위험은 50%, 빠른 초경의 위험은 22%였다. 저자들은 HPA 축(시상하부-뇌하수체-부신피질 축), 가족 붕괴, 대처 전략, 전쟁이나 기아 생존자가 경험하는 장기간의 스트레스와 관련이 있는 이론들을 가지고 드러난 결과를 논의하였다. 청소년 뇌(발달 중에 있는)와 충돌하는 학대라는 외부 침략원은 취약성의 고유 청사진 안에 여러 취약성 층을 형성하는 결과를 초래한다.

청소년기에는 사회적 연결(social connection)이 중요하다. 청소년이 독립을 향해 나아가게 되면, 또래 관계와 낭만 관계는 위험을 무릅쓰면서까지 성취해야 할 진화론적 명령(당위)이 된다. 관계로부터의 거부는 따라서 이들에게는 진화와 생존 모두에 위협이 된다. 이 기간 동안 많은 사람이 경험하는 드라마는 생존을 증진시키는 사회적 적응의 시작이 된다. 사실 청소년의 미래가 이 과정에 달려 있다 해도 과언이 아니다.

사회적 연결과 동시에, PFC가 유연한 상태에 있는 청소년은 위험 감수/자극 추구와 같은

독립/새로움 추구에 인내심을 보인다. 사회적 보상이 위태로울 때 PFC는 편도체를 무시할 수 있다(O'Brien et al., 2011). 하지만 사회적 보상이 그 힘을 잃게 되면, 동일한 유동성이 편도체가 PFC와 분리된 상태를 유지하도록 하여, 결과적으로 높은 수준의 불안과 두려움 행동이 나타난다. Lee 등(2014)은 다른 연령층에서 청소년보다 두려움 극복 능력이 더 크다고 제안한다. 진자가 애착과 새로움 사이를 오가는 것처럼, 이 어린 뇌도 애착(소속)과 정체성(독립과 새로움) 사이를 오간다. 많은 신경과학자는 이것이 청소년 불안 치료에 함의를 제공한다고 말한다.

누적 증상을 가지고 아동이 청소년기에 진입하게 되면, Perry의 사용－의존적 모델(use-dependent model)이 청소년 행동문제 발생 및 문제 장기화 설명에 도움을 준다(Perry et al., 1995). Perry는 아동기 신경계 조절 문제가 어떻게 청소년기에 들어 행동문제나 인지문제로 오인되는지 설명하기 위해, 상태(state)에서 특질(trait)로 전환되는 과정에 주목하였다. 청소년기에 나타나는 행동문제와 인지문제는 본래적(본래부터의) 문제라기보다는 계속되는 혼돈, 학대, 정서 조율 부족에 대한 만성적 발달 적응의 산물에 가깝다. '사용－의존적(use-dependent)'이란 단어는 만성 스트레스 상황(예: 혼돈, 학대, 정서 조율 실패)에서 신경계가 투쟁/도망/동결 대처 기제를 지나치게 많이 그리고 자주 사용하고 있음을 표현하기 위해 사용한 단어이다. 시간이 지나면, 이런 경보 상태(states of alarm)는 만성적 특성으로 인해 **행동 특질(behavioral traits)**로 가장된다(꾸며지게 된다). Perry의 혁신적 개념화는 내담자의 행동이 당사자, 가족, 임상가에게 어떻게 비쳐지는지 설명하는 데 중요한 함의를 가진다. 치유를 논하는 다음의 섹션에서 Suzy의 드라마와 같은 사례가 소개될 것이다. 사례를 통해 신경계 조절 장애가 어떻게 발달에 근거한 치료 전략에의 과소 의존 및 진단 범주에의 과대 의존으로 이어지게 되는지 깨닫게 될 것이다.

> 시간이 지나면, 이런 경보 상태는 만성적 특성으로 인해 행동 특질로 가장된다.

누적된 증상은 추후 더 많은 트라우마(인종, 문화, 성별, 계층, 성적지향 트라우마)를 발생시키는 고정관념으로 이어진다. 문화 유능성에 관한 현재의 교육은 트라우마 상처 이해에 핵심이 되는 생리학이나 생물학적 공감을 충분히 다루고 있지 못한다. 예를 들면, 스트레스가 많은 도시 환경에서 거주하는 흑인은 트라우마에 보다 빈번하게 노출된다(Woods et al., 2012). 참가자의 96%가 흑인이었던 한 연구에서, Alim 등(2006)은 연구 참가자 안에서의 PTSD의 비율이 일반인구 안에서의 PTSD 비율보다 더 높았음을 발견하였다. Pieterse, Carter, Evans와 Walther(2010)는 인종 혹은 민족 차별 증상이 현 PTSD의 증상 준거와 크게 다르지 않음을 발견하였다. 반면, Holmes 등(2016)은 억압의 광범위한 영향을 인정하는 언어가 DSM-5에서 부족함을 발견하였다. 신체적, 심리적 트라우마의 원천으로 인종과 민족을 논할 때, 인종 · 민족 트라우마가 누적 특징(그 영향이 누적되는)을 가짐을 이해하는 것은 중요하다. 그리고 이러한 누적의 특성은 증상의 만성화로 이어진다. [그림 3-1]에서 제시된 개인 고유의 취약성 청사진을 보면, 취약성은 사회 환경 전반을 관통하는 여러 트라우마로 대변된다. Butts(2002)는 DSM 진단이 인종차별이나 인종 트라우마로 고통받는 사람을 위해서는 많이 부족하다고 지적하며, DSM 진단이 좁은 범위의 증상만을 사용함으로써 인종차별이나 인종 트라우마와 같은 다층의 영향력을 가진 트라우마 증상을 담고 있지 못하다고 비판했다.

예를 들면, 미국 인디언 원주민 여성의 심리사회적 욕구에는 땅, 정체감, 권리의 상실과 관련한 현재 진행 중인 세대 간 트라우마의 인식이 중요하게 포함되어 있다(Walters et al., 2002; Shepard et al., 2006). 흑인 후손에서는 인종차별이나 식민지화, 노예제, 소작과 같은 역사적 유산에 대한 이해가 필요하다(Bryant-Davis, 2007; Bulhan, 1985). 비록 젊은 세대에서는 이런 쟁점에 대한 의식이 높지 않을 수 있겠으나, 나치 홀로코스트의 생존자에서처럼 세대를 거쳐 이어지는 트라우마의 위험은 그럼에도 불구하고 크다. 제8장에서는 이런 2차 트라우마의 치유에서 과도기적 가족치료(transitional family therapy)가 어떻게 확대가족과 사회연결망을 포함할 수 있을지에 대해 논의하고 치유 방법을 소개한다.

이처럼 인종, 민족, 성별, 성적 지향성, 계층으로부터 온 트라우마는 누적되고, 재발되며, 세대 간 전이되는 특성이 있다(Bryant-Davis, 2007; Cross, 1995; Ford, 2008). Franklin, Boyd-Franklin, 그리고 Kelly(2006)는 인종차별에 대한 개인의 심리적 반응이 이 개인이 가진 과거 여러 다른 경험에 의해 유의하게 예측됨을 발견하였다. 이는 인종차별의 영향이 누적되고 재발되는 특성이 있음을 시사하는 결과이다. 대처 전략의 일환으로, 젊은 흑인 청년은 인종적 적대감과 고정관념에 대비하여 경계심을 키울 수 있다. 위험에 대비하여 경계심을 키우는 준비는 어느 한 집단의 이야기가 아닌 전 인류 공통의 이야기라는 것이 신경과학 연구에 의해 시사되고 있다. 이는 위험에 대한 정상적인 반응이다. 생물학적 공감을 위해 치료사는 취약한 생존자가 자기보호를 위해 트라우마 증상에 의존하는 방식에 대해 잘 알고 있어야 한다. 체계적 공감을 위해 치료사는 말할 수 없는 사회적 딜레마에 대해 잘 알고 있어야 한다.

> 문화 유능성에 관한 현재의 교육은 트라우마 상처 이해에 핵심이 되는 생리학이나 생물학적 공감을 충분히 다루고 있지 못한다.

청소년 증상이, 사회적 맥락이나 트라우마 종류에 상관없이, 은밀한 특성을 가진다는 것은 이미 잘 알려진 사실이다. 때로는 결백하다고 생각되는 상황에서조차 증상은 은밀히 발달한다.

제2장에서도 논의했지만, 트라우마 촉발제는 아마도 트라우마 증상 이해에 있어 가장 수수께끼 같은 부분일 것이다. 광경, 소리, 냄새가 신체적 긴장 및 급성 각성으로 이동하면서, 촉발제는 커다란 전기화학적 파도가 되고, 이 전기화학적 파도는 의식적 마음에 섬광을 보내고 심장에는 흩어지는 감정의 모래더미(emotional quicksand)를 만든다. 트라우마 사건 동안, 오감은 환경의 스냅숏을 찍고 미주신경은 몸의 스냅숏을 찍는다. 이 스냅숏들은 이미 기억에 저장되어 있는 다른 주관적 경험들과 합쳐져 자신만의 고유한 조합을 갖는다. 그리고 이 스냅숏들이 언제든 촉발될 수 있는 회로가 된다.

한 예로, 피자 파티에서 사춘기 소년들이 자리를 두고 다투는 상황 그리고 그 속에서 한 소년이 굴욕을 당하는 상황을 상상해 보라. 상황은 더 추해져 간다. 아마도 누군가가 감히 도발을 하고 있을 것이다. 피해자는 이미 가정에서 부모 방임으로 트라우마를 경험한 적이 있을 수 있다. 그 행동이 아무리 비의도적이었다 해도, 피해자가 자원 고갈 상태에 있다면 굴욕은 거친 장난에서 감정의 모래더미 혹은 감정의 거대한 파도로 변할 수 있다. 행동 안에 사디즘(가학적 특성)이 있다면, 결과는 더 복잡해진다. 지불해야 할 사회적 비용은 아마도 암이 될 수도 있다.

트라우마 사건 동안, 오감은 환경의 스냅숏을 찍고 미주신경은 몸의 스냅숏을 찍는다.

후에, 피자 냄새는 체면치레라는 피상적 모습 아래 요동치는 수치심, 분노, 슬픔, 공포의 감정을 수면 위로 떠오르게 만들 수 있다. 소외(alienation)가 나타나기 시작한다. 식품점에서 나는 피자 냄새로 인해 눈물, 얼굴 뻘게짐, 심계항진이 나타나고, 이는 당혹감뿐 아니라 공포를 드러낸다. 그리고 이 감정은 원 장소로부터 멀리 떨어져 소외라는 층을 형성한다. 상처를 핥는 것은 더 많은 포식자를 끌어들일 뿐이다. 소외는 계속된다. 한 사람이 다른 사람보다 더 나약할 때, 평범한 마상 창 시합이 얼마나 큰 파괴력을 가질지는 상상만 할 수 있을 뿐이다. 다음의 일련의 사건을 상상해 보라. 오클라호마시티 폭탄 사건의 주범 Timothy McVeigh의 부모는 Timothy의 나이 10세 때 이혼했다. 부모 이혼 후 Timothy는 아버지에 의해 양육되었고, 엄마는 거의 보지 못했다. 초등학생 Timothy는 나이에 비해 왜소한 아이였다. 남자애들은 왜소한 그를 때리고 변기에 머리를 처박았다. 상처와 굴욕 속 Timothy에게 유일한 위안과 안식은 사냥과 총을 좋아한 할아버지였고 그와 함께 한 시간이었다. 할아버지가 돌아가셨을 때, Timothy는 탄력성의 중요한 원천을 잃었다. 그 후 Timothy는 군대에 입대했다.

TIP

후우~! 2차 트라우마를 피하기 위해 심호흡을 몇 차례 하십시오. 일어서서 중심을 잡아야 할 수도 있습니다. 트라우마를 탐색하는 일은 그 자체 트라우마가 될 수 있습니다. 이 토론이 당신에게 안 좋은 스트레스 감각을 불러일으킨다면, 잠시 시간을 내어 즐거운 일이나 즐거운 사람을 떠올리십시오. 몸이 당신에게 하는 말을 들으십시오. 만약 몸이 리소싱(자원찾기, resourcing)을 필요로 한다면, 이를 위한 시간을 가지십시오. 이 방법들은, 생존 과정의 전달자로서, 우리를 몸에 연결시키는 작지만 강력한 방법입니다. 또한 편안한 에너지가 흐르도록 에너지 흐름을 회복시키는 방법이기도 합니다. 임상 회기에서 이야기를 그라운딩(접지, grounding)과 리소싱으로 나누어 해체하는 작업에는 치유의 힘이 있습니다.

식품점 라인으로 다시 돌아가 보자. 촉발제는 내적 대화로 이어지고, 여기서 청소년은 증인을 원하고 생물학적 공감을 원한다. "지금 무슨 일이 일어나고 있지?" "미치고 있는 건가?" "사람들이 눈치를 챈 건 아닐까?" "난 뭘 할 수 있지?" 운이 좋은 청소년이라면 이런 말들을 생각해 냈을 것이다. 하지만 취약성이 높아지면 가장 평범한 사건에도 '말문이 막히는 공포(speechless terror)'를 경험하며, 이는 순식간에 발생한다(van der Kolk, 2014, p. 43). 이러한 상태에 촉발제의 빈도와 강도가 추가된다. 그렇다. 우리 모두는 촉발제를 가지고 있다. 우리는 상처의 말들과 신경계를 자극했던 장면들을 기억해 낼 수 있다. 하지만 한편으로는 빈도 감소와 강도 조절에 도움이 되는 사회적 지지 자원을 가지고 있을 정도로 운이 좋을 수도 있다. 우리는 전기화학적인 존재이다.

이처럼 트라우마 증상은 청소년에게 그들만의 딜레마를 가져온다. 몸의 투쟁, 도피, 동결은 사회적 결속, 체면, 정체감(희망과 약속이 가득한 정체감)의 욕구와 경쟁한다. 어느 연령대나 딜레마의 시작은 말로 표현할 수 없는 상태이다. 하지만 이후 자신의 목소리를 낸다. 예를 들어, 자해 환자는 각자의 상황에서 자신에게 맞는 유일한 방법으로 딜레마에 목소리를 낸다. Brown과 Kimball(2013)은 트라우마 경험의 여파로 사람들이 손목 긋기 자해를 시작함을 발견하였다. 여기서의 자해는 자살 시도와는 관련이 없는 생리적 감각의 분출 혹은 관련 감각에의 중독에 더 가깝다. 따라서 회복은 트라우마 증상으로부터 신체를 해방하는 것, 말할 수 없는 딜레마로부터 몸을 해방하는 것이 될 수 있다. 생태 치료사(ecosystemic therapist)는 트라우마를 평가하고 정서각성에 대한 내담자 감내 정도에 기초해 치료를 조율함으로써, 이 해방 작업에 참여하는 특권을 갖는다. 이는 각성의 내부 강도와 관련이 있다. 강력한 각성이 당혹감이나 공포로 이어질 수 있다는 예기불안으로, 이들은 특정 토론이나 특정 대화에 참여하길 꺼린다. 이들이 바로 인지행동치료(CBT)에 잘 반응하지 않는 그 50%에 속하는 사람들일 수 있다. 한 내담자가 말한 바 있듯, "선생님, 그것에 대해 생각할 수가 없어요. 생각할 때마다 밖으로 나가 누군가를 죽이고 싶다는 충동이 생겨요." 분노, 울음, 흐느낌, 공황은 누군가에게는 통제하기 어려운 과한 각성일 수 있다. 그러고는 다음 회기에 나타나지 않는다.

우리가 소개할 치료 모델은 내담자의 정서/각성 강도를 보듬고 담아 두기 위해 뇌간으로부터 시작한다. 내담자 주도의 노출은 치료 후반부로 미룬다. 트라우마를 경험한 아동을 위한 여러 모델은 어떻게 발달적 기초를 활용하는 접근이 아동 치유와 성장에 도움이 되는지 보여 준다. 아동이 청소년기 스트레스로 이행해 감에 따라 개입도 그에 상응하는 것으로 바뀐다. 그러나 나이가 있는 트라우마 생존자라도 흔들기, 그림 그리기, 게임, 드라마와 같은 매우 초기적이고 기본적인 개입으로부터 이득을 얻을 수 있다.

트라우마의 치유: 신경순차적 치료모델

어떻게 들리든, NMT(신경순차적 치료모델)는 심리치료모델이나 가족치료모델이 아니다. 아동 발달 평가를 진행함에 있어 지침을 제공하고, 아동의 나이, 학년이 아닌 기능 수준에 입각하여 개입을 구성하는 데 지침을 제공하는 상위모델 혹은 메타모델(metamodel)이다(Perry, 2009, 2014; Perry et al., 1995). 기능의 요소로는 감각통합, 자기 조절, 관계기능, 인지처리가 있다. 이들 요소는 뇌의 4개 영역에 대응된다. NMT 치료사 인증을 위해서는 90시간의 사례 훈련이 필요하며, 인증을 받은 이에게는 이 획기적 패러다임의 가치를 이해하는 전 세계 의료 서비스 제공자 네트워크에 들어갈 수 있는 특권이 주어진다. 모델의 기본 원칙과 지침을 통해, 치료사는 치료 활동의 순서를 정하는 지도(map)를 그릴 수 있다. Perry의 순차적 뇌 발달 모델을 이해하게 되면, 치료사는 다양한 유형의 내담자를 상대할 수 있다. 심지어 NMT 평가나 개입에 지식이 거의 없는 치료사조차도 이 모델을 통해 내담자를 상대하는 방법을 배우게 된다. 놀이치료사와 미술치료사는 기존 자신의 개입을 이 네 뇌 영역에 대응시키며, NMT 지도를 지침으로 매일의 치료 활동을 전개해 나간다(Chapman, 2014; Sori & Schnur, 2013; Gaskill & Perry, 2017). 〈표 5-3〉은 뇌의 4개 영역과 기능, 그리고 각 영역에 해당하는 발달적 욕구를 요약하고 있다.

표 5-3 뇌 발달의 신경순차적 순서

뇌 영역	기능	발달적 욕구
뇌간: 수면, 혈압, 심박, 체온, 도파민, 노르에피네프린, 세로토닌, 시상과 뇌 상위수준으로 가는 4개 감각	체온, 심박, 혈압	신체감각적 활동; 정형화된 반복적인, 보상의, 리듬이 있는 경험
간뇌(시상)/소뇌: 자기 조절, 운동 조절, 각성, 식욕, 협응, 균형, 움직임	식욕, 수면, 각성	안전하고 양육적인 성인으로부터 구조와 예측 가능성을 얻고자 하는 욕구
변연: 편도체(안면 및 사회적 처리), 친애, 애착/보상, 성적 행동, 정서적 반응성, 관계	정서 조절, 애착, 처리 정서, 행동	여러 긍정적 성인들과의 관계적 안정성
피질: 인지적 처리	추상적, 언어적, 통찰, 구체적 사고, 말하기, 언어, 반영적	인지 활동, 구두 활동, 언어 활동과의 대화

출처: Perry (2014).

〈표 5-2〉에 열거된 증상이 평가의 시작점이 되어야 한다. 그런 다음, 임상가는 다음의 평가 범주를 활용할 수 있다.

- 불후한 아동기 경험(Adverse Childhood Experiences: ACE)과 각 경험이 발생한 시기 (Hambrick et al., 2018).
- 태내기와 유아기 발달력
- 애착의 질, 관계적 지원, 양육자의 자녀 정서에 대한 조율(caregiver attunement)
- 뇌간 불규칙성(체온, 심박, 혈압)
- 운동 조절, 균형, 식욕
- 정서적 반응성, 사회적 관계
- 언어능력, 인지능력, 통찰능력

〈표 5-4〉에 제시된 활동도 평가를 통해 탐색할 수 있다. 이는 연령, 학급에 상관없이 아동이 각 단계를 수행할 준비가 되었는지 평가하는 것으로, 초대(invitation)의 방식으로 진행해 볼 수 있다. 뒤에 소개될 사례 연구에서도 보겠지만, 트라우마가 정상 발달 궤적을 침범

표 5-4 신경순차적 치료 활동

뇌 영역	발달적 욕구	예
뇌간	신체 · 감각적 활동; 정형화된 반복적인, 보상의, 리듬이 있는 경험	마사지, 음악, 움직임(수영, 걷거나 뛰기, 점프하기, 스윙하기, 흔들기, 춤추기, 박수 치기, 드럼 치기), 요가/호흡법, 버블 만들기, 풍선 불기, 동물을 활용한 정형화된 반복적 움직임(동물의 몸단장), 양쪽으로 낙서하기
간뇌(시상)/소뇌	안전하고 양육적인 성인으로부터 구조와 예측 가능성을 얻고자 하는 욕구	활동 전환을 알려 주는 노래, 단어, 단서와 같은 전환 활동, 계획된 경험(매일 밤 흔들어 주거나 다른 조용한 활동을 하는 것), 반복의 의례
변연	여러 긍정적 성인으로부터의 관계적 안정성	아동 주도의 놀이, 병행 놀이, 단순하고 쉬운 게임, 숙달할 때까지 초반에는 어른과 함께, 다음에는 또래와 함께; 그 후에는 소그룹, 역할극 혹은 동물 보조의 활동, 가계도 게임
대뇌피질	인지 활동, 구두 활동, 언어 활동과의 대화	읽기 활동, 구조화된 이야기 꾸미기, 드라마, 공연예술, 인지/행동적 개입, 가족치료

했을 때에는 가장 기본적인 연령 관련한 기대조차 아이들에게 고문이 될 수 있다. 이는 아이들의 생리적 상태가 기대되는 활동을 수행할 수 없는 정도로 와해된 상태에 있기 때문이다(Perry & Dobson, 2013).

NMT는 트라우마 경험이 유아 · 아동의 복잡한 발달 과정과 어떻게 서로 얽히게 되는지 보여 준다. 기본적인 발달적 욕구로부터 시작함으로써 치료사는 다음 층의 기반이 되는 더 큰 안정성의 기초를 마련할 수 있다. Perry는 중증 학대 · 방임 아동의 치료 성공 사례를 자주 인용하였는데, 이들 치료가 성공한 이유는 기능 수준으로부터 시작하여 그 수준과 아동 고유의 성장 속도를 끈기 있게 매치시켰기 때문이었다(Perry, 2009). 성장 문제나 범죄 행동이 건강 서비스 체계에게 즉각적 해결 및 예방 노력을 촉구할 때, Perry의 작업은 발달 트라우마 경험 이후의 적응을 다루는 비용 효율적이면서도 최첨단의 접근으로서 그 위상을 드높인다. Suzy의 NMT 치료는 이 말이 무슨 뜻인지를 잘 보여 준다.

Suzy의 유아기와 걸음마기는 물질 남용, 가족폭력, 혼란스러운 변화, 그리고 두 번의 대리 보호 양육으로 점철되었다. 출생 즈음, 두 명의 형제는 이미 가족 밖 보호를 받고 있었다. Suzy가 두 번째 대리 양육 가정에 배치되었을 때, 엄마 Key는 술을 끊었고 양육권 회복을 위해 열심히 노력했다. 이에 28개월째에는 Suzy를 집으로 데려올 수 있었다. 1년 후 Suzy는 팔과 다리 뼈 여러 개가 부러진 채 응급실로 실려 왔다(부러진 뼈들의 치유 단계가 각기 다른 것으로 보아 다친 시기도 다양했던 것으로 보였다). Perry(2014, p. 37)는 3주 입원 후의 Suzy의 상태를 다음과 같이 기술하고 있다.

> 극도의 불안, 극도의 방어성(누군가가 그녀를 육체적으로 위로하려고 하면 울고 움찔해함), 악몽으로 인한 수면 유지의 어려움, 명백한 촉발 사건 없이도 낮 동안 오랜 시간 소리를 지름, 말하기와 언어 발달에서의 지연, 비정상적 소근육 및 대근육 발달(이상한 걸음걸이, 상동행동, 신체 떨림), 머리박기, 몸 흔들기, 자해성 딱지 긁기나 딱지 뜯기 등의 문제를 보이고 있다. 유뇨증, 변 문지르기, 이식증 등, 자기 돌봄 능력에도 문제를 보이고 있다. 대리 양육 가정 내 다른 아이들에게 관심을 보이지 않는다. 심하게 저사회화되어 있고(예: 식사 시 수저를 사용하지 못하고 손으로 먹었다) 운동적으로는 과활동성과 무기력의 양극을 오가고 있다. 연령 적합한 활동에 주의를 줄 수 없고, TV나 무리의 대화에서 큰 소리나 고조된 목소리가 나오면 이에 쉽게 압도되곤 한다. 도전적 행동으로 인해 여러 번(이전 네 번) 대리 양육 가정 배치에 실패했다……. 이 기간 동안 수지는 여러 진단을 받기도 했는데, 여기에는 자폐스펙트럼장애, 전반적 발달 장애, 주의력 결핍/과활동성 장애, 외상 후 스트레스 장애가 포함되었다. 메틸페니데이트와 리스페리돈을 처방받기도 했는데, 이런 상태는 대리 양육 가정을 수차례 바꾸었음에도 계속되었다.

반복되는 폭발 행동과 무기력・무반응 행동으로 Suzy의 대리 양육 가정은 스트레스가 상당했다. Suzy는 밤새 방황하다 대리 양육 부모의 침실 바닥에서 몸을 흔들며 잠에 들곤 했다. 장시간 또닥또닥 흔들어 주는 몇 주의 시간이 지난 다음에야 Suzy는 남이 자신을 만지는 것을 허용했다. 어린이집은 즉각적 폭발을 야기했고, 이런 이유로 대리 양육모는 Suzy를 어린이집에 보내지 않고 당분간 집에 두기로 결정했다. 집에서의 Suzy는 엄마 곁을 떠나지 않고 껌딱지 마냥 붙어 있었다. 대리 양육부는 Suzy의 버릇이 나빠질까 봐 두려워했고, 의사는 복용 약 용량을 늘리며 어린이집과 가정에서 사랑을 강하게 표현해 줄 것을 요구했다. 어린이집에서 Suzy는 긴 폭발이 있은 다음 멍하니 앉아 있다가 머리를 벽에 가볍게 박는 행동을 보였다. 이런 문제로 치료 어린이집 프로그램은 Suzy를 NMT(신경순차적 치료모델) 치료에 의뢰하기로 결정했다. 평가와 치료는 다음과 같이 진행되었다.

1. 양육자는 자기 돌봄과 가정 내 다른 아이의 돌봄을 위해 계획을 세웠다.
2. 심리교육을 통해 치료사는 대리 양육 부모와 형제에게 Suzy 치유에 도움이 될 신경순차적 지도를 소개했다. 뇌간 활동으로부터 시작하여 좀 더 복잡한 대뇌피질 자극으로 올라가는 상향식 접근을 취해 볼 것이란 내용을 소개했다. 통제하고자 하는 Suzy의 욕구와 관계 양가성도 소개했는데, 이 설명으로 인해 가족원은 수지의 문제를 확대된 맥락에서 이해할 수 있었다. 위안 제공과 도전 제공 사이에서 균형을 맞추는 것이 수지의 회복에 도움을 줄 것이다.
3. 대리 양육부는 새롭게 배운 내용을 이해했고 실행을 위해 빠르게 태세 전환을 했다.
4. Suzy는 3개월 동안 집에 있었고, 대리 양육모는 그동안 점진적으로 새로운 자극에 접근하고 걷고 관찰할 수 있도록 세분화된 도전 위계 단계를 구성하였다. 여기에는 뒷마당에서 걷기 → 앞마당에서 걷기 → 길가에서 걷기 → 아이들이 노는 것을 관찰하기 위해 짧은 드라이브 시간 갖기 → 어린이집에 잠시 방문하기 등을 포함하고 있었다.
5. 단계의 구성 및 상위 단계로의 진입은 Suzy가 느끼는 편안함 수준에 의해 결정되었다.
6. 작업치료사는 감각통합 및 근육 발달을 위해 가정 내 그리고 학교 내 활동들을 제안하였다. 뇌간 수준의 개입을 위한 감각운동 활동의 예는 〈표 5-4〉에 제시되어 있다.
7. 접촉과 마사지도 앞서와 같이 점진적 순서를 따르고 있었다. Suzy는 종국에는 이들 활동이 매우 위로가 됨을 알게 되었다. 1년 후 형제들과 학교 관계자들은 Suzy를 '따뜻하고 사랑스러운' 아이라고 표현했다(Perry, 2014, p. 40).
8. 이 한 해 동안, Suzy는 복용하던 약의 용량을 줄여 갔다. 5세에 진행된 NMT 평가는 Suzy가 교육과 관련된 인지 활동을 할 준비가 되어 있음을 보여 주었다. 또한 Suzy는 그 외 모든 영역에도 향상을 나타내고 있었다.

NMT의 일반적인 권장 사항을 요약하기 위해, 이 모델의 기반이 되는 진행성 신경해부학의 신경 발달 단계별 행동을 〈표 5-4〉에 정리하였다. NMT의 가장 도전적인 부분은 일반 치료사의 마음가짐을 변화시키는 데 있다. 치료사는 보통 연령 혹은 학급에 상응하는 발달 이정표 달성이 치료의 핵심이라 교육받아 치료를 진행함에 있어 기능 수준이 아닌 연령 혹은 학급 수준으로 돌진하는 모습을 보인다. 이 같은 훈련 전통은 아동의 기능 수준을 간과하게 만드는데, 특히 신경계에 영향을 미치는 명백하고도 미묘한 환경으로부터 초래된 아동의 기능 수준에 대한 현실을 간과하게 만든다. Suzy, 가족이 함께한 치료 작업(아동 기능 단계에 머무르는 작업)은 가족에게 적정한 지지와 교육, 보육 요령을 제공한 상태에서 개별 아동의 발달 속도를 감안하는 접근이 아동에게 매우 유용할 수 있음을 보여 준다.

이에 더해, NMT는 가족원 간 협동이 풍요롭고 치료적인 환경 조성에 큰 역할을 함을 보여 준다. 확실히, 각 가족은 NMT 팀과의 협업에서 서로 다른 역량을 보여 주고 있다. 이것이 바로 제4장에서 다룬 내용이 긍정적 치료 효과를 내는 이유라 할 수 있다. Suzy의 사례를 보면, Suzy만이 내담자가 아니었다. 양육자들도 내담자였다. 치료사는 괴로움에 힘들어하기보다는 팀 일원이 되어 안도를 얻어가고자 하는 많은 협조적인 양육자들을 찾게 될 것이다. 제8장에서는 가족을 심리교육 단계에 참여시키는 방법에 대해 소개할 것이다. 미술치료와 놀이치료도 아동의 트라우마 극복을 돕는 중요한 개입이라 할 수 있다. 다음에서 소개하고 있는 활동들은 NMT의 핵심인 4개 뇌 영역 기능에 상응하는 활동들이다.

발달적으로 적합한 개입

양측 낙서(뇌간)

Chapman(2014)은 어떻게 낙서 개입이 뇌간 기능을 향상시키고 개인의 기억을 통합하는데 도움이 되는지 설명한다. 트라우마 생존자의 일관된 내러티브(coherent narrative) 생성 기제로서, 낙서는 운동/감각 처리를 사용하여 우반구 기억 저장소를 활성화한다. 낙서를 해보자는 초대는 그리기 활동의 7단계 처리와 Chapman의 미술치료 치료개입(Chapman Art Therapy Treatment Intervention: CATTI)에서 '반영(reflection)'이라 알려진 과정을 이끈다. 급성 트라우마 삽화 경험 후 트라우마 치료를 위해 아동 병원으로 오게 된 아동을 대상으로 한 임상 시행에서 낙서 활동은 개입의 전부였다. 하지만 이 개입은 다양한 상황에서 전 연령 아동 모두에게 성공적 결과를 가져다주었다. 개입 전반에 관한 상세한 정보는 Chapman(2014)에게 연락을 취해 얻기 바란다. 이 장의 목표는 전통적 심리치료의 치료사들이 뇌-기반한 트라우마 작업으로 방향을 선회할 수 있도록 비언어적 개입의 초기 절차를 소개하는 데 있다. 제6장에서 고찰할 것이지만, 모든 연령의 트라우마 생존자에게는 뇌간으로부터의 시작이 필요하다.

여기 3세 여아 M의 40분 치료 회기는 뇌간에서 대뇌피질로 레벨을 올려 가는 과정의 예를 보여 준다. M은 개에게 심하게 물려 수백 바늘을 꿰매야만 했다. 그녀는 과민성과 수면장애, 사회적 철회에 이르기까지 다양한 증상을 보이고 있었다. 병원 놀이방에 데리고 갔을 때, M은 장난감을 '아주 혼란스러운 방식으로' 탐색했다. 그런 다음, M은 종이에 뭔가 마크 작업을 하고 있는 치료사 쪽으로 다가왔다(3세 수준). M은 무작위로 표시를 한 다음 이를 악물고 열정적으로 큰 주황색 점을 그렸다(이는 운동감각에 의한 것이므로 사실적인 이미지는 없음). 치료사는 대화를 시작했다.

치료사: 네가 큰 주황색 점을 그린 것 봤어.

[…… 이 언급은 내담아동의 몸에 대한 반응이었음…… 아동의 인지가 구체적이었기 때문에 아동이 그린 그림에 대한 치료사의 멘트 또한 구체적이었음 …… 낙서의 운동감각적 경험은 이미지가 저장되는 우반구를 활성화함. 아동은 즉시 '개'의 시각적 이미지를 갖게 됨.]

아동: 이건 개야.

[…… 발달 수준을 고려해 볼 때 아동의 말은 사람, 장소, 물건에 관한 것이지 정서, 사고, 생각에 관한 것이 아니었음.]

치료사: 개 혹은 너에게 일어난 일을 그리고 싶니?

아동: (고개를 끄떡이며 예; 아동을 물었던 개 그리고 그때의 공포를 이야기하며 11×18인치 도화지 전체에 크고 노란 선을 앞뒤로 그리기 시작함; 운다) 엄마가 보고 싶어.

[아동의 뇌는 변연 구조의 처리로 이동했음. 이는 종이에 노란색 선들을 그리며 개에게 공격당한 장면을 묘사할 때 아동이 보인 감정에서 그 증거를 찾을 수 있음.]

치료사: 지금 네가 보이는 행동은 여자애들이 개에게 물렸을 때 보이는 아주 흔한 행동이야. 울고 엄마를 찾고.

[…… 정상화하는 말은 아동을 현재에 머무르게 함. 치료사인 나는 아동의 반응이 정상적인 것이었다고 하며 아동을 위로하고 있음.]

치료사: (내담아동이 울음을 멈춘 후) 그다음 무슨 일이 있었는지 그려볼 수 있겠니? 누가 도와주러 왔어?

아동: (종이에 더 많은 노란색 선을 앞뒤로 그려 넣으면서, 의사와 함께 병원으로 향하는 구급차와 소방차를 묘사함.)

아동: (긴 침묵) 개를 치워야 해.

[…… 인지 수준으로 이동함. 만약 개가 치워졌다면 3살 아동은 더 이상 개에게 물릴 걱정이 없게 됨. 이는 적응적 대처 기제라 할 수 있음.]

치료사: 엄마한테 개를 어떻게 했는지 물어봐야겠다. (아동과 함께 아동모를 찾아 놀이방으로 데려옴.)

아동: 개를 치워야 해.

[아동이 이 경험을 미래 안전과 유사 상황 회피를 위한 일반화에 활용한 인지적 증거가 있었음.]

엄마: 그럼. 벌써 치웠지. 다시는 안 올 거야(개는 이미 안락사를 당했음).

아동: (일어서서 팔짱을 낌) 이야기를 했으니 이제 장난감 놀이를 할 거예요.

치료사: 이 이야기를 한 번 더 할 수 있을까?

[…… 사건에 관한 일관된 내러티브로, 이 내러티브는 아동으로 하여금 경험을 통합할 기회를 제공함…….]

아동: (동의함)

치료사: (아동에게 아동이 그린 이미지를 보여줌)

아동: (조용히 이미지를 자신의 과거와 연결시킴)

[…… 사건은 과거의 일이 됨…… 이야기를 하고, 먹고, 엄마 그리고 또래와 놈. 더 이상 증상이 나타나지 않음.]

(Chapman, 2014, pp. 31–32)

M의 사례에서, 낙서는 조절되지 않은 신경계 상태를 드러내는 행동이면서 걸음마기 발달 수준을 보여 주는 행동이었다. 좀 더 큰 아동을 위해서는 보다 구체적인 지시를 사용하여 낙서 활동을 진행할 수 있다.

시각, 신체감각, 운동감각 경로를 활성화하기 위한 시간제한을 둔 워밍업 활동

선생님이 '시작' 하면, 마커를 골라 이것처럼 낙서해 보자. 선생님이 "그만"이라고 할 때까지 이 종이를 채우도록 해 보자.

주제에 대한 초점화된 외현화

마커 하나를 골라 너의 슬픔을 낙서로 표현해 보렴. 이 종이를 채우려고 해 봐……(이후 그린 낙서를 어떻게 처리할지 함께 결정함).

시각과 대근육 운동 발달을 위한 양측 낙서 활동

각 손에 마커 하나씩을 골라잡고 이 종이에 낙서를 해 봐. 각 마커를 가지고 둥근 활 모양을 그려 봐. 각 손으로 둥근 활을 왼쪽에서 오른쪽으로 그리고 오른쪽에서 왼쪽으로 그려 봐.

> "내 스토리가 생겼으니 이제 장난감을 가지고 놀겠다."

CATTI에서는 연령 상관없이 자신의 지각을 활용하여 그리고 타인의 중요한 관점을 통합하여(M의 엄마가 개, M이 받은 치료, 기타 등등에 대한 정보를 제공해 주었을 때) 일관된 내러티브를 완성하도록 트라우마 생존자를 돕는다. 일련의 그림 활동은 순서를 두자면 워밍업 낙서로부터 사건 그림, 도움제공자(조력자) 그림, '다음에 일어난 일' 그림, 대처 그림, 다시 말하기 그림으로 진행된다. 이 모든 과정이 신경계 통합을 가능하게 하는 우뇌적, 운동감각적, 시각적 처리가 된다. 좀 큰 아동에서는 뇌간, 변연, 대뇌피질 수준의 특징이 그림에 나타난다.

가족 의례, 노래, 전환 게임(간뇌/소뇌)

NMT는 구조(structure)를 구축할 것과 예측 가능성 · 운동 · 주의집중의 내용을 담은 여러 예정된 활동을 수행할 것을 추천하고 있다. 간뇌(시상과 시상하부)는 움직임(소뇌), 호르몬, 휴식/각성, 신체감각 및 애착으로 만들어지는 기억 영역을 관장하는 non-stop 조절 장치의 운영자이다. 이런 생리적 특성은 태양, 계절, 일상 업무, 기념일 주기를 기리는 문화적 전통을 통해 전달된다. 금세기의 아동은 반복을 좋아하는데, 노래, 이야기, 취침시간 의례, 스티커로 축하하는 행사, 좋았던 때의 회상 등 일정 활동의 반복을 좋아한다. 학교에서의 전환 게임은 아이들에게 줄을 서고 새로운 활동을 기다리도록 가르치며, 종종 그 과정의 일부로 보상, 리더십, 교대라는 특권을 제공한다. 집에서의 상황도 유사한데, 싫어하는 활동이나 싫어하는 일을 했을 때 보상을 제공하는 등 보상 제공이 많은 가정의 기본 루틴으로 포함되어 있다. 하지만 트라우마 생존자에게는 이런 요소가 자기 조절과 숙달을 강화하기 위한 전략으로 활용될 수 있다. 배운 호흡법으로 호흡하기, 좋아하는 노래를 흥얼거리거나 부르기 등의 활동에 대해 보상을 제공하는 것이 그 대표적인 예가 될 것이다. 핵심은 안전감을 가져오거나 아동 통제를 가능하게 하는 요소를 양육자와 함께 탐색해 보는 것이다. 안전은 연결(connection)이다. 통제는 예측 가능성(predictability)이다.

Perry에 따르면, '반복적인 리듬 활동'은 자궁 안에서 들은 엄마의 심장박동을 모방한 것이라 하며, 편안함과 안전감을 유발하는, 즉 간뇌 기능과 연결된 활동이라고 한다(MacKinnon, 2012). 리듬은 조절이다. 미술, 조작, 음악, 일정 스포츠의 반복(좋아한다면), 드럼 치기, 동물 관리나 동물 훈련, 춤, 무술, 뭔가 함께 배우는 수업을 포함한 믿을 만한 성인과 함께하는 활동은 청소년에게 성인을 신뢰하고 성인에게 기댈 기회를 제공한다. 즉, 성인과의 신뢰관계 재구축과 가해자를 신뢰할 수 있는 다른 성인으로 대체하는 효과를 불러일으키는 치료 활동이 될 수 있다. 걷기, 뛰기, 자전거 타기, 스케이트보드 타기, 서핑과 같은 예정된 여가 활동조차 자발적 자기 조절, 구조, 신뢰의 요소를 결합한 치료 활동이 될 수 있다.

유괴의 생존자인 Jaycee Dugard는 29세에 구출되었다. 그녀는 말(馬) 치료가 자신의 치유 여정에서 엄청나게 중요한 역할을 했다고 보고했다(Dugard, 2016). 18년의 감금 기간 동안 어떻게 신경계가 교살되었을지를 상상해 본다면, 말(馬)로부터의 에너지 전이는 형언할 수 없는 일이라 하겠다. 이제 이것은 치료가 아닌 그녀의 생활방식이 되었다. 치료사가 내담자 개인의 선호를 인정하고 지지했을 때, 그 조합은 사건이 아니라 생활방식이 된다. 새 옷을 입어보는 것처럼, 어떤 스타일이 내게 맞는지 그리고 어떤 사이즈가 내게 맞는지는 그 개인만이 결정할 수 있는 일이다. 그런 다음, 조합을 반복하고 마음챙김을 수행하는 작업이 뒤따른다. Dugard는 말이 자신을 믿기 시작하여 자신에게 다가와 주었을 때, 바로 그때의 강렬한 느낌을 묘사하고 있다. 외눈박이 말인 에드가 그녀에게 그런 영예를 가져다주었다.

> 말이 당신에게 다가왔을 때, 당신은 연결감과 승리감을 갖게 됩니다. 내 인생에서 충분하지 않았던 그 두 감정인 연결감과 승리감을 말입니다(Dugard, 2016, p. 87).

잘 됐어요, Jaycee. 당신은 그런 감정을 느낄 충분한 가치가 있는 사람입니다.

다른 예도 있다. 또 다른 유괴 사건의 생존자인 Elizabeth Smart는 고문과 감금을 당하기 전 하프를 연주했었다. 집에 다시 돌아오게 되었을 때, Elizabeth는 자리에 앉아 하프를 연주하길 원했다. 몸이 지혜롭게도 신경계에 아직 살아 있는 그리고 돌아오길 애타게 기다리는 에너지 패턴과의 연결 방법을 알고 있었다. 유괴 당시의 나이(14세)와 구출 당시의 나이(15세) 또한 치유에 유리하게 작용했다. Elizabeth의 부모는 Elizabeth에게 특정 치료를 받아볼 것을 강요하지 않았다고 한다. 그 당시, Elizabeth는 전통적인 심리치료(Elizabeth가 유괴 감금된 동안 가족들은 수없이 많은 치료를 받았다)를 받길 거부했었다. 대신, 여느 16세 소녀처럼, 엄마의 지혜로운 말에 의지했고, 대가족과 친구들로부터 보호를 받았으며, 하프를 연주했고, 운전면허를 땄다. 그녀의 회고록은 구출된 지 10년 만인 그녀의 나이 25세에 출간되었다(Smart, 2013). 이 속도는 청소년인 Elizabeth에게 자신의 경험을 자신의 방식으로 처리할 시간을 주었다. 두 사례 모두에서, 이들이 취한 리듬 활동에는 긍정적 관계가 내재되어 있다. 변연계는 이러한 관계들로 더욱 튼실해진다.

가계도 놀이(변연계)

가계도(genogram)는 가족치료에서 많이 사용되며, 가족 관계망에 대한 개괄적 정보 취득의 목적과 관계망 내 자원 및 위험 평가의 목적으로 흔히 사용된다(Hanna, 2019). 아이와 함께하는 가계도 놀이는 아이가 지각한 애착 정도를 상징과 은유라는 중간자 혹은 매체를 통해 탐색하는 활동이다. 이 활동은 비언어적, 정서적, 사회적, 시각적, 운동적 자극을 통히 우뇌 처리를 자극한다(Perry, 2006; Chapman, 2014).

치료사는 가족, 애완동물, 친구 관계를 암시하는 여러 선이 그려진 종이 템플릿과 이 템플릿 위에 배치할 수 있는 사진, 잡지, 자연물, 색종이, 기타 재료를 구비해 놓음으로써 놀이의 준비를 한다. 자원이 허락한다면, 인간, 동물, 공상과학소설, 공룡, 만화 캐릭터, 소꿉놀이 아이템, 군인의 인물 세트를 더 준비해 둘 수 있다. 아이는 그림을 그리거나, 색깔을 선택하거나, 캐릭터나 동물 컬렉션 중 뭔가를 선택하는 방식으로 창의력을 발휘하여 그 어떤 활동이든 할 수 있다. 부모와 아동이 함께 가계도 놀이를 할 때는, 치료사는 '우뇌와 우뇌 간'(부모의 우뇌와 아동의 우뇌 간) 역동을 탐색할 수 있는 기회를 갖게 된다.

한 엄마는 자기 묘사를 위해 미니어처 신발을 선택했다. 그리고는 "전 이 신발을 신은 노파와 같아요, 이 신을 신은 노파는 자녀를 너무 많이 낳고는 어찌할 바를 몰라 하네요."라고 말했다. 세션이 시작되기 몇 시간 전 엄마에게 외설적 문자를 보냈던 14세 딸은 가계도 놀이 중 눈살을 찌푸리는 것을 멈추고 엄마와 자신이 다른 가족 구성원을 어떻게 묘사했는지 떠들며 화기애애한 시간을 가졌다. 한 친구를 묘사하기 위해 딸은 마법사 캐릭터를 선택했다. 그리고는 "마법사 Sheila에게 문제를 말하면 그녀는 항상 현명한 답을 줘요."라고 설명했다. 이후 세션에서 치료사는 딸과 엄마의 자원을 논하는 과정에서 자주 Sheila를 언급하며 활용했다.

청소년 트라우마 치료에서 진행되는 성인 주도 활동(일대일 활동 혹은 소그룹 활동)은 움직임, 표현, 감각처리를 통합한다. 가족 세팅에서는 철회된(안전을 위해 고립을 선택한) 생존자가 비판단적인 부모 혹은 비판단적인 성인과 편안하고 즐거운 시간을 가짐으로써 치료적 도움을 얻는다. 압박이 적은 비침습적 심리치료 회기가 예정될 수 있겠지만(하향식), 이들 회기가 성인과의 신뢰 구축과 의사소통 재건을 위한 안전한 가족 상호작용을 대신하여서는 안 된다(상향식). 트라우마의 원천이 그 어디에 있든(집단따돌림에서처럼 외부에 있든 가정폭력이나 아동학대에서처럼 내부에 있든), 아동의 뇌는 여전히 성인 양육자와의 유대(bond)와 이 유대로부터 파생된 안전감(safety)을 원한다.

드라마, 이야기 꾸미기, 역할극(인지적, 통찰)

승리(위험에서 승리를 쟁취함)나 성공(자기 조절을 통해 성공함)의 이야기나 드라마는 인지능력이 가동된 아동의 대뇌 피질 사용을 자극한다. 대뇌 피질은 위협/악당, 사회적 지원/구조, 승리/성공, 축하 등의 여러 요소가 통합되어 있는 경험을 아동에게 가져다준다. 위험을 극복하고 안전한 곳에 도달했다는 안도감과 더불어 도파민 분비가 촉발된다. 많은 아동 도서나 이야기책이 승리와 성공의 주제를 다루고 있다. 아동과 이야기, 드라마, 역할극을 할 때, 부모와 치료사는 아동과 더불어 역할을 맡을 수 있다. '위협 · 위험 → 구조 · 승리 · 안전'으로 변해 가는 게임에 가족과 아동을 참여시킬 수 있다. 학대를 받았지만 지금은 안전한 상태에 있는 아동에게는 특히 다음의 절차가 가족과 치료사를 참여시키는 방법이 될 수 있으며, 이는 아동의 신경계 조절을 돕는다.

1. 이야기 하나를 선택하거나 각 구성원이 역할을 맡을 수 있는 드라마를 만들어 보라. 내담아동이 가장 덜 위험한 역할로부터 가장 위험한 역할로 역할을 이동해 갈 수 있도록 역할을 지정하고, 역할 순환 순서 또한 결정하라. 예를 들면, 처음엔 구조자/조력자로 시작하여 '괴물(가해자)', 위험에서 탈출한 혹은 승리를 쟁취한 영웅으로 역할을 바꾸도록 하라.
2. 가족과 치료사는 괴물과 생존자의 역할을 맡고, 그런 다음 최종 조합이 괴물, 구조자/조력자가 되게 역할을 순환하라. 그리고 여기서 아동은 영웅이 되게 하라.
3. 매번 역할이 순환할 때마다, 영웅을 축하해 주라. 조력자에 의해 영웅이 해방되고 안전하게 되었을 때, 혹은 괴물이 붙잡히고 물리쳐졌을 때, 영웅인 아동에게 축하와 포옹, 하이파이브를 제공하라.
4. 마지막 역할 순환에서는 생존자를 축하해 주고 성공의 직함을 주거나 책 주인공의 페르소나를 부여하는 방법으로 보상을 제공해 주라.

아동과 역할을 교대하고 역할극을 수행하는 것은 촉발제의 힘을 약화시키고 트라우마 장면에 안전하게 접근할 수 있도록 촉진하기 때문에 중요하다. 당시에는 누구나 무슨 일이 일어날지 안다. 신경계는 사건의 결과를 예견할 수 있다(학습된 안전감). 다른 아동과 함께라면 아동은 각본, 노래, 시, 이야기를 쓰기 위해 자신의 인지적 용량을 쓸 수 있으며, 이런 활동은 우뇌의 정서적 처리를 활용하고, 우뇌의 정서적 처리를 좌뇌의 논리적 처리와 결합한다(통합). 이런 활동에서 중요한 것은 하나의 사회를 형성하는 것인데, 내담아동, 치료사뿐 아니라 다른 여러 사람이 들어간 확장된 사회를 형성하는 것이 도움이 된다. 소외는 트라우마 경험의 중요한 부분이 되며, 이는 추가 출연자, 청중 등을 활용함으로써 치료될 수 있다. 내담아동의 연령이 높으면 높을수록 치료사가 드라마, 이야기, 역할극의 여러 회기를 '통합(integration)'으로 이끄는 것이 중요하다. 가해자가 가족원이거나 트라우마가 상실의 요소를 포함하고 있다면, 한 이야기 속 숙달(mastery)의 요소가 상실(loss)을 다루는 또 다른 이야기로 이어질 필요가 있다. Levine과 Kline(2008)은 '애도(슬픔)'와 '트라우마(공포)'의 두 개념을 구분하고 있다. 각 개념은 서로 다른 이야기와 회기의 일부가 될 수 있다.

놀이치료와 치료놀이©

놀이치료운동의 개척자 중 하나인 Eliana Gil은 공인된 커플가족치료사로, 아동 중심 활동이 왜 정신건강 서비스에서 없어서는 안 될 필수불가결의 활동인지 치료사들에게 알리는 작업에 헌신해 왔다(Gil, 2006, 2010, 2015, 2017). 놀이치료 영역에서 훈련, 자격, 연구의 틀을 제공하는 근거기반모델로서의 치료놀이©는 다양한 연령집단에 성공적인 결과를 내고 있다. 개인 및 가족치료에서, 놀이 활동은 다양한 연령의 아동, 청소년 치료에 필수적 활동으로 인지되고 있다. Panksepp(2011)은 제2장에서 NMT와 함께 놀이가 포유류 발달에 필수적 부분임을 상기시키고 있다. 모든 포유류의 새끼는 생존 기술 습득을 위해 놀이 행동을 한다.

놀이치료는 간단한 활동 혹은 소품과 통합될 수도 있고, 모래상자(sand tray), 인형, 미술 프로젝트(다양한 미술 매체나 점토를 사용하는)와 같은 다소 거창한 준비가 필요한 활동과 통합될 수도 있다. 하지만 상황이 어떠하든 치료사는 신경생물학이 발달에 적합한 개입을 요구할 때, 뇌 기반 접근을 포용하기 위해 자신의 세계관을 조정해야 할 필요가 있다. 예를 들면, 부모와 어린 자녀가 함께하는 치료놀이©는 다음과 같은 모습을 띨 수 있다.

> 치료놀이©의 치료사는 아이와 마주 보고 앉아 미소를 지은 후 부드러운 봉제 인형을 자신의 머리 위에 놓는다. 치료사는 아이를 향해 손바닥을 내어 보이고, 고개를 끄덕이며 아이에게도 똑같이 하라 권유한다. 그리고는 자신의 손을 아이의 손 밑에 둔다. 치료사가 감미로운 목소리로 "하나, 둘 셋……."이라고 말한 다음 머리를 앞으로 기울이면, 장난감은 찰칵하는 나지막한 소리와 함께 아이 손에 떨어진다. 치료사는 "와, 우리가 잡았다!"라고 외친다. 아이는 웃으며 "내 차례!"라고 흥분하여 외친다. 여러 차례 장난감을 서로의 손에 떨어뜨린다. 그

> 런 다음, 치료사는 아이의 손을 찬찬히 바라보며 "와우, 손이 정말 대단하네. (잠깐 느끼며) 따뜻해. 1-2-3-4-5개 손가락(각 손가락을 부드럽게 터치하며), 그리고 자 봐봐, (머리를 앞으로 기울이고, 가리킨다) 엄지손가락에 특별한 주근깨가 있네! 어머니도 아이가 손에 주근깨가 있는 것을 알고 계시리라 생각해요. 이제 어머니 차례입니다. 여기에 앉으세요."
>
> (Lindaman, 2016, p. 2)

조절(regulation)과 성장(growth)을 위한 활동은 매우 심각한 발달단계를 가벼운 마음으로 바라볼 수 있게 해 준다. 트라우마성 과부하를 견뎌 온 아동과 청소년은 신경계의 균형을 맞추고 해리성 대처 전략을 해소하며 학습된 안전감을 촉진시키는 그런 개입을 받을 자격이 충분하다. 커뮤니케이션 이론가들이 주장하는 것처럼, 모든 행동은 커뮤니케이션이다(Watzlawick et al., 1967). 그런 의미에서, 놀이도 커뮤니케이션이다. Gil(2017)은 트라우마를 경험한 아동의 놀이 참여를 촉진하기 위해 다음의 간단한 방법을 사용하기도 한다. "넌 네가 원하는 방식으로 무언가를 내게 말할 수도 보여 줄 수도 있어." 제6장의 성인 트라우마 개입은 아동 접근에서 그 무언가를 배울 수 있다. 성인 트라우마 생존자의 안전한 개입 참여를 보장하기 위해서는 아동 치료에서 사용하던 신중한 언어 사용이 필요할 수 있다.

신중한 언어 사용

특정 아동을 낙인찍는 낙인의 누적 효과는 마음이라는 퇴비 속에 파묻혀진 엉킨 회로망이 될 수 있다. 사회 구성주의적 접근으로 훈련받은 사람은 아동의 정서적 가용성에 자신의 기대를 조심스럽게 조율하면서 아동 치료사로서의 전문성을 확인하곤 한다. 이는 아동 언어에 주의를 줌으로써 가능하다.

유럽인 조상을 둔 뉴질랜드 마오리 출신의 심리치료사 고 David Grove(1988)는 성학대 생존자들과 일하기 위해 '깔끔한 언어(clean language)'라는 것을 개발하였다. [글상자 5-1]은 몇 가지 일반적 질문과 깔끔한 질문을 비교하고 있다. Grove의 연구는 뇌의 10년이 막 시작되던 1980년대에 시작되었다. 그는 편견(biases), 가정(assumptions), 치료사 사고방식(mindset)으로부터 자유로운 상태에서 트라우마 생존자의 경험과 강점을 끌어내고자 하는 목적으로 언어의 미세한 측면을 검토했다. 깔끔한 언어는 가정, 암시, 해석을 피한다. 이 모델은 깔끔한 언어가 최소한의 간섭으로 주관적 경험에 접근하는 것을 가능하게 해 준다고 주장한다. 깔끔한 언어의 장점 중 하나는 이 언어가 아동 경험을 잘 포용한다는 데 있다. 질문으로 인

글상자 5-1 깔끔한 질문(clean questions)

〈일반적 질문〉	〈깔끔한 질문〉
뭘 도와줄까요?	그때 어떤 일이 일어나길 원하셨어요?
어떻게 도와줄까요?	그때 뭐가 도움이 되었나요?
뭐가 문제인 것 같은가요?	그때 뭘 원하셨어요?
당신의 문제는 무엇인가요?	그때 뭘 하고 싶으셨나요?
어떤 느낌이세요?	무슨 일이 일어나고 있나요?
그것에 대해 어떻게 느끼셨어요?	그 일이 일어났을 때, 그 상황은 어땠나요?

해 아동은 자신의 일차적이고 기본적인 경험에 머물러 있게 된다.

정서-기억 회로는 어린 나이에 머물러 있고 몸은 해당 생물학적 나이에 머물러 있기 때문에, 트라우마 생존자는 PFC(전전두엽 피질)로부터 온 정보를 성숙한 상호작용에 십분 활용하지 못한다. 깔끔한 언어는 이러한 딜레마에 언어를 맞추는 방법이라 할 수 있다. Van der Kolk는 발달 트라우마를 가진 이들이 지속적인 부조화, 상처, 고립 속에서 수십 년을 살아왔을 수 있다고 주장한다. 성인이 되는 과정에서 이 아동들은 다양한 전문적 환경의 미시정치에 대처해 왔을 수도 있다.

> 전문가가 충격적 환경에 적응하고자 하는 아이의 요구를 인식하지 못하고 아이가 자기 결정과 자율적 · 합리적 선택이라는 성인 기준에 맞춰 행동을 할 거라 기대하게 된다면, 아동의 부적응 행동은 혐오와 거부감을 불러일으키는 것으로 전락하게 된다. 이 사실의 무시는 생존을 위한 아동의 행동을 문제행동으로 낙인찍는 결과를 낳을 것이다.
>
> (Van der Kolk, 2005, p. 404)

안전, 연결, 정체감의 정상적 욕구가 있는 상태에서, 취약집단 청소년의 뇌는 적대적 사회환경에 극적인 방식으로 반응할 것이다. 그렇다면 Van der Kolk가 앞에서 기술한 상호작용은 이 같은 극적인 반응을 보이는 청소년에게는 특히나 더 불공정하고 파괴적인 것이 될 수 있다. 극적인 방식으로 반응하는 청소년에 대한 사회의 여러 반응은 그 청소년을 더욱 불안하게 만들 것이며, 더 나아가 악순환의 고리를 형성할 것이다. 한 예로, Drysdale 등(2014)은 불안 장애의 치료에 있어 CBT가 자주 사용된다고 언급했다. 하지만 환자의 40~50%는 CBT

로부터 도움을 얻고 있지 못하다. 노출 절차의 유용성은 이미 널리 알려져 있으나, Drysdale과 동료들은 노출치료가 과연 모든 연령집단에 적합한 접근인지에 대해 의문을 제기한다. 공포 소거를 위한 노출은 청소년에게는 적합하지 않을 수 있다는 것이 Drysdale과 동료들의 결론이다.

애착 개입(변연계)

청소년은 불안, 사회적 거부, 학대로부터 자신을 보호하기 위해 안정애착을 특히나 더 요구한다. 애착을 다루는 한 가족 개입 모델은 가족원과의 개별 회기와 합동 회기 모두를 활용한다. 효과성 연구에서, 애착-기반 가족치료(Attachment-Based Family Therapy: ABFT)는 애착 상처를 치유함으로써 청소년 우울 및 자살 충동을 효과적으로 낮췄다(Diamond et al., 2010, 2014). 청소년이 감정 탐색과 표현을 위한 회기를 갖는 동안 부모는 공감 발달을 위한 교육과 지지의 회기를 갖는다. 부모의 공감 능력이 어느 수준에 이르게 되면, 합동 회기가 자녀의 애착 치유를 위해 시작된다. 실망과 고통을 내면화한 청소년에게 이 합동 회기는 자신의 목소리를 내고 내면의 욕구를 위해 부모와 협상할 기회를 제공한다. 이 과정은 다차원적 가족치료(Multidimensional Family Therapy: MDFT)에도 적용된다. MDFT는 제8장에서 소개할 것이다. 부모와 10대를 하나로 모으는 방법이 제8장에 자세히 소개되어 있다.

> 다음의 예는 10대가 자신에게 도움이 되는 것을 어떻게 직관적으로 알게 되는지 보여 준다. 할머니와 함께 사는 11세 소년 Gene은 한 치료 회기에서 소원해진 아빠에게 함께 산책을 하자(이 가족의 전통이라고 한다)고 요청했다. 산책을 리드해 달라는 요청을 받자, Gene은 엄마의 남자친구들이 자신을 학대했던 세 곳의 집을 지나느라 2시간을 썼다. 아빠는 Gene을 지켜 주지 못한 것에 대해 슬픔과 후회를 표현할 수 있었다. 그들은 매주 산책을 했고, 서로를 다시 알아가기 시작했다. 이 10대 초반 아이에게는 보여 주고 걷는 것이 그에게 필요한 감각통합이었다. 또한 일정을 잡는 행위와 그에 뒤따르는 예측 가능성이 이 감각통합을 애착의 의례(attachment ritual)로 나아가도록 변화시켰다.

친애(affiliation)란 변연계와 연결되고 안전감을 제공하는 소속과 정체성의 감각이다. 한 부족이 스스로를 돌보아야 할 때 친애가 관여하게 된다. 일단 애착이 견고하게 되면, 조절의 다음 단계는 관계의 확장을 위해(가족 밖으로 관계를 넓히기 위해) 변연계가 안정애착을 이용하도록 하는 것이다. 하지만 사회적 환경이 적대적일 때는 청소년에게 외상적일 수 있는 도전이 수없이 많아지게 되고, 이 경우 청소년은 회복에 도움이 되거나 방해가 될 수 있는 복잡한 사회 과정의 층들과 마주해야만 한다.

추모(변연, 인지, 통합)

상실에 대한 애도는 아동이 경험하는 트라우마 중 가장 잘 이해되는 트라우마이다. Bowser 등(2003)은 592명의 성인 약물 사용자를 대상으로 설문을 진행했고, 다중 회귀 분석을 통해 아동기(15세 이하) 여러 가족원의 죽음, 사망자에 대한 애도 정도, 사망자와 친한 정도, 장례식 불참의 변인이 성인 약물 사용자의 HIV 위험 행동을 유의하게 예측함을 발견했다. 흔히 아동의 상실은 가족의 상실이기도 하기 때문에, 이 일로 아동이 가족으로부터 충분한 공감, 위로, 정서적 조율을 받을 가능성은 낮았다. 상실은 사망, 수감, 안전 · 자존감 · 애착 · 정체성의 상실을 포함한다. 애도와 상실 트라우마의 또 다른 예로는 다음이 있다.

- (10세) "현관에 앉아 있는데 아빠가 나와서 내 반려견을 쐈어요."
- (14세) "아빠와 다퉜는데, 그날 밤 아빠가 심장발작으로 돌아가셨어요."
- (13세) "엄마가 저에게 어린 동생들을 맡기셨고, 저는 화가 나서 도망쳤어요. 그날 엄마는 돌아가셨어요."
- (15세) "새아빠가 계속 절 만졌어요. 그러고는 어느 날 자살하셨어요."
- (6세) "엄마가 저녁을 먹기 위해 Patrick을 찾아오라고 했어요. 2층으로 올라갔는데 Patrick이 옷장에 매달려 있었어요."
- (9세) "엄마는 이 사악한 사람들 속에 절 홀로 남겨 놓고 돌아가셨어요."

누군가의 죽음과 관련된 분노, 쇼크, 공포, 죄책감, 수치심, 양가감정은 애도 과정을 방해한다. 애착 상처를 회복하고 따뜻한 양육자를 양산하는 사회를 만들기 위해서는 사건의 추모와 해체가 필요하다[제9장의 전환 매핑(transitional mapping)을 참조]. 장례식이 기분을 향상시키는 이유는 여러 층의 애착이 상실을 이해하는 동정적 청중이 되기 때문이다. 하지만 만약 장례식으로 싸움, 수치심, 죄책감, 무망감이 촉발된다면, 적절한 애도는 일어나지 않을 것이다. 상실의 대상이 반려견, 친구, 비가족원이라면, 슬픔은 자신도 모르게 간과될 수 있다. 사후 추모가 필요한 때가 바로 이런 경우이다. 제8장에는 추모를 어떻게 트라우마 개입에 포함시킬지 방법이 소개되어 있고, 제9장에는 물질 남용 치료에서의 애도의 중요성이 논의되어 있다. 이어지는 섹션에서는 4요인 모델이 소개되는데, 이 모델은 불공정 사건의 결과물인 분노를 효과적으로 다루는 단계를 소개한다.

Pattwell 등(2012)은 연구를 진행하여 청소년기가 낮은 공포 조절의 특징을 보이는 시기임을 발견하였다. 대부분의 추수 연구는 발달단계가 아닌 개인차를 검토했다. Pattwell 등은 치료에 발달단계를 대응시키는 작업이 더 많아야 할 것을 제안했다. 그리고 이런 작업은 아동 치료에서 논의된 Perry의 NMT 접근과 비슷한 메시지를 전달한다(Perry, 2006; Perry & Hamrick, 2008; Perry, 2014; MacKinnon, 2012). CBT로부터 이득을 얻지 못하는 청소년이 제6장의 트라우마 평가에서 더 높은 점수를 받을 것인가? 앞선 끔찍한 애도의 예들이 말해 주듯, 이 40%에 속하는 사람은 폭력 및 자살과 어떠한 관련성을 나타낼 것인가? 청소년의 정서적 요구에 주목하면서, 폭력의 4요인 모델은 분노가 어떻게 나타나는지에 대한 그리고 치료사의 대응이 어떻게 폭력의 흐름을 막고 비생산적인 악순환 고리를 피하게 만드는지에 대한 생태학적 분석 및 설명을 제공해 준다.

폭력의 4요인 모델

동네 갱단에서 학교의 외로운 늑대 총잡이에 이르기까지 청소년 폭력은 그 양상이 다양하다. 청소년 폭력이 증가하는 현실에 직면하여, Hardy와 Laszloffy(2005)는 피해자와 가해자가 역할을 반복하는 청소년 폭력 현상 원인 조명을 위한 모델 겸 폭력 감소를 위한 모델을 개발하였다. 폭력의 4요인 모델(Four Factor Model of Violence: FFM)이 그것인데, 모델의 설명에 따르면 분노는 평가절하(devaluation), 공동체 와해(disruption of community), 상실의 비인간화(dehumanization of loss)의 3D에 의해 야기된다. 모델 제안자는 공감과 감정 조율의 기초로서 이 3D 요인을 구성했다고 설명한다. 그런 다음, 청소년과의 작업을 위한 3단계 과정을 기술하고 있다. 세 단계에는 타당화(validation), 도전(challenge), 요청(request)이 포함되며, 이를 부모, 치료사를 위한 VCR 모델이라 칭하고 있다.

> 평가절하(devaluation)
> 공동체 와해(disruption of community)
> 상실의 비인간화(dehumanization of loss)
> 분노(rage)

성인의 뇌 및 친애/애착 도전으로 이끄는 발달 딜레마에 관한 앞서의 고찰을 고려해 보면, FFM은 도덕적 상처를 입은 성인, 차별의 사회적 생태를 견디는 성인, 폭력 잠재성을 가진 숨어 있는 성인에 쉽게 적용될 수 있다. 이 도전은 "24세 이전 폭력이나 차별을 경험한 폭력적 성인의 수가 얼마나 되는가?"의 질문을 낳는다. 군 복무에 노출된 사람과 성인이 되어서도 피해가 치유되지 않은 사람의 이해를 위해 3D를 적용해 보자.

평가절하

평가절하(devaluation)는 개인 존엄성 및 가치에 대한 공격 행위로, 인종차별, 성차별, 동성애혐오, 빈곤, 및 기타 형태의 소외를 포함한다. 하지만 평가절하는 이러한 집단 역학을 넘어, 분노의 전조라 할 수 있는 수치심, 두려움, 슬픔, 고통의 경험을 초래하는 개인 상호작용으로까지 그 범위를 확대할 수 있다. 상황적 평가절하에는 유기, 학대, 사회적 배척이 있다.

사회적 평가절하는 취약계층의 인종적 혹은 민족적 정체성 때문에 발생한다. 계급주의는 공동체가 '계급과 인격을 혼동할 때' 발생한다(Hardy & Laszloffy, 2005, p. 55). 사회적 평가절하로 인해 학교 폭력이나 또래 거부가 일어난다. 청소년의 뇌는 가족 외부와 연결될 준비가 되어 있다. PFC(전전두엽 피질)가 덜 발달된 상태에서의 거부와 괴롭힘의 경험은 청소년으로 하여금 존경 얻기에 강박적으로 몰두하게 만들 수 있다. 그리고 이러한 존경 얻기에 대한 강박적 몰두는 자신이나 타인을 향한 폭력으로 이어질 수 있다. 즉, 파괴성에 대한 정당한 권리를 인정하게 된다.

공동체 와해

공동체 와해(disruption of community)는 가정 내 학대, 이혼, 별거, 유기, 질병 및 약물 중독으로 인해 발생한다. 학대와 방임은 대리가정위탁으로 이어질 수 있다. 더 넓은 사회적 행동에는 인종적 · 성별적 · 경제적 억압이 포함된다. 이러한 행동은 특정 이웃 혹은 지역사회의 방치로 이어지며, 방치된 이웃과 지역사회 사람들은 자신이 평가절하되고 망각된 것으로 느끼게 된다. 여러 수준의 와해는 적응에 위험 혹은 위협으로 작용한다. Damien의 사례에서처럼, 여러 요인이 신체적 트라우마(압도됨)를 야기할 수 있다. 트라우마가 사전에 선별되지 않는다면, 이 개인은 복잡한 활성화의 층으로 인해 사회 서비스 체계나 형사 사법 체계를 떠나지 못하고 이 체계에 갇히는 신세에 놓일 수 있다. 투옥된 아프리카계 미국인 남성의 수는 정신건강적 재앙, 도덕적 재앙을 대변하는데, 이 재앙은 문화적 상처와 권력 남용으로 인해 시작되었고 흑인을 위한 두뇌-기반한, 문화적으로 잘 조율된 서비스의 부족으로 인해 지속되고 있다(Woods et al., 2012).

상실의 비인간화

상실의 비인간화(dehumanization of loss)란 상실 경험에 대한 인식 부족 혹은 알려진 상실에 대한 공감 부족을 지칭하는 말이다. 무형의 상실(intangible loss)은 정서적이고 심리적인 것으로, 존경심, 존엄성, 희망, 목소리의 상실과 관련이 있다. 유형의 상실(tangible loss)은 신체적, 정서적인 것으로, 이혼, 중요한 타인, 이주 및 사망과 관련이 있다.

> 상실은 그것이 어떤 종류라도 고통스럽다. 하지만 상실 그 자체보다 더 고통스러운 것은 그것이 인정되지 않고, 애도되지 않고, 따라서 치유되지 않은 채 남아 있는 것이다……. 인정, 애도, 치유되지 않은 상실을 반복적으로 경험하는 것은 상실의 비인간화에 기여하며, 이는 폭력의 전조가 된다.
>
> (Hardy & Laszloffy, 2005, p. 91)

Bowser, Word, Stanton과 Coleman(2003)은 HIV 위험 행동(정맥을 통한 약물 투입과 위험한 성관계)을 연구했다. 3,000명의 약물 사용자를 대상으로 분석한 결과, 두 개 변인이 HIV 위험 행동 예측에 유용함을 발견하였다. 그 하나는 15세 이전 경험한 중요한 타인의 죽음이었고, 다른 하나는 그 사망자의 장례식에 참석했는가의 여부였다. 장례식 참가는 건강한 애도의 지표였다. 이 데이터는 상실이 아동의 삶에 얼마나 심대한 영향을 미치는지 잘 보여 주고 있다. 또한 이 데이터는 가족치료사가 상실과 상실의 영향을 면밀히 평가할 필요가 있음을 지지하고 있다. 신경과학은 우리의 사고를 '병'에서 '상처'로 전환시켰다. 트라우마 연구에 기반한 치료는 우리의 사고를 "무엇이 잘못되었는가?"에서 "무슨 일이 일어났는가?"로 전환시키고 있다.

취약한 정서와 분노

취약한 정서와 분노는 개인이 평가절하, 공동체 와해, 상실의 비인간화의 3D를 경험했을 때 나타난다. 수치심, 공포, 슬픔, 고통은 인간의 정서 중 가장 취약한 것들로, 이들 정서는 화, 분노와 같은 2차 정서로 감추어져 있다(Hardy & Laszloffy, 2005; Johnson, 1998; Hargrave & Pfitzer, 2011; Panksepp, 2011). FFM(폭력의 4요인 모델)은 분노를 세 개의 D가 합쳐져 나오는 산물이라 설명하고 있다. 분노는 고통과 불의의 경험에 대한 자연스럽고 피할 수 없는 반응이다. 분노가 억압되면 폭력의 위험은 더 커지게 되는데, 이는 분노 저변에 있는 수치심, 공포, 슬픔, 고통의 정서도 함께 억압되기 때문이다. 억압된 정서가 인정되고 타당화되면, 그 정서는 건설적 변화로 이어질 수 있다(Hardy & Laszloffy, 2005; Panksepp, 2011).

Panksepp(2009)은 분노와 두려움이 뇌 영역에서 서로 밀접한 관련을 가지고 있다고 보고한다. 편도체 활동이 두 정서 상태 모두에서 높다고는 하지만 각 상태의 활동은 편도체의 서로 다른 영역에서 발생하고 서로 다른 회로를 통해 내려간다. Panksepp은 분노가 억압되면 내면화된 증오와 분노가 일어난다고 지적한다. 이는 분노를 확인하는 것이 중요하고 이 분노의 에너지를 힘을 주는 감각으로 전환하여 키우는 치료적 개입이 중요함을 시사한다. 카타르시스(감정 정화)보다는, 분노를 마음챙김과 움직임(행동)으로 바꾸는 뇌간 활동이 치유의 기반이 될 수 있다.

타당화, 도전, 요청

Hardy와 Laszloffy(2005)는 3단계 VCR(Validation, Challenge, and Request) 처리를 사용한다. 이들은 청소년 문제 행동의 개입을 위해 VCR을 시작하는데, VCR은 3D를 전달하고 3D로부터 온 부정 정서 에너지를 분산시킨다. 3D는 도미노 효과를 내는 것으로 알려져 있다. 따라서 가치 증진, 체계적 공감, 정서 조율을 치료실로 가져오는 치료사의 능력과 노력이 중요하다고 말할 수 있다. 평가절하(devaluation)가 공략이 되면, 청소년 문제는 강점 관점에서 해결이 되고, 요청(request)은 행동 교정 시 내담자의 체면을 살려 주는 방법이 된다. VCR로부터 얻은 '하향식 조절(down regulation)'이라는 성과는 와해된 관계나 트라우마적 상실을 다루어 주는 다른 개입의 토대가 된다. VCR을 배우고자 하는 치료사, 환자, 교사는 변화의 과정에 유의한 기여를 할 수 있다. VCR의 세 요소는 모두 같은 쟁점 혹은 같은 행동에 초점을 맞추어야 한다. 여기서의 행동은 그 심각도에 따라 짜증나는(irritating) 혹은 부적절한(inappropriate) 것으로부터 깊은 상처에 이르기까지 다양하다.

타당화(validation). 타당화는 폭력 청소년의 복잡한 행동에 함께 엮인 강점을 인정하고 이를 조율하는 언어적 작업을 뜻한다. 사랑, 충성, 지도력, 창의성, 혁신은 쉽게 인식되곤 한다. 이런 강점을 강조하는 대화는 신뢰를 얻는 첫 단계가 된다. 신뢰는 그냥 주어지는 것이 아닌, 노력해서 얻는 혹은 쟁취해야 하는 것이다. FFM 제안자들은 내담 청소년에게 신뢰를 얻는 것이 중요한 작업임을 강조하면서, 이것이 몇 주 이상 소요되는 큰 작업이라 설명한다. 청소년이 치료사 태도의 진실성('진짜인지')을 평가하는 동안, 치료사는 이 과정을 인내와 선의를 가지고 진행해야 한다. 애착 문제의 개입을 위한 타당화는 '청소년기 애착'을 다룬다. 인간은 유아기, 아동기, 청소년기, 청년기 각 단계마다 그 단계의 요구를 잘 담은 안전한 피난처(safe haven)를 원한다. 행동 변화를 이끌기 위한 타당화 작업의 핵심은 "컵에 물이 반이나 찼네!"와 같은 낙관적 태도를 갖는 것이다. 예를 들어, 공격 행동이 개입의 주요 주제가 될 때, 타당화는 공격 행동 이면에 숨겨진 행위자의 선의를 강조하는 것일 것이다.

타당화는 임파워먼트의 요구와 안전의 요구 사이에서 미묘한 균형을 유지해야 한다. 첫째, 강점 인지가 그 개인의 능력에 관한 내러티브가 될 수 있다. 둘째, 분노 인정이 취약한 정서의 탐색으로 이어질 수 있다. 제7장에서 소개하고 있는 Hargrave와 Pfitzer(2011)의 방법과 유사하게, 치료사는 청소년이 취약한 감정을 가질 자격이 있음을 강조할 수 있고 청소년의 시련에 존중과 존경의 내러티브를 제공할 수 있다. 사랑받을 가치, 안전할 가치가 있다고 인정해 주는 것은 내담 청소년을 안심시킬 수 있다. 멜로드라마에서와는 달리, 치료사는 청소년이 생존하여 나온 그 끔찍한 사건의 목격자로서 그에 맞는 역할을 수행해야 한다. 제6장에서는 발달 트라우마 상처의 타당화 및 치유의 전략으로 생존자의 자긍심을 고취시키는 접근에 대해 논의한다.

도전(challenge). 도전은 균형감과 속도감 있는 도입을 요구한다. 청소년의 공격성이 가족과 학교, 이웃에게 도전이 되었다면, 그 반대의 주문, 즉 청소년에게 도전을 가하라는 주문은 부상자인 부모, 교사, 치료사에게 반가운(혹은 통쾌한) 주문일 것이다. 하지만 Hardy와 Laszloffy 버전의 도전은 타당화 단계의 성공 여부에 전적으로 의존하는 그런 신중한 입장의 도전이다. 신중함이 부재한 상태에서 성인 양육자가 청소년에 의해 열이 받아 있는 상태라면(자녀 문제로 단단히 화가 나 있는 상태라면), 도전은 도전이 아닌 반격(공격)으로 변할 가능성이 크다. 이 절차가 효과적이기 위해서는 전문가 혹은 부모가 다음과 같은 행동을 취해 볼 필요가 있다. 눈을 감고, 심호흡을 하고, 발을 땅에 단단히 붙이고, 내 내담자 혹은 내 자녀의 능력이 성공에 어떤 도움이 될 것인지에 집중해 보는 것이다.

> …… 도전은 타당화 단계의 성공 여부에 전적으로 의존하는 그런 신중한 입장의 도전이다.

타당화를 통해 청소년이 이해받고 그 느낌이 비언어적 메시지로 표현되면, 문제 쟁점이 직접적으로 전달되는 도전(challenge)의 과정이 이어지게 된다. "네가 원하는 것을 얻을 더 좋은 방법이 있다고 난 생각해." "좋은 의도가 많다는 것 잘 알아. 하지만 난 네가 너 자신을 계속 그런 식으로 상처 입히는 게 걱정이 돼." "화를 낼 권리를 가졌다 해도 폭력을 폭력으로 되갚는 건 적절하지 않아." "난 네가 문제를 다른 방식으로 해결하는 데 네 능력을 썼으면 해." 등의 진술이 도전에 해당한다. 이런 대화에서는 '그러나'란 단어의 사용을 피해야 한다.

'그러나'란 단어는 그 이전 언급을 모두 부정하는 단어일 수 있다. VCR 모델의 제안자는 '그러나'가 아닌 '그리고'의 사용을 강조하고 있으며, 청소년의 강점을 도전(challenge)과 요청(request)의 과정 속에 포함시키고 있다.

요청(request). 요청은 문제해결의 기술이다. 쟁점이 무엇이든 간에, 이 단계에서 생각해야 할 것은 우리가 과연 개인의 가치를 확인하고 변화의 방향을 제시하는 솔루션을 청소년에게 요청할 수 있겠느냐의 문제이다. 예로는 (1) 사건을 처리하는 다른 방법을 브레인스토밍해 보라는 요청, (2) 특정 지침을 따라 보라는 요청, 또는 (3) 관련 작업에 자신의 재능과 강점을 사용해 보라는 요청이 있다. 이들 요청은 내담 청소년의 선호와 가치를 인정한다. 또한 요청은 청소년의 인격을 중시한다. 마지막으로 요청은 청소년이 적절한 행동을 취할 능력이 있다는 믿음으로부터 출발한다. 다음의 예는 살해된 친구의 복수를 원하는 청소년에게 VCR이 어떻게 적용될 수 있는지 보여 준다.

타당화: 당신이 Hank를 얼마나 사랑했는지 그리고 당신 둘이 얼마나 친했는지 잘 알겠어요. 당신의 상실과 고통이 얼마나 클지 전 상상조차 할 수 없어요. 당신은 아마 "지금 모든 것을 하나로 묶고 강해져야 한다."라고 느낄 거예요……. 아마도 마음속에 엄청난 상처가 있을 거예요……. 전 친구에 대한 그런 당신의 헌신이 정말 대단하다고 생각해요……. Hank 그리고 당신에게 그런 큰 상처를 준 그놈에게 복수하고 싶다는 마음 또한 당연하다고 생각하고 이해가 돼요.

도전: 친구에게 신의를 지키는 것이 당신에게 얼마나 중요한 일인지 잘 알아요. 과거에도 그랬고 지금도 여전히 Hank에게 얼마나 헌신적인지 그것도 알아요……. Hank에 대한 헌신이 너무 커 나를 기꺼이 희생할 각오가 되어 있다는 것조차 알아요. 그를 대신해 죽을 수 있다는 데에는 추호의 의심도 없어요. 다만 '그것이 그의 명예를 지키기 위한 최선의 방법일까?'에 대해서는 의심이 듭니다. 당신이 죽는다면 Hank도 당신과 함께 죽을 거예요. 그렇게 되면 남들은 당신이 아는 만큼 Hank를 알 수 없을 것이고 당신이 이해하는 만큼 그의 꿈을 이해할 수 없을 겁니다. 당신이 죽으면 그를 이어갈 사람이 아무도 없을 거예요.

요청: 당신에게 가장 중요한 일이 Hank에게 신의를 보이는 것이라는 걸 전 잘 압니다. 그리고 그를 위해 죽을 용기까지 있다는 것 알아요. 전 당신이 죽을 용기뿐 아니라 그를 위해

> 살 용기까지 갖기를 바랍니다. 그의 명예와 발자취를 이어 가 그의 인생이 낭비되지 않고 영원히 이어지게 할 방법은 없을까요? 빠른 보상이 없기 때문에 그게 더 어려운 길임을 알아요. 하지만 그를 위해 더 힘든 길을 헤쳐 나갈 만큼 그를 사랑할 수는 없을까요?
>
> (Hardy & Laszloffy, 2005, pp. 164-166)

VCR의 순서는 뇌에서의 트라우마 순서를 따른다. 먼저, 타당화(validation)는 고통과 분노를 인정함으로써 곧바로 편도체와 소통한다. 이 과정에서는 "이성에 호소하거나" "격려하려는" 시도가 없다. 치료사는 편도체의 활성화 상태를 기술할 뿐이다. 다음으로, 도전(challenge)은 애착과 상실의 문제를 인정하고 이를 미래로 확장함으로써 문제를 조율한다. 도전은 PFC(전전두엽 피질)를 관여시키기 위해 돌아가는 형편을 두루 살핀다. 치료사의 긍정적 언어는 논쟁의 여지를 남기지 않는다. 내레이션은 청소년 트라우마 속 정서 상태에 계속해서 맞춰지고 있다. 공황/슬픔-분노의 회로를 비활성화하려면 PFC의 모든 에너지가 필요하다. 마지막으로, 요청(request)은 청소년의 성격에 어필한다. 그는 이미 뭔가를 할 용기가 있다. 그 용기를 더 시험해 볼 수 있을까? Hank에 대한 사랑을 더 키워 볼 수 있지 않을까? PFC는 기억을 통해 정보를 얻어 이성과 판단의 전기화학적 신호를 몸에 보낸다. 요청은 퇴비 더미에 도달하여 편도체가 수용할 수 있을 만큼의 기억(Hank에 대한 사랑), 이성(Hank의 대리인 되기), 동기(Hank를 기리기)를 삽으로 뜬다. 이 과정에서 분노 억압은 나타나지 않는다. 대신, 치료사는 분노의 목격자이며, 분노를 정당화하고, 분노를 건설적 행동으로 전환할 수 있도록 돕는다. 일련의 단계는 투쟁/도피/동결의 촉발제를 진정시킬 수 있다. 평가절하를 해결하는 데에는 이러한 단계들이 필요하다. 한편, 분노가 드라마에 등장하게 되면 보다 구체적인 조치가 필요한데, 이러한 조치는 분노의 표출을 가능하게 하고 분노의 에너지를 변혁적 치유로 이어지게 하는 새로운 채널로 보낸다.

분노 리채널링

리채널링(분노를 위한 새로운 길 만들기, rechanneling)을 위해서는 청소년에 대해 많이 알고 있어야 한다. 알아야 할 것에는 청소년의 관심사, 재능, 불의나 불공정의 과거 경험 등이 포함된다. 리채널링은 불의를 새로운 방향의 주제로 삼는 **내용**(content)을 포함하고 있다. 또한 창의적이고 표현적인 사회적 활동을 통해 청소년의 재능과 관심을 끌어내는 **과정**(process)을 포함하고 있다. 지역사회 활동, 운동, 예술적 표현은 분노를 외현화하는 비폭력적인 방법이다. **생리**(physiology)는 상실, 분노, 행동 사이의 연결을 마음챙김적으로 집중할 때 나타

난다. 신경정서적 회로로서, 오감(뇌간), 변연계, 운동 뉴런(간뇌)은 취약한 정서 상태에 대한 우리 몸의 반응을 암호화한다. 다음의 행동은 청소년이 분노를 안전하게 표현할 수 있도록 돕는다.

1. 내면의 경험과 행동 사이의 연결을 말로 표현해 보기(피질)
2. 분노를 위한 긍정적 활동 생각해 보기(마음챙김)
3. 분노를 긍정적 행동(positive action)으로 육체적으로 연결시키기(운동)

'분노에 대한 마음챙김'과 '건설적 활동과의 의식적 연합'이라는 두 요소의 결합은 Panksepp(2009)이 개념화한 분노, 돌봄, 놀이의 생물학적 체계를 순환하는 특정 회로를 발달시킨다. FFM(폭력의 4요인 모델)에서는 놀이를 공식적으로는 다루지 않는다. 하지만 모델에서 제시한 분노 치유의 마지막 단계에는 놀이가 포함될 수 있다. 모든 포유류는 놀이 행동을 한다. 분노가 놀이 회로에 포함된 행동(action)과 육체적으로 연결이 되게 되면, Panksepp이 언급하였듯, 이 회로는 아편 물질로 넘치게 되고 결과적으로 '웃는 기쁨'에 필요한 신체감각들을 유발하는 도파민 체계를 활성화한다(p. 16). 게다가 이 회로는 신피질을 사용하고 있지 않아, 몸은 PFC가 요구하는 작업으로부터 잠시나마 해방되는 기쁨을 맛보게 된다. 플로리다의 스톤만 더글라스 학교 총격사건 생존자 학생들은 분노 리채널링의 좋은 예를 보여 준다. 학생 간 단결 및 학교 지키기/안전한 학교 만들기를 위한 활동과 옹호가 지역사회에 마음챙김을 촉발하는 결과를 만들어 냈다.

일부의 청소년은 여러 수준에서 막대한 상실을 경험하게 되는 계단식 효과(cascading effect)를 경험하게 된다. 청소년이 악재에 악재를 거듭하는 비극적 도미노 효과를 견뎌 냈을 때, 그들의 개인적 재난은 사회적 손실이 된다. 따라서 이들을 위한 재난 구호 프로그램, 즉 이들의 삶의 정서적 측면을 인식하고 이에 주의를 기울이는 재난 구호 프로그램이 필요해진다. 특히, 대인관계 단절의 경우는 관계 재건을 위한 회복 프로그램이 필요하다. 아마도 당신의 치료 센터도 발달에 적합한 활동이 일련의 상향식 개입을 제공하는 그런 트라우마 치유의 센터로 전환될 수 있으며, 이런 개입은 NMT에서도 주장된 바이다.

신경과학자들은 정서 조절 문제와 애착 상처의 지표들이 DSM-5에서 관심을 받고 있지 못하다고 지적하고 있다(Panksepp, 2009; van der Kolk, 2009; Beauchaine, 2001). 그럼에도, FFM(폭력의 4요인 모델)은 애착이론과 사회 정의 이론이 어떻게 NMT 개념과 공명하여 청소년(그들의 호소 문제와 상관없이)을 위한 새로운 구제 경로를 구축하는지 보여 준다. 이러한

> 형성 단계에서 애착과 문화적 상처를 치유하는 개입은 미래 인생 단계를 위한 균형 잡히고 탄력성 있는 새로운 뇌 회로를 만들어 낼 수 있다.

접근은 아동에게 안정애착을 가져다주는 정체감과 소속감의 문제를 다룬다. 자율성과 위험 감수에 대한 발달적 욕구에도 불구하고, 청소년은 여전히 부모, 가족, 양육적인 지역사회를 필요로 하고 있다. 형성 단계에서 애착과 문화적 상처를 치유하는 개입은 미래 인생 단계를 위한 균형 잡히고 탄력성 있는 새로운 뇌 회로를 만들어 낼 수 있다.

청소년과의 작업을 위한 하나의 견본으로 다음을 참조하라.

1. 치료 초기(참여 단계 동안), 깔끔한 질문(clean questions)으로 시작하기
2. 동기 강화 면담을 활용하여 동기와 가치 탐색하기
3. 관계 정서에 집중하기 위해 FFM(폭력의 4요인 모델) 진행하기

이 작업은 뇌간, 변연계, 피질 사이의 흐름을 발달시킨다. 3D를 다루는 단계는 안정애착 발달의 과정을 따르며, 이는 신경계를 진정시키고 체계에 긍정적 정서를 투입시킨다. 개입 과정에서 D를 찾아 해당하는 이름을 붙인다. 3D(Devaluation, Disruption of community, Dehumanization of loss)를 중심으로 아동, 청소년이 자신의 목소리를 내도록 돕는 일은 이들의 정서 조절 능력 향상에 중요하다. 이것이 가장 인간적인 특성인 변화와 진보로 나아가는 길이다. 하지만 NMT가 시사하는 바와 같이, 뇌는 서로 연결된 특성으로 인해 한 부분이 손상되면 다른 부분의 기능이 함께 저하될 수 있다. 이 위대한 발견으로 인해 뇌 중심을 향한 여정에서 동양과 서양이 서로 하나로 합쳐질 수 있다.

결론

이 장은 트라우마를 사건이 아닌 신경계를 압도하는 경험(혹은 일군의 경험)으로 설명하기 위해 트라우마의 신경생물학적 정의를 검토하였다. 성인 트라우마를 다루는 제6장의 동반장으로서, 이 장은 트라우마의 기본에 해당하는 생물심리사회적 모델을 살펴보았다. 이 모델은 모든 연령에 적용되는 생리학은 물론 아동·청소년의 증상, 평가, 치료 옵션을 다루고 있다.

트라우마의 심리치료는 낙인의 변화를 강조한다. 특히 상처, 부상, 치유의 용어를 사용함

으로써 트라우마 생존자를 향한 낙인을 줄일 것을 주장한다. 이로써 트라우마 생존자는 생물학적 공감이라는 **증상적 토대**와 치유라는 낙관적 방향성을 부여받는 **탄력성의 토대**를 갖게 된다. 엄격한 의학 모델에서 벗어나게 되면, 질병이나 결핍에 기초한 기술은 사라지게 된다. 적어도 트라우마 생존자가 PTSD 진단으로 뭔가 입증받았다고 느끼지 않는 한 그러하다. 안전한 참여라는 개념은 도움 추구 과정에서 탈병리화나 탈낙인화를 가능하게 한다.

트라우마 증상은 치료를 복잡하게 하는 여러 과정의 층을 포함하고 있다. 수많은 트라우마 학자는 '발달적 외상 후 적응'과 같은 DSM 특수 진단을 옹호해 왔다. 그간의 여러 선행 연구가 아동기 학대에 동반되는 설득력 있는 결과물과 행동 목록을 제시해 왔기 때문이다. 또한 수많은 트라우마 치료사는 트라우마 사건과 관련하여 이혼, 외도, 사망, 상실, 불후한 아동기 경험(adverse childhood experiences)과 같은 DSM-5에 명시되지 않은, 즉 DSM-5를 뛰어넘는 확대 정의를 옹호해 왔다.

NMT(신경순차적 치료 모델)는 아동, 청소년의 평가와 치료에 여러 정보를 제공한다. 어떤 개입을 쓸 것인가에 대한 지침으로 신경계의 발달적 성장을 활용하게 함으로써 이 모델은 치료사의 사례 계획을 돕는다. 차별적 개입을 요구하는 네 가지 영역으로 뇌간, 간뇌/소뇌, 변연, 대뇌피질을 설정하고 있는 NMT는 심각한 트라우마 과거력을 가진 아동 및 청소년 치료에 성공적이었다. NMT 치료를 사용한 사례연구는 순차적 단계 활용과 신경망을 중심으로 한 개입 시도가 중요함을 보여 주었다. 미술치료 사례연구 또한 단계별 치료 소통 방법에 대한 구체적 예를 제공하고 있다.

아동을 위한 트라우마 개입의 예로는 CATTI(Chapman의 미술치료 치료 개입, Chapman, 2014), 놀이치료(Gil, 2017), 치료놀이©(Robison et al., 2009; Tucker et al., 2017), David Grove의 깔끔한 질문(clean questions), Hardy와 Laszloffy(2005)의 폭력의 4요인 모델(four factor model of violence)이 있다. 양측 낙서, 가족 의례, 가계도 놀이, 이야기 꾸미기, 치료놀이© 순서, 폭력 예방을 위한 VCR 활용을 위한 구체적 지침도 함께 제시하였다.

제6장

매복된 뇌

성인의 상처와 전인적 치료

성인의 뇌: 두 개의 세계 살아가기

현실 세계에서의 전인적 치유

뇌간 개입: 감각통합과 각성

간뇌/소뇌 개입: 자기규제

변연계 중재: 애착과 긍정

피질 개입: 반영과 직관

자기표현

은유

결론

The Transparent Brain in Couple and Family Therapy

성인의 행동은 뇌의 상태와 이를 둘러싼 사회적 생태로 인해 영향을 받으므로, 이 장에서는 상처, 부상, 치유에 대한 주제를 계속하여 다룰 것이다. 성인의 욕구와 뇌 상태가 고유하긴 하나 그렇다고 아동기부터 누적된 발달의 영향을 무시해도 된다는 말은 아니다. 아동기 양상을 고려하여 뇌 발달을 이해하고 이에 맞는 치료를 제안하는 것은 성인 트라우마 생존자 치료에 있어 좋은 시작점이 된다. 이런 맥락에서, 제5장에서 논의한 청소년 개입을 20대 트라우마 생존자에게 적용해 볼 수 있다. 특히 이 개입은 참전군인에게 유용할 수 있는데, 이는 트라우마로 고통받는 대다수의 참전군인의 나이가 24세 미만이기 때문이다. 노출치료 중 중도 탈락하는 참전군인의 수가 많다는 최근 연구 결과를 고려할 때, Perry의 신경순차적 치료모델(Neurosequential Model of Therapeutics: NMT)은 참전군인의 트라우마 치료에 적합하다 하겠다(Crocker et al., 2018; Gros et al., 2013; Najavits, 2015). 확실히 치료에서 발달적 요인을 고려하는 것은 중요하다. 그럼에도 이런 발달적 요인을 포괄하는 전체적 혹은 전인적(holistic) 역동에 대한 관심은 부족한 형편이다. 임상가가 발달의 영향을 이해하고 이를 치료 지도에 적용할 때 치료는 보다 성공적이 될 수 있다.

제5장은 트라우마 생존자의 생리적, 사회적 생태학에 근거하여 트라우마 치료를 설명하고 있다. 안전한 참여라는 개념은 낙인과 접근 장벽에 대한 우리의 주의를 환기한다. 내담자는 자발적일 수도 비자발적일 수도 있다. 제4장에서 설명하였듯, 개인이 가진 동기가 더 이상 치료에 장애물이 될 필요는 없다. 이는 제5장의 언어로 표현하면, 트라우마 환자의 초기 세계관이 무엇이든 이들을 편하게 할 방법이 있다는 말이다. 상처 회복을 위해서는 매 단계 안전을 확보하는 일이 중요하다. 게다가 트라우마 생존자는 트라우마가 주 호소 문제가 아닐 경우에도 치료를 찾곤 한다. 이 말은 삶의 다른 측면에 집중하면서 동시에 트라우마 증상을 해결할 좋은 기회가 존재한다는 말이다. 마지막으로, 트라우마 생존자는 보통 자신에게 일어난 일에 대해 이야기하거나 설명하길 원하지 않는다. 신경계 조절 불능을 전달할 방법은 많다. 일부의 치료사는 내담자의 지혜를 존중하며, 이들의 선호를 존중하는 가운데 치유의 활동을 통합해 나간다. 이 장에서는 내담자의 지혜를 존중하는 여러 트라우마 치유 서비스들을 검토해 나갈 것이다. 이런 방법은 평가를 위한 의사 결정 트리(decision tree)나 총체적 치료 계획이 활용되기 어려운 내담자와의 치료에서 안전관계를 유지하는 데 유용한 지침이 될 것이다. 가장 꺼리는 내

> 가장 꺼리는 내담자에게 집중할 때 우리는 모두에게 이익이 되는 뇌에 대한 지혜를 얻을 수 있다.

담자에게 집중할 때 우리는 모두에게 이익이 되는 뇌에 대한 지혜를 얻을 수 있다. 또한 취약성과 관련한 독특한 청사진을 이해할 수 있게 될 것이며, 치유를 촉진하는 방식으로 우리 자신을 성장하게도 만들 수 있다. 성인기의 복잡성을 반영하는 방식으로 치료를 개별화한다면, 우리는 신경학적 이야기 안에서 발달의 층을 발견하게 될 것이며, 이는 내담자 회복에 큰 자원이 될 것이다.

성인의 뇌: 두 개의 세계 살아가기

24세가 되면 인간의 뇌는 수초화를 완료한다. 속도는 빨라지나 유연성은 떨어진다. 하지만 제3장에서 언급한 바 있듯, **인간의 뇌는 평생을 걸쳐 가소성을 나타낸다.** 말하자면 변화는 패턴을 깨는 의도적 조치를 만들며, 이러한 변화는 삶의 전환, 좋은 결과로 이어지는 우연이나 개인적 발견, 혹은 특정 치료로 인해 나타난다(Hanna, 2019). 하지만 성인기에 트라우마를 경험한 사람은 증상이 있다 말다 하여서, **평가와 발견이 쉽지 않다.** 성인 트라우마 경험의 핵심은 **두 개 세계에 살고 있다는** 당혹스러운 느낌이다. 한 세계는 **사회적 환경이다.** 다른 하나는 외부 환경과는 관계없는 **신경계 생존 반응**이라는 **내부 세계이다.** 실제로 제3장의 에이프릴의 경우처럼, 피해자가 학대를 너무 어려서 경험하게 되면 피해자의 어린 뇌는 관련 경험을 충분히 처리하지 못한다. 그러다 뇌가 성숙하여 성인기에 이르면, 자각이 생김과 동시에 일상적 책임을 다하지 못할 정도로 삶에 지장을 받게 된다. 어린 시절 학대를 당하지 않았더라도 성인에서는 트라우마가 즉각적으로 드러나지 않을 수 있다. Van der Kolk(2014, p. 8)는 베트남 참전군인인 Tom의 사례를 기술하고 있다. 양 진영에서 저지른 잔학한 행위는 강렬하고 섬뜩했다.

> 군 복무를 마치고 명예롭게 제대한 Tom은 베트남을 잊고 싶다는 생각뿐이었다. 겉으로는 적어도 그렇게 행동했다. 그는 군인 연금으로 대학을 다니고 로스쿨을 졸업했으며 고등학교 시절 연인과 결혼해 두 아들을 낳았다. 아내의 편지가 정글의 광기 속에서 자신을 살게끔 해 주었지만, 아내에게 진정한 애정을 느끼기 힘들었고 이런 사실이 속상했다. Tom은 평범한 삶을 사는 척 가장하며 다시 예전의 자기로 돌아가길 바랐다. 그는 현재 번창하는 법률 사무소와 완벽한 가정을 가지고 있지만, 정상이 아님을 느끼고 있었고 내면이 죽어 있었다.

성인에게 있어 트라우마는 약물 남용, 아드레날린, 공격성, 복종, 정신과적 진단(우울증, 양극성, 경계성 성격장애, 자기애성 성격장애 등)을 야기하는 활동 욕구인 '오버 드라이브(과각성)' 상태, 즉 사회에서 (트라우마가 아닌) 다른 것으로 간주하는 증상을 유발할 수 있다. April의 친구가 April의 상태를 의심하게 된 이유는 그녀 역시 치료 전 과각성 상태에 있었고 이와 유사한 상태를 April에게서 발견했기 때문이었다. 이는 Perry 등(1995)이 말하는 **무의식적 대처 전략이 일관되고 확고해져 특성으로 오인된 예**라 할 수 있다. Ta-Nehisi Coates(2015)는 인종차별을 경험한 사람들의 행동을 예리하게 관찰했는데, 이들 행동은 수많은 트라우마 생존자가 성인기에 들어 적응해 나가면서 나타내는 행동들과 일치한다. 이들 행동은 종종 두려움의 형태로 나타나기도 하고, 어떤 때는 동네 불량배 소년 혹은 살인자 가족을 둔 사람이 보이는 싸움이나 공격성의 형태로 나타나기도 한다. Coates는 과거를 돌아보며 이러한 두려움의 징후를 언급하고 있다.

> 전 제 아버지에게서 두려움을 봤습니다. 아버지는 매우 두려워하셨죠. 전 그 두려움을 아버지가 내리치는 가죽 벨트의 감각으로부터 느꼈습니다. 아버지는 분노보다는 불안의 감정으로 저를 치셨죠. 마치 누군가가 절 훔쳐가려 하는 양 아버지는 절 치셨고 그것이 실제 일어난 일이었기에 더 그러신 것 같습니다.
>
> (Coates, 2015, pp. 14-16)

이처럼 성인 트라우마는 관심을 끄는 엄청난 증상은 아니지만 세대를 걸쳐 이어지는 문제로 발전하기도 한다. 두 세계를 사는 사람들의 예로는 전쟁(예: 세계대전) 및 인종 청소(예: 유럽의 홀로코스트, 아일랜드의 인종 청소)의 희생자나 인신매매, 가정폭력, 정신·육체·영혼 유린의 희생자가 있다. 유품인 미완성 회고록을 보면서, 편집자 Dan Piepenbring은 록 스타 Prince(2019) 사망 나흘 전 그와 나눈 대화를 회상했다. 그의 부모님은 이혼 즈음해서(Prince 나이 10세) 그에게 매우 폭력적이었다. 고도로 구조화된 부모와 자유분방하고 즉흥적인 부모 사이에서 살아온 Prince는 세포기억이란 이론에 관심을 보였는데, 이것이 자신의 고통을 설명해 줄 거란 기대 때문이었다. 부모에 대한 기억, 그리고 그로 인한 트라우마로 고통받는 이유를 설명해 줄 거란 기대를 Prince는 가지고 있었다.

언급한 두 세계 중 외부 세계는 위치와 관계를 통해 성취를 이루려는 사람들로 차 있다. 반면, 또 다른 세계인 내부 세계는 언제든 닥칠 위험이라는 유령 같은 현실로 차 있다. 구조된 생존자가 감사의식이 결여된 듯한 행동을 보이는 경우가 흔한데, 이때 도움을 준 이는 이들의 감사 행동 결여에 적잖이 놀라게 된다. 이는 투쟁/도피/동결(fight/flight/freeze)이라는 계속되는 생리적 상태로 감사 행동이 가려졌기 때문이다. 달리 말해, 언어적 소통을 어렵게 만드는 말할 수 없는 공포라는 무형의 현실에 감사 행동이 가려졌다 할 수 있다.

또 다른 숨겨진 현실은 정체감과 소속감으로 이어지는 뇌 경로가 망가져서 감사의 언어화가 어렵게 된 경우이다. Arrington(2014)은 성 인신매매 생존자들을 연구했는데, 그 결과 편견과 불공정한 시각에 대한 인식이 이들의 회복 과정을 방해한다는 사실을 알게 됐다. 하지만 회복이 진행됨에 따라, 이들은 자신의 지혜와 경험을 이용하여 남을 도울 수 있게 되었고 이런 자신의 행동을 자랑스러워했다. 또한 이들은 참전군인과 마찬가지로 경험을 공유할 수 있는 다른 이들과 함께일 때 안도감을 느꼈다. Van der Kolk(2014)는 안위 회복에 있어 관계와 공동체 재건이 중요함을 강조하였다. Perry와 Dobson(2013)은 사회적 관계망이 좌절되거나 위험에 놓일 때 유해한 독성 관계가 발생함을 우리에게 상기시키고 있다. 생존자는 상실, 분노, 혼돈의 행동으로 치닫는다. 제8장은 공동체 재건과 가족 간 지지 확립을 위한 몇 가지 아이디어를 제공하고 있다.

> 성인에게 있어 트라우마는 사회에서 (트라우마가 아닌) 다른 것으로 간주하는 증상을 유발할 수 있다.

또한 성인이 되면 성숙, 통제, 예절, 규율, 책임감, 도덕성, 친밀감, 자기 절제, 종교적 또는 성적 전통과 관련된 다양한 덕목에 대한 문명사회의 기대가 높아진다. 성인기의 이러한 특징은 이성적 두뇌가 문명화된 세상 안에서 비문명화된 두뇌를 어떻게 관리할 것인가에 관한 비용–이득 분석을 하도록 촉구한다. 위험, 폭력, 상실, 파괴에 직면했을 때, 선사시대의 우리의 몸은 이성적 뇌 없이도 생존을 이루어 왔고, 이는 우리 몸이 개인, 가족, 공동체, 사회, 인류라는 각 생존 수준에서 애착, 보호, 방어 유지에 도움이 되는 광범위한 회로를 작동시킨 덕에 가능했다. 이러한 내부 생존 회로는 위험을 학습했다. 만약 뇌가 세상의 일부를 여전히 위험으로 지각한다면, 우리는 어떻게 '안전'이란 개념을 배울 수 있을까? 물리적으로, 재정적으로, 윤리적으로 안전한 것처럼 보이는 사회에서 이러한 상태는 회복의 길을 찾는 데 큰 딜레마가 될 수 있다. 이것이 바로 바람직한 행동을 요구받는 성인 트라우마 생존자를 평가하고 치료하는 과정에서 중점적으로 다루어야 할 내용이다. 예를 들어, 트라우마 생존자 중 일부는 낙관주의와 유머를 요구하는 환경에서 비관주의와 권위 불신을 나타낸다. 어린 두뇌와 마찬가지로, 트라우마 경험 후 느끼는 안전과 신뢰의 부족은 종종 잘못된 대처 전략을 양산한다. 하지만 성인인 지금은 성인의 책임이라는 부담까지 더해져 있다.

도덕적 상처(Moral Injury: MI)라는 경험에 대한 임상 영역의 관심이 증가하고 있다. 전쟁 중 자신의 양심과 가치에 반하는 비도덕적 행위를 한 참전군인의 사례는 도덕적 상처가 어떻게 트라우마 경험을 심화하고 개입의 효과를 약화하는지 이해하게 만들었다. 전쟁 경험으로 초래된 내적 갈등으로서의 도덕적 상처는 (1) 지도자나 적의 행동의 부당함과 위해 경험으로 인해 혹은 (2) 자신의 행동의 부당함과 위해 경험으로 인해 발생할 수 있다. 가해자는 두 경우 모두에서 존재할 수 있다. 생존자는 희생자, 목격자, 가해자, 혹은 셋 모두가 될 수 있다. Barnes 등(2019)은 PTSD를 동반한 도덕적 상처가 정신건강 악화와 약물 남용 증가에 기여함을 발견했다. PTSD와 도덕적 상처의 조합은 자살 위험을 증가시켰다(Bryan et al., 2018). Koenig 등(2018)은 실패감, 수치심, 배신감, 용서, 삶의 무가치함에 대한 문항들을 포함한 증상 척도를 개발하였다. 이전 소개한 Tom의 사례에는 이런 도덕적 상처가 포함되어 있을 가능성이 있다.

Bryan 등(2018)은 PTSD와 도덕적 상처(Moral Injury: MI)가 함께 나타날 수 있지만 별개의 경험이라는 사실을 발견했다. Barnes 등(2019)도 도덕적 상처가 공포가 기반이 된 PTSD와는 같지 않음을 발견했다. 대신 MI에는 죄책감, 수치심, 배신감 등이 관여됨을 알아냈다. 이는 트라우마 치료가 PTSD 접근 방식에서 벗어나야 할 필요성을 시사한다. 더불어 Litz 등(2009)은 개인의 소셜 네트워크가 자기 비난과 수치심을 조장하는 도덕적 부조화의 심각성에 어떤 영향을 미치는지 주목한다. 성인의 뇌는 인지와 합리성이 어느 정도 안정된 수준에 도달해 있기 때문에 MI는 소셜 네트워크의 모든 수준에서 정체성, 소속감, 관계를 불안정하게 만들 수 있다(제5장 [그림 5-1] 참조). "지금의 나는 누구인가? 현재의 나는 당신이 생각하는 내가 아니다." 또한 전쟁 중 아직 어린 두뇌를 가진 사람은, 전쟁 경험으로 도덕적 현실감이 커져 감에 따라, 발달을 정지시키거나 증상을 지연시킬 수 있다.

전쟁 경험자 외의 다른 서비스 종사자도 MI로 피해를 입는다는 인식이 확산되고 있다. 의료 전문가는 환자 치료를 해치거나 자신의 정신건강을 해칠 수 있는 윤리적, 정치적, 재정적 압박에 직면한다(Kopacz et al., 2019). 경찰, 교육자, 사회복지 서비스 제공자는 반복되는 트라우마로 고통받다가 이성적 결정과 상충되는 우선순위에 직면하여 MI를 얻게 된다. MI에 수반되는 내적 혼란은 수치심이나 분노에 가려지는 경우가 많으며, 의문의 자살 시도가 또 다른 말로 표현할 수 없는 공포를 불러일으킬 때까지 묻혀 있을 수 있다. 상처를 치유의 상태로 되돌리는 것이 뇌 과학에 기반한 치료(brain-informed therapy)의 기술이자 과학이다.

많은 개인과 가족이 생리적으로 다른 두 개의 세계에 살고 있다는 증거가 증가하고 있다.

신경학적 상태로서의 빈곤(poverty)도 뇌 과학에 기반한 치료 기술과 과학을 요구한다. 결핍의 과학(scarcity science)으로 일컬어지는 연구들은 만성 빈곤과 재정적 재난에 대한 뇌의 반응을 추적한다. 많은 개인과 가족이 생리적으로 다른 두 개의 세계에 살고 있다는 증거가 증가하고 있는데, 이 중 한 세계는 중앙난방이 되는 집, 음식을 보관할 수 있는 냉장고, 지역 사회를 자유롭게 이동할 수 있는 교통수단, 원하는 목적지에 제시간에 도착할 수 있는 자원이 갖추어진 세계이다. 이런 세계의 거주자들의 두뇌는 일상적인 생존 필요와 즉각적인 위험에 초점을 맞추지 않아도 된다. 부모, 매장 점원, 기업 임원 등 어떤 직업을 가지고 있든, 이들은 상대적으로 책임감과 독립성을 갖고 있기 때문에 합리적인 사고와 문제해결을 위한 대뇌 피질 기능에 집중할 수 있다. 반면, 같은 지리적 세계에 살고 있지만 이러한 자원이 없는 이에게는 삶은 생존을 위한 끊임없는 싸움이 된다. 이들의 뇌력(뇌의 파워)은 생존을 위한 용도로 사용된다. 즉, 음식, 쉼터, 안전을 찾기 위해 아드레날린을 분출시키며 장애물을 차례로 피하는 긴급한 생존[시상하부-뇌하수체-부신(HPA) 축과 변연계]을 위해 사용된다. 따라서 이들의 생리적 세계는 특권자의 생리적 세계와는 다르다. 이들은 다른 생리와 자원을 가진 사람에 의해 무책임하고 냉담하며 자제력이나 동기부여가 부족한 사람으로 판단된다(Ong et al., 2019; Dang et al., 2015; Vohs, 2013).

두 세계의 분열의 극단적 예는 퓰리처상 수상으로 유명한 Leon Dash(1996)의 문화기술학에서 찾아볼 수 있다. 이 문화기술은 워싱턴 DC 남동부의 Rosa Lee Cunningham과 그녀의 가족을 다루고 있다. 워싱턴 포스트지의 기자로서 Dash는 Rosa Lee와 그녀의 가족을 4년간 취재했다. 취재는 매주 Rosa Lee가 메타돈 치료를 받고 8명의 자녀와 일정 시간을 보낸 후 이루어졌다.

중산층 삶을 사는 흑인 남성인 Dash는 그간의 경험으로부터의 지식을 버리고 새로운 세계로부터의 배움에 열려 있어야 함을 깨달았다. Dash는 Rosa Lee의 일상 경험을 따라가며 노스캐롤라이나의 노예 생활과 소작 그리고 가족의 북부 이주에 이르는 여러 세대에 걸친 과거 사건들을 추적했다. Dash는 Rosa Lee가 도둑질, 절도, 매춘, 마약 거래, 중독에 빠지는 과정을 사회학적 시각으로 냉철히 바라보았다. 이제, 결핍의 과학이라는 관점에서, 더 많은 통찰은 실제 치료 계획 수립에 중요한 배경이 된다. 〈표 6-1〉은 Rosa Lee의 삶의 신경생리학을 추적한 결과이다. HPA 축의 언급은 항상 아드레날린, 노르아드레날린, 엔도르핀, 코르티솔을 포함하고 있음에 주목하라(제2장 [그림 2-7] 참조). 이 표는 취약성에 대한 Rosa Lee의 독특한 청사진이다.

표 6-1 Rosa Lee의 신경생리학적 여정

연령	사건	신경생리학
0세	1936년생, 2명의 오빠, 장녀, 22명의 형제 중 11명이 생존; 모 연령 16세였음, 워싱턴에 있는 가택에는 수돗물이 없고 바깥 채도 없었음	강간, 상실, 생존의 긴급성에 의해 촉발된 모의 신경계(HPA, 시상하부–뇌하수체–부신 축)
3~7세	부: 알코올환자, 취중에 모를 구타하곤 함, Rosa Lee를 양육했고 용돈을 줌 모: Rosa Lee를 때리곤 함, 모의 가정부 일이 가정 내 유일한 안정적 수입원이었음	돈은 도파민; 부와의 애착으로 옥시토신도 있게 됨; 모의 신체학대 = HPA 축
8세	사촌을 만나기 위해 노스캐롤라이나를 방문, 매일 8시간씩 한 주 내내 면화를 땀, 모는 Rosa가 이런 일이 얼마나 고된지 알기를 원함: "그들은 우리를 개인 것 마냥 쳐다봤음"(인종차별)	처벌 및 팔다리 통증과 연합된 유산소 운동; 적대적 환경으로부터 HPA 활동 유발
9세	모의 폭력: 머리와 입을 수없이 맞았고 모의 폭력으로 앞 영구치가 뽑히기도 함(틀니를 끼게 됨), 남자 형제들이 밖에서 노는 동안 Rosa는 빨래와 집안 청소를 함(여자아이들을 훈련시킴), 가정부인 엄마의 전철을 밟지 않겠다 맹세함	쇼크, 두부 외상, 인종차별, 계급주의, 성차별로 인한 만성 HPA 활동; 애착 손상이 생김
9세	교회 신도들 외투에서 동전을 훔치고 좀도둑질을 시작, 적대적 환경 안에서 이런 상태에 내몰린 것이 자가 치료제가 됨	돈 = 도파민, 다른 소녀들과 어울리며 정체감 형성 = 세로토닌; 소속감 = 옥시토신
12세	부는 Rosa의 유일한 애착 대상이었으나 1948년 간경화로 36세의 나이로 사망, 성관계를 시작, 모와 Rosa는 둘 다 문맹임	트라우마적 상실=낮은 세로토닌과 옥시토신, 고립 = HPA 활동, 섹스 = 도파민, 옥시토신
14세	1950년 Bobby 출산, 21세의 남성과 강제 혼인	출산 = 옥시토신; 섹스 = 도파민과 옥시토신
15세	이혼; 좀도둑질로 미성년 구류시설(소년원)에 송치	배우자로부터의 학대 = HPA 활동
16세	1952년 Ronnie 출산	옥시토신; 애착, 소속감; 다자녀와 관련한 문화적 가르침 = "너흰 다 여자야!" 흥분의 시간 = 도파민
17세	1953년 Alvin 출산	
18세	1954년 Richard 출산	
20세	1956년 Eric 출산, 웨이트리스로 첫 직장, 마약 거래 시작	
22세	1958년 Patty 출산	
24세	1960년 Ducky 출산	
25세	1961년 딸 출산, 자궁절제, 스트립퍼로 두 번째 직장, 매춘 시작	
30세	모피코트를 훔치려다 체포됨, 6~9개월간 감옥행	

<table>
<tr><td>33세</td><td>1969년 11세인 딸 Patty를 매춘업에 소개</td><td rowspan="6">매춘은 곧 '생존'
먹여 살려야 하는 8명의 자녀로 HPA 축이 만성 생존 투쟁 상태에 있게 됨
재정(결핍의 과학)이나 도덕적 발달과 관련된 전전두엽 기능 부재</td></tr>
<tr><td>38세</td><td>BAM(Butorphanol-Azaperone-Medetomidine)이라는 약물에 중독</td></tr>
<tr><td>40세</td><td>헤로인에 중독</td></tr>
<tr><td>52세</td><td>1988년 HIV 양성 판정을 받음</td></tr>
<tr><td>54세</td><td>Leon Dash(일리노이대 저널리즘 교수이며 워싱턴 포스트지 기자, 『Rosa Lee』의 저자)와 인터뷰(1990~1994년)</td></tr>
<tr><td>58세</td><td>1995년 사망</td></tr>
</table>

세대 간 배경을 소개하자면, Rosa Lee의 엄마는 5세부터 목화를 따기 시작했고 12세 때 소작인 감독에게 강간을 당했다. 소작인 감독은 엄마의 어린 딸을 납치하기도 했다(폭력적 인종차별). 14세에 결혼한 Rosa Lee의 엄마는 1932년 15세의 나이로 아들을 낳고 워싱턴 DC로 이주했다. Rosa Lee의 부모는 총 22명의 자녀를 낳았고 그중 11명이 생존했다. Rosa Lee는 셋째이자 장녀였다. 엄마는 미국 의회에서 가정부 일을 했고 아버지는 건설업에 종사했다. Rosa Lee는 가난한 시골 가정에서 태어나 그 지역 다른 흑인들로부터 차별을 받았고, 도시에서는 시골 이미지(계급주의)를 부끄러워하는 흑인들에 의해 또다시 차별을 받았다. 이렇듯 Rosa Lee는 당시 평균적 흑인 가정이 받는 사회적 지지보다도 낮은 사회적 지지를 받으며 자랐다.

Rosa Lee는 알코올을 사용했으나 중독 증상은 보이지 않았다. 38세에 암페타민(BAM)인 프렐루딘에 중독되었고, 헤로인은 거래를 시작한 지 19년 만인 40세에 처음 투약했다. 중독이 늦어진 데에는 내적 화학 작용의 힘과 문화적으로 규정된 역할(엄마가 Rosa Lee에게 심어 준)로부터 벗어나려던 Rosa Lee의 집착이 한몫했다. 구타에 시달리던 고립된 12세 문맹 소녀였던 Rosa Lee는 도둑질, 매춘, 마약 거래의 성공을 계기로 결핍의 세상에서 도파민과 세로토닌을 찾았다. Rosa Lee에게 있어 이 두 물질은 숙달감, 자존감(정체성), 소속감의 경험을 가능케 한 유일한 정서적 자원이었다. 옥시토신은 자녀와의 유대를 통해 그리고 동네 사업 동료들과의 유대를 통해 얻었다. 옥시토신은 모든 인간의 생존 전략을 결정짓는 강력한 화학물질이다.

젊은 시절에는 고객이 꾸준히 그녀를 찾았다. 필요한 존재로 느껴졌고 인정도 받았다. 하지만 Rosa Lee는 엄마가 부여한 원치 않은 역할을 후대에 유산으로 남겼다. 헤로인에 빠지기 시작한 것은 중년기 슬픔을 경험한 때, 사랑의 관계가 끝났을 때였다. Maté(2010, p. 165)는

> "처음 헤로인을 했을 때…… 따뜻하고 부드러운 포옹 같은 느낌이었다."라는 환자의 말을 인용하고 있다. 중년기에 이르러 자녀들이 문제적 성인으로 성장하고 관계가 깨지기 시작하면서 Rosa Lee의 이전 행복의 원천은 흔들리기 시작했다.

HPA 축으로부터 온 것들은 중독성이 있다. "두려움과 혐오감은 어떤 비뚤어진 방식으로 인해 쾌락으로 변할 수 있다"(van der Kolk, 2014, p. 32). HPA 축에서 생성되는 엔도르핀은 진통제로서 다른 화학물질의 흡수를 돕는 역할을 한다. 만약 Rosa Lee가 이런 화학물질을 다른 원천을 통해 얻을 수 있었다면, 예를 들어 학교에서 즐거움과 성취감을 얻을 수 있었다면, 그녀는 지금과는 다른 길로 이어지는 선택권을 '가졌을' 수도 있다. 아드레날린은 롤러코스터나 마라톤 경주에서는 쉽게 분출되나(중독되나), 교육, 대가족, 교회 장면에서는 분출되지 않았다. 가족 내에서 상당한 위치를 인지할 때 분출되는 세로토닌이 부족했던 Rosa Lee는 자신만의 장치에 의지하여 생존을 이루었고 자신만의 장치에 의지하여 동료로부터 인정을 받았다. 이는 상태가 특성으로 변하는 과정을 잘 보여 준다(Perry et al., 1995). 훔친 옷을 보여 줬을 때 Rosa Lee는 또래로부터 찬사를 받았고, 이는 그녀에게 정서적 사막에서 화학적 오아시스를 만난 것과도 같았다.

Rosa Lee의 전전두엽 피질(PFC) 사용은 어떠했을까? 제3장에서 설명한 바 있듯, 결핍의 과학(scarcity science)에서는 Rosa Lee의 문제해결 대역폭이 당장의 생존과 즉각적 보상으로 주로 채워질 것이라 예측한다. 문제해결을 위해서는 PFC의 사용이 필요하지만 폭력의 위협이 팽배한 환경에서는 미래 계획이나 라이프스타일의 변화를 위한 PFC 공간은 남겨져 있지 않다. 24세 이전에 7명의 자녀를 출산한 Rosa Lee의 두뇌 연령을 고려할 때, 도파민(돈)과 옥시토신(애착)의 제공이 부족한 개입은 그녀에게 별다른 효과가 없을 것이다. 자녀와의 유대를 지키는 것이 개입에서 가장 중요할 것으로 보이며, 이것이 Rosa Lee에게 필요한 '책임감 있는' 행동을 만들어 내는 기제가 될 것이다. 그리고 이러한 행동은 아드레날린에 의해 촉진될 것이다. 한편, 선의의 '거친 사랑'을 위한 양육 코칭이나 경계 설정을 위한 부모 교육은 그녀에게는 대역폭을 넘어서는 무리한 개입이 될 수 있다. 그렇게 되면 전문가는 고개를 절레절레 흔들며 '도대체 그녀는 무슨 생각을 하는 걸까?' 하며 의아해할 것이다. 그 대답은 너무도 간단하다. 그녀는 아무 생각을 하지 않는다.

그 대답은 너무도 간단하다. 그녀는 아무 생각을 하지 않는다.

청소년기의 Rosa Lee의 뇌는 정체성, 소속감, 애착으로 이어지는 흥분과 위험 감수를 찾게 되었다. 인종차별, 성차별, 계급주의가 만연한 적대적 환경 속에서도 그녀는 자녀를 낳았다. 지역사회에서 존경받는 일원(길거리의 '마마 로즈')이 되면, 소속 집단에 충성을 보이는 일은 개인에게 사활을 거는 문제가 된다. 이들 변수가 도전적으로 느껴지겠지만, 이 장 뒷부분에서는 여러 효과적 개입이 어떻게 NMT 모델과 합쳐져 신경 발달 격차 해소에 기여하게 되는지 보여 줄 것이다.

만성 증상을 보이는 대부분의 트라우마 생존자는, 재정 자원 소유 여부와 상관없이, 두 개 세계를 살아간다. 하지만 이 싸움은 빈곤층에서 더욱 두드러진다. 생존이 위협받는 상황에서 단기간 내 의사 결정을 해야 하는 삽화 동안 인간이 감당할 수 있는 것은 많지 않다. 재난 상황에서 제한된 자원에 노출된 사람이나 여러 해 동안 부족한 자원으로 노동을 해 온 사람은 그 몸이 변연계와 HPA 축 비상 작동에 의지하게 된다. [그림 2-7]에서 설명하고 있는 HPA 축 효과(제2장)를 보라. 그리고 이를 통해, 노르아드레날린이 스트레스 반응의 일환으로 편도체로 흘러가는 동안 코르티솔이 어떻게 PFC(이성적 사고)와 해마(기억)에서 과잉 활동하게 되는지 기억하라. 어린 딸을 매춘에 소개한 이후로는(〈표 6-1〉 참조), Rosa Lee는 평온의 순간에조차 HPA 축의 절망과 PFC의 수치심 사이를 오갈 운명에 놓이게 되었다. 이게 바로 그녀가 숨겨진 자 중 한 명이 된 경위이다. 이 주제를 꺼내기까지 3년이 걸렸다고 Dash는 고백했다. 33세의 딸이 11세 때의 경험을 기억하는 것을 들으면서 Rosa Lee는 수치심에 휩싸인 채 고통스러운 모습으로 대화에 임하였다. 1950년대에 흑인 중간층이 있었을 것을 상상조차 못했던 어린 Rosa Lee가 이웃으로부터 느꼈을 고립감을 Dash는 언급하고 있다.

제5장에서 트라우마를 신경계 조절 장애와 과부하로 소개한 것처럼, 재난이나 빈곤은 여러 세계 간 충돌을 만들 수 있다. 다시 말하지만 한 세계는 외부 환경을 우리 몸으로 가져오는 오감을 포함하고 있다. 다른 한 세계는 감각 입력을 처리하는 자율신경계와 HPA 축을 포함하고 있다. 과부하는 한쪽의 과잉 자극과 다른 한쪽의 과잉 활성화 혹은 동결로부터 비롯된다. 따라서 성인의 뇌는 만성 충격과 증상의 무게로 인해 가라앉을 수 있다. 이것이 바로 뇌 과부하를 현실적으로 평가하고 신경순차적 치료 단계의 수립을 위해 생물심리사회적 평가를 먼저 실시해야만 하는 이유이다.

현실 세계에서의 전인적 치유

Rosa Lee의 사례는 기존 서비스로 다루기엔 너무 과한 사례인가? 아동기 개입이 필요했던 1940년대로 거슬러 올라가, 트라우마에 초점을 맞추는 개입이 해답이 될 수 있을까? 부모 지원은 어떠한가? 학대로 인한 뇌 손상은 어떠한가? 여전히 틈에 낄 수 있는 혹은 사각지대에 놓일 수 있는 과밀 학교 프로그램은 어떠한가? 치료사 소진은 어떠한가? 생각해야 할 것이 너무 많다!

고백하건대, 뇌의 시대에 Rosa Lee의 이야기를 처음 읽었을 때 저자는 분노, 혐오, 슬픔, 역겨움으로 압도돼 잠을 못 이루며 울었다. 무력감이 너무 싫었다. Dash의 결단력과 오랜 인내가 없었다면 저자는 그가 본 인간적인 면, 즉 잘 기록된 불의(injustice)와 뇌간 치유 및 정서적 응급처치가 필요한 그 비극(tragedy)을 놓쳤을지도 모른다. 변화를 가져올 수 있었던 아주 사소한 상황에서 기회를 놓친 것을 알아보지도 못했을 것이다. 최하층에 들어간 형제가 두 명밖에 없었기 때문에, 기회의 씨앗을 품고 있는 Rosa Lee의 상황에는 뭔가 독특한 측면이 있었다.

9세 때 교회에서 도둑질을 할 수 있었다면, 지지적인 어른의 도움으로 합법적으로 돈을 벌 수 있는 기회 또한 있었을 것이다. 오늘날이라면, 이 어른은 Rosa Lee를 데리고 전철 몇 정거장 거리의 흑인 중산층 거주 지역으로 현장 학습을 갔었을 수 있다. Dash(1995)의 에필로그를 보면, Rosa Lee는 여러 잔인한 집안 유산으로 백인을 무서워했다고 한다. 이것이 그녀가 백인 집에서 일하고 싶지 않았던 또 다른 이유였다. Dash는 죽음이 임박한 Rosa Lee를 노스캐롤라이나에 사는 사촌들과 만날 수 있게 도왔다(가족치료!). 고향에 가까워 오자 Rosa Lee는 차 안에서 공황발작을 일으켰다. 하지만 살아남았다.

Rosa Lee의 극심한 고립감은 아버지가 돌아가셨을 때 비판단적이면서 동시에 배려심 많고 호기심 많은 어른 한 명만 있었으면 해결되었을 문제였다. 이런 식으로 위험 요인을 상쇄해 나갈 수 있다. 존중은 뇌간, 간뇌, 변연계, 대뇌 피질에 깊이 자리 잡을 수 있다. 이것이 세로토닌일 수 있다. 소뇌의 혜택을 받기 위해 움직임과 활동을 추가하는 일이 정말 어려운 일일까? 정기적으로 성취에 대해 돈과 인정을 받았다면 약간의 도파민이 나왔을 수도 있다. 가족의 지지가 없는 상황에서 그녀는 중독에 빠졌다. 출산은 애착, 옥시토신, 엔도르핀, 도파민으로 가득 찬 중독이었다. 24세에 이르기 전, 문해, 직업 훈련, 구직 활동을 돕는 VCR(검증, 도전, 요청) 개입을 통해 존중과 결단력이라는 보상체계를 구축했다면(엄마의 유산과 모험을 거부하는 것!)? 마약 거래 시작 후 Rosa Lee가 거의 20년에 걸쳐 헤로인에 중독되지 않았다는 사실을 기억해 보라. 그녀는 살아남기로 결심했다.

제5장과 이 장의 치료 전략은 24세 이전 Rosa Lee와 그녀의 자녀에게 중요한 영향을 미칠 수 있다. 추모식과 VCR이 이 단계 개입으로 적절하다. 물론 커 가는 동안 노력을 보상하고 한계를 이해하는 사회적 환경 조성이 중요하다. 누군가가 자신을 믿어 준다는 사실을 알게

된다면, 그때 분출되는 화학물질은 보상이 될 것이다. 교회라는 공동체에 도움제공자가 있을 수 있다. 저자의 노숙자 고객 중 일부는 지역사회로부터 도움을 받은 적이 있다. 저자는 노숙과 PTSD로부터 탈출해 정규직으로 일하는 내담자를 본 적이 있다. 그러나 이들도 처음에는 높은 불안감을 가지고 시작했다.

〈표 6-2〉는 숨어 있는 사람의 안전한 참여를 위한 전인적 템플릿이다. 단계별 지침은 개별화된 평가로 이어져 치료를 탈낙인화하고 내담자 고통에 대한 공감을 제공한다. 단계는 성인기 가장 복잡한 사례에 NMT 구조를 사용할 수 있게 하는 토대를 제공한다. 통상치료(Treatment-As-Usual: TAU)에 맞는 사람을 위해, 실무자는 제시된 내용을 각 사례나 각 진료 환경에 맞는 원칙 찾기나 옵션 찾기의 용도로 사용할 수 있다.

표 6-2 내담자의 안전한 참여를 보장하기 위한 세부 단계

1. **현재 문제.** 문제는 무엇인가요? 여기서 일어나길 바라는 일은요? 어떻게 문제로 발전하게 되었나요? 이 문제에 누가 동의할 거고 누가 동의하지 않을 것인가요?	맥락이 충돌할 수 있습니다. 안전한 옹호자가 되기 위해 임상가는 내담자가 누군가와 힘겨루기를 하는지 알 필요가 있습니다. "전 당신 편이 될 수 있어요."
2. **의뢰 과정의 정치성 탐색.** 누가 당신을 의뢰했고 의뢰는 어떻게 이루어지게 되었나요? 의뢰 과정에 동의하는 이는 누구이며 동의하지 않는 이는 누구인가요? 누가 당신으로 하여금 여기에 오게 했나요? 이 약속을 잡도록 만든 것은 무엇인가요?	방문이 의무인가요? 어떻게 치료사가 옹호자가 될 수 있나요? "전 당신이 이 모든 것을 돌파할 수 있게 돕기를 원해요. 당신을 위해 제가 여기에 있는 거예요, 우리는 함께입니다." 숨겨진 사람들은 대개 권위에 대해 불신을 가지고 있습니다. 중립적 태세를 갖지 마세요. 옹호자로서의 입장을 취하세요.
3. **이전 치료.** 이 문제 혹은 이전 다른 문제로 치료를 받은 적이 있나요? 어떤 치료들이었고 각 치료에 대한 당신의 경험은 어떠셨나요?	부정적 경험은 수치심과 존중 결여를 촉발합니다. 내담자를 동정하고 이전 치료사 스타일에서 벗어나는 것은 신뢰 구축에 중요합니다. 이전 치료 제공자를 옹호하지 않는 것이 중요합니다.
4. **동기.** 현재 당신 인생에서 가장 중요한 것은 무엇인가요?	동기 강화 면담: 가치관과 우선순위에 초점을 두는 것이 최선의 행보를 하도록 그리고 수치심을 이기고 최선의 자기에 연결되도록 돕는 방법입니다. 또한 이 방법이 미래의 희망을 열 겁니다. 모든 인간은 체면을 지키고 싶어 합니다.

〈계속〉

5. 소속. 가장 가족 같은 이는 누구인가요(가족, 친구, 이웃, 등등)? 누가 가장 당신을 신경 쓰나요? 누구와 함께일 때 편안하고 안전한가요?	이들이 가족원들보다 당신에게 치료적으로 더 좋은 영향을 줄 수 있습니다(Reeb et al., 1986). 치료사는 안전을 위한 각 상황을 분석하며 안전을 위한 옹호자가 될 거예요.
6. 딜레마. 친구와 가족은 이 상담에 대해 어떻게 생각하나요? 만약 당신이 여기에 있다는 것을 알게 된다면, 이들은 뭐라 말할까요?	사회관계는 내적 혼란과 수치심을 강화할 수 있습니다. 공감이 필요해요. 생존자의 자부심에 초점을 두는 것은 이런 내적 혼란을 중화시킬 수 있습니다. 내담자 고립감을 이해하고 자원을 찾는 작업을 진행하는 것은 내담자 안위를 걱정하는 치료사의 모습을 드러내 줍니다.
7. 내러티브에 서비스 연결. "지금까지 들은 걸 종합해 보면 당신은 이 시기 이후로 상황이 좋지 못했던 것 같아요. 일부는 당신을 이해하지 못하고 의지력의 문제로 치부한 것 같습니다. 외상 후 스트레스 장애가 있는 친구가 있었고 그 친구는 당신을 이해한 듯하네요, 그래서 당신이 여기에 오게 됐고요. 어때요, 제가 제대로 이해하고 있나요? 제가 당신의 신경계를 위해 개인 트레이너를 붙여 준다면 어떠시겠어요? 우리는 함께 순서를 가지고 당신 뇌 각기 다른 부분에 초점을 둘 수 있어요. 연습과 활동을 병행하면서요. 이 방안에 대해 한번 생각해 보십시오. 질문이 있으시다면 질문을 주세요."	제공되는 서비스와 결과물을 내담자의 기술된 문제, 가치관, 우선순위, 맥락, 사회 관계망과 연결시키도록 하세요. 어떻게 단계 1에서 6까지를 전달할 계획입니까? 위험이 낮고 안정감과 존중을 제공하는 그런 체면 보호 구조를 설정하는 것이 일반적인 전략이라 할 수 있습니다.

숨바꼭질: 안전한 참여와 그 이후

숨어 있는 사람을 성공적으로 치료에 참여시키기 위해서는 그 기반 마련을 위해 여러 단계가 필요하다. 인간은 태어날 때부터 자극과 활성화의 과정을 거치며 발달한다. 이 과정을 관찰하고 뇌를 치유의 방향으로 재설정할 내담자 잠재력을 발견해 내는 것이 트라우마 치료사가 가진 특권이다. 종종 이 단계는 '치료'처럼 보이지 않고 치료처럼 작동하지 않지만 효과를 낸다(Hanna, 2009, 2019). 어찌 보면, 반직관적이고 기존의 접근을 방해하는 개입이라 할 수 있다. 예를 들어, Brown 등(2000)은 빈곤층 여성이 시작점으로 선택할 수 있는 서비스 프로그램의 메뉴를 제시하였다. 이 메뉴에는 재정적 지원, 가정폭력 지원, 안전한 성관계 지원, 정신건강 지원, 약물 남용 지원 등이 포함되어 있다. 임상의가 우선순위를 어디에 두든

이 접근은 각 여성에게 적합한 것으로부터 시작한다. 〈표 6-2〉는 세부 단계와 그 근거를 제시하고 있다. 이들 단계는 틈새에 놓인 트라우마 생존자를 '찾아낼' 수 있게 한다.

소개된 단계들은 트라우마의 세부 사항이 아닌 문제의 맥락(예: 정치, 이전 치료, 사회적 환경, 딜레마)에 초점을 두고 있다. 소셜 네트워크 자원 검색은 임상가에게 심리교육이나 상태호전 축하 단계에서 활용할 수 있는 사회적 지지에 대해 알려 준다. 대부분의 진단 면담과는 달리, 이 과정은 생존자에 대한 '체계적 공감'을 가능하게 하는데, 생존자의 현재 가장 복잡한 상황 측면을 생태계적 방식으로 파악하게 돕는다(Hanna, 2019). 문제와 그 결과를 탈낙인화하는 방법에 대해 알고자 한다면 제5장을 참조하라.

소개된 단계들을 아웃리치 활동에 적용해 보는 것도 괜찮은 아이디어이다. 숨어 있는 사람을 위한 진정한 서비스는 그들이 있는 곳으로 가는, 즉 찾아가는 서비스이다. 내담자의 상태를 걱정하는 가족이 요청한 가정 방문, 쉼터 방문, 흑인/백인 이발소에의 전단지 배포, 재향군인 봉사 단체에의 전단지 배포는 찾아가는 서비스의 좋은 예이다. 1차 진료 환경에서는 의사가 행동 건강 서비스 의뢰 환자를 만나기 위해 '따뜻한 손짓(warm hand-offs)'을 사용하기도 한다. 놀랍게도 숨어 있는 사람 중 다수가 의뢰를 위한 개인정보 전달에 동의함으로써 자기 정보가 제3자에게 전달되는 것을 허용했다. 저자는 모든 의뢰가 이 같은 방식으로 이루어지는 한 프로그램을 지휘한 적이 있었는데, 이를 통해 사람들이 의뢰에 대해 어떻게 느끼는지 알게 되었다. 그리고 이것이 표준 절차가 되었다. 당사자가 의뢰에는 동의하지 않지만 연락은 허용한다면, 2단계는 참여 촉진에 있어 무엇보다도 중요한 단계가 된다. '치료'처럼 보이지 않는다. '치료'처럼 작용하지 않지만 참여는 결과를 얻기 위한 왕도가 될 수 있다. 이렇게 하여 신뢰가 형성되면, 다음 단계는 내담자 우선순위에 기초해 복잡한 트라우마 증상을 해결하는 것이다. 공식 및 비공식적 평가는 개별화된 치료 계획으로 이어지는 연결 다리가 될 수 있다.

유연한 평가

성인기 트라우마의 증상 진행 경로를 보면, 트라우마 증상과 함께 다양한 의학적 문제가 나타남을 확인할 수 있다. 미국 질병통제예방센터는 아동학대가 뇌졸중보다는 더 큰, 제2형 당뇨병과는 비슷한 수준의 평생 비용을 발생시킨다고 추정하였다. 아동학대는 이제 흡연 및 기타 건강 위험과 마찬가지로 주요 공중보건 문제로 간주되고 있다. Jackson, Knight와 Rafferty(2010)는 2,000명 이상의 아프리카계 미국인과 백인의 응답을 기초로 스트레스 요인과 만성 건강 상태 간 유의한 종단적 정적 관계를 발견하였다. 〈표 5-1〉에 나열된 외상 경험에 대한 내담자 이력은 이들의 외상 생리학적인 측면에서의 위험성을 반영하며, 이 위험은 내담자 생활 전반에 기능 장해를 유발한다. 또한 개인의 고유한 취약성 청사진([그림 3-1]) 내 상처들을 파악함으로써 아동기 혹은 성인 트라우마 증상이 얼마나 복잡할지도 확인할 수 있다. 증상이 신체적, 발달적, 대인관계적일 것인가? 혹은 세대 간에 전이될 것인가?

이렇듯 생물심리사회적 취약성을 평가하게 되면, 임상가는 개인, 커플, 부모 기능과 관련한 전통적 심리치료의 정신건강 목표를 넘어서는 포괄적 치료 계획을 수립할 수 있게 된다. 생물학적 공감은 재정적 안정과 개인의 수명에까지 영향을 미칠 수 있다. 따라서 생존자가 자기 경험을 통합하는 정도에 따라 삶의 질이 향상되고 수명이 연장되며 세대 간 트라우마를 예방할 수 있게 된다.

예를 들어, Johnson(2002)은 트라우마 생존자가 트라우마 통합을 이루기 전까지는 정서중심 커플치료(Emotionally Focused Couple Therapy: EFT)를 시행하지 말라고 권고했다. 통합을 위해 Johnson이 제시한 단계는 다음과 같다.

1. 학대 사실 인정하기(April의 사례를 기억하라)
2. 다른 사람들에게 학대 사실 알리기
3. 학대가 내 삶에 어떤 영향을 미쳤는지 이해하기(심리교육)
4. 증상 관리를 위해 노력하기(감각지, 촉발요인 완화 등)

> 사회적 참여는 인간의 생존에 매우 중요하기 때문에 사회 기능과 친밀감의 확대가 진정한 성공의 척도이다.

전인적 치유는 증상 완화에만 초점을 두는 것이 아닌 완화 활동을 관계(relationships)와 연결시키는 작업을 포함한다. 사회적 참여는 인간의 생존에 매우 중요하기 때문에, 사회 기능과 친밀감의 확대가 진정한 성공의 척도이다(Heller & LaPierre, 2012). 관계를 위한 씨앗을 심고 이것이 내담자에게 얼마나 도움이 되는지 살펴보라. 통합을 위한 개입의 첫 단계는 가족으로 하여금 트라우마를 파악하고 통합할 수 있게 돕는 것이다. 총 네 단계의 개입이 완수되면, 전통적 커플/가족치료로부터 더 많은 이득을 얻게 될 것이다. 트라우마가 통합되지 않은 상태에서 치료를 받으러 오는 아동과 청소년의 경우에도 마찬가지의 내용이 적용된다. 첫 단계는 가족 심리교육이 될 수 있는데, 이 단계를 통해 임상가는 참가자에게 증상 치료, 촉발요인의 치료를 포괄하는 통합 과정에 대해 설명할 수 있다(제8장 참조).

표 6-3 트라우마 평가 도구

도구 명칭	특징	비고
1. 인생 스트레스 검사 (Life Stress Test)	지난 한 해 경험한 스트레스의 심각도를 평가하는 42개 문항	일상의 스트레스와 변화가 얼마나 쌓여 있는지 보여 줌. 발생 수와 연대기를 표기 한 해 동안 어떤 스트레스가 있었나요?
2. 사회 관계망 지표 (Social Network Index: SNI)	고립감과 사회적 지지를 측정하는 11개 문항	고립 정도는 사망의 가능성을 예측함 당신의 지지 체계는 어떠합니까?
3. 경험 체크리스트 (Checklist of Experiences)	트라우마 증상을 야기하는 33개 경험의 경험 여부를 측정	트라우마 증상 발달과 관련한 평생 위험 요인을 평가. 공감의 기회 제공 인생의 어떤 경험이 당신을 극도로 감정적이 되게 만들었나요?
4. 아동기 역경 경험 (Adverse Childhood Experiences: ACE)	19세 이전 일어난 10개 역경 경험의 경험 여부를 측정	성인 증상 발달에 기여한 아동기 위험 요인을 평가. 공감의 기회 제공 어렸을 때 어떤 일이 일어났나요? 그때 당신은 몇 살이었나요?
5. 외상 후 스트레스 체크리스트 (Post-traumatic Stress Checklist: PCL)	DSM-5 외상 후 스트레스 진단 준거로부터 온 20개 문항, 증상 심각도를 측정	치료 계획의 우선순위를 정하기 위해 증상 심각도에 관한 생물심리사회적 프로파일을 제공(트라우마 노출, 침습 증상, 회피 증상, 정서적 변화, 각성) 이 스트레스 경험으로부터 어떤 영향을 받았나요?
6. 관계적 윤리 척도 (Relational Ethics Scale: RES)	애착의 질을 평가하는 24개 문항: 원가족과의 애착을 측정하는 12개 문항과 현재의 관계들과의 애착을 측정하는 12개 문항	안정 혹은 불안정애착은 원가족 및 커플 사이에서 경험하는 안전감의 지표임(신뢰, 충성, 정의, 인정). 외상사건에 대한 반응을 기록함 가족으로부터 마땅한 사랑이나 안전감을 얻고 있는가?
7. 지각된 불평등 설문 (Survey of Perceived Unfairness)	문화적 상처, 성차별, 인종차별과 관련한 13개 문항	사회적 환경에서의 적대감을 측정하는 것은 안전감 발달에 중요함. 당신의 상처에 대해 사람들은 동정을 나타내고 있나요? 당신이 살고 있는 세상은 안전한가요?
8. 도덕적 상처 증상 척도 -군대용-단축형 (Moral Injury Symptom Scale-Military Short Form, MISS-M-SF)	증상 심각도를 측정하는 10개 문항	문항은 PTSD 증상과 자살 경향성에 관련한 도덕적 상처(MI), 배신감, 죄책감, 수치심, 실패감을 평가 경험으로 인한 도덕적 갈등으로 현재 괴롭습니까? 누군가가 피해를 입었나요?
9. 일곱 가지 탄력성 (Seven Resiliencies)	생존자의 자부와 추가할 내용과 관련한 7개 워크시트 문항	어떻게 살아남으셨어요? 상황을 타파하기 위해 다음 중 무엇을 사용하셨나요? 그 외 무엇이 당신의 생존을 도왔나요?

〈표 6-3〉에는 공식 혹은 비공식적으로 사용할 수 있는 평가 도구가 제시되어 있다. 전체 버전은 [부록 A~H]에서 찾을 수 있다. 유연성 혹은 융통성은 모든 트라우마 서비스에서 핵심이다. 따라서 도구가 단순한 대화의 예시가 될 것인지 아니면 실제 내담자를 위한 설문이 될 것인지는 내담자에 알맞게 정하면 된다. 소개된 도구는 성인의 두뇌 특성을 고려하여 선택한 것들이다. 다음으로 제5장에서부터 언급했지만, 진단의 정치와 참여 장벽은 도구 활용 방법에 영향을 미친다. 성인의 트라우마 경험에서 나타나는 다양한 증상을 고려할 때 다차원적 프로파일은 치료 계획 수립에 최선의 지침을 제공할 것이다.

또한 많은 트라우마 생존자는 혜택 수혜, 옹호, 의료적 협력, 법적 보고를 위해 공식적 진단을 필요로 한다. 이런 요구를 염두에 두고 체계적 평가를 실시하는 것이 중요하다.

평가는 안전할 수도 위협적일 수도 있기 때문에 여러 딜레마 상황이 연출되며, 이런 이유로 평가 과정은 구조화되거나 비구조화될 수 있다. 여기서 트라우마 평가는 어느 한 사건이 아닌 양 당사자의 감정 조절을 유지하는 단계가 될 수 있다. 평가가 의무적으로 이루어져야 한다 혹은 즉각적으로 이루어져야 한다고 생각하게 된다면 치료사는 스스로의 감정 조절이 어렵게 되며, 내담자는 평가 과정에 참여하지 않을 수 있다.

> 안전한 참여는 내담자의 주관적 안전감(신체적, 심리적)을 다른 모든 것보다 우선시한다.

나의 임상 경험에 비추어 보면, 내담자가 설문조사에 응할 준비가 되어 있고 응할 능력도 있는 경우가 일부 있었다. 또한 생존자가 이전 치료로 인해 트라우마에 시달려 가족치료 외에는 아무것도 원치 않는 경우도 있었다. 한 사례에서는 외상성 뇌 손상을 입은 퇴역 군인이 부정적인 치료를 경험한 이후 자신만의 치유 방법을 찾기도 했다. 이런 경우, 나는 설문조사를 통해 관찰 내용을 기록하되, 그를 '문제'로 지목하는 질문은 피한다. 많은 재향군인이 이런 이야기를 가지고 있으며, 그들은 우리에게서 최고의 존중을 받을 자격이 있다. 다른 경우에는 나의 요청에 따라 설문조사를 완료하지만 보고의 적절성은 치료 관계가 확고해진 후에야 검증되는 경우가 있다. 그렇게 되기까지, 나는 증상 심각도, 증상 복잡성, 자살 경향성에 관한 위험요인 평가를 위해 설문 정보를 활용한다. 특정 증상에 집중할 필요가 있는 사람에서는 설문조사 자료를 치료 중반 방향성 제시를 위해 사용할 수 있다. 한편, 불신, 낙인, 적절성(예: "이것이 내 아들의 학교 공부와 무슨 상관이 있나요?")의 문제로 설문조사가 적절하지 않은 사람도 있다. 따라서 호소 문제의 언어로 작업을 진행해 가면서 아동 개입의 일환으로 스트레스 관리를 가르칠 기회를 찾기도 한다. 예를 들어, 아버지와 아들이 함께 할 수 있는 활동은 두 사람 모두에게 진정 효과가 있을 수 있다.

잠재적인 내담자가 공감이나 호소라는 탈병리화된 내러티브에 연결되면, 목표는 이런 용어를 따를 수 있다. 그러면 설문의 근거는 동일한 내러티브의 일부가 된다. 이 절차는 다음의 순서를 따른다.

1. 문제를 기술할 때 내담자 용어(말)를 사용하시오. 내담자의 관점에 도전을 가하지 마시오.
2. 문제에 대한 내담자 기술을 정상적인 스트레스 반응, 신경계 기능, 생리와 연결하시오.
3. 상처, 위기, 부상, 갈등 혹은 슬픔의 관점에서 문제의 결과를 탐색하시오.
4. 내담자의 문제에 대한 기술과 사회 환경의 조건, 스트레스 반응, 상처를 연결하는 서비스를 제공하시오.
5. 내담자의 우선순위에서 원하는 결과를 얻을 수 있는 목표를 설정하시오. 공식적인 평가를 사용하는 경우에는 이러한 목표가 도구 선택의 근거가 될 수 있습니다.
6. 이 장 마지막에 있는 10단계 전인적 회복 계획에 따라 잠정적 계획의 개요를 작성하시오.

최소한 이들 척도는 비구조화된 대화의 주제로 비공식적으로 사용될 수 있다. 유연성을 가지고 평가를 진행하라. 낙인, 불신, 수치심, 격한 감정을 유발할 수 있기에 이들 척도는 개인의 안위에 위협이 될 수 있다. 때로는 응답자가 눈물을 흘릴 수도 있다. 반면에 많은 내담자는 심리치료사가 자기 삶의 일부를 탐색해 주기를 기대하며, 격한 감정이 일더라도 관심을 선호한다. 비언어적 고통에 대한 초기 표현과 관찰은 직접적 혹은 간접적 접근 방식의 채택에 있어 중요한 신호가 될 수 있다. 저자는 보통 장・단점을 설명하며, 평가 결과를 내담자에게 기밀로 두지 않는다. 오히려 충분한 정보를 제공하여 내담자 스스로가 치료를 선택할 수 있도록 하는 것을 좋아한다. 내담자가 강한 감정이 개입되는 치료를 선호하지 않는다면, 저자는 이에 동의하고 먼저 뇌간 활동을 찾는다. 내담자가 더 자세한 내용을 탐색하기를 원한다면, 불공정성, 도덕적 상처, 관계 윤리에 대한 평가를 통해 그들에게 권한을 부여하고 목소리를 낼 기회를 제공한다(Hargrave & Anderson, 1991).

숨어 있는 사람에게는 상황을 설명하고 절차에 대한 옵션을 제공하는 것이 특히 중요할 수 있다. 예를 들어, 잠재적 내담자 중 일부는 초기면접 동안 말 그대로 문 앞에 서 있을 수 있다(도망!). 숨어 있는 이들의 신체는 고도로 각성되어 있다. 문 앞에 서 있지 않으면, 탈출하려는 것처럼 행동할 것이다. 이때 적절한 반응은 "밖에 나가 커피나 신선한 공기를 마셔 보자."라고 권하는 것이다. 이것이 이들의 안전 관련한 신체 욕구를 반영하는 방식이다. 그리고 산책하는 동안에는 직업적 가식을 버리고 취미, 어젯밤 날씨, 가족과 같은 사적 이야기를 나누며 친해지려 노력해 보자(Henggeler & Cunningham, 1996). 이런 유형의 조율은 과거 경험에 대한 개방 압력을 주지 않으면서 내담자 뇌간에 접근하는 아주 작은 절차가 될 수 있다. 자율적인 관찰(내담자의 신체 언어, 각성을 낮추고 즐거움과 자신감을 높이는 상호작용적 요소)을 포함하고 있기 때문에, 이 평가는 비공식적이다. 현재 지향적인 마음챙김과 사무실 밖 신체 활동에 대한 관심은 안전감을 조성한다. 다음 섹션에서 설명하는 것처럼, 이런 과정을 거친 다음 진단과 사례 계획에 간접적으로 접근하는 것이 내담자 각성 수준을 낮추어 궁극적으로 이들의 참여를 끌어올 수 있다. 각성된 생존자와의 작업에서는 임상가가 우선적으로 '개인 트레이너'와 같은 역할을 수행해야 한다. 즉, 숨어 있던 사람을 '체육관'으로 불러와야 한다.

커플 및 가족에게 이들 설문을 실시함으로써 임상가는 타인이 내담자를 어떻게 보고 있는지 관점을 이해할 수 있다. 점수 비교를 통해 임상가는 내담자에 대한 사회적 관계망 내 사람들 간 인식 차이를 확인할 수 있다. 예를 들어, 건강 상태에 대한 상대 파트너의 보고는 내담자 자신의 보고보다 의학적 증거에 합치하는 경우가 더 많다. 배우자는 종종 심리정치학이나 내담자 신체 취약성에 관한 큰 그림 제공에 결정적 역할을 한다. 부모와 자녀는 서로 인식이 다를 수 있다. 이들 설문은 이러한 차이를 공개적으로 다루기 전 차이를 파악할 수 있는 안전한 방법을 제공한다. 그러나 동일한 경험이 사람마다 다른 영향을 미칠 수 있으므로, 평가는 가능한 트라우마 촉발제에 대한 개요 파악으로만 고려하는 것이 중요하다. 취득한 정보가 회복 계획에 적절한지는 이후 내담자가 확인시켜 줄 것이며, 취득 정보는 다양한 상황에서 다양한 방식으로 정보를 찾을 때 옵션으로 제시된다.

> 각성된 생존자와의 작업에서는 임상가가 우선적으로 '개인 트레이너'와 같은 역할을 수행해야 한다.

임상가는 '무엇이 문제인가'에 초점을 맞추는 대신 아동기 역경 경험(Adverse Childhood Experiences: ACE), 외상 후 스트레스 체크리스트(Post-traumatic stress CheckList: PCL), 일곱 가지 회복탄력성(Seven Resiliences) 평가 도구를 사용하여 내담자에게 어떤 일이 일어났고 그 일이 그 사람에게 어떤 영향을 미쳤는지 파악할 수 있다.

1. ACE[부록 C]는 "어렸을 때 무슨 일이 일어났는가?"라는 기본질문에 빠른 답을 준다. Felitti 등(1998)은 ACE의 개발로 이어지는 일련의 연구를 고안했다. 4점 이상의 점수는 성인기 다양한 신체건강 및 정신건강 문제와 관련이 있었다. 1차 진료 환경에서는 '예'로 표시된 모든 항목에 대해 진료자가 다음과 같이 언급한다. "설문지를 보니 이런 일이 있으셨던 것 같습니다. 그 일 이후 인생이 어떻게 바뀌었는지 말씀해 주시겠습니까?"
2. 좋은 경청자가 되고 암묵적 수용을 제공하는 것이 임상가가 담당해야 할 일이다. 아

동과 성인의 경우, 이는 트라우마 초기 원인 파악에 도움이 되는 비침습적 방법이다. Hambrick 등(2019)은 트라우마 경험이 발생한 때의 내담자 연령이 그 개인에게 미치는 영향을 탐색했다. 주산기(출생 전 후기) 관계는 실제 주산기 경험보다 더 강력한 영향을 미쳤다. 반면, 현재의 관계의 질은 현재의 기능을 예측하는 가장 강력한 예언자이다.

3. PCL-5([부록 D])는 낙인이나 꼬리표를 붙이지 않은 채 DSM-5 증상 언어를 사용하여 내담자 문제를 파악할 수 있게 돕는다. 문항은 신체 증상이나 정서 조절과 직접적 관련이 있는 반응을 담고 있다. 비록 내담자가 PTSD 진단 기준을 충족하지 않더라도, 임상가는 체크리스트를 통해 내담자의 증상 심각도를 평가할 수 있다. 높게 평정된 문항은 트라우마 촉발제와 반응성 간 매치를 위해 무엇부터 평가할지에 관한 정보를 제공한다. 낮게 평정된 문항은 내담자 회복탄력성과 강인성에 대해 말해 준다. 이들 정보는 촉발제에 대한 개입에 사용될 수 있다.
4. NMT는 (PCL-5에서) 높은 점수를 받을수록 초기 접근에서 인지를 덜 사용할 것을 제안한다. 선별 도구로서 PCL-5는 경험, 문제, 스트레스의 언어를 사용하여 문제의 영향을 평가할 수 있게 한다. 임상가는 높은 점수에 대한 검토를 통해 내담자에게 공감과 반영을 제공할 기회를 얻는다. 숨겨진 내담자는 평가 내용을 논의할지에 관한 선택권을 필요로 할 수 있다. 또한 모든 평가는 강점 영역을 포함해야 한다.
5. 일곱 가지 회복탄력성([부록 H]) 평가로부터 리소싱(resourcing) 개입이 시작된다. 어떤 사람에게는 이것이 가장 좋은 시작점이다. Wolin과 Wolin(1993)의 회복탄력성 연구는 알코올 중독에 대처했던 가족/아동 대상의 선구적 연구(Steinglass et al., 1987)로부터 시작되었다. 연구자들은 어린 시절 빈곤, 인종차별, 폭력, 약물 남용, 가족 해체 등의 문제를 겪은 성인 25명을 면담하였고, 생존자 자부심(survivor's pride)이라는 속성을 발견하였다. 생존자 자부심은 역경 극복으로 인해 성취감을 느끼게 되는 것을 말한다. 위험에 처한 청소년과 함께 일하면서 연구자들은 강점 기반 접근의 일부로 생존자 자부심을 발견해 이를 축하하였다. 연구진은 생존자가 피해와 회복탄력성을 확인할 수 있을 때 역경을 극복할 수 있게 됨을 발견하였다. 이러한 초월성에 주목하고 이를 몸과 마음에 연결시키게 되면 내담자는 변화와 힘을 얻게 된다. 생존자 자부심을 축하하는 작업에 다른 사람을 포함시키는 것 또한 생존자의 신체-정신 회로의 강화를 만들어 낼 수 있다.
6. "어떻게 그렇게 했나요?" 이 중요한 질문이 Wolin과 Wolin(1993) 연구의 핵심이라 할 수 있다. 이 질문은 위험에 처한 아동은 곧 피해 아동이라는 고정관념 혹은 공식을 깬다. 연구진은 트라우마 경험 아동이 완전 손상된 상태도 아니고 그렇다고 무적의 상태도

아님에 주목했다. 생존자에게 대처 전략 목록을 보여 주며 이 접근을 사용할 수 있다. "이 전략들 중 대처에 도움이 된 것이 있나요? 본인에게 해당되는 항목에 체크해 주세요. 그런 다음, 힘든 시기를 내담자가 어떻게 극복했는지 저희가 알 수 있게 다른 전략도 추가해 주세요." 회복탄력성에 대한 평가는 자신에게 효과적인 전략이 무엇인지 생존자가 이해할 수 있게 돕는다. 그런 다음 성과를 축하한다. 이러한 논의는 향후 회복 계획 수립에 중요한 서막이 된다.

> 회복탄력성에 대한 평가는 자신에게 효과적인 전략이 무엇인지 생존자가 이해할 수 있게 돕는다.

설문조사가 완료되면 결과에 대한 논의는 또 다른 문제가 된다. 자살 경향성이 탐지되는 경우에는 즉시 설문조사 데이터를 활용하여 공감하고 자살 유발 요인을 찾는다(Jobes et al., 2018). 또한 개별 치료 계획에 반영할 목적으로 내담자에게 쟁점, 증상 심각도, 경험에 대해 순위를 매기도록 요구할 수도 있다. 치료사는 데이터를 강점 및 회복탄력성 목록으로 사용할 수 있다. 이제 이들은 한 팀이 된다. 팀으로서 팀의 일원이 될 다른 사람을 물색할 수 있다. 고립되어 있던 사람에게 이것은 상상조차 못한 일이다. 하지만 다음 섹션에서 설명하는 것처럼 많은 요소가 이들에게는 즐거운 놀람(pleasant surprise)이 된다. 특히 상담에 대한 고정관념을 깨는 즐거운 늘람이 된다.

트라우마 치료의 정치학

아동 및 청소년 트라우마 치료에서는 NMT가 그 순서와 템플릿을 제공하지만 성인 트라우마 치료에서는 커뮤니티의 주된 논쟁이 치료에 외상의 재경험(대화치료, 하향식)을 포함할 것인가 아니면 향후 신경계 균형 회복을 위해 신체의 자연적 주기를 따라갈 것인가(신체 처리; 상향식)에 있다. 예를 들어, 재난 치료의 경우, 트라우마 사후보고 프로토콜(trauma debriefing protocol)이 사회적 지원을 확장하고 회복탄력성 증진을 꾀하는 접근과 비교할 때 생존자에게 부정적 영향을 미친다는 증거가 증가하고 있다(James et al., 2011; Rose et al., 2002).

이에 현재의 증거 기반 접근은 광범위한 개입을 통해 그 한계를 극복할 필요가 있다. 예를 들어, 현역 군인 및 퇴역 군인을 위한 증거 기반 프로그램은 단기간 대규모 병력을 지원해야 하는 전쟁의 요구로 개입의 폭과 참여자 범위가 좁다는 한계를 지니고 있다. 다른 치료 영역으로부터 배울 점이 많음에도 불구하고 현재는 다른 영역 치료와의 절충 혹은 통합 시도나 지침이 없는 상황이다. 즉, 개인 맞춤화를 가능하게 하고 전인적/관계 중심적 접근을 가능하게 하는 치료모델들에 기반을 두는 전문가들과 절충 혹은 통합 시도가 요구된다. 특정 치료 모델의 대량 생산은 흔히 사회적 맥락의 중요성을 간과한다.

Najavits(2015)는 PTSD 치료에 효과가 높다고(골드 스탠다드) 알려진 프로그램들에 대해 비판했는데, 특히 높은 중도 탈락률과 내담자 참여 실패를 예로 들며 이들 프로그램을 비판했다. 그녀는 이들 프로그램이 실제 환경에서는 교육, 감독, 품질 관리 및 유지에 수백만 달러를 지출하는 공개된 임상시험에서와 동일한 결과를 얻고 있지 못하다고 지적하였고, 복잡하고 동반 질환이 있는 사례가 연구 시험에서 제외되고 있는 현실 또한 지적하였다. 따라서 '골드 스탠다드'라는 용어는 훨씬 더 광범위한 내담자층(출간된 연구에서 중도 탈락이 많던 내담자층)을 치료하는 일선 프로그램 중 참가자 유지율이 높은 프로그램에 한정해 사용해야 한다고 주장하였다. 중도 탈락자는 조절 장애가 심하고 노출 기반 프로그램을 완수하지 못한 숨어 있는 사람일 가능성이 높다(Gros et al., 2013; Szafranski et al., 2017; Westphal et al., 2017). 이러한 실패는 종종 병으로 치부되거나 수치심을 유발하여 숨는 행위를 강화한다.

전술한 바와 같이, 상처 회복은 원하지만 노출 치료는 기피하는 수많은 트라우마 내담자가 있다. 미국 치료 사회(증거 기반과 실무 기반 치료 사회 모두)에는 생리학을 우선시하는 입장(상향식)과 인지를 우선시하는 입장(하향식)을 사이에 두고 다채로운 입장이 제기되고 있다. 두 입장 중간에 위치한 치료사는 양 입장 모두에서 요소를 가져와 치료를 진행한다. 비록 NMT가 아동과 청소년을 위해 개발되었다고는 하지만 미국 캘리포니아주 산타클라라에서는 과도기 청소년과 성인을 대상으로 NMT 프로그램(Trauma Transformed, 2020)을 시범적으로 운영하고 있다. 이 섹션에서는 다양한 치료 옵션의 이해를 위해 패러다임으로 NMT를 이용할 것이다. NMT는 단일 치료 모델을 지지하기보다는 다양한 모델이 생존자의 뇌 성장 각 단계에 어떻게 도입될 수 있는지 그 방법을 알려 준다. 제5장의 Suzy 사례 연구에서처럼, 나이 많은 생존자도 성장에 상응하는 상향식 접근을 통해 발달에 민감한 치료를 받을 수 있다. 이들의 증상이 아동기 트라우마로 인해 발생한 경우에는 이 접근의 중요성이 더욱 커진다. 공식적인 NMT 훈련이 부재한 경우에는 트라우마의 시간적 연령에 맞는 전략으로부터 치료를 시작할 것을 제안한다.

NMT는 다양한 모델이 생존자의 뇌 성장 각 단계에 어떻게 도입될 수 있는지 그 방법을 알려 준다.

심리교육: 위대한 심판자

통합을 위한 촉매제로서, 심리교육은 트라우마 치료의 초반 단계인 기획 단계부터 강조된다. Woods 등(2012)의 연구 결과, 많은 가족 구성원이 도움제공자로서 치료 과정에 참여하기를 원했으며 생존자 증상으로 인해 2차 트라우마를 가지고 있었다. 올바른 출발을 위해 심리교육이 필요하며, 심리교육은 가족 내 갈등 감소에 기여한다. 이는 기억과 의미의 변화로 이어져 중요한 사람과의 관계를 개선한다. 기억과 의미는 몸에서 울리는 방식이 있다. 갈등이 봉합되면 대인관계 영역은 뇌간 작업을 시작할 수 있을 만큼 평온해진다.

치료에서 내담자는 치료사가 더 많은 말을 해 주길 원할 때가 있다. 공식 교육을 도입하면 개인, 가족 및/또는 사회망 내 사람들은 중요한 자질을 갖출 기회를 갖게 된다.

1. 심리교육을 통해 이들은 주변 환경(치료사의 몸짓과 말—뇌간: 시각, 안전)을 안전하게 스캔할 수 있으며 그 안에서 안전 징후를 확인할 수 있다.
2. 심리교육은 치료사에게 중요한 기회를 제공하는데, 비언어적 메시지를 참가자에게 안전하게 전달할 기회를 제공한다. 제5장의 '안전한 참여'는 비난이나 비판 없이 낙인, 딜레마, 심리정치학을 간접적으로 전달할 수 있음을 말한다(DC, Diencephalon/cerebellum, 간뇌/소뇌: 구조와 예측 가능성, 안전한 참여, 전환).
3. 제2장의 고객 친화적인 도표와 언어는 PFC(전전두엽)의 개입 과정을 시각적으로 보여 준다. 임상가가 신체가 겪는 트라우마 과정을 설명하게 되면, 참가자는 이 정보를 자신의 내적 경험과 비교할 수 있고 대조할 수 있게 된다. 스스로의 단어를 찾고 자기 경험에 맞게 내러티브를 조정하게 되면, 무슨 일이 있었는지(내용), 다른 사람들이 어떻게 반응했는지(과정), 내가 생물학적으로 경험한 것은 무엇인지(생리학)에 관한 일관된 내러티브(피질)가 만들어질 수 있다. 그렇게 되면 사회망은 내담자에 관한 새로운 이해의 렌즈(변연계: 관계)를 갖게 된다.
4. 그라운딩(grounding)과 리소싱(resourcing)을 교육함으로써 치료사는 몸을 아는 것의 중요성을 참가자에게 인지시킬 수 있다. 그라운딩과 리소싱 활동은 차분하고 안전한 분위기를 조성하고 가족 구성원에게 휴식과 자기 돌봄(뇌간: 마음챙김)의 기회를 제공한다.
5. 교육 회기는 사회망 구성원이 치료사와 지속적 관계를 맺을 수 있게 발판을 제공한다. 특히 문제해결(변연계: 관계)을 위해, 참가자는 치료사와 관계를 지속하는 것이 필요하다.
6. 공동교육은 내담자의 치유 체계를 확장한다. 그 예로, 한 남성은 안구운동 둔감화 및 재

처리(EMDR) 회기에 아내를 참여시켰을 때의 이점을 보고했다. 그는 아내에게 어떤 처치를 받았는지 설명하기 위해 치료 중 계속 뭔가를 관찰하고 기억하려 노력하고 싶지 않다고 치료사에게 고백했다. 설득 과정에서 치료사는 아내가 긍정적이고 안전한 사람임을 알게 되었고, 그 이유로 아내가 남편의 치료 회기에 오는 것을 허락했다. 관찰자로서 치료에 참여할 예정이었기 때문에, 남편, 아내, 치료사는 회기 기본 규칙부터 마련했다. 그 결과 커플의 친밀감이 높아졌다. 청소년과 성인의 경우, 안전한 관계에 대한 신중한 평가는 이런 중요한 자원을 찾을 수 있게 돕는다.

7. NMT는, 비록 그 인원이 한 명이라 할지라도, 가족이나 사회망의 치료 참여를 강조한다. 가족이나 사회망의 치료 참여는 미래 갈등을 해결하기 위한 공통의 기반과 공통의 언어를 제공한다.
8. 가족과 사회망은 모든 유형의 트라우마 회복에 중요한 영향을 미친다.

안전한 사회 환경은 네 개 뇌 영역 발달이 나타나기 위한 필요조건이다.

내담자에 대한 이해를 높여 이들에 대한 생물학적 공감을 높이는 여러 주제가 있는데, 이를 정리한 것이 [부록 J]에 있다. 제8장에도 심리교육에 관한 내용이 소개되어 있다. William McFarlane(2002)는 조현병 환자 가족을 위한 심리교육을 제시하고 있는데, McFarlane의 다가족 심리교육집단(Multifamily Psychoeducational Group: MFG)의 자세한 내용은 제8장에 소개되어 있다. 나의 경우는 모든 자각 트라우마 생존자에게 치료의 첫 단계로 심리교육을 시작한다. 이 교육은 모든 수준의 뇌 발달을 다루고 있다. 따라서 생존자와 가족은 가장 문제가 되는 증상에 대한 답을 얻을 수 있다. 제8장에서는 심리교육을 위한 다가족 심리교육집단(MFG)의 절차가 자세히 기술되어 있다. 이를 통해 여러분은 외견상 하향식 개입으로 보이는 전형적인 심리교육 회기가 상향식임을 이해하게 된다. 즉, 뇌간 안전으로부터 시작하여 상향식으로 진행되는 과정임을 이해할 수 있게 된다.

뇌간 개입: 감각통합과 각성

신체적 접근은 **생리학, 감각, 움직임**에 대한 관심에서 시작되었다. 각 접근은 개발자의 배경에 따라 나름의 장점을 가지고 있지만, 이 접근들의 공통분모는 '경험 환경으로 인한 **불완전한 스트레스 반응**' 및 '중단된 회로에서 초래된 신경화학적 불균형의 찌꺼기를 해결하는 방식'에 초점을 두고 있다는 것이다. 각 접근은 개인의 내적 과정의 각성을 높이고, 자기통제를 위해 의식적 정신을 사용할 수 있도록 신경감각, 내부수용감각, 자기수용감각 등의 과정(제5장에 나왔던)을 이용한다. Levine은 **감각느낌**(felt sense)이라는 용어를 사용하였고, Ogden은 **감각의 마음챙김**(mindfiulness of sensation)이라는 용어를 사용하였다. Shapiro는 **몸 살피기**(body scan) 기법을 사용하였다.

몸에 관한 연구는 **몸의 레질리언스가 회복의 주요한 힘**이라고 본다. 증상은 배출되지 않은 생존 과정의 자연스러운 결과이다. 호흡과 관련된 다양한 개입이 있는데, 투쟁/도피 반응을 마무리하기 위한 작은 움직임, 반응을 상상하며 신체가 어떻게 느끼는지 초점 두기, 긴장이 저절로 사라질 때까지 신체의 활성화된 부분에 초점 두기 등이다. 후자가 발생했을 때, 내담자들은 비자발적 한숨, 하품, 얼얼함, 또는 즐거운 기분 등을 보고하였다.

트라우마에 대한 선도적 연구는 정서생리학이 기억과 의미에 미치는 영향에 주목하였다(Porges, 1997; van der Kolk, 2003; Schore, 2003). 전신(whole-body) 접근은 이러한 세 가지 요소를 통합한다. 트라우마 생존자들이 외상사건의 재경험(re-live)을 요청하는 다양한 접근이 있다(Ogden & Fisher, 2015; Levine, 2010; Rothschild, 2010; Ross, 2008; Hoskinson, 2016; Jeller & LaPierre, 2012). 전신 접근은 정서, 기억, 의미를 통합하기 때문에 **먼저 자신의 신체 이야기를 하고**(팔 조임, 어깨 경련, 목 경직 등), **다음으로 이야기 속의 다른 어떤 부분을 중요하게 말하는지 감지한다**. 보편적인 상향식 접근(bottom-up approach)에는 신체 경험하기(somatic experiencing), 감각운동 심리치료(sensorimotor psychotherapy), 안구운동 민감소실 및 재처리 요법(EMDR) 등이 있다.

> 트라우마 생존자들이 외상사건의 재경험(re-live)을 요청하는 다양한 접근이 존재한다.

몸 체험(SE)은 1990년대에 Peter Levine이 개발하였다(2010, 2015; Payne & Levine, 2015). 그는 생체물리학, 동물생리학, 심리학, 마음챙김 등의 훈련을 받았는데, **병리학이 아닌 생리학의 관점에서** 야생동물들이 생존과 스트레스 반응을 정상화하는 과정을 관찰하였다. 동물의 세계에서의 투쟁, 도피, 부동(동결) 등에 대한 그의 설명은 본질적 생존 과정 및 (인간과 달리) 야생동물이 트라우마 증상을 보이지 않는 이유를 이해하는 데 기여하였다.

Levine의 관점은 내 반려견인 Leo(코카스파니엘 종)가 쌓인 에너지를 이완하는 방법을 이해하는 데도 도움을 주었다. Leo를 목욕시키거나, 귀를 씻기거나, 눈에 안약을 넣어 주면(신체에 대한 침해) Leo는 **몸을 터는 반응을 한다**. 약간의 씰룩거림이 아니라 그야말로 심하게 몸을 부르르 턴다. 동물들은 가장 우아하게 몸을 털 수 있는데, 인간들도 원래 이 재능을 갖고 있었다(Sapolsy, 2017)! 실제로 우리 인간도 그와 유사한 능력이 있지만, 사회관습, 또래

집단의 기대, 각성의 결여 등으로 인해 묻혀 두게 되었다. 동물들이 몸을 터는 것은 위협이나 충격, 침입 후 신경계의 재균형을 찾도록 돕는 자연의 방식이다. 또한 피할 수 없는 위협 속에 있을 때 부동(동결) 상태에서 도피나 투쟁으로 옮겨 가는 신진대사의 이행이기도 하며, (몸을 털어서) 평형을 다시 찾을 수 있도록 돕는 것이기도 하다.

원시시대 호모사피엔스는 공격을 받으면 도망갈 곳이 있었고, 노래와 춤과 같은 의례를 통해 신경계의 리셋(reset)이 가능했다. 그러나 오늘날 콘크리트 정글에서는 정서적, 심리적, 재정적, 신체적 위협을 받은 후 사용하지 못한 에너지를 적절하게 방전할 수 있는 공간이 (사회적 모임이나 밀집된 기차, 심지어 집에서도) 거의 없다. 아드레날린은 솟구치지만 처리할 곳이 없는 것이다. 따라서 오감과 변연계로부터의 정보가 우리의 정보처리 시스템을 지배할 수 있고 이는 감각통합을 매우 어렵게 만든다. 우리는 오감으로 산소와 정보를 취하지만 그로 인해 압도된다(DE/소뇌). 충격은 우리를 숨 쉬기 어려운 부동 상태로 만드는 반면, 호흡은 감각통합을 시작하고 공간을 만든다.

SE(몸 체험)에서 내담자는 감각느낌(felt sense)을 키우고 막힌 에너지가 투쟁/도피/부동(동결) 상태로부터 해소되는 방식을 관찰하면서 자신만의 에너지에 대해 배운다. 제5장에서의 연습은 호흡하기와 의미 있는 느낌을 결합한 자원 시퀀스이다. Levine(2010)은 내담자가 자신의 감각을 알아챌 수 있도록 돕는 방법으로 마음챙김 명상(Kabot-Zinn, 2006)과 초점 두기(Gendlin, 1996) 연습과 관련 있는 의미있는 느낌 활용을 강조한다. 이 연습은 신체와 의식적 정신 간의 대화로 구성된 간단한 상호작용을 하는 것이다. 정신은 신체가 마룻바닥이나 의자와 접촉하는 것을 느낄 수 있는가? 그라운딩(grounding)과 리소싱(resourcing)은 보호를 위한 것이다. 정신적 레이저 광선처럼, 정신은 신체가 안전감을 느끼는 방식을 기억하도록 돕는다(Porges, 2017). 이러한 정신-신체 상호작용은 막힌 에너지를 처리하려는 인지적, 정서적 내러티브의 과잉 각성을 우회한다. 이것은 안전을 강조하는 방식으로 각 회기를 시작하는 의례가 될 수 있다. 최근 TAU와 비교해 긍정적 결과를 보인 두 개의 임상적 시도 모델이 있다(Brom et al., 2017; Andersen et al., 2017).

SE의 첫 단계는 신체에서 편안하게 느끼는 감각을 찾아내어 자원으로 개발하는 것이다. 이 자원은 활성화와 비활성화를 오가는 극이동(pendulation)을 시작으로 최소한의 활성화로 작업해 적정(titration)에 이르도록 한다. 따라서, 대화는 최대치 노출보다 한 번에 하나의 감각에 집중하기 때문에 신체 지향적이다. 이야기의 작은 부분에 대해 나누는 것은 2차 트라우마를 예방할 수 있으며, 특히 치료사가 사건의 끝부분에서 시작할 때 도움이 된다. "언제 처음 안전하다고 느끼셨어요? (대답을 기다린다) 안전하다는 것을 기억할 때 어떤 감각이 올라오나요?

(대답을 기다린다) 당신의 정신을 그러한 감각에 초점 맞춰 보세요……. 그곳에 머물러 보세요……. 그것을 음미해 보세요……. 그곳에 머무를 때 당신의 호흡에 주목해 보세요…….” 내담자의 묘사에 대해 말 그대로 반영해 준다. 이것이 변화의 첫 번째 포인트지만, 질문을 듣기 전까지는 간단하고 찰나적이며 심지어 무의식적인 것이다. 예를 들어, 자동차 사고로 뇌 손상을 입고 한 때 생명이 위태로웠지만 생존한 여성은 이 질문을 듣고 잠시 침묵하며 생각에 잠겼다.

치료사: 사고 후에 언제 처음으로 당신이 해낼 수 있다는 것을 깨달았나요?

여성: …… (침묵) …… [그녀는 이 찰나의 순간에 피, 구급차, 사이렌 소리, 병원 들것 등을 떠올리며 자신의 의식적 정신을 탐색하고 있었다.] 아! (약간의 미소와 함께) 그들이 저를 병원 복도에 내려놓았을 때였어요. 불빛과 함께 모든 사람이 저를 둘러싸고 있는 것을 보았어요……. (웃으며) 제가 벌떡 일어나 그들에게 내 얼굴이 어떤지, …… 어디가 아픈지…… 제 컨디션에 대한 여러 질문을 하기 시작하면서, 그때 안전하게 느꼈던 것 같아요.

치료사: 자, 잠시 시간을 갖고, 그 빛과 당신을 둘러싼 사람들을 기억하면서 당신 신체의 어디에서 그러한 안전감을 느끼는지 주목해 보세요. 그것을 받아들이고, 몸으로 그 웃음을 느껴 보세요. 지금 어디에서 그것을 느끼나요? 이제 그것에 초점을 두고 시간을 좀 가져 보세요(리소싱).

다른 예에서, 생존자는 안전을 느끼기까지 수년간 두려움 속에 살았다. 그녀를 학대한 아버지는 가족을 지속적으로 스토킹했다. 가족은 아버지를 피해 빈번하게 이사했다. 언제 아버지가 다시 나타나 가족을 괴롭힐지 알 수 없었다. 15년 후 그녀는 아버지가 교도소에 수감되어 있다는 것을 인터넷을 통해 알게 되었다. 치료사는 이 경험을 발견했을 때 내담자와 함께 기념했고 신체가 안전감을 받아들이도록 도왔다. 많은 사람은 기념하는 능력을 잃어버렸는데, 리소싱(Resourcing)은 신체가 안전을 재학습하도록 가르치는 방법이다.

생존자가 안전의 시점을 짚어 내지 못할 때 치료사는 회기 중 ‘안전점검’을 시행하는 시간을 활용할 수 있으며, 이것을 사회 환경에서도 활용할 수 있다. 환경을 안전하게 만들려면 무엇이 필요한가? 현재의 순간에 이러한 환경이 존재하는 것을 상상해 보도록 한다. 다음으로 내담자가 자신들을 안전하게 지켜 줄 보호자를 상상하게 할 수 있다. 내담자는 협력자에게 초점을 두고, 신체 어디에서 지지를 느끼는지 감지해 보고 감각을 음미해 볼 수도 있다(리소싱). 이 장 후반에 안전점검의 부분인 실험을 브레인스토밍하는 예시가 있다.

눈을 반드시 감을 필요는 없다. 이것은 개인이 편한 대로 해도 된다. 두려움이나 경계 수준이 높은 사람은 눈을 감는 것이 견디기 어려울 수 있다. 이런 사람들은 눈을 뜨고 있어야 연습을 견딜 수 있다. 누군가 그라운딩(grounding)이나 리소싱(resourcing)을 견디지 못할 때, 의식적 정신의 관여 없이 간접적 접근만으로도 신체 지향적 치유를 제공할 수 있다. 치료사는 의미 있는 느낌 연습을 모두 내려놓고, 일반적인 진정(calm)과 만족 경험을 탐색할 수 있다. 그 후, 신체의 어느 곳에서 이것을 느끼는지 질문한다. **주안점은 정서가 아닌 신체감각에 있다는 것에 주의한다.** 이 단계에서 뭔가 마음에 즉각적으로 떠오르는 것이 있지 않는 한 내용(content)은 필요하지 않다. 주요 목표는 신체의 편안함을 느끼는 부분을 확인하는 것이다. 건강상 문제로 근육통과 같은 만성통증이 있는 경우라도 (애매할지라도) 중립적이거나 긍정적인 신체 위치는 존재한다.

이 과정을 구상하는 한 가지 방법은 이야기를 기술하는 형태로 생각해 보는 것이다. 이야기에서, 치료사는 내담자에게 잠시 멈추고 신체가 무엇을 느끼는지 추적해 보도록 요청함으로써 각 '문단'의 마지막을 적정한다. 신체에서 편안한 곳과 활성화된 곳에 번갈아 초점을 두면 긴장이 억제된다. 이전 장들에서 우리는 기초적인 의미 있는 느낌 연습을 경험하기 위해 잠시 멈추었다. SE를 훈련받은 치료사는 기초를 넘어, 무기력에서 두려움을 분리하고 사건 당시 좌절되었던 적극적, 자율적, 방어적 반응을 격려함으로써 교정적 경험을 제공한다. 그러나 훈련을 받지 않은 치료사에게는 편안한 위치에 대한 재초점화가 안전하며, 전신-신체 지향을 시작하는 것이 유용하다. 이 책의 웹사이트를 방문하면 의미 있는 느낌 인터뷰의 예시가 있다.

SE 기초:

1. 그라운드(ground)
2. 리소스(resource)
3. 감각추적(track sensations)
4. 리소스(resource)
5. 그라운드(ground)

Ross(2008)는 커플 및 가족에게 SE를 활용한 것에 관해 기술하였다. 어려운 논의는 미루고, 참여자들이 추적, 현실 기반, 자원 확보에 참여하도록 가르치는 것만으로도 신체는 교류에 참여할 수 있을 만큼 과정이 변화된다. 불안한 편도체가 이완되면 엄청난 아드레날린에 의해 회기의 다음 18분이 지배당하는 것을 예방해 준다. Gottman과 Levinson(1985)은 그들의 결혼 연구의 초기 단계에서 커플의 맥박을 재고 심장박동이 느려질 수 있도록 요청하였다. 그는 중요한 일을 한 것이다. 뇌 회로에 대해 알기 전이라 신체 상태가 어떻게 유지되는지에 대한 일관성 있는 이론 틀이 부족했던 것뿐이다.

만일 내담자가 본인이 신체적, 상징적으로 무엇을 하길 원하는지 인식하게 되면, 주먹을 흔들거나 다리를 위아래로 움직이거나 팔의 방어근을 이용해 딱딱한 표면을 누르는 등의 동일한 근육군(muscle groups)을 움직이기도 한다. 숨쉬기와 신체 부분에 초점 두기를 하는 동안 움직임의 빠르기를 점차 느리게 변화시켜, 그 근육들이 슬로우모션으로 움직이게 할 수 있다. 각 슬로우모션의 방어반응에서 의미 있는 느낌을 활용하면 에너지를 비운 후 신체를 진정하며 재조직화하는 데 도움이 된다. 신체의 활성화 위치를 탐색하고 신속한 움직임에 대한 추가적 이미지를 위해 Ross는 추가 질문을 제안하였다.

- 만일 '긴장(꽉 조임)'이 말을 할 수 있다면 뭐라고 말할 것 같습니까?
- 바로 지금, 무엇에 주목하십니까?
- (이미지/감각)을 쫓아 내려면 무엇이 도움이 될까요? (태워버리거나 블랙홀에 가라앉히거나 등등. 내담자 마음에 떠오르는 비유)
- 만일 지금 당신의 신체에 약간의 움직임이 일어난다면, 그것은 무엇일까요?

(Ross, 2008, pp. 99, 226)

이러한 접근들은 신체적 접근(somatic approach), 감각운동 심리치료(sensorymotor psychotherapy)와 유사하다.

Pat Ogden이 개발한 **감각운동 심리치료**(SP)는 Levinson이 주목한 **감각운동 느낌, 인지, 정서 통합**의 기본 아이디어를 확장한 것이다(Ogden et al., 2006a; Ogden & Minton, 2000; Ogden et al., 2006b). 일단 감각운동 처리로 자기통제가 가능해지면, 이 접근은 하향식(bottom-up)과 상향식(top-down) 간 상호작용을 조정해 이 요소들의 균형을 맞춘다. 상담자는 "**감각의 마음챙김**(mindfulness of sensation)"에서 시작해 신체의 언어와 자세, 움직임에 주목하며 애착과 방어반응을 탐색하고, 중립적, 의식적, 탐색적 방식으로 관찰을 기술한다(Ogden & Minton, 2000, p. 166).

대다수 사람은 신체 포지션을 취하고 몸짓으로 정동(affect) 수준을 전달한다. 이러한 행동이 트라우마 생존자에게 어떻게 적절한 방어 척도가 되는지 파악하기 위해 첫 몇 회기 동안 생존의 렌즈를 활용할 수 있다. Ogden은 생물학적 공감을 개발하기 위한 방식으로 이러한 것을 이용했다. 비언어적 소통을 통해 그들이 전달하는 메시지를 탐색할 수 있다. 예를 들어, "당시에 많이 힘들었겠어요. 지금 당신 손의 움직임이 무엇인가를 얘기하고 있나요?" 내담자가 그들의 몸짓을 방어의 상징(공격 또는 보호)으로 연결할 때 그것을 기념한다. "네. 맞습니다. 당신은 ________할 권리가 있어요! 당신에게 좋은 일입니다!" 어떤 치료사에게 이것이 일반적이지 않을 수 있지만, 정동(affect)은 기억과 변화를 가져오는 에너지이다. 신체는 정동이다. 트라우마 회복 작업의 기술은 언제 진정시키고 언제 기념하는지 아는 것이다. 또한 차분한 기념도 있다. 골디락스(Goldilocks) 동화에서처럼 "너무 뜨겁지도 너무 차갑지도 않도록 딱 적당하게!"

Ogden과 Minton(2000)과 van der Kolk(2014)는 분리로 이끄는 신체 경험을 연구한 초기 연구자인 Pierre Janet(1925)에게 공을 돌렸다.

> 외상 기억에 지대한 영향을 받은 환자들은 승리의 단계에 나타나는 특징적 행동을 수행하지 못한다. 이들은 끊임없이 기쁨을 추구하지만 아무리 쫓아 가도 기쁨은 그들 앞에서 도망쳐 버린다.
>
> (p. 669)

내담자가 과거의 트라우마를 경험하기 시작할 때, 긴장을 조이는 작은 감각들은 말 없는 신체의 기억이며 승리의 단계로 가는 길이다. 이야기의 신체적 조각들은 방어적 동작의 맥락에서 그들이 가야 할 길을 내준다. 내담자가 밀어내 버리거나 누군가를 밀어내길 원하는가? 그들은 팔을 위로 올리거나, 바람막이 창과의 충돌로부터 방어하기 위해 외면하는가? 이러한 감각의 조각들이 어떻게 실패한 투쟁/도피/동결 반응과 맞아떨어지는가? 이것은 상담자에게 이론적 질문들이다. 생존자와 함께 마음챙김의 과정을 안내하는 것은 신체 이야기의 조각이 살아나고 이완하도록 도와준다. 이러한 재생은 분리가 해소되는 방식이다. "목표는 유대이다"(van der Kolk, 2014, p. 181). 감각에 초점을 두기 위해 언어가 사용되며, 긴장이 자동으로 이완될 때까지 거기에 머문다. 이는 신체-정신 간 상호작용을 촉진하고 정신이 감각과 연결될 수 있도록 조력하는 일련의 질문을 포함한다.

- 당신의 신체에서 어떤 감각을 느끼나요?
- 정확히 어느 곳에서 긴장을 경험하나요?
- 긴장의 질이 어떤가요? 그것은 어떤 것 같아요?
- 당신의 몸은 어떤 움직임을 하고 싶어 하나요?
- 당신이 그것을 할 경우 어떤 일이 일어날까요? (손으로 주먹을 쥐거나, 다리를 움직이거나, 머리를 돌리거나 등등)
- 이 움직임이 무엇이라고 말하고 있나요? 말로 표현할 수 있나요?

이런 대화를 하는 동안 **무슨 일이 일어나는지 주목하고 볼 수 있도록 허락된다면** Levinson의 작업에서처럼, 긴 침묵과 호흡에 주목하라고 요청할 수 있다.

Ogden은 방어적 시퀀스가 충분히 처리되면 생존자들이 외상사건에 압도되지 않고 정서적, 인지적으로 더 큰 역량을 갖게 된다고 하였다. 그러므로 하향식(top-down) 시퀀스는 치료사가 주도하는 것이라기보다, 상향식(bottom-up) 시퀀스 후에 즉각적으로 활성화되는 것이라 할 수 있다. 제5장에 나왔던 Chapman의 예술 개입을 기억해 보면, 젊은 내담자 M은 자신의 개가 공격한 이야기를 낙서한 후에 통합의 다음 단계로써 즉각 인지로 이동하였다. 그 낙서는 그녀의 신체의 이야기였다. SP는 몸의 이야기로 시작하여 **신체가 승리의 단계에 도달하면** 의식적 인지와 정서가 자연스럽게 과정의 한 부분으로 통합된다고 가정한다. 이 과정은 전신 교정보다 '포식(satiation)'을 활용하는 하향식(top-down) 노출 접근과는 대조적이다.

하향식(top-down) 시퀀스는 치료사가 주도하는 것이라기보다, 상향식(bottom-up) 시퀀스 후에 즉각적으로 활성화된다.

안구운동 민감소실 및 재처리 요법(Eye Movement Desensitization and Reprocessing: EMDR)은 인지적 과정과 뇌간 과정을 모두 함께 연결하는 통합적 접근이다. 노출 모델(exposure models)과 대조적으로, EMDR은 생존자의 의식적 담론에서 시작하며 진행과정의 여러 지점에 개입한다. Francine Shapiro(2017)은 어느 날 스트레스 경험을 생각하다가 임의적 경험으로 양쪽 눈의 움직임을 발견하였다. 그녀의 괴로움은 경감되었고 그녀는 자신의 심리학 학위논문의 주제로 이 과정을 다루었다. EMDR의 효과성을 보여 주는 임상적 시도 중, 강간이나 전쟁 사건 같은 트라우마 단일사건에 대한 더블 블라인드 연구(double-blind study)는 특히 설득력이 있다(Van der Kolk et al., 2007; Carlson et al., 1998).

EMDR은 치료사의 지도하에 머리는 움직이지 않은 채 눈동자만 움직이며 손 움직임을 따르도록 팔을 좌우로 흔들면서 안구운동을 유발한다. 과정이 진전되면 교대로 손을 진동하며 양손을 꽉 쥐는 것과 같은 다른 대칭적 감각도 동일한 효과를 보였다. 아동의 경우 치료사의 지도에 따라 손을 번갈아 가며 탁자 위를 톡톡 치도록 한다. 이것은 모두 **대칭적 자극**의 유형이다. 최근 EMDR 훈련은 8단계 수업 활동 및 슈퍼비전을 제공하는데, 8단계는 다음과 같다.

① 개인력 및 처치계획　　⑤ 설치
② 준비　　⑥ 신체 스캔

③ 사정
④ 둔감화
⑦ 마무리
⑧ 재평가

둔감화 과정은 동결-프레임(freeze-frame) 경험으로, 안구운동훈련과 함께 각 경험의 이미지에 관심을 둔다. "이 경험을 생각할 때 떠오르는 첫 이미지는 무엇입니까?" 각 프레임 후에 치료사는 "다음으로 무엇이 보입니까?" 또는 "다음에 무슨 일이 일어납니까?"라고 질문하는 식이다. 의식의 줄기 각 요소가 연습될 때까지, 이러한 일련의 것들은 느리게 연속된다. 다음으로, 정서와 힘, 치유 경험, 긍정적 인지를 강조하는 일련의 연습을 한다. 스케일링(scaling)은 긍정적 인지의 힘과 더욱 강하게 만들어 주는 것이 무엇인지에 관해 안내해 준다. 매번 안구운동훈련을 하는데, 전체 회기에서 각각의 작은 단계의 트라우마, 전이, 치유, 움직임 등 여러 세트의 훈련이 가능하다. 전체 과정은 참여자의 특성에 따라 개별화된다.

MacKinnon(2012)의 Bruce Perry 인터뷰는 많은 집단이 춤, 드럼, 기도(예배 기도를 암송하는 동안 약간 흔들며) 등 치유 의례에서 유형화되고 반복적이며 리드미컬한 연속의 형태를 띤다는 점에 주목하였다. EMDR과 대칭적 두들김(bilateral tapping)은 본질적으로 유형화된, 반복적이며 리드미컬한 감각운동 활동이다. 외상사건에 대한 인지적 이미지와 정서적 기억을 재창조하는 동안 강렬한 기억에 다가감으로써 기억 에너지를 줄일 수 있다(MacKinnon, 2012).

이러한 뇌간 접근은 유사점과 차이점이 있다. 세 모델 모두 생리학을 포함하며, 노출 치료에 의존하지 않는다. 이들은 무엇이 잘못되었는지보다, 무엇이 교착상태에 있는지에 초점을 둔다. 이들 모두 강점 기반 토대의 다양한 방법론을 활용한다. SE는 우선 감각에 초점을 두며, 다음으로 움직임이 어떻게 교착된 생리를 이완시키는지에 주목한다. EMDR은 경험 이미지에 일차적 조점을 두며, 다음으로 대칭적 자극을 삽입해 경험을 조각으로 처리한다. 감각통합이 강해지면 자기규제는 따라온다.

간뇌/소뇌 개입: 자기규제

NMT 패러다임에 따르면, 인간 성장의 다음 부분은 변연계와 피질의 연결장치인 뇌간 위에 있다. DE는 시상[오감(五感)에 대한 교환원]과 그것의 세부영역, 시상하부(뇌하수체의 배후) 등을 포함한다. 여기 인터넷과 비견되는 정보처리 시스템이 있다! 감각정보, 호르몬, 화학물질, 빛, 카메라, 액션 등이 그것이다! 소뇌는 운동 트레이너 역할 이상을 담당하는 것으로 알려져 있고, 높은 인지적 기능 및 정서 처리와 관련되어 있다는 증거가 최근 나오고 있다(Tiemeier et al., 2010). 이 부분은 뇌와 몸 전체에 걸쳐 많은 연결점을 가지고 있는 '정신'의 한 부분이며, 따라서, 운동, 각성, 자기규제 등은 성장 및 정서적 안정과 연관되어 있다. 안정애착의 대상 인물이 주는 구조 및 예측 가능성은 변화와 전이를 처리할 수 있는 두뇌의 역량을 강화한다. 성인의 경우, 안전한 사람들과의 사회관계망에 대해 사정하는 것은 중요하다. NMT가 어린이의 '치료적 망'을 조립하는 것과 마찬가지로, 성인도 안전한 지인들(가까이 있든 멀리 있든, 사망했든 살아 있든)을 확인하기 위해 사회관계망 사정과 확대가족 가계도를 활용할 수 있다. 이들 모두가 뇌에 공간을 차지하고 있다. Perry는 그의 내담자 부모 중 많은 수가 그들의 기능 수준에 따라 가족개입 매칭을 위해 NMT 사정을 받았다는 점에 주목했다. 아동상담계획에 부모나 보호자를 포함하는 것의 중요성을 감안할 때, 성인 역시 동일한 활동에 관여함으로써 치료 결과가 강화된다(Perry, 2014; Perry & Dobson, 2013).

뇌간이 호흡과 심장박동을 연결하는 경험을 상징하는 반면, DE는 외부와 내부의 세계를 연결하는 방식을 상징한다. 일상의 루틴, 의례, 문화적 전통, 감각 경험, 정해진 신체훈련 등은 즐거움과 위안이 되는 방식으로 성인의 세계에 들어온다. 활성화(행동)와 비활성화(휴식) 간 균형 잡힌 정서 범위와 움직임의 범위를 안전하게 탐색하는 것은 스트레스 호르몬에 영향받은 영역의 유연성을 회복시켜 준다. 예를 들어, 고연령 집단에게 NMT를 적용할 때는 안전하고 양육적인 사회관계망 구성원들과 보내는 시간, 개인의 거리감/가까움 및 격렬한 신체운동에 대한 인내심에 맞는 구조화되고 재미있는 가족 활동 등을 제안할 수 있다. 친밀감은 학대와 연결될 수 있으므로, 접촉은 즐거워야 하며 부담스러우면 안 된다.

유형화된 반복적이며 리듬 있는 활동은 안전감을 가져온다. 어느 내담자에게 어떤 활동을 하면 즐거움, 움직임, 감각 등을 포함하는지 질문했을 때, 그는 즉각 "자전거 타는 것에 대해 어떻게 생각하세요?"라고 했다. 우리는 자전거에 대해 브레인스토밍했고, 그는 전기자전거 아이디어를 마음에 들어 했는데, 이는 마음챙김 훈련 동안 그의 분투를 조절해 줄 수 있을 것이라고 생각했다. 우연이 인연이 되듯, 그는 그간 고립에서 벗어나 안전한 사람들과 사회적으로 연결되는 좋은 방법을 발견한 것이다. 자전거 타기는 중요한 상징적 가치도 있었는데 그가 어린 시절 학대가정으로부터 도피했던 첫 대처 전략이 자전거였기 때문이다. 우리는 달리기 위한 다리 근육 강화와 자유의 기분을 호흡하며 얼굴에 부딪히는 바람의 위로를 느끼는 데(승리의 단계) 초점을 둔 마음챙김 훈련서를 만들었다. 몇 주 내에 그의 가족들은 그의 기분과 행동의 변화를 알아챌 수 있었다.

어떤 내담자는 헬스클럽 페달 밟기 운동을 하며 즐길 에너지 넘치는 음악 플레이리스트

리듬은 조절하고 있다.

(playlist)를 만들었다. 또 그녀는 자전거나 차에서 혼자 읊조릴 수 있는 주문이나 구절도 정하였다. 각 회기 마지막에 우리는 깊은 호흡과 함께 주문을 반복하곤 하였다. 또 다른 내담자는 도자기 만들기, 요가, 수영, 태극권, 춤, 걷기, 달리기, 노래하기, 다른 형태의 음악 등을 자극과 활동의 중요한 유형으로 활용했다. 이런 활동이 일상(routine)으로 자리 잡게 되면 오락 이상의 의미가 된다. 만일 집단 활동을 하거나, 다른 사람들이 이 과정에 합류할 경우 옥시토신은 보너스로 주어진다(Van der Kolk, 2014; MacKinnon, 2012; Perry & Dobson, 2013).

변연계 중재: 애착과 긍정

변연계는 뇌간과 DE가 처리하는 것을 관계와 사회적 과정에 붙들어 고정한다. 정서 상태는 관계 안에서 공동으로 통제된다. 그러나 연령이 24세 이상이면 관계에 대한 신념과 세계관이 안정되므로 생존자들이 치유 과정을 촉진시키거나 손상시키는 범위에서 관계의 질을 경험할 수 있다. 24세 이후 관계적 트라우마를 경험하게 되면, 이전에 언급했던 두 개로 분열된 세계에서 초래된 정체성 위기가 발생할 수 있다. 안전은 생존자가 직면한 도전을 타인이 얼마나 잘 통제하는지에 달려 있다. 예를 들어, 부상당한 참전용사 가족상담에서 만일 커플나 가족이 욕구를 확인하고 설명할 수 없다면, 그의 가족생활에는 많은 어려운 의제(어젠다)가 나타나게 된다. 배우자는 생존자가 다시 가족으로 돌아와 가족생활에 통합되는 것에 불안해하고, 자녀들은 부상으로 요구가 많아진 귀환 부모에게 적응하기 위한 시간이 필요할 수 있다. 전쟁 시기 동안의 사명감과 중요성이 갑자기 기저귀 갈기나 자녀의 배구게임 참관 같은 일로 쉽게 전환되지 않는다. 이런 문제들에 대해 심리교육을 하면서 사전예방적으로 논의하는 것이 중요하다.

회복이 변화의 여정이 되면서 치료사의 역할도 변화된다. 치료사는 보호자로 시작해 중재자가 되고, 여행안내자 그리고 촉진자가 된다. 외상치료에서 치료사는 첫째, 보호자 역할을 해야 한다. 보호는 트라우마 생존자에게 많은 면에서 매우 중요하다. 언뜻 보호가 내담자의 자기결정권 및 자기효능감을 위반하는 것처럼 들리지만, 트라우마 증상 해결을 향한 첫 단계를 안전에서 시작해야 하는 생리학적 궤적은 타당하다. 이는 유아가 일단 안정애착을 느끼면 그들의 경계를 더 잘 탐색할 수 있게 되는 것과 유사하다. 따라서, 치료사는 천천히 진행하면서 생존자를 트라우마의 압도적 영향으로부터 지켜 주는 사람이 되어 준다. 일단 치료사-내담자 관계가 안전하다고 느끼면, 압도적 영향과 내담자 사이에서 치료사는 중재자가 될 수 있다. 이것은 뇌간 작업과 함께 시작된다. 트라우마 회복작업에서 드라마의 언어는 트라우마 생존자의 경험을 조율한다. 특히 생존자가 처한 사회환경이 그의 정서적 각성을 평가절하할 때, 치료사가 드라마를 조율해 주는 것은 더욱 중요하다. 회복이 계속되면서, 내담자는 이러한 현실을 자신만의 창의적 이야기로 변형한다. 그러나 트라우마 작업의 초기 단계는 말 그대로이다. 파괴의 위협은 신체, 정신, 영혼, 관계 등 인생을 통째로 바꾸는 사건이다.

보호자로서 상담자는 '친구와 적'을 파악하기 위해 가족과 사회관계망을 조사할 수 있다. 시각적으로 볼 수 있도록 가계도를 크게 그려 대형 이젤에 올려놓고 진행하는 가계도 작업은 PFC(전전두엽 피질)의 관여를 촉진하고 변연계를 억제한다(Hanna, 2019). 가족과 사회관계망에서 '친구'는 트라우마 회복에서 중요한 역할을 하는 안전한 피난처이다. 상황에 따라 '적'이 완전히 바꾸어 놓기도 하지만, 돌봐 주는 안전한 사람들의 관여는 이 작업의 중요한 요소이다. 때때로 적인 사람이 개인과 가족 역사에 대한 중요한 정보를 가지고 있을 수 있다. 적을 만나도 되는지 허락을 구하는 것은 가슴의 변화를 가져올 수 있다. 사전에 생존자의 비밀보장 유지를 위한 기본원칙을 만들면, 생존자의 복리와 타협할 필요 없이 치료사가 확대가족에 대한 지식을 얻을 수 있다. 극단적 사례의 경우, 나는 유선상 정보를 얻어도 되는지 허락을 구한다. 추가적으로, 내담자와만 가계도 회기를 갖고 다른 가족원들과 (별도로) 가계도 회기를 진행함으로써 치료사는 트라우마 징후에 숨어 있을지도 모르는 말하기 어려운 딜레마의 가능성을 사정할 수 있다.

Griffith와 Griffith(1994)는 의료가족치료가 증상 감소를 도왔거나 증상을 완전히 누그러뜨린 사례들에 대해 상세하게 보고하였다. 의료 현장에서 내담자에게 자신의 이야기를 하도록 요청하는 것은 한동안 드물었다. 비밀, 수치심 또는 유기불안에 대한 이야기는 면역체계와 소화기, 호흡기 등을 공격하는 딜레마였다. 모든 사례에서 내담자는 함정과 고립을 느꼈다. 가족, 문화 또는 사회에 속박된 담론에 대한 인식 판단에 따라, 내담자의 인생 경험을 말하는 것은 위험할 수 있다. 내담자가 자신의 가족 안에서의 심리정치의 균형을 다룰 때, 이러한 대인관계의 딜레마는 종종 애착과 정체성에 관한 것이다.

어떤 사례는 특별히 눈에 띄었다. 저자들은 성인 여성인 Frances가 당했던 지속적 성학대와 이제 젊은 세대를 위해 멈추어야만 한다는 메시지를 가족들에게 전달하기 위해 과식증을 통해 자살을 계획한 방식에 대해 이야기한다. 그녀는 그것을 자신의 어머니에게 말할 수 없었으며 다룰 수도 없었다. 놀랍게도 그녀의 형제자매들도 그녀가 어머니에게 말하지 않는

> 편이 낫다는 데 동의했다. 형제자매들은 그녀가 죽으려는 이유에 대해서 이해할 수 있다고 했다. Frances는 죽음을 준비하며 자신의 사후에 어머니가 읽을 편지를 적었다. 그러나, 삶은 계속되었고, 어느 날 그녀는 "하나님은 나에게 더 많은 것을 하실 수 있다……. 죽음이 나를 자유롭게 할 수 없다."라고 하였다(Griffith &Griffith, 1994, p. 52). 그리고 이와 함께, 그녀는 어머니를 용서하겠으며 어머니가 학대했던 시간들을 인정할 것을 요구하며, 살아 보겠다는 내용으로 편지가 변화되었다. 미션 완료! 그녀와 어머니는 과식증을 극복할 수 있는 새로운 장을 시작한 것이다. 애착, 정체성, 소속의 정치학은 말 그대로 삶과 죽음의 이슈가 되었다. 궁극적으로, 믿음의 여성으로서의 그녀의 정체성은 그녀를 구원으로 이끌었다.

생존자가 아동기나 전쟁으로부터 회복될 때, 치료에서 가장 영향력 있음에도 간과되기 쉬운 요인이 가족 및 사회관계망의 관여이다(Perry, 2014; Diamond et al., 2010). 이 단계의 개입은 이전 두 단계에서의 인간관계의 진전과 가족 및 친구관계의 이해에 달렸는데, 갈등, 신뢰, 공감, 이해의 정도에 대해 선택될 수 있다. 애착 기반 개입은 대뇌변연계의 처리가 대인관계에서(배우자, 부모자녀, 친구, 직장 관련 등의) 윈윈(win-win) 결과를 얻기 위해 새로운 구조와 패턴을 협상할 때 서로 잘 맞는다.

아동의 사회정서적 발달은 또래관계를 포함하는데, 이것은 성인 트라우마 치유와 가족치료 모델에서 종종 간과되는 요소이다. 비대립적 지지 집단이 초기 안전감과 공감에 큰 도움이 될 수 있지만, 생존자의 자연적 사회관계망은 장기적 자원이 될 수 있다. 따라서 상담자는 애도 추모, 오락, 또는 DE 범주에 있는 특정 활동에 사회관계망을 참여시키는 여행가이드 역할을 할 수 있다. 여행가이드는 안전한 관계를 찾는 실험에 대해 말해 줄 수 있다. 어떤 내담자는 자신이 5년간 칩거한 것에 대해 알지 못하는 지인들을 찾아냈다. 그녀는 그들에게 PTSD를 경험한 사람을 아는지 묻는 실험을 수행하였다. 놀랍게도 한 사람이 "네, 제가 경험했어요."라고 말했고, 그 후에 내담자는 그 사람들과 만나는 것이 안전한지 여부를 결정할 수 있었다. 또한 그녀는 험담을 들은 적 있는 옛 친구들(그것에 대해 이야기한 적은 없지만)과도 실험을 진행했다. 천천히, 그녀는 누가 자신에게 안전한지 알아 갔다. 관계적 실험은 상담자와 생존자들이 그들의 인간관계 자원의 진정한 범위를 알 수 있도록 돕는다. 일단 이것이 성공한다면 상담자는 촉진자가 된다.

피질 개입: 반영과 직관

다른 뇌 영역들이 강화되면 개선된 기능으로 피질을 부양하게 된다. 피질은 지속적으로 새로운 양질의 정보로 진화하며, **인지, 운동, 사회정서, 감각운동 통합**에 기능하는 피질이 된다.

아이디어, 계획, 언어, 도덕적, 영적 반영, 창조성, 상상력 등에 대한 추상적 사고 능력은 피질의 가장 높은 열망이다. **인간은 존재하지 않는 것을 상상하는 능력을 가지고 있다.** 피질은 아래쪽 구조의 지원 없이는, 즉각적 환경과 근시안적 감각 정보의 자극에 제한된 역할을 할 뿐이다. 그러나 모든 부분이 규제되고 안전할 때, 제5장에 나왔던 Suzy와 같은 극적인 이야기들이 우리에게 희망과 변화에 대한 영감을 준다.

많은 가족이 사랑하는 사람의 트라우마 증상(종종 수용하기 어려운 '특성'을 가진)과 함께 살아간다. 두 세계에서 살아가면서, 생존자는 분노, 철회, 비난, 교만, 배은망덕 등의 특징을 보인다. Amen(2002)은 **사랑, 연민, 타인에 대한 공감 등과 같은 개인의 영성이 건강한 전전두엽 피질(PFC)에서 발달한다**고 하였다. 변연계-전전두엽 피질 회로의 트라우마 조절 장애 그리고 우뇌의 불균형이 있을 때, 트라우마의 공세는 결국 정신을 훼손시킨다. 그러므로 상담자는 제3장에 나왔던 변형(transformation)에 대해 주목하며 회복을 고려하는 것이 중요하다. 변형에 대한 인간 잠재력에 다가가면서 뇌간, DC, 변연계가 조절될 때, 피질은 고대로부터 현재의 새로운 지원과 함께 지혜를 통합한다.

자폐(autism), ADHD(주의력 결핍 및 과잉 행동 장애), OCD(강박장애) 등에 관한 연구는 DE, 기저핵, 피질 간의 관계에 대해 검토하고 있다. 회로들의 관계를 규제하는 **회로 간 균형**에 관한 연구 주제는 상담자들이 이 회로들의 불균형을 바로잡는 개입에 도움을 준다(Melillo, 2015; Leisman et al., 2013).

또한 이러한 연구들은 좌뇌와 우뇌의 연결 역시 동일한 고리와 불균형에 의해 영향받는다고 설명하고 있다. 모든 방향에서의 이러한 복잡한 연결은 NMT의 **다중감각 및 다중차원 개입**의 중요성에 힘을 보탠다. 여기서, 변형을 위한 피질창에 세 가지 접근을 시도해 볼 것이다. (1) 운동을 포함한 자기표현(self-expression), (2) 새로운 의미로 마음을 여는 은유의 활용, (3) 새로운 영역, 경계, 정체성, 소속, 슬픔을 탐색하는 실험 등이다. 이러한 활동은 경험의 담론을 괴로움의 치유로 변화시켜 준다. 심리치료의 '공적 관계 문제'에 대한 논의는 새로운 담론 창조가 낙인과 절망감, 수치심을 변화시키는 방식을 보여 준다.

자기표현

제3장에 나왔던 April의 사례를 보면, 치료에 대한 그녀의 저항은 정서적 분노가 지속적으로 고조되고 자신에게 일어난 일에 대한 통찰을 모두 소진한 후에야 멈추었다.

> 치료를 시작하면서 그녀는 자신에게 일어났던 일을 미리 장문의 글로 적어 치료사에게 주었기에 그것에 대해 이야기할 필요는 없었다. 그녀는 치료사에 대해 절제되고 관대하다고 묘사했다. "치료사는 제가 말하고 싶은 만큼 말하게 해 주었고, 이야기하고 싶지 않은 것에 대해서는 요구하지 않았어요. 내가 무엇인가에 좌절하면, 예를 들어 제3자가 나를 학대한 사실을 기억할 수 없다든지 하면, 치료사는 '꼭 기억할 필요 없어요. 가끔 우리 마음은 치유를 위해 특정 부분만 필요로 하기도 합니다.'라고 말했어요. 그러면 나는 편안해졌고 그것에 대해 걱정하지 않았어요."
>
> 치료 외 활동으로 April은 (인터넷에서 발견한 기법) 평소 사용하지 않는 쪽의 손으로 글을 적었다(Capacchione, 2000). 그녀는 회기를 통해 자신을 표현하기 시작했는데, 자신에게 질문을 하고 마음에 떠오르는 아무 단어나 적기 시작했다. 그녀는 익숙하지 않은 손으로 적는 것이 마치 어릴 때의 자신 같다고 하였다. 그녀는 2년간 이런 방식으로 규칙적으로 적었다. 차분하고 함께 해 주는 치료사 그리고 이러한 연습이 그녀의 뇌 연결의 균형을 도와준 것 같았다. April은 치유과정에 대해 수용, 통합, 자기존중의 새로운 느낌이 그녀의 일치적 담론의 일부가 되었다고 보고하였다. Levin(1997)이 말했듯이, 트라우마는 삶에서 일어난 사실일지라도 그것이 '종신형'은 아니다.

이것은 문제를 해결하기 위해 깊은 지혜에 접근하고자 하는 치료사, 커플, 내담자의 개인 성장 연습으로 사용될 때 특히 활력을 준다(Nelson, 2010). 사람들이 자신의 기본정서에 접근하지 못할 때, 이런 연습은 자신의 정서체계가 무엇을 '생각'하는지 발견하는 데 도움이 된다. 이 과정은 좌뇌에서 우뇌까지 여러 영역에 걸친 뇌 연결에 관한 교육으로 시작한다. 치료사는 내담자에게 필체, 일관성, 문법 등에는 신경 쓰지 말고 글을 적도록 격려한다. 그저 자연스럽게 흘러나오는 대로 단어를 적도록 한다. 전형적으로, 질문이나 주제로 이 과정을 시작한다. April의 경우, 왜 그런 방식으로 느끼는지에 대한 질문으로 시작했다. 질문은 치료사가 만들 수도 있고, 내담자가 만들 수도 있다. 연습과 호소 문제를 연결하는 근거를 제공하는 것이 필요하다. 목표가 무엇인가(더 큰 통찰인지, 또는 치료사에게 폭로하는 것인지, 또는 직관에서 오는 방향감을 개발하는 것인지 등)? 평소 사용하지 않는 쪽의 손으로 질문이나 제목을 적고, 그 후에 머리에 떠오르는 아무 단어나 계속 적도록 한다. April은 새로워진 그녀 자신, 그리고 치유와의 영적 연결감을 느꼈다고 보고하였다.

연구에 의하면 피질에서의 연결점 균형은 우뇌나 좌뇌에 도달하기 전의 활동을 추적한다(Leisman et al., 2013). 기저핵과 DE부터 운동, 언어, 인지, 동기, 사회적 행동 등을 통제하는 피질에 있는 영역까지 이끄는 부분이 있다. 궁극적으로 이것은 우뇌가 행동 억제를 하고 좌뇌는 행동 활성화를 하는 것으로 알려진 뇌반구에 영향을 미친다. 예를 들어, 좌뇌의 행동 활성화에 불균형을 일으키는 ADHD는 우뇌 통제 저하와 관련되어 있다. 그러므로 목표는 우뇌를 자극하여 좀 더 행동 억제를 유발하도록 하는 것이다. April은 이러한 균형, 정서, 운동 등의 이슈에 동시에 파고들었을 가능성이 있다.

비슷한 방식으로, 예술표현은 군인이나 폭력 생존자의 회복에 의미 있는 요소로 활용되고 있다. 상징적, 반복적, 초점화, 동적 활동은 다중감각으로 '그랜드슬램 홈런'을 날리며 모든 (야구에서의) 베이스를 점하였다. 어떤 프로젝트에서는 폭탄에 의해 뇌 손상을 입은 상이용사가 가면(마스크)을 만드는 과정에서 정신의 혼란을 외재화할 수 있도록 도움을 받았다. 참전용사는 다음과 같이 회고했다.

> 나는 농담이라고 생각했다……. 첫째, 남성인 내가 손에 앙증맞은 조그만 붓을 쥐고 싶지 않아서 (가면 만들기 프로젝트에) 참여하고 싶지 않았다. 둘째, 나는 예술가가 아니다. 셋째, 나는 유치원생이 아니다. 그러나…… 결국 (활동에) 참여하게 되었고 그것은 대단한 것이었으며, 내가 무지했고 틀렸다. 가면 만들기 활동은 내가 마음을 열고, 말을 하게 되고, 더 나아지기 위한 노력을 시작하게 해 주었다.
>
> (Alexander, 2015, p. 44)

어떤 공군 의무병은 피투성이 가면에 색칠한 후 이렇게 표현하였다.

> 나는 이런 모습의 사람을 본 적이 있다……. 왜 그런지는 모르겠지만, 이것이 바로 내가 드러내고 싶은 것이었다……. 사람들은 믿는 것을 말로 옮기기 어렵고, 말로 옮긴다고 해도 상대가 지루해할 것이다. 그러나 미술은 그 자체를 표현한다. 거기서 무슨 일이 일어나고 있는지 설명하려고 애쓰는 것이 피곤할 때, 미술은 군인을 이완시켜 준다. 미술작품은 출판물

과 같다. 읽고 싶을 때 그것은 거기에 있다.

(Goldberg, 2015, p. 2)

제5장은 Chapman의 미술치료 개입이 다중감각 활동이라고 설명하였다. 뇌간으로부터, 이러한 활동은 변형 단계의 통합, 표현, 처리를 위한 최선책 중 하나이다. Van der Kolk(2014, p. 125)는 연령이나 상태와 상관없이, 내담자에게 기본적인 가족 초상화를 그려보라고 요청한다. 한 사례에서, 수술실 간호사였던 여성은 단순한 연필 데생을 그렸는데, 그 그림은 명확히 성적 활동에 대한 주의를 요하는 것이었다. 이 여성은 지지적 치료집단에 합류한 지 1년이 넘어서야 아버지에게 강간당했던 사실이 의식으로 떠오르기 시작하였다.

주변 사람들은 그녀의 불신감을 그저 그녀의 '기질'로 잘못 볼 수도 있다. 일단 집단 안에서 뇌간과 DE가 반복적인 진정과 안전감에 의해 향상되면, 치료사와 구축된 대인관계 신뢰가 기억과 변연계를 '연관'지을 수 있도록 해 준다. 그전까지는 자신의 그림에 명확하게 나타나는 것조차 처리할 수 없을 정도로 그녀의 해리(분리)는 극단적이었다. 그림 과제로 시작한 덕에 van der Kolk는 다음 단계에서 민감하고 간접적으로 안내하는 의사소통의 수준이 가능하였다. 가장 중요한 것은 내담자가 안전하다고 느낄 때까지 그림의 의미를 꺼내지 않았다는 점이다.

치료사는 생존자들이 새로운 접근을 시작하도록 돕는 데 구체적이고 중요한 역할을 한다. 여기서 감각의 마음챙김, 구조와 의례, 안전하고 신뢰로운 관계, 심리교육, 두뇌 균형, 은유의 활동, 실험 등 뇌의 순서를 따르는 것이 중요하다. 치료사의 역할은 다음과 같다. (1) 개인과 가족이 과정을 시각화할 수 있도록 돕는 **여행 가이드**, (2) 개인에게 맞는 속도로 개별화 및 승인을 제공하는 **PT(개인 트레이너)**, (3) 일상생활에서의 강점과 작은 성공을 이끌어 내는 **마술사**, (4) 슬픔, 전이, 용기, 연민, 의도를 중시하는 방식의 본보기가 되는 **동료 여행자**이다.

제3장에 나왔던 누미노즘(numinosum)을 상기하자면, 치료사는 무한한 방식으로 가능성의 씨앗을 심을 수 있다. 얼마나 많은 가족이 미술 활동에 함께 참여해 도움을 받았던가? 미술이나 가족을 위한 기념책자, 또는 생존자 뇌의 구석구석 퍼져 있는 자기표현의 선물을 받을 만한 전사한 군인이 있는가? 생존자 가족이 생존자 회복의 더 많은 측면(특히 자신의 회복을 돕기 원하는 사람들)에 포함되길 바라는가? 나는 생존자의 지인들이 순전히 본인이 도움받기 위해 심리교육 회기에 참여하는 것을 보았다. 이러한 가능성은 치료사 자신을 위한 기회이며, 치료의 예술은 생태체계적 치유의 실험에서 나온다.

은유

Sanders(1990)는 어느 밤 공원에서 강간당한 12세 Mary의 사례에 대해 이야기하였다. 이 사건으로 Mary는 늦은 시간에 집 밖을 돌아다녔다는 비난을 받았고 수치심과 고립감에 빠지게 되었다. 그녀는 18세에 조현병 진단을 받게 되었고 여러 차례 입원했는데, 지금까지 아무도 그녀의 성적 과거력(sexual history)에 대해 질문한 적이 없다고 무심결에 말하였다. 그 후 의료진은 그녀의 비극적 이야기에 대해 탐색하게 되었다. Sanders 박사는 자문을 요청받았고, 생식기 폭력이 종종 섹스로 오인된다는 관념에 따라 그녀와 '섹스'라는 단어의 의미에 대해 탐색하였다. 희생자들은 '섹스'를 한 것이 아니며, 폭행당한 것이고 폭력의 생존자인 것이다.

> 나는 Mary를 바라보며 물어보았다, "야구를 하십니까?" 그녀는 당혹스러운 눈으로 나를 쳐다보며 이렇게 생각하는 것 같았다 '저 사람은 기이한 사람이고, 나는 조현병으로 진단받은 사람이야.' 그녀는 "네."라고 대답했다. "글쎄요. 잠깐만 제 이야기를 참고 들어 주세요. 당신이 야구 경기에 있다고 칩시다. 당신은 포수이고, 마지막 배터업(batter up)에 게임의 마지막 이닝(inning)이에요. 타자가 나가기 전 한 번 더 스트라이크를 했고 이 타자가 나가면 당신 팀이 이깁니다. 이것이 일요일 오후 두 팀의 즐거운 게임이라고 칩시다. 두 팀 모두 게임을 즐기고 있고 어서 게임을 마치고 애프터를 가길 원하고 있어요. 투수가 공을 던지면 타자는 열심히 방망이를 휘두르고, 공을 놓치고, 포수인 당신은 공을 잡습니다. 이제 게임이 끝났고, 당신 팀이 이겼으며, 파티가 기다리고 있어요. 그러나 당신이 공을 잡고 균형을 잡기도 전에 타자가 몸을 돌려 전력을 다해 포수인 당신 머리에 방망이를 휘둘렀어요. 만일 이런 일이 발생한다면, 이것은 야구라고 부를 수 있을까요?"
>
> Mary는 눈을 크게 뜨고 나를 쳐다보며, 분명한 어조로 "아니요."라고 말했다.
>
> 나는 말했다, "남성이 여성을 상대로 그릇되게 자신의 성기를 이용할 때 그것을 섹스라고 하는 이유가 뭔지 나는 궁금합니다." 이 질문에 대한 Mary의 답은 내가 전문가 그룹에서 이 문제에 대해 이야기하게 된 동기가 되었다. 조용한 방에서 그녀는 나를 보며 말했다. 처음에 나는 그녀의 표현을 읽을 수 없었지만, 눈물이 그녀의 볼을 타고 천천히 흘러내렸으며 그녀의 냉정했던 표정은 부드러워졌다.
>
> (Sanders, 1990, p. 5)

Sander가 사람들에게 Mary의 눈물에 대해 질문했을 때, 어떤 사람들은 안도라고 했고, 어떤 사람들은 슬픔이라고 말했다. Mary는 자신의 눈물을 언어로 표현했다. "선생님은 내가 이것을 배우기 위해 이 긴 세월 동안 기다렸다는 것인가요?" Sander는 상담자와 다른 사람들이 이것의 의미를 사용했더라면 차이가 있겠는지 물었다. 그녀는 "아주 큰 차이가 있었겠죠!"라고 대답했다.

은유에 앞서, 그녀의 이야기는 최근에 와서야 드러났기 때문에 Sanders는 Mary를 인정해 주면서 안전한 방식으로 그녀와 관계를 형성하는 데 많은 시간을 보냈다고 했다. Sanders는 치료사의 돌봄과 사려 깊은 관계가 무엇보다 중요하다고 강조한다. 또한 그는 메리가 폭력적 공격에 대한 오해가 있는 사회환경에서 살았기 때문에, 그녀가 번뇌로 잃어버린 시간에 대해 분노할 권리를 인정해 주었다. 그 후 Sanders는 스태프들에게 이 변화와 관련된 방향을 강조하였다. 그녀는 더 이상 조현병을 앓는 사람이 아니라, 폭력의 생존자로 여겨졌다. 1년 후 Sanders가 먼발치에서 Mary를 보았을 때, 그녀는 워크맨(walkman)을 사고 있었고 다른 쇼핑객들과 마찬가지로 정상적으로 상호작용하고 있었다.

많은 은유가 신체적 접근에서 뇌간 기능까지 나타난다. 승리 및 힘의 순간과 관련된 것은 인정과 존경의 상징으로서 그것을 이용하길 바라는 개인들에게는 모토가 될 수 있다. 야구에 대한 은유처럼 상담자의 창의성은 비유로 이끌 수 있다. 일반적으로 내담자의 세계에서 나온 은유는 내담자가 자신의 경험을 입증하는 데 도움이 된다. 예컨대, 나의 내담자 중 한 명은 직장에서 격랑과 비난을 경험하고 자살을 시도했다. 34세 나이에 그는 많은 증상을 극복했고 대학을 졸업하였지만, 여전히 치명적인 공황발작이 남아 있었다. 마침 그는 슈퍼히어로의 열렬한 팬으로 그 세계에 몰두해 있었다. 나는 그에게 슈퍼히어로 중에 문제해결과 그의 생존에 영향을 미칠 수 있는 캐릭터가 있는지 물어보았다. 그는 즉각 문나이트(Moon Knight)를 떠올렸는데, 이 캐릭터는 다중인격장애를 가지고 있으며 범죄와 싸울 때 스파이더맨, 울버린, 캡틴아메리카 등 여러 인물에 기반한 완전히 다른 모습(페르소나)을 창조한다. 그는 이 캐릭터로부터 자신이 직장에서 성공적인 모습(페르소나)을 창조하는 데 도움을 줄 수 있는 최고의 자문가를 찾아내었다. 이것은 두 세계에서의 최고(실험이 된 은유)를 창조하였다.

실험

탐색하는 언어는 약속이나 수행 압력의 부담 없이 새로운 영역에 진입할 수 있는 잠정적 가능성을 발동할 수 있다. 어떤 사례에서 내담자는 방 안에 스스로 고립되었고 그녀의 가족은 이 상황에 대해 비판하며 좌절하고 있었다. 우리는 '기대 없이 초대하기'라는 가족 가이드라인을 만들었다. 내담자 스스로 활동이 안전한지 여부를 결정하도록 함으로써 또 다른 가이드라인을 수용하게 되었다. "모든 것은 그녀와 맞는가에 달렸습니다." 내담자는 결정할 수 있는 유일한 사람이었다. 그녀의 내적 지혜를 지지함으로써 가족 안에서 신뢰를 쌓기 시작하였다. 다른 사례의 경우, 내담자가 자신에게 비판적인 아버지(플래시백과 부동의 원인 제공자)가 가족회기에 참석하기로 한 사실에 딜레마를 느껴 상담자에게 전화했다.

W: 내가 무엇을 해야 하죠?

SMH: 글쎄요……. 우리의 가이드라인을 봅시다. 안전 계획을 세울 수 있을까요? 안전한 사람이 있나요? [전전두엽 피질(PFC)이 관여하도록 한다; 안전을 우선순위로 둔다.]

W: 네. 집을 훑어 보면 (안전한) 장소를 찾을 수 있을 거고, 안전한 사람도 근처에 있어요. 그러면, 내 사촌과 방에 함께 있으면 돼요.

SMH: 좋습니다. 만일 최악의 사태가 발생하고 아버지가 상호작용을 원한다면 어떻게 하시겠습니까? [초기 단계의 작업에서 치료사는 보호자로서 수립된 역할이 있다; 아버지는 이 단계에서 심리교육에 반응하지 않음.]

W: 내 생각에 아버지는 주변의 다른 사람들과 하지 않을 것 같아요. 하지만 만일 내가 항상 다른 이들과 같이 있다면 그는 실망할 거예요.

SMH: 오케이. 그저 당신을 보호하고 싶어서요……. 내 생각에 당신이 갇혀 있다고 느끼지 않는 한 그것은 좋은 기회로 들립니다. 선택안은 어떻습니까? 다음 가이드라인은 통제와 선택입니다……. 당신이 위협을 통제할 수 있는 방법이 있는지, 그리고 어떤 선택안이 있는지 알겠나요?

W: 만일 내가 Fred와 같이 가는 대신 혼자 운전해 간다면, 뭔가 안 좋게 느껴질 때 자리를 떠날 수 있겠죠.

SMH: 좋아요. Fred가 우리 파워포인트(외상에 대한 발표)에 왔을 때 괜찮은 것 같았어요. 당신이 그와 이야기 나누었을 때 그가 이해하는 것 같았나요?

W: 네. 그는 "기대에 대해 걱정하지 마. 괜찮아. 네가 필요한 무엇이든."이라고 말했어요.

SMH: 좋아요. 그래서…… 지금은 어떻게 생각하세요?

W: 저는 괜찮아요. 이것을 할 수 있어요. 내가 보고 싶은 사람들이 있어요…….

SMH: 멋져요. 오케이. 내가 필요하면 여기 있을게요. 좋은 시간 보내시길 바랍니다.

내담자와 이러한 통화를 하는 것은 치유의 첫 단계에서 회기 간 지연을 예방하는 데 중요하다. 그 후 가이드라인이 견인력을 갖게 되면 사람들은 그것을 자기통제나 자신의 욕구를 브레인스토밍하는 데 사용한다. 제9장에서 Linehan(1993)은 자신의 접근에서 이것의 가용성에 대해 언급하였다. 이 사례에는 전반적 회복의 일부로 10단계(혹은 이슈)를 포함한다. 내담자는 몇 년간 직장을 다니지 않았고 가족들은 그가 다시 일하게 될지에 대해 골몰하고 있었다. 가족의 기대는 이해할 수 있지만 회복의 초기 단계 동안 그들을 지배하지 않게 하려면 설명을 해야 했다. 그는 일할 수 있을까? 묻는다면 나는 이렇게 말할 것이다. "그것은 10단계입니다! 첫 단계부터 차근차근 살펴봅시다."

[글상자 6-1]은 내가 사용하는 10단계 모델의 가이드라인 목차이다(개인과 단 둘이 작업하든, 가족들에게 브리핑 허락을 구하고 과제를 주든 관계없이). 기초 단계는 전체 목차에 스며들어 있으며 가장 우선순위가 높다. 뇌 발달과 같이 연쇄효과에서 각 단계는 다음 단계에 영향을 미치며, 마지막으로 가장 어려운 증상을 설명하는 것으로 마무리하며 치유단계의 통합을 이끈다. 이러한 요인들은 갈지자형 타이밍으로 진행되며 진전된다. 심리교육 후에는 가족/사회관계망에 관여하도록 하여, 그들이 어떻게 각 단계를 지원할 수 있는지 설명하며 십자형 패턴으로 진행한다. 가족치료훈련을 받지 않은 상담자의 경우, 일단 개인과 함께하는 것을 안전하게 느끼고 옹호자로서 나를 신뢰한다면, 가족관여에 대한 협상은 심리교육과 함께 초기에 시작한다. 이것은 가족을 가르치는 문을 열어 준다.

제8장에 나오는 다중가족집단과 매우 유사하게, 각 내담자는 가족미팅의 관여 수준을 통제하는데, 촉발 주제가 있다면 가족미팅에 참여하지 않는 것을 선택할 수 있다. 어떤 사례에서 가족원들이 촉발을 피할 수 있는 행동 변화와 함께 심리교육에 대응할 때까지, 내담자가 참석하지 않은 채 상담자가 가족원들을 만날 수 있도록 허용하는 것을 추천한다. 비밀보장은 항상 유지된다. 문제해결 및 [글상자 6-1]의 가이드라인에 초점을 유지하는 것은 중요하다. 가족원들과 상담자는 각 단계를 가장 잘 다룰 수 있는 방법을 브레인스토밍한다. 어떤 가족과의 만남을 준비할 때, 내담자와 상담자는 사정 결과나 다른 사적 정보 등에서 어떤 정보가 노출될 것인지 미리 준비한다. 다차원적 가족치료와 애착 기반 가족치료가 이러한 관계를 다루는 방식에 대해 제8장에서 더 자세하게 다룰 것이다.

글상자 6-1 전체론적 회복 계획(A holistic recovery plan): 10단계

1. **안전**: 안전은 나머지 모든 것을 가능하게 해 준다. 안전이 없다면 자신의 몸과 마음에 갇혀 고립된다. 여전히 위험에 처해 있다면, 안정 징후가 있을 때까지 위기 개입이 지속되어야 한다. 가끔 미시적 이유로 좋은 친구도 안전하지 않다. 가끔 가족과 있는 것도 안전하지 않다. 그러나 심리교육의 목적은 생존자에게 안전한 방향으로 관계 변화를 시작하는 것이다. 사무실에서 안전하게 느끼려면 무엇이 필요할까? 외부에서 수행 부담을 낮추기 위해 타인들이 그들의 기대를 낮추려면 어떻게 해야 할까? 기대 없는 초대이다.
2. **선택/통제**: 그것이 적합할까? 이것은 트라우마로 인해 도난당한다. 경험은 종종 신체적, 사회적, 정서적으로 갇힌 자녀와 성인을 포함한다. 성인은 연령, 계급, 역할, 지위 등의 사회적 요구와 전쟁터에서의 보이지 않는 부상(관계나 다른 부상) 사이에 갇혀 있다. 이러한 경험을 풀어낼 수 있는 최선의 과정은 무엇일까? 무엇이 적합할까?
3. **생리학**: 투쟁/도피/부동 대처반응. 감각, 움직임, 마음챙김, 보호와 방어 움직임의 재생에 대해 강조하라.
4. **지향성과 탐색**: 호기심과 탐색전. 실험. 애착연구는 유아가 안정애착을 가진 경우 그들의 환경을 더 잘 탐색한다는 것을 보여 준다. 동물의 왕국에서 포유류는 먹이를 다시 찾으러 나가기 전에 위험이 지나갔다는 것을 감지한다.
5. **정체성**: 비난하려는 것이 아니다. 지금 나는 누구인가? 나는 흠집 있는 상품인가? 내가 누군가의 '프로젝트'인 것을 원치 않는다. 누가 나를 원할 것인가? 생존자 자부심의 담론은 무엇인가? 영웅주의의 예이다.
6. **변화의 시소**: "한쪽이 나아지면, 다른 쪽은 악화된다."라는 은유. 변화의 결과를 준비하라. 촉발을 방지하는 전략, 한쪽이 무너지지 않도록 시소의 균형을 잡는 중간 자리를 향한 작은 단계
7. **보호 이득**: 경계, 통제, 안전. 유발요인이 안정화되고, 생리적으로 도파민, 세로토닌, 옥시토신 등이 분비되면, 다음 세 단계를 건너뛰고 싶은 유혹이 생긴다. 이 단계는 가장 강력한 정서나 가장 깊은 상처를 다루기 전에 정서적 자원 점검을 강조한다. 지지 관계망과 함께 성취한 것을 기념하라. 고립을 피하라.
8. **상실 애도와 배신**: 애도 이슈를 가진 타인을 어떻게 도울 수 있는가? 개인 성장을 위해 잃어버린 시간 그리고 관계에서 잃어버린 기회는 어떠한가? 괴로움에서 오는 보상자격은 무엇인가?
9. **수용 한계**: 무엇이 적합한가? 무엇이 안전한가? 무엇이 가능한가?
10. **일**: 이것은 과정 중 아무 때나 발생할 수 있다. 그러나 변화의 시소는 무엇이 사회적으로 수용되거나 바람직한지보다, 타인이 기대를 낮추고 무엇이 적합한지 작은 단계로 지지하도록 격려한다. 취약성의 독특한 청사진은 때로 고용이나 정기적 일을 갖기 전 얼마나 많은 단계의 사회적 과정이 치유가 필요한지에 대해 확인하는 특정한 속도(페이스)의 비가시적 근거이다.

결론

이 장에서 성인 트라우마의 복잡성과 포괄적 돌봄의 결여, 중도 탈락(dropout)을 초래하는 트라우마 처치의 정치학 등에 대해 살펴보았다. 성인 생존자는 종종 두 세계에서 살아간다. 한 세계는 그들의 내적 신경계와 그들을 괴롭히는 유발요인의 세계이고, 또 다른 세계는 자기통제가 필요한 성인에게 주어지는 기대와 책임이 있는 세계이다. 상처는 증상(바람직하지 않은 행동으로 오해받는)을 초래한다. 인종차별주의, 전쟁, 빈곤, 학대, 도덕적 상처 등의 폭력은 고립과 관계를 불편하게 만드는 대처 전략에 영향을 미친다.

전기화학적 생리는 아드레날린의 공세와 혼란스러운 화학적 폭주, 그리고 내적세계와 외적세계를 다루기 위해 분투하는 생존자의 보이지 않는 세상이다. 지난 30년간 신경과학의 가장 중요한 발견은 촉발 반응이 있는 동안 이성적 사고가 결여된다는 것이다. 정신건강 서비스 제공자들은 이러한 진보된 지식을 따라잡기 위해 노력하고 있다.

안전한 관여의 중요성은 제4장과 제5장의 주제로 계속 다루어졌다. 많은 생존자가 빤히 보이는 곳에 증상을 숨기고 있다. 그들은 낙인과 수치심에 대한 반응으로 숨는다. 그들의 행동은 사회적으로 수용되지 않는 것으로 딱지가 붙고, 이것은 처참한 결과를 초래하는 수치심 사이클을 지속시킨다. 워싱턴(Wathington D. C.) 도심(빈민)지역의 Rosa Lee Cunningham의 사례연구는 그녀의 품격이 점차 절도와 소매치기, 매춘, 중독으로 옮겨 가는 신경생리 과정을 보여 준다. Leon Dash(1995)는 저서의 주제로, 그녀의 삶에서 인종차별, 빈곤, 성차별, 계층차별 등의 화학적 연쇄효과의 실례를 보여 준다. 또한 치료 공동체에서 놓친 기회의 예시를 보여 주며, 강점을 인식하고, 아동기 상처에 개입하며, 새로운 생존전략의 보상으로 내분비계에 시동을 걸어 줄 경험을 제공함으로써 현재 지지 체계가 더 많은 사상자를 예방할 수 있는 방법을 설명한다.

전체론적 패러다임은 안전한 관여의 7개 미시단계인 '호소 문제, 의뢰 과정, 이전 치료 경험, 내재적 동기, 사회관계망의 질, 내담자 담론에 기반한 서비스 계약'에 대한 탐색으로 시작한다. 상담실 기반 또는 가정방문 기반의 접근으로써, 이러한 단계는 숨겨진 트라우마를 끄집어낼 수 있도록 만들어졌다.

다음 섹션은 형식적 사정에 대한 찬반 논의에 관해 살펴볼 것이다. 사정은 외상 반응을 유발하고 치료적 관계의 안전을 저해할 수 있다. 다른 한편, 사정은 삶의 경험, 증상의 심각성, 사회관계망, 사회적 부상, 탄력성 등을 입증하는 유용한 정보를 제공할 수 있다. 9개의 사정

도구 요약은 [부록 E–M]의 미리 보기를 제공한다. 내담자의 안전성 수준에 가장 잘 맞는 과정을 선택하려면 유연성이 반드시 필요하다. 어떤 예들은 공식적 또는 비공식적 활용 여부에 대한 아이디어를 제공한다. 탄력성 사정은 회복 자산으로 생존자의 자부심을 인식하도록 하는 데 가장 유용하다.

외상치료의 정치학을 검토한 결과, 노출치료를 비판하는 연구가 증가하는 추세이다. 노출치료는 외상 증상의 소멸을 위해 행동치료에 의존하는 접근으로 널리 활용되고 있다. 어떤 연구들은 높은 탈락률을 보여 주는데, 이는 많은 사람이 치료 프로토콜에서 정서조절장애가 예상되는 정도를 견디기 어렵기 때문이라고 주장하였다. "이것이 증상 때문에 숨는 사람들의 일부라고 할 수 있을까요?"라는 질문이 올라왔다. 그와 대조적으로, 이 장은 성인 치료 계획의 가이드로 NMT를 계속 추진한다. 성인을 위한 개입도 뇌간, DC, 변연계, 피질 등에 대한 개입으로 시작함으로써, 어린이에게 사용하는 것과 유사한 연속체를 따른다. 전사, 질문, 사례요약 등은 이러한 개입의 실례를 보여 준다.

외상 회복에 대한 전체론적 패러다임은 개인/가족에 대한 심리교육과 함께 지속될 것이다. 이것을 바탕으로, 감각통합과 각성에 대한 신체적 접근 방향으로 진행될 것이다. '의례, 움직임, 자기규제의 감각' '애착과 제휴를 위한 사회환경에서의 활동' '인지적 성장의 부분으로 자기표현, 은유, 실험' 등으로 마무리된다. 개입의 10단계 모델은 이러한 차원들의 통합을 보여 준다.

제7장

결혼, 사랑, 성에서의 뇌

The Transparent Brain in Couple and Family Therapy

커플치료에서도 뇌 기반의 접근이 발전되어 왔다. 결혼 애착과 갈등은 친밀한 관계를 돕거나 해치는 신경 행동 과정이다. 광범위한 연구에서 Kiecolt-Glaser는 결혼의 질이 건강과 질병의 주요 변수이기도 함을 보여준다(Kiecolt-Glaser, 2009; Kiecolt-Glaser et al., 1998; Kiecolt-Glaser & Newton, 2001; Kiecolt-Glaser et al., 2003, Robles & Kiecolt-Glaser, 2003, Kiecolt-Glaser et al., 2005, Parker-Pope, 2010). 커뮤니케이션 이론의 확장으로 모든 행동은 커뮤니케이션이고 모든 커뮤니케이션은 생리적이라고 말할 수 있다. 아마도 사랑과 성관계에서처럼 몸과 마음과 정신이 강력하게 결합되는 곳은 없을 것이다.

이 장을 시작하기 위해 커플치료에 영향을 줄 수 있는 학문 분야를 살펴보자. 인류학자와 신경과학자들은 종종 우리를 먼 과거로 데려간다. 선진국의 경우 모든 사람을 위한 커뮤니티가 부족하면 그들의 신경생물학적 건강을 위협한다. 의료 인류학자(medical anthropologists)부터 사회 내분비학자(social endocrinologists)에 이르기까지 인간이 번성하는 데 필요한 정보를 풍부하게 제공한다.

그다음 남성과 여성의 차이점에 대한 논의는 두 성의 위험 요소에 대한 냉정한 논평을 다룬 연구를 검토한다. 나는 남성이 치료 서비스를 잘 받지 않는 사람들 중 하나라고 생각한다. 따라서 여성 치료사가 남성 내담자와 관계에 어려움이 있을 때는 남성 치료사의 도움을 받을 수 있다고 본다. 이 장은 데이트, 사랑, 상실을 겪는 과정에서 뇌에 대한 연구로 마무리된다.

이 장의 마지막 부분에서는 커플 갈등과 어린 시절의 상처를 해결하기 위해 신경생물학을 사용하는 커플치료의 세 가지 모델을 검토한다. 이 모델은 예술과 과학이 더 깊고 길게 지속되는 친밀한 관계를 얻기 위해 어떻게 함께 적용되는지에 대한 새로운 접근이다.

종의 생존

지배적 담론에서 비롯된 신화를 검토하는 과학자들이 점점 더 많아지고 있다. 예를 들어, 이 책의 대부분은 위협에 대한 신체의 경험과 투쟁/도피/동결 회로와의 연결을 다룬다. Taylor(2006)는 인간이 양육하도록 생물학적으로 프로그램되어 있다고 제안한다. 신경펩티드인 옥시토신에 대한 그녀의 연구는 그것이 스트레스 해소제이며 투쟁/도주뿐만 아니라 스트레스 동안 "돌보고 친구가 되어라" 패턴에 동기를 부여할 수 있음을 시사한다(Taylor et al., 2000). 옥시토신의 이타주의와 협력에 관한 그녀의 발견은 이러한 대인관계 전략을 종의 생존과 연결한다. 이것은 인간이 첫 번째 생존 전략으로 사회적 참여를 사용한다고 제안하는 Porges(2007) 작업과 일치한다. 또한 Zak, Stanton 및 Ahmadi(2007)는 연구 중에 공감 증가와 관련된 옥시토신 수치를 발견했다.

짝짓기와 관련하여 Small(2011)은 결혼이라는 문화적 제도가 안전과 생존을 증가시키는 정교한 사회적 네트워크의 필요성에서 비롯된다고 본다. 그녀는 결혼을 협동으로 특징지어지는 종의 생존 전략으로 생각한다. 그녀의 관찰에 따르면 생존을 위해 먼저 동맹과 연결을 만드는 것이 필요하다. 그에 따라 일부일처제가 만들어진다. 결혼 생활을 유지하는 것은 커플의 협력을 필요로 한다. 건강한 결혼 생활에는 공동체, 동맹 및 연결이 필요하다. 그녀는 현대 사회가 결혼을 지지하는 인맥과 씨족에 대한 관심이 부족하고, 커플에게만 너무 많은 비중을 두고 있다고 본다. 한 가지 아이디어는 커플의 '금요일 밤 데이트'를 '금요일 더블 데이트'로 변경하여 커플 고립을 방지하고 커뮤니티 및 전략 구축을 육성하는 것이다.

남성과 여성이 그들의 본성인 협동적이고 친사회적인 점에 접근하지 못하도록 막는 것은 무엇인가? 가족치료의 사회 구성주의자들은 이러한 질문을 즉시 인식한다(Bateson, 1972; White, 1986; Jenkins, 1991). Michael White(1986)는 그의 내러티브 가족치료를 구속 이론에 기초했다. 그의 중심 질문은 "어떻게 하면 사람들을 속박에서 해방시킬 수 있을까?"였다. 따라서 커플교육에서 신경생물학은 커플의 행동과 욕구를 인간의 정상적인 부분으로 규정한다. 생리학 및 문화에 대한 지식은 커플 간의 제약을 극복하는 데 도움이 된다. 겉으로 무과실의 관점이 표면화되면 커플은 회기 초반에 '서로 용서하기'를 결정하게 된다. 이처럼 신경생물학을 사용하여 여성과 남성의 뇌에 대해 일반화 과정을 거치면 서로에 대해 무과실의 그림을 그리게 된다.

뇌 반구와 영향력에서의 남성과 여성

미국과 전 세계에서 페미니스트 운동이 출현한 이래로 여성의 한계를 생물학적인 것이 아니라 문화적인 것으로 해체해야 할 중요한 필요성이 제기된다. 여성 평등을 향한 운동은 많은 문화적 신화에 도전해야 했다. 대부분의 신경과학자는 그들의 발견이 여성 기능의 특정 고정관념이나 격차를 조장하지 않는다(Taylor et al., 2002). 그와 반대로, 신경과학의 현재 지식은 여성과 남성 두뇌의 차이의 생존 가치를 시사하며, 과거에 현대의 고정관념에 도전하는 남녀의 협동적인 역할을 발견한다. 남성만 사냥을 하는 것이 아니라 남녀 모두 음식을 얻는 활동에 참여하였다. 오히려 여성이 남성보다 매주 가족의 음식을 더 많이 얻었다고 주장하는 사람도 있다. 지역 활동과 밀도가 높은 지역의 전반적인 남녀의 차이는 좋은 결혼의 특징으로 팀워크와 협력이 왜 필요한지에 대한 고대의 시각을 알게 한다. 연구는 특정 활동 중 생리를 비교하고 이를 진화적 요구와 관련시킨다. Tannen(1994)이 주장한 것처럼 두 응답 모두 중요하므로 이를 이해하고 팀워크 모델에 통합하도록 한다.

많은 사람이 특정 조건과 관련하여 젊은 남성과 여성 사이의 불균형에 대해 우려를 표명한다. 연구에 따르면 성별 간의 현저한 차이가 있다(Cahill, 2003, 2006). McCarthy 등(2012)은 난독증과 말더듬이 남아에서 3~4배 더 많이 발생한다고 보고한다. 주의력 결핍 과잉 행동 장애(ADHD)는 남아에게서 10배 더 자주 발생하며 자폐 스펙트럼 장애에 걸릴 위험이 4배 더 높다. 조기 발병 조현병의 경우에도 동일한 비율이 적용된다. 성인기에는 주요우울장애, 불안장애, 공황장애가 여성이 2배 더 흔하고 신경성 폭식증은 3배, 신경성 식욕부진증은 13배 더 많이 나타난다. 이러한 수치는 발달 장애가 있는 남성과 성인기 여성에게 발현하는 취약성을 시사한다. 성인기의 한 가지 예외는 자살과 관련이 있다. 이혼했거나 싱글이거나 독신인 남성은 기혼 남녀 또는 독신 여성보다 더 높은 비율로 자살한다. 고립은 여성보다 남성에게 더 치명적인 영향을 미친다.

각 성별의 생물사회적 뇌 반구와 영향력을 충분히 이해하기 위한 준비로서 이러한 공중

표 7-1 여성과 남성의 뇌 차이

여성	남성
• 언어능력–언어 영역별 더 큰 뇌량(corpus collosum) • 좌반구의 높은 밀도 • 11세까지 더 많은 전전두엽 피질(PFC) 발달 • 편도체는 시상 하부에 더 많이 연결(내부) • 나무를 봄(특정 작업의 경우) • 공감자(empathizer) • 더 많은 섭식 장애, 우울증, 불안, 공황발작 • 프로게스테론이 상승한 기간 동안 남성보다 더 많은 반응성	• 시공간–더 많은 테스토스테론 • 우반구의 높은 밀도 • PFC 발달이 느림–청소년기에 더 많은 위험, 덜 계획하고, 판단 • 편도체는 운동 영역(외부)에 더 많이 연결 • 숲을 봄(특정 작업의 경우) • 더 많은 난독증, 말더듬, ADHD, 자폐증, 조기 발병 조현병 • 여성의 낮은 프로게스테론 주기 동안 여성보다 반응성이 더 높음

보건 통계는 모든 커플치료사가 알고 있어야 한다. 주 호소 문제 또는 파트너가 어떻게 보이는지에 관계없이 이성애 커플은 서로 다른 취약성을 가진 다른 세계에서 왔다. 커플치료의 최첨단 모델이 설명하듯이, 임상의는 결혼 생활에서 감정과 행동에 영향을 미칠 수 있는 아동기의 정서적 발달과 애착 위협을 이해하는 것이 중요하다. 이것은 동성애자이든 이성애자이든 사실이다. 따라서 다양한 조건에서 뇌의 차이를 검토하면 **남성과 여성이 친밀한 관계를 맺는 숨겨진 세계**에 어느 정도 투명성이 제공된다. 우선, 활동 회로를 살펴보면 성별에 따른 뇌 반구에 대한 설명이 제공된다. 그런 다음 사회 내분비학은 호르몬, 행동 및 환경 간의 커플 댄스를 설명한다. 〈표 7-1〉은 성별에 따른 이러한 차이를 요약한 것이다.

뇌의 연결성과 반응성

소녀들은 언어를 나타내는 뇌의 뒷부분 근처에 더 큰 뇌량을 가지고 있는 것 같다. 또한 뒤쪽 측두엽에 더 큰 밀도(더 많은 연결)가 있는 것으로 보인다. 평균적으로 소녀들은 더 일찍 말을 하고, 발음 능력과 언어 유창성이 더 뛰어나다. 또한 판단과 계획을 담당하는 중추인 전전두엽 피질(PFC)은 소년이 소녀보다 느린 속도로 성숙한다는 자료도 있다. Witelson (2007)은 이것이 청소년기에 더 많은 위험을 감수하게 될 수 있다고 제안한다. 제6장에서는 청소년기에 공격성을 재조정할 수 있는 개입에 대해 논의하였다.

많은 연구에서 **스트레스와 관련한 성별 차이**를 발견한다. 여기에서 불안한 편도체와 전능한 아드레날린이 등장한다. 한 연구에서 남성 편도체는 뇌의 운동 부분과 더 강하게 소통하며 행동은 외부 환경으로 향하게 된다. 여성의 경우 편도체는 호흡, 심박수 등과 같은 내부 신체 환경을 조절하는 시상하부와 더 강하게 연결되어 있다(Witelson et al., 1995). Wang 등(2012)은 남성과 여성의 뇌가 특히 후두엽과 소뇌에서 회백질 밀도가 다르다는 것을 발견했다. 남성은 우뇌에서, 여성은 좌뇌에서 더 높은 연결성을 보였다. 일부 작업의 경우 여성은 시각적인 초점이 더 많았고 남성은 움직임과 관련된 활동이 더 많았다. Andreano와 Cahill(2009)은 스트레스와 성호르몬 간의 상호작용을 통해 스트레스 중에 성별 차이가 때때로 나타난다는 흥미로운 증거를 발견했다.

다른 연구에서는 감정적인 영화를 볼 때 오른쪽 편도체와 기억 사이에서 남성의 더 큰 활동을 발견했다(Cahill et al., 2004a; Cahill et al., 2001; Cahill et al., 2004b). 여성의 경우 왼쪽 편도체와 동일한 작업에 대한 기억 사이의 활동이 더 컸다. 이러한 뇌 반구 프로세스의 경우 오른쪽은 상황의 전체/중앙 측면과 관련되고 왼쪽은 로컬/미세한 세부 사항과 관련된다. 이것은 남자는 숲을 보고 여자는 나무를 본다는 것을 의미한다. 남녀 모두에게 편도체 내의 유동적 상태인 감정은 기억에 상당한 영향을 미친다. 이것이 가해자의 DNA를 추출하지 못한 사건에서 목격자의 증언으로 인해 무고한 사람들의 유죄 판결을 받는 것에 가장 큰 영향을 미친 요인이다(Wells & Olson, 2003). 따라서 커플교육 주제에서 기억의 신경생물학을 포함한다면 커플이 과거의 기억보다는 현재 그들의 경험을 인식하도록 할 수 있다.

남성과 여성의 뇌 크기 차이를 언급하는 것이 일반적이지만 비례적으로 남성의 뇌는 신체에 비례한다. 그러나 크기에 초점을 맞출 필요성을 없애기 위해 최근 연구에서는 이제 이를 제어한다. Luders 등(2009)은 같은 크기의 남성과 여성의 뇌를 사용했다. 그들은 여성이 오른쪽 및 왼쪽 꼬리뼈, 기저핵의 인접 영역, 왼쪽 안와–전두엽 영역, 왼쪽 상측두회 및 왼쪽 상전두회에서 밀도가 더 높다는 것을 발견했다. 이러한 이전 연구 결과와 일관되게 Gong과 Yong Evans(2011)는 남성이 우뇌에서, 여성이 좌뇌에서 더 효율적이라는 사실을 발견했다.

아동 발달 연구에서 Baron-Cohen(2002)은 이러한 차이가 남성에게는 **체계화**로, 여성에게는 **공감**으로 해석된다고 제안한다. 체계화는 시스템을 지배하는 기본 규칙을 분석하고 식별하는 원동력이다. 시스템은 입력과 출력이 있는 모든 프로세스이다. 공감 능력은 다른 사람의 정신 상태를 이해하고 그들의 감정에 반응하는 능력이다. 그는 이러한 중심 경향의 증거를 제공하는 여성에 대한 열여섯 가지 변수와 남성에 대한 열세 가지 변수에 대한 연구를 인용한다. 두 유형 모두 행동을 이해하고 예측하는 능력을 달성하고자 한다.

그의 작업은 대부분의 사람에게 문화와 환경의 조합으로 뇌 유형을 평가하는 프레임워크를 제공한다. 그는 자폐증이 극단적인 남성 유형일 수 있다고 주장하며 생후 1일 된 소년이 얼굴보다 기계식 모빌을 더 오래 응시한다는 유아 연구를 지적한다. 개인적으로 그의 아이디어가 터무니없다고 생각했던 때가 있다. 그러나 Porges(2007)의 다미주신경 이론은 이제 중이의 약한 근육이 자페아동으로 하여금 사람의 목소리를 다른 소리와 구별하지 못하게 막고 있을 수 있음을 시사한다. 이것은 인간의 (공감) 자극보다는 기계적(시스템)에 대한 남성의 초점을 복잡하게 만들 수 있다. 그는 그 근육을 강화하는 청각적 톤을 통해 이 가설을 테스트해 왔다. LPP(Listening Project Protocol)는 청각 과민성을 낮추게 되어 가족들은 자폐증 자녀의 사회적 참여가 더 많아졌다고 보고하였다(Porges et al., 2014). 개입에 대한 세부 정보를 제공하는 LPP 웹 사이트가 있다. Baron-Cohen의 아이디어는 다양한 신경과학 연구를 통해 제공되는 플랫폼을 가진다. 현재 그의 연구는 행동 및 정보 처리, 마음 이론, 자폐 특성의 차이를 식별하지만 프로세스를 체계화하기 위한 특정 신경 기반을 아직 발견하지 못했다

(Baron-Cohen & Lombardo, 2017).

최종 연구 세트는 월경 주기가 뇌 구조에 미치는 영향을 조사하였다. Goldstein 등(2010)은 건강한 여성을 초기 난포기(생리 1일 차, 모든 호르몬 수치가 낮음)와 후기 난포-중간 주기(14일 차, 에스트로겐 정점, 프로게스테론 여전히 낮음) 동안 두 번을 스캔하였다. 그들은 여성이 1일째일 때 남성과 여성의 뇌가 스트레스 자극에 유사하게 반응한다는 것을 밝혔다. 14일째 여성에 비해 남성이 더 강한 스트레스 반응을 보였다. 가장 큰 차이는 PFC와 안와-전두엽 피질(눈 뒤)에 있었다. 따라서 여성 호르몬은 월경 주기를 통해 스트레스를 조절하는 데 도움이 된다. 저자는 이러한 차이점의 가능한 기능을 제안한다.

> 진화론적 관점에서 볼 때 암컷은 주기 중반 동안 과도한 흥분에 방해받지 않고 피질 용량이 높아져 다가오는 수컷과 같은 잠재적으로 위협적인 자극이 성공적인 짝짓기를 위한 기회인지 최적으로 판단하는 것이 중요하다. 투쟁이나 도피를 위해 암컷은 수컷과 다른 스트레스 반응을 조절하는 자연적인 호르몬 능력을 부여받았다. 이 메커니즘은 종 보호에 대한 일차적 책임이 있는 수컷에 대한 진화적 관점에서 부적응적이거나 불필요했을 수 있으므로 지속적인 투쟁-도피 행동 반응이 필요하다.
>
> (Goldstein et al., 2010, p. 437)

Andreano와 Cahill(2010)은 또한 주기의 약 1일과 21일에 여성의 기능적 자기 공명 영상(fMRI)을 비교하여 월경 호르몬 수치의 영향을 연구했다. 두 그룹 모두 부정적으로 각성된 사진은 중립적인 사진에 비해 편도체와 해마의 활동을 상당히 증가시켰다. 이러한 차이는 프로게스테론이 상승한 21일째 그룹에서 더 컸다. 1일 차에는 에스트로겐과 프로게스테론 수치가 낮다. 따라서 뇌의 각성 시스템은 월경 주기에 따라 달라지며 각성이 높을수록 순환하는 프로게스테론 수치가 높아지는 것으로 보인다. 이 연구는 호르몬을 방정식에 포함시키는 여성과 남성의 활동에 대한 그림을 제공한다.

대중문화에서 가장 흔한 언급은 월경 전 증후군(PMS)으로 인한 여성의 정서적 반응과 관련이 있지만 여기서는 남성보다 반응이 덜한 주기를 포함하도록 여성의 그림을 확장할 여지가 있다. 이러한 주기는 반응성의 시기와 차이에 대해 남성과 여성을 교육하는 것이 얼마나 중요한지 보여 준다. 가변성에 대한 교육은 결혼 생활에 더 큰 예측 가능성을 가져올 수 있다. 이러한 변이에 대한 지식은 스트레스와 동기부여의 화학물질을 살펴보는 사회 내분비학 분야의 연구에서도 나온다.

사회 내분비학

가능성이 희박한 내분비 연구는 신경경제학이라고 불린다(Zak, 2008). 이 작업 중 일부가 옥시토신과 신뢰를 조사한다는 점을 제외하고는 커플치료와 관련이 없어 보인다. 신뢰보다 커플에게 더 관련이 있는 것은 무엇일까? 다른 분야에서 내분비계를 살펴보면 여성에게도 테스토스테론이 필요하다는 사실이 드러난다. 이 분야는 호르몬과 행동 사이의 상호작용을 연구하는 학제 간 그룹으로 부상하고 있다. 많은 프로젝트에서 테스토스테론(T), 코르티솔(CORT) 및 옥시토신(OT)을 검사한다. Mehta와 Josephs(2010)는 기준 T를 남성과 여성 모두에서 만성 상태 추구 동기의 마커로 식별했다. 그들 작업의 다른 단계는 T와 행동이 어떻게 상호 영향을 미치는지 보여 준다. 전체적으로 그들 연구는 만성적인 지위 추구 동기와 단기적인 지위 추구 동기를 식별한다. Mehta 등(2008)은 이것을 성격 대 기분과 유사한 것으로 간주하지만 NMT 패러다임을 사용하여 "만성" 상태 추구자가 숨겨진 트라우마 반응에 의해 연료를 공급받는지 여부에 대한 질문이 있을 수 있다.

Mehta와 Josephs(2010)는 연구 결과를 다음과 같이 기록한다.

1. T는 소속 및 사회적 결속과 부정적으로 연관된다.
2. 기혼 남성은 미혼 남성보다 T 수치가 낮다.
3. 연애 중인 미혼 남성은 싱글인 미혼 남성보다 T 수치가 낮다.
4. 계부의 T 수치가 더 낮다.
5. 이혼남은 재혼하면 T 수치가 떨어진다.
6. 배우자가 있는 여성은 미혼 여성보다 T 수치가 낮다.
7. 일부다처제 여성은 미혼 여성이나 배우자가 있는 여성보다 T 수치가 더 높다.

순환적으로 대인관계(사회적 환경)는 낮은 T(생리학)로 이어져 협력으로 이어진다(Zak et al., 2009). 이들은 기저 T가 낮은 사람들이 헌신적이고 낭만적인 관계를 발전시키고 유지할 가능성이 더 높은지 궁금했다. 그들의 연구에서 다양한 실험 조건 동안의 커플 자료 대신 다양한 개인 자료에는 수학, 리더십 및 경쟁에서 수행하는 남성과 여성이 포함되었다. Mehta와 Josephs(2010)의 8개 연구 결과는 다음과 같다.

1. T가 낮은 남성과 여성은 협력 환경에서 일을 잘 수행했다.

2. T가 높은 남성과 여성은 협력 환경에서 일을 제대로 수행하지 못했다.

사회 내분비학 분야는 새로운 분야이기 때문에 과학자들은 이러한 결과를 지나치게 일반화하지 않도록 주의한다. 그러나 유사한 결과를 달성하는 연구 클러스터도 인용하여 낮은 T는 사회적 유대감과 낮은 지위 추구 동기와 관련이 있다고 보았다.

스트레스, 사회적 접근 및 공격성과 관련하여 일부 연구에는 시상하부-뇌하수체-부신(HPA) 축의 일부로 부신에서 분비되는 코르티솔이 포함되고 위험한 방식으로 T와 상호작용한다.

1. 높은 코르티솔은 사회적 회피, 억제, 불안, 방어 및 내면화 행동과 관련이 있다.
2. 낮은 기저 코르티솔은 사회적 접근, 공격성, 외향성 및 행복한 얼굴에 대한 기억과 관련이 있다.

지배 경쟁에서 남성에 대한 연구는 패배와 승리가 실험적으로 조작되었을 때 테스토스테론(T)과 코르티솔(CORT) 모두 패배에 대한 반응을 예측하지 못했다는 것을 발견했다. 패배에는 상태(정체성) 및 대처(위협)가 포함되기 때문에 T-CORT 상호작용만이 의미에 도달했다. T는 지위 추구와 관련이 있고 CORT는 사회적 거리와 관련이 있다. 동일한 상호작용이 리더십 연구에서 나타났다.

1. 높은 지위 추구 동기(높은 T)와 사회적 접근(낮은 CORT)은 좋은 리더십과 관련이 있다.
2. 높은 지위 추구 동기(높은 T)와 사회적 억제(높은 CORT)는 낮은 리더십과 관련이 있다.
3. 높은 T-높은 CORT 개인은 높은 T-낮은 CORT 개인에 비해 사회적 스트레스에 부정적으로 반응하여 사회적 스트레스 요인을 위협으로 느끼지만 후자(높은 T-낮은 CORT)는 그것을 도전으로 본다.

이러한 연구는 이전의 정체성, 위협 및 생존에 관한 제3장과 제4장의 논의와 관련이 있다. Carre와 Mehta(2011)는 연구자들이 T를 연구할 때마다 CORT의 상호작용 효과를 포함할 것을 강력히 주장한다. 이 조합은 단독보다 공격성과 더 관련이 있기 때문이다. 확실히 높은 CORT는 외상 동안 압도적인 에너지가 방출되지 않는 요인과 연관된다. 또한 Mehta와 Josephs(2010)가 여성에게서 유사한 결과를 발견했다는 점에서 실무자들은 주어진 경향에서 계속해서 결함을 찾지 않는 진화론적 관점에 찬성하여 '남성 테스토스테론'에 대한 고정 관념을 버리고 전체 생존과 연결한다. 이 프레임은 시간과 에너지를 협력적인 문제해결 전략으로 전환할 수 있다.

이와 같은 맥락에서 옥시토신(OT)은 더 이상 여성에게만 관련된 것으로 간주되지 않는다. 많은 연구에서 OT가 남녀의 소속감과 유대감에 어떤 영향을 미치는지 보여 준다(Zak et al., 2005). 사회적 지원과 OT는 스트레스 반응을 낮추기 위해 상호작용하며 사회적 지원만으로는 OT와의 조합만큼 효과적이지 않았다. 역설적이게도 OT는 사회적 격차에 직면하여 존재하며 소속으로 이어지고 사회적 접촉의 결과이기도 하다. 연구는 다양한 순서로 OT 수준의 변화를 보여 주는 설계 전/후에 수행되어 행동-호르몬 순환성이 있다는 것을 밝혔다. 따라서 관계 댄스의 일부로 의식-무의식 생리학에 대한 인식을 높이면 내용, 과정 및 생리학을 포함하는 일관된 내러티브를 가져올 수 있다.

이러한 순환고리는 치료사에게 어떤 호르몬이 원하는 행동과 연관되어 있는지에 따라 중재를 미세하게 조정할 수 있는 다양한 가능성을 제공한다. 호르몬과 신경 전달 물질이 생리학의 균형을 유지하는 행동과 필요에 대한 은유가 될 수 있다. OT에 대한 Taylor(2006)의 중요한 작업은 그녀의 유명한 "돌보고 친구가 되어라" 이론으로 이어졌다. 그녀는 여성의 경우 스트레스가 옥시토신에 대한 더 많은 접근을 통해 사회적 접촉을 촉진한다는 것을 보여 준다. 그녀는 혼자 투쟁/도피하기보다는 스트레스 반응의 남성 지배 모델이 남성과 여성이 이용할 수 있는 결속, 제휴 및 협력의 중요한 특성을 무시하는 연구 및 사회적 편견으로 이어질 수 있다고 경고한다. 남자도 OT가 필요하다.

사실 한 연구에서는 OT가 여성의 경우 더 강했지만 남성과 여성 모두 감정을 인식하고 다른 사람의 정신 상태를 추론하는 공감 능력을 향상시키는 것으로 나타났다(Barraza & Zak, 2009). 또한 연구에서는 비강 스프레이를 통해 OT를 관리하고 경제 투자 게임에서 남성의 신뢰 점수가 높아졌다고 한다(Zak, 2008). Heinrichs와 Domes(2008)는 OT에서 유사한 결과를 발견했으며 포유류에서 일부일처제와 연결된 다른 신경펩티드인 아르기닌 바소프레신(AVP)에 대한 일부 초기 증거를 제공한다. 과학계에서 이러한 연구의 폭발적 증가는 이미 마케팅 기회로 이어졌다. Acevedo 등(2012a; 2012b)은 OT를 '껴안는 화학물질'로, AVP를 '일부일처제 분자'라고 불렀다.

여러분이 이 기술 리뷰에서 휴식이 필요한 경우 즐겨 사용하는 인터넷 브라우저로 이동하여 '옥시토신 향수'를 검색하라. 이미 대중문화는 OT가 공감과 신뢰에 미치는 영향 때문에 부정과 싸우기에 충분할 것처럼 서둘러 판단하고 있다. 이것이 발기력을 향상시키는 약물에 대한 마케팅 열풍을 능가할 수 있을까? 웃어야 할까 울어야 할까? 농담은 제쳐 두고, 커플치료사가 이 새로운 연구를 어떻게 사용할 수 있는지에 대한 수많은 가능성이 있다. 우리가 가족생활의 내용, 과정 및 생리학을 계속 조사함에 따라 이 연구는 치료사가 수십 년 동안 가지고 있었던 많은 임상 관찰에 대한 검증을 제공한다. 또한 Fisher(2004a; 2004b; 2004c; 2009; Fisher et al., 2002; 2010)는 연애, 구혼, 결혼 및 이별 시 활성화되는 인간의 뇌와 호르몬 및 신경펩티드에 대한 선구적인 연구를 수행했다.

사랑과 상실의 화학 메신저

Fisher(2009)는 우리의 조상을 연구하고 어떻게 낭만적인 사랑이 몸을 통해 매개되는지 조사했다. 데이트, 구애, 결혼한 사람들에게 fMRI를 수행하는 신경과학자들과 함께 일하면서 그녀는 우리가 정욕, 매력, 애착에 고정되어 있다고 말한다. 테스토스테론은 성욕을 자극하여 모든 사람을 댄스 플로어로 나오게 한다. 목표 지향적이고 동기를 부여하는 도파민은 모든 사람이 적합한 배우자에게 에너지를 집중하도록 도와준다. 결혼 후 신체가 높은 도파민에 대한 인내심을 키워서 수치가 감소하면 옥시토신이 우리를 안정시키고 둥지를 돌보고 자녀를 키울 수 있게 한다(Frank, 2001).

> 우리 미국인들은 특히 로맨틱한 사랑의 두 번째 단계에 푹 빠져 있다. 문화적으로 우리는 정욕을 조금 경계하고 애착이 우리를 죽음에 이르게 하는 것 같지만 사랑을 사랑한다.
>
> (Fisher, 2009, p. 87)

사랑에 빠진 뇌

현재까지 Fisher는 이러한 각 단계에서 그룹에 대한 fMRI 컬렉션을 연구했다. 사랑에 빠지는 두 번째 단계는 주의력, 감정 및 기억 회상 영역에서 증가된 활동을 보이는 여성의 뇌를 드러낸다. 남성의 두뇌는 시각적 자극과 성적 각성 영역에서 빛을 발한다(Fisher, 2004a; Acevedo et al., 2012a; Fisher et al., 2005). 생존 전략으로서 어떤 사람들은 남성이 출산과 육아 중에 자신의 취약성을 보호하고, 제공하고, 줄일 수 있는 적절한 배우자의 징후를 보이는지 여부를 평가하기 위해 여성이 주의, 감정, 기억의 사용을 진화시켰다고 말할 수 있다. 반복과 패턴은 그녀에게 신뢰성의 표시가 된다. 남성은 번식을 보장하기 위해 안전과 성적 흥분을 평가하기 위해 시각적 단서에 의존하도록 고정되어 있다. 그들은 즉각적인 시각적 단서를 발견했다. 각 파트너가 상대방의 이러한 속성을 인식했을 때 '도파민에 흠뻑 젖은' 중독 상태가 이어진다. 이 단계에서 PFC는 하나의 목표에 집중하게 된다. 이것이 혼전 상담이 형식적인 경우가 많은 이유 중 하나일 수 있다. 실제로 교육의 혜택을 받을 만큼 합리적 초점을 갖춘 커플은 거의 없다. 그러나 도파민 상태가 약해지면 향후 예방 작업을 위한 씨앗을 심는 귀중한 방법이 될 수 있다. 이러한 화학물질의 진행으로 볼 때 젊은 성인들은 사랑에 빠지기 전에 혼전 교육을 받는 것이 더 유리할 것 같다.

열정적인 연인의 경우 fMRI는 도파민이 생성되는 복부 피개 영역(VTA)과 도파민이 처리되는 미상 핵에서 활동이 증가한 것으로 나타났다. 도파민과 꼬리핵은 동기부여, 목표 및 보상에 중요한 역할을 한다. 여기에서의 활동은 열렬한 사랑 척도에서 높은 점수를 받은 피실험자들 사이에서 가장 컸다.

> 우리는 사랑에 대한 충동과 그것이 얼마나 우아한 디자인인지 어느 정도 이해하고 있다! 이 열정은 마음의 운동인 꼬리핵에서 발산되며 적어도 자연의 가장 강력한 자극제 중 하나인 도파민에 의해 촉진된다. 열정이 돌아오면 뇌는 의기양양함과 희망과 같은 긍정적인 감정을 자극한다. 그리고 그동안 전두엽 피질의 영역은 전술을 계획하고, 이득과 손실을 계산하고, 목표를 향한 자신의 진행 상황을 기록한다. 사랑하는 사람과의 감정적, 육체적, 심지어 영적 결합이다. 자연은 우리의 소중한 구애 에너지를 특별한 다른 사람에게 집중시키는 강력한 메커니즘을 만들어 냈다. 이는 더 많은 인간을 생산하도록 설계된 진화의 기적이다.
>
> (Fisher, 2004c, p. 83)

정욕과 매력이 애착으로 바뀌면 성적 만족은 도파민의 홍수를 유지하고 웰빙에 기여할 것으로 보고한다(Brody, 2007). Fisher는 또한 옥시토신이 안정성에 역할을 한다고 제안한다(Acevedo et al., 2012b). Taylor의 "보살피고 친구가 되어라" 개념이 여성에게 더 두드러지게 적용된다. 남성의 경우 집과 가족이 편도체의 안전한 피난처가 될 수 있다. 왜냐하면 그들은 위험을 위해 환경을 스캔하기 때문이다. 그러나 각성, 매력 및 애착에서 뇌에 대해 새롭게 발견된 지식에도 불구하고 많은 연구와 대부분의 임상의는 애착을 유지하고 성별의 생리학을 조정하는 것이 여전히 많이 복잡하다고 본다. 애착의 관점에서 보면 부정적인 아동기 경험(ACE), 정신정치학, 형제 역학 등을 이 그림에 맞추려면 더 많은 연구가 필요하다.

거절당한 뇌

거절이 발생했을 때, '여전히 사랑에 빠진 느낌'을 보고한 사람들의 뇌 스캔은 사랑과 분노 회로가 얼마나 밀접하게 관련되어 있고 누군가를 어떻게 동시에 사랑하고 미워할 수 있는지를 보여 준다(Fisher et al., 2010). 도파민 센터가 계속 활성화(목표 추구)하는 것 외에도 스트레스 시스템도 활성화된다. 이것은 애착에 대한 동기와 투쟁/도피 반응의 복잡한 조합을 가져온다. 스토커를 고려할 때 이러한 역학 관계는 그들이 어떻게 집착하게 되고 이혼 중 배우자를 살해하는 사람들이 어떻게 이 독성 조합으로 인해 폭력적으로 심화되는지를 설명할 수 있다. 도파민 센터는 중독, 특히 코카인과 관련이 있다. 보상에 대한 기대가 도파민을 활성화하지만 보상이 나타나지 않으면 분노 회로가 활성화된다. 일부 사람들이 막다른 관계에 머물지 않고 마침내 움직이도록 하는 것은 분노일 수 있다(Fisher, 2004a; Fisher et al., 2010). 그러나 이러한 탄력성이 부족할 때 그들은 통제 불능 상태가 된다.

결국 우울증이 시작된다. Fisher(2004c)는 집단에서 우울증이 분명한 진화적 목적을 수행한다고 지적한다. 그것은 지역 사회가 부상자를 중심으로 집결하고 그들이 회복되어 새로운 동반자, 번식 및 생존을 찾을 수 있을 때까지 도움과 자원을 제공하도록 도움을 요청하는 외침이 된다. 또한 버림받은 것을 감지할 때 분리 불안을 나타내는 영아와 유사점이 있다. 거부당한 연인의 우울증은 일단 투쟁/도피가 실패로 판명되면 생존이 얼어붙는 단계일 수 있다. 정체성과 소속감에 대한 애착 내러티브와 결합된 이 화학적 활동은 애착-의미-상실 회로가 정서적 기억 및 자서전적 기억과 어떻게 상호작용하는지에 대한 생각을 생성할 수도 있다. 이는 도파민-스트레스 연결을 설명하는 개별화된 템플릿을 제공하게 된다.

뇌와 성

남녀 모두에서 낮은 성욕은 여러 가지로 결정되고(Yarber & Sayad, 2013) 거의 이해되지 않는 미묘한 호르몬 균형이 있기 때문에 연구하기 어렵다. Bos, Terburg 및 van Honk(2010)는 연구 조건에서 24명의 여성에게 투여된 테스토스테론이 신뢰를 감소시킨다는 것을 발견했다. 또 다른 연구에서 Van Anders와 Dunn(2009)은 T가 남성의 욕망과 여성의 긍정적인 오르가즘 경험에 관련이 있음을 발견했다. 에스트라디올(E)은 여성의 욕망과 관련되어 있다. Hiller(2004)는 성행위 중에 옥시토신이 남녀 모두의 흥분과 오르가즘과 관련이 있다고 보고한다. 또 다른 사례에서 옥시토신은 사정 장애 사례를 해결했다(Ishak et al., 2008). Diamond(2004)는 여성이 사랑과 성적 욕구를 연결하는 경향이 있다는 증거를 검토한다. 따라서 T와 OT는 남녀 모두의 성적 경험의 다양한 측면과 연결되어 있다.

커플치료사는 성치료를 찾는 사람들이 성적 욕망의 차이가 남자의 높은 지위 추구 욕구와 낮은 결속 능력에서 비롯되어 높은 T와 낮은 OT의 조합을 만드는 연속체의 극단에 있는지 궁금해할 수 있다. 반대로 사회적 결속의 차이를 느끼는 여성은 OT가 더 많고 T가 낮을 수 있다. T는 남성의 성욕을 조장하기 때문에 극단적인 경우 이러한 대조는 여성의 성욕이 낮고 남성의 성욕이 더 높을 수도 있다. 사회 내분비학의 데이터가 호혜적인 호르몬과 행동을 기록하고 있기 때문에 성 요법이 여성의 경우 더 많은 T 또는 남성의 경우 더 많은 OT(향수를 사용하지 않고!)의 생산을 촉진할 수 있다고 믿을 모든 이유가 있다. 신경과학은 오래된 문제에 대한 새로운 언어를 제공함으로써 도움이 될 수 있다. 생존, 낮은 스트레스 반응, 연결, 결속, 신뢰 및 공감에 "보살피고 친구가 되어라"가 필요하다는 설득력 있는 증거가 있기 때문에 남성의 지위 추구는 승리/패배 또는 투쟁/회피 패러다임이 아니라 이러한 특성으로 캐스팅될 수 있다. 현대 경쟁 스포츠는 또한 혼자 지배하기보다는 팀워크에 대한 격려를 제공한다. '팀워크'는 남성파트너를 "보살피고 친구가 되어라"가 될 수 있다. 아마도 그것은 새로운 애프터쉐이브의 이름이 될 것이다!

결혼 팀워크

따라서 생존의 언어는 갈등 해결 중에 호르몬 내러티브를 진화의 강점으로 사용하는 방법을 제공한다. 대부분의 커플치료사는 여성이 두더지 언덕에서 산을 만든다는 남성의 공통된 불만을 들어왔다. 여성의 경우 남성이 '고쳐라'는 사고방식을 가지고 있거나 여성이 불평하는 것의 심각성을 최소화한다는 것이 불만족스럽다. 이러한 진화적 렌즈를 통해 볼 때 여성은 시간 경과에 따른 행동 패턴에 초점을 맞춘다(따라서 일련의 두더지 언덕이 산이 된다). 남자들은 실시간으로 현재의 두더지 언덕에만 집중한다(그들이 보는 것은 그들이 얻는 것이다). 패턴 대 이벤트의 불일치는 경쟁 현실에 대한 반복적인 논쟁으로 이어진다. 그러나 각각의 현실은 조상들에게 의미가 있다. 커플이 여러 세대의 전략에 대해 흠잡을 데 없는 설명을 할 때 그 차이는 더 나은 결과로 방향을 바꿀 수 있다. 여성은 패턴이 나타나기를 기다리지 않고 현재 순간(남성이 이해하는 것)에서 협상하는 방법을 배울 수 있다. 남자는 한 걸음 물러서서 현재의 순간을 넘어서는 의미(여자가 높이 평가하는 것)에 대한 큰 그림을 검토할 수 있다. 상대에 대한 무결점 분위기는 새로움에 위협이 아닌 도전으로 반응하는 두뇌 변형을 가능하게 한다.

이러한 제안에도 불구하고 이러한 모든 가능성을 약화시킬 수 있는 가장 중요한 요소가 있다. 5년 이상의 관계에서 한 파트너가 이러한 악순환에 지쳐 있다면 그들은 관계를 쉽게 떠날 수 있다. 결혼 생활을 하려면 팀워크가 필요하지만 결혼 생활을 끝내는 데는 한 사람만 있으면 된다. 내 치료에서 흔한 교착 상태는 남성이 치료를 시작하고 여성이 마지못해 참여하는 경우이다. 일반적으로 여성은 바닥을 치고 나가기를 원하며 이혼을 향한 조치를 취한다. 타협이 없거나 파트너의 노력에 대한 인식이 없으면 절망이 시작된다(패턴 인식). 이 옥시토신-도파민 고갈은 구애 행동의 복귀에 의존하는 일종의 우울증이다. 아이러니하게도 파트너를 (지금 여기에서) 치료에 대한 욕구로 몰아넣는 것은 바로 이러한 힘의 행사이다. 그러나 변화하려는 동기가 있는 사람들과 치료사가 여성의 견해를 뒤집을 수 있기를 바라는 사람들이 있다. 절망감이 이러한 젠더 역학에서 비롯된 것처럼 보일 때, 나는 그녀가 방향을 바꾸도록 설득함으로써 여성의 자기주장을 훼손하지 않도록 주의한다. 대신 나는 그녀의 입장을 인정하는데, 부분적으로는 그녀가 관계를 끝낼 힘이 있기 때문이다. 그런 다음 남성과 함께 그녀의 관점을 존중하거나 상처를 이해하는 방법을 모색한다.

남성에 대해

팀워크와 생존의 개념도 치료적 관계에 도움이 될 수 있다. Brooks(1998, 2012)는 왜 그렇게 많은 '전통적인' 남성들이 치료를 꺼리는지 설명했다. 젠더 스크립트를 다루면서 그는 남성의 문화를 치료 문화와 비교한다. 전자에는 경쟁과 위계의 문제가 있다. 많은 남성이 '무자비한 경쟁' 세상에서 치료 시간이 어떻게 도움이 되는지 알지 못한다. 후자의 경우 감정 표현, 형평성 및 취약성은 남성이 피하도록 배운 바로 그것이다. 결과적으로 그들은 이상적인 치료 내담자가 되는 데 어려움을 겪을 것임을 알고 있다. 이들은 눈에 잘 띄지 않는 증상을 보이는 또 다른 그룹이다.

Brooks는 정신건강 치료에 대한 페미니스트 비판 이전에 여성이 침묵했던 방식에 비추어 치료사가 남성 고객의 아이러니를 인식하도록 권장한다. 역사적으로 심리치료 초기의 정신건강은 여성과 의사-환자 관계의 일부로 위계적 위치에 있는 남성이 지배했다. 심리치료의 주요 소비자가 여성인 상황에서 판도가 바뀌었고 더 많은 여성 실무자(practitioners)와 여성의 사회화에 더 잘 맞는 상호작용 스타일로 여성 친화적인 프로세스가 되었다. 그는 남성 문화에 적응하는 대인관계 스타일을 옹호한다. 여기에는 더 많은 기술 구축, 목표 지향성, 역할 개요 및 작업 정의가 포함된다. 이것들은 위에서 언급한 이혼 난국에 도움이 될 수 있다.

또한 Brehm(1985; Brooks, 1998에서 인용)은 의사소통에 대해 여성은 '마주 보는 방식(face-to-face)'을 선호하고 남성은 '평행 방식(side-by-side)'을 선호한다고 설명한다. 가족치료에서 이러한 성별 조율에 대한 간단한 조정은 도식을 사용하는 것이다. 축구 경기 하프타임의 '분필 이야기'처럼 가계도, 타임라인 및 관계를 이젤에 시각적으로 설명하면 모두가 집중하

[그림 7-1] 시각적 지도(visual maps)의 사용

면서 평행 방식을 구성하여 마주 보는 것보다 세션 분위기의 불안이 낮춰진다(Stahmann & Hiebert, 1998; [그림 7-1] 참조). 나는 이러한 형식이 치료 초기 단계에서 얼마나 비공식적인 편안함을 촉진하는 방법인지 설명했다(Hanna, 2019).

Clark(2000)는 이러한 문제를 생물사회적 방식으로 설명한다. 그는 관계 스트레스를 받는 남성의 T, PFC 및 편도체 사이의 관계에 주목한다(Van Wingen et al., 2010). 남성은 여성보다 낮은 수준의 파트너의 부정성(partner negativity)에 더 강하게 반응하는 경향이 있다(편도체). 이것은 감정적 기억을 포함하는 회로의 생성인 범람으로 이어진다. 이러한 주관적 회로가 형성되면 아드레날린은 더 낮은 수준의 부정성에서 더 빠르게 흐르고 PFC를 오프라인 상태로 유지한다. 침수되면 여성보다 남성에서 생리적 회복이 더 오래 걸린다. 그는 Gottman의 연구에서 발견된 돌담쌓기 행동이 실제로 홍수에 대한 방어일 수 있다고 제안한다(Buehlman et al., 1992). 그러나 돌담쌓기는 더 많은 파트너 비판으로 이어질 수 있으며, 이는 더 많은 돌담쌓기로 이어진다. 또한 다른 사람들은 CORT가 성적 반응을 억제한다고 지적했다(Uckert et al., 2003). 따라서 성적 불만은 높은 T 가정에서 자란 남성에게 무언의 딜레마가 되는 사적인 대화일 수 있다. 진화론적인 의미에서 취약성을 보이면 지위를 잃을 수 있다. 동물의 세계에서 동물들은 포식자를 유인하지 않기 위해 고통을 숨긴다. 따라서 트라우마 회복의 시소 역학과 유사하게 남성의 취약성에 대한 단점을 탐색한 다음 먼저 관계 내에서 안전을 확립하도록 돕는 것이 더 생산적이다. White(1990)는 폭력 가해자 남편에게 내러티브 해체 과정에서 "만약 당신이 이 새로운 관점을 받아들이게 된다면 당신과 당신의 지인들 사이에 생길 수 있는 조롱에 어떻게 대처할 것인가?"라는 질문을 던졌다.

따라서 먼저 편도체를 조율하면 취약해지는 데 필요한 안전을 만들 수 있다. 전통적인 남성과 작업할 때 Clark(2000, pp. 26-29)는 다음 사항에 대해 경고한다.

1. 쿨하게 대하며 실망스러울 정도로 적정 거리를 유지하는 치료사
2. 전문용어 사용
3. 내담자의 행동을 통제하려는 시도
4. 참여에 저항하는 내담자를 비난하기
5. 우뇌의 노력 강조하기(기호, 은유, 직관, 꿈, 감정)
6. 감정을 항상 말로 표현하도록 요구하기
7. 남성 파트너의 공격성에 주의를 기울이지 않기

신경생리학이 커플치료사의 작업에 계속 정보를 제공함에 따라 임상 결정을 위한 뇌 정보 프레임워크를 제공하기 위한 지침과 공통 요소가 등장한다. 많은 커플치료사가 그들의 작업을 이 새로운 지식에 연결한다.

새로운 물결: 첨단의 커플치료

10년간의 뇌에 대한 연구가 끝나갈 무렵, 신경심리학자들은 뉴로피드백 및 뇌 기반 치료 개입을 제시하기 시작했다. 가족치료사는 주로 커플치료 분야에서 신경과학의 영역에 발을 담그기 시작했다(Atkinson, 2005; Fishbane, 2007, 2008). 애착에 대한 신경생물학에서 관계의 중심성에 대한 증거가 쌓이면서 이러한 생각의 흐름은 애착, 정서적 반응 및 사랑의 내러티브로 수렴되었다. 사랑, 성(sex), 가족 문제에 대한 치료적 성공은 뇌의 과정이 어떻게 어려움을 제공하는지와 뇌의 과정이 어떻게 사람들로 하여금 고통에서 벗어날 수 있도록 지도를 제공하는지에 달려 있다.

복원치료

수십 년 동안 커플상담자들은 여러 관점에서 결혼 생활의 고통에 대해 논의해 왔다. Hargrave와 Pfitzer(2011)는 인간의 핵심적인 욕구로서 사랑과 신뢰에 대해 이야기하였다. 이것은 안전한 애착 기반을 위한 언어이다. 그들은 관계에서 사랑과 신뢰를 회복시키기 위하여 노력해 왔다. 맥락적 가족치료(Boszormenyi-Nagy & Krasner, 1986; Hargrave, 1994; Hargrave & Pfitzer, 2003)에 대한 오랜 연구를 기반으로, 그들은 신뢰, 정의, 충성도 및 자격의 개념에 사랑을 포함하도록 하였고, 이 네 가지 개념을 동반자적, 낭만적, 이타적 사랑의 세 유형과 연결시켰다. Fisher 등(2002)이 사랑의 생리학을 밝혀내면서 생존 과정에 가장 중심이 되는 사랑의 회복을 연구할 수 있게 되었다. 그 과정에서 복원치료(Restoration Therapy: RT)는 치료사로서의 기술을 배우는 데 도움이 되었다.

상황에 맞는 가족치료 및 복원치료 외에 자격(entitlements)에 대해 중심적으로 말하는 가족치료 모델은 없다. '누가 무엇을 받을 자격이 있습니까?'라는 강력한 대화 세트는 PFC 회로에 깊숙이 침투한다. 미국에서는 종종 어린 시절의 불의를 무시하고 있다. "과거는 과거다. 앞으로 나아가야 한다." 또는 "인생은 공평하지 않다. 당신은 그것을 감당해야 한다."와 같은 말에서 많은 딜레마가 생긴다. 이것은 부당함을 느꼈지만 잘못을 바로잡을 틀이 없는 사람들이 자주 하는 말이다. 또한 이것은 그들이 살아온 무력감에 대한 메시지이기도 하다.

Hargrave(1994)는 치유받지 못한 상황에서 과거는 "살아 있는 채로 묻힌다."라고 하였다. 복원치료에서의 대화는 사랑과 신뢰의 부족으로 상처받은 사람들에게 치유되는 정서 경험이 된다. 자기 치유는 내담자에게 가치있는 것이다. 이러한 혜택은 신체에서 느낄 수 있으며 그라운딩과 자원으로 사용될 수 있다(제6장 참조).

복원치료는 애착 과정에서 사랑과 안전의 부족에서 오는 고통에 대한 세대 간 이론에 의해 개발되었다. Hagrave와 Pfitzer(2011, p.119)는 뇌가 주는 가정을 다음과 같이 제시하였다.

1. 모든 인간은 고유한 가치를 가지고 있다.
2. 모든 인간은 사랑을 받고 안전할 가치가 있다.
3. 가해자는 괴물일 필요가 없고 피해자는 무가치할 필요가 없다.
4. 자기 반응성은 인지적 선택이 아니라 사랑과 안전감의 결핍을 등록하는 변연계에서 나온다.
5. 정의는 인간의 고유한 가치이다.

이 마지막 가정은 유아 연구에서 획기적인 타당성을 가진다. Hamlin, Wynn과 Bloom (2007, 2010)은 3개월 된 유아의 마음챙김을 연구하는 방법을 개발했다. 그들은 실험적인 상황에서 유아들이 무언가를 보거나 손을 뻗는 시간을 측정하였다. 실험은 인형이나 컴퓨터로 만들어진 모양을 보는 것으로 이루어졌다. 실험 중 하나는 친사회적이고 도움이 되는 방식으로 행동하는 것이고, 다른 하나는 공격적이고 상처를 주는 방식으로 행동하는 것이었다. 다양한 외부 변수를 통제하면서 연구자들은 두 이미지를 유아 앞으로 가져와 유아들이 상호작용할 수 있는 기회를 제공하고, 유아들이 이미지를 응시하는 시간과 팔을 뻗는 시간을 측정하여 수치로 제시하였다. 생후 3개월 된 유아들은 확실히 친사회적인 인물을 응시한 반면, 생후 6개월 된 유아들은 피규어에 손을 뻗는 행동을 하였다.

대부분의 신경과학자는 인간의 선천적 행위를 탐구하기 위해 유아의 행동을 사용한다. Hargrave와 Pfitzer(2011)가 인간의 본능적 가치로서 정의에 대해 말할 때, 유아들은 오늘날 신경과학 분야의 목소리를 만족시킨다. 복원치료는 공정성과 권리에 대한 논의가 아동의 발전하는 세계관을 탐구하는 중요한 기회라고 말하고 있다. 인간은 보편적인 공정성을 가지고 있지만, 대부분의 가족치료 접근에서 그것에 대해 말하는 사람은 없다. 이러한 논의의 부족은 말할 수 없는 딜레마로 이어지는데, 이는 분노나 자해와 같은 파괴적인 방법을 더 가중시킬 위험이 있다. 제5장은 이러한 정의의 이슈들이 청소년기에 어떻게 분노를 촉발시킬 수 있는지에 대한 논의를 담고 있다. 이러한 경험은 서비스에 노출되지 않는 사람들의 가슴에도 도사리고 있다. 그들은 종종 "인생은 공평하지 않다. 극복하라."라는 말을 듣는다.

동양의 전통이 몸과 마음을 하나로 여기는 것처럼 복원치료는 희망과 치유의 서양 버전으로 심장의 에너지를 터치하고 인간 연결의 잃어버린 부분을 회복한다. 이 모델은 역설이 이성적 사고를 우회하는 것을 사용하는 선불교와 유사하며 깨달음과 변형을 가져오는 일련의 가치를 촉진한다. 초기 가족치료 모델들처럼 역설적이지는 않지만, 이 모델에서의 역설은 내담자가 그들의 의식적인 경험과는 반대이지만 진실의 고리가 깊은 내러티브로 이끌어질 때 나타난다. 직관적으로, 그들은 이러한 새로운 정체성 구성에 무언가 옳은 것이 있다는 것을 알고 있다. 개인이 사랑과 안전을 누릴 자격이 있음을 의미하는 내러티브 속에 변화의 씨앗은 뿌려진다. 그들은 공평할 자격이 있고 그들의 의도는 본질적으로 선하다. 복원치료의 4단계는 다음과 같다.

1. 각 개인의 고통 사이클을 확인하고 이해한다. 고통 사이클은 과거 결정적인 순간에 발생한 정체성과 안전감의 상처들이다. 현재 문제에는 사이클의 부분인 핵심적인 정서가

내재되어 있다. 치료사는 커플에게 간단한 질문을 한다. "처음 그렇게 느꼈던 때는 언제였나요?" 고통 사이클은 감정, 대처 행동, 타인의 행동 반응 및 사이클이 어떻게 영속적으로 되는지 칠판에 각각 매핑된다. 고통의 이야기는 정체성과 안전에 초점을 맞춘 질문들로 이어진다. 그 일은 자신에 대해 어떻게 느끼도록 했나요? 그리고 관계는요? 그런 다음, 이 두 가지 고통 사이클은 제시된 문제의 맥락적인 그림으로 강조된다. 이 단계는 마음챙김 훈련을 실시하기 전의 치료적 관계에서 공감과 신뢰가 깊어지는 데 매우 중요하다. Hagrave 등(2019)은 이를 '원가족 속기(速記, family-of-origin shorthand) 라고 하였다.

2. **정서를 조절하는 '진실' 진술을 확인하고 이해한다.** 이 진실은 그 사람이 사랑스럽고 가치가 있다는 감각이다. 결정적인 고통의 순간에, 그 아이는 무엇을 받을 자격이 있었는가? 이것은 치료사의 질문과 교육을 통해 나올 수 있다. "그(어린아이로서 내담자)는 보이지 않고 혼자인 실패자로서 자신의 무가치감에 대한 감정을 말하면서 치료사인 당신에게 어떤 말을 듣고자 하는가?" 사람들은 재양육 상호작용 또는 마음챙김 연습에서 그들 자신의 진실한 이야기에 도달할 수 있게 해 주는 심상작업을 통해 그들의 어린 자아에게 말한다. 이 단계는 과거에서 현재로 이어지는 다리가 되어, 고통 사이클 내에서 주의 깊은 진술을 하는 뇌간의 기능이 피질의 기능으로 전환한다. 이러한 진술은 고통 사이클/사건과 직접 관련된 이미지에서 나와야 한다.
3. **평화 사이클을 확인하고 이해한다.** 이것은 내담자가 위로받고 안심할 때 최상의 모습을 보여 주는 지도이다. 이것은 많은 형태를 가질 수 있다. 첫째, 진실 진술이 굳어지면 진실의 결과로 설명되는 예측된 평화 사이클이 있다. 치료사들은 그들이 어렸을 때 평소와 다르게 대처했던 예외 경험에 대해 질문할 수도 있다(적극적, 자기주장 등). Hagrave 등(2019)은 또한 내담자들이 '더 강하고, 현명하고, 최상의 자아'를 탐색할 것을 요청한다. 그것들은 조절 장애가 없을 때 예외적 상황으로부터 상상되거나 추출될 수 있다.
4. **4단계를 연습하라.** 이것은 조절 불능에서 자기 조절로 이동해 가는 반복되는 마음챙김 의례다. 4단계는 다음과 같다.

   a. 당신이 느끼는 것을 말하세요.
   b. 당신이 평소에 무엇을 하는지 말하세요.
   c. 진실을 말하세요.
   d. 당신이 무엇을 다르게 할 것인지 말하세요.

[부록 I]에는 세션에서 이를 매핑하기 위한 워크시트와 함께 견본 고통 및 평화 사이클이 포함되어 있다. 커플 문제의 경우, 고통과 평화의 지도는 갈등에서 친밀감으로의 전환을 위한 발판을 마련하는 대조적인 패턴에 대한 인식을 만들어 낸다. 각 사이클은 기억과 학습의 특정한 회로를 가지고 있다. 뇌의 변화를 통합하기 위해, 커플 모두 4단계의 마음챙김 연습을 한다. 개입은 또한 적절한 관계의 수준 내에서 메시지와 욕구를 조정한다. 예를 들어, 어떤 문제가 진짜 원가족 이슈인지, 어떤 문제가 커플의 이슈인지, 어떻게 아이들이 마땅히 받아야 할 것을 받을 수 있는지 등이다. 세대 간 개입에서 다루어져야 하는 것은 다음과 같다.

1. 보상을 위한 기회
2. 미래의 피해로부터 보호
3. 용서 가능성

가해자들은 그들이 처한 맥락 안에서 이해되어야 하는데 이것은 치료사가 판단적이거나 비판적이 되면 내담자가 부모를 방어하게 됨으로써 충성의 딜레마를 막는다. 대신 커플관계와 세대 간 관계에서 책임과 권리의 균형은 정의와 공평성을 위한 기회를 유지하도록 한다.

이 대화는 1~3단계의 예를 제공한다.

남성: 제 어머니는 제가 통제 불능이라고 느꼈을 겁니다. 어머니는 저를 업신여겼어요. 그것은 제게 전혀 도움이 되지 않았죠.

치료사: 그럼요. 도움이 되지 않죠. 그것이 당신에게 상처를 주었네요. 당신은 어머니가 당신을 사랑하는지, 당신을 위해 기꺼이 희생할 것인지 확신할 수가 없었네요. 어머니는 조용히 쉽게 당신을 통제할 수 있기를 바랐네요.

남성: 맞아요. 저는 항상 어머니에게 제가 단 한 가지라도 가치가 없다면 저는 정말 가치가 없는 사람이라고 느꼈어요. 어머니는 아버지로부터 저를 보호하는 것보다 자신의 취약한 삶을 남편과 함께 유지하는 것이 더 중요했던 분이에요.

치료사: [긴 침묵] 당신은 어머니의 행동이 당신이 무가치한 존재라는 것이었다고 여기는군요.

남성: [긴 침묵] 그렇지 않아요. 제 말은, 제가 사랑받지 못한 것처럼 느끼는 것은 자동적 반응이라는 거지요. 하지만 어머니가 절 사랑했다고 생각해요……. 전 제 아이들을 사랑해요. 저는 제 감정에 너무 매여 있기 때문에 아이들에게 사랑을 보여 주지

는 않지만, 정말로 그들을 아끼고 있어요.

치료사: [긴 침묵] 만약 당신이 조용히 아이들을 진심으로 사랑한다면, 당신의 어머니가 조용하더라도 당신을 사랑한다고 믿는군요.

남성: 그래요. 어머니가 저를 사랑하지 않는다기보다는 어머니의 일과 더 관련이 있는 것 같아요. [긴 침묵] 제 아이들도 마찬가지입니다. 그들은 아마도 자신들이 제게 중요하지 않다고 느낄 거예요. 사실, 그들은 저의 전부입니다. 보여 주지 않을 뿐이죠.

치료사: 그들에게 보여 주지 않는 이유는요?

남성: 어머니처럼 저도 제 일에 너무 매여 있기 때문이에요.

치료사: 만약 당신의 어머니가 시간을 내고 애정을 보이는 것을 두려워하였다면, 당신에게 항상 있는 무가치감은 무엇을 의미합니까?

남성: 그것은 제가 제 아이들보다 더 사랑스럽지 않고 가치도 없다는 뜻이겠죠.

치료사: 당신은 사랑스럽고 가치가 있다고 말할 수 있나요?

남성: "저는 사랑스럽고 가치가 있어요."라고 말하기는 쉽지만 믿기는 어렵네요.

치료사: 다시 한번 말씀해 보세요.

남성: [눈물을 흘리며] 저는 사랑스럽고 가치가 있어요.

치료사: [긴 침묵] 자신이 사랑스럽고 가치 있다는 것을 조금만 더 마음에 품고 있는다면, 무엇이 달라질까요?

남성: [긴 침묵] 그러면 제가 좀 더 자유로워질 것 같아요. 제 아내나 아이들에게 좀 더 사랑을 줄 수 있을 것 같아요(Hargrave & Pfitzer, 2011).

Hagrave와 Pfitzer(2011)는 희망의 언덕과 절망의 계곡을 넘어 제3세대 지형을 여행하는 지도를 제공한다. 어른의 마음속에 고착된 부모-자녀 간 상처, 따돌림, 상실, 유기 등에 말을 건네며, 상처 치유는 PFC를 향한 교육 및 공감과 함께 출발한다. 신뢰가 깊어짐에 따라, 치료적 내러티브는 내담자의 말하지 못한 고통에 대한 타당성을 제공한다. Siegel(2012)은 이 과정을 변연계에 등록되는 '감각느낌'이라고 하였고, 내담자는 치료사가 '이해'하는 것을 알게 된다.

변연계는 종종 자신과 타인 비난을 자극하는 일차 정서를 처리하지만 좀처럼 큰 소리로 말하지는 않는다. 유아가 버림받았다고 느낄 때, 극심한 공포의 첫 번째 표현은 분노처럼 보이지만 실제로는 슬픔을 표현하는 울음일 수 있다. 비난은 실제로는 무력감에 관한 것이다. 비난받는 것에 대한 두려움 없이 일차 정서를 표현하면 변연계—새로운 행동이 나타날 것에 대비하는 PFC 회로—를 강화할 수 있다. 치료사는 자기 회복 과정에서 자신의 가치에 대한 진실을 말하도록 대화를 이끈다.

치료가 불편한 전통적 남성들을 생각해 볼 때, '나는 사랑과 안전을 누릴 자격이 있다.'라는 긍정적 프레임을 만드는 체계적인 공감과 이해가 이루어진 후에 2단계가 시작된다. 커플 세션에서 내담자는 각 파트너가 과거 회로로 되돌아갈 때 개인적인 진실 진술을 반복하도록 한다. 사실, 권리와 자신에 대한 진실은 지배/위계를 효과적으로 진정시킬 수 있다. 임파워먼트는 인정에서 나오기 때문이다. 예를 들어, 높은 CORT를 가진 높은 T 남성은 그의 스트레스 수준과 그의 몸에 있는 CORT 수준의 감소를 느낄 것이다. 사회 내분비학 연구에서 알 수 있듯이, 높은 T와 낮은 CORT는 좋은 지도자가 되게 하는 것 같다. 자기 치유 과정은 구체적인 과정을 선호하는 남성들에게 목표 지향성과 기술 형성 활동이 잘 매칭되어 좋은 조화를 이룬다.

복원치료는 제3장과 제6장의 April 사례와 큰 관련이 있다. 그녀는 아동기 학대에서 회복되었지만, 결혼 생활에서는 피해자가 되었다. 그들이 결혼할 때, 남편인 Karl은 April의 구원자였고, April은 자신에게 구원자가 필요하다고 믿었다. 그러나 사회적 상황에서 그들의 행동은 정반대로 나타났다. April의 사교적인 성격과 Karl의 조용하고 내성적인 태도는 구원자가 필요하다는 April의 욕구와 구원자 역할을 하고자 하는 Karl의 암묵적인 욕구를 착각하게 만들었다. April이 치유되기 시작했을 때, Karl은 화를 내고, 거리 두기를 하며 조롱하였다. Karl은 "나는 과거의 내 어린 소녀가 돌아오기를 원한다."라고 하였다. April의 정체성이 보다 일관적이고 임파워먼트되기 시작하면서 그들의 커플치료는 실패하였다.

복원치료는 April의 성장이 촉발시킨 Karl의 문제들을 해결할 수 있는 잠재력을 가지고 있다. 그녀의 트라우마 치료는 여러 이슈를 다루었지만 Karl의 권리, 원가족에서 사랑의 상실, 무능력감, 그들의 고통 사이클 등의 이슈를 다루도록 도움을 줄 수는 없었다. 이들의 성격과 복원치료의 지속적인 조용한 흐름과 더불어 아동기 이슈와 커플 사이클에 대한 집중은 April의 커플관계를 회복시킬 수 있었을 것이다. 복원치료는 (1) 뇌간을 진정시키기 위해 구호와 마음챙김을 사용하고, (2) 고통과 평화 사이클을 추적하여 DC의 전환을 정확히 파악하고, (3) 변연계를 위한 교육, 과제 및 대화를 제공하며, (4) 인지와 행동을 바꾸기 위해 세대간 개입을 제공한다.

정서중심커플치료(정서중심치료)

Anderson(2000)은 커플치료의 실천과 관련하여 "우리는 아주 작은 이론의 배를 타고 문제가 많은 넓은 바다로 떠났다."라고 하였다. 그것은 애착이론의 10년이 그녀 앞에 놓임에 따라 곧 바뀌게 되었다. 정서중심커플치료(정서중심치료)는 애착을 적용하였고, 애착이론을 커플치료에 적용하고자 하는 커플치료사들로 가득한 여객선을 타고 커플치료의 바다로 항해했다. 오늘날 정서중심치료는 임상 경험의 가슴과 영혼을 잃지 않고 모든 커플치료 모델 중에서 가장 많이 연구되고 있다. Johnson(1986)은 정서중심커플치료를 경험주의 및 해결중심 개입과 비교하였다. 지난 25년간 정서중심치료는 애착이론과 결합되었다. 애착 손상으로 나타나는 정서를 규명하고 해결하도록 상호작용 분석, 공감, 교육, 재구성 및 방향 전환을 결합하는 일련의 단계와 전략으로 구성되어 있다. 신경과학이 치료사들을 전신적 관점으로 이끌기 시작하면서, 정서중심치료도 정서의 생리학을 탐구하였다(Johnson, 2012).

한 연구는 정서중심치료를 받은 23쌍의 커플을 대상으로 fMRI 사전 및 사후 조사를 실시하여 이 모델의 두 가지 중요한 단계인 '순화'와 '강화'를 평가하였다(Johnson et al., 2013). 사회적 정서 조절, 파트너 지지, 낯선 사람의 지지, 혼자인 경우의 뇌 영역의 활동을 측정한 결과 낯선 사람이나 혼자인 경우에 받는 지지와 비교했을 때 정서중심치료는 고통이 위협받는 상태에서 뇌의 경험을 변화시켰다. 사회신경과학의 예로서, 이러한 결과는 위협에 직면한 관계의 힘, 특히 그러한 영향력을 증가시킬 수 있는 정서중심치료의 잠재력을 보여 주었다.

또 다른 연구는 32쌍의 커플을 대상으로 정서중심치료의 매 회기마다 비디오 촬영을 통한 애착행동과 단축형 친밀관계 경험 척도(ECR−S; Burgess Moser et al., 2016)로 측정된 상태를 코딩하여 위축 정도를 측정하였다. 이 연구에서 비난자 순화는 불안애착의 감소와 관련이 있었고, 회피애착은 전반적으로 감소하였다. 이러한 변화는 매 회기 나타난 관계 만족도와 안정애착 행동의 비디오 코딩의 변화와 일치한다. 커플치료의 그 어떤 모델보다 정서중심치료 연구는 커플간 그리고 치료적 관계에서의 미시적 상호작용의 중요성에 대해 치료사에게 훌륭한 정보를 제공한다.

정서중심치료에서 애착 정서는 사랑하는 사람과 재회할 수 있도록 풀어 주기를 기다리는 드라마 속 인질과 같다. 종종 분노나 원망으로 가장하는 두려움, 배신, 외로움, 상처, 애착 갈망은 치료사가 그들을 타당화할 때까지 기다리고 있다. 두 파트너 모두를 위한 안전한 공간이 만들어짐에 따라, 치료사는 커플간 논쟁의 정서적 지형을 탐구하는 일종의 탐정이 된다. 실망과 슬픔으로 가득 찬 관계 패턴을 확인하는 과정에서 치료사는 다양한 애착의 일차 정서를 명명한다. 내담자가 이 정서의 뷔페에 참여하도록 초대받으면서, 그들은 그들의 경험의 복잡성에 맞는 단어와 문구를 찾는다. White(1986)의 이야기 치료와 유사하게, 커플은 그들의 과거 이야기에 새로운 차원을 제공하는 새롭고 자유로운 이야기를 하도록 이끌어진다. 이것은 커플이 그들의 정서적 목소리를 찾도록 도와준다.

이러한 중요한 이야기들 중 일부는 배우자를 공격적이거나 비판적이거나 비난하는 것으로 인식되는 행동들을 친밀하고 편안함을 갈망하는 것으로 재구성하는 것이다. 자기 책임에 대한 이론에서 종종 비난 행동은 인간의 기본적인 욕구의 표현으로서 동정적으로 간주된다. 동시에 Gottman의 연구에서 Buehlman 등(1992)에 의해 담쌓기(stone walling)라고 불렸던 위축행동은 거절당하는 것에 대한 두려움과 배우자를 기쁘게 해 줄 수 없는 무력감이라는 정서적 용어—거절에 대한 두려움과 그들의 파트너를 기쁘게 할 수 없는 것에 대한 절망감—로 표현된다. 이러한 애착 이야기는 각자 파트너의 행동을 볼 때 서로 다른 수준의 의도성을 이야기함으로써 갈등 사이클을 우회한다. 둘 다 안전한 환경에서 취약한 이야기를 할 수 있기 때문에, 자신과 배우자에 대한 관점은 fMRI 연구에 반영된 것처럼 보이는 생리적 변화를 시작한다.

커플이 안전한 공간에 들어가 방어 없이 서로의 고통을 들을 수 있을 만큼 평온할 때, 관계에서 일어나는 강력한 변화들이 있다. 치료사는 고정된 패턴이 되는 대인관계 과정의 사이클에 정서를 연결함으로써 체계적인 공감을 나타낸다. 커플은 이러한 공감을 받으면서 애착 갈망과 애착 이야기에 반응하여 순화되기 시작한다. Lieberman 등은 사람들이 정서 명명을 하는 동안에 일련의 fMRI를 수행했다. 즉, 부정적인 자극 훈련 중에 느끼는 감정을 단어로 표현하는 과정이었다(Lieberman et al., 2007; Kircanski et al., 2012). 그들은 여러 뇌 영역에서 편도체-PFC 회로가 진정되는 과정을 발견하였다. 치료 과정에서 정서 명명을 하면서 부정적 정서가 감소하는 것은 정서중심치료와 복원치료의 특징이다. Johnson(1996)이 수년 전에 직관적으로 알았듯이, 정서에 대한 의사소통은 단순히 커플 갈등의 일부가 아니라 변화의 주체가 된다(Gross & Levenson, 1997; Tabibnia et al., 2008).

정서중심치료의 초기 단계에서 일반적인 치료 기술은 다음과 같다.

- 반영: 내담자의 경험을 추적 및 요약한다. 제가 이해하나요? 이렇게 하나요?
- 타당화: 그들의 패턴이 이해할 수 있는 것임을 확인하고 맥락을 파악한다. 당신이 어떻게…… 왜…… 이해가 되네요.
- 환기적 반응: 더 깊은 일차 정서와 새로운 정서를 성찰하고 탐색한다.
- 공감적 추측: 내담자의 경험을 표현되지 못한 애착상처와 연결시킬 수 있는 가능성을 탐

색한다. 그런 일이 일어날 때……라고 느낄 가능성이 있나요?

- **상호작용 추적**: ~할 때 어떤 일이 일어나나요? 보통 어떻게…… 그러고 나서 과정과 패턴을 반영한다.

표 7-2 정서중심치료의 단계 및 목표

단계	목표
1단계 치료적 동맹을 형성하고 핵심적인 애착 투쟁에서 갈등 문제를 기술한다.	반영, 인정, 공감적 추측을 통해 커플을 연결시킨다. 개인적 상처, 관계특성 및 각 파트너의 목표를 평가한다.
2단계 문제가 표현됨에 따라 부정적 상호작용 사이클을 규명한다.	커플 각자 자신의 경험을 어떻게 구성하는지 탐색한다. 반복적인 사건을 추적하고, 추적자와 위축자 입장에 대한 가설을 세운다.
3단계 상호작용에서 숨겨진 정서를 파악한다.	개인적 이야기에서 거부되었거나 배우자가 알지 못하는 일차적 애착 정서
4단계 문제를 부정적인 사이클, 일차 정서, 애착 욕구의 관점으로 재구성한다.	치료사는 이러한 반응에 의해 반영된 애착 욕구를 드러내고 연결에 대한 바람, 보호받고, 거부당하고, 상처받고, 비판받고, 버림받고, 부적절한 행동에 대한 욕구에 내재된 두려움으로 행동을 재구성한다. 문제는 사이클이지 사람이 아니다.
5단계 숨겨진 정서와 애착 욕구, 자아의 측면을 규명하고 이를 상호작용으로 통합한다.	숨겨진 욕구를 언급한다. 자신의 정서와 함께하는 강력한 교감은 치료사가 새로운 정서적 의사소통을 촉진하도록 한다.
6단계 파트너의 경험과 새로운 상호작용을 수용하도록 돕는다.	치료사는 새로운 패턴을 강화하기 위하여 배우자의 이야기를 듣고, 처리하고, 반응하도록 격려한다. 이러한 이야기를 듣는 기분이 어떤가요?
7단계 애착 욕구를 표현하고 정서적 결합과 유대감을 촉진한다. 커플간의 애착을 재정의한다.	임파워먼트되고 다가가는 배우자가 욕구를 표현한다. 이것들을 말하는 기분이 어떤가요? 새로운 대화는 위축자/추적자의 위치를 바꾼다. 한 배우자가 과정을 따라가기 시작하면 상대 배우자는 이를 따르도록 초대된다.
8단계 과거의 관계 문제에 대한 새로운 해결책을 촉진한다.	이전 단계에서 나타난 변화요인들은 이제 문제해결과 협력을 위한 커플의 능력에 직접적인 영향을 미친다.
9단계 새로운 애착행동의 위치와 사이클을 강화한다.	커플이 관계 성장과 이해에 대한 만족스러운 이야기를 구성하도록 돕는다.

출처: Johnson (2002, 2020).

〈표 7-2〉는 정서중심치료의 단계와 목표를 포함하고 있다(Johnson, 2004; 2020). 이 작업은 주로 커플 갈등의 지금-여기에 초점을 맞추고 있다. 이 과정의 중요한 부분은 상호작용 사이클, 상호작용 사이클 내의 정서 및 애착 욕구에 대한 탐색을 포함한다. 이것들은 불완전한 대본을 포함하는 드라마이다. 드라마가 표면화되면서 패턴에 대한 반영은 치료적 공감을 제공한다. 분 단위로 이야기를 천천히 읽어 나가는 것은, 이야기 안에서 작동하는 표현되지 못한 애착 정서를 포함한다. 정서중심치료에서 강조는 치료사가 부정적인 사이클을 딜레마와 애착 욕구로 엮어 체계적인 공감을 할 수 있도록 돕는 기술이다. 이를 통해 커플은 자신의 애착정서를 인식하고 표현할 수 있다.

다음 대화는 정서를 강조하는 6단계 개입을 나타낸다(Johnson et al., 2005, pp. 155-156).

Ingrid: 저는 많이 주었어요! 시간을 주었고 항상 그곳에 있었어요. 그녀는 제게 무엇을 주었는지 모르겠어요. 더 이상은 줄 수 없어요.

치료사: 당신은 Frances를 돕기 위해 많은 것을 주었군요. 우리 모두가 그렇듯이 누군가와 삶을 함께 할 때, 그녀와 함께하고 싶은 커다란 희망을 가지고 있었고, 함께 미래를 만들어 가고 싶은 꿈을 가지고 있었군요.

Ingrid: (목소리가 진정되기 시작함) 바로 그거예요. 저는 우리가 함께하고 있다고 생각하지 않아요. 저는 모든 것을 하고 그녀는 자전거 타러 나가죠.

치료사: 여기가 사이클이 작동하는 지점이기 때문에 매우 어렵습니다. 당신은 혼자서 모든 일을 하고 있고 Frances는 없고요. 화가 나기 시작하고 곧 분노에 사로잡히게 되지요. 당신은 Frances와 함께하고 싶지만 그녀가 집에 있을 것이라고 기대하지 않기 때문에, 당신은 그녀가 반응할 수 있도록 노력하는군요. Frances가 위축되고 마음의 문을 닫으면, 그녀는 훨씬 더 멀어지게 되네요. 그런가요?

Ingrid: (눈물을 흘리기 시작함) 네, 그녀는 그 어디에도 없어요. 저는 그녀에게 무슨 일이 있는지 전혀 모르겠어요…… 제가 모든 걸 다 할 수는 없어요. Frances는 제가 아무 말도 하지 않고 항상 하듯이 계속 그렇게 하기만 바라죠.

치료사: 음, 당신은 Frances와 함께 나눌 필요가 있네요. 하지만 다른 한편으로는, 당신이 필요한 것을 말하거나 말할 수 없군요. 실제로 사이클이 작동해서 당신이 필요한 것을 말하지 못하도록 하고 있고요. 일단 사이클이 멈추면 당신은 출발하고 달리지만, 결국 좌절하고, 거리 두기를 하고, 혼자가 되는 것 외에는 아무것도 남는 게 없네요.

Ingrid: (울며 고개를 끄덕임).

이 상호작용에서 치료사는 Ingrid가 느끼는 느낌에 체계적인 공감으로 이어지는 패턴, 암묵적인 생각, 정서적 측면을 말한다. 이 분 단위 분석은 한 사람이 정서를 명명하고 상대 파트너에게 표현할 수 있도록 하는 기본적인 기술이다. 치료사는 표현하지 못한 딜레마, 상대방을 원하고 필요로 하는 것, 그리고 이것들을 말하는 것에 한계가 있음을 확인한다. 가족심리정치학에서는 모든 아이는 사랑을 필요로 하기 때문에 거부당할 위험을 무릅쓰고 자신의 개별성을 표현한다. 상호작용을 완결하기 위해 Frances가 Ingrid로부터 지각하는 비난에 대한 좌절감에 대해 같은 대화가 계속된다.

치료사의 공감적 추측은 Ingrid의 분노와 절망을 정상화하는 것으로 시작된다. 그런 다음 치료사는 딜레마와 애착 욕구로 진행해 나간다. 이것은 정서를 평가하고, 조절하고, 재구성하도록 한다(Johnson, 2020). 일단 커플이 자신의 욕구를 탐색하면, 그들은 잠시 멈추고 조절을 위해 그들의 몸에서 느껴진 느낌을 느낀다. 상호작용의 재구성은 일련의 재연으로 치료사가 한 배우자에게 자신의 일차 정서를 상대 배우자에게 직접 말하도록 제안하는 것이다. 상대 배우자는 새로운 정보를 반영하고 배우자를 수용하면서 반영할 수 있는 기회를 가지게 된다.

순화는 각각 갈등의 기저에 있는 진정한 의도와 일차 정서를 보기 시작하면서 일어난다. 이때 비난은 멈추고 위축자는 재개입한다. 커플은 이러한 새로운 인식과 의사소통 패턴에 대해 치료사로부터 강화를 받는다. 애착 언어 내에서 이 과정은 각 사건에 대한 추적을 통하여 애착 시도에 대한 건전한 행동 탐색으로 시작한다. 그러고 나서 치료적 조율은 기본적인 애착 정서를 확인한다. 치료사가 제공하는 안전은 취약성과 연결을 유발하며, 이는 궁극적으로 상호 조율, 새로운 반응 및 안전한 결합으로 이어진다.

새로운 물결: 가정폭력에 대한 함의

정서중심치료는 가정폭력에 대한 개입을 권하지 않는다. 하지만 정서중심치료의 가정과 실천은 여전히 가정폭력과 이혼에서 오는 건강 문제와 관련이 있다. 예를 들어, 복원치료 모델은 차분하고 초점을 맞춘 상호작용을 한다. 이것은 트라우마 생존자들에게 중요하다. 이 접근은 치료사들이 모델을 신뢰할 것을 적극적으로 권장한다. 정서중심치료는 애착이론의 언어를 실천하고 소속감, 정체성, 안전감, 사랑과 관련된 복원치료에 맞는 새로운 이야기를 소개한다. 이들은 두 성별 모두에 영향을 주며 가장 도전적인 행동에 대한 비판단적 해석을 제공한다. 두 접근 모두 스트레스를 받는 행동을 재구성하는 것은 수치심을 기반으로 조절 장애가 높은 내담자와 작업하는 데 있어 매우 중요한 요소이다. 또한 복원치료는 정서중심 치료가 강조하는 일차 정서에 대한 반영과 조율을 위한 치료적 대화의 공간을 허용한다. 두 모델 모두 치료사 자신을 중심으로 작업하고, 개인의 핵심 문제에 대해 작업한다. 혼란스러운 중에 다른 사람의 행동을 진실하고 침착하게 받아들이는 것은 거울 뉴런을 관여시킬 수 있다. 이것은 우리가 다른 사람들에게 원하는 것을 하며 살 때 가장 효과적이다(Grepmair et al., 2007).

트라우마 치유로 피해자를 돕는 것과 더불어 가해자를 참여시키는 것의 중요성을 아는 사람들은 여러 접근법 중 가장 관련성이 높은 측면을 적용하고 그것들을 뇌 친화적인 요소가 많은 기(stage)와 단계(step)가 있는 프로그램으로 통합한다. Siegel(2013)은 가해자들에게 PTSD, 부정적 아동기 경험(Adversive Childhood Experience: ACE), 불안장애 및 성격장애의 비율이 높다는 연구 결과들을 고려할 때, 가해자를 위한 트라우마 서비스가 필수적이라고 주장한다. 제9장은 이러한 문제들에 신경생리학을 적용한다.

가정폭력 중심 커플치료

Stith 등(2011)은 커플을 함께 볼 것인지 따로 볼 것인지를 결정하기 위해 엄격한 안전 검사를 실시한다. 국립 정신건강 연구원의 지원으로, 그들은 남녀 각각의 그룹, 결합 그룹, 그리고 커플 상담을 포함하는 혁신적인 그룹과 개인 프로그램을 예비연구를 통하여 테스트했다. 치료사가 이끄는 그룹은 해결 중심 질문, 폭력의 사이클에 대한 교육, 마음챙김, 안전 계획을 포함하는 심리교육 구조로 첫 6주 동안 특정한 순서를 따른다. 그 후, 안정된 사람들을 위한 공동 커플 세션이 뒤따른다. 이러한 주제는 각 파트너의 우선순위를 정하기 위해 커플 주도로 진행된다.

이 연구과제에서는 정신적 증상이 나타나면 커플을 정신건강 서비스에 의뢰하였다. 모든 연구 프로젝트와 마찬가지로 정서중심치료든 가정폭력이든 통제된 상황하에서 치료적 개입을 테스트할 것이 요구되었다. 정서중심치료 연구자들은 폭력, 외도, 급성 불안장애, 약물 남용이 있는 커플들은 제외했다. 현실적으로 치료사들은 개인이 운영하는 유료기관이나 최전방의 지역사회에서 이러한 접근 방식을 적용해야 한다. 이러한 환경에서, 내담자는 공존하는 장애 또는 약물 남용으로 치료를 시작할 수 있으며, 폭력은 이러한 장애의 연장일 수 있다. 제9장에서는 약물 남용과 공존하는 장애의 신경생리학에 대하여 자세한 정보를 제공한다. 이러한 고도로 조절되지 않는 사례들을 다루면서, 나는 애착과 트라우마 이슈들을 염두에 두면서, 먼저 관계 형성에 초점을 맞춘다. McFarlane(2002)이 상기시켜 주듯이, 첫 번째 세션의 목표는 모든 사람이 두 번째 세션에 오도록 하는 것이다. 그렇다면, 뇌 연구는 어떻게 이 과정에 정보를 제공할까?

폭력을 위한 브레인스토밍: 적용과 통합

이전 장들은 폭력의 사이클을 시작하는 다양한 생리심리사회적 스트레스와 애착 과정을 설명하였다. Rosa Lee의 비극적인 상황에서부터 많은 참전용사들을 괴롭히는 말할 수 없는 딜레마까지 문제는 복잡하다. 그러나 Rosa Lee와 다른 트라우마 생존자들과 마찬가지로, 치료 진입점을 찾기 위한 개인 내적 측면 및 대인관계 측면을 해체하는 것이 가능하다. Gottman 등의 남성과 가정폭력에 대한 연구는 사회 내분비학과 관련이 있다. 이 연구에서 가장 폭력적인 남성들은 갈등 중에 생리적인 감소를 보였다(Gottman et al., 1995). 그들은 또한 어린 시절에 더 많은 부정적인 경험을 하였다. 비록 T도 CORT도 그 연구의 일부는 아니었지만, 한순간의 얼어붙음이 결국 폭력의 폭발이 될 수 있는 가능성이 있는가? 한 영역의 무력감은 다른 영역의 과도한 보상을 유발할 수 있다.

나의 내담자 한 명은 그의 고통이 인정되어 우리가 마음챙김 운동을 시작할 때까지 얼어붙음/공격 사이클에 갇혀 있었다. 그의 공격성은 분명 감각운동심리치료(SP)에서 언급된 '승리의 순간'을 찾는 것이었다. 이러한 발견은 Gottman의 이혼 연구에서 담쌓기 행동이 어떻게 감정의 홍수에 대한 방어책이 될 수 있는가에 대한 Clark(2000)의 통찰력과 짝을 이룰 때, 우리는 작은 단계를 밟아 활성화를 낮추고 뇌를 진정시키기 위한 시작 단계를 구성할 수 있다.

이러한 단계는 치료적 구조를 타당화하면서 신체에 주의를 기울이는 것으로 시작할 수 있다. 가정폭력 중심 커플치료는 심리교육의 일환으로 프로그램 초기 단계에서 해결중심 질문과 상호작용을 통합한다. 그 후 실시하는 마음챙김 교육은 자기 조절력을 발달시키기 시작한다. 이것들은 둘 다 그동안의 가정폭력 개입에서는 거의 찾아볼 수 없는 진보적인 생각들이다.

복원치료는 그 작업에 고통과 평화의 사이클을 가진 마음챙김을 통합하면서 안전한 구조를 만든다. 그것은 성인이 과거의 사랑과 신뢰의 상처를 확인할 수 있도록 돕는 발전적인 접근을 취한다. 많은 이야기가 공감적으로 어린 시절의 상실을 확인하는데 이것은 변연계를 치유하기 시작한다. 폭력 사이클에 갇혀 있는 경우 과거 고통과의 연결이 과활성화된다면, 정서중심치료는 지금-여기에 초점을 두고 현재 상호작용의 미세한 부분들을 가져와서 애착 갈등과 공감적으로 연결한다. 관계 사이클에 대한 느린 탐색은 신경계를 진정시킬 수 있다.

그러나 이들 중 하나를 폭력 사이클에 사용하기에 내담자가 너무 활성화된 경우, Ross(2008)는 커플와 아동을 대상으로 신체 경험(Somatic Experience)을 사용한다(제5장 참조). Ross(2008) 접근은 커플에 대한 개입 중 가장 신체적인 접근법이다. 마음챙김으로 시작하는 것은 신체가 피질을 우회하면서 그 사이클을 경험할 수 있도록 한다.

다음은 나의 사례로 구성한 가설적 지도이다. 이 시나리오에서 가정폭력 중심 커플치료의 선별검사 결과 커플치료를 안전하게 진행할 수 있는 것으로 나타났다. 의뢰인은 법원, 사회 복지 서비스 또는 성직자들일 수 있다. 따라서 가해자가 자발적 내담자라고 가정할 수는 없다. 그 가해자는 숨어 있던 사람들 중 한 명일 수도 있다. 이 지도에서 가해자는 폭력을 행사한 사람이다. 피해자는 이 폭력으로 상처를 입은 파트너이다. 이 구성은 트라우마 선별검사 및 치료를 고려하지 않는 기본적인 과정을 설명한다. 많은 경우가 먼저 트라우마 치료를 실시한 다음 신경계가 안정된 후에 커플 문제에 접근한다.

숨어 있는 사람들을 위해 이 과정을 준비했다는 것을 기억하라. 일선에서, 이렇게 말하는 내담자가 있을 수 있다. "그것에 대해 생각하라고 하지 마세요. 누군가를 죽이고 싶을지도 몰라요." 내 내담자 중 한 명은 내가 부정적 아동기 경험에 대해 알기 전 원가족에 대한 나의 편견에 전적으로 협조했다. 나중에 그는 치료 회기가 끝날 때마다 술집에 갔다고 하였다. 그는 '그때 내가 가진 유일한 친구는 당신밖에 없었기 때문'에 말할 수 없는 딜레마에 빠져 있었다. 나는 그가 가정폭력으로 감옥살이를 했다는 것을 알았지만, 그와 함께 있으면 결코 안전하지 않다고 느낀 적은 없었다. 내가 좀 더 잘 알았더라면, 그의 사막에 오아시스를 제공할 수 있었을 것이다. 그는 숨겨져 있지 않았다. 그는 한때 '경찰에 의한 자살'을 시도한 적이 있을 정도로 동네의 모든 정신건강 기관과 법 집행관들에게 잘 알려져 있었다. 하지만 그의 애착 욕구는 여러 진단 아래 수년 동안 묻혀 있었다. 그의 부정적 아동기 경험(ACE)은 그의 전과 기록 뒤에 숨겨져 있었다. 그의 외상성 뇌손상은 오토바이 사고 당시에는 언급된 적이 없었다. 시간이 지나면서 그는 제6장의 Mary처럼 정신건강 치료를 경멸의 눈으로 바라보았는데, 그 이유는 정신건강치료가 항상 빗나가 있었기 때문이었다. 숨어 있는 사람들에게 정서적 상처에 대한 그들의 문화적 경험은 숨는 것 외에는 선택의 여지가 없게 한다.

남성의 취약성에 대한 두려움이나 애착 손상 뒤의 잠재적 폭력성을 염두에 두면서, 커플

작업은 편도체(위험)와 잠재적 자극(불신)을 진정시킬 수 있는 현재에 대한 질문으로 시작할 수 있다. 가정폭력 중심 커플치료와 마찬가지로 초기 세션의 목표는 폭력을 방지하고 참여를 강화하는 환경을 만드는 것이다. 많은 경우에 피해자들은 매우 안전하지 않다고 느낄 수 있다. 또한 개인 세션은 가해자의 편집증을 높일 수 있다. 폭력을 당한 여성들이 가해자를 떠나지 못할 수도 있다. 따라서 초기 세션은 가해자와 피해자 모두에 대한 위험이 낮도록 구조화된다.

일단 치료사가 가해자와 유대감을 형성하면, 2단계 작업에서 개인 회기는 정신건강 증상과 권력(power)의 차이를 다룰 수 있다. 다음은 독자들이 이 장에서 제시된 모델들의 강점을 어떻게 통합할 수 있는지에 대하여 생각해 보도록 한다. 가정폭력 중심 커플치료에서 보이듯이 창의적인 적응과 통합은 대뇌 피질이 하는 것과 같은 것이다.

가설적 세션 I 목표: 긍정적인 정체성 강화

생활 스트레스 테스트 및 친밀관계 경험척도(ECR-S)를 적용하라. "두 분은 오늘 어떤 일이 일어나기를 원하나요?" 안전상 가해자부터 시작하라. 각 파트너가 답변을 한 후에는 공감을 표현하고 목표, 가치 및 바람("내가 그것을 얻었는가?")을 추적하라.

다음으로, 모든 사람이 최선을 다할 기회를 가져야 한다. 평화 사이클을 그리는 과정에서 해결중심 질문을 사용하라. 조절 장애가 심각한 경우, 커플관계 형성의 긍정적인 측면에 주의를 기울이도록 다이어그램에 집중하라. 이것들은 각 복원치료 회기마다 벽에 붙여 놓아야 한다. "일이 잘 풀릴 때 어떻게 보입니까?" 애착관계에 있는 희망과 꿈을 이끌어 내는 현재 지향적인 평화 사이클과 미래 지향적인 평화 사이클을 만들어라.

만약 그 사람이 이미 이야기한 것이 아니라면 "당신 자신에 대해 어떻게 느끼나요?"라고 물어보라. 각 평화 사이클(복원치료; 긍정적 정체성)에 이러한 말을 추가하라. 호흡을 하고 평화 사이클에서 오는 감각들을 느껴 보도록 하라. 그들이 호흡할 때 그들의 단어로 현재를 위한 잠깐의 순간 그리고 미래를 위한 의례 등의 구체적 사항을 반복하라.

"다음 주에, 어떤 일이 있기를 원하나요?" 칠판에 더 많은 사이클을 매핑해 보시겠어요? 과거, 현재 또는 미래에 대해 논의하고 있습니까? 치료사는 가장 활성화된 사람을 지지하기 위해 서로 다른 선호도를 조정할 수 있다. 이러한 사전 계획은 커플에게 통제감과 안전감을 제공하고 치료사에게 다음 세션을 구조화할 수 있는 시간을 제공한다. 그들의 출석, 헌신, 결단력, 용기, 협력에 대한 칭찬을 하면서 협동작업을 해 나가라. 커플에게 감사를 표하라.

다음 회기를 위한 과제를 주어라. "평화 사이클을 더 선택하십시오. 혼자서 호흡 운동을 하세요. 세션 2를 시작할 때까지 파트너와 나누지 마십시오(긍정적 기대는 도파민이다. 새로움은 회로를 차단한다)." 이는 가해자의 활성화를 줄이고 폭력 사이클(CORT)에 포함된 자극을 차단한다. 폭력 사이클은 종종 부정적인 정서의 형성 단계를 포함하는 반면, 이러한 과제는 커다란 긍정적인 정서의 형성을 만들어 낸다.

이와 같은 세션에서, 활성화와 비활성화를 왔다 갔다 하고, 스트레스 테스트에 대한 부정적 정서나 현재의 부정적 패턴은 차분하고 유쾌한 것으로 이어진다. 현재의 부정적 패턴은 호흡과 이미지로 몸에 고정되어 있다. 마음챙김이 소개된다. 이것은 매 세션마다 의례가 되어야 한다. 반복은 집에서나 세션에서나 매우 중요하다.

가설적 세션 2 목표: 애착의 긍정적인 의도를 인정하고 희망을 심어 준다

세션 1에서 논의된 주제를 검토하라. 요청된 수정사항을 협상하라. 부정적 아동기 경험을 적용하라. 의논하지 마라. 각 사람의 과제인 평화 사이클을 칠판에 매핑하고 만약 과제를 하지 않았다면, 지금 시간을 사용할 것인지 질문하라. 이것들과 세션 1의 평화 사이클을 벽에 붙여 두어라. 통증 사이클이 피질을 압도한다면 이것들은 대안적 초점이 될 것이다. 주제를 진행해 가라. 우선순위를 정리하기 위해 일주일을 가지고, 부정적 정서가 나타남에 따라 PFC를 위한 구조를 제공하는 섹션으로 주제를 나누어라. 치료사가 제시된 문제를 논의하는 방식을 다룰 때 더 큰 안전성이 있다. 칠판이나 그림의 사용과 사랑과 안전에 대한 강조 때문에 복원치료는 덜 활성화된다. 숨어 있는 사람들은 그들이 결코 인정받지 못했던 이슈들을 가지고 있을 것이다.

아동기 트라우마에 대한 논의가 없었더라도, 복원치료는 PFC가 칠판에 참여하도록 하면서 고통과 평화의 감정 상태를 번갈아 갈 수 있는 전략을 제공한다. 제시된 문제를 탐색하는 동안, 피해자를 시작으로 고통 사이클을 매핑할 수 있는 기회가 있을 수 있다. 이러한 방식으로 과거의 감정과 대처 행동은 애착 시도(거부에 대한 두려움이나 친밀감에 대한 욕구)로 프레임된다. 다른 애착 목표는 수용, 원한다는 느낌, 감사함, 연결, 안전 등일 수 있다.

고통 사이클은 공감, 인정, 회복력을 위한 플랫폼이 된다. 과거 성장기의 문제로 논의를 하기 때문에 가해자에게 비난이 가지는 않는다. 그러나 가해자는 공감, 인정 및 회복력을 통해 과정이 어떻게 진행되는지를 보게 된다. 첫 번째 세션부터 호흡을 계속하면서, 회복력에 대한 마음챙김이 매우 중요해진다. 생존자의 자부심과 최선의 의도는 마음챙김으로 전환할 수 있는 기회이다.

제시된 문제들은 불공평, 트라우마 상처 또는 상실에 대처하는 것과 같은 더 큰 시스템 이슈에서 행동맥락을 프레임할 수 있는 기회를 제공할 수 있다. 일반적으로 복원치료는 한 사람의 고통 사이클에 2~3세션을 사용한다. 폭력의 경우에는, 회기가 끝나기 전에 그 과정을 더 작은 부분으로 나누어 평화와 회복력으로 전환하는 것이 더 낫다.

다시 다음 세션을 계획하라. "당신들은 어떻게 변화하기를 바랍니까?" 커플이 이 과정을 신뢰한다는 비언어적 신호를 제공할 때까지 이 입장을 유지하라. 매번 삼자 간 협상과정과 결과가 있다. 이것은 가해자에게 고통의 사이클 이외의 것을 선택할 기회를 준다. 이 한계를 준수하라. 이것은 트라우마와 회피의 흔적이다. 이것은 또한 그 사람에게 어떤 속도가 적합한지에 대한 메시지이기도 하다. 제5장과 제6장에 기술하였듯이 트리거를 해결하기 위한 인지적 개입 외에도 많은 선택권이 있다. 치료사는 뇌간의 비언어적 의사소통을 더 많이 허용하기 위해 신체 개입(마음챙김 및 이완)과 같은 여러 선택권을 제공할 수 있다. 이 커플에 대해 알게 된 것을 고려할 때, 다음 방향은 더 많은 마음챙김 과제, 기술 형성 또는 트라우마 관련 작업이 될 수 있다. 커플의 안전이 무엇보다 중요하다. 커플이 안전하고 서로 즐길 수 있는 활동은 무엇인가? 만약 가해자가 고립되고 숨겨졌다면, 안전한 활동조차도 그 사람에게는 안전하다고 느끼지 못할 수 있다. 나중에 사회적 관계로의 작은 발걸음이 가능할 것이다. 느린 것이 빠른 것이다.

다음 단계의 근거는 각 개인의 선호도, 평가 정보 및 세션 내 행동에서 나올 수 있다. 이때 생활 스트레스 테스트와 부정적 아동기 경험(ACE)을 기반으로 생존자의 자부심에 대한 인정이 시작될 수 있다. 이러한 설문조사가 과도하다면, 심리교육에서 제공되는 제안은 위험성이 낮은 환경을 지속하면서도 호기심과 성찰을 자극하는 것이어야 한다. 이 경우에는 외상 후 스트레스 체크리스트(PCL)를 적용하여 교육 세션에서 언급되어야만 할 증상을 확인한다.

다음 주를 위하여 다음 과제를 주어라. 당신을 이해하거나 당신 자신에 대해 좋은 느낌을 준 사람이 있는지 과거를 뒤돌아보라. 당신의 마음속에 있는 그 사람의 이미지를 떠올리고 그들과 대화를 나누어 보라. 당신의 호흡과 그 사람이 당신을 어떻게 대했는지에 대한 감각에 주목하라. 누군가가 생각나지 않는다면, 소설이든 현실이든, 존경하는 누군가를 선택하고 그들과 대화를 나누어라. 그들과 대화할 때 당신이 어떻게 느끼는지 주목하라. 당신의 몸과 호흡이 감각에 적응할 수 있도록 여유를 가지라.

가설적 세션 3 목표: 신경생리학과 가정폭력에 대한 교육

제8장은 심리교육을 제공하기 위한 구체적인 개요를 제공한다. 스트레스 생리 현상을 정상화하고 가족의 안전을 위한 구체적인 전략을 세우기 위하여 연구 정보를 사용하라. 폭력의 사이클을 생리적인 사이클로 묘사하라. 이 세션에서는 생리적 반응이 어떻게 오르락내리락하는지 설명한다. 건강한 생리에 기여하는 것은 무엇이며 어떻게 신경계를 조절할 패턴을 사용할 수 있을까? 개인의 욕구에 따라 마지막 질문은 "당신에게 가장 흥미로운 주제는 무엇입니까? 우리가 다음 주에 그것들에 대해 더 이야기를 나눌 수 있을까요?"이다. 이러한 주제가 특정 문제에 적용되는 새로운 단계가 될 수 있다. 복원치료를 사용할 것인지 또는 정서중심치료를 사용할 것인지는 각 파트너가 선택하는 주제에 따라 달라질 수 있다.

다음 주를 위한 과제를 주어라: 그들의 생활 방식에서 도파민의 원천을 찾으라. 일상에서 균형을 느낄 수 있도록 '처방'되어야 하는 활동들이 있는가? 제3장에 제시된 누미노즘(numinosum)에 대한 아이디어를 사용하라.

가설적 세션 4 목표: 2단계 작업 계획

고통 사이클, 평화 사이클, 심리교육 세션의 정보를 요약하라. 세션 3에서 목록화한 과제에 대한 반응 및 주제를 검토하라. 제시된 주제에 따라, 각 세션은 평가를 위한 조사와 심리교육 세션에서 나타난 취약성 수준을 천천히 다룰 수 있다. 이러한 과정은 마음챙김 의례와 VCR 개입 또는 일곱 가지 회복력의 인정 단계를 계속해야 한다. 잘 사용하지 않는 쪽의 손으로 글을 쓰는 연습은 성찰할 수 있는 여유를 가지도록 할 수 있다. 이것은 활성화와 비활성화의 극을 왔다 갔다 하는 중요한 구조를 지속한다.

만일 개인적인 비밀로 유지되기를 바라는 아동기 학대가 있다면 개인 세션이 중요할 수 있다. 개인 세션의 구조와 주제를 개략적으로 설명하라. 어떤 가해자들은 혼자서 그들의 파트너를 만나는 것을 두려워한다. 그러한 경우, 세션의 구조와 주제에 대한 사전 정보는 방어력을 낮출 수 있다. 또한 그러한 두려움을 이야기하고 개인 세션의 과정을 설명하기 위해 먼저 가해자와 만나라. 그런 다음 VCR의 타당화 단계를 반복한다. 가정폭력 중심 커플치료에서 심리교육은 6주에 걸쳐 이루어진다. 이 개입의 시기와 속도는 경험에서 나온 경험의 법칙이다.

결론

이 장에서는 결혼, 파트너십, 섹스에서 헌신적인 관계의 신경생리학을 통해 종의 생존을 촉진하는 뇌의 과정을 검토하였다. 아동을 추가하는 것이 진화적 생존의 가장 명료한 형태처럼 보일 수 있지만, 신경과학자들은 생존을 위한 가장 중요한 필요 요소로 부족과 공동체의 형성을 탐구한다. 개인은 혼자 살 수 없고, 커플은 부족의 안전 없이 재생산을 할 만큼 오래 살 수 없다.

여성의 뇌와 남성의 뇌 간의 기능의 차이는 스트레스 반응과 지각의 패턴을 규명하는데, 이는 호르몬이 남성과 여성의 두 성별에 미치는 영향을 보여 준다. 프로게스테론이 낮을 때 여성은 남성보다 덜 정서적으로 반응한다. 남성들이 높은 코르티솔과 높은 테스토스테론 수준일 때, 그들은 경쟁자를 도전으로 보지 않고 적으로 본다.

남성과 여성의 문화는 두 집단 모두에게 위험한 생리적 반응을 초래한다. McCarthy 등(2012)은 난독증과 말더듬증이 남아에게서 3~4배 더 많이 발생한다고 보고하였다(ADHD는 남아에게 10배 더 많이 발생한다). 또한 남아의 자폐 스펙트럼 장애의 위험성은 여아에 비하여 4배 더 높다. 조기 발병한 조현병의 경우에도 동일한 비율이 적용된다. 성인기의 주요 우울증, 불안, 공황장애는 여성에게 2배 더 많다. 폭식증은 여성에게 3배 더 많고, 거식증은 여성에게 13배 더 많이 발생한다. 이러한 수치는 발달성 장애가 있는 남성에게는 취약성을, 여성에게는 성인성 발병 장애를 시사한다.

Fisher 등은 사랑, 짝짓기, 상실, 둥지 틀기의 화학물질에 대한 집중적 연구를 수행했다(Fisher, 2009, 2004c; Fisher et al., 2010; Acevedo et al., 2012a). 성욕 중에는 테스토스테론이, 성적 매력을 느끼는 중에는 도파민이, 애착 중에는 옥시토신이 상승하였다. 게다가, 우울의 경험은 사랑과 분노의 회로를 동시에 자극하며, 이것은 궁극적으로 우울증으로 이어진다. 도파민과 스트레스 화학물질의 복잡한 혼합은 코카인에 중독된 사람들의 금단 증상과 맞먹는다(구체적 내용은 제9장 참조).

남성 문제에 전문적인 치료사들은 여성 중심의 치료 환경에서 남성의 참여에 도움이 되는 조언을 제공한다. 일부 제안은 보다 편안한 비공식적인 대인관계 스타일, 전문 용어의 부족, 비난하지 않는 입장, 시각적 매핑 및 실용적인 기술 형성 접근을 장려한다.

커플치료에 대한 뇌 정보 접근법에는 복원치료와 정서중심치료가 포함된다. 복원치료는 소속감과 신뢰감의 애착 손상에 균형 잡힌 초점을 제공하며, 마음챙김과 인지 운동을 사용하여 고통과 평화 사이클 동안 각 파트너의 사랑과 안전감을 증가시킨다. 정서중심치료는 부정적인 사이클에서 현재 경험하는 애착 손상의 부정적 정서에 초점을 맞춘다. 저항 행동은 애착 목표의 언어로 재구성된다.

이러한 접근들이 가정폭력에는 금기시되지만, 가설적 지도는 이러한 모델의 공통적인 요소가 가정폭력 사례에 어떻게 적용될 수 있는지에 대한 창을 제공한다. 가정폭력 중심 커플치료(DVFCT)가 하나의 모델로 부각되었다. 해결중심 및 가정폭력을 통합한 사례연구에서 복원치료, 정서중심치료, 가정폭력 중심 커플치료 및 트라우마 치료 전략을 사용하여 지금까지 설명한 뇌 친화적 개입을 통합할 수 있다. 그렇게 함으로써, 불화가 심한 커플들에 대한 안전한 개입과 치료가 가능해진다.

제 8 장

사회적인 뇌

친족을 변형시키기 위한 생태계적 접근

뇌, 친족 그리고 변형

건강한 애도를 위한 친족 의례

Michael White와 내러티브 가족치료

가족심리교육

결론

The Transparent Brain in Couple and Family Therapy

결혼 생활에 있어 지역사회의 지원이 필요하듯이, 사랑하는 사람을 돕고 싶을 때 제5장과 제6장에 설명한 개입처럼 전문적 도움이 필요할 때가 있다. 게다가 고통받는 개인은 가족 내에서 낙인찍히거나 힘이 없다고 느낄 수 있으므로 가족 구성원을 긍정적인 방식으로 참여시킬 수 있는 전문가의 도움이 필요하다. 이전 장에서는 숨어 있거나 폭력을 행사하는 개인을 위한 안전한 참여의 중요성을 설명한 바 있다. 다른 가족들은 어떠한가? 자신의 뇌를 치유하려는 사람들에게 가족 구성원과 사회적 네트워크(관계)는 어떻게 도움이 될 수 있을까?

> 정신분석(그리고 정신의학)은 사람들을 사회와 관계로부터 분리하여 치료하려는 유일한 형태의 정신 치유 과정이다. 샤머니즘, 신앙 치유, 기도와 같은 다른 모든 형태는 지역사회를 치유 과정으로 끌어들이고 실제로 환자와 타인의 상호 의존성을 치유 과정의 중심 메커니즘으로 사용한다. 현대 정신의학은 문제가 있는 개인을 감정적 상호의존의 흐름에서 분리하고 그 문제로부터 거리를 두어 지적/언어적 토론, 해석 및 분석을 통해 문제를 조작하며 처리하고자 한다.
>
> (Veroff et al., 1981, pp. 6–7)

상담의 목적을 인격적 결함을 바로잡기보다 상처의 치유에 초점을 맞추는 것으로 전환할 때, 사람들이 상담에 참여하는 것이 좀 더 쉬워진다. 뇌 신경학에 민감한 교육과 의식은 가장 심각한 사례의 경우에도 많은 보상을 얻을 수 있는 위험도 낮은 치료접근이다. 이 장과 제9장은 심각한 정신건강 상태와 진단적 난제의 영역을 깊이 탐색하고자 한다. 트라우마에 대한 개입에서와 마찬가지로 대부분 긍정적인 개입에서 시작할 때 성공적인 결과를 가져온다.

뇌 신경 민감 교육과 의식은 저위험 활동이지만 동시에 많은 보상을 얻을 수 있는 활동이다.

뇌 연구 10년 동안, 정신건강 관점에서 말하는 대부분의 내용은 개인 심리치료법을 개발한 정신과 의사 및 심리학자로부터 나왔다(Siegel, 2012; Schore, 2012). 사회적 뇌에 대한 인식이 높아짐에 따라 애착 연구와 트라우마 연구가 아동의 발달에 무엇이 도움이 되고 또 해로울 수 있는지를 강조하면서 가족 관계의 중요성이 더욱 분명해졌다. Siegel(1999)의 선구적인 작업이 소개되면서 많은 심리치료사가 뇌에 대해서 알게 되었다. 하지만 치료적 관점을 개인으로 제한하도록 수련을 받은 상담자는 이처럼 중요한 유대 관계를 자신의 치유 과정에 포함하는 방법에 대해서 고심하게 된다. 상담자는 중재 과정에서 자신의 세대와 수련의 특성에 맞게 사회적 관계망을 포함한 구조를 제공해야 한다. 트라우마에 대한 신경순차적 치료모델(Neurosequential Model of Therapeutics: NMT)과 마찬가지로, 여러 학제 간 정신건강 서비스 문화는 가족과 친구들을 지원망에 초대하여 의미 있는 참여 모델을 만들고 있다. 각자의 사전 교육 상태와 상관없이 지인들을 한 팀으로 모아서 최첨단 프로그램을 제공하고 그것을 지켜보는 것은 매우 고무적인 일이다.

이 프로그램 중 다수는 만성적인 행동 문제 및 진단 범주를 해결하기 위한 개입으로 시작되었다. Hanna(2019)는 공통 주제 및 개입의 통합이 3세대 가족치료 협력으로 이어지는 방식을 예시하여 가족치료의 전통적 및 현대적 모델에 대한 요약을 제공한다. 제7장에는 결혼치료 및 가정폭력에 대한 이러한 혁신 사례가 포함되어 있다. 이 장에서는 장기적인 변화를 위한 강력한 자원으로서 자연적인 지원 네트워크를 포함하는 두뇌 친화적 접근 방식을 구현하기 위한 지침들을 제공한다. 이러한 접근 방식은 애착 과정을 대상으로 하며 성인 문제에 관한 훌륭한 자원이 된다. 게다가 모든 개입을 보다 효과적으로 만들 수 있는 신경 강화 기능이 있다. 예를 들어, 여성과 남성의 뇌 차이에 관한 관심은 아버지의 참여를 증가시킬 수 있다. 다음 예를 살펴보자.

> Betty의 성형외과 의사는 그녀가 27세에 여섯 번째 선택적 수술을 받으러 왔을 때 그녀를 가족치료사에게 소개했다. 치료사는 전화로 이 지역에 그녀의 손위 기혼 형제자매와 부모가 살고 있다는 사실을 알게 되었다. 그는 그들이 그녀와 함께 참석할 것을 요청했다. 대기실에서 Betty의 아버지는 치료사와 인사를 나누며 "Archie Bunker[1]에 대해 어떻게 생각하세요?"라고 물었다. 치료사는 그 TV 시리즈 중 자신이 가장 좋아하는 에피소드라고 답을 했다. Archie와 그의 사위인 Meathead는 우연히 함께 냉장실에 갇히게 되었다. 시간이 지나면서 Archie의 절망은 힘들었던 자신의 어린 시절과 징벌적이었던 아버지의 영혼을 끌어안게 만들었다. 이러한 인간성의 일면에 감명을 받은 Meathead는 시련이 끝날 때쯤 Archie

1 Archie Bunker는 1970년대 미국의 텔레비전 시트콤 〈All in the Family〉의 가상의 인물이다. 이 인물은 제2차 세계대전 참전용사이자 블루 컬러 근로자로, 편견과 고집스러운 성격으로 많은 웃음을 자아냈다. 그는 딸 Gloria의 남편을 '멍청한 폴란드 사람'으로 보고 'Meathead'라고 불렀다. 그러나 그의 편견은 악의에서 기인한 것이 아니라 그가 자라난 시대와 환경 그리고 일반적인 인간혐오에서 비롯된 것임이 드러났다. 그는 자신의 가족과 친구들을 사랑하고 보호하려는 마음이 강했으며 때로는 자신의 잘못을 인정하고 변화하려는 모습도 보였다.

를 껴안으며 외쳤다. "Archie, 당신도 결국은 인간이군요. 사랑해요." 이 이야기를 들은 Betty의 아버지는 가족들에게 "얘들아, 이런 사람이면 괜찮은 사람이겠다. 들어가자." 그리고 Betty가 아버지에게 상처와 분노를 표현할 수 있었고, 두 사람 모두에게 안전한 환경 안에서 여러 회기가 진행되었다. 과거 그의 음주와 폭언은 깊은 상처를 남겼다. 그러나 이제 그는 사과할 수 있게 되었다. 이런 과정과 가족의 지원에 힘입어 Betty는 아버지에게 여러 요청을 했다. 다음 몇 주 동안 그녀가 어렸을 때 아버지와 함께 가 보고 싶었던 놀이터, 영화관 및 기타 장소를 방문하기도 했다. 그녀는 마침내 그녀가 항상 원했던 아버지를 갖게 된 것 같은 느낌을 받았다. 이 애착 손상은 치유의 길에 들어선 것이다.

(Rueveni, 1992)

이 이야기의 일부는 Betty의 치유 과정, 그녀를 돕기 위해서 가족이 함께 참여한 치료 방식에 관한 내용이다. 또 하나는 치료 과정에 남성을 참여시킬 때 어떤 것이 필요한지도 알려 준다. 치료사가 같은 나이의 남성이었기에 어느 정도 창의적인 우연적 일치감이 나타났지만, 젊은 여성 상담자라도 Archie Bunker와 같은 노동 계층 원형인 남성의 에너지와 공명하고 또 그들 특유의 정서적 조건들을 충족시키면서, 이와 유사한 결과를 촉진하는 것도 충분히 가능한 일이다. 이 사례가 보여 주듯이 이야기, 내러티브는 사람에게 깊은 감동을 줄 수 있다. 통상적인 치료를 받았다면 Betty는 아버지와 함께하지 못한 채, 개별 회기에만 참석했을 수밖에 없을 것이다. 아마도 그녀는 개인 상담에 대해 이미 잘 알고 있었을 것이다. 나중에, 그녀는 어느 쪽을 더 좋아하게 될까? 안타깝게도 대부분 내담자는 가족 성장과 치유를 위한 선택지가 있다는 것을 전혀 알지 못한다. 심지어 남성들의 삶을 위협하지 않을 뿐만 아니라 오히려 안전과 조율을 제공할 수 있다는 것은 더 모른다. 다행스럽게 그녀는 가족을 안심시키고 도움을 줄 수 있는 상담자에게 소개된 것이다. Betty와의 전화 상담으로 치료사는 그녀가 가족을 데려올 수 있는 안전한 장소를 만들었다. 제5장에 나오는 안전한 참여(engagement) 전략은 그녀의 아버지가 은신처에서 나올 수 있도록 도왔다.

이 장은 신경과학의 관점에서 가족 개입을 강조한다. 소셜 네트워크(사회적 관계), 배우자, 부모 및 부모 같은 인물들의 참여가 이러한 접근 방식의 핵심이며 어린이, 청소년 및 성인에게 지속적인 영향을 미치는 중요한 기술이다(Henggeler et al., 1998; Dakof et al., 2001; Liddle, 2000; Landau Stanton et al., 2000; Smith & Meyers, 2004; Stanton & Todd, 1982). 복원 치료(Restoration Therapy: RT)적 대화를 통해서 부모를 위한 구체적인 자기 치유 전략이 자녀에게 어떻게 긍정적인 영향을 미칠 수 있는지를 엿볼 수 있다. 부모가 이미 트라우마의 피해자인데 자녀의 행동 문제로 또다시 트라우마를 겪을 때, 다세대 고통이 어떻게 두 세대 모두에서 변화의 장이 될 수 있는지에 대한 뇌 친화적인 지침이 있다. 부모의 소진 행동은 종종 가족 치유 과정이 부모와 자녀의 행복을 함께 해결할 수 있다는 것을 모르는 아동 옹호자들로부터 비판을 받곤 한다. 이 장은 Michael White의 내러티브 가족치료로 이 과정에 대한 지침을 제공하고 있다.

또 제5장에서는 죽음과 자살로 인한 트라우마를 해결하는 중요한 기술 중 하나인 슬픔과 상실에 대한 개입의 중요성을 설명하였다. 이것은 현대 친족의 가장 중요한 속성 중 하나, 즉 슬픔을 함께 목격하고 지원(옥시토신)을 제공하기 위해 공동체로서 모이는 것을 보여 준다. 24세 이전의 젊은이들이 겪는 상실은 장기적으로 비극적인 결과를 가져올 수 있는데, 심지어 결혼 외의 사랑 관계의 상실도 마찬가지이다. 제7장에서 피셔(Fisher)의 작업은 사랑의 상실이 심각한 방식으로 뇌 기능을 감소시킬 수 있음을 상기시킨다(Fisher et al., 2010; Acevedo et al., 2012a). 따라서 애도 의례는 추가적인 트라우마 증상을 예방할 수 있다.

마지막으로 이전 장에서는 두뇌 친화적인 개입으로 심리교육의 중요성을 언급한 바 있다. 가족 관계나 사회적 관계를 지닌 개인에게 심리교육은 뇌 교육적인 작업의 핵심이다. 정신 교육에는 기술이 필요한데, 뇌에 문제가 있는 사람을 도우려면 어떤 시점, 어떤 집단, 어떤 환경, 어떤 콘텐츠가 가장 유익할까? 예를 들어, 외상성 뇌 손상(Traumatic Brain Injury: TBI)이 있는 퇴역 군인은 외상 후 스트레스 장애(PTSD)와는 다른 증상을 보이지만, 이 둘은 일상생활에서 중복되는 특징을 갖기도 한다. 일부 사고 생존자가 PTSD는 경험하지 않을 수 있지만, 군인이 아니기 때문에 발견되지 않은 채 외상성 뇌손상으로 고통을 받을 수 있다. 모든 사람이 심리교육에 함께 참여했을 때, 개인의 가족/사회적 관계를 이용하여 분노 폭발이나 고립 행동을 이해하도록 독려할 경우 이런 관련 지식을 강화할 수 있다.

뇌, 친족, 그리고 변형

사람들은 사회적 능력을 높이려면 더 큰 뇌가 필요하다고 제안한다. 둘, 셋, 넷의 마음 사이에서 발화하는 전기화학 에너지는 현대의 댐과 유사하다. 잘 조정될 때 그 경험은 생명을 주는 물의 저수지가 된다. 반면, 파편화되어 무너진다면 그 저수지는 생명에 위협적인 무게로 홍수처럼 덮칠 수 있다. 따라서 사회적 변화는 우리의 생존 능력을 위협할 수 있다. 또한 관계가 희박해지면 우리의 뇌도 희박해진다. 사회적 지원에 관한 제3장의 연구를 상기해 보자. 뇌 회로의 밀도와 마찬가지로 관계 지원의 밀도는 스트레스의 홍수로부터 우리를 강화한다. 이 장의 시작 부분에 있는 인용문에서 알 수 있듯이, 전통적인 심리치료는 친족의 힘을 무시함으로써 사회적 관계를 희박하게 만들 수 있다. Boyd-Franklin과 Bry(2000)는 흑인 가족치료에서 네트워크를 포함하는 것의 중요성을 주목한다. 때때로 치료사는 치료를 위해 아이를 데려오려고 대기실로 들어가서 이모, 삼촌, 사촌들을 거쳐 간다. 이미 존재하는 대가족, 친족 집단, 소셜 네트워크(사회적 관계)를 검증하고 활용함으로써 보다 생태계적으로 초점을 맞출 만한 역할이 있음을 분명하게 볼 수 있다.

인류학자들은 세계가 경험한 모든 주요 전환기를 거쳐 사회적 연결 필요성이 아직도 살아남았음을 지적한다(Fisher, 2004b; Small, 2011). 인간은 본능적으로 결속을 원하며 그립의 위험은 피하고 싶어 한다. 항상성 유지를 위해서 아이러니하게 무언가는 변해야 한다. 심리치료에서 정신분석이 고립되는 과정은 친족을 더 많이 포함하는 것이 낫다고 결론짓게 했다. 이것은 노년층 뇌 건강을 위하여 사회적 활동을 중요하게 보는 연구자들의 생각과 유사하다. James 등(2011)은 노인들의 사회 활동 증가가 장애 위험을 줄인다는 사실을 발견했다. 제2장에서 언급했듯이 관계는 복잡하고 자극적이다. 그렇기에 뇌에 유익하다.

수 세기 동안 미국 사회는 자율성과 독립성의 가치를 장려해 왔다(Bellah et al., 1985). 혁명과 내전의 위협이 줄어들면서 미국인들은 서로로부터 더 큰 독립과 사생활을 추구했다. 소비자 중심주의는 사람들이 자신을 집단과 별개로 느끼게 하고, 그리고 마을과 떨어진 자신의 거주지만을 가치 있게 여기도록 유도했다. 이러한 고립과 함께 식량 친족 같은 생존에 대한 다른 위협들은 냉동 음식 혹은 패스트 푸드로 대체되었다. 이런 진전에 따른 의도하지 않은 결과는 우리의 명시적 기억이 암시적 기억으로 이동하는 방식에서 나타난다. 음식 또는 쉼터 '찾기'의 대부분은 전두엽 피질(PFC)의 전략이나 문제해결 없이 무의식적으로 발생한다. 우리가 단골 식당의 위치를 기억해 내려 할 때 노숙자가 경험하는 것과 같은 신체적 위협–생존 수준에 도달하기는 어렵다. 오히려 투쟁 행동보다는 만족을 기대하는 도파민 회로를 활성화할 것이다.

19세기에 유럽에서 미국으로 온 이민자들은 이러한 문화의 차이에 주목하였고, 미국의 여러 지역에서 나타나는 일반적인 불쾌감의 배후에 이런 독립 추구가 있는지를 알아보았다. 그들은 고국에서와 비교해서 공동체를 찾기가 어려웠다(Bellah et al., 1985). 미국이 어떤 식으로든 제공했던 모든 진보 속에서 일부는 고립감을 느낀 것이다. 그런 고립감과 함께 우울증도 왔다. 그럼에도 불구하고 우리 인간은 회복력이 있는 현대 인류 친족이다. 모든 사람이 서로의 위치를 알고 있던 농경 사회는 아니지만, 우리에게는 이제 휴대 전화와 인터넷이 있다. 이런 기술들이 아무것도 대체하지 못할까? 반대로 이것들은 시간이 지나면서 빈약해진 사회적 관계(소셜 네트워크)를 보상해 주었다. 이전 세대의 '래치키 아이(latchkey kids)[2]'가 과거보다 더 연결감을 경험하는 것이 가능할까? 사회적 전환으로 인해서 관계망의 밀도가 달라지면 가상 마을이 생길 수 있을까? 인터넷의 남용, 과잉 및 약탈적 관행에도 불구하고, 현대 세대는 연결의 중요성과 필요성이 과제로 남는다.

소비자 중심주의와 마찬가지로, 미국의 한발 앞서는 독창성은 (도파민이 그러하듯) 종종 폭발적으로 시작되지만, 나중에는 결국 반성을 위한 멈춤이 뒤따르기도 한다. 무작위 연결 시도에서는 친족의 힘이 드러나지 않는다. 친족은 역사, 전통 및 유전자(어쩌면 청바지 같은 것을 입는 도!)를 공유한다. 친족은 연장자들의 지혜를 가지고 있다. 그들은 통과 의례를 제공하고 서로를 돌볼 수 있다. 그들은 연결감을 잃지 않고 변화하는 환경에 적응하려고 한다. 1978년에 저널리스트 Jane Howard는 현대 인류를 인터뷰하기 위해 미국 전역을 여행했다. 그들 중 일부는 대가족이었고 일부는 선택한 가족이었다. 그녀는 그들 모두가 이런 특성이 있음을 발견한다. 우리의 뇌는 '연결감'을 필요로 한다. 이는 소속감과 정체성을 갖게 하는 사회적 연결이다. 이 장에서는 친족이 어떻게 우리의 번영을 돕는지와 내담자가 이러한 유대감을 강화하도록 상담자가 어떻게 도울 수 있는지 방법을 설명한다.

선택한 가족은 친구, 이웃, 비혈연 친족으로 친족에 포함된다. Reeb 등(1986)은 일차 진료 환자를 연구하면서 누가 가족 같은지를 질문했다. 건강 결과가 가족 구성이나 혈족보다 비혈연 친족의 건강 상태와 더 질적으로 관련 있음을 그들은 발견했다. 전환기 가족치료(Transitional Family Therapy: TFT; 제9장 참조)를 하는 치료사는 HIV에 걸린 여성에게 "당신을 걱정하는 사람은 누구입니까?"라는 질문을 한다. 결국은 이 여성과 친밀하게 상호작용하는 사람을 언급하게 된다(Landau-Stanton et al., 1993).

친족의 마지막 특성은 영향력을 지닌 사람들이라는 점이다. 그들이 혈족은 아니지만, 전통적인 가족보다 더 많은 정체성을 가질 수 있다. 38세의 Kevin의 경우도 영향력 있는 사람의 한 예시로 볼 수 있다.

> Kevin의 아내 Ellen은 이혼을 준비하고 있었다. 일상적인 음주와 늦은 밤의 약속 같은 위반 행동은 그녀의 참을 수 없는 한계에 다다랐다. 그가 소프트볼 경기를 마치면 항상 술에 취해 있었기 때문이다. 그의 팀원 중 많은 사람은 그의 일탈에 대해 알고 있었지만 그 사실을

2 래치키 아이(latchkey kids)는 부모가 없거나 직장에 있기 때문에 학교에서 빈집으로 돌아오는 아이나 부모의 감독을 거의 받지 못하는 아이를 말한다.

무시했다. Kevin의 문제에 대한 심층적인 조사 결과, 그의 과거에는 몇 가지 특징이 도드라졌다. 그는 외동아이로 태어났고, 아버지와 할아버지는 젊은 나이에 사별하였다. 어머니 없이 자란 그는 3대에 걸친 남성 가정에서 성장한 것이다. 9학년 때부터 그는 동일한 소프트볼 팀의 일원이었고, 이 팀은 그의 형제, 정체성, 뿌리를 대체하는 존재였다. 결혼 때문에 팀을 떠나야 하는 것이 그에게는 거의 해결 불가능한 딜레마였다. 어머니와 할머니를 잃은 그에게는 팀원들과 가족만이 진정한 가족이었다.

이런 배경에서 보면 그 팀이 시댁을 대신하는 셈이다. 술집에서의 행적을 묵인하는 것과는 별개로, 다양한 그룹이 함께 있다 보니 반대로 자원이 될 가능성도 있다. 그들 중 대부분은 결혼했으며 Kevin은 몇몇 사람과 매우 강한 유대를 가지고 있었다. Ellen은 그와 가장 친한 기혼 친구 몇 명을 좋아했는데, 그들이 과거에 그의 음주를 막으려고 노력했다는 것도 알고 있었다. 두 번째 단계에서 그 커플을 지원하는 커플들에게 도움을 요청하여 문제 상황이 없는 기간에 그들과 어울리게 함으로써 유일한 연결망이 문제 상황에만 한정되지 않도록 개입했다. 그런 다음 그는 경기를 마치면 곧바로 집에 오는 실험을 시도했다. 실험은 익숙하지 않은 새로운 행동을 시도할 때 PFC가 편도체가 비활성화하는 방법이다. 영구적일 필요도 없고, 그에게는 여전히 다른 선택권이 있다. 한 달 후, 그의 아내는 우정 연합 모임에 더 가담하기 시작했고, 남편과 가장 친한 친구들과의 형제애가 강화되면서 팀의 중요성은 오히려 줄어들기 시작했다.

커플상담 시간에 Kevin의 할아버지 죽음과 그의 아버지가 나이가 들면서 임박한 보살핌의 필요 등을 포함한 인생의 주요 전환기를 탐색했다. 이러한 탐색은 외현(명시적, explicit memory) 기억에서 진행된다. 그리고 그의 이야기에서는 빠졌지만, 암시적인 부분들을 발견할 수 있었다. 그의 할아버지가 늙었을 때, 그의 아버지는 그를 돌보기 위해 집에 있었다. 그의 아버지가 늙었을 때는 Kevin과 그의 아내가 아버지를 위해 간호했다. 이혼을 목전에 둔 그에게 내가 질문했다. "그러면 당신이 늙었을 때 누가 당신을 간호해 줄까요? 당신은 미래에 대해, 그리고 그런 상황에서 팀원들이 당신을 위해 함께 있을 수 있는지 생각해 보셨나요?" 그는 과거의 상실로 인해 팀원들에게 버림받는 것이 두려웠지만 결혼 생활이 사라지는 것에 대해서는 생각해 본 적도 없던 것이다.

그의 '비합리성'은 편도체가 과거의 고통을 예방하기 위해 하는 일에 비추어 볼 때, 완벽하게 이해된다. 9학년 때부터 그의 소속감과 정체성 회로는 팀에 고정되었다. 그러나 이것은 PFC의 기능인 '미래에 대한 전망'은 차단한 것이다. 내가 이것에 대해 그에게 질문하자 그는 과호흡하기 시작했다. 이제 그의 PFC는 자신 앞에 놓여 있는 미래의 가계도를 시각적으

> 로 갖게 되었다. 남자들은 시각적 자극에 더 강하게 반응하기 때문에, 그의 미래 가계도, 즉 아내와 두 딸을 잃을 수 있는 현실을 보고 난 후에 친족의 힘이 줄어들기 시작했다. 친족의 역할은 보다 균형을 이루게 되었다. 이것은 결혼 후 경계를 재협상해야 하는 배우자의 가족과의 관계에서 종종 발생한다. 원가족 관계에서와 마찬가지로, Kevin이 그렇게 애착을 갖게 된 이유가 분명해지면 그 관계를 반드시 끊을 필요는 없다. Kevin이 자신의 친족을 적절하게 식별하거나, 자원을 활용하면서, 세대 간 전수에 대한 외현기억이 자신의 미래 평가를 인식할 수 있게끔 시각적으로 자극하는 회기 구성을 통한 Kevin의 변형 과정이 있었기 때문이다.

친족의 영향력을 발견하는 것은 폭력적인 남성에게 큰 영향을 미칠 수 있다. 한 가정폭력 사건에서 White(1990)는 여성에 대한 남성의 태도, 여성을 더 존중하는 관계를 방해하는 전통(억제)을 탐색한 적이 있다. 남성의 동료 집단은 그의 삶에 큰 영향을 미친다. 탐색 질문은 다음과 같다.

1. 당신의 그런 사고방식에 영향을 준 사람들이 있습니까? 그들은 누구이며 지금 그들과는 어떤 관계입니까?
2. 그런 영향이 당신의 의견으로 이어진 적이 있습니까? 그것들은 무엇이며 당신에게 어떤 영향을 미쳤습니까?
3. 만약 지금 당신이 생각을 바꾼다면, 당신에게 영향력 있는 사람들에게 문제가 발생합니까? 영향력 있는 그들이 당신이 자신의 관점에서 표류하고 있다고 생각할 경우 당신은 비난받게 될까요?
4. 만약 당신이 그런 비난을 받게 된다면 어떻게 대처하겠습니까? 이 그룹에 도전하는 것은 많은 손해를 야기할까요? 만약 당신이 이 그룹에서 탈퇴하기로 결정한다면, 당신의 대처는 무엇이 필요합니까?

처음 두 질문은 특정한 사고방식 맥락을 제공한 이야기를 유도하나, 그의 견해에 직접적인 도전을 하지는 않는다. 대신, 친족의 영향력과 그의 애착에 관한 이야기를 들으면서 그의 정체성과 연결된 정신적 과정의 지도를 얻을 수 있다. 질문 3은 그 친족의 유연성과 애착 정도를 평가한다. 이것은 편도체 간섭(amygdala interference)의 가능성을 보여 준다. 질문 4는 편도체 일화(amygdala anecdote)의 가능성을 탐색한다. 치료사는 그의 견해에 직접 도전하는 대신, 그가 새로운 사고방식을 받아들이는 것을 제한하는 것들에 대해서 작업할 수 있다.

거기에는 강력한 방아쇠가 있을 수 있다. 종종 '저항적' 또는 '부정적'이라고 분류되는 사람들은 사실 빙산의 일각이다. 빙산의 나머지 부분은 그 친족인데, 치료사가 그 친족과 그 안에서 그 사람의 위치를 인식하지 못할 수도 있다. 이러한 영향을 감안할 때, 그 친족은 치유 과정을 돕거나 해칠 수 있다. 그러나 외현(명시적) 기억에 숨어 있는 지배 담론과는 상관없이, 친족의 구성원들이 자원이 될 수도 있다.

Kevin의 경우, 친족을 개입에 포함하면 여러 면에서 진전을 이룰 수 있다. 현재의 사고방식에 영향을 미치는 경험과 관계를 해체함으로써, 치료사는 변화가 가져올 불이익과 또 변화의 사회적 결과(위협)에 그 사람이 어떻게 대처할 것인지를 탐색할 수 있다. 특히 소년들과 남성들의 경우, 동료 집단이 잔인하게 괴롭힐 수도 있다. 과거 동료와의 경험이 (자동적인 무릎 반사 반응처럼) 암묵적 기억으로 남아서 자신의 집단 내 위치에 대해 지나치게 경계하도록 할 수도 있다. 치료 과정은 이러한 가능성을 존중해야 하며, 그의 드러난 행동만으로 판단하는 것을 피해야 한다(Jenkins, 1991). 이렇게 맥락이 명확해진 다음에야, 말하지 못한 딜레마에 공감하고 그가 스스로 빠져나와 고립되거나 집단의 더 나쁜 위험을 감수하는 데 얼마나 큰 용기가 필요한지에 대해서 언급할 수 있다. 따라서 해결해야 할 첫 번째 문제는 구속(억제)이다. '문제'는 다음 두 번째 문제인 것이다. 이에 덧붙여, 안전한 치료적 관계(제4장 참조)는 마음챙김과 감각 훈련으로 그를 안정화하고 자신의 신체적 자원을 느낄 수 있게 돕는다. 초기 트라우마 평가는, 내담자가 젠더 기반의 트라우마와 그것이 현재의 행동에 미치는 영향을 더 잘 알게 될 때, 치료사에게 최선의 개입 순서의 알림으로 활용할 수 있다. 그런 다음, 친족에 대한 탐색으로 자원이 될 수 있는 사람들과 슬픔과 상실 의례가 필요한 사람들을 발견할 것이다.

건강한 애도를 위한 친족 의례

미국에서 가장 간과되는 정신건강 요구 사항 중 하나는 외상 죽음들이 적절한 애도를 통해서 치유와 평화로 이어지는지이다. 미국 사회는 죽음과 임종에 관한 여러 비생산적 관행을 가져온 일부 전통을 발전시켜 왔다. 의학적 임종은 때때로 산 자와 죽은 자가 개인적으로 연결되는 순간을 갖기 어렵게 만든다. 자살이나 돌연한, 또는 폭력적인 죽음의 경우 처리해야 할 수치심, 죄책감 또는 분노가 너무 커서 사회와 종교계는 추모자들을 치료적으로 위로할 준비가 미흡할 수 있다. 제5장에서 언급했듯이 상실의 비인간화는 분노의 전조가 된다. 어린 시절 중요한 가족 구성원을 잃은 사람들은 특히 약물 남용의 위험에 노출된다(Bowser et al., 2003). 슬프게도, 애도에 대한 허락이 필요한 사회 집단에 사는 사람들이 많다.

긍정적인 치유 관행들을 촉진하기 위해서, Hardy와 Laszloffy(2005)는 주의를 기울일 필요가 있는 다양한 상실의 예시를 제공한다.

- 로맨틱한 관계
- 별거/이혼
- 유기 또는 사망
- 방치/학대/유년기 상실
- 안전
- 위치/동네/공동체
- 우정
- 영웅들
- 신체적/정신적 기능
- 재정적 안전
- 목소리
- 지위/평판
- 취업, 신앙 공동체 등 다양한 전환으로 인한 다양한 결과

> 고유한 취약성 청사진이 존재하기 때문에 한 사람의 손실이 다른 사람들에게 동일한 깊이로 느껴지지 않을 수 있다.

각 경험은 이해하기 어려운 기억, 방아쇠 및 상처를 그 밑에 가지고 있는 빙산일 수도 있다. 치료사는 이러한 연결을 평가하고 그 사람의 슬픔에 대해 증인이 될 수 있는 다른 사람들을 포함하기 위해 추가적인 단계를 마련하는 것이 중요하다. 이것은 사회적 연결망 내에서 공감을 촉진한다. 제9장에서 설명하는 것처럼, 공감의 친족은 상처와 잠재적인 분노를 크게 악화시킨다.

취약성에 대한 고유한 청사진이 있으므로 한 사람의 상실은 다른 사람이 같은 깊이로 느끼지 못하는 심오한 영향을 미칠 수 있다. 예를 들어, 내가 석사 과정을 마치고 상담을 시작한 첫해에 한 내담자가 회기에 와서 처음 5분 동안 주체할 수 없이 흐느껴 울었다. 나는 관대하며 동정적인 태도로 적절하게 응대하였다. 그녀는 마음을 추스르고 무슨 일이 일어났는지 간단히 설명했는데, 그것은 "어제 Elvis가 죽었어요."였다. 이것은 그녀의 생존, 트라우마, 정체성 및 소속감에 중요한 영역의 상실을 추적할 능력이 없는 순진하고 경험이 없는 치

료사에게 상당히 도전적인 주제였다. 나는 모든 가능하고 현재-지향적인 로저스 방식으로 내담자에게 반영했지만, 그녀의 신경생리학적 영혼의 깊이까지 이르지는 못했다. 나는 그녀가 경험하는 상실의 심각성에 대해서는 무지했다. 시간이 지나 나 자신도 상실을 겪으면, 점차 그녀를 도울 방법을 나도 알게 될 것이다. 아무튼, 그녀는 흐느껴 울고 있었다. 눈물은 치료적으로 코르티솔을 방출하지만 흐느낌은 스트레스 해소를 넘어서는 영역에 속한다. 서로 충돌하여 추론하기 어려운 명시적 및 암묵적 기억의 집합체가 포함될 수 있는 것이다. 예를 들어, 그녀가 어린 시절 폭행의 피해자인데 그녀가 생존할 수 있는 단 한 가지 방법이 현실에서 벗어나 Elvis의 노래를 듣는 것이었을 수 있다. 그가 그녀의 온전한 생명선이었을지도 모른다. Maya Angelou가 말했듯이 "…… 내가 더 잘 알았더라면 더 잘했을 것이다." 따라서 간단한 공식이 성립된다.

1. **추모 모임을 조직하라.** 이것은 개인이 치료사에게 자신의 유대감과 상실감에 관한 정보를 단순하게 또는 정교하게 설명한 경우일 수 있다. 고통이 클수록 경험은 더 정교해야 한다. 이상적으로는 초대한 집단이 와서 그 상실을 목격하고 참여적 애도(participatory grieving)에 관여하는 것이 좋다(Hanna, 2019). 묘지나 기타 관련 장소의 사무실 외부라도 좋다. 제5장의 청년 Gene처럼 아버지와 살았던 곳마다 찾아가는 여행일 수도 있다. 일단 이런 제안을 받은 내담자들은 창의적이 되고, 그런 경험의 의미와 현재 자신의 삶에서 안전한 사람이 누구인지에 초점을 맞추게 된다. 한 사람만 추가되어도 조율의 순간이 공유되는 회기로 전환될 수 있다.
2. **상실을 예우하라.** 이는 상실과 관련된 사람, 장소, 경험, 희망, 꿈 또는 성취의 본질이나 상징을 드러내는 유물, 사진, 기념품 및 소유물을 검토할 기회를 제공한다. 예를 들어, 퇴역 군인들은 트라우마 치유의 일환으로 자신이 만든 것을 가져올 수 있다. 다른 사람들은 습격에서 숨진 사람들을 위한 스크랩북을 만들 수 있다. 그 가족들은 추모식에 초대되어 책을 선물 받을 수 있다. 어떤 형태든 이것은 손실을 외재화하는 데 도움이 된다. 퇴역 군인들에게 신체적, 정서적, 도덕적으로 중첩된 상처가 있을 때, 이 과정은 몇 달, 몇 년에 걸쳐 치유 환경을 제공하는 구조를 공급할 수 있다. 전통적인 '대화치료'는 그 과정을 제한된 회기로 통합하려고 시도할 수 있다. 그 대신, 이러한 상처 중 일부는 깊게 뿌리내려 있으므로 이는 한 사람의 인생 이야기에서 다음 장으로 나아가기 위한 오디세이 치료의 첫 번째 단계가 될 수 있다(제3장의 누미노즘[3]을 생각하라). 뇌의 회로는 한번에 하나씩 치유된다.

3. **공명 환경을 조성하라.** 치료사는 그 사람이나 가족을 초대하여 그들의 애착을 소중히 여길 음악, 음식 또는 다른 표현 형태의 환경을 조성한다. 부적절한 유머, 웃음, 이야기, 슬픔, 정중한 찬사, 그리고 상실된 장소나 관계를 불러일으키는 눈물이 있을 수 있다. 어떤 남자는 죽기 전에 아무도 슬퍼하는 것을 원하지 않는다면서 추도식에서 모두 우스꽝스러운 모자를 쓰도록 요청했다. 그들은 그렇게 했고 슬퍼하면서도 웃었다.
4. **다른 사람들과 함께 슬퍼하도록 연결을 촉진하라.** Elvis의 팬클럽들은 무엇을 했는가? 어떤 집단이 헌정에 참여할 수 있는가? 누가 안전한가(Kramer, 1985; White, 1988)? 기념식의 창의성, 계획 및 구현은 정교하든 단 60분이든 기억 중추, 대뇌 반구, 운동 피질 및 신경 전달 물질을 포함한다. 그러나 가장 큰 혜택은 그 과정이 **애착을 치유하고 강화할 때** 발생한다. 내러티브 치료 작업에서부터, 직관적이지는 않지만, 사랑하는 사람을 잃었을 때 내려놓고 앞으로 나아가라고 하기보다 기억을 붙잡도록 격려하면, 그 사람에게 독특하고 긍정적인 치유 과정이 펼쳐진다(White, 1988). Marty의 이야기는 이에 대한 훌륭한 예이다.

12세인 Marty의 가족은 참여적 애도가 어떻게 치료적일 수 있는지를 보여 준다. 그 이야기는 대가족이 그를 위해 공동체 의식을 어떻게 만들어 주었는지에 관한 것이다. 그의 어머니는 그가 아기였을 때 마약으로 인해 실종되었다. 그는 외아들로 트럭 운전사인 아버지 밑에서 자랐다. Marty는 아버지의 시외 근무 때는 종종 아버지의 기혼 사촌과 함께 지냈으며 이 가족 구성원은 중요한 보호자였다. Marty가 11살 때 그 아버지가 근무 중 사망하였다. Marty는 언제나 이 친족의 일원이었기 때문에 이 전환은 그를 출생부터 알고 사랑한 사람들과 관련이 있었다. 그의 보호자들은 Marty를 장례식과 서비스에 참여시키는 것이 얼마나 중요한지 이해했다. 그들은 Marty의 희망을 탐색하고, 그의 계획을 실현시키고, 그의 아버지의 장례식에서 말할 수 있게 도왔다. 가족은 아버지를 기리고 기억하기 위해 모였다. Marty는 자신의 기여에 대해 매우 자랑스러웠고 방과 후 프로그램이 그에게 장례 프로그램을 공유하고자 노력했다는 사실도 기뻤다. 그의 사촌들은 Marty가 아버지의 소지품을 얻는 데 도움을 주었다. 그는 아버지 지갑을 주머니에 넣었고, 시계를 착용했다. 집 안에는 아버지와 함께한 사진이 있어 그가 항상 아버지와 함께 있을 수 있음을 알 수 있었다. 프로그램 직원들은 그가 아버지를 사랑하는 것을 인정하면서, 그가 "주머니에 아빠를 가지고 다니고 있다."라고 말했다. 그의 가족의 통찰력과 지원은 Marty에게 그의 상실에 대한 기본적인 애착 및 결속 과정을 제공했다고 본다.

슬픔이 표명될 때 많은 경우, 상실이 치료적 환경 밖에서도 지속적인 긍정과 애착으로 발전할 수 있도록 이러한 의례들이 새로운 단계의 출발점이 되어야 한다. 어떤 측면들은 반복이 중요할 수 있다. 한 여성은 죽은 남편의 청바지를 2년 동안 옷장에 걸어 두었다. 그녀는 그의 에너지에서 위로를 받았다. 다른 사람은 상대와 대화를 나누려고 할 때 받았던 인상에 대해 기록했다. 어떤 사람은 꿈에 대해 이야기한다. 84세의 한 내담자는 아들이 살인-자살(murder-suicide)[3]을 한 후, 치료 과정에서 가장 도움이 되었던 부분은 아들이 자신에게 위로의 말을 한 것처럼 느낀다고 말로 표현할 수 있었던 때라고 했다. "당신은 나를 비난하지 않았지요. 나를 믿어 주었어요." 그 애착의 힘으로 그녀는 당시 법 집행에서 보류되었던 몇 가지 사항을 공개할 수도 있었다. 그 조사 과정에 대한 내부자의 관점을 알게 된 것은 매우 고육적이었다. 나는 그 교육을 통해 숨겨진 사람들에 대해 더 많이 배울 수 있었다.

종종 가족들은 장례식과 추도식이 치유 의례가 되는 것을 방해하는 상황을 겪기도 한다. 최악의 경우는 누군가가 갑자기 총을 꺼내는 것이다. 방문객들 앞에서의 논쟁은 이보다 덜 극적이다. 이런 만남은 이전의 평가절하 또는 상실의 비인간화에 휩싸인 사람에 의해 주도된다. 가족 구성원이 이런 경험을 이야기할 때, 제대로 슬퍼하기 위해서 일어나기를 바라는 일을 설명하도록 요청한다. 때때로 성인들도 죽음의 순간이 너무 미숙하여 애도의 방법을 알지 못한다. 따라서 현재의 경험은 스스로 상실의 증인이 되고 고인을 기릴 기회를 제공한다. 사회적 연결망은 사랑하는 고인에 관한 이야기를 나누고 새로운 차원을 추가한다면 특히 도움이 될 수 있다. 치료사는 이런 과정의 장점에 대해 가족을 교육할 책임이 있고, 가족들이 시간을 따로 내거나 사적인 행사를 계획하도록 동기를 자극한다. 그것은 가계도 작성을 위한 치료사의 질문에 내담자가 대답하느라 회상하면서 대가족을 회기에 초대하는 것처럼 간단할 수 있다. 혹은 성직자나 가족의 사회적 연결을 지원하는 다른 지도자들과 함께 예배를 드릴 수도 있다. 자살의 경우, 수치심 때문에 고인에게 주어져야 할 명예가 가려지는 경우가 많으므로, 자살과는 별개로 그 사람의 다른 측면을 회고할 수 있는 사람을 찾는 것이 중요하다.

나의 사례들은 이 모든 가능성의 예를 포함하고 있다(Hanna, 2019). 나는 묘지, 기념식, 장례식장에 가 봤고 특별 가계도 세션에 대가족과 친구들을 초대했다. 제9장에서는 약물 남용자를 위한 전환기 가족치료(Transitional Family Therapy: TFT)의 일부로 이러한 개입을 설명

3 한 사람이 다른 사람을 살해한 후 자살하는 행위를 나타낸다.

한다. 다른 경우에는 한 커플이 그들이 슬퍼하는 두 번의 낙태를 상징하기 위해 두 개의 종이배를 만들어 강에 띄웠다. 배가 하류로 흘러가는 동안 그들은 친밀한 반성의 순간을 갖고 함께 결의를 다졌다. 다른 사례에서는,

> 이민자 커플인 Antonio와 Ella는 그들의 형/아주버니가 자신과 두 자녀를 죽인 살인-자살을 해서 나의 제자 상담사에게 의뢰되었다. 그들은 슬픔에 잠겼으며 9살 난 아들 Ricky에게 진짜 사인을 말할 수 없었다. 어린이들에게는 장례식 참석이 허락되지 않았다. Antonio에게는 그 형이 영웅이었기 때문에 몇 주 동안 죽을 것만 같았다. 그들의 슬픔은 Ricky에게 솔직한 이야기를 하지 못한 것에 대한 죄책감으로 압도되어 갔다. Ricky는 학교에서 행동 문제를 일으키고 있었고, 그들은 무엇을 어떻게 말할지에 대해 도움받기 원했다. 그들은 치료사와 Ricky가 참여하는 회기에서 앞의 네 단계를 사용하여 고백하고 사과하기로 계획했다. 그런 다음 그들은 치료사와 함께하는 회기 중에 가족으로서 추모의 시간을 정하여 형제와 삼촌을 기리기로 했다. Ricky는 참석해서 자신이 가장 좋아하는 삼촌과 사촌들을 잃은 것에 슬퍼했다. 그들은 사실을 알리지 않은 것에 대해 Ricky에게 눈물을 흘리며 설명하고 사과한 후, 다음 회기를 기약했다. Ricky는 기념품을 가져와 삼촌에게 편지를 썼다. Antonio와 Ella도 똑같이 했다. Ricky가 포함된 다른 회기에서, 치료사는 가족을 사랑하고 보호하는 사람이 어떻게 이런 일을 할 수 있는지 이해하는 데 도움이 되는 심리교육을 제공했다(이 장 뒷부분의 심리교육 부분을 참조하라).
>
> 이것은 연속적인 생태계적 요인이 중첩해서 나타난 인내의 한계를 넘은 트라우마 사례였다. 죽은 형제는 '가면 쓴 사람'[4]이었다. 그는 가족의 영웅으로서 부모와 형제는 그에게 의존했다. 그는 항상 무엇을 해야 할지 알고 있었다. 커플이 이혼 후, 아이들은 두 달 후에 이사 온 새 아빠에 대한 불평을 토로했다. 3개월 후 새로운 아기가 태어났다. 중학생일 때, 친구들은 그들이 의붓아버지와 자신들의 불행에 대해 계속 불평하는 것을 듣곤 했다. 아버지는 주말마

4 '가면 쓴 사람'은 다른 사람들에게 자신의 진정한 모습을 숨기고 살아가는 사람을 말한다. 그 이유는 다양하지만 일반적으로 타인에게 인정받고 싶거나, 자신의 약점을 감추고 싶거나, 위험을 피하고 싶기 때문이다. 이들은 자신의 진정한 모습을 숨기기 때문에 주변 사람들과 진정으로 소통하기 어려울 수 있다. 따라서, 숨겨진 사람은 자신의 진정한 모습을 받아들이고, 자신을 있는 그대로 표현하는 것이 중요하다. 가면 쓴 사람을 돕는 방법은 다양하다. 가장 중요한 것은 그 사람의 마음을 이해하고, 그들이 자신의 진정한 모습을 표현할 수 있도록 격려하는 것이다. 또한 자신의 진정한 모습을 받아들일 수 있도록 도와주는 것도 중요하다.

다 면접 교섭권을 지키며 아이들의 불평을 들어주곤 했다. 그는 집안의 영웅이었고 항상 자녀를 위해 함께 존재했지만, 희망적 선택, 양육권 또는 아버지의 권리에 대한 교육은 받지 못한 것이다. 이 무력감은 그가 견딜 수 있는 것 이상이었다. 그는 무엇을 생각했을까? 비극적이지만 신경과학은 그가 전혀 생각하지 않았다는 것을 이해하도록 도움을 준다. 그의 신경화학 체계는 멈춰 버린 것이다.

공동체가 그에게 도움이 되려면, 이혼을 겪은 남성들을 위한 공교육 캠페인을 준비할 필요가 있다. 교회, 이발소, 커뮤니티 센터, 스포츠 경기장, 광고판, 법원 및 학교는 아버지의 권리와 건설적인 이혼에 대한 정보를 전파할 수 있는 기관이다. 일부 지역에서는 갈등이 심한 커플을 위해 법원이 공동 양육 수업을 명령하기도 한다. 학교와 교회는 이혼 사실을 알게 되면, 봉사 프로그램의 일부로 아동의 건강을 개선하기 위한 부모 교육과 자녀 교육을 마련할 수 있다. 이 경우 자녀와 아버지 모두 자신이 선택할 수 있는 것들을 알 자격이 있다. 나는 한 법원에서 중학생 자녀가 승소하여 상대 부모와 계속해서 함께 사는 것을 보았다.

또 다른 사례는 이러하다. 14세 성범죄자가 주거 시설의 상담자에게 '아빠와 할아버지'의 죽음에 대해 이야기했다. 그들은 소년이 네 살, 다섯 살 때 각자 자살했다. 대화 속에서 소년을 초대하여 그의 할아버지가 지금 그에게 무슨 말을 해 줄지 들어보는 시간을 가졌다. 그 대화는 소년의 삶에서 그들이 영향력을 미치지 않게 도왔고 그들과 관련된 수치심도 내려놓을 수 있게 해 주었다(Schauer, 1993; Hanna, 2019, p. 374에서 보고). 상담자는 소년에게 할아버지를 상담실로 초대하여, 할아버지의 외모와 좋은 추억에 대한 추억을 떠올리게 했다. 상담자는 White(1988)의 내러티브 상담의 아이디어를 이용하여, 할아버지가 지금 그에게 허 줄 만한 조언을 상상하도록 도왔다. 이런 과정은 시설 관계자들도 소년의 직계가족 및 확대가족과의 애착 과정을 계속 탐색할 기회를 가질 수 있게 도왔다. 이처럼 심각한 슬픔의 경우에 전환 매핑(transitional mapping)이 매우 강력한 접근이 될 수 있음을 제9장에서 설명하겠다.

이런 대화 과정은 강력한 변화의 시간이 된다. 이것은 가족들이 그 사람이 누구였으며 그들의 유산이 어떻게 미래를 형성할 수 있었는지에 대한 새로운 이야기를 개발하도록 격려하고, 상실을 새롭게 증언하는 문화를 형성한다. 이런 일들이 일어남에 따라, 가족 내 소년의 역할은 부담스러운 침묵에서 자신의 슬픔과 통찰을 공유할 수 있는 적극적인 참여로 바뀐다. 슬픔의 목소리를 내고 지원 연결망에서 타인을 증언하는 것은 제7장에서 언급한 감정에 이름표 붙이기(affect labeling)의 한 형태이다. 편도-PFC 회로가 진정되면, 이러한 연결이 뇌의 다른 영역으로 방사된다(Lieberman et al., 2007; Kircanski et al., 2012). 이 단계에서는 건설적인 애도 경험을 만들기 위해 White의 내러티브 기법을 많이 사용한다. 다음 단계에서는 가족 연결망을 희망의 대화에 성공적으로 참여시키기 위한 그의 내러티브 작업의 세부 과정을 살펴보고자 한다.

Michael White와 내러티브 가족치료

호주의 가족치료사인 고(故) Michael White는 내담자가 자신의 생생한 경험을 다시 이야기하도록 도와주면서 그들의 방어를 낮추려고 했다. 그는 새로운 내러티브로 이어지는 질문의 형태로 접근했다. 나는 White가 매우 낙담하고 절망에 빠진 영국의 한 가족과 함께 비디오 회기를 발표하는 것을 청중석에 앉아서 본 적이 있다. 그들의 여섯 살 된 아들은 연필로 동급생을 찔렀다. 그의 고조되는 공격성의 패턴과 강도는 학교 관계자들과 가족을 불안하게 했으며, 그들은 인내의 한계에 다다르고 있었다. 그를 돕고자 했던 여러 시도가 실패하면서 그들은 그를 시설에 보내기로 결정한 상태였다. 내용이 전혀 흥미롭지 않은 뻔한 흑백 영상의 인터뷰였다. White는 사람들이 말하는 것을 들으면서 배경 정보를 모으고 있었다. 눈물을 흘리는 어머니, 겁에 질린 아버지, 말 없는 아이가 클로즈업 화면으로 보였다. 그때, White가 마법을 사용하기 시작했다. 그것은 그들의 이야기를 구성(frame)하고 재구성(reframe)하는 과정이 질문 사이에서 확실하게 드러났다. 영상에서 나온 정확한 표현은 기억하지 못하지만 질문의 대강은 다음과 같았다.

- 당신이 아들 청사진 두 장을 상상해 볼 때, 연필 싸움꾼(pencil fighter)과 연필 작가(pencil writer)[5] 중 어떤 것이 마음에 더 드나요?

5 Michael White는 우리가 세상을 바라보는 방식이 우리의 삶에 큰 영향을 미친다고 믿었다. 그는 'pencil fighter(연필 싸움꾼)'와 'pencil writer(연필 작가)'라는 용어를 사용했다. 이 용어는 세상을 바라보는 두 가지 다른 방식을 설명한다. White에 따르면, '연필 싸움꾼'은 세상을 문제와 도전으로 보고 항상 위협과 위험을 찾으며, 그것들과 싸워야 한다고 생각한다. 그래서 끊임없이 전쟁을 벌이며, 스트레스, 불안, 우울증을 경험할 가능성이 더 높다. 반면 '연필 작가(사랑꾼)'은 세상을 가능성과 기회로 보고 열린 마음과 호기심으로 새로운 창조와 성장의 방법을 찾는다. 그래서 기쁨, 성취감, 창의성을 경험할 가능성이 더 많고 또한 변화와 새로운 도전에 잘 적응할 수 있다. 그의 아이디어는 사람들이 세상을 더 긍정적이며 능력을 향상시키는 방식으로 바라볼 수 있도록 돕는 데 사용되었다.

- 만약 당신이 연필 작가를 더 선호한다면, 당신의 이런 관점이 아들 스스로 자신을 바라보는 방식에 어떤 차이를 만들 수 있을까요?
- 만약 우리 앞에 이 연필 사랑꾼의 사진이 있다면, 이 사진이 그의 미래를 어떻게 구성할 것 같나요?
- 이 사진은 당신과 그와의 관계에 어떤 영향을 미칠까요?
- 당신은 그가 연필 작가에 더 가깝다는 것을 언제 보셨나요?
- 그가 싸움꾼이 아니라 작가라는 것을 가장 잘 알 것 같은 사람은 누구입니까?
- 만약 그가 자신의 이야기를 글로 쓴다면, 자신이 연필 사냥꾼을 중단한 것에 대해 뭐라고 말할 것 같은가요?

그는 가족의 대답을 메모하면서 대화가 진행될 때, 그들이 사용하는 단어를 정확하게 되돌아가 언급하곤 했다. White의 질문은 '지배적 내러티브'를 해체하고 '대안적 내러티브'를 재구성하는 **상대적 영향력 질문** 과정을 확립했다. 뇌에 관한 10년간의 지속된 연구가 폭넓게 건강 분야에 관심을 가진 동안, 내러티브 가족치료와 같은 사회 구성주의적 접근 방식은 내담자의 의미, 생생한 경험 및 내러티브에 더 큰 관심을 기울이고자 하는 가족치료사들의 관심을 끌 수 있었다. 우리는 그 영국 가족이 암울한 절망과 죽음에서 벗어나는 것을 바로 눈앞에서 보았다. 그들은 안도감과 희망으로 활기를 되찾았다. 그들은 아들을 시설에 보내지 않을 새로운 탈출구를 찾았다. 우리는 그것을 그들의 얼굴에서 보고 그들의 목소리에서 들을 수 있었을 뿐만 아니라. 청중인 우리 신체로 그것을 느낄 수 있었다. 우리는 방금 트랜스 유도(비정상적 각성 상태, a trans induction)를 목격했다. 이것이 거울 뉴런 때문이었을까? 그 당시 우리 자신의 신체적 경험을 표현하는 용어가 없다. 애착의 관점으로 보면 공명이다. 먼저 White와 가족 사이에, 다음으로 청중과 White 사이에 공명이 일어났다. 공명이 일어날 때 전신이 빛을 발한다(Siegel, 2012). 그 순간 우리 역시 변화를 목격하고 있었다.

우리는 방금 트랜스 유도(비정상적 각성 상태, a trans induction)를 목격했다.

Michael White의 작업을 강력하게 만든 것은 무엇일까? 그는 기존의 내러티브에서 새로운 의미를 창출했고, 의식이 사실은 추가적인 의미, 즉 힘을 부여하는 의미를 생성하기 위해 기다리고 있는 일종의 퇴비 더미라는 점을 직관적으로 이해했다. 발달학적으로 보면, 그는 Bateson(1972)과 1세대 가족치료사들에게 배웠지만, 인류학자, 철학자 및 현상학적 심리학자들의 아이디어를 통합했다(Bruner, 1986; Foucault, 1973). 돌이켜보면 그는 신경과학 운동에서 가족치료 운동을 일으킨 Daniel Siegel과 동등한 존재일 수도 있다. 구체적으로 말하면, 그는 가족치료, 그리고 나중에는 일반 심리치료라는 지붕 아래에 수많은 분야를 도입하고 통합했다. 그가 다양한 지식 기반의 언어를 통합함으로써 가족치료사들은 희망, 회복탄력성 및 치유에 대한 더 큰 그림에 연결되었다.

그는 치료 과정에서 '부재하지만 암시적인' 내러티브의 측면에 대해 자주 사용한 것을 기록한 바 있다(White, 1995). 이는 지배적 내러티브(연필 싸움꾼)에는 없었지만, 인식되지 않은 강점, 무시했던 발전 징후 같은 대안적(연필 작가) 서술이 실제 경험에 존재했었음을 의미한다. 이런 지각 차이는 과 경계 상태의 사람들에게 흔하게 나타난다. 그것은 해마와 편도체에 대한 코르티솔의 영향, 즉 흐릿한 기억 그리고 과도한 경계와 일치한다. 그는 숙련된 신경외과 의사처럼, 현실을 미세한 조각으로 잘라내어 손상된 조직을 다시 자라게 하는 새로운 내러티브에 접합시킬 수 있었다. 또한 그가 내담자를 직접 대하는 자세는 항상 주목할 만하다. 사회적 정의에 대한 신념처럼 그는 모든 치료 회기를 정치적 행사로 간주했다. 그 결과, 그는 자신과 내담자 사이의 고원을 평탄하게 만들 줄 알았다. 이것은 내담자와 치료사가 공동으로 구성한 새로운 이야기는 전문가가 아닌 그 사람들의 것이라는 그의 믿음과 일치한다. 그런 다음 그는 지배적인 이야기를 극복하기 위한 새로운 내러티브의 기회를 늘려갔다.

어떤 사람들은 그의 성공에는 뇌 과학이 필요하지 않았다고 주장할 수도 있을 것이다. 누구나 동의하는 대로, 그의 업적은 가족치료의 언어와 내러티브를 영원히 바꿔 놓았다. 치료사로서 그는 모든 사람 중 약자에게 힘을 실어 주는 내러티브 가족치료의 회기에 인간성을 불러왔다. 이제 미래를 조망해 보면, 학제 통합에 대한 욕구가 다음과 같은 질문들을 던진다. 내러티브 가족치료가 뇌 기능에 영향을 미칠까? 이런 접근이 가족치료의 생리학을 포함할 수 있을까? 신경과학에 내러티브 가족치료의 미묘한 예술성을 위한 여지가 있을까? 전신서사(몸-전체 내러티브, a whole-body narrative)는 몸을 파편화하는 지배적 담론으로 억압받는 이들을 해방할 수 있을까? 그 답은 '그렇다, 그렇다, 그렇다, 그렇다'이다. 신경과학이라는 렌즈를 통해서, 뇌의 주요 배역들과 내러티브 가족치료의 특성들을 동시에 검토할 수 있다. 특히 신경과학자들은 건강한 발달을 위한 의미, 기억 및 적절한 내러티브의 역할에 관심이 매우 많기 때문이다. 나는 이 두 세계를 하나로 묶으려는 모험보다 더 Michael White의 업적을 기리는 것은 없을 것이라고 생각한다.

내러티브 가족치료와 편도체

몸 전체의 감시견으로서, 편도체는 다양한 조건에서 체계화되는 무의식적 절차와 감정의 수행인 암묵적 기억의 형성에 중심적 역할을 한다. 예를 들어, 자전거 타는 법을 배우면 그 능력과 기억력은 절대 떠나지 않는다. 그렇지만 그 기능은 무의식 상태가 된다. 오랜만에 자전거를 타도, 균형 감각과 협응력이 페달을 밟을 수 있게 해 준다. 편도체는 다양한 자극에 의미를 할당하기 위해 PFC와 함께 일한다. Siegel(2012)은 편도체가 고통을 경험한 후에는 투쟁/도피 회로에 자동적인 신호를 보내서 그런 일이 미래에도 반복되지 않게 한다고 제안한다. 의식적, 언어적, 맥락적, 명시적(외현적) 기억과 관련하여, 편도체는 고도의 각성 경험을 분류하고 부호화한다. 많은 중요한 경험들이 두 가지 기억 수준 모두에서 유지된다. 이 두 가지 모드의 교차점에 내러티브 가족치료와 관련성을 가지고 있다.

White는 내러티브에서 드러나는 정체성의 중요성을 강조한다(White & Epston, 1991). 연필 사랑꾼에 관한 질문들은 내러티브에서 나타나는 정체성의 예이다. 변형적인 내러티브는 지배적이거나 문제로 가득 찬 이야기들이 시작되는 과정에서 출현한다. 이런 이야기들은 대개 편도체가 활성화된 내러티브들이다. 이런 문제적 이야기들의 언어는 명시적(외현적) 기억의 일부이다. 세부 사항에 대한 선택적 기억을 편향시키는 신체의 감정적 활성화는 암묵적 기억의 일부가 된다. White는 초기 내러티브에서 내담자가 사용한 정확한 단어를 기록하는 흥미로운 습관을 가졌다. 그는 이야기를 확장하기 시작하면서 그들의 문구를 사용했다. 그의 질문은 스트레스를 받는 가족 구성원들이 스스로 채우지 못한 상황에 대한 정보를 끄집어냈다. 이것은 기존의 패턴에 연관된 각 사람들에게 다른 정체성을 제공하는 대안적 또는 종속적 이야기가 될 것이다. 내담자의 언어를 사용한 이런 새로운 이야기는, 원래 이야기에서 간과되었던 세부 사항들에 다가간다. 이런 세부 사항들은 이야기를 몇 가지 표준 주제로 변형하였다.

내러티브 가족치료의 일반적인 주제는 어떤 조건이나 상황이 그 가족을 압도했으며, 이를 극복하기 위해 그들에게 도움이 필요하다는 것이다. 이는 시상하부-뇌하수체-부신(HPA) 축처럼 들린다! 그 조건에 '말다툼, 말썽꾸러기 푸' 같은 이름을 붙인다. 이런 요소들을 주제에 함께 엮어 넣는 것을 외재화라고 한다. 이것은 편도체의 위협-생존 기능과 유사하다. 가족 구성원들이 단결하면 적의 족쇄를 벗어던질 수 있다는 암시에는 의식적 및 무의식적 의미에서 애착 주제와 생존 주제가 포함되어 있다. 이것은 의식적으로 제어할 수 없으므로, 변연계에서 이미 일어나고 있는 과정들과 일치한다. 이렇게 강화된 이야기는 전투를 벌이기 위해서 가용의 모든 PFC를 모집한다. 내담자와는 문학적으로 대화를 나누는 것이다. 가족이 먼저 꺼내지 않는 한 표준 정신건강 용어나 전문용어들은 거의 쓰지 않는다. 행동 계획을 세울 때, 조건이나 상황은 신화적이거나 은유적인 성격을 가질 수 있다. 전투에서의 승리, 그것은 신성함 그 자체이다.

스트레스를 받는 동안 코르티솔은 명시(외현)적 기억을 느리게 할 수 있으며, 편도체는 암시(암묵)적 기억을 가속화하는 노르아드레날린을 분비할 수 있다(Siegel, 2012). 이런 병렬배치로 인해 집단적 경험의 세부 사항에 공백이 생기고 일관성이 결여된 파편화된 내러티브가 생성될 수 있다. 애착이론가들은 건강한 정체성 발달의 신호로서 일관된 내러티브의 중요성에 주목한다. 이론적으로 이러한 내러티브는 명시적 기억 속의 경험 에피소드를 하나로 묶는다. 그런 다음 해마와 PFC는 의미를 부여하고 그것들을 비교 평가한다(예: 나의 오늘 하루는 좋았어. 선생님은 나를 좋아해. 우리의 결혼 생활은 안전해). 경험 에피소드가 소속감, 정체성, 사랑 또는 안전의 패턴을 생성하지 못할 때 내러티브는 파편화된다. 위협 또는 불안 상태가 뒤따르고 편도체가 PFC를 추월한다.

가족이 위협을 느끼고 치료를 받고자 할 때, 내러티브 가족치료는 문제 상황의 영향들을 억압의 하나로 구성하여 접근하는 치료사의 겸허한 자세를 통해서 편도체를 진정시킬 수 있다. 아무도 비난받지 않는다. 이 확장된 이야기에 부여된 의미는 PFC에 일관된 내러티브를 제공한다. 내러티브 가족치료에서는, 만약 조건을 극복하려는 가족의 시도에 대한 세부 정보가 친족하면 내러티브가 불완전해진다. 내러티브에는 역량과 강점에 대한 에피소드가 포함되어야 한다. 치료사는 이런 세부 사항들을 끄집어내고 부모를 초대하여 가능성에 대한 관점을 확장하도록 한다. 이런 독특한 결과들은 편도체의 작용으로 무시되어 왔던 능력들을 증폭시키는 새로운 스크립트(대본)의 주제를 풍성하게 만드는 것이다. 이런 간과된 능력의 증폭은 강점 근거 작업의 특징이었다(De Shazer & Berg, 1992; White & Epston, 1991). 그러나 이 접근법에서는 탈출구를 건설하면서 드라마와 경이로움에 대한 진정성 있는 감각이 부모의 고통에도 조율을 이루는 것이 중요하다. 신경 가소성을 극대화하는 것은 창의성, 반복, 정서적 강도(초점)의 조합이다(Rossi, 2002).

White(1995)는 억압에 대한 그의 내러티브로 유명하다. 때때로 억압은 더 큰 정치화된 사회 시스템에서 비롯되며, 자체의 생명을 앗아가는 문제에 의한 억압은 항상 있다. 가족의 말을 반복하는 것은 내담자의 암묵적 기억에 머물면서 PFC에 맞추어 조율하는 것이다. 그런 후 가족을 엄습한 억압에 공감하며 문제와 관련된 위협–반응을 촉발하는 암묵적이고 감정적인 상태에 대해 이야기한다. 사실, 암묵적이고 감정적인 기억에 묶인 행동들은 나름의 고유한 생물학적 생명이 있다. 억압의 발동은 자극과 관계없이 암묵적 기억에 맞춰진다. '무너진' 느낌은 치료 서비스를 찾는 사람들에게 보편적인 반향을 불러일으킨다. 내러티브 가족치료는 내담자의 내러티브에 고도로 특화되고 개별화된 대화 기법을 가지고 있다. 또한 동시에 '누구나'라는 일반화된 감각을 활용한다. 그래서 단번에 편도체가 휴식을 취하게 된다!

다음으로, 가족들이 내러티브 가족치료의 중간 단계에 들어섬에 따라, 질문은 이야기에 차별성을 더한다. 일련의 질문들은 상호작용에 대한 세부 정보를 이끌어 낸다. 이 정보로부터 공략할 계획이 드러난다. '백지장도 맞들면 낫다.'라는 말처럼, 각 가족 구성원은 팀에 대한 도움이 되고자 노력한다. 치료사는 각 팀원들을 초대하여 그 계획에 헌신하도록 한다. 이 시점에서 독자 여러분은 좋아하는 액션 스토리에서 어느 한 쪽이 전투를 준비하는 장면을 떠올릴 수 있다. 말이나 대포 뒤에 줄지어 선 군단이 "돌격!" 하는 장면을 상상해 보라. 생물학적으로 Panksepp(2011)의 기본 포유류 기능 지수(index of basic mammalian functions)는 '분노와 놀이(RAGE and PLAY)' 시스템을 이 활동에 연결된 것으로 본다. Hardy와 Laszloffy(2005)가 분노에 초점을 맞춘 것과 유사하게, 내러티브 가족치료의 이러한 활동은 일차적 감정을 인식하고 그 에너지를 긍정적인 활동으로 연결할 수 있게 돕는다.

가족치료사들 사이에서 White는 청소년을 위한 게임이나 영웅적인 여행의 형태를 취한 아동과의 작업 사례들을 시연하여 대중의 주목을 받았다. 부모와 다른 사람들은 게임이나 이야기에서 역할을 맡도록 초대되었다. 이런 '놀이' 경험은 부모가 대안적 현실을 공유하게끔 돕고, 또 모든 사람이 비난, 수치심 및 두려움을 피할 수 있게 해 준다(White, 1986). (유분증 사례의) '말썽꾸러기 푸'를 능가하는 유명한 사례가 있다. 그 아이는 그 역할로 상을 받았다. 가족이 웃음과 승리의 기쁨을 함께 나누는 것은 영혼의 보약이다.

도파민 강림과 변형

도파민과 기대감에 대해 어느 정도 알게 된 지금, 우리는 '연필 싸움꾼' 때문에 절망에 빠진 가족을 내러티브 가족치료가 어떻게 미래의 승리를 향한 관심과 희망으로 변화시켰는지를 쉽게 알 수 있다. 청중은 억압을 인정하고 내러티브를 확장하여 현실적인 희망의 요소들을 포함할 때 비로소 드러나는 물리적 변형을 볼 수 있었다. 이것은 차례로 청중에게, 아마도 거울 뉴런을 통하여, 새로운 희망을 주었다. 그들의 드라마는 동맹국이 힘을 모아 전투를 벌이고 적을 물리치는 새로운 장을 열었다. 진화 생물학자들과 인류학자들은 이런 내러티브에 공감할 수 있다!

치료사는 가족들이 매주 계획을 세우는 데 도움을 주는 해결사가 된다. 소녀들은 자신들만의 은유와 이야기를 제공할 수 있다. 마법의 힘을 선택적으로 사용할 수 있는 여주인공들이 아주 많기 때문이다. 제7장에서 설명한 소년들의 발달학적 위험 요소들을 고려하면, 치료사들은 소년들을 더 큰 위험에 빠뜨리는 내용, 과정 및 생리학에 대비할 필요성이 분명해진다. 또한 청소년기에는 소녀들에 대한 위험이 증가하므로, 소녀들에 대한 억압을 중심으로 가족을 참여시키는 것이 중요해진다.

제시된 문제에 대한 승리는 이야기의 끝이 아니다. 내러티브 가족치료는 구체적이고 사회적으로 지원되는 방식으로 성공을 축하하는 법을 아는 치료사 세대를 배출했다. 시상식, 통과 의례 및 치유 의례 등은 신체와 친족(공동체) 내에 성공의 닻을 내리고, 향후의 여정을 위한 전주곡이 된다(Imber-Black et al., 1988). 새로운 행동과 연결된 도파민의 흐름을 유지하는 것이 그 작업의 중요한 부분이 된다. 수료 인증서, 특별 상품권, 소규모 청중의 박수는, 도파민 강림을 전달하는 정맥 주사처럼, 자부심의 신체적 상태를 오래 유지하는 데 도움이 될 수 있다. 이런 기능은 '익명의 알코올 중독자들(AA)' 같은 프로그램의 특징이기도 하다.

주인공은 메달을 받은 정복자 영웅일 수 있다. 유뇨증이나 유분증이 있는 어린이들이라면, Sneaky Wee나 Sneaky Poo(말썽꾸러기 Wee와 Poo)를 정복할 수 있다. 또 괴물 길들이기의 전문가가 되어 상이나 인증서를 받을 수도 있다(White & Epston, 1991). 그는 의도적으로 '종결'과 같은 전통적 용어를 피하고 통과 의례, 졸업 같은 보편적 친족 용어를 고수했다. 이처럼 **내러티브 가족치료의 내용**은 억압과 영웅주의 같은 보편적 주제에 관한 것이다. 그 **과정**은 가족의 언어와 경험에 기반을 둔 새로운 대본의 확장 내러티브를 만드는 것이다. 그 **생리학**은 위협-생존 회로에서 신체의 안전감으로, 그리고 결국에는 변형의 순수한 기쁨으로 에너지를 전달하는 과정이다.

이런 내러티브 방법과 신경가소성을 반영하며, Sluzki(1992)는 과거 이야기의 요소들을 충분히 취하여 익숙함이 유지되도록 하고, 그 행간에 숨겨진 새로운 요소들을 추가하는 데에서 변형이 출현한다고 제안한다. 이런 숨겨진 요소들은 가족의 경험에 공감하는 대부분의 가족치료의 접근 방식에서 발견할 수 있다. 예를 들어, 복원치료(RT)는 오래된 이야기를 가져와서 사랑, 안전 및 자격에 대한 내러티브를 추가할 수 있다. 이런 풍성한 이야기가 가족의 애착 요구 및 정체성 문제와 공명할 때, 그들은 변형의 씨앗들을 심고 있는 것이다.

이런 과정을 고려하면, 뇌 과학에 기반한(brain-informed) 치료는 내담자가 이미 느끼고 있지만 설명할 단어가 없었던 감정과 생리에 대한 내러티브를 쉽게 추가할 수 있게 해 준다는 말이 이해된다. '감각느낌'(felt sense) 연습은 상이나 박수를 받을 때 나타나는 신체적 감각을 음미하는 것만큼 간단할 수 있다. '마음챙김'은 몸에 정당한 이유를 부여하는 간편 지침이 될 수 있다. 이것들이 애착 경험의 일부로 촉진되면, 대인관계 생리는 그 회로를 강화한다. 그런 다음 정서, 의미 및 기억이 소속감과 정체성을 통한 안전한 애착의 회로들을 형성한다. 이것은 우리 고대 조상들이 친족의 혜택을 받아들일 때 일어난 일이다. 사회적 연결은 강력한 치유적 잠재력을 가지고 있다.

의례로서의 다가족 심리교육 집단

이전 장에서 조현병 환자를 위한 McFarlane(2002)의 다양한 가족을 위한 심리교육 집단 모델을 언급했다. 조현병처럼 정신건강 치료공동체를 힘들게 하는 진단 범주는 없을 것이다. 이 접근법을 검토하는 세 가지 이유가 있다. 첫째, 가족치료는 (미국) 연방기금의 조현병 연구를 위한 여러 전문 프로젝트에서 시작되었다. 이 초기 프로젝트들은 여러 연구팀을 하나로 모았다. 그들은 결혼 및 가족치료의 창시자가 되었다(Bateson et al., 1956). 그러나 그때부터 지금까지의 길은, 초기의 가족이론에 비하면 조현병이 너무 복잡하여 그 가족들이 자신들에게 부과된 낙인과 이론을 거부하는 험난한 과정이었다.

30여 년이 지나서, 비판과 개입의 척도인 '표현된 감정(Expressed Emotion: EE)'에 대한 연구는 EE를 낮추는 것이 재발률을 낮춘다는 일관된 결과를 보여 주었다(Anderson et al., 1986). 병인과 관계없이 낮은 EE는 회복을 촉진하는 것으로 나타났다. 다양한 가족 집단에 대한 McFarlane(2002)의 접근 방식은 증상이 있는 가족과 함께 생활하는 스트레스에 대해서 가족 구성원들이 더 효과적인 지원을 받을 필요가 있음을 확인했다. 지난 40년 동안, 이 다가족 집단 모델은 수많은 임상시험에서 일관되고 긍정적인 결과를 보였다(McFarlane, 2016; Lucksted et al., 2012; McFarlane et al., 1995). 가족 구성원들이 교육과 지원을 받으면, 증상이 감소한다. 이런 MFG의 물결은 PTSD 및 퇴역 군인들에 대한 적용으로 이어졌다(Sherman et al., 2011; Fischer et al., 2013). 이 연구들에서 100명의 재향군인과 96명의 가족이 PTSD에 맞게 조정된 프로그램을 완료했다. 그 결과, 퇴역 군인과 가족 구성원들의 PTSD에 대한 지식과 기술 면에서 의미 있는 결과가 나타났고, 가족 기능과 증상도 개선되었다. (이 치료의) 최신 적응은 정신병 발현의 경고 징후를 보이는 젊은 성인을 대상으로 한다. 이런 프로그램들은 실제로 정신병으로 진행되는 전환율을 낮춘다(McFarlane, 2011; 2016; Somashekhar, 2014). 이런 개입이 비극적인 미국 코네티컷주의 샌디훅 초등학교 총기 난사 사건을 막을 방법이 될 수도 있다는 점을 Hanna(2019)의 심층적인 가설 적용 사례에서 볼 수 있다.

둘째, 이것은 통합적이고 내담자 중심적이며 뇌 과학에 기반한 과정이다. **그 과정의 각 단계는 신경 생리학의 특정 부분과 연결되어 있다.** 많은 연구가 조현병 환자에서 도파민 수준이 불균형 상태라는 점을 발견했다. 변연계 영역에서는 너무 높고(높은 활성화) PFC에서는 너무 낮다(낮은 활성화). 대상피질에서의 세로토닌 수준은 낮다. 대부분의 항정신병 약물들은 이 불균형을 해결한다. 다가족 심리교육 집단(MFG)을 동반한 약물치료는 약물 단독 치료 또는 자기주장 지역사회 치료를 동반한 약물치료보다 더 나은 결과를 달성한다(McFarlane et al., 1993). 임상적 지혜의 모델로서, 다가족 심리교육 집단(MFG)은 그 치료 효과와 다른 문제들에도 적용할 수 있는 점 때문에 신경과학계에서 더 많은 관심을 받을 만하다(Steinglass, 1998). 현재 양극성 장애, 주요 우울증, 강박장애 및 다양한 의학적 문제들에 대하여 다가족 심리교육 집단(MFG)이 적용되고 있다(McFarlane, 2002). 이 프로그램이 공동체 만들기, 봉사 활동에 관한 관심, 가족에게 권한 부여하기 등 조용하고 친근한 상호작용 모델 구축에 중점을 두기 때문에, Woods 등(2012)은 특히 아프리카계 미국인 공동체에 적용하기 좋은 치료법으로 추천하였다.

공동체를 치료하고 친족을 소집하는 모델로서, 다가족 심리교육 집단(MFG)은 높은 수준의 불신과 사회적 고립을 가진 (편도체가 동결된) 사람들을 위해 신중하게 작성한 참여 기술들을 사용한다. 이 기술들은 조현병 환자를 돌보는 부담에 대한 이해와 공감을 전달한다. **치료사는 그들의 고통에 대한 증인이다.** 가족 구성원이 프로그램 실험에 동의하면, 사회적 불안, 스트레스 및 낙인의 경험에 맞추어 조정된 순서를 따라서 그룹 상호작용이 진행된다. 조현병에는 감각 자극에 대한 민감성을 포함한다. 따라서 집단치료과정은 구조화되고 예측 가능하며 특정한 결과에 초점을 둔다. 이 책의 경험적 모델과 달리, MFG는 사회적 자극을 감당할 각자의 능력에 적합한 낮은 수준의 정서적 강도를 찾는다. 뇌-친화적으로 된다는 것은 언제 감정적 표현들을 허용하고 언제 그것들을 제어할지를 이해하는 것을 포함한다. 시간이 지나 집단의 신뢰가 증가하고 가족 구성원 사이에서 증상이 안정되면, 이런 사회적 의례는 비공식적으로 된다.

회기 1의 목표는 모든 사람이 회기 2로 돌아오는 것이다.

셋째, 이 모델은 **개인과 독신자를 위한 개입**의 틀을 형성한다. 공동체 친족의 혜택을 받지 못하는 경우, 작은 친교/가족 집단의 치유적 질은 문제해결의 절차 및 세미나 같은 전체 배열이 없어도 **참여, 공감 및 심리교육**을 통해서 큰 이득을 얻을 수 있다. 나는 전체 프로그램을 구현하지 않고도 이런 요소들을 일상적으로 사용한다. 대가족과 함께하면, 내담자가 요청하는 지속적 상담과 문제해결의 문이 열린다.

〈표 8-1〉은 MFG의 주요 구성요소들과 함께 그 바람직한 생물사회적 효과를 요약한 것이다. 이 구성요소들은 수년간 가족들을 도왔던 작업의 시행착오 결과이다. 따라서 합류 회기의 목표는 동기부여와 애착이다. 교육 세미나의 목표는 가족의 대뇌피질에 새로운 문제해결 행동의 근거를 제공하는 것이다. 회기 1의 목표는 모든 사람이 회기 2로 돌아오는 것이다. 이는 그것이 안전하고 의미가 있어야 함을 의미한다. 모든 사람은 자신이 누구인지 또 삶에서 무엇을 즐거워하는지를 설명하는 과정에서 각자 최선을 다하도록 초대된다.

표 8-1 다가족 심리교육 집단(MFG)의 바람직한 생물사회적 요소들

단계	과제	애착 효과	생물사회적 효과
독신자 가족 합류 회기	가족의 이야기를 배우기 연민과 공감을 제공 가족의 이야기에 관련된 프로그램의 목적을 설명	감각느낌 조율	희망: 도파민 추구 상태 보호 상태
일일 교육 세미나	파워포인트 발표 교육적 분위기 낮은 위험, 친근한 환경 개인 정보 공개를 요구하지 않음	안전한 느낌 보호받음 조율	PFC가 관여한 참신함 편도체 진정
촉진자의 역할	주최자와 주인 믿을 만한 촉진자 중개; 사회적 상호작용과 사회적 보상을 최대화 낙인을 최소화 낮은 EE를 모델링 브레인스토밍 활동을 촉진 회기 간 지원과 위기 개입	소속감 신뢰감	세로토닌 뇌 가소성 변연계 진정 엔도르핀 놀이 상태 보호 상태 시연으로부터 거울 신경세포들
회기 1	소개: 내가 누구인지?	긍정적 정체성 소속감	명시적 기억에 관여
회기 2	소개: 조현병이 나에게 어떤 영향을 주었는지? 손실을 되찾을 계획들	조율 자격(권리) 적절한 내러티브들	암묵적 기억에 관여 보호 상태
회기 3 이상	1. 친교 시간 2. 순서 3. 문제를 선정 4. 칠판에 표기하면서 공식적인 문제해결 5. 친교 시간, 축하	공동체 조율 소속감 정체성 누미노즘(신비감)	놀이 상태 세로토닌 '공동체 PFC'-참신성, 초점, 계획 세우기, 정신적 자극

PFC의 기능들

- 인지적 세트를 형성
- 문제해결
- 계획
- 주의집중
- 시작하기
- 동기부여
- 정신적 활력
- 생각과 감정을 연결

내담자의 피드백에 대한 실용적인 반응으로, 프로그램은 가족 구성원의 조건에 맞게 개발한 고유한 민감성에 맞추어 조정된다. 집단 형성의 초기 단계에서 낮은 정서적 위험이 중요한 요소이다. 회기 2의 목표는 조현병이 그들의 삶에서 빼앗아 간 경험들의 목록을 작성하는 것이다. 이 목록은 각 집단 구성원이 달성해야 할 일련의 목표가 된다. 예를 들어, 조현병이 여행의 기회를 일부 빼앗았다면, 그 집단의 목표는 그 가족이 여행할 권리를 되찾도록 돕는 것이다. 누군가가 집을 떠나 오랜 친구와 사귀는 것을 두려워한다면, 그 목표는 그들 삶의 그 부분을 되찾는 것이 될 것이다. 증상 감소라는 일반적인 목표 외에, 각 가족 구성원은 삶이 주는 개인적인 보상(도파민)을 늘리도록 격려와 사회적 지원을 받는다.

회기 3에서는 이후의 각 회기에서 계속되는 반복과 의례를 소개한다.

제3장에서는 이것을 '**공동체 전두엽**'이라고 언급했다. PFC의 이러한 기능을 염두에 두고, 전형적인 90분 집단 회기를 지켜보자.

1. 친교 시간
2. 참가자들이 순서대로 참여하여 그들의 한 주간을 점검하는 시간
3. 그 집단에 폭넓게 적용할 수 있는 대표적인 문제 하나를 선정
4. 그림판과 표식을 사용하여 다음 순서대로 공식적인 문제해결
    1) 문제 정의
    2) 가능한 해결책을 나열하고, 각 구성원은 돌아가며 한 가지를 제안
    3) 각 제안에 관한 장단점을 나열
    4) 당사자가 그 목록들을 검토하여 자신에게 가장 적합한 것을 선택하게 격려
    5) 과제를 할당하고 그것의 구현을 돕는 사람들을 지원
5. 친교 시간

시작과 끝의 친교 기간은 의도적이며 진행자는 이 시간을 생산적으로 활용하도록 훈련받는다. 가족들은 그들의 삶을 도둑맞았다. 이 시간은 그 치유 과정의 일부로 PLAY(놀이)를 다시 도입한다. 문제해결 회기는, 일부 사람들은 지나치게 구조화되어 있다고 생각할 수 있지만,

전두엽이 수행해야 하는 역할을 제공한다. 반복은 뇌의 가소성을 촉진한다. 사회적 지원은 새로운 기억에 꼬리표(표식)를 붙인다.

여기서 나는 이 집단들이 친족의 많은 특징을 가지고 있다고 제안한다. 가족들은 혈족이 아니지만, 같은 스트레스, 수치심, 그리고 낙인을 공유한다. 이들은 강력한 격리자(isolators)이므로 강력한 통합자(unifiers)가 된다. 그들은 역사를 공유하지는 않지만, 삶을 변화시킨 경험은 공유하고 있다. 여러 면에서 이 집단은 가족들이 문제를 외재화하고 자신과 가족 구성원들을 위한 새로운 정체성을 만드는 데 도움을 준다.

중개 과정에서 촉진자(faciliators)의 고유한 역할은 회기 사이에 가족들이 취미와 관심사 및 공동의 필요에 대해서 개인적이고 일상적인 방식으로 연결하는 데 도움이 된다. 아마 몇 사람들은 함께 골프를 했을 것이다. 가족은 서로 더 많은 자유를 가지기 위해서 서로 간에 휴식을 제공할 수도 있다. 촉진자(조력자, faciliators)는 이런 환경을 장려하고 우정이 발전할 기회를 모색한다. 월 2회의 회기로 12~18개월이 지나면, 여러 가족이 치료 집단을 치료 시설과는 별개인 사회적 탈출구로 여기기도 한다(McFarlane, 2002). 그들은 생일, 기념일, 결혼식을 공유하며 지낸다. 친족(공동체)들은 자신들의 의례를 소중하게 여긴다.

인류학에서는 이것들에 대하여 광범위한 관심을 갖는다. 사회적 지원 연구는 기본적이고 단순한 지원이 질병 및 사망률과 어떤 관련이 있는지를 보여 준다. 전통적 형태의 집단치료에 대한 대안으로, 또 변연계 비활성화의 모델로 MFG는 많은 중요한 기능을 포함한다. 정서적 수준에서는 PFC를 지원하고 편도체는 냉각시킨다. 의미와 기억의 수준에서, 집단은 치유 과정의 청중이 되어 작지만 중요한 단계로부터 큰 성과를 낸다. 시간이 지남에 따라 치유의 내러티브에서 문화적 지혜가 발전한다. 진전 과정을 행사로 강조하면, 기억이 더 생생해진다(도파민 효과). 끝으로 회원들이 삶의 잃어버린 측면을 되찾도록 돕는 것은, Panksepp(2007)가 모든 뇌 시스템 중에서 가장 치료적이고 치유적인 것으로 언급한 PLAY 시스템에 해당된다. 그가 말한 PLAY를 복원한다는 개념은 오늘날 정신건강 치료 시스템에서의 '놀이'로는 충분하지 않다. 이처럼 다가족 심리교육 집단은 느슨하게 소집된 지원 집단 이상이다. 또 교육 세미나 이상이다. 고도로 구조화되었지만 유연하고 개별화된 사회적 생태계에 포함된 이런 요소들은, 퇴역(재향)군인들이 수년 동안 요청하여 마침내 받게 된 가족 지원과 개별화된 관리에서 확인할 수 있다(Fischer et al., 2015). 40년 동안 100번의 임상시험을 통해서, 신체적, 정서적으로 복합적인 문제를 겪고 있는 개인과 가족들에게 심리교육을 제공하는 것이 매우 중요하다는 결과도 확인되었다(McFarlane, 2016).

가족심리교육

McFarlane(2002) 모델은 교육 회기에 친구들과 사회적 관계를 누구 못지않게 환영하는 방법을 보여 준다. 때로는 그 초대들이 축하나 파티의 느낌을 주기도 한다(Hanna, 2010). 만약 누군가는 설명회에 불러올 사람이 한 명뿐이어도, 합동 교육은 공감과 이해를 높일 수 있을 만큼 충분히 시스템을 확장할 수 있다. 가족 구성원들은 종종 자기 자신의 스트레스 반응을 발견하고 자신을 위해서 마음챙김을 배울 기회를 환영한다. 어떤 내담자의 친구는 외상 후 스트레스 체크리스트(PCL)에서 내 내담자보다 높은 점수를 받았다. 다른 경우의 동거인은 자신의 증상 때문에 의뢰를 요청했다. 나의 개인 상담 사례를 위한 이 교육 요소들은 MFG 프로그램에서 분리된 것으로, 각 내담자의 상황에 맞게 적용한다.

[부록 J]는 특정 트라우마에 적용할 수 있는 심리교육의 전체 개요를 포함하고 있다. 여기에는 네 단계가 포함되어 있다.

1. 트라우마의 기본사항 소개(제5, 6장)
2. 신체의 세계: 스트레스 반응의 기초(제2장)
3. 가족/네트워크(연결망)의 세계(제3, 8장)
4. 희망: 변형과(화와) 치유의 열쇠(제3, 5, 6장)

대부분의 하위사항들은 이전 장들에서 소개한 정보에서 온 것들이다. 다음에 나오는 것은 지금까지 다루지 않은 정보의 주요 사항을 제공한다. 이런 주제에 덧붙여, 웹 사이트 'The Transparent Brain'에는 해리, 외상성 뇌 손상 및 도덕적 손상에 대한 더 많은 자료가 제시될 것이다.

강간 스크립트(대본), 트라우마 스크립트(대본), 그리고 동결 반응

Atkinson(2016)은 성별 조건화, 사회적 고정관념 및 강제성이 혼합된 대학 캠퍼스의 논쟁에 대해 연구한다. 만약 범죄자들이 '아니요'라는 말이 없는 것을 '예'라고 받아들이면, 그 명확성의 문제와 위반이 만연하게 된다. '아니요'라는 말이 없더라도, 그 과정 각 단계에서의 주관적 경험과 동의가 이후 어떻게 진행될지를 가장 잘 보여 준다. 증상은 생존자의 안전과 통제감 확보 욕구가 제한될 때 나타난다. 강간 생존자를 위한 치료와 사회적 조건과 관련하여, 가족과 문화는 제5장의 Mary 사례처럼 장기적인 증상을 초래하는 반응들을 보일 수 있다. 새로운 힘을 주는 이미지들을 주기 시작한 것은 '야구 은유'였다(Sanders, 1990).

마찬가지로 트라우마 대본(스크립트)에는 남성과 여성에 대한 오랜 고정관념과 젠더 대본(스크립트)에서 비롯한 광범위한 반응들이 포함되어 있다. 일부는 전쟁터에서, 또 일부는 성직자에게 학대를 받은 소년들과 상상력이 좋은 소녀들의 어린 시절 환경에서 비롯한 것들이다. 내 첫 내담자 중 한 명은 입원 병동에 일주일 있고 난 뒤에 외래 시설로 택시를 타고 왔다. 기록에는 그녀가 그녀의 아버지가 그녀를 강간하고 있다는 '환각'을 가지고 있다고 되어 있었다. 그녀는 '예, 아니요'의 간단한 질문에 대답할 수 없었다. 가족에게 그녀와 함께 와달라고 내가 전화를 한 후, 그녀는 다시 오지 않았다. 보호 시스템이 그러한 증거를 어떻게 간과했는지를 생각하면 참으로 유감스럽다. 오늘날의 기준에 따르면, 매우 다른 환경에서 조사하고 안전을 추구하며 그녀의 말을 막지 않는 약물들을 제공했을 것이다. 문화적 그리고 전문적 내러티브는 종종 스스로 말할 수 없는 사람들의 생생한 경험을 설명하는 데 실패한다.

Jaycee Dugard(2016)와 Elizabeth Smart(2013) 두 사람은 잔인한 감금에서 살아남아 자신의 목소리를 되찾은 예이다. 두 사람 다 강간범에게 납치되어 인질이 되었다. 그들은 판단을 서두르게 만드는 흔한 고정관념들을 곰곰이 돌이켜 보았다. 둘 다 스톡홀름 신드롬에 대하여 깊이 생각하였고 그들의 사건이 이렇게 되는 것을 단호하게 거부했다. 그들은 이 점을 반복적으로 떠올리면서, 자신들을 감금하는 요소들과 또 생존 전략 같은 다양한 행동으로 설명되는 공포 기반 조건화를 강조했다. '왜 달아나지 않았나요?' '왜 관련 기관에 이름을 말하지 않았나요?' 언론기관은 대중의 호기심을 전하기 위해서 이런 질문들을 던지지만, 그런 것은 전문 지식에 의존하는, 그중 일부는 시대에 뒤떨어진, 광범위한 무지를 나타낸다. Jaycee(Dugard, 2016, pp. 184-185)는 다음과 같이 말했다.

> 난 아니야, 난 아니야, 나는 이 납치범을 절대로 사랑하지 않아……. 그런 것은 틀린 것이며 그런 꼬리표는 피해자의 정신건강에 매우 해로울 수 있다. 나는 클리블랜드 사건[6]의

6 클리블랜드 사건(Cleveland case)은 미국 오하이오주 클리블랜드에서 발생한 납치 사건으로, 범인 Ariel Castro는 Michelle Knight, Amanda Berry, Gina DeJesus 등 세 명의 여성을 납치하여 10년 넘게 감금하고 성폭행했다. 이 사건은 Amanda Berry가 Castro의 집에서 탈출하면서 세상에 알려졌다.

Gina와 Amanda와 함께 2015년의 NCMEC(미국국립실종아동센터)의 희망상(Hope Awards) 시상식에 참석했을 때, 그들과 간단한 이야기를 나눈 적이 있다. 그들은 그런 것이 그들을 오해하고 비하하는 꼬리표라고 믿었다. 이것은 많은 생존자들에게 공통되는 불만으로 보인다.

시대에 뒤떨어진 이 용어의 오용을 해체하기 위해서 부연 설명하자면, 이런 왜곡은, 스웨덴의 은행 강도 사건에서 피납치자들이 납치자들의 가치와 신념에 대한 지지를 이유로 납치자들에게 불리한 증언을 거부한 후에 발전했다. 많은 경쟁적 진단 꼬리표처럼, 대중 언론은 종종 권위 있게 보이려고 그런 것들을 과장하여 사용한다.

그동안 트라우마 과학은 체계적이고 생물학적인 공감의 개발에 많은 것들을 제공하였다. '미투 운동'을 계기로 타임 랩스(저속 촬영)식 주제의 공개가 자주 등장하는 것 같다. Porges와 Peper(2015)는 뇌가 안전, 위험 및 생명 위협의 세 가지 가능한 자극을 등록한다고 설명한다. '아니요'가 없다는 점이 '예'를 의미하는 것이 아니라는 점에서, 생명을 위협하는 것은 통제, 억제, 고통 역치, 약에 취한 상태 및 위험 지각과 관련된 수많은 상황에 해당할 수 있다. 무대응, 동결 및 부동화는 신경생물학적으로 HPA 축의 투쟁/도망 반응의 확장이다. 투쟁이나 도피가 불가능한 조건에서는 몸이 멈춘다. '합리적인' 설명이 불가능하다. 그 과정은 생물학적이다. 따라서 폭행 중에는 동결이 발생한다. 이처럼 형언할 수 없는 딜레마에서 전개되는 생태계적인 생존 수준은, 나중에 취약성의 청사진으로 개략적으로 설명할 수 있다. 그 청사진은 상향식 개입 또는 하향식 개입의 시작과 관련된 자원과 결정 과정을 제시할 수도 있다.

낮은 갈등 환경의 가족을 돕기

심리교육의 주요 목표는 모든 구성원에게 힘을 실어 주는 지식과 공감을 제공하는 것이다. 이를 통해 가족은 갈등이 낮은 환경을 조성한다. MFG 연구는 표현된 감정에서 중요한 개선을 확인했다. 비판이 낮아지고 갈등이 문제해결로 바뀌고, 치유 수준에 대한 기대가 현실화되었다. 도움이 되는 슬로건은 가족들이 '기대 없는 초대장'을 발행하도록 격려하는 것이다. "오늘 밤 Lilly의 집에서 바비큐 파티를 할 예정입니다. 원하신다면 오세요. 귀하의 사정에 맞으실까 해서 알려드리는 것이니, 압박감은 갖지 마세요." 공격적인 행동은 경계를 뛰어넘는 기대에 대한 생존 반응일 수 있기 때문에, 이런 양가적 상태에 있는 가족을 돕는 것은 거절당했을 때 비난할 의도가 없음을 알리면서 지원하고 배려를 표현할 수 있다. 기대치를 낮추고 마음챙김 운동으로 신경계를 이완하여 생존자가 치유되기 시작하면, 가족들은 작은 변화가 시간이 지남에 따라 더해지는 것을 볼 수 있다. 일반적인 슬로건은 "무엇이든 좋다."이다.

기대치를 낮추기 위해서, 일부 증상 호전의 경험을 차트로 표시하여 모으는 것으로 갈등을 줄일 수도 있다. [부록 E]의 생활 스트레스 테스트를 시작하는 것이 좋다. 예를 들어, 나는 각 사건에 대해 1년 이상의 회복 시간을 할당하는 경험 법칙을 사용한다. 이 점수는 그 구성원이 더 빠르게 치유되지 않는 이유를 가족들이 이해하는 데 도움이 될 수 있다. 내 사례의 대부분은 증상과 치료가 10년 동안 결정되지 않은(숨겨진!) 생존자들로 구성된다. 따라서 〈표 8-2〉는 부담 없는 환경을 만들기 위해서 가족들의 기대치를 낮추는 데 도움이 되는 수단을 예시한다. 한 39세 남성의 생활 사건 점수표는 이렇다.

단 5년이라는 짧은 기간 동안 일어난 사건들에 대한 이런 보수적인 회복 시간을 가족이 보았을 때, 이 누적된 사건들로 그의 신경계가 적절하게 이용할 서비스가 없는 상태에서 어떻게 과부하 상태가 되었을지 보여 주었다.

이런 모호성에는 '변화의 시소'라는 말이 들어맞는다. 이 개념은 "어떤 것이 좋아지면 다른 것은 나빠진다."라고 설명된다. 진보는 시소의 중간을 향해 내딛는 잠정적인 걸음 단계들이라고 볼 수 있다. 숙련된 체조 선수는 추락을 피하기 위해 중간에서 조심하여 균형을 찾고 반대쪽으로 천천히 이동하는 방법을 알고 있다. 개인과 가족이 작고 잠정적인 단계들을

표 8-2 생활 사건 점수표

ACE score = 5 이상	
불리한 성인기 경험들	심각성에 근거한 가능한 적응 기간
재정적 어려움	1~5년
이혼	1~3년
사회적 분열	1년
가족의 배신	1년
삶을 위협하는 질병	1~5년(24시간 안에 20번 심장마비, 심장박동기의 고장 등)
가족의 심한 분열	1년(중독으로 타인의 심장약을 훔치는 형제)
가족의 죽음	1~2년
주거지 변화	1년
주거지 변화	1년

견딜 수 있을 때 전체 과정이 안전한 속도로 진행된다.

희망을 실현하기

변환(변화, 변형)은 두뇌 가소성 동안 일어나는 일을 설명하기 위해 제3장에서 사용한 단어이다. 누미노즘(신비, numinosum)은 생존에서 번영으로 이동하는 과정을 포착하느라 사용한 단어이다. 변화는 한 번에 한 회로씩 발생한다. 회로는 한 번에 하나의 뉴런을 변경한다. 기적적으로, 뉴런은 단 며칠 만에 사회성이 높아질 수 있어서, 느슨하고 연약한 거미줄이 아니라 촘촘하게 짜여진(바람직한) 태피스트리(직물)처럼, 경기장(뇌) 반대편에 있는 수상돌기와의 연결을 성장시킬 수 있다. 그들은 적절한 양의 초점(흥미, 정신적 레이저 빔), 반복(진정시키는 것), 에너지(재미있는 것)를 기다리고 있을 뿐이다. 의지력과는 달리 이러한 활동들은 개인의 취향이나 기호와 일치해야 하므로 고도로 전문화되어 있다. 트라우마 치유에 대한 진지한 대화 중 경박하게 보이겠지만, 뇌에도 유머 감각이 있다! 현대의 문명화된 문화는 억압적인 고정관념들을 만들어 내면서, 치유 과정을 옥죄는 수많은 규범과 규칙들을 만들어 냈다(그것들은 위로가 되지 않으며 재미도 없다). 심리교육 회기에서 참가자들이 이 주제에 대해 알고 있는 것을 나열할 시간이 있을 수 있으므로, 전체 네트워크는 트라우마 생존자와 함께 Michael White 반란[7]에 참여할 허가를 받는다! 가족을 도와서 이런 지침을 따르게 하려면 창의성과 관계가 필요하다.

> …… 신경세포들은 …… 적절한 양의 초점(흥미, 정신적 레이저 빔), 반복(진정시키는 것), 에너지(재미있는 것)를 기다리고 있을 뿐이다.

예를 들어, 한 가정에서는 크리스마스가 고통스러운 경험이 되었다. 예방 조치로 그들은 치료사와 만나 부모의 특권을 존중하는 새로운 경계를 만들 과정을 브레인스토밍(토론)하기 시작했다. 첫째, 마음챙김은 과거의 긍정적인 크리스마스 추억을 되돌아보는 막간을 제공했다. 약간의 눈물이 흘렀고 그 시간 동안 다시 연결되었다(옥시토신, CARE). 그런 다음 그 감정들의 일부를 되살릴 방법과 그리고 청소년 자녀들의 요구에 맞추어 전통을 뛰어넘는 새로운 가족 모임 형식으로 나아가는 방법에 대한 논의가 있었다. 약간의 브레인스토밍(토론) 후에 상호 결정 및 사건과 책임들에 대한 계획이 있었

7 Michael White 반란은 트라우마 생존자들이 자신의 트라우마에 대항하여 일어서는 것을 의미한다. 트라우마 생존자들은 다른 사람들의 도움을 받아, 혼자가 아니라는 것을 기억하고 트라우마를 극복할 수 있다.

다. 일부 사건들은 마음에 부담이 없고 재미있었다(놀이, PLAY). 다른 것들은 종교적이고 음악적이었다. 놀이, PLAY 회로는 뇌의 변연계와 원시 영역 깊숙한 곳에서 시작된다. 이 영역에서의 활동은 더 나은 문제해결을 위해 피질에 에너지를 보낸다. 1년 전 재난 이후, 새로운 패턴은 모두로부터 칭찬을 받았다. 이렇게 유연성이 생긴 것은 신경계에 대한 은유이기도 했다. 이 가족 네트워크의 내담자는 일부 친척들과는 안전한 거리를 유지하면서 다른 사람들과는 친밀감을 즐길 수 있는 안전한 구조와 참여 선택권을 가졌다. **마음 챙김, 운동, 참신함, 팀워크 및 새로운 정체성. 그들은 조심스럽게 시소 위로 올라간다.**

이 장의 접근 방식은 뇌-과학적인 작업의 내용, 과정 및 생리학을 형성하고 내담자의 삶(무엇이 일어나고 있는지)과 변형 가능성(무엇이 일어날 수 있는지)을 이해하는 (기본) 틀이 된다. 그것들이 없으면, 자신들의 경험을 이해하기 위해 이미 고군분투하고 있는 내담자에게 치료가 되려 비언어적 장애물 과정이 될 수 있다. 이런 생각들을 통합하는 한 가지 방법은 다음과 같이 생각하는 것이다.

- 내용 = 몸, 생존
- 과정 = 애착, 소속감, 정체성
- 생리학 = 회로, 변환

〈표 8-3〉은 이러한 개입과 개념들을 주요 치료 작업에 통합한다. 그것들은 우리가 관심을 기울인 신경과학의 정의 요소들을 식별한다. 제9장에 있는 것과 같은 프로그램들도 이런 작업이 복잡한 약물 남용 및 정신건강 문제에 어떻게 적용될 수 있는지를 보여 준다. 프로그램이 놀이, PLAY가 되려면…….

1. 신체의 위협-생존 회로를 비활성화하고
2. 내담자의 이야기와 치료 과정에서 애착 주제를 다루고
3. 신체적, 정서적, 대인관계 변형을 포함하는 새로운 회로를 활성화한다.

표 8-3 원칙과 과정의 통합

과정	주요 초점	관련되는 수단들/기법들
치료사의 준비 초기 접촉	치료사의 자아, 감정적 활성화, 생존 역사 편도체에게 이야기하기 애착 욕구에 조율하기 진정과 희망 가능한 계획을 협상	감각느낌 훈련, 그라운딩, 리소싱 주최자와 주인 믿을만한 촉진자
관여	계속하여 애착에 조율하기 성별화된 관여 부모 관여 트라우마, 감정 및 신뢰를 조율 말 못하는 딜레마를 인정	칠판-도식화, 목록 작성 부모와 재연결 동기부여 면담 공감적 짐작 마음챙김
평가	사회적 지원-누가 친족인가? 트라우마 발생과 증상들 감정적 관용 사랑과 신뢰 핵심 역동 7Ds[8] 세대 간 상실 주요 전환들	Berkman & Syme Scale PCL-Civilian RES 〈표 5-2〉 조사 이야기들 Clean questions SE basics Pendulation 가계도 연표
대인 지형을 표기	고통과 평화의 주기 상호작용 주기(춤)을 표기 추적-거리 두기 친족의 영향을 해체하기	가계도 연속 질문들 영향 질문들
기억과 방아쇠에 접근하기	생존 내러티브들 주요한 이야기를 탐색하기	생존 질문들 연표 비 우세한 손으로 그림 그리기 SE basics, pendulation
주요한 감정에 접근하기	복원치료(RT) 각성 주기의 내성 강화 7Ds 탐색하기	7Ds 체크리스트 SE basics, pendulation 공감적 짐작

8 역자 주: 중독의 과정과 극복을 설명하는 7Ds는 Desire, Discovery, Dosage, Dependence, Destruction, Despair, Deliverance이다.

새 회로들을 만들기	세대들과 메시지와 욕구를 재배열 회복탄력성 평가 안전, 방어, 보호를 강조 자기-치유를 촉진 트라우마를 통합하기	자격 권한 내러티브들 실연 VCR 분노를 새롭게 연결 다시 이야기하기 MFG 조상, 아이들과 동물의 은유 중개 비-우세한 손으로 그림 그리기 콧구멍 호흡법 마음챙김 SE basics 애도와 상실 의례들
변형을 강화하기	친족을 소집하기 보상과 권리를 촉진하기 변형의 축하를 촉진하기 애도와 상실 의례들	"나는 ~을 원한다." 훈련 생존자의 자부심을 축하하기 SE basics 모험 정신을 환기 조상 정신을 환기

결론

이 장에서는 뇌 기능에 대한 사회적 연결망(네트워크)의 중요성, 슬픔과 상실에 대한 개입, 뇌-과학적 치료에 사용할 심리교육의 패러다임을 검토한다. 사회적 생태계는 모든 두뇌의 생존에 필요한 친족이다. 가족과 사회적 연결망 구성원들을 위한 참여 전략을 잘 보여 주는 사례 검토가 있다. 관계적 세부 사항에 대한 여성의 초점과 시각적-공간적 세부 사항에 대한 남성의 초점을 잘 조율하면 부모의 참여를 향상시킬 수 있다. 치료에 대한 문화적 초점을 '성격적 결함에 대한 수정이라고 생각하는 것'에서 '상처를 치유하는 과정을 만들려는 의도를 공개적으로 강조하는 것'으로 바꾸는 것이 중요하다. 치료사가 친족의 모든 구성원을 처음부터 확인하면 참여 전략을 개발하는 데 도움이 된다. 공동체(커뮤니티)를 만들고 치유의 청중을 소집하면, 선택사항(옵션)들과 사고방식을 확장하는 신경망 프로필들이 두꺼워진다. 치료 과정이 표적 뇌 영역의 기능을 모방할 때, 해당 영역은 반복, 새로움 및 창의성에서 비롯된 새 회로들을 성장시킨다.

기본 생존 과정에 대한 분석은 수 세기에 걸친 진보의 결과로 수많은 생존 과정이 명시적 기억에서 암묵적 기억으로 이동되고 사회적 연결망과 단절된 방식을 보여 준다. 이것은 소속감과 정체성을 감소시켜 애착 장애로 이어진다. 그것은 또한 치유를 위한 잠재적인 자원에 대한 치료사의 관점을 감소시킬 수 있다. 많은 경우에 가족/사회적 연결망은(네트워크는) 치료 과정을 돕거나 해치는 영향력을 가진다. 한 사례는 야구팀이 어떻게 가족이나 치료사보다 더 강한 영향력을 가지게 되었는지를 보여 준다. 하지만 그 팀에는 치료에 도움을 줄 수 있는 자원들도 많이 있었다. 내러티브 질문은 가족/사회 연결망(네트워크)의 상대적 영향을 탐색하기 위한 구조를 제공한다.

다음 부분에서는 건강한 애도를 위한 의례에 친족을 참여시키기 위한 지침들을 제공한다. 죽음 외에도 신경계에서 정체성과 소속감에 극단적인 반응을 일으키는 큰 손실들을 나열했다. 한 사례는 상실의 비인간화와 그 상황을 치료사가 어떻게 바로잡을 수 있었는지를 보여 준다. 치료적인 애도 작업을 위한 4단계 공식에는 추모식 조직, 상실 기리기, 공명적 환경 조성, 다른 사람들과 함께 참여하는 슬픔 촉진이 포함된다. 여기에는 두 명 또는 20명이 포함될 수 있다. 내담자들은 상황에 맞추어서 그들의 고립에서 벗어나도록 초대한 애도 의례에 참여한다. 살인-자살의 후유증에 대한 예가 그러한 공식을 보여 준다.

잃어버린 사랑하는 사람을 붙잡고 있는 것은 변연계에 결합한 암묵적 기억에 다가가는 것이다. 이것은 명시적 기억이 잃어버린 사랑하는 사람, 조상들과 유산들에 부착된 소속감과 정체성을 포함하도록 활력을 넣어 준다. NFT의 일부인 이 접근 방식은 축하의 치유 의례를 구성하는 것으로 알려지게 된 호주의 가족치료사 Michael White의 작업을 강조한다. NFT 분석은 이 치료 모델이 어떻게 도파민 중추들을 활성화하고 또 편도체와 HPA 축을 진정시키는지를 보여 준다. 그의 개입은 암묵적 및 명시적 기억 중추들을 활용하여 내담자가 증상에서 벗어날 수 있도록 돕는다. 그의 작업의 중요한 부분은 미시적 수준과 거시적 수준의 억압에 초점을 맞춘다. 이것은 내담자와 그 가족들의 무력감에 공명한다.

공동체 의례의 두 번째 모델은 조현병에 대한 MFG이다. 이 모델은 가족 구성원들의 신경생물학과 스트레스 수준을 다루는 뇌-과학적인 치료접근 방식이다. 이 접근 방식은, 대상자가 회복하는 동안 낮은 갈등 환경을 조성하는 것과 함께, 심리교육을 사용하여 회복적 요소들을 실용적인 문제해결 실행으로 강화하고 구성한다. 그 프로그램의 주요 소단계와 대단계들을 목표 달성의 삽화와 함께 개략적으로 검토한다. 참여, 연합, 심리교육 및 문제해결을 위한 특정 단계들이 있다. 가장 최근의 적응에는 정신병의 최초 발병 위험에 놓인 사람들을 식별하는 예방 조치가 포함되어 있으며, 발병의 위험을 낮추기 위해서 원조, 감독 및 다가족 집단을 제공한다. 이러한 프로그램의 결과는 매우 고무적이다.

이처럼 심리교육은 일차 뇌 영역의 극단적 기능으로 확인된 모든 조건에 필수적인 것으로 되었다. 마지막 부분은 문제에 대한 정의, 신화 및 낙인으로 시작하는 제시된 문제에 대한 두뇌 기반 교육과정(커리큘럼)을 개략적으로 설명한다. 그런 다음 주요 발달학적 주제들은 그것에 기반을 둔 치료 근거를 제시한다. 이런 내용에 대한 예시로 강간과 트라우마의 문화적 대본(스크립트)의 부분, 낮은 갈등 환경의 조성, 그리고 트라우마 생존자를 위한 창의적 브레인스토밍에 참여하는 방법을 포함한다.

제9장

물질 남용과 정신건강의 미래

공통 요인과 일반적 해결책

진단 너머: 결과에 대한 새로운 패러다임

감정 조절: 과연 성배인가

생태계 환경: 일과 사회적 뇌의 역할

발달학적으로 적절한 실천법

애착

물질 남용, 애착 및 감정 조절

다차원적 가족치료

전환 매핑

주요 정신 장애, 감정 조절 및 애착

양극성 장애

적대적 반항 장애

결론

The Transparent Brain in Couple and Family Therapy

다양한 신경과학자는 발달 정신병리학에 대한 광범위한 합의에 이르게 하는 뇌 과정 또는 증상이 문제가 되는 방식에 대한 데이터를 축적해 왔다. 공통적인 결론은 현실적인 치료 계획이 필요한 복잡한 사례를 맡는 정신건강 치료사에게 값진 정보를 제공한다는 것이다. 그들은 진단을 넘어 감정 조절에 집중하고, 위험과 보호 환경에 주의를 기울이며, 발달적으로 적절한 실천을 통해 중도 탈락을 피하고, 애착과 관련된 신경생물학을 사용하여 인간의 발달을 이해한다.

이 장은 이러한 공통적인 요소들을 취하여 약물 남용과 경계선 성격장애, 양극성 장애, 적대적 반항 장애와 같은 정신건강 문제들에 적용한다. 생존, 전신(몸-전체), 회로, 애착, 변형이라는 주제에 대한 지속적인 관점으로, 우리는 뇌의 중심을 현대 정신건강 치료에 가져오는 여정을 계속할 것이다. 저명한 신경과학자들의 다섯 가지 공통적인 요소가 우리의 여정을 도와줄 것이다. 그것들은 두려움과 불신 때문에 숨어 있는 사람들, 제도적 장벽 때문에 숨겨진 사람들, 그리고 우리의 가장 열정적인 노력을 받을 자격이 있는 증상들을 찾을 수 있게 도와준다.

진단 너머: 결과에 대한 새로운 패러다임

제3, 5, 6, 8장에서 다수의 저자들은 정신 장애 진단 및 통계 매뉴얼(DSM) 체계에 대한 비판과 함께 이것이 가져온 낙인적인 꼬리표 때문에 맥락을 해방하기보다, 오히려 고통의 본질에 대한 대중의 이해를 제한하거나 오해하게 한다는 점을 설명하였다(van der Kolk, 2010; d'Andrea et al., 2012; Panksepp, 2010, 2011). Greenberg(2013)는 DSM 매뉴얼이 가져온 철학의 정치화(philosophy-turned-politics) 과정과 1억 달러 가치의 산업을 밝혀냈다. 각 판본(버전)은 여러 이해가 상충되는 환경에서 진화하였다. 최근 50년 동안 정신의학 분야는 진단 범주를 생성하는 수단으로 생물학에서 민주주의로 전환되었다(Harrington, 2019). 이제는 심지어 (미국) 국립정신건강연구소도 연구자들에게 진단 기준보다는 증상의 측정에 더욱 집중할 것을 요청한다. Forgeard 등(2011)의 연구가 이러한 예이다. (1) 집중 치료가 필요한 취약한 증상으로 고통받는 사람들, (2) 도우려고 하는 공중보건서비스, (3) 보험회사들, 그리고 (4) 생계 유지를 위해 돈을 벌어야 하는 치료사들 등 현재의 체제에 의존하는 사람들과는 무관하게, 기존의 이런 진단적 문화의 전통을 넘어서야 하는 사례들이 있다. 비유를 하자면,

아기를 목욕물과 함께 내버리는 것이 아니라, 아기가 자라면서 새로운 문화의 물이 나올 수 있는 여지가 있는 것이다.

일상적인 치료가 좋지 않은 결과를 산출할 때도 효과적인 치료를 위해 기존의 치료 계획을 벗어나 생각할 필요가 있다. 예를 들어, Panksepp(2006)의 정서적 상태에 대한 선구적 연구는 평가를 일차원적인 진단으로 제한하는 대신 상태 간 균형을 평가하는 방법의 예를 제공한다(제3장 참고). 그는 이러한 정서적 상태를 통합적 관점으로 보기 위하여 정서균형치료(Affective Balance Therapy)라는 용어를 만들었다(Panksepp, 2009). 정서적 신경과학 성격척도(ANPS)는 이런 일곱 가지 상태와 더불어 정서 상태의 상대적 균형을 파악하는 데에 이용할 수 있다. Barrett 등(2013)은 개인이 사용할 수 있도록 사본을 제공하였다. 이런 개념은 신체 전반적인 생존 상태의 균형에 초점을 둔다. 예를 들어, ADHD 증상을 유발시킨 쥐는 포유류의 놀이 본능을 자극하는 치료를 통해서 증상이 개선되었다(Panksepp et al., 2003). 제6장의 신체 접근법은 진단과 무관하게 감정 조절을 개선하는 상향식 접근법이다.

감정 조절: 과연 성배인가

Beauchaine(2015)은 감정 조절 장애를 문화에 적절한 행동을 방해하는 감정 경험 및/또는 표현이라고 하였다. Beauchaine 외에도 정신건강 상태의 신경생물학을 연구한 많은 사람은 진단 범주를 넘어서 범주들 간에 걸쳐 있는 감정 조절 장애에 주목할 필요를 강조하였다(Beauchaine & Zisner, 2017; Beauchaine & Cicchetti, 2019; Gross, 1998, Gross & John, 2003; Gross & Jazaieri, 2014). 외상성 뇌 손상 같은 상황에서도 이차적 치료 목표로서 감정 조절 장애에 대한 개입은 뇌의 집행 기능 및 외상 증상에서 긍정적인 결과를 얻었다(Crocker et al., 2018).

이러한 주장의 장점 중 하나는 치료사가 증거 기반의, 비낙인적인 방법으로 장애의 실제적인 특징을 정확하게 파악할 수 있다는 점이다. 예를 들어, 지난 10년 동안 상향식 활동이 하향식 집행 기능에 많은 긍정적인 결과를 가져오는 방식을 증명하기 위한 마음챙김 연구가 폭발적으로 증가하였다. 사회 불안에 대한 한 연구는 마음챙김-의미부여(mindfulness-to-meaning) 이론을 적용한 후, 마음챙김 중재가 재평가, 긍정 정서, 탈중심화에 영향을 미치는 것을 검증하였다(Garland et al., 2017). 이 연구는 피질을 움직이는 것이 대뇌 피질 하부(변연계와 뇌간)라는 Panksepp의 제안을 뒷받침한다(Davis & Montag, 2019).

감정 조절은 진단 범주 전반에 걸쳐 충동성 및 불안과도 관련되는데, 각각은 치료 계획 수립에 도움을 줄 수도 있는 별개의 뇌 경로와 관계되어 있다. Beauchaine(2015)은 슬픔, 공황, 분노, 불안 등의 감정들과는 무관하게 모든 반응은 내재화 또는 외재화로 표현된다고 하였다. 내재화 반응은 불안 회로와 관련된 해마, 세로토닌 및 노르아드레날린 경로를 따른다. 외재화 반응은 복측분절영역(VTA)에서 측좌핵 및 복측 선조체로 이어지는 도파민의 경로를 따르는 충동성 회로이다. 그는 불안 또는 분노와 관련된 취약성의 개별적인 목표로 이 경로들을 제안한다. 이 두 경로는 그 발달 과정에서 모두 상향식을 따른다. 하지만 충동성과 불안의 기질은 좀 더 유전적으로 나타나는 반면, 내재화(공황, 불안, 외상 후 스트레스 장애)와 외재화(ADHD, 품행장애, 물질 남용)의 실제 형태는 환경과의 상호작용에서 나타난다. 이것은 감정 조절이 강하게 사회화되어 있음을 시사한다(Beauchaine, 2015). 따라서 일차적인 감정 발달은 상향식 개입을 선호하지만 이러한 극단적인 표현은 대뇌 피질의 인큐베이터인 환경에 초점을 맞춘다.

생태계 환경: 일과 사회적 뇌의 역할

사회적 환경은 언제나 만성적인 조절 장애로 변하는 증상의 하향식 나선형 조절에 매개체가 될 것이다(Perry et al., 1995; Beauchaine, 2015; Siegel, 2007; Porges, 2014). 부모의 강요, 인정하지 않는 가족, 부정적 강화, 조율 부족, 빈곤, 일탈적 또래, 물질 남용에의 노출은 아동기와 청소년기 충동성 조절에 영향을 미친다(Beauchaine, 2015). 어린 시절의 부정적 경험(Adverse Childhood Experiences: ACEs)은 뇌에 과경계(hypervigilance) 회로를 설치한다. 증폭은 종종 가족 구성원들의 부정적인 감정 표현으로부터 탈출하는 수단이 되기도 한다(Snyder, 2016). 조현병 환자와 관련한 표현된 정서(Expressed Emotion: EE)에 대한 연구는 심각한 정신질환 과정과 위험에 처한 사람들에 대한 지역사회와 문제해결의 예방 가능성을 보여 준다(McFarlane, 2011, 2016).

감정 조절에 관한 여러 이론에서 기본 과정에 초점을 맞춘 진화적 기능주의, 혹은 맥락과 상황적 요인에 초점을 맞춘 구성주의는 모두 연결 부족과 이러한 신경 경로의 결핍을 해결할 필요성을 강조한다. 두 이론 모두 감정을 형성하고 해석하는 데에 맥락의 중요성을 역시 강조한다. Beauchain(2015)은 충동성 조절은 안와전두엽 피질(OFC)과 전전두피질(PFC)이 선조체 반응성(불안 및 외부 움직임)을 적절하게 억제하는 것과 관련이 있다고 하였다. 반면, 불안의 조절은 편도체 반응(공포 및 내부 활성화)을 억제하는 것에 더 의존한다.

선택적 환경 개입은 맥락과 의미를 토대로 한 이러한 경로의 강점을 강조한다. PFC의 성숙도와 연결성이 환경 공격에 매우 민감한 것처럼, 그들은 사회적 상호작용과 일관된 조율에도 반응한다. 제5장에서 Suzy에 대한 NMT 접근법의 극적인 결과 사례는 일관된 조절의 힘에 조절 장애가 어떻게 반응하는지를 보여 준다. 이 접근법은 인지와 행동의 과정 전에 감정 조절이 중요하다는 점을 강조하는 상향식 개입에 대한 로드맵을 제공한다(Beachaine, 2015; Perry 2014).

발달학적으로 적절한 실천법

NMT의 중요한 측면 중 하나는 그것이 비종파적이라는 것이다. '이것 또는 저것'보다 주요 질문은 "언제 그리고 무엇을?"이다. 결과적으로 신경과학자들은 정신건강치료사들이 한 걸음 물러서서 그들이 치료할 모델이 발생한 배경을 발달적이고 생태계적으로 살펴볼 것을 촉구한다. 그 배경이 취학 전이든 전쟁터이든, 그 개인의 발달을 사회적 생태계 안에서 살펴보면 치료 목표를 뇌 발달과 회복의 기본으로 조율할 수 있다(Hanna, 2019).

이러한 맥락에서 인지행동치료(CBT)에 대한 과도한 의존에 대한 비판은 일반적인 DSM 문화에 대한 비판과 적절하게 동반된다. 정신건강 치료에 대한 조립식 접근법(assembly line approach)은 협소한 증거 기반 진단 범주를 마치 황금률처럼 번화가의 소비자나 상인들과는 다른 보통 사람들에게 적용한다(Najavits, 2015; Linehan, 1993). 보훈 시설의 환자들은 PTSD를 노출 기법과 관련된 접근법의 조립을 통해 치료받아야 한다는 강압적인 문화를 접하게 된다. 치료 중단을 선택할 때에는 수치심이 있을 수 있다. 이 영웅들이 숨겨진 사람이 되어야 하는 건가? 이런 일들이 부모의 강압으로 발생한다는 것은 슬픈 역설이다. 이런 점에서, 복잡한 문제에 대한 두뇌 친화적인 접근법은 단지 친화적일 뿐이다. 40년의 다가족 정신교육 집단(MFGs)은 그 과정의 주인공이 되는 것이, 개인성을 억압하여 중도 탈락을 가져오는 평가적이고 권위적인 접근보다 낫다는 점을 가르쳐 주었다. 전통적 프로그램에서의 높은 중도 탈락에 대한 연구는 계속해서 개선점과 대안을 촉구하고 있다(Beauchaine, 2015; Gross & Jazaieri, 2014; Crocker et al., 2018; Berke et al., 2019). 마음챙김의 신체-뇌간 혁신 외에도, 치료적 관계 내 그리고 치료적 관계 밖의 사회적 환경 애착에서의 미시적 요소들에 대하여 세심하게 주의를 기울인다.

이런 점에서, 복잡한 문제에 대한 두뇌 친화적인 접근법은 단지 친화적일 뿐이다.

애착

뇌의 시대 10년 동안 대인관계 신경생물학에 대한 Siegel(1999)의 첫 번째 리뷰는 문화와 과학적 측면에서 전환점이 되었다. 그는 뇌 과정과 애착이론 사이의 구체적인 연관성을 제시함으로써 Bowlby(1969)의 연구를 다음 세기를 위한 인간 발달 연구의 중심적인 위치에 올려 놓았다(Bretherton, 1992; Bretherton & Munholland, 2008). 이 책에 인용된 모든 신경과학자는 그들의 연구를 인간의 일생에 걸쳐 생존을 위한 핵심 과정으로서 애착과 연결시킨다. 조율, 안전기지, 분리 및 상실과 같은 애착과 관련된 미시적 과정은 치료사의 성공에 필요한 관점이다.

애착은 인간의 감정을 조절하는 첫 번째 메커니즘이다. Panksepp(2006)는 모든 포유류가 신체적, 사회적 자원을 추구한다는 것을 관찰하였다. 애착은 사회적 자원이다. Porges와 Furman(2011)은 사회적 관여는 다른 모든 자원이 흐르는 경로라고 하였다. 그들은 미주신경에 대한 안전감의 치유력(안정된 애착)에 대해 말한다. Schore(2003)는 우뇌가 스트레스 반응, 내적 주관적 상태에 대한 지식, 암묵적 기억, 감정, 관계 및 애착을 처리하여 자기 조절을 돕는다고 하였다. 스트레스와 트라우마의 경우 우뇌의 처리 과정은 극단적 상황을 조절하는 능력을 상실한다. Siegel(2012)은 우뇌는 맥락을 처리하고, 좌뇌는 텍스트를 처리한다고 하였다. 대인관계 과정에서 느끼는 감각느낌(feeling felt)은 중요한 우뇌 과정이다.

애착 과정은 감정 조절 및 정신건강의 신경생물학과 지속적인 관련을 가지며, 동시에 치유 공식으로 신체 역학(생리학)을 감정 상태와 연결하는 주요 수단이 된다. 부모와 자녀 사이의 공동 조절에서부터 아이들이 의식적인 자기 조절을 발달시키기까지, 그 과정은 취약성의 고유한 청사진에서 언급된 바와 같이 더 복잡한 관계로 나선형으로 진행한다. 물질 남용자(SAs)를 위한 혁신은 중독, 감정 조절 및 애착의 신경생리학과 상호 참고를 한다(Morgan, 2019).

약물 남용, 애착 및 감정 조절

이전 장에서는 PTSD의 현재 문제나 기계적 정의와 관련 없이 트라우마 증상을 선별할 수 있는 사례를 제시하였다. 공식적이든 비공식적이든 공포에 기반한 증상과 만성적인 대처 전략을 찾는 것은 고통의 신경순차적 프로파일(neurosequential profiles)과 일치점을 찾는 데 중요하다. 트라우마 경험은 과부하 관리를 위한 대처 전략을 탐색하는 애착 파열로 간주된다(Morgan, 2019). 환경이 위험을 감지할 때마다 보호의 결핍이 발생한다. 그것은 안전을 가져오는 가족, 부족, 우군 또는 우주에 대한 애착이다. 애착이 없으면 감정 조절 장애는 공황과 우울 상태로 치솟는다. [그림 9-1]은 사회환경의 각 수준에서 연결과 애착을 발달시킬 때 취약성의 청사진을 보여 준다.

놀랍게도 우리는 내담자의 삶에서 가장 중요한 사람들을 너무나 자주 간과한다. Stanton과 Todd(1982)는 치료 집단이 약물 중독자를 가족이 없는 사람으로 고정 관념화한다는 것을 수년간 들은 후, 마약 사용자의 60~80%가 매주 한 명 이상의 가족 구성원과 접촉한다는 다수의 연구를 보고하였다. 물질 사용자들은 가족이 있을 뿐만 아니라, 많은 사람이 가족들과 지속적으로 접촉하고 있다. 이런 사례들에서 부족은 가족이고 확장된 가족이다. 모든 부족에는 성인(saints)과 죄인(sinners)이 있다. 일부는 공동체에서 추방되고 일부는 떠나는 것을 선택한다. 하지만 대부분의 경우, 부족은 아주 다양하여 모든 사람에게는 누군가가 있다. Hardy와 Laszloffy(2005)가 주장하는 바와 같이, 부족이 무너지면 분노가 찾아온다. 하지만

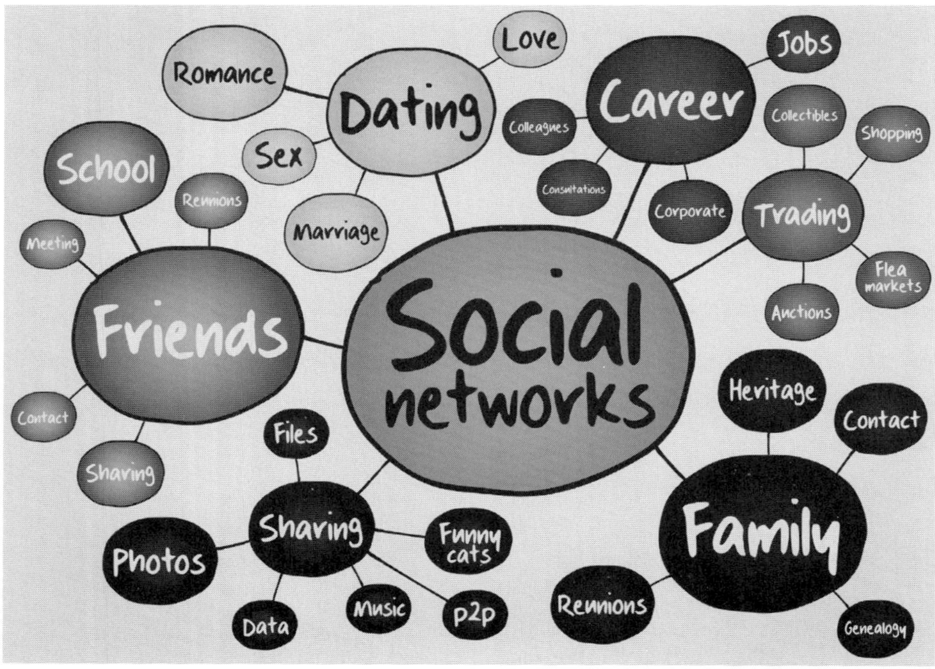

[그림 9-1] 소셜 네트워크

제5장에서 설명했듯이, 그들이 한 일들 중 일부는 사람들이 새로운 부족을 찾는 것을 돕는다. 가정에서 따돌림을 당한 게이 청소년의 사례에서, 그는 자신에게 소속감과 정체성을 제공하는 게이 공동체를 발견한다. 물질 남용자들의 세계의 많은 사람이 알코올 중독자 자조집단(Alcoholics Anonymous: AA)에서 새로운 부족을 발견한다.

전인적 사고(몸-전체를 생각하라)

중독의 생리는 Maté(2010)와 Zellner 등(2011)이 정서적 신경과학의 관점에서 자세히 기술하였다. 간단히 말해서, 각성제(코카인, 암페타민)와 아편제(헤로인, 모르핀, 진통제)의 효과에는 차이가 있다. 선택한 약물이 이완과 유대감을 제공한다면 이는 완전한 애착에 해당하지만 그 물질이 인간관계(추구)를 만들어 내지 못할 때에는 사회적 상실의 고통을 가져올 수도 있다. 정서 신경과학자들은 분리와 상실(공황/슬픔)의 생리학을 포함하여 애착과 중독이 뇌에서 나타나는 것에는 유사성이 있다고 본다.

아편제가 쾌락, 이완, 그리고 그 물질 자체와의 유대(돌봄)를 유발한다는 사실은 신체적 개입과 잘 일치한다. 이 개입들은 신체적 통증 완화의 필요에서 시작하여, 뇌간의(처리) 과정과 도파민 같은 화학물질을 식별한다. Panksepp(2011)은 도파민이 '좋아하거나 즐거워하는' 약물이 아니라 '갈망하고 원하며 희망적인' 약물이라고 강조하였다. 성공적인 탐색(추구)에서 오는 즐거움은 동기부여자인 도파민의 수용체가 아니라 뇌의 변연계와 피질 영역에 등록된다. 다른 영역들은 '왜' 무언가를 탐색하고 있었는지 뇌간에 신호를 되돌려 보낸다. 이렇게 해서, 애착, 사회적 보상, 유대감이 동기부여가 된다. 내 트라우마 내담자 중 한 명은 마리화나를 이렇게 설명했다. "맥주를 마시면 긴장을 풀 수 있지만, 대마초를 피우면 꿈을 꿀 수 있어요!" 아편류는 이처럼 트라우마로 공포에 떨고 있는 사람들에게 애착 손상의 고통을 완화시킨다.

반대로, 자극제는 고통 완화나 행복감(추구)이 아닌 추가적인 사회적, 성적 또는 환경적 보상에 대한 기대로 이어진다. 자극제에 중독된 많은 사람은 실제 효과에 대한 혐오감을 보고한다. 하지만 그런 물질들은 그들이 외부 세계에서 보상을 찾는 것에 도움을 준다. 1980년대에 캘리포니아에서 있었던 메스암페타민(필로폰) 유행은 벼락치기 시험공부를 하고, 사회적 수행 능력을 높이려는 대학생들에게 발생하였다. 아이오와에서는 젊은 성인들이 메스암페타민을 얻기 위해 비료를 조리하기 시작하면서 시작되었다. 그들도 애착 상실을 겪었는지 여부와 상관없이, 그들의 즉각적인 동기는 내적 위안이 아니라 외적 보상이었다. 텔레비전 시리즈인 〈브레이킹 배드(Breaking Bad)〉[1]에서는 고립된 환경에서 벗어나야 할 필요성에 대해서 의문의 여지가 없었다. 물질 남용의 먹이 사슬에서, 우리는 판매자들이 자신의 약물이 약속하는 보상 방식으로 약물에 어떻게 중독되는지 볼 수 있다. 라디오 인터뷰에서 Nic Sheff(2008, p. 2)는 자신의 크리스탈 메스암페타민 중독을 다음과 같이 말하였다.

> ……마치, 저는 모든 사람이 별일 없는지 걱정에 빠져 있었던 것 같아요……. 저는 모든 사람이 저를 좋아하고, 또 항상 제가 완벽하기를 원했을 뿐이에요. 하지만 메스암페타민은, 특히 제가 처음 사용했을 때, 집중력과 명확성, 모든 두려움과 불안, 그리고 자기 의심과 제가 늘 감추고 있었던 모든 것들이 그냥 사라져 버리는 것 같았어요.

사고 회로(회로를 생각하라)

이러한 외적 보상에 대한 초점은 강점, 개인적 성취, 지위를 강조하는 프로그램을 가져올 수 있는 대조를 제시한다. 이것들은 때로는 가족 환경 내에서 촉진될 수 있다. 또 때로는 소셜 네트워크 개입은 AA에서 발견되는 것과 같은 외재화된 즐거움을 제공한다. 제7장의 사회 내분비학 연구를 생각하면, 치료 계획은 양육 환경(낮은 코르티솔, CORT) 내에서 성취와 같은 사회적 보상(높은 테스토스테론, T)을 포함할 수 있다. 이러한 조합은 적의 위협에서 생기는 두려움보다는 주도적 행동과 관련된다. 따라서, 이런 물질들의 메커니즘 차이는 선택한 약물에 근거하여, 내담자의 생생한 경험을 고려하는 프로그램 강화로 이어지게 할 수 있다.

두 종류의 약물 모두의 결합 과정을 아는 것도 중요하다. Maté(2010)는 중독 단계 이전에 아편류와 도파민 수용체가 어떻게 감소하는지에 대한 연구를 인용하였다. 이는 신체가 정상적인 활동 중에 자연적인 엔도르핀(보호)과 도파민(추구)이 급증하는 혜택을 받지 못한다는 것을 암시한다. 요점은 사회적 환경의 붕괴로 발생하는 세 가지로 중독자들이 진정으로 원하는 것은 인간관계, 부족, 그리고 누미노즘(추구, 보호, 그리고 놀이)의 즐거움이라는 것이다. 이 중 일부는 많은 사람들에게 AA가 성공적인 이유를 설명한다. AA의 경험은 이러한 요소들을 제공하기 때문이다. 중독이 시작됨에 따라, 수용체들은 약물에 의한 과로로 위축되

1 〈브레이킹 배드(Breaking Bad)〉는 암 진단을 받은 고등학교 화학 교사 Walter White가 가족을 부양하기 위해 불법 마약 제조에 뛰어드는 이야기를 그린 드라마이다. Walter는 처음에는 단순히 가족을 위한 돈을 벌기 위해 마약을 제조하기 시작하지만, 점차 마약 세계에 빠져들게 되고, 결국 자신의 삶을 잃게 된다.

고, 동기부여제로 물질을 더 갈망하게 된다. 이것이 내성이 형성되는 과정이다. 따라서 선택하는 약물에 따라 이완이나 사회적 보상에 대한 신체의 욕구가 각각 치료의 첫 번째 목표가 될 수 있다. 이것들은 이 장의 후반에서 설명할 치료 모델의 중요한 개입이다. 동반질환을 가진 사람들이 증가함에 따라, 트라우마에 근거한 사고방식이 대립은 피하면서 총체적이고 신체적인 접근으로 간소한 치료를 고려하게 한다. 다음은 뇌 과학에 기반한 치료와 대비되는 통상적인 치료법의 한 예이다. 다음은 뉴욕 타임즈에 보도된 내용이다.

> Hills의 첫 번째 해독과정이 끝난 후, Jordan은 몇 달 동안의 치료를 시작했다. 그는 Samuel 박사가 '성격 결함'이라면서 그의 욕망, 분노, 훈육 부족 등을 들먹이는 것을 직면했다. 이날 그는 Samuel 박사가 규칙을 어긴 것에 분노할 것을 알고서도 일곱 번째 문신을 하러 나갔다. "제 중독은 체육관에 가는 것, 흡연, 여자들, 문신 등 다른 중독으로 대체되었어요."
>
> Samuel 박사는 소리를 지르며 그에게 말했다. "저한테 사과할 것이 없나요?"
>
> 요르단은 조용히 대답했다. "네, 저는 당신과 몇몇 사람들에게 사과해야 할 것 같아요."
>
> Samuel 박사는 "당신이 사과해서 기뻐요. 그것은 좋지만, 그것이 너무나 자연스럽다는 점은 나쁘네요,"라고 말했습니다. "우리 모두는 몇몇 충동 조절 문제를 가지고 있어요," "그것이 우리가 마약 중독자인 이유입니다."
>
> (Medina, 2017, p. 18)

코카인은 짧게는 1년에서 길게는 영구적으로 전두엽의 기능을 손상시킬 수 있기 때문에, 추구, 보호, 그리고 놀이 회로를 재건할 수 있는 위안과 즐거움의 신체적 자원과 일치하는 공동체 전두엽을 제공하는 것이 유용해 보인다. 치료를 위해 수많은 여행을 한 후, Nic Sheff와 그의 아버지 David는 그의 마지막 치료 과정에 대해 다음과 같이 언급했다.

> **D. SHEFF(아버지):** Nic이 마지막 프로그램에 도착했을 때 제일 먼저 한 말은…… 치료사가 그에게 "너는 왜 여기에 왔니?"라고 묻더라는 것이었어요. 그때까지 그는 완벽한 재활치료 학생이었어요. Nic은 그들이 바랄 거라고 생각한 "내가 마약 중독자이고 알코올 중독자이기 때문에 여기 있죠."라는 대답을 했죠. 그런데 그 치료사가 말했습니다, "음, 잠깐만요. 아니요, 당신은 왜 마약 중독자이고 알코올 중독자인가요? 왜 자살하려고 하는 거지요?" 그것이 재활치료의 전부였어요. 내면에서 무슨

일이 일어나고 있는지 알아내는 것이요. 그리고 당신도 알다시피 모든 사람은 다 다르지요. 하지만 제 생각에 그에게는, Nic의 말처럼…… 그 3개월이 핵심적이었습니다.

GROSS: 그러면 그 프로그램은 상위 권력 원칙에 의존하지 않았나요?

N. SHEFF(아들): 그것에 완전히 의존하지 않았어요. 아니요, 확실히 있기는 했지만 그것은 많은 것 중 일부였어요. 그러나 더 많은 실험적인 치료법이 있었어요. 그리고 아시다시피 저는 과거로 돌아가서 제가 자라면서 겪었던 트라우마를 재경험하고 또 그런 것들에 안도하거나 슬퍼하였어요. 저는 살면서 처음으로 그것들에 대해 슬퍼하고 나서 저를 이해하게 되었어요. 정말 진부하게 들리겠지만, 제 자신을 사랑하는 법을 배웠습니다(Sheff, 2008).

치료가 '보호' 또는 '슬픔'으로 재구성되었다면, 이것이 그렇게 보일 수 있는 치료이다. 아마도 각 물질 남용자들은 그 전투로부터 쉴 수 있는 '안전한 집'의 운영자들로부터 환영을 받을 것이다. 만약 그들이 오즈의 나라에 상륙한다면, 그 조립 라인에는 그들의 신발을 닦아주고 폭풍으로부터 휴식을 줄 사람들이 기다리고 있을 것이다. 결국 이들은 상실, 트라우마, 트리거와의 전투에서 돌아온 영웅들이다. 하지만 최근의 군사 임무에서 돌아온 전쟁 영웅들은 영웅에 대한 환영이 충분하지 않다는 것을 알게 되었다. 심지어 많은 유명인사들을 치료하는 중독 센터들도 완전하고 최신의 다학제간 접근법이 부족하다. 설령 그것이 존재한다고 해도 비용이 비싸다. 따라서 사회적 환경은 애착을 포함한 사회 생태계 내의 모든 요구에 부응해야 한다. 어쩌면 약간의 소울 푸드가 준비되어 있다. Sheff(2011, p. 325)는 그의 회고록에 마지막 치료 프로그램에서 그가 처음 만난 집단과의 만남을 자세히 기술하였다.

한 소녀가 주말에 헤로인으로 인한 증상이 재발했지만 다시 휴약기를 가졌다고 하면서 집단의 지지를 요청하였습니다. 저는 매우 놀랐는데, 제가 가 본 다른 모든 병원에서는 환자가 재발하면 즉시 쫓아냈기 때문이었습니다. 하지만 여기서의 관점은 재발이 일어나면 그 상황에서 최대한 빠르게 환자를 끌어내려고 하는 것이었습니다. 기본적으로 이 집단은 어떤 일이 있어도 그들을 돕기 위해 존재하는 것이지, 벌을 주려고 하는 것이 아니었습니다. 그것이 매우 중요합니다. 나는 분명히 재발한 상태에 있었고 도움을 받고 싶었지만 너무 늦었고, 쫓겨날 것이라는 것을 이미 알았기 때문에 "에라 모르겠다."의 마음에서 끝까지 가기로 했습니다.

그 소녀가 자신의 이야기를 하는 것을 듣고 또 그 집단의 리더와 나머지 사람들이 그녀를 지지하려고 최선을 다하는 모습을 보는 것은 정말 고무적이었습니다.

누미노즘 사고(누미노즘을 생각하라)

Nic은 마침내 소울 푸드를 발견했다. 그는 재정적인 것에서부터 생리학적인 것까지 모든 필요를 해결하는 드문 프로그램 중 하나를 발견했다. 매트릭스 프로그램은 1980년대에 메스암페타민(필로폰) 유행으로 코카인과 메스암페타민 중독이 통상적인 치료 그 이상을 필요로 한다는 점이 명백해졌기 때문에 시작되었다. 40년이 지난 지금, 이 프로그램은 여러 연구 포트폴리오와 함께 치료사가 교사와 코치가 되어 공감과 존중을 제공하고 대립은 배제하는 통합적인 접근 방식을 가지고 있다(Rawson & McCann, 2014; Weiner, 2016; National Institute on Drug Abuse, 2012). 여기에는 동기부여 인터뷰와 변화의 단계를 이용하여, 치료사와의 긍정적이고 인정하는 관계(찾기와 돌봄/추구와 보호)에 기반한 내담자를 환영하고 지지하는 환경이 있다. 이 외에도 가족행동치료 및 교육, 집단 지지, CBT, 우발 상황 관리, 12단계 프로그램 등이 있다. 구조화된 외래 환경에서 이러한 일련의 서비스는 뇌간(슬픔 담당), 편도체(공포 담당) 및 피질(자존감 담당)의 생리학과 일치한다. 우발 상황 관리의 구성요소는 약물을 하지 않는 행동에 대한 보상(놀이; Higgins & Petry, 1999)이 있기 때문에 Zellner 등(2011)이 만든 각성제에 대한 구별과 일치한다. Rawson 등(2002)은 치료 중에 CM이 더 즉각적인 효과를 보였으며 CBT는 장기적으로 성과가 있다고 하였다.

이것이 그의 첫 번째 중단이었으면 어떤 일이 일어났을지 궁금할 것이다. 그의 가족 관계가 그의 다음 10년의 삶을 살아가는 데 더 나은 방향으로 진행되었을까? 좀 더 어린 나이에 슬퍼하는 것은 어땠을까? 특히 그의 아버지는 아들을 돕기 위해 할 수 있는 일이 무엇인지 필사적으로 찾고 있는 것 같았다. 만약 그가 아들의 슬픔에 참여할 수 있다는 것을 알았다면, 그는 기꺼이 했을까? 두 가지 접근 방식이 애착 과정을 개념화한다. 하나는 물질 남용이 증상이고 공감이 가능하지 않은 단계일 때 부모-청소년 애착 관계의 영향을 다룬다. 다른 하나는 물질 남용자들이 가지고 있는 가장 깊은 상처인 미해결된 슬픔과 상실을 다룬다. 이 프로그램은 약물 검사 및 사례 관리 구성요소가 포함된 자립형 프로그램으로서 가족, 확대가족, 집단 및 네트워크 개입에 대한 우수한 지침을 제공한다.

다차원적 가족치료

이 접근법은 물질 남용 10대 청소년과 그 가족에게 효과가 있다(Liddle & Schwartz, 2002). 합류 단계에서 치료사는 공동 세션 외에 부모 및 청소년과 별도로 작업한다. 이 회기들의 목표 중 하나는 각자의 일차 정서에 접근하는 것이다. 서로 안전하게 분리가 되었기 때문에 위험할 수도 있는 감정을 자유롭게 드러낼 수 있다. 소진 상태의 부모들은 10대 자녀에 대한 분노와 심지어 경멸을 가질 수도 있다. 그 부모들은 자녀에 대한 공감 전에, 자신의 스트레스와 트라우마에 대한 공감과 지지가 필요하다. 그들의 PFC는 치료적 관계의 안전감 없이는 작업 공동체로 돌아올 수 없다.

부모 참여

어떤 부모들에게 자녀 양육은 외부로부터 받는 비난을 감수함에도 불구하고, 실패와 좌절의 전쟁터가 되었다. 그들의 행동은 애착이론과 복원 치료의 관점에서 쉽게 이해된다. 그들의 삶에서 사랑과 안전은 어떻게 되었는가? 그들의 정서에 주의를 기울이지 않으면, 호전은 더디게 될 것이다. 다차원적 가족상담사들은 부모의 정서와 신체적 생존의 버거움에 주의를 기울인다. 사례관리 서비스는 학교, 사회 및 경제 시스템을 탐색하는 데 도움을 준다. 하지만 일부 가족치료사들은 이러한 외부 시스템이 가족의 생존에 얼마나 중요한지 알지 못한다. 한 내담자가 "저는 치료 같은 것은 필요 없어요, 박사님. 돈과 권력이 제게 필요한 전부이고, 그게 최고의 약이에요."라고 말하였듯이 말이다.

만약 치료사들이 치료 현장에서 자신의 선호에 의해서만 자신을 정의한다면, 우리는 전인적으로 일하는 것에 실패한다. 위협-생존 시스템은 가장 기본적인 욕구로서 경제적 생존의 영역을 관통한다. Waldegrave(1990)는 전통적인 치료사들이 종종 내담자의 우울증을 치료하고 나서 그들이 집으로 돌아가 빈곤 속에서 행복하기를 기대한다고 하였다. 치료사가 실질적인 구제를 제공할 힘이 없을 때에도, 내담자들은 자신이 어려운 상황에서 영웅적으로 생존하는 것에 대한 치료사의 공감을 여전히 환영한다. 치료사들은 그들의 감정에 맞추고 그들의 자부심을 인정해 줄 수 있다. 그들은 '부모 지옥'을 개념화하고 공감과 동정을 제공하는 방법을 배운다(Liddle, 2000, p. 51). 공감적 조율은 "당신이 말하는 것을 이해합니다."라고 말한다. 그러한 인정은 부모들이 추가적인 정서적 경험으로 치료사를 신뢰할 수 있도록 해 준다. 이어지는 하향 조절은 PFC가 그 상황에 적절한 관점을 불러오게 한다. 치료사는 부모들에게 자신이 자녀의 약이고 자신의 자녀가 여전히 부모를 필요로 한다는 것을 깨닫도록 초대한다. 부모들은 자신의 버거움이 인정되고 또 치료사와 사례 관리자가 외부의 스트레스를 돕는 과정에서, 10대 자녀의 말을 경청하고 협상하는 전략을 배운다.

부모가 극심한 고통과 상처를 입은 경우에는 부모 재결합 중재를 시행하는 것이 도움이 된다(Liddle, 2000; Diamond et al., 2000). 이 방법은 부모들이 자녀들에게 친밀감을 느끼고 적대감을 갖지 않았던 이전의 기억을 되살리도록 한다. 치료사는 아이가 어렸을 때나 부모가 자녀와 함께했던 즐거운 기억이 있을 때의 부모의 정서적 경험을 통한 명상을 지도한다. 그들은 어떻게 느꼈나요? 그들은 무엇을 하고 있었나요? 그 아이는 어떻게 느꼈나요? 어떻게 그런 경험을 할 수 있었나요? 그들은 무엇을 하고 있었나요? 만약 그들이 편안하게 느낀다면, 그들은 눈을 감고 그 경험의 감정, 인지, 행동, 의도, 장면과 소리 등을 탐색할 수도 있다. 신경과학적 용어로 말하자면, 부모는 기억이라는 퇴비 더미 깊숙이 손을 뻗어 덮개를 한 움큼 움켜쥐고, 가장 최근의 잔해들은 털어내고 여전히 잠재력이 넘치는 촉촉하고 비옥한 토양을 찾아내는 것이다. 심상을 통해 안내된 이미지는 환상이 아니다. 그것은 상처받은 부모의 마음을 달래 줄 수 있는 실제 경험에 접근한다. 감각느낌(felt sense)이 추가되어, 신경과학과 가족 개입의 완벽한 조화를 이룬다. 치료사는 부모들에게 그들의 몸에서 이러한 기억들을 느끼도록 요청함으로써 그 기억들을 고조시킬 수 있다. 그들이 어떻게 그리고 몸의 어디에서 그것을 느끼는가? 그들이 이러한 긍정적인 기억들을 느끼는 것이 몇 분의 시간 그리고 몇 번의 호흡만으로 가능한가?

청소년 참여

불일치
고통
낙담
절망

청소년과 개별 회기를 진행하는 동안, 치료사는 합류하고, 안전한 장소를 만들고, 10대 청소년의 삶에서 강점과 취약점을 찾는다. 목표는 불일치, 고통, 낙담, 절망(Discrepancy, Distress, Discouragement, Despair)의 4D를 발견하고 이야기를 하는 것이다(Liddle, 2000, pp. 63-69). 치료사가 이것들을 탐색해 가면, 청소년들의 권리의식(a sense of entitlement)이 커져서 이러한 경험을 부모와 공유하는 것이 어떻게 도움이 될 수 있는지를 알게 된다. 이 회기들은 "당신을 위한 중요한 것이 있습니다. 저와 함께 노력해 봅시다."라는 주제를 가지고 있다. 회기 동안 청소년이 그들의 고통을 표현하면서 감각느낌이 발달하고, 치료사와의 유대감은 부모와 더 나은 관계를 위한 계획을 세우는 데 필요한 신뢰와 팀워크를 가능하게 한다.

재연 준비하기

한편 부모들은 자신들의 회기에서 위로와 지지를 받으면서, 문제해결이나 토론에 들어가기 전에 자녀의 말을 듣는 방법에 대한 공감 기술과 전략을 배운다. 이것이 감정 반응의 신호가 될 수 있기 때문에, 치료사는 그들의 감정을 먼저 애착(뇌간과 변연계)으로, 그리고 문제해결(피질)은 두 번째로 향하도록 돕는다.

적절한 때가 되면, 치료사는 가족 회기를 진행하여 애착 교정으로 이어지는 재연을 실행한다. Allen-Eckert 등(2001)은 치료사가 성공적인 재연을 수행할 수 있는 안내지도(map)로 재연 측정 척도(enactment rating scale)를 개발했다. 다차원적 가족상담사들은 재연 중 부모-청소년 애착이 성공적인 물질 남용 치료의 중심 요소라고 생각한다(Diamond & Liddle, 1996, 1999). 생산적인 재연은 다음과 같다.

1. 양면적인 대화: 참가자 양쪽 모두 자신의 관점을 표현했다는 것을 의미한다.
2. 논의 중인 문제를 해결하기 위해 함께 노력하기로 동의하거나, 적어도 가족 중 한 명 이상이 논의 중인 문제에서 자신의 역할을 인정하거나 내용 또는 과정에서 의미 있는 돌파구가 만들어졌다.

(Allen-Eckert et al., 2001, p. 471)

개입은 재연 전 단계, 재연 시작 단계, 촉진 단계 및 결론 단계의 4단계로 구성된다. 이것들은 치료사가 재연의 영향을 극대화할 수 있는 방법에 대한 구체적인 지침을 가지고 있다([글상자 9-1] 참고). 연구자들은 재연이 가족 구성원들에게 대화하도록 지시하는 것만이 아니라는 점을 강조한다. 그보다는 감정을 강조하며 조율을 증가시킬 수 있는 의사소통 방식을 가르치는 신중한 모니터링 과정이다.

다차원적 가족치료는 내용과 과정이 생리학적 측면, 즉 신체의 세로토닌 공급을 제한하는 공황/슬픔 및 공포의 감정 상태에 어떻게 영향을 미치는지를 설명한다. 그 초점은 돌봄과 보호 내에서 감정, 의사소통 및 체계적 공감 강화에 있다. 이 과정은 물질 남용자에게도 적용된다.

글상자 9-1 다차원적 가족치료 재연

- **재연 전 단계**: 시작 2분 전에 가족과 구성원들이 대화할 수 있도록 준비하세요. 관심 사항을 물어보고 이전에 논의된 문제의 범위를 탐색합니다. 이때 의사소통과 이해의 필요성을 강조합니다.
- **시작 단계**: 말이나 제스처로 내담자에게 대화를 시작하도록 지시합니다. 참여할 가족 구성원을 지정하고, 논의할 주제를 명확히 합니다. 내담자들에게 좌석을 바꾸거나 의자를 서로 마주 보게 돌리라고 요청합니다. 가족 구성원들이 서로에게 말을 거는 대신 치료사에게 말을 거는 것을 막기 위해 뒤로 물러서거나 시선을 돌립니다
- **촉진 단계**: 재연의 시작과 종료 사이의 시간입니다. 내담자가 주제를 변경하거나, 대화를 중지하거나, 듣지 않는 것처럼 보이거나, 서로 공격하기 시작할 때까지는 중단하지 마십시오. 내담자에게 주제를 바꾸지 말고, 그들이 포기하고 싶어도 계속 이야기하도록 하세요. 자신의 감정에 대해 더 많이 말하고, 서로의 말에 귀를 기울이게 합니다. 치료사보다 서로에게 집중하도록 합니다.
- **결론 단계**: 요약하는 설명을 하고, 내담자들에게 의사소통을 위해 노력하는 것을 칭찬합니다. 의사소통에 관한 장애물에 주목하여 향후 진행을 위한 제안을 합니다.

출처: Allen-Eckert et al. (2001).

이것은 이 장의 후반부에서 소개할 자살과 주요 우울증에 관한 접근법의 예시이다. 물질 남용자들을 위한 치료에 대한 논의를 마치기 위하여 가족 및 네트워크 개입의 추가 모델은 슬픔과 상실에 관한 제6장에서 확장하여 논의한다. 슬픔의 과정을 일차적으로 다루는 물질 남용에 대한 유일한 가족치료 모델인 전환적 가족치료(Transitional Family Therapy: TFT)는 생태계의 초점을 청소년과 성인을 위한 두 방향으로 확장한다. 하나는 세대 간 상실이고 다른 하나는 사회 생태계 자원이다. 이러한 개입을 전환 매핑(transitional mapping)이라고 한다.

전환 매핑

전환적 가족치료는 남아프리카의 의사 Judith Landau의 전통에서 발전되었다. 그녀는 부족의 힘에 관한 자신의 경험을 가족 체계에 적용함으로써 가족치료의 성장을 가져왔다(Landau & Griffiths, 1981). 그것이 가르쳐지고 적용되고 있는 로체스터 대학교에서 Landau, M과 Duncan Stanton 등은 다양한 의학, 정신건강 및 중독 문제를 다루기 위해서 이러한 생태학적 가족치료 모델을 발전시켰다(Landau, 1982; 1986; Stanton, 1992; Seaburn et al., 1995; Landau-Stanton et al., 1993). 전환적 가족치료(TFT)는 강점 기반의 구조적/전략적 가족치

료와 슬픔과 상실을 강조하는 세대 간 개입을 통합한 모델이다. 전자는 현재의 관계 갈등, 특히 가족과 물질 남용자를 다룬다. 물질 남용자들을 위한 개입으로, 전환적 가족치료는 다세대 간 가족 내의 중독과 미해결된 상실의 연관성을 밝히는 연구를 토대로 하고 있다(Coleman & Stanton, 1978; Bowser et al., 2003). 이것들은 깨어진 관계가 회복의 기회를 외면할 때 미해결된 과제의 형태로 나타날 수 있다. 또는 가족을 정상적인 전환 과정이 제한되는 충격 상태로 몰아넣는 예측 불가능한 부담이 있을 수 있다(Horwitz, 1997). 때로는 그 충격이 갈등을 야기하여 애도를 불완전하게 만들기도 한다. 연구 결과들에 따르면 약물 남용자들은 조기 사망률이 높다(Bowser et al., 2003).

전환적 가족치료 과정의 정의적 특징은 전환 매핑이다(Landau-Stanton, 1986; Landau-Stanton, 1985). 평가 과정으로는 드물게, 치료사는 물질 남용자의 연결망 구성원을 매핑 회기에 참여하도록 초대한다. 매핑 과정은 초점과 감정 조절을 제공하는 시각적 다이어그램을 통해 일관된 내러티브를 생성한다. 그것은 3~5세대의 가계도로 이전 세대의 이야기를 끌어내고, 상실을 가져온 사건을 확인하는 독특한 형태의 시간 여행이 된다. 그 집단은 다양한 장소, 문화, 역사적 사건들을 여행한다. 금욕, 회복 및 재발 방지의 통합 프로그램의 한 구성요소로서, 이러한 내러티브의 힘은 매주 가족/네트워크 회기의 초점을 물질 남용자의 중독 한 가지에서 여러 세대가 지금껏 노력해 온 도전과 현재까지 이룬 가족의 성과로 확장한다. 이 여정에서 이러한 전환 및 사건의 속도와 타이밍을 강조하기 위해 가계도와 함께 타임라인을 작성한다. 이민의 경우, 상실은 먼 곳, 즉 세대 간 가족의 미해결된 슬픔 혹은 여러 가족 구성원에게 추가적인 부담을 지운 새 국가에서의 대처 전략에서 시작된 것일 수 있다. 제5장에서의 가능한 상실 목록을 참조하라. 그것들은 모두 매핑 과정의 가능한 대상이다.

네트워크는 물질 남용자의 발달단계에 따라 범위와 구성이 변한다. 청소년의 경우 부모, 조부모, 이모, 삼촌, 사촌 등 전통적인 가족으로 집단을 구성할 수 있다. 대개는 대가족 구성원 중 중요한 자원 인물이 있다. 때로는 치료 시설에 전화를 걸어 도움을 요청한, 염려하는 사람도 있다(Landau-Stanton et al., 2000). 물질 남용자는 그들이 가장 좋아하거나 안전한 사람들을 말할 수 있다. 성인의 경우 가족, 배우자 및 장성한 자녀가 있다. 그렇지 않다면, AA의 후원자나 군대의 형제자매들로부터 어린 시절 친구들 혹은 먼 사촌들에 이르기까지 대리인들이 있을 수도 있다. 이웃 친구들이 대리 부모인 경우도 있었다. 중요한 요소는 물질 남용자의 삶에서 자신을 염려하는 안전한 사람들을 찾아내려는 치료사의 의지이다. 세대 간 세부사항에 대한 자세한 지식과는 상관없이, 그들은 그 과정에 대한 증인이 되고 치료적 내러티브를 구성하게 하는 과제를 도덕적으로 지원한다. 예를 들어, 회복 집단 구성원들은 자신들만의 전환 지도를 만들어서 각 개인의 세대 유산과 여정에 대한 성찰과 통찰을 공유할 수 있다. 다른 예로, 어린 시절의 친구가 자신들이 12세였을 때 당했던 교회에서의 은폐된 학대 사건을 상기시킨 경우도 있는데, 그 후 그는 어린 시절의 우울증을 치료가 필요하다는 확장된 시각으로 받아들일 수 있었다.

군인 가정에서는 도덕적 상처가 보이지 않는 상실로 이어질 수 있는데, 이러한 경우에는 치유 과정의 일부로 집단적인 슬픔의 힘이 필요하다. 문제해결을 지나치게 서두르는 경우가 너무 많은데, 이는 군대 환경의 문화적 압력, 사랑하는 사람을 되찾으려는 가족 구성원들의 불안, 또는 정신적 상처와 신체적 상처에서 오는 상실에 대한 평가절하 등 때문이다. 이와 동시에, 가족 구성원의 상실과 무력함은 종종 간과되는데, 그들은 전체 네트워크에서 치유를 촉진하기 위한 적절한 관심을 받아야 한다.

부모, 배우자, 자녀들은 모호한 상실로 고통받을 수 있는데, 중독은 살아 있는 가족의 삶을 앗아가기도 한다(Boss, 2000). 뇌의 변화는 인격의 상실로 이어져 가족과 친구들에게 낯선 사람을 남긴다(Landau & Hissett, 2008). 매핑 과정은 가족 구성원 전체의 모든 상실을 한 번에 하나씩 다루는 우산 같은 작업이다. 가계도와 타임라인이 네트워크와 치료사에 의해 공동으로 구성되어 감에 따라 감정적 혼란으로부터 질서를 만든다. 각 세션은 과정을 서두르기보다는, 한 장 또는 한 세대를 구성하고 당시의 가족생활에서 확인된 상실이나 주제들과 관련된 과제로 마무리한다. 이처럼 물질 남용자의 상실을 슬퍼하는 사람들은 치료팀의 일원이 된다. 물질 남용자가 다시는 약물에 취하지 않게 많은 투자를 하는 가족 구성원들은 세션에서 리더십 역할을 맡는데, 네트워크 구성원들과 매주 과제를 기록하고 후속 작업을 수행한다. 네트워크를 무력함에서 도움이 되게 임파워먼트하는 것이 전환적 가족치료의 또 다른 정의적 특징이다.

성인들의 치료 상황에는 돌이킬 수 없는 가족 관계들과 파열된 애착으로 인한 소외들이 흔하다. 이 접근법은 다차원적 가족치료와 유사하게 '재연'을 사용하며, 가족 역사에 대한 매핑(mapping)을 통해서 미해결된 슬픔으로 이어진 상실과 전환을 찾아낸다. 재연은 그러한 상실에 대한 대화가 되고, 미해결 과제를 처리하여, 그 상실을 기리고, 갈등 문제를 해결하며, 가족의 강점을 사용하여 새로운 의례를 만드는 계획을 세우도록 한다.

다음 단계는 전환 매핑 과정에 공통적으로 적용된다.

1. 물질 남용자와 함께 브레인스토밍을 진행한다. "당신을 걱정하는 사람들은 누구인가요?" 어떤 경우에는 "당신을 걱정하기를 바라는 사람들은 누구인가요?"라고 질문할 수

도 있다. "그들을 가족 역사를 구성하거나 증언하도록 초대하는 이유를 얘기하세요." 초대 과정을 협상하라. 미성년자의 부모는 다른 사람을 초대할 수 있다. 성인 내담자의 치료사들은 MFG 같은 합류 절차를 이용하여 관계가 멀어진 사람에게 연락을 하거나, 물질 남용자가 다른 사람들을 초대하는 것을 지원할 수 있다.

2. 첫 번째 세션에서 네트워크에 합류하여 연장자 또는 네트워크 옹호자의 중요성을 강조한다. 칠판에 강점 목록을 작성하는데, 두 개의 열을 만들어 좌측 열에는 각 참가자의 이름을 적고 우측 열에는 가족과 네트워크를 적는다. 이것들은 치료 과정 동안 정확한 의례로 벽에 전시될 것이다. 주간 과제는 다양한 강점을 포함할 것이다. 이러한 강점에 대한 반복적인 관심은 슬픔의 과정에서 감정 조절에 도움을 주는 강력한 균형이 될 것이다. 치료사는 문제해결과 슬픔 해결을 동원(가동)하기 위해 이 목록들을 참조할 것이다. 예를 들어, 요리, 시 또는 음악 연주와 같은 재능이나 취미는 추후 어떤 문제에 관련한 과제에 사용될 것이다.
3. 페이지 중앙에 부모 세대를 그리고 3세대 가계도를 그린다. [부록 R]은 기본 표기법이 포함된 기본적인 가계도를 보여 준다. 광범위한 세부사항은 필요하지 않다. 각자의 성별, 나이, 문화 또는 국가, 형제의 출생순서, 출생연도, 사망연도, 사망원인, 결혼일, 재혼 등의 기본적인 관계가 그 토대를 이룬다. 다음에 대화와 이야기를 통해 다양한 가족 구성원들과 관련된 주제들을 파악하는 짧은 문구들을 이끌어 낼 것이다.
4. 기본적인 사항을 매핑한 후 물질 남용자의 연령에 관계없이 가장 나이가 많은 세대, 이상적으로는 조부모 세대에 논의의 초점을 맞춘다. 커플들이 참여할 때에는 배우자의 조부모와 그 형제자매들부터 시작한다. 그 후 물질 남용자 쪽으로 넘어온다. 조부모님의 어린 시절은 어땠나요? 가족들의 주요 스트레스 요인과 성취는 무엇이었나요? 형제 간의 문제가 있었나요? 각 사람들의 특징은 무엇이었나요? (이와 같은 질문을 한다). [부록 R]은 한 가족 그룹에서 다음 가족 그룹으로 토론이 이동하는 과정을 보여 준다. 정보가 부족한 경우 매주 정보 수집 과제를 주어 부족한 부분을 채우도록 한다.
5. 가계도가 진행됨에 따라 가족이 시작된 시기와 그 후 과정에서 일어난 것들을 보여 주는 주요 이벤트(사건)의 타임라인을 맨 아래 또는 다른 페이지에 작성한다. [부록 R]에는 한 사람에게 트라우마가 일으킨 전환과 상실의 자료들을 포착한 타임라인이 포함되어 있다. 이것들은 참여자들이 자신을 중독에 이르게 한 인생 여정과 삶의 방향에 대한 큰 그림을 되돌아볼 수 있도록 단순하게 유지되어야 한다[가계도 및 타임라인에 대한 자세한 지침은 Hanna(2019)을 참조].

이후에 초점은 상실과 전환에 대처하는 가족의 역사로 이동한다(Horwitz, 1997; Seaburn et al., 1995). 이러한 사건들이 중심을 차지함에 따라, 약물 남용은 상실(들)이나 전환의 시점에 고착된 세대 간 과정의 한 부분으로 재구성된다. 치료사는 치유자로서 제8장에서 설명한 것과 같은 중요한 의식이나 활동을 가족들이 조직하도록 돕는다. 가족들은 그 과정에 주인의식을 가지고 참여하여 개인화한다.

어떤 형태를 취하든 어떤 활동을 계획하고 소집하고 참여하는 과정은 치료적이며 부족의 존재와 지지를 불러일으킨다. 이제는 연장자들의 지혜로 한 개인의 삶에 대한 세대 간의 관점을 제공하는 시기이다. 부모들이 과거와 다시 연결되는 것을 보고, 청소년은 부족의 더 넓은 이야기를 듣는 청중이 된다. 부모들은 상실의 영향, 그들이 어떻게 대처했는지, 그리고 그것이 현재 관계에 어떤 영향을 미치는지를 생각한다. 각 세대들은 단지 일상적인 갈등이 아니라, 그들의 가족 유산이라는 더 넓은 맥락에 대해서 되돌아보는 기회를 가지게 된다.

삼촌이 잔인하게 살해당한 사례가 있다. 15세의 Jerry는 이런 가족적 트라우마의 결과로 알코올 남용으로 발전하게 되었다. 그는 한 부모인 어머니가 여전히 오빠의 죽음을 애도하는 동안 그의 슬픔에는 신경 쓸 필요가 없게 하는 것으로 어머니를 보호하려고 노력하였다. 법정 재판의 초점은 그녀의 오빠의 인격을 무시하였다. Jerry는 무작위적인 배정 결과, 자신이 청소년 그룹에 배정되지 않고 법원이 명령한 연구 계획에 포함된 것에 화가 나 있는 상태에서 첫 번째 세션에 왔다. 그는 가족치료를 받고 싶지 않다고 단호하게 말했다. 치료사가 그 과정을 설명하고 가족의 강점을 적기 시작하자, Jerry의 어머니는 그들이 겪은 고통의 역사를 이야기했다. 치료사는 어머니에게 자신들의 슬픔을 처리하면 도움이 되겠는지 물었다. 그녀는 치료가 필요했기 때문에 아들에게 세션에 참여하도록 설득하기 시작했다. 화가 난 아들은 어머니의 손을 잡고 울면서 고개를 끄덕여 동의하였다. 힘을 얻은 어머니는 자신의 지위를 되찾고 그들이 함께 이 어려움을 헤쳐 나갈 수 있다고 아들을 안심시켰다. 그 후 전환적 매핑(transitional mapping)을 통해서 확대가족의 치유적 자원이 열렸다.

그들은 삼촌의 존재와 에너지를 다시 연결하는 방법으로 삼촌을 '다시 살아나게' 하는 것으로부터 엄청난 에너지와 기쁨을 발견했다(White, 1988). 그들은 좋아하는 음식, 농담, 추억, 그리고 성격 특징들을 기념했다. 이것들은 그들의 형제/삼촌을 미래로 데려가는 의례가 되었고 그들은 자기 관리와 함께 슬퍼하는 건강한 경계에 대해 배웠다. White(1988)는 잃어버린 사랑하는 사람을 '붙잡는' 대신 '놓아주는' 금욕적인 Freud 사상을 따르는 사람들의 경향에 대하여 말하였다. 가족들이 건강한 방법으로 '붙잡는' 것을 도울 수 있는 의례가 많다.

애착의 렌즈를 통해 보면, '놓아주는' 것보다 '붙잡는' 것이 이치에 맞다. 미국 밖의 많은 사회에서, 잃어버린 사랑하는 사람들은 기념일이나 가정에 있는 신사에서 매일 향을 피우며 기억된다. 미국 가족들은 이런 문화에서 슬픔의 침묵을 깨고 잃어버린 사랑하는 사람들을 다시 그들의 삶으로 데려오는 것이 좋을 것이다. 일관성 있는 서술(내러티브)은 중요한 관계의 의미, 그리고 시간이 지나도 자전적 기억을 되돌아볼 수 있는 능력을 포함한다. 친구들은 기억을 제공하고 또 자신의 최근 기억을 공유할 사람을 초대하는 방법을 배울 수 있다.

물질 남용, 애착, 감정 조절에 대한 논의를 마무리하면서, 이러한 최신의 접근법은 모든 가족 세션(회기)에 정서(감정), 의미, 그리고 기억을 배치한다. **생리학**은 묵묵히 회복 과정에 연료를 공급한다. **정서(감정)**는 신체가 애착과 기타 생존 욕구들을 추구(탐색)하게 하는 생물학적 상태이다. **의미**는 욕구 충족으로 이어지는 새로운 감정 상태를 통해 중독을 대체한다. **기억**은 반복을 장려하기 위해서 애착 과정을 기록한다. 외부 과제와 회기 내의 증가된 애착 행동 주기는 부족 자원의 새로운 회로로 이어진다. 모두 생존을 위해 함께 일한다. 다음 장에서는 감정 조절 장애를 내면화하고 외재화하는 것과 관련된 상태에서 만성질환이 가족의 정체성을 위협할 때 특히 중요할 수 있는 새로운 내러티브를 다룰 것이다.

주요 정신 장애, 감정 조절 및 애착

1961년에 17세의 Marsha Linehan(1993)이 정신병원에 입원하여 조현병 진단을 받았을 때에는 그녀가 당대에 가장 앞서고 최고로 존경받는 정신건강 치료사가 될 것이라는 것을 아무도 알지 못하였다. 2년 동안 약물과 전기경련 치료를 받은 후에도 머리를 부딪히고 자기 파괴적 행동이 계속되었고, 그녀에 대해서는 다음과 같은 기록이 남아 있다.

> …… 26개월의 입원 기간의 상당 부분 동안, Linehan은 병원에서 가장 불안한 환자들 중 한 명이었다.
>
> (Carey, 2011, p. A1)

그녀는 조금씩 스스로를 치유하고, 상급 학위를 취득하며, 오늘날 경계선 성격장애(BPD)에 가장 널리 사용되는 치료법인 **변증법적 행동 요법**(Dialectic Behavior Therapy: DBT)을 개발했다. 조현병이 사라진 것이다! 이 책의 기준으로 볼 때, 아마도 그녀는 '마음의' 발작과 '마음의 기능부전(변연계)'을 겪었을 것이다. 그녀는 궁리 끝에, 자신이 BPD(경계선 성격장애)를 가지고 있다고 인정하고 그 서사적인 경험을 수천 명의 다른 사람들을 안정시키는 데에 사용했다. 그녀의 사례는 진단 너머, 감정 조절, 생태계적 환경, 발달학적으로 적절한 치료, 그리고 애착 등 이 책에서 제시하는 다섯 가지 요소를 모두 보여 준다. 생물사회적 관점에서 그녀는 정서적 취약성과 강압적이고 무시하는 환경 사이의 상호 호혜적 관계를 제시한다. 강압적이고 무시하는 것의 반대는 유연하고 인정하는 것이며, 이는 다음에 기술할 접근법의 두 가지 특징이다.

양극성장애와 변증법

신경과학이 막 출현하던 시기에 Linehan(1993)은 감정 조절 장애가 주요 증상인 BPD에 대한 생물사회학적 설명을 제시하며 시대를 앞서갔다. 그녀의 세계관은 대립하는 힘을 하나로 모으려는 변증법적 접근법이었다. 이 모델은 치료사에게 마음챙김 명상을 가르칠 것을 요구했는데, 이것은 1980년대 표준 정신의학의 범위에는 없었던 방식이었다. 이러한 강조점은 어느 날 그녀가 교회에서 기도하던 중 경험한 깨달음에서 비롯되었다. 그녀는 압도적인 영혼이 자신에게 와서 그녀 자신을 사랑해도 좋다는 허락을 내린 것처럼 느꼈다고 보고했다. 이 초월적인 순간은 선종(Zen Buddhism)에 대한 그녀의 관심을 불러일으켰다(Carey, 2011). 이 모델의 중요한 점 중 하나는 '급진적 수용'인데, 이는 현실을 있는 그대로 받아들이는 것을 포함한 전통적인 용어이다. 그러나 이것은 단지 내담자만을 위한 것이 아니다. 치료사들은 분화보다는 애착을 우선시하는 치료적 관계에서 내담자를 수용하고 인정하는 방법을 배운다(Linehan, 1993). 이 접근법의 주요 가정은 다음과 같다.

1. 내담자들은 (치료사나 다른 사람들이 어떻게 볼 것인가와 무관하게) 그들이 할 수 있는 최선을 다한다.
2. 내담자는 개선을 원한다(행동에 부정적인 의도를 부여하지 않음).
3. 내담자는 더 잘하고, 더 노력하고, 더 변화하려는 동기를 가질 필요가 있다(치료사는 문제해결의 결과를 분석할 수 있는 안전한 장소를 제공한다).
4. 내담자들이 자신의 모든 문제를 일으킨 것은 아니지만, 어쨌든 그 문제를 해결해야 한다(치료사는 어려운 현실을 검토하고 변화에 대한 책임을 지는 수용적이고 인정하는 관계를 제공한다).

5. 자살 시도를 하고 경계선의 사람들은 살아 있기 때문에 견디기 힘든 것이다(이 사실에 대한 확인은 수용과 변화에 대한 변증법을 가능하게 한다).
6. 내담자는 모든 맥락에서 새로운 행동을 배워야 한다(치료사는 위기를 이용하여 새로운 행동을 코칭하고 유도하여 입원을 피하도록 한다).
7. 내담자는 치료에서 실패할 수 없다(전략적 치료와 동기부여 면담처럼, 치료나 치료사만 실패할 수 있다).
8. 경계선 내담자를 치료하는 치료사는 지원이 필요하다(다른 전통적인 치료 접근법과 다른 자세를 적용하고, 변증법의 균형 부족으로 이어지는 개인적 편견을 극복하는 것은 어렵다).

(Linehan, 1993, pp. 106-108)

Linehan(1993)은 인지 행동 접근법으로 시작했지만, 그녀의 연구팀에 의한 과정 분석은 치료적 상호작용 과정에서 수많은 이탈을 확인하였다. 긍정적인 상호작용을 가져온 것들은 표준 절차가 되었다. 그녀는 다음과 같은 DBT와 전통적인 CBT와의 차별적인 요소에 주목하였다. 첫째, 순간적인 행동을 수용하고 타당화한다. 둘째, 변화의 초점은 치료를 방해하는 행동에 있다. 셋째, 치료적 관계가 최우선순위이다. 넷째, 변증법적 과정은 수용 대 변화와 같은 모든 상호작용에 존재한다. 다섯째, 그 순간의 자기 수용을 최우선순위로 둔다.

DBT와 신경과학

이 장에서는 정서적 및 사회적 신경과학이 정신적, 감정적 조절 장애에 영향을 미치는 것을 살펴볼 것이기 때문에, DBT를 시작하기에 아주 적절하다. BPD(경계선 성격장애)는 수년 동안 제도 제공자들을 괴롭혀왔다. Linehan에 의해서 통합적이고 동정적인 접근이 받아들여지기 전까지, BPD는 자살과 대인관계 문제로 이어지는 외재화 증상들로 악명이 높아서 BPD(경계선 성격장애)를 가진 사람들은 치료사들로부터 두려움과 때로는 비하적인 비판의 대상이었다. 하지만 이제는 치료를 이끄는 가정들과 원칙으로, 동정적인 수용, 개인의 내적 고통에 대한 사려 깊은 접근, 안전하고 신뢰할 수 있는 치료적 관계에서 나오는 감정 조절을 위한 인지행동적 기술이 개발되었다. 이 모델을 사용한 치료 덕분에 자살, 자살소동, 중도탈락, 입원이 감소되었다(Linehan et al., 2006).

경계선성격장애의 원인에 대한 연구는 지난 10년 동안 정서, 사회 신경과학자들에 의해 생성된 일련의 이론들로부터 시작되었다. 몇몇 이론들은 경계선 성격장애가 있는 사람들의 신경화학적 및 신경내분비적 상태를 검사하였다. 그러나 강압적이고 무시하는 환경과 신경생리학과의 상호작용에 관한 복잡한 이론들은 별 결과가 없었다. 청소년의 발달에서 품행장애와 ADHD에 관한 환경의 역할에 관한 연구는 많았지만 경계선성격장애에서는 거의 없다(Beauchaine et al., 2007; Patterson et al., 1989; Snyder et al., 1997).

그럼에도 불구하고 정서신경과학적인 측면에서 Beauchaine 등(2009)은 반사회성 성격장애(Antisocial Personality Disorder: ASPD)와 경계선 성격장애 사이의 유사한 신경화학적 특성을 보여 주는 연구를 살펴보았다. 그들은 많은 남성이 반사회성 성격장애를, 많은 여성이 경계선 성격장애를 가지기 때문에 이러한 중복이 남성과 여성의 문화적 표현에 의해 완화될 수 있는 증상으로 확대될 수 있다고 주장하였다. 내재화와 외재화 행동에 동시에 관련되는 중심 도파민 기능 장애로 공통적인 화학적 연결이 이 두 집단의 기능적 자기 공명 이미지(fMRI)에 나타난다. 선조체의 낮은 도파민 수준은 긍정적 감정의 자극원(외재화)을 찾는 초조함(내재화)과 관련이 있다. 발달학적으로 보면, 강압적이고 인정받지 못하는 환경은 유아기부터 존재한다. 환경적으로, 여자아이들은 또래로부터 자해를 배우고, 남자아이들은 비행을 배운다. Beauchaine 등(2009)은 품행장애가 성인기 반사회성 성격장애의 전조라고 제안한다. 따라서 그들은 품행장애가 있는 소년들을 위한 치료는 같은 환경에 있는 소녀들을 위한 예방 수단을 포함해야 한다고 제안한다.

이러한 내재화와 외재화 과정은, 대립은 함께 존재하므로 두 힘의 균형 행동으로 협상되어야 한다는 Linehan의 변증법적, 생물사회학적 이론과 일치한다. 공격적인 자녀와 위협받는 부모 사이에는 문제가 되는 상호작용이 반복된다. 개인의 경험을 반영하는 행동들(고통으로 나타나는 공격성)에 대한 (부모의) 불관용으로 야기된 (자녀의) 혼란에서 감정 조절 장애가 생겨난다. 이처럼 자녀는 감정의 연속체를 이해하거나 대처하지 못한다. 부모는 때때로 아이에게 굴복하지만 화 또는 조절할 수 없는 분노폭발을 강화하기도 한다. 이중 메시지는 원치 않는 행동에 대한 보상일 수도 있고 개인적 정서 경험에 대한 불관용일 수도 있다. 자녀의 동요는 이런 부정적 불일치에 대한 결과이다. 수년 전, Patterson의 강요 이론은 가정에서 관측된 내용의 부호화(coding)로부터 제시되었다(Smith et al., 2014). 그는 품행장애가 있는 자녀에 대한 긍정적 강화의 균형이 없는 (부모의) 적대적 통제 패턴에 주목했다.

Beauchaine 등(2009)도 모녀 관계에 대한 연구에 주목했는데, 변수에는 부정적인 표현들, 갈등에 대한 관찰, 그리고 (척수에서 갈라져 나온) 말초 신경계의 세로토닌 수준에 대한 부호화(coding)가 포함되었다. 세로토닌 수준만으로는 평생의 자해 가능성을 예측하는 데 부족했다. 하지만 관계성 점수를 중재자로 했을 때는, 상호작용이 자해의 분산(variance)을 64%

예측했다(Crowell et al., 2012). 그 상처들은 충동성의 표시일 뿐만 아니라 극단적인 부정적 감정을 조절하기도 한다.

사회신경과학 연구자들도 DBT에 초점을 맞추었다. Hughes 등(2012)은 경계선성격장애를 이해하기 위해 사회 기저 이론(Social Baseline Theory: SBT)을 사용한다. 사회기저이론은 감정 조절을 이해하기 위해 인간-관계(person-relationship) 구조를 사용한다. 이는 인간이 타인과 회로로 연결되었으며, 이것을 감정 조절을 위한 기본적 또는 기저 전략으로 사용한다고 가정한다. 이것은 성격 기능장애를 이해하기 위한 대인관계의 틀을 제공하고 정서적 안정을 얻기 위해서 이 기저 전략을 동원할 것이라고 여긴다. 이러한 진화적 관점은 전두변연계(frontolimbic) 시스템이 사회적 상호작용을 처리하고 애착 대상을 통해 고통과 안전으로부터 받는 위안 정보를 등록한다고 설명한다(Coan, 2010). HPA 축, OFC 및 PFC의 일부와 함께 편도체와 해마는 스트레스 또는 사회적 안정을 기록하는 신경회로를 생성한다.

연구들은 전방대상피질(Anterior Cingulate Cortex: ACC)에서 내인성 오피오이드(아편류)의 증가는 또 다른 애착 경험인 사회적 거부로 인한 큰 고통과 관련이 있다는 것을 발견했다. SBT(사회기저이론)은 이렇게 발달된 패턴이 성인기 대인관계를 형성할 수 있다고 제안하였다. 이 모델에 따르면, 애착대상과의 일관된 상호 조절이 없으면 전두변연계 회로가 압도된다. 경계선 증상의 발달은 학습된 자기 조절력 부족과 애착의 부족에서 비롯될 수 있다. 어느 쪽이든 부적응적 조절 전략으로 이어질 수 있다. DBT의 성공 여부는 사회기저이론으로 설명할 수 있다.

> 첫째, DBT는 24시간 전화 상담이 포함된다. 치료사와의 관계는 내담자가 사회적 지지를 다시 활용할 수 있도록 숙달될 때까지 공동 조절의 한 형태로 기능한다. 둘째, DBT는 개인 상담 외에 기술 훈련도 포함한다. 이는 또 다른 형태의 사회적(기술 지도자와 집단 구성원들과의) 지지를 제공한다. 실제로, 기술 훈련은 치료의 중요한 요소이며, 개인 치료 초기에 고통과 관여가 통제된 때에도, 정서적 불안정, 정체성 문제 및 부정적인 대인관계를 감소시킨다(Stepp et al., 2008). SBT(사회기저이론)에 기초하여 치료 초기에 고통에 대한 내성과 대인관계적 효과 기술을 향상시키는 데 초점을 맞추는 것이 가장 효과적이다. 이때, 전두엽을 필요로 하는 기술(즉, 마음챙김 및 감정 조절)은 나중에 가르쳐야 한다. 부모 또는 파트너에게 개입하는 것 또한 공동 조절을 증가시키고 효과가 지속되게 할 수 있다.
>
> (Hughes et al., 2012, p. 12)

SBT(사회기저이론)은 애착 추구가 중요한 인간 생존 전략이며 BPD(경계선성격장애)를 가진 사람들의 행동을 주로 대인관계 수준에서 중요한 기능을 하는 것으로 수용되어야 한다는 Linehan의 의견에 동의한다. 애착이 생태계 환경에서 작용한다는 것이 널리 받아들여지기 때문에, 다른 요소들은 DBT와 일치한다. 진단을 정서 조절 장애의 문제로 재구성하는 것은 애착과 조절 장애를 통합하여 발달학적으로 적절한 치료로 이어진다. 다른 임상적 조건들도 그 배경으로부터 안식을 찾을 수 있을까? 양극성 장애(Bipolar Disorder: BD)와 적대적 반항 장애(Oppositional Defiant Disorder: ODD)에 대한 검사는, 그 인구와 '증상'이 다르지만, 그 계획을 두텁게 하고, '부재하지만 암묵적인' 가족 개입의 생태계 환경에서 추가적인 치료 요소를 도입할 것이다.

양극성 장애

BD(양극성 장애)에 대한 지배적 내러티브는 진단과 치료에 중심을 둔다. 다른 진단 범주와 마찬가지로, 어떤 주제에 관련된 과학적 이력이 있는 전문가의 견해 밖의 관점은 배제하는 '조사 문화'가 흔하다. 그렇다 해도 정서적 및 의학적 신경과학 또는 사회신경과학과 일선 실무자들이 교차하는 부분에 대한 논문은 거의 없다. Beauchaine, Gross, Panksepp, Porges가 확인한 애착이나 감정 조절의 조직 원리에는 거의 주의를 기울이지 않는다는 점을 빼면, 신경과학의 표본은 BPD(경계선성격장애) 연구자들과 유사한 연구들을 포함한다. Harrison 등(2018)은 신경생물학을 지도화하고 난 후 조증-우울증 삽화 외에 존재하는 '불안정한 정동'에 더 많은 관심을 기울여야 한다고 강조했다. 계속해서 끓고 있지만 그것이 끓어 넘쳐서 마를 때까지는 아무도 신경 쓰지 않는 주전자를 생각해 보라. 그들은 또한 치료 계획에 더 넓은 범위의 행동적 및 생리학적 범위를 포함하기 위하여 현재의 BD와 다른 상태들과의 진단 경계를 없앨 것을 제안한다. 이는 극단의 지속적인 위험 요소로 존재하는 감정 조절 장애의 언어로 쉽게 번역된다. 따라서 감정 조절 장애는 BD와 함께 검토된다.

> 자살에 대해서, BD 환자들은 일반 인구의 15배에 달하는 sobering rate(자살회복률)을 가지는 것으로 알려졌다.

정신의학이 여전히 19세기에 시작된 분류체계를 사용하고 있다는 사실과 유사한 진단 체계에 대한 비판도 있다(Harrison et al., 2018). 정신의학 연구자들은 '원인'을 찾기 위하여 이러한 상태가 어떻게 다중 결정되는지를(multidetermined) 보여 주는 종단 연구를 수행하였다(McInnis et al., 2017). 이 연구에는 현재 1,111명의 자원봉사자들이 참여하고 있으며 지금도 신청이 이루어지고 있다. 이 연구는 질병(생물학), 신경-인지, 기질-성격, 동기부여 행동, 인생 이야기, 수면, 그리고 증상 과정의 일곱 가지 범주를 연구하고 있다. 그 안에 '생물학 X 환경'의 가능성이 있다. 다른 조건들과 마찬가지로, 유전성이 강력하기는 하지만 환경이 BD(양극성 장애)의 과정을 촉진하는 데 중대한 차이를 만든다. 지금까지 편두통, 섭식장애, 불안장애, 약물 남용의 높은 빈도처럼 많은 기타 영역에서 높은 동반율을 보이는 것과 같은 여러 주목할 만한 발견들이 있다. 나아가 트라우마와 인생사도 유의미한 영향을 주었다. 트라우마는 BD 촉진에 중요한 영향을 미친다고도 밝혀졌다. 자살에 대해서, BD 환자들은 일반 인구의 15배에 달하는 자살회복률(sobering rate)[2]을 가지는 것으로 알려졌다.

Merikangas 등(2007)은 치료의 질이 다른 조건에 비해 뒤처진다는 점에 주목한다. 이는 일반적인 건강관리 기관에서 (진단범주에 들지 않는) 준임상적 환자들이 적절한 항조증제를 받지 못하고 다른 부적절한 약물들을 처방받는 것으로 알려졌다. 이 때문에, BD(양극성 장애)의 경계에 있는 사람들은 심각성 증가의 위험이 간과되고 양질의 예방적 관리나 지속적인 전문적 치료를 받지 못할 우려가 있다. 병인론과 유병률에 초점을 맞추는 다른 사람들처럼, 치료에 대한 논의는 주로 약리학에 국한된다.

Fristad 등(2018)은 우울증 또는 양극성 장애가 있는 청소년을 위한 다가족 집단에서 증상과 삶의 질이 좋아지고 기분 장애에 대한 지식이 향상되는 것을 발견하였다. Parikh 등(2012)은 CBT를 이용한 개인 치료가 집단 심리교육에 비해 더 나은 결과를 얻지 못한다는 것을 발견했다. 지역사회 상황에서 심리교육은 훨씬 비용 효율적이고 전문가의 훈련은 덜 필요로 한다는 것이 입증되었다. 다른 연구들은 삶의 스트레스와 사회 인지적 결핍이 장애의 과정과 관련이 있고, 가족과 심리사회적 개입이 발달적으로 더 적절하다는 증거를 발견했다(Keenan-Miller & Miklowitz, 2011; Sullivan et al., 2012). MFG에 대한 초기 연구가 EE(정서 표현(비판, 적개심 또는 감정적 과잉 개입)에 주목하던 기간에, David Miklowitz 박사는 양극성장애 환자에 관한 가족 심리교육 및 의사소통 기술 훈련을 수십 년 동안 개척해 왔다. 그의 연구팀은 정신의학과 공동체 환경에서 가족 심리교육을 사용하여 가족중심치료(Family-Focused Therapy: FFT)와 약물 치료를 병합한 8번의 임상 실험을 수행했다(Miklowitz et al., 2009; 2012;

2 sobering rate는 자살 시도 후 자살을 시도하지 않는 비율을 의미한다. 자살 시도를 한 사람은 자살의 위험이 높기 때문에, 정신건강 전문가의 도움을 받는 것이 중요하다. 또한 가족과 친구들의 사회적 지원도 sobering rate를 높이는 데 도움이 된다.

Miklowitz & Chung, 2016). 일반적으로 가족중심치료는 급성 우울증이 발생한 후 9개월 동안 21회기를 진행한다. MFG와 유사하게, 참여 과정, 심리교육, 의사소통 기술 형성 및 문제해결이 있지만 대부분의 연구는 하나의 가족 개입으로 수행되어 왔다. 가족중심치료의 기술과 심리교육은 다음과 같다.

1. 내담자의 부정적인 행동을 통제 가능한 내적 요인으로 재구성
2. 적대적이고 비판적인 주장을 다루기
3. 활성화된 감정 표현을 피하기 위해 문제해결 기술을 향상

한 연구는 약물과 3회의 심리교육 및 일반적 치료 방식을 병합한 치료를 약물과 9개월간 30회 집중 상담 치료와 비교하였다. 집중 치료의 세 가지 항목은 대인관계 및 사회적 리듬 치료, CBT 또는 가족중심치료였고, 세 방법 모두 일반적인 치료를 능가했다(Miklowitz et al., 2007).

약물치료를 병합한 모든 연구에서 단기치료나 약물치료만 하는 경우보다 짧은 회복 시간과 긴 완화 시간을 보였다(Miklowitz et al., 2012). 이 연구 그룹은 취약성과 관련 있어 보이는 미세한 단계를 관찰했다. 대인관계에서는 완벽주의, 보상에 대한 민감성, 얼굴 감정을 정확하게 인식하지 못하는 것 같은 개인적 특성이 연관되어 보였다. 양극성 환자는 성취적 사건 후에 보상과 목표를 과도하게 추구하는 것처럼 보이며 이것이 조증으로 가는 한 가지 경로일 수 있다. 그런 다음, 가족의 표현된 정서(EE)와 스트레스 사건이 우울 증상을 예측한다(Miklowitz et al., 2019). Panksepp은 찾기(탐색, SEEKING)가 균형을 잃고 더 많은 돌봄(CARE)과 놀이(PLAY)가 대기 중이라고 하였다.

일부 연구에서는 코딩된 인터뷰를 통한 EE 측정을 한다. EE가 높은 가족은 응집력과 적응력에서 점수가 낮았다. 이들 가정의 청소년들은 통상적인 치료보다 가족중심치료에서 더 많은 증상 감소를 보였다. 그러나 EE가 낮은 가정에서는 통상적 치료와 같았다. 따라서 EE가 높은 가족에서는 가족중심치료가 필요하지만 EE가 낮은 가족에서는 그렇지 않은 것으로 보인다(Miklowitz et al., 2009).

Miklowitz와 Chung(2016)은 새로운 가족중심치료 연구가 양극성 장애의 위험성이 있는 청소년에 대한 조기 개입을 위하여 구성되었다고 하였다. 전구 단계(prodromal stages)를 최초로 평가한 이 방법은 대조 집단과 중재 집단에서 편도체와 PFC의 활동 전후를 행동 메커니즘 신경 영상으로 추적한다. 12명의 청소년을 대상으로 한 소규모 파일럿 테스트는 감정 처리

작업 중에 이미 fMRI 영상을 포함했다. 편도체의 기준 활동 분석은 전반적인 결과를 예측하고 치료 후 활동량이 감소했는데, 이 4개월 동안 PFC의 활동량이 증가했다. 이 PFC 결과는 조증 증상의 감소에 영향을 준 것으로 생각된다. 편도체 활성도, EE 및 가족중심치료의 목표 사이에 인과 관계가 나타나기 시작했다.

이 전략은 가족 상호작용 및 치료 연구의 설계에 사용되는데, 감정처리 과정은 높은 EE를 가진 부모들의 상호작용에 가능한 신경 행동을 짐작하게 한다. 가족중심치료에 대응하여 신경 활동을 문서화하는 이 획기적인 연구는 감정적 및 사회적 신경과학자들에게 진단은 제쳐 두고 애착 과정을 현미경으로 보듯이 탐색하여 그 행동 메커니즘을 밝히라는 요구에 대한 반응이다. 그 결과는 진단보다는 신경 프로파일과 대인관계 요소에 치료의 초점을 맞추도록 생각을 구성할 수 있다. 정신의학에서 '개별화된 의학'에 대한 요구는 이러한 방식으로 적용될 수 있다(Wium-Andersen et al., 2017). 이러한 연구 방식을 통해 우리의 뇌는 치료에 도움이 되는 방식으로 더욱 투명해진다.

Miklowitz의 희망적이고 통찰력 있는 연구 외에도 UCLA의 명예 동료인 Daniel Siegel은 전인적 접근의 가치를 설명하고 더욱 가치있는 양극성 장애 청소년 사례 연구를 제공한다. Siegel(2010)은 양극성 증상이 있는 청소년 Jonathan의 사례를 보고하였다. 과민증을 포함한 그의 여러 증상은 우울증에 더 적합하지만 그는 양극성 장애 증상을 확인하기 위해 두 가지 의견을 더 얻었다. 진단이 잘못되는 경우 일부 항우울제는 조증 증상을 유발할 수 있기 때문에 이것은 중요했다. 이에 Siegel은 '화학적 불균형'에 초점을 맞추기보다는, 감정 조절과의 연관성에 대한 자신의 생각을 개발했다. 그의 첫 번째 단계는 Jonathan과 그의 부모님에게 약물의 위험성을 설명하고 뇌가 어떻게 기능하는지에 대한 정보를 제공하는 심리교육이었다. 다음으로 약물치료와 심리치료, 그리고 단독 치료 등의 치료들 중에서 어떤 것이 효과적인지에 대한 연구를 소개했다. 또한 그는 마음챙김의 효과를 보고하는 최근 연구들을 소개하고, 마음챙김 치료의 역사와 연구에 대한 새로운 정보를 제공했다. 양극성 장애 진단을 받은 사람들을 대상으로 수행된 한 연구에서는 진정작용을 하는 신경전달물질인 GABA를 분비하는 섬엽의 (신경) 섬유가 얇다는 것을 발견했다(Blond et al., 2012). 2006년 Kabat-Zinn의 연구는 마음챙김 운동이 8주 후에 섬엽의 밀도를 증가시킨다는 것을 발견했다(제6장 참고).

그는 이 치료가 종교가 아니라 '뇌 위생'의 형태이며, 뇌의 모든 기능을 통합할 수 있도록 뇌를 맑게 하는 데 도움이 된다고 설명했다(Siegel, 2010, p. 83). Jonathan과 그의 가족은 몇 주 안에 개선점이 보이지 않으면 새로운 치료 단계에서 약물을 추가할 것을 이해하며 이 치료에 동의하였다. 또한 Siegel은 신경가소성을 높이고 치료의 추진력을 높일 수 있는 추가적인 요소를 제안했다. 그는 그것을 3개월, 6개월의 평가와 함께 '6대 항목'이라고 불렀다. 이것들은 증상의 극적인 감소를 보여 주었다. 6개 항목으로 구성된 계획은 다음과 같다.

1. 잠을 푹 잘 것
2. 유산소 운동을 할 것
3. 오메가-3 오일을 섭취할 것
4. 새로운 사고 방식을 개발할 것
5. 가족과 친구들, 그리고 Siegel과 관계를 맺을 것
6. 마음챙김 운동을 배울 것

그는 Jonathan에게 자신의 생각이 마음 속에 들어가고 나오게 하는 구체적인 마음챙김 운동을 가르쳤다. 그가 거슬리는 생각을 할 때에는 그것들을 '판단' 또는 '의심'으로 분류하고 그냥 지나칠 수 있도록 하였다. Siegel은 Jonathan이 뇌를 파도와 리듬이 있는 바다로 생각하는 등 스스로 그것들에 초점을 맞출 수 있을 때까지 이미지를 안내하였다. 또 다른 형태는 20보의 느린 걸음을 걸으면서 그의 다리나 발바닥의 감각에 집중하는 걷기 명상이었다. Jonathan은 호흡의 감각과 위치를 느끼면서 신체를 스캔하는 호흡 운동을 배웠다. Jonathan은 마음챙김에 대한 온정적인 자세의 한 부분으로, 그 순간의 자신을 그대로 받아들이면서 스스로 자신의 가장 친한 친구가 되도록 격려받았다.

현재 뇌 과학 모델의 강점은 사회적 상호작용이 특정한 치료 방향에 더 명확하게 초점을 맞추게 할 수 있는 방법이다. 심리교육은 사회적 관계를 증진시키기 위해서 가족들이 '6대 항목'의 모든 측면을 지지하고 격려하도록 했다. 그 계획 안에는 그들이 서로 협력하면서 가족이 변화하는 방법들이 포함되어 있었다. Jonathan의 수면 계획을 돕고, 운동을 격려하고, 다른 사람들과 시간을 보내는 것은 가족 관계를 바꾸는 작지만 중요한 방법이다. Jonathan과 그의 어머니가 갈등을 겪었을 때, 그는 자전거를 타며 마음챙김 기술을 연습할 수 있었다. 중요한 구성요소는 부모나 배우자가 서로 특정 치료 계획을 지원하도록 새로운 사고 방식(도파민과 희망)에 참여하도록 동기를 부여하는 정보를 제공하는 것이다. 그러고 나서, 치료사들과 내담자들은 원하는 화학적 영향을 바탕으로 새로운 행동을 구성할 수 있다. 우리는 심지어 치료 과정에서 GABA와 같은 전달 물질(messengers)을 진정한 '가족 구성원'으로 존중할 수 있다. 그들은 우리의 신경계와 중요한 기관들의 고속도로를 여행하며 신경 다발, 분비선, 장

기들을 밀접하게 소통시키는 역할을 한다. 또한 커플과 가족의 패턴도 바뀔 수 있는데, 첫째로는 증상 완화를 위한 계획을 지원하고, 다음으로는, 새롭고 강화된 패턴의 일부가 되는 것이다. Siegel에 따르면, 주의력 집중은 신경계를 통해 에너지와 정보를 보내서 진정시키거나 자극시키는 화학물질을 분비하는 세포들을 활성화시킨다. 6개월 만에 Jonathan의 증상은 상당히 줄어들었고 1년 만에 치료를 종결하였다. Jonathan의 부모는 그가 대학에 진학해 잘 지내고 있다고 하였다.

이러한 양극성 장애에 대한 최신의 치료 사례는 내담자들이 진정으로 치료되는 것을 돕는 가능성에 관한 우리의 상상력을 열어 준다. 뇌 위생으로 낙인을 '급진적 수용'으로 마음을 진정시키는 것이 우리의 내면을 변화시킨다. 그런 다음 의사소통과 문제해결을 위한 가족코칭은 외부에 남아 있는 장애물을 제거한다. 힘든 사례들에 대한 혁신의 마지막 경우로, 우리는 적대적 반항 장애 전문가인 James Keim을 방문할 것이다.

적대적 반항 장애

Keim(1995, 1998, 2000)은 원래 가족치료의 선구자인 Jay Haley가 설립한 Washington D.C.의 가족연구소의 훈련 책임자로 일했다. 그는 현재 Bay Area의 적대적 품행장애 클리닉(Oppositional and Conduct Clinic)을 이끌고 있다. 그는 일반적인 치료에 반응하지 않거나, 전통적인 진단 범주를 넘어서는 복합적인 문제행동 사례를 전문으로 한다. 그는 아동과 청소년의 극단적인 행동에 대한 정서적, 생리적 기반을 강조하는 통합적 치료모델로서 발전하는 구조적 가족치료(Evolving Structural Strategic Family Therapy: ESSFT)를 개발하였다. 적대적 반항 장애는 그 증상적 행동이 부모들에게 트라우마를 일으킬 정도로 심각하여 가장 대처하기 어려워하는 문제 중 하나이다. 다음은 Keim의 첫 번째 인터뷰에서(2014, p. 2) 발췌한 전형적인 내담자에 대한 대화록이다.

> "오해하지 마세요. 나는 내 아들을 사랑해요." Marion은 자리에서 불편하게 몸을 움직였다.
>
> "하지만 지금은 아들이 싫어요." 그녀는 내가 불편해하는지 내 기색을 살폈다. 나는 동정심으로 고개를 끄덕였다. 나는 그녀의 아들이 대기실에 있는 동안 이 고백을 할 만큼 나를 믿으며 기다렸다는 점이 기뻤다. 나는 대답했다. "Marion, 당신은 아들 Jeremy에게 모든 이상적인 양육을 하신 좋은 부모입니다. 하지만 현재는 그 이상적인 양육 기술이 작동하지 않

는 거죠."

한 부모인 Marion과 10살의 Jeremy는 2학기 들어서 행동이 급격히 악화된 후에 나에게 의뢰되었다. 그의 선생님은 Jeremy가 수업을 방해한다고 비난했다. Marion은 Jeremy가 어린 시절부터 신경질적이었지만, 올해 들어서 집과 학교에서 행동화(acting out)가 계속된다고 하였다. 어른들이 제한을 두려고 하자 그는 자극을 받고 반항하는 것처럼 보였다고 하였다.

"당신은 우리가 만나는 네 번째 치료사입니다. 저는 모든 것을 시도했습니다."

나는 대답했다. "만약 당신이 이미 모든 표준적인 접근법을 시도했다면 우리는 많은 시간을 절약할 수 있습니다, 혹시 아주 개인적인 질문을 해도 괜찮을까요?"

그녀는 고개를 끄덕였다.

"누가 당신이 나쁜 부모라고 비난합니까?"

눈물이 그녀의 눈에서 넘쳐 흘렀다. "세상에, 누가 안 그러겠어요? 미혼모라면, 이미 그런 거죠, 안 그래요? 내 부모님도 나를 타락했다고 생각할 거예요."

Keim은 아이가 부모에게 소리칠 때에도 침착한 것 이상으로, (부모-아이의 상호) 관계의 작은 단계 하나하나를 살펴보고, 앞이 보이지 않는 터널에 있는 부모, 보호자 및 아동에게 햇빛을 볼 수 있도록 야간 고글을 제공하는 '미친 과학자'이다. 그의 체계적인 접근법은 부모들을 그의 팀의 일원으로 초대한다. 모든 사람은 4단계 과정을 통해서 탈출구에 이르는 순서와 단계가 있다는 것을 배운다. 철학적으로나 개념적으로 그는 진단 범주를 바꾸는 것으로부터 시작한다.

Keim에 따르면, '적대적 행동'이라는 용어는 열(fever)에 대한 진단과 같은 것이다. 그것은 원인이나 치료에 대해서가 아니라 증상을 설명한다(Keim, 2014). DSM-5는 CD(품행장애)와 ASPD(반사회성 성격장애)에 대한 제외를 삭제했으며 ODD의 차원에서 여러 기준 목록의 가능성들을 열어 두었다. 현재 DSM-5는 '분노/예민한 기분, 논쟁적/반항적 행동 또는 복수심'을 묘사하려고 시도하고 있다. 증상에 '성마른' '고의로 괴롭히는' 그리고 '악의적인'과 같은 용어를 포함한다. 이 용어들은 우리의 관심을 개인의 경험과 대인관계 맥락으로부터 다른 곳으로 돌리는 암시적인 힘을 가질 수 있다.

극단적인 사례에서, Keim은 권위자에게 유발되어 청소년들이 느끼는 만연한 불공평감인 '정의의 손상(Justice Injury: JI)'으로 특징지어지는 ODD의 하위 요소를 확인하였다. JI(정의 손상)의 구성은 진단으로만 중요할 뿐 아니라 이와 관련된 모든 사람에 대한 자비로운 이해와 치료를 가능하게 한다. 내담자에 대한 자비롭고 공감적인 이해로 치료에 임하는 치료사들은 내담자와 더 강력한 치료적 관계를 맺을 것이고, 이것은 임상 결과에 극적인 영향을 미칠 수 있다.

따라서 적대적 반항 장애에서 보이는 정의의 손상(ODD-JI)에는 순간의 존엄성에 대한 요구가 규칙과 결과에 대한 고려를 능가하는 대립의 기저에 놓인 트라우마가 종종 존재한다. 이는 회복되지 않은 배신 또는 부당함에 의한 애착 손상의 한 형태이다. 이는 하나의 트라우마일 수도 있고, 그동안의 누적된 부당함일 수도 있다. 그러나 전통적인 ODD 치료는 이러한 트라우마나 회복의 필요성을 간과하고 행동 변화, 규칙 및 결과에 지나치게 집중하였다. 이는 애착의 상처를 치유하지 못하고 인간관계에서 오해받는 잘못된 행동을 반복할 수 있는 상황을 만들어서 만성적인 공격성으로 이어지는 조율장애(misattunement)의 악순환이 된다. 4요인 모델에서 상실에 대한 평가절하와 비인간적인 접근은 분노를 유발한다(Hardy & Laszloffy, 2005). 다른 접근법에서 발견되는 조율장애와 평가절하를 피하기 위해서 ODD-JI는 다음에 설명할 네 가지 추가 기준을 요구한다.

승자와 패자의 구조

ODD-JI 청소년들은 승자와 패자가 있을 것이라는 생각으로 권위자들과 대립한다. 청소년과 권위자 양쪽 모두의 욕구를 충족시킬 수 있다는 관점(윈-윈 결과)에서 접근하기보다는, 성인 권위자와의 불안을 유발하는(특히 경계를 설정하는) 대화는 부정적이고 강압적이며 불안한 태도로 '이기는 것'에 대한 강한 욕구를 수반한다. 만약 성인도 같은 태도를 보이면, 논쟁이 더 가중되는 경향이 있다. 이것은 '승리의 신화'[3]가 된다.

과정 지향성

권위자와의 상호작용은 종종 대화의 시기, 주제, 분위기, 시작을 통제함으로써 이기고자 하는 행동을 포함한다. (달성할 수도 있고 아닐 수도 있는) 특정 결과를 추구하기보다는, 이러한

3 승리는 단순하지 않고, 항상 공정한 것이 아니어서 승리한 사람이 더 나은 사람이라는 의미도 아니다. 또 승리는 항상 좋은 것은 아닌데, 승리는 종종 경쟁과 갈등을 유발하기 때문이다. 승리에 집착하는 것은 지나친 스트레스와 불안을 초래할 수 있다.

상호작용 요소들을 결정하는 것에서 '승리의 신화'가 느껴진다. 만약 부모들이 어떤 주제에 대해서 결과만 본다면, 그들은 자녀의 과정 행동에 패배감이나 속은 느낌을 받을 수 있다. 청소년의 과정 지향성에 대한 중요한 기여는 위협적인 결과를 상쇄하는 존중의 필요성이다.

역할 혼란

부모 역할을 하는 사람은 부모의 기능에 얼마나 성공하고 있을까? 역할과 기능은 문화적 상황적 맥락에 의해 매우 많은 영향을 받는다는 점을 알지만, 이런 맥락들은 여전히 역할과 기능에 대한 기대를 만들어 낸다. 그러나 부모들은 **그들의 자비로운 권위를 재건하는** 데 다른 사람이 아닌 자녀들에게서 도움을 받는다. 개입의 3단계에서 규칙과 결과는 또 다른 논쟁의 근원이 되지 않도록 재구성된다. 이 과정에서 **부모에 대한 비난은 없다**. 부모들은 그 아이의 행동에 관하여 결코 비난받지 않는다. 비난은 논쟁으로 고군분투하는 가족들의 가장 큰 적들 중 하나이다. 표준적 치료법이 효과가 없을 때, 부모들은 '정상'을 뒤로 하고 그 자녀에게 무엇이 효과가 있는지에 대한 분석을 부모의 역할에 추가하기 위해서 공감과 격려를 받는다. 그들의 투쟁은 단거리 경주가 아니라 마라톤이며, 어른들이 스스로를 돌보고 속도를 조절할 수 있도록 돕는 치료사의 능력은 좋은 결과를 가져오는 가장 중요한 역할 중 하나이다.

정의 손상

정의 손상은 종종 행동과 의도에 대한 잘못된 해석을 수반한다. 학교에서, ADHD 행동은 의도적인 것으로 꾸준히 잘못 해석되어 불공정한 판단이 축적될 수 있다. **지속적인 편견이나 괴롭힘은 정의 손상의 가능성을 높인다**. 부모 또는 중요한 다른 사람들의 정의 손상의 내재화는 적대적 반항 장애–정의 손상(ODD–JI)과의 또 다른 연관성을 보인다. 인종차별이나 학습 장애, 그리고 만성적인 학대로 인한 미세한 차별(microaggressions)은 손상의 축적으로 단일한 주요 트라우마만큼 학교와 가정생활을 심각하게 파괴할 수 있다. 그러한 경험의 '나비효과'는 아동과 청소년의 타고난 정의감을 모욕하는 것이다.

반항 장애에 대한 DSM 진단 기준 중 하나는 '자신의 실수에 대해 다른 사람을 탓하는 것'이다. 반항 장애–정의 손상의 맥락에서 다른 사람들을 비난하는 경향은 정의 손상의 반사작용으로 보는 것이 좋다. 이러한 아동들과 청소년들은 자주 그리고 부당하게 비난을 받기 때문에, 그들은 죄책감을 부정하고 다른 사람들을 비난하는 반사작용을 발달시키는 것으로 예상할 수 있다. '복수심'은 ODD에 대한 또 다른 경멸적인 진단 증상이다. 반항 장애–정의 손상은 그 맥락상, 지각된 불공정성과 싸우는 경향이 있다. 어른들의 관점에서는 이것이 절망적인 무력감의 표현보다는 악의적이거나 잔인해지려는 욕구로 오해될 수 있다.

JI에 대한 평가의 중요성을 입증하는 굴욕의 생화학에 대한 중요한 연구가 있다. 이 생물학은 사람의 자아 감각에 대한 공격이 교감 신경계가 활성화되었을 때 (그것을 진정시키는) 부교감 신경계를 어떻게 방해하고 무력화시키는지를 밝혀낸다. Otten과 Jonas(2013)는 대뇌피질에서 굴욕의 강도를 측정한 뇌전도(EEGs) 결과를 보고했다. 행복감과 분노에 비하여 굴욕감의 측정이 현저히 강했다. Hartling(2007)은 사회적 고통과 사회적 배제에 대한 신경생물학을 검토하여 사회적 고통이 폭력적 행동과 어떻게 연관될 수 있는지 설명하였다. 이러한 관계는 일상생활에서의 생물심리학적 서열을 주의 깊게 조사할 필요성을 드러내며, 특히 증상이 숨겨져 있는 사람들을 찾아내고 다시 은신처로 보낼 수 있다.

현미경으로 들여다보는 4단계 세부 분석

ESSFT는 문제가 있는 상호작용에 대해 2단계 분석을 실시한다. 첫째, 행동 순서를 매핑(mapping)하는 것은 부모와 치료사가 무엇이 효과가 있는지 또 무엇이 효과가 없는지를 결정하는 데 도움이 된다. 체스를 배우는 것처럼, (RT 및 EFT와 비슷하게) 각 순서의 단계 저변에 있는 정서적 욕구를 확인하여 부모에게는 권한을 부여하고, 아동은 안심시키는 대화의 미세 단계를 분석하는 데 협력한다.

둘째, 이러한 상호작용은 호르몬의 영향과 싸움/회피(투쟁/도피) 반응에 따라 분석된다. 신경생리학을 순서대로 올바르게 해석하는 것은 대립 기간에 정보 처리가 어떻게 급격하게 변하는지를 부모들이 깨닫게 하는 데 도움이 된다. 이 정보로, 부모들은 교착 상태에 빠진 대립을 피하고, (아동의) 적대적 행동을 부드럽게 바꾸고, 자신의 소진은 가라앉고 성공을 느낄 수 있는 전략을 배운다. 다음은 생물학적 순서의 예이다.

1. 스트레스 반응은 PFC와 건설적인 문제해결 능력을 차단한다.
2. 호르몬은 공격성에 대한 인식을 과장하고 기억력을 손상시킨다.
3. 기억력이 손상되면, 뇌는 안전을 우선적으로 추구하고 미래의 사회적 결과는 무시한다.
4. 아드레날린이 분출되는 동안, 권위자는 더 공격적이거나 위협적으로 보일 수 있다.
5. 의사소통은 종종 방해를 받는다. 아동이나 청소년은 이야기를 온전히 듣거나 이해하지

못할 수 있다.

6. 시간이 지남에 따라 사건에 대한 잘못된 기억과 인식으로 인해, 아동과 청소년은 논쟁 중에 정보 처리와 기억이 손상된 것을 깨닫지 못한다.
7. 권위자와의 대립으로 이어지는 사건들은 대개 불분명해지거나 잊혀진다.
8. 청소년들은 인식, 이해력, 기억력의 차이를 보완하기 위해서 권위자와의 대립에 대한 이야기를 기대와 지각된 과거 경험으로 만들어 낸다.
9. 권위자들이 이러한 갈등에 대한 다른 기억을 제시할 때, ODD-JI 청소년들은 권위자들이 정직하지 않다고 느끼고, 자신이 불공정의 희생자라는 느낌을 더욱 지속시킨다.

이러한 진행 과정과 상호작용이 부모를 힘들게 하는 영향을 고려하면, 부모와 자녀에 대한 트라우마 검진이 치료사에게 양측의 문제해결을 방해할 수 있는 각성 상태에 대해서 미리 경고할 수 있다. [글상자 9-2]는 부모에 대한 공감과 동정으로 가득 찬 Keim(2014)의 4단계 과정을 요약하고, 아동의 불공정에 조율한다. 또한 기저 감정을 인식하도록 '약간 고글'을 이용하고, 실패한 함정을 극복하고, 호르몬 활성화를 피하며, 유리잔이 항상 '절반은 차 있기' 때문에 그들의 개인적인 성장에 대한 칭찬을 받는 새로운 전략에 양쪽 다 참여하도록 한다.

이것은 단지 시작일 뿐이다. 금세기의 남은 시간에 신경과학은 우리를 어디로 데려갈까? 이 책을 어떤 사람들은 이상하다고 생각할 수 있는 아이디어로 끝내는 것은 의도적인 것이다. 그러나, 그것들은 여행 중에 만나는 새로움과 누미노즘의 일부이다. 생각할 거리를 만들고 생각할 휴식 시간. 아마도 어떤 사람들은 비가 오는 날에 그것들을 고려할 것이고, 다른 사람들은 가만히 앉아서 심호흡을 몇 번 할 것이다.

우리 몸이 말을 할 수 있도록 마지막 순간을 나와 함께해 달라. 눈을 감고, 심호흡을 몇 번 하고, 이러한 생각들이 여러분의 몸에서 어떻게 느껴지는지 보라. 무엇이 나타나는가? 특별히 괴로움이나 편안함을 느끼는 부분이 있는가? 한 지점을 선택하고 거기에 집중하라. 마음을 그 지점에 집중해서 무슨 일이 일어나는지 느껴 보라. 여러분이 괴로운 장소를 선택했든 편안한 장소를 선택했든 간에, 그것에 집중할 때 여러분의 호흡에 주목하라. 집중력이 충분히 오래 유지되도록 하여 정말로 자리를 잡게 하라. 감각, 색깔, 질감, 생각 또는 이야기가 떠오를 수 있으며 이것들은 주목할 가치가 있다. 만약 여러분이 고통스러운 지점을 선택했는데 여러분의 몸이 "충분해."라고 말한다면, 여러분의 초점을 편안한 장소로 옮기거나 방을 둘러보고 즐거운 볼거리를 찾으라. 지금 이 순간의 반응과 상관없이, 몸이 말하도록 시간

글상자 9-2 ODD-JI를 위한 ESSFT

1단계	"내 잘못이 아니야"
	동맹 및 피드백 도구
	건설적 진단
	적대적 행동의 재정의/재구성
	비난을 찾아서 제거하기
2단계	"아이와 어려운 대화를 나누는 동안 나는 어떻게 보고 싶고 느끼고 싶은가?"
	부모의 자기 돌봄 되살리기
	효과 없는 것에서 물러나기
	대체 반응 실험
	개별화된 부모 가이드 만들기
3단계	"어떻게 하면 더 열심히가 아니라 더 똑똑하게 처리하고 자기 조절을 할 수 있을까?"
	규칙 및 결과 재작업
	긍정적, 부정적 상호작용의 균형 비율
4단계	"어떻게 품위를 유지하면서고 아이를 달래 줄 수 있을까?"
	진정의 회복, 애착의 기반
	뜨거운 주제에 대한 정서적으로 충전된 대화

을 가졌다면, 여러분은 여러분의 길을 가고 있는 것이다! 온몸(몸-전체)이 여러분을 여러분의 역사 속의 자리, 부족 속의 자리로 인도하는 행운을 빈다.

결론

뇌의 중심으로 가는 우리의 여정이 깊은 내면으로 들어가 이 지식이 세상을 어떻게 변화시키고 있는지를 발견함에 따라, 우리는 신경과학자들이 동의하는 많은 것들을 알게 되었다. 이 장에서는 이러한 공통 요인들을 가지고 물질 남용과 BPD, BD, ODD 같은 정신건강 문제에 적용하였다. 생존, 전신, 회로, 애착 및 변형이라는 주제에 대한 지속적인 시선으로, 우리는 뇌의 중심을 현대 정신건강 치료에 대한 비판으로 끌어오는 여정을 계속한다.

첫째, 치료나 연구 가이드로서 DSM 분류 시스템은 그 유용성이 부족하다는 광범위한 공통된 의견들이 있다. 둘째, 진단 범주 전반에 걸쳐, 조직화된 차원은 모든 상황에서의 감정 조절 장애의 경험이다. 셋째, 고위험 및 보호적인 환경은 유전성과 관계없이 불안과 충동성의 발현에 강력한 영향을 미친다. 넷째, CBT와 같은 전통적인 하향식 접근법 동안 발생하는 많은 중도 탈락자들에 대한 연구와 발달학적으로 적절한 새 접근법에 대한 요구가 계속 증가하고 있다. 다섯째, 보편적인 생존 욕구로서 애착의 신경생물학은 인간의 행동을 이해하기 위한 일관된 동기적 틀로서 이전의 이론들을 통합한다.

다양한 치료 모델들은 최근의 혁신이 물질 남용에 대한 치료에서 어떻게 활용되는지 보여 준다. 신경과학은 치료사들이 물질 남용자의 필요와 그 역사에 부합하는 설계자 프로그램을 개발하기 위하여 약물의 유형과 결합 방법을 평가하는 것을 돕는다. 중독은 애착의 한 형태이며 일부 치료 프로그램은 대립보다는 감정 조절과 애착에 초점을 두고 있다. 치료는 개인의 역사에서 트라우마와 상실을 온전하게 치유하기 위해서 보호와 슬픔으로 규정될 수 있다. 베스트셀러 작가인 Nic Sheff의 사례는 전통에서 탈피하여 새로운 치료법을 보여 준다.

이러한 원칙을 특징짓는 두 가지 치료 모델은 청소년 약물 남용자를 위한 다차원적 가족치료(MDFT)와 전환적 가족치료(TFT)이다. MDFT는 부모-청소년 애착 관계를 회복하기 위해 재연과 코칭을 광범위하게 활용한다. 재연 과정에 대한 설명은 치료사에게 애착과 관련된 개입을 용이하게 하는 지침을 제공한다. TFT는 슬픔과 상실 문제를 치료의 중심에 두는 유일한 물질 남용 치료 모델이다. 세대 간 가족이든 현재 핵가족이든 간에, 트라우마와 상실은 물질 남용의 증상과 시작에 직접적으로 연관되어 있다. 이 접근법은 가계도와 타임라인을 공동으로 구성하고 집단적 애도 과정을 시작하는 전환적 매핑이라고 불리는 새로운 평가 도구를 사용한다. 본질적으로 생태계적인 사회적 연결망은, 상실이 주제로 나타나면 그 과정을 지원하기 위해서 초대된다. 5단계 개요는 이 과정을 수행하는 방법을 설명하며 샘플 가계도와 타임라인은 투명한 뇌(Transparent Brain) 웹사이트에 있는 Elsie에 대한 전체 사례 연구와 함께 제공된다. [그림 7-1]은 지도를 활용한 세션(회기)의 진행을 보여 준다.

신경과학의 다섯 가지 공통적인 요소는 BPD, BD, ODD에 대한 혁신적인 치료법에서 찾을 수 있다. DBT는 애착, 감정 조절, 발달사, 생태계 환경이 어떻게 변화와 수용의 변증법을 위한 플랫폼이 되는지를 설명한다. Marsha Linehan의 이야기 역시 그녀가 이 모델을 개발할 수 있도록 한 그녀의 인생 과정의 맥락을 설명한다.

양극성장애(BD) 치료에 대한 연구는 순환적 감정 조절 장애가 있는 사람들의 재발과 회복 시간을 줄이는 심리교육 프로그램인 FFT(가족중심치료)의 성공을 확인했다. David

Miklowitz의 연구는 이러한 프로그램의 구조와 신경 영상을 사용한 중재 전후의 결과를 문서화하여 예방 작업의 새로운 발전을 강조하였다. 게다가, Daniel Siegel의 사례 연구는 BD에 대한 전인적 접근이 어떻게 10대들이 약물을 피하고, 마음챙김 훈련을 배우며 증상의 진행을 제거하는 데 도움이 되었는지 보여 준다.

마지막으로 James Keim의 치료 사례는 ODD에 대한 그의 동정적이고 혁신적인 치료 접근법을 설명한다. Keim의 모델인 ESSFT는 트라우마나 조율 장애에 대하여 부모에 대한 권한 부여와 아동의 정의 손상의 두 단계 접근 방식을 취한다. 아동과 청소년의 감정 고조에서의 정서적 욕구를 추적하고 아드레날린 분출의 빠른 순환 주기를 고려해서, 그는 청소년을 진정시키는 대화와 더불어 부모에게 치유와 권한을 부여하는 지도로서 4단계 계획을 제공한다.

부록

[부록 A] Berkman-Syme 사회관계망 지표

[부록 B] 역경 경험 체크리스트

[부록 C] 아동기 부정적 경험 관련 설문지

[부록 D] DSM-5 기준 외상 후 스트레스 장애 체크리스트

[부록 E] 관계 윤리 척도

[부록 F] 인지된 불공평에 대한 조사

[부록 G] 도덕적 상해 증상 척도: 군용 버전 축약 형식© I

[부록 H] 일곱 가지 탄력성: 어떻게 그것을 해낼 수 있었나요

[부록 I] 복원치료 활동지: 고통과 평화의 순환 시스템

[부록 J] 심리교육, 트라우마와 외상 후 스트레스 장애

[부록 A] Berkman-Syme 사회관계망 지표

다음 두 페이지에 있는 질문들은 당신의 사회적 지지에 대해 질문할 것입니다. 다음의 질문을 잘 읽고 당신의 최근 상황을 가장 근접하게 묘사하는 반응에 표시하세요.

1. 사적인 이야기를 할 수 있는 편안하고 가까운 친구는 몇 명 있나요?	
□	0 없음
□	1 1명 또는 2명
□	2 3~5명
□	3 6~9명
□	4 10명 또는 그 이상
□	9 잘 모르겠음
2. 한 달에 한 번 이상 만나는 가까운 친구는 몇 명 있나요?	
□	0 없음
□	1 1명 또는 2명
□	2 3~5명
□	3 6~9명
□	4 10명 또는 그 이상
□	9 잘 모르겠음
3. 편안하게 사적인 일을 이야기할 수 있는 가까운 친척은 몇 명 있나요?	
□	0 없음
□	1 1명 또는 2명
□	2 3~5명
□	3 6~9명
□	4 10명 또는 그 이상
□	9 잘 모르겠음
4. 한 달에 한 번 이상 만나는 가까운 친인척은 몇 명입니까?	
□	0 없음
□	1 1명 또는 2명
□	2 3~5명

〈계속〉

□	3　6~9명
□	4　10명 또는 그 이상
□	9　잘 모르겠음
5. 당신은 지역센터, 사회적 직업 집단, 종교집단, 자조 집단, 자선단체나 공공 서비스 등의 공동체 및 집단에 소속이 있나요?	
□	0　없음
□	1　있음
□	9　모름
6. 종교 모임 혹은 예배에 얼마나 자주 가나요?	
□	0　전혀 가지 않거나 거의 가지 않음
□	1　1년에 한두 번
□	2　몇 달에 한 번
□	3　한 달에 한두 번
□	4　일주일에 한 번
□	5　일주일에 한 번 이상
□	9　잘 모르겠음
7. 당신이 이야기할 대상이 필요할 때, 들어 줄 사람이 있나요?	
□	0　없음
□	1　1명 또는 2명
□	2　3~5명
□	3　6~9명
□	4　10명 또는 그 이상
□	9　잘 모르겠음
8. 당신의 문제에 대해 조언을 해 줄 수 있는 사람이 있나요?	
□	0　없음
□	1　1명 또는 2명
□	2　3~5명
□	3　6~9명
□	4　10명 또는 그 이상
□	9　잘 모르겠음

〈계속〉

9. 당신에게 사랑과 애정을 보여 주는 사람이 있나요?	
□	0 없음
□	1 1명 또는 2명
□	2 3~5명
□	3 6~9명
□	4 10명 또는 그 이상
□	9 잘 모르겠음

10. 정서적 지지(어려운 결정을 할 때 도움을 주거나 문제를 이야기 나눌 때)를 해 주는 의지할 만한 사람이 몇 명이나 있나요?	
□	0 없음
□	1 1명 또는 2명
□	2 3~5명
□	3 6~9명
□	4 10명 또는 그 이상
□	9 잘 모르겠음

11. 당신이 친밀감을 느끼고 신뢰하며 속마음을 털어놓을 수 있는 연락 가능한 대상은 몇 명 있나요?	
□	0 없음
□	1 1명 또는 2명
□	2 3~5명
□	3 6~9명
□	4 10명 또는 그 이상
□	9 잘 모르겠음

* 채점 안내: Loucks 등(2006)은 다음과 같이 채점한다. 결혼 여부(미혼 = 0, 기혼 = 1); 친한 친구나 친척(0~2 친구들 그리고 0~2 친척 = 0; 모든 다른 점수 = 1); 집단 참여(없음= 0; 있음 = 1), 종교 모임 및 예배 참여(몇 달에 한 번 그 이하는 모두 = 0, 그것보다 많거나 한 달에 한두 번 = 1) 다음 두 카테고리는 상호 배타적이다. 점수는 더해질 수 있다. 0 또는 1은 가장 격리된 범주, 그리고 2, 3, 또는 4는 증가하는 사회적 연결의 다른 세 개의 범주를 형성한다. Berkman-Syme 사회적 네트워크 지표(SNI)라는 측정도구의 예언타당도에 대한 추가적인 증거자료는 Berkman과 Breslow(1983) 자료에 있다.

** 20~65세 성인에게 사용 가능하다.

[부록 B] 역경 경험 체크리스트

☐	전쟁
☐	인종차별
☐	문화적 상해
☐	박해
☐	젠더 차별
☐	계급 차별
☐	성적 지향성 차별
☐	자연재해
☐	감금
☐	살인
☐	폭행
☐	이민
☐	교통사고
☐	홍수
☐	의료적 절차
☐	생명 위협 질병
☐	만성적인 고통
☐	상실
☐	익사
☐	질식
☐	아동기 학대 및 방임
☐	위탁 양육 변동
☐	성적 학대
☐	가정 내 폭력
☐	강간
☐	왕따

〈계속〉

□	갈 길을 잃음
□	동물의 공격
□	타인의 기대에 닿지 못하는 실패
□	중요한 가족 구성원의 죽음
□	선생님/교우 관계
□	또래 혹은 애인 관계에서의 거절감
□	인터넷 폭력 및 착취
쇼크의 종류(어떤 경험이든 해당할 수 있음)	
□	높은 수준의 영향력
□	피할 수 없는 공격
□	신체적 상해

[부록 C] 아동기 부정적 경험 관련 설문지

아동기를 비롯해 우리가 살아오며 겪은 관계와 경험은 우리의 건강과 안녕에 영향을 미칩니다. 아동기에 부정적 경험을 하는 사람은 매우 많습니다. 이러한 경험은 현재 그리고 미래의 건강 상태에 영향을 미칠 수 있으므로, 다음 목록에서 해당 사항이 있는지 확인해 주시기 바랍니다. 작성해 주신 정보는 귀하의 건강과 안녕을 증진할 더 좋은 방법을 모색하는 데 큰 도움이 될 것입니다.

당신의 ACE 점수를 발견해 보세요(당신이 살아온, 인생의 첫 18년 동안에 해당함).

다음은 아동기 부정적 경험(Adverse Childhood Experiences: ACE) 관련 10개 카테고리입니다. 만 18세가 되기 전에 다음 ACE 카테고리에 해당하는 경험을 하셨다면 각 카테고리 옆에 체크해 주십시오. 그리고 경험한 ACE 카테고리의 개수를 더한 후 다음에 총 개수를 적어 주십시오.

먹을 것이 충분하지 않거나, 더러운 옷을 입어야 하거나, 귀하를 보호하거나 보살펴 줄 사람이 없다고 느낀 적이 있나요?	
이혼, 사별, 유기 또는 기타 이유로 부모님을 잃었나요?	
우울증, 정신질환을 앓거나 자살 시도를 한 사람과 함께 살았었나요?	
음주, 마약 또는 처방약 남용 등의 문제가 있는 사람과 함께 살았었나요?	
같이 사는 부모님이나 어른이 서로를 구타하거나 협박한 적이 있나요?	
전과자와 같이 살았었나요?	
같이 사는 부모님이나 어른이 귀하에게 욕설, 모욕하거나 비하한 적이 있었나요?	
같이 사는 부모님이나 어른이 귀하를 때리거나, 발로 차거나, 신체적으로 아프게 한 적이 있었나요?	
귀하를 사랑해 주거나 특별히 여기는 가족이 없다고 느낀 적이 있나요?	
원치 않는 성적 접촉(애무 또는 구강/항문/질 성교/삽입)을 경험한 적이 있었나요?	
ACE 점수 = 체크한 카테고리의 총 개수	

1. 가정 내 부모 혹은 다른 어른이 자주 혹은 심하게 당신에게 욕을 하거나 무시하거나 깎아내리거나 굴욕을 준 적 있나요? 혹은 신체적 가해를 받을까 봐 두려움을 느끼게끔 행동했나요?

그렇다 아니다 그렇다에 체크하였다면 1 기입: ______

2. 가정 내 부모 혹은 다른 어른이 자주 혹은 심하게 당신을 밀거나 잡거나 뺨을 치거나 혹은 당신에게 무언가를 던진 적 있나요? 혹은 매우 심하게 때려서 자국이 남거나 상처가 남은 적이 있나요?

그렇다 아니다 그렇다에 체크하였다면 1 기입: ______

3. 당신보다 적어도 5살이 많은 사람이나 어른이 당신을 애무하거나 만지거나 혹은 자신의 몸을 성적인 방식으로 만지게끔 한 적 있나요? 혹은 실제로 구강, 항문 혹은 성기에 삽입을 시도한 적 있나요?

그렇다 아니다 그렇다에 체크하였다면 1 기입: ______

4. 당신은 얼마나 자주 혹은 매우 빈번하게 다음과 같이 느끼는지……
아무도 나를 사랑하지 않는다거나 혹은 내가 중요하고 특별하다고 느껴지지 않는지 혹은 나의 가족이 서로를 돌보거나 친밀하거나 지지한다고 느껴지지 않는지?

그렇다 아니다 그렇다에 체크하였다면 1 기입: ______

5. 당신은 얼마나 자주 혹은 심하게 다음과 같이 느끼는지……
넉넉하게 먹지 못하고 더러운 옷을 입어야만 하거나 누구도 너를 보호하지 않는 것 같은지 혹은 당신의 부모가 알코올 중독 및 마약 중독이어서 병원에 가야 할 때 당신을 데려갈 수 없었는지……

그렇다 아니다 그렇다에 체크하였다면 1 기입: ______

6. 부모님들이 별거하거나 이혼했나요?

그렇다 아니다 그렇다에 체크하였다면 1 기입: ______

7. 엄마나 새엄마가 자주 혹은 심하게 당신을 밀거나 잡거나 빰을 치거나 혹은 무언가를 당신에게 던진 적이 있나요? 혹은 간혹 혹은 자주 발로 차거나 물거나 주먹으로 치거나 단단한 무언가로 때린 적 있나요? 혹은 반복적으로 치거나 총이나 칼로 적어도 몇 분 정도 위협했나요?

그렇다 아니다 그렇다에 체크하였다면 1 기입: ________________

8. 알코올 문제나 음주 문제가 있는 누군가와 산 적이 있는지 혹은 길거리 약물을 남용한 누군가와 산 적이 있나요?

그렇다 아니다 그렇다에 체크하였다면 1 기입: ________________

9. 가족 중 누군가 우울하거나 정신적 질환을 앓거나 자살을 시도한 적이 있나요?

그렇다 아니다 그렇다에 체크하였다면 1 기입: ________________

10. 가족 구성원 중 수감된 사람이 있나요?

그렇다 아니다 그렇다에 체크하였다면 1 기입: ________________

⇒ "그렇다"라고 대답한 항목의 점수를 모두 더하세요. 이것이 여러분의 ACE 점수입니다.

[부록 D] DSM-5 기준 외상 후 스트레스 장애 체크리스트

* 버전 날짜: 2013년 8월 14일

* 참고문헌: Weathers, F.W., Lits, B. T., Keane, T. M., Palmieri, P.A., Marx, B.P., & Schnurr, P. P. (2013). DSM-5 기반 외상 후 스트레스 장애 체크리스트

이 도구는 일반적으로 증상의 심각성을 알 수 있도록 고안되었습니다(제6장 내용 참조). 그리고 가장 심각하고 우선적으로 주의를 기울여야 하는 증상을 식별해 줍니다. 또한 결과가 낮은 점수를 기반으로 내담자의 강점을 알아볼 수도 있습니다.

PCL-5: 외상 후 스트레스 장애 체크리스트

지시: 최근 한 달 동안, 제시된 내용으로 얼마나 고통스러운지 체크하시오.	아님	약간	보통	많이	아주
1. 그 스트레스 경험에 대한 기억하고 싶지 않은 불쾌한 생각이 반복적으로 떠오릅니까?	0	1	2	3	4
2. 그 스트레스 경험에 대한 악몽을 반복해서 꾸십니까?	0	1	2	3	4
3. 별안간 그 스트레스 경험을 실제로 다시 겪는 것처럼 (마치 그곳에 실제로 되돌아 가서 경험하는 것 같이) 느껴지거나 행동하게 됩니까?	0	1	2	3	4
4. 뭔가 그 스트레스 경험을 다시 떠오르게 된다면, 매우 불쾌한 감정을 느끼십니까?	0	1	2	3	4
5. 그 스트레스 경험이 떠오를 때, 격한 신체 반응이 나타납니까? (예: 심장이 두근거리거나, 숨쉬기 힘들거나, 땀이 나는 것)	0	1	2	3	4
6. 그 스트레스 경험과 관련된 기억이나 생각 또는 감정을 피하십니까?	0	1	2	3	4
7. 그 스트레스 경험을 떠오르게 하는 외부 상황을 피하십니까? (예: 사람, 장소, 대화, 활동, 물건 또는 상황)	0	1	2	3	4
8. 그 스트레스 경험의 중요한 부분을 기억하기 어렵습니까?	0	1	2	3	4
9. 자기 자신, 다른 사람들, 혹은 세상에 대해 매우 부정적인 신념을 가지고 있습니까? (예: 나는 나쁘다, 나에게는 뭔가 심각하게 잘못된 것이 있다, 아무도 믿을 수 없다, 세상은 너무나 위험하다)	0	1	2	3	4

〈계속〉

지시: 최근 한 달 동안, 제시된 내용으로 얼마나 고통스러운지 체크하시오.	아님	약간	보통	많이	아주
10. 그 스트레스 경험이나 그 경험 이후에 일어난 일들에 대하여 자기 자신 탓이나 다른 사람 탓을 하고 있습니까?	0	1	2	3	4
11. 공포, 혐오, 분노, 죄책감, 수치심 같은 매우 부정적인 감정이 있습니까?	0	1	2	3	4
12. 이전에 자주 즐겼던 활동들에 대한 흥미를 잃어버렸습니까?	0	1	2	3	4
13. 다른 사람들과 동떨어졌거나 단절되었다고 느끼십니까?	0	1	2	3	4
14. 긍정적인 감정을 느끼는 것이 어렵습니까? (예: 행복하다고 느낄 수 없거나 가까운 사람들에 대해 사랑하는 감정을 가질 수 없다.)	0	1	2	3	4
15. 과잉 행동, 분노 폭발 또는 공격적인 행동을 하십니까?	0	1	2	3	4
16. 너무 많은 위험을 감수하거나 자신에게 해가 될 수 있는 위험한 행동을 하십니까?	0	1	2	3	4
17. 조금도 방심하지 않으려고 하거나 주변을 감시하거나 혹은 경계하게 되십니까?	0	1	2	3	4
18. 조마조마한 느낌이 들거나 쉽게 깜짝 놀라십니까?	0	1	2	3	4
19. 집중이 어렵습니까?	0	1	2	3	4
20. 잠들기가 어렵거나 중간에 깨십니까?	0	1	2	3	4

[부록 E] 관계 윤리 척도

이 질문은 아동기 가족 안에서 경험한 감정 그리고 다른 최근 관계에서 경험한 감정에 대한 질문입니다. 각 가족은 유일무이하므로 맞고 틀린 답이 있지 않습니다. 다만 가능한 최선을 다해 정직하게 답변하세요. 그리고 최선을 다해 많은 답변을 체크하세요. 다음의 문장을 읽고 당신 혹은 가족에게 적용해 보고 가장 적합하다고 생각되는 숫자에 체크하세요.

5 = 매우 그렇다　　4 = 그렇다　　3 = 보통이다　　2 = 아니다　　1 = 전혀 아니다

다음의 문장을 읽고 당신의 대부분의 어린 시절을 보낸 가족과 부모에게 적용하여 본 후 점수를 매겨 보세요.

1. 나는 내 가족이 나를 위한 최선의 이익을 추구할 것이라고 믿습니다.	5	4	3	2	1
2. 우리 가족은 자신의 잘못이 아닌 문제에 대해 비난을 받은 적이 있습니다.	5	4	3	2	1
3. 부모님 중 한 분을 기쁘게 해 드리는 것은 종종 다른 부모님을 불쾌하게 하는 것을 의미합니다.	5	4	3	2	1
4. 나는 내가 마땅히 받아야 할 가족의 사랑과 애정을 받습니다.	5	4	3	2	1
5. 무슨 일이 일어나든, 나는 항상 가족 옆에 있습니다.	5	4	3	2	1
6. 때때로 부모님 중 한 분 또는 두 분이 저를 싫어한다고 느낀 적도 있습니다.	5	4	3	2	1
7. 우리 가족 구성원들 모두에게 사랑과 따뜻함은 공평하게 부여되었습니다.	5	4	3	2	1
8. 때때로 나는 가족으로부터 불공평한 대우를 받았습니다.	5	4	3	2	1
9. 내 인생은 부모님의 바람으로 점철되었다고 느낍니다.	5	4	3	2	1
10. 가족 구성원들 모두 가족의 유익을 위해 기꺼이 자신을 바치려 했습니다.	5	4	3	2	1
11. 나는 가족과 지속해서 가까운 관계를 유지하려고 애씁니다.	5	4	3	2	1
12. 나는 간혹 가족으로부터 버림받았다고 느낍니다.	5	4	3	2	1

13~24번도 점수를 매겨 보세요. 지금의 삶에서 가깝고 중요한 관계 하나에 적용해 보는 것입니다. 만약 당신이 이혼했거나 싱글이거나 결혼을 안 했다 해도 부모나 자녀를 제외한 가까운 관계에 적용해 보세요. 다음 중 해당하는 관계를 체크하세요. 친구, 가족 구성원, 스폰서, 직장 동료 혹은 기타(　　　　). 결혼했거나 2년 이상 파트너가 있었다면 그들을 이 관계에 포함해도 됩니다. 만약 배우자와 사별했다 해도, 배우자를 회상하며 체크해도 됩니다. 다음의 질문을 읽고 당신과 가까운 관계에 적용한 후 적합한 점수를 매겨 보세요.

13. 이 사람의 정서적 욕구를 채우려고 나는 노력한다.	5	4	3	2	1
14. 이 사람이 내 최선의 이익을 찾기 위해 노력할 것이라고 믿지는 않는다.	5	4	3	2	1
15. 상처를 입었을 때 이 사람에게 상처 주는 말이나 행동을 한다.	5	4	3	2	1
16. 이 사람은 슬플 때나 즐거울 때나 내 곁에 있다.	5	4	3	2	1
17. 중요한 결정을 내리기 전, 이 사람의 의견을 구한다.	5	4	3	2	1
18. 나와 이 사람의 관계 사이에 불공평한 기여가 있다.	5	4	3	2	1
19. 화가 났을 때 나는 이 사람에게 화를 내는 경향이 있다.	5	4	3	2	1
20. 관계에서 우리는 동등한 파트너이다.	5	4	3	2	1
21. 우리는 서로에게 이득을 주기 위해 스스로 헌신한다.	5	4	3	2	1
22. 이 사람을 이용하기도 한다.	5	4	3	2	1
23. 나는 이 관계에서 당연하게 여겨지거나 부당하게 사용되기도 한다.	5	4	3	2	1
24. 이 사람은 내 이야기를 경청하고 나의 생각을 가치 있게 여긴다.	5	4	3	2	1

출처: © 1987 Terry D. Hargrave, Ph/ D. (Hargrave, Jennings & Anderson, 1991).

[부록 F] 인지된 불공평에 대한 조사

당신이 치료를 받게 한 최근 사건 발생 전 당신의 삶을 생각하며 다음의 질문을 적용하고 답해 보세요. 다른 사람들이 당신을 다루는 방식에 대한 당신의 신념에 대해 알고 싶어하는 질문들입니다.

당신이 생각하는 답변 칸에 체크 표시를 하세요.	예	아니요
1. 당신은 부당하게 해고당했거나 승진에서 거부된 적 있다고 생각하나요?		
2. 부당한 이유로 취업한 적이 없다고 생각하나요?		
3. 경찰에 의해 부당하게 제지, 수색, 심문, 신체적 위협 또는 학대를 받은 적이 있다고 생각하나요?		
4. 교사나 지도교수로부터 지속적으로 교육받는 것이 부당하게 좌절당한 적이 있었나요?		

일상생활에서 다음의 일들은 얼마나 자주 당신에게 발생하나요?

당신이 생각하는 답변 칸에 체크 표시를 하세요.	매우 자주	꽤 자주	너무 자주	거의 없음	절대 없음
5. 당신은 다른 사람들보다 덜 예의 바르게 대우를 받습니다.					
6. 당신은 다른 사람들보다 덜 존중받는 대우를 받습니다.					
7. 식당이나 상점에서 다른 사람들보다 열악한 서비스를 받습니다.					
8. 사람들은 당신이 똑똑하지 않다고 생각하는 듯 행동합니다.					
9. 사람들은 당신을 마치 두려워하는 것처럼 행동합니다.					
10. 사람들은 당신이 정직하지 않다고 생각하는 것처럼 행동합니다.					
11. 사람들은 자신이 당신보다 더 나은 사람인 것처럼 행동합니다.					
12. 당신은 놀림받거나 모욕을 받기도 합니다.					
13. 당신은 위협받거나 괴롭힘을 당합니다.					

출처: 미시간대학교, 디트로이트 지역 연구로부터 착안(1995).

[부록 G] 도덕적 상해 증상 척도: 군용 버전 축약 형식© I

채점: 역채점 문항은 5, 6, 7, 9 그리고 10 그런 후 나머지 모든 문항 점수의 합은 도덕적 상해의 심각성을 나타내 줍니다(가능한 범위는 10에서 100까지입니다). 10개 항목 중 어느 항목에서든 8점 이상(역점수 채점 후)은 임상적 주의가 필요할 수 있습니다.

1 Koeing, H. G., Ames D, Youssef, N., Oliver, J. P., Volk, F., Teng, E. J., Haynes, K., Erickson, Z., Arnold, I., O'Garo, K., Pearce, M. J. (2018). Screening for Moral Injury-The Moral Injury Symptpm Scale-Military Version Short Form. Military Medicine, 출판 중.

연락처: Harold, Koenig@duke.edu

지시: 지금 어떻게 느껴지는지 가장 정확하게 알려 주는 숫자에 동그라미 표시하세요.

1. 내가 신뢰했던 리더로부터 배신당했다고 느낍니다.

1	2	3	4	5	6	7	8	9	10
강하게 동의하지 않는다		약간 동의하지 않는다		중간이다		약간 동의한다		매우 동의한다	

2. 전쟁에서 누군가의 생명을 구하는 것을 실패한 것에 대한 죄책감을 느낍니다.

1	2	3	4	5	6	7	8	9	10
강하게 동의하지 않는다		약간 동의하지 않는다		중간이다		약간 동의한다		매우 동의한다	

3. 이 기간 동안 내가 한 행동 혹은 하지 않은 것에 대해 수치심을 느낍니다.

1	2	3	4	5	6	7	8	9	10
강하게 동의하지 않는다		약간 동의하지 않는다		중간이다		약간 동의한다		매우 동의한다	

4. 자신의 도덕성이나 가치관을 위반한 행동을 했기 때문에 나는 괴롭습니다.

1	2	3	4	5	6	7	8	9	10
강하게 동의하지 않는다		약간 동의하지 않는다		중간이다		약간 동의한다		매우 동의한다	

〈계속〉

5. 대부분의 사람은 신뢰할 만한 가치가 있습니다.

1	2	3	4	5	6	7	8	9	10
강하게 동의하지 않는다		약간 동의하지 않는다		중간이다		약간 동의한다		매우 동의한다	

6. 내 삶을 의미 있게 만드는 것이 무엇인지 나는 잘 알고 있습니다.

1	2	3	4	5	6	7	8	9	10
매우 틀림 대부분 틀림		약간 틀림		말하기 어려운		약간 맞는		꽤 맞는 매우 맞는	

7. 나는 전투 중에 나 또는 다른 사람들에게 일어난 일을 용서했습니다.

1	2	3	4	5	6	7	8	9	10
강하게 동의하지 않는다		약간 동의하지 않는다		중간이다		약간 동의한다		매우 동의한다	

8. 대체로 나는 내가 실패자라고 느끼는 경향이 있습니다.

1	2	3	4	5	6	7	8	9	10
강하게 동의하지 않는다		약간 동의하지 않는다		중간이다		약간 동의한다		매우 동의한다	

9. 나는 신이 나를 벌하기 위해 무엇을 했는지 궁금했습니다.

1	2	3	4	5	6	7	8	9	10
매우 많이 (매우 맞다)		약간 많이				약간		전혀 아닌 (매우 틀리다)	

10. 처음 군대에 갔을 때와 비교하여 이후로 종교가 생겨서 종교 활동을 합니다.

1	2	3	4	5	6	7	8	9	10
주말에 꽤 많이		주말에 약간				조금 강하게		매우 강하게	

[부록 H] 일곱 가지 탄력성: 어떻게 그것을 해낼 수 있었나요

- 다음 중 당신이 대처할 수 있게 돕는 전략들은 무엇입니까? 당신을 기술하는 모든 것을 체크하세요.

______	통찰	어려운 질문을 던지고 솔직한 답변을 하기
______	독립성	우리 삶의 고난의 근원으로부터 정서적으로 신체적으로 거리 두기
______	관계성	다른 사람들과 충만한 연결감 만들기
______	계획	문제를 담당하기
______	창의성	상상력을 이용하고 그것을 예술로 표현하기
______	유머	어려움 안에서 코믹한 것을 찾아내기
______	도덕성	정보에 입각한 양심에 기반하여 행동하기

출처: Wolin & Wolin (1993)으로부터 착안.

- 이 힘든 시기에 당신이 어떻게 살아남았는지 말해 주는 누군가가 떠오르나요? 당신이 대처하는 데 도움이 된 여러 가지를 나열해 보세요.

1. ______________________________
2. ______________________________
3. ______________________________
4. ______________________________

[부록 I] 복원치료 활동지: 고통과 평화의 순환 시스템

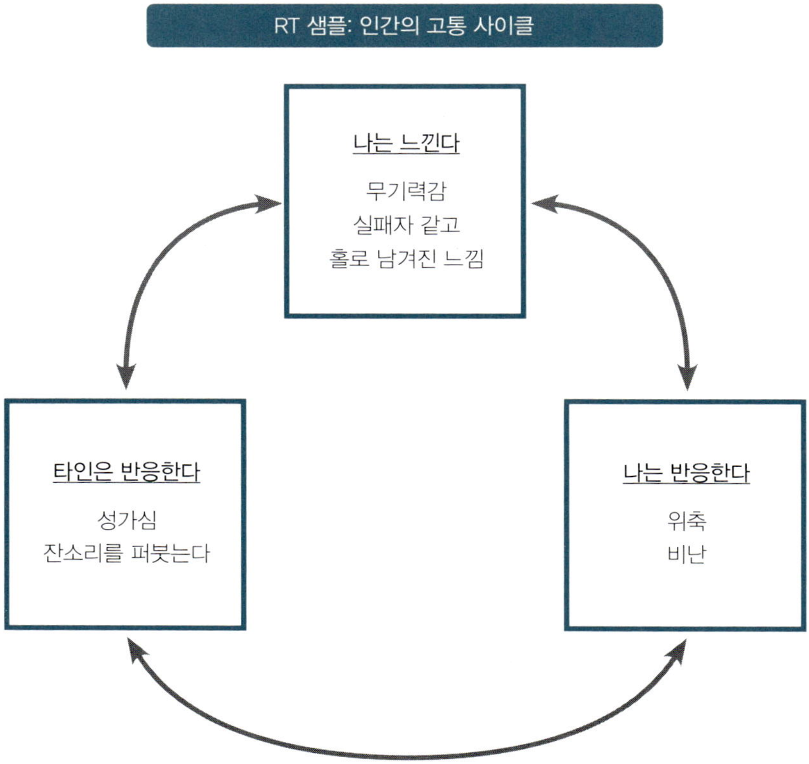

RT 샘플: 커플 고통 사이클

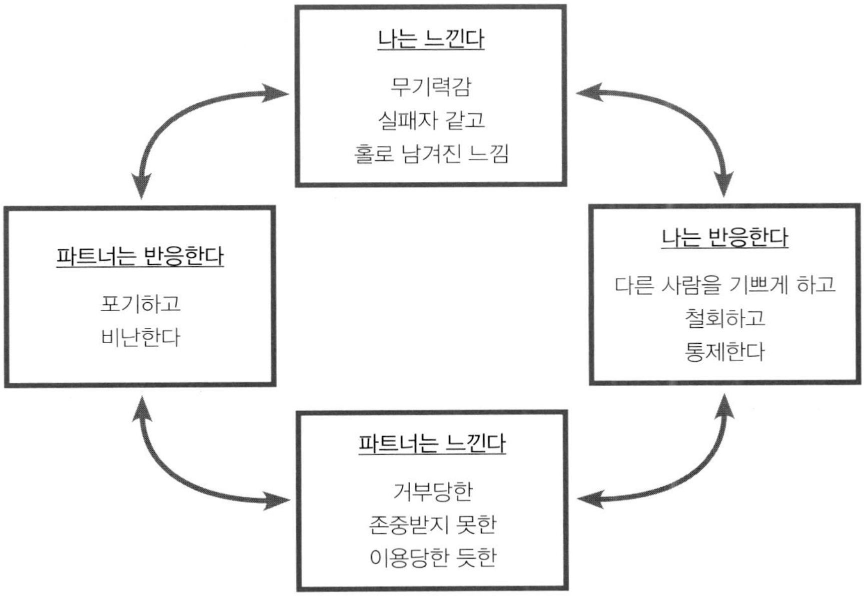

RT 샘플: 인간 평화 사이클

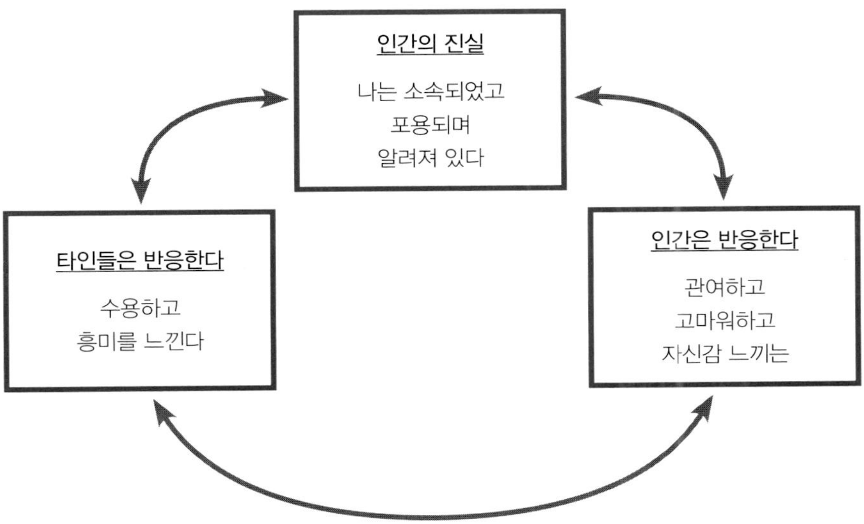

RT 샘플: 커플 평화 사이클

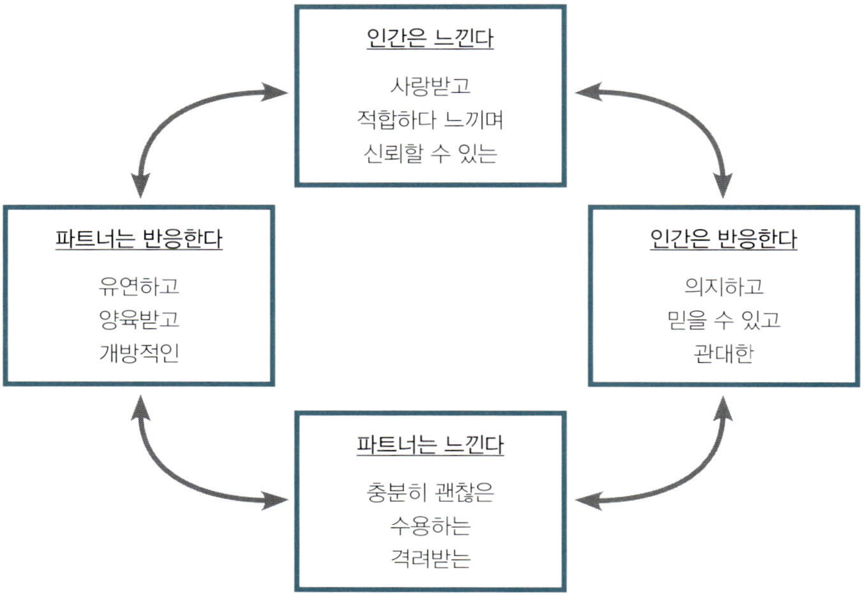

RT 활동지: 인간 사이클

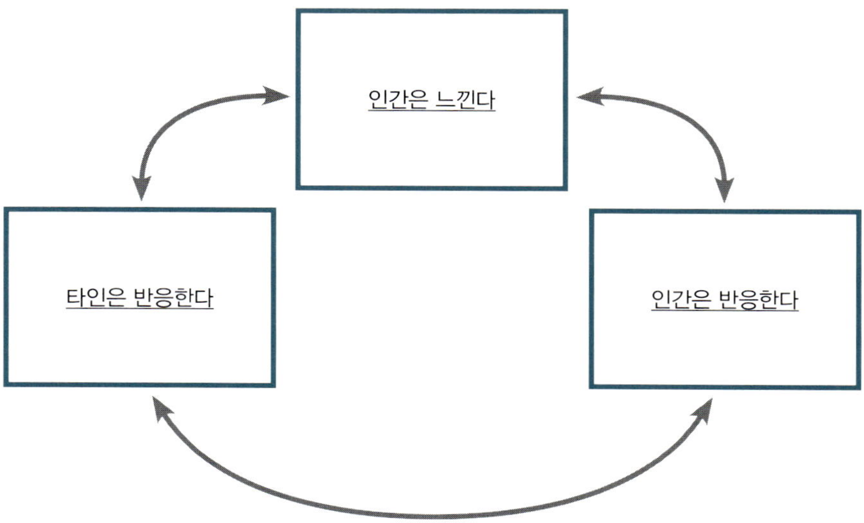

RT 활동지: 커플 사이클

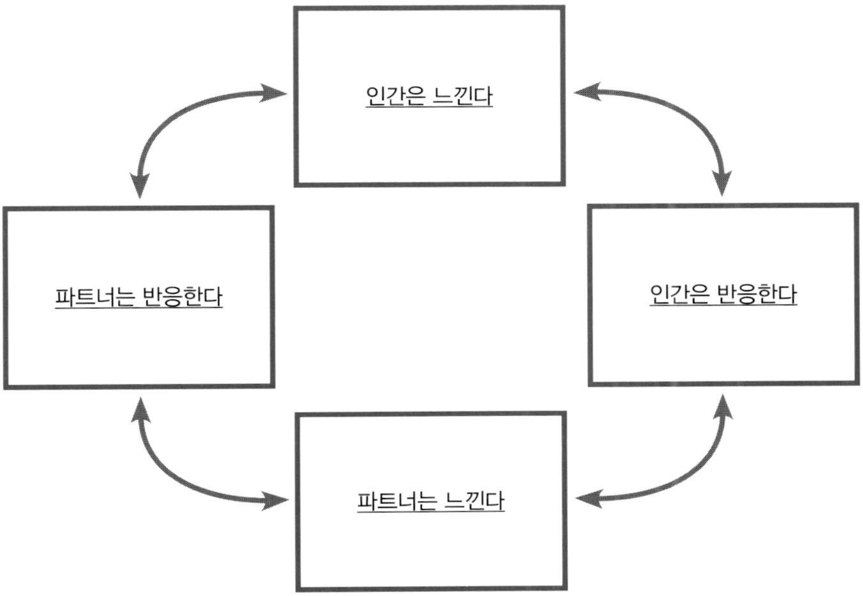

[부록 J] 심리교육, 트라우마와 외상 후 스트레스 장애

1. 심리교육은 내담자 및 가족과 개별적으로 세션에 1회 이상 참가한 후 실시하는 것이 가장 효과적입니다. 그 시간에 내담자들은 치료사가 자신의 딜레마와 요구 사항을 잘 이해하고 있다고 신뢰할 수 있습니다.
2. 가장 일반적인 구성은 내용, 과정, 생리학 및 상황에 특화된 자원들을 설명하는 유인물과 아이디어를 결합한 파워포인트 발표 형식입니다.

- 트라우마 기본 소개
  - 트라우마의 확장된 정의
    - 질병이 아닌 상처
    - 관점에 대한 은유–선사시대 조상, 아기들, 동물, 야구, 신분 도용
  - 신화, 오명, 각본, 대본과 일반적 지문들(가장 가까운 것을 고르기)
    - 의지력에 대한 수치심
    - 강간 대본과 Porges의 동결에 대한 연구
    - 스톡홀름 신드롬 신화[1]
    - 다른 상황에서의 신화(군대, 젠더, 윤리, 가족, 종교)
  - 취약성에 대한 독특한 청사진
    - 불리한 아동기 경험
    - 도덕적 상해, 압박, 부당함
  - 두 세계를 탐색하기(상황에 적합한 것을 고르세요.)
    - 재입장
    - 폭행, 학대, 왕따
    - 아동학대/방임
    - 애착 손상
    - 정체성 도용

1 역자 주: 스톡홀름 신드롬은 1973년 스웨덴 스톡홀름에서 발생한 은행 강도 사건에서 유래한 용어이다. 이 사건의 인질들이 오히려 범인들에게 동조되어 범인을 도왔는데, 이는 생존 전략으로 가해자의 공격성을 줄이고 안전을 도모하고자 함이다.

- 신체의 세계: 스트레스 반응
  - HPA 축
    - 호르몬
    - 투쟁 /도피/동결
  - 증상의 심각성
    - 자살
    - 가성
    - 회피
    - 기절
  - 대처 전략과 탄력성
    - 행동들
    - 신경전달물질/호르몬

- 가족/네트워크의 세계
  - 구성원에 대한 스트레스 반응(합류한 회기에서 요약하기)
  - 대처 전략과 탄력성(합류한 회기에서 요약하기)
  - 행동을 해석하기
    - 어떻게 상태가 특성이 되는지(상태에 초점 맞추기)
    - 안전과 통제
  - 낮은 갈등 환경
    - 기대 없이 초대하기
    - 의사소통(Gottman & DeClaire, 2001) "부드럽게 시작하기"
    - 문제해결 전략들

- 희망: 변형과 치유
  - 신체적 개입, 마음챙김
  - 훈련, 움직임, 반복
  - 자기표현, 예술, 창의성, 참신함
  - 팀워크, 사회적 관여
  - 정체성과 관계 회복

참고문헌

Acevedo, B. P., Aron, A., Fisher, H. E., & Brown, L. L. (2012a). Neural correlates of long-term intense romantic love. *Social Cognition of Affective Neuroscience, 7*(2), 145-159.

Acevedo, B. P., Aron, A., Fisher, H. E., & Brown, L. L. (2012b). Neural correlates of marital satisfaction and well-being: Reward, empathy, and affect. *Clinical Neuropsychiatry: Journal of Treatment Evaluation, 9*(1), 20-31.

Ader, R. (Ed.) (2007). *Psychoneuroimmunology* (4th ed., Vol. II). San Diego, CA: Elsevier Academic Press.

Ainsworth, M. D. S., Blehar, M. C., Walters, E., & Wall, S. (1978). *Patterns of attachment: A psychological study of the strange situation.* Hillsdale, NJ: Erlbaum.

Ainsworth, M. S. (1989). Attachments beyond infancy. *American Psychologist, 44*(4), 709-716.

Alexander, C. (February 2015). The invisible war on the brain. *National Geographic, 227*, 30-53.

Alim, T., Charney, D. S., & Mellman, T. (2006). An overview of post traumatic stress disorder in African Americans. *Journal of Clinical Psychology, 62*(7), 801-813.

Allen-Eckert, H., Fong, E., Nichols, M. P., Watson, N., & Liddle, H. A. (2001). Development of the family therapy enactment rating scale. *Family Process, 40*(4), 469-478.

Amedi, A., Merabet, L. B., Bermpohl, F., & Pascual-Leone, A. (2005). The occipital cortex in the blind: Lessons about plasticity and vision. *Current Directions in Psychological Science, 14*(6), 306-311.

Amen, D. G. (1998). *Change your brain change your life: The breakthrough program for conquering anxiety, depression, obsessiveness, anger and impulsiveness.* New York, NY: Three Rivers Press.

Amen, D. G. (2002). *Healing the hardware of the soul.* New York, NY: Free Press.

Andersen, T. E., Lahav, Y., Ellegaard, H., & Manniche, C. (2017). A randomized controlled trial of brief somatic experiencing for chronic low back pain and comorbid post-traumatic stress disorder symptoms. *European Journal of Psychotraumatology, 8*(1), 1331108 ddoi:10.1080/20008198.2017.1331108

Anderson, C., Reiss, D., & Hogarty, G. (1986). *Schizophrenia and the family: A practitioner's guide to psycho-education and management.* New York, NY: Guilford Press.

Anderson, C. M. (2000). *The ones we left behind: family therapy and the treatment of mental illness.* Paper presented at the annual meeting of the American Association for Marriage and Family Therapy. Denver, CO.

Andreano, J. M. & Cahill, L. (2009). Sex influences on the neurobiology of learning and memory. *Learning and Memory, 16*(4), 248-266.

Andreano, J. M. & Cahill, L. (2010). Menstrual cycle modulation of medial temporal activity evoked by negative emotion. *NeuroImage, 53*(4), 1286-1293.

Anttila, V., Bulik-Sullivan, B., Finucane, H. K., Walters, R. K., Bras, J., Duncan, L., … Murray, R. (2018). Analysis of shared heritability in common disorders of the brain. *Science, 360*(6395). doi:10.1126/science.aap8757

Arnsten, A. F. (2009). Stress signalling pathways that impair prefrontal cortex structure and function. *Nature Reviews Neuroscience, 10*(6), 410-422.

Arrington, D. E. (2014). *The power behind the story: A phenomenological exploration of the experience of female trafficking survivors.* (Ph.D. Dissertation), Amridge University, Montgomery, A.L.

Atkinson, B. (2005). *Emotional intelligence in couples therapy: Advances from neurobiology and the science of intimate relationships.* New York, NY: W.W. Norton.

Atkinson, E. (2016). *Sexual trauma: Rape in the gray zone.* Colorado Springs, CO: The Catalyst.

Barnes, H. A., Hurley, R. A., & Taber, K. H. (2019). Moral injury and PTSD: Often co-occurring yet mechanistically different. *The Journal of Neuropsychiatry and Clinical Neurosciences, 31*(2), 98-103. doi:10.1176/appi.neuropsych.19020036

Baron-Cohen, S. (2002). The extreme male brain theory of autism. *Trends in Cognitive Sciences, 6*(6), 248-254.

Baron-Cohen, S. & Lombardo, M. V. (2017). Autism and talent: The cognitive and neural basis of systemizing. *Dialogues in Clinical Neuroscience, 19*(4), 345-353.

Barraza, J. A. & Zak, P. J. (2009). Empathy toward strangers triggers oxytocin release and subsequent generosity. *Annals of the New York Academy of Science, 1167*, 182-189.

Barrett, F., Robins, R., & Janata, P. (2013). A brief form of the affective neuroscience personality scales. *Psychological Assessment.* doi:10.1037/a0032576

Bateson, G. (1972). *Steps to an ecology of mind.* New York, NY: Dutton.

Bateson, G. (1979). *Mind in nature: A necessary unity.* New York, NY: Dutton.

Bateson, G., Jackson, D., J., H., & Weakland, J. (1956). Toward a theory of schizophrenia.

Behavioral Science, 1(4), 251-264.

Beauchaine, T. (2001). Vagal tone, development, and gray's motivational theory: Toward an integrated model of autonomic nervous system functioning in psychopathology. *Development and Psychopathology, 13,* 183-214.

Beauchaine, T. P. (2015). Future directions in emotion dysregulation and youth psychopathology. *Journal of Clinical Child & Adolescent Psychology, 44*(5), 875-896. doi:10.1080/15374416.2015.1038827

Beauchaine, T. P. & Cicchetti, D. (2019). Emotion dysregulation and emerging psychopathology: A transdiagnostic, transdisciplinary perspective. *Development & Psychopathology, 31*(3), 799-804. doi:10.1017/S0954579419000671

Beauchaine, T. P., Gatzke-Kopp, L., & Mead, H. K. (2007). Polyvagal theory and developmental psychopathology: Emotion dysregulation and conduct problems from preschool to adolescence. *Biological Psychology, 74*(2), 174-184. doi:10.1016/j.biopsycho.2005.08.008

Beauchaine, T. P., Klein, D. N., Crowell, S. E., Derbidge, C., & Gatzke-Kopp, L. (2009). Multifinality in the development of personality disorders: A biology x sex x environment interaction model of antisocial and borderline traits. *Development and Psychopathology, 21*(3), 735-770. doi:10.1017/s0954579409000418

Beauchaine, T. P. & Zisner, A. (2017). Motivation, emotion regulation, and the latent structure of psychopathology: An integrative and convergent historical perspective. *International Journal of Psychophysiology, 119,* 108-118. doi:10.1016/j.ijpsycho.2016.12.014

Bechara, A., Damasio, H., & Damasio, A. R. (2000). Emotion, decision making and the orbitofrontal cortex. *Cerebral Cortex, 10*(3), 295-307.

Bechara, A., Damasio, H., & Damasio, A. R. (2003). Role of the amygdala in decision-making. *Annals of the New York Academy of Science, 985,* 356-369.

Bellah, R., Madsen, R., Sullivan, O., Swidler, A., & Tipton, S. (1985). Reaching out. In R. Bellah, R. Madsen, O. Sullivan, A. Swidler, & S. Tipton (Eds.), *Habits of the heart: Individualism and commitment in American life.* New York, NY: Harper & Row.

Berg, I. K. & Dolan, Y. M. (2001). *Tales of solutions: A collection of hope-inspiring stories.* New York, NY: W. W. Norton.

Berke, D. S., Kline, N. K., Wachen, J. S., McLean, C. P., Yarvis, J. S., Mintz, J., ··· Litz, B. T. (2019). *Predictors of attendance and dropout in three randomized controlled trials of PTSD treatment for active duty service members.* Behaviour Research and Therapy, 118, 7-17. doi:https://doi.org/10.1016/j.brat.2019.03.003

Berkman, L. & Glass, T. (2000). From social integration to health: Durkheim in the new millennium. *Social Science and Medicine, 15*(6), 843-858.

Berkman, L. & Syme, S. (1979). Social networks, host resistance, and mortality: A nine-year followup of alameda county residents. American *Journal of Epidemiology, 109,* 186-204.

Blevins, C. A., Weathers, F. W., Davis, M. T., Witte, T. K., & Domino, J. L. (2015). The post-traumatic stress disorder checklist for dsm-5 (pcl-5): Development and initial psychometric evaluation. *Journal of Traumatic Stress, 28,* 489-498. doi:10.1002/jts.22059

Block, R. A., Arnott, D. P., Quigley, B., & Lynch, W. C. (1989). Unilateral nostril breathing influences lateralized cognitive performance. *Brain Cognition, 9*(2), 181-190.

Blond, B. N., Fredericks, C. A., & Blumberg, H. P. (2012). Functional neuroanatomy of bipolar disorder: Structure, function, and connectivity in an amygdala-anterior paralimbic neural system. *Bipolar Disorders, 14*(4), 340-355. doi:10.1111/j.1399-5618.2012.01015.x

Bos, P. A., Terburg, D., & Van Honk, J. (2010). Testosterone decreases trust in socially naive humans. *Proceedings of the National Academy of Sciences of the United States of America, 107*(22), 9991-9995.

Boss, P. (2000). *Ambiguous loss: Learning to live with unresolved grief.* Boston: Harvard University Press.

Boszormenyi-Nagy, I. & Krasner, B. (1986). *Between give and take: A clinical guide to contextual therapy*. New York, NY: Brunner/Mazel.

Bowen, M. (1978). *Family therapy in clinical practice.* New York, NY: Aronson.

Bowlby, J. (1944). Forty-four juvenile thieves: Their characters and home lives. *International Journal of Psychoanalysis, 25*, 19-52.

Bowlby, J. (1949). The study and reduction of group tensions in the family. *Human Relations, 2,* 123-128.

Bowlby, J. (1969). *Attachment and loss: Vol. 1. Attachment.* New York, NY: Basic Books.

Bowser, B. P., Word, C. O., Stanton, M. D., & Coleman, S. B. (2003). Death in the family and HIV risk-taking among intravenous drug users. *Family Process, 42*(2), 291-304.

Boyd-Franklin, N. & Bry, B. H. (2000). *Reaching out in family therapy: Home-based, school, and community interventions.* New York, NY: Guilford Press.

Boynton-Jarrett, R., Wright, R. J., Putnam, F. W., Lividoti Hibert, E., Michels, K. B., Forman, M. R., & Rich-Edwards, J. (2013). Childhood abuse and age at menarche. *The Journal of Adolescent Health: Official Publication of the Society for Adolescent Medicine, 52*(2), 241-247. doi:10.1016/j.jadohealth.2012.06.006

Brehm, S. (1985). *Intimate relationships.* New York, NY: Random House.

Bretherton, I. (1992). The origins of attachment theory: John Bowlby and Mary Ainsworth.

Developmental Psychology, 28, 759–775.

Bretherton, I. & Munholland, K. (2008). Internal working models in attachment relationships: Elaborating a central construct in attachment theory. In J. Cassidy & P. R. Shaver (Eds.), *Handbook of attachment: Theory, research, and clinical applications* (pp. 102–127). New York, NY: Guilford Press.

Broad Institute of MIT and Harvard (2018, June 21). *Psychiatric disorders share an underlying genetic basis: Psychiatric disorders may have important molecular similarities that are not reflected in current diagnostic categories*. ScienceDaily. www.sciencedaily.com/releases/2018/06/180621141059.htm

Brody, S. (2007). Vaginal orgasm is associated with better psychological function. *Sexual and Relationship Therapy, 22*(2), 173–191.

Brom, D., Stokar, Y., Lawi, C., Nuriel-Porat, V., Ziv, Y., Lerner, K., & Ross, G. (2017). Somatic experiencing for posttraumatic stress disorder: A randomized controlled outcome study. *Journal of Traumatic Stress, 30*(3), 304–312. doi:10.1002/jts.22189

Bronfenbrenner, U. (1979). *The ecology of human development: Experiments by nature and design*. Cambridge, MA: Harvard University Press.

Brooks, G. R. (1998). Why traditional men hate psychotherapy. *Psychotherapy Bulletin, 33*(3), 45–49.

Brooks, G. R. (2012). Male-sensitive therapy for the returning veteran and his partner. In D. S. Shepard & M. l. Harway (Eds.), *Engaging men in couples therapy* (pp. 279–299). New York, NY: Routledge/Taylor & Francis Group.

Brown, T. B. & Kimball, T. (2013). Cutting to live: A phenomenology of self-harm. *Journal of Marital & Family Therapy, 39*(2), 195–208. doi:10.1111/j.1752-0606.2011.00270.x

Brown, V. B., Melchior, L. A., Panter, A. T., Slaughter, R., & Huba, G. J. (2000). Women's steps of change and entry into drug abuse treatment. A multidimensional stages of change model. *Journal of Substance Abuse Treat, 18*(3), 231–240.

Bruner, J. (1986). *Actual minds, possible worlds*. Cambridge, MA: Harvard University Press.

Bryan, C. J., Bryan, A. O., Roberge, E., Leifker, F. R., & Rozek, D. C. (2018). Moral injury, posttraumatic stress disorder, and suicidal behavior among national guard personnel. *Psychological Trauma: Theory, Research, Practice, and Policy, 10*(1), 36–45. doi:10.1037/tra0000290

Bryant-Davis, T. (2007). Healing requires recognition: The case for race-based traumatic stress. *Counseling Psychologist, 35*, 135–143.

Buck, C. (2003). Smallpox inoculation-should we credit Chinese medicine? *Complementary*

Therapeutic Medicine, 11(3), 201-202. doi:S0965229903000876 [pii]

Buehlman, K. T., Gottman, J. M., & Katz, L. F. (1992). How a couple views their past predicts their future: Predicting divorce from an oral history interview. *Journal of Family Psychology, 5*(3-4), 295-318.

Bulhan, H. A. (1985). *Franz fanon and the psychology of oppression*. New York, NY: Springer.

Burgess Moser, M., Johnson, S. M., Dalgleish, T. L., Lafontaine, M.-F., Wiebe, S. A., & Tasca, G. A. (2016). Changes in relationship-specific attachment in emotionally focused couple therapy. *Journal of Marital and Family Therapy, 42*(2), 231-245. doi:10.1111/jmft.12139

Butts, H. F. (2002). The black mask of humanity: Racial/ethnic discrimination and post-traumatic stress disorder. *Journal of the American Academy of Psychiatry and the Law, 30*(3), 336-339.

Cahill, L. (2003). Sexand hemisphere-related influences on the neurobiology of emotionally influenced memory. *Progress in Neuro-Psychopharmacology & Biological Psychiatry, 27*, 1235-1241.

Cahill, L. (2006). Why sex matters for neuroscience. *Nature Review of Neuroscience, 7*(6), 477-484.

Cahill, L., Gorski, L., Belcher, A., & Huynh, Q. (2004a). The influence of sex versus sex-related traits on long-term memory for gist and detail from an emotional story. *Consciousness and Cognition, 13*(2), 391-400.

Cahill, L., Haier, R. J., White, N. S., Fallon, J., Kilpatrick, L., Lawrence, C., … Alkire, M. T. (2001). Sex-related difference in amygdala activity during emotionally influenced memory storage. *Neurobiology of Learning and Memory, 75*(1), 1-9.

Cahill, L., Uncapher, M., Kilpatrick, L., Alkire, M. T., & Turner, J. (2004b). Sex-related hemispheric lateralization of amygdala function in emotionally influenced memory: An fMRI investigation. *Learning and Memory, 11*(3), 261-266.

Capacchione, L. (2001). *The power of your other hand revised edition*. Franklin Lakes, NJ: The Career Press, Inc.

Carey, B. (June 23, 2011). *Expert on mental illness reveals her own fight*. The New York Times.

Carlson, J. G., Chemtob, C. M., Rusnak, K., Hedlund, N. L., & Muraoka, M. Y. (1998). Eye movement desensitization and reprocessing (EDMR) treatment for combat-related posttraumatic stress disorder. *Journal of Traumatic Stress, 11*(1), 3-24. doi:10.1023/a:1024448814268

Carre, J. M. & Mehta, P. H. (2011). Importance of considering testosterone-cortisol interactions in predicting human aggression and dominance. *Aggressive Behavior, 37*(6), 489-491.

Cassidy, J. & Shaver, P. R. (Eds.) (1999). *Handbook of attachment: Theory, research, and clinical applications*. New York, NY: Guilford Press.

Cavanagh, M. E. (2006). Moral imperviousness and the tabula rasa fallacy: A contribution from the neurosciences. *Journal of College and Character, 7*(6), null-null. doi:10.2202/1940-1639.1202

Chapman, L. (2012). *Strengthening sensory-motor systems, part i*. Redwood Valley, CA: Art Therapy Institute of the Redwoods.

Chapman, L. (2014). *Neurobiologically informed trauma therapy with children and adolescents: Understanding mechanisms of change*. New York: Norton.

Chein, J., Albert, D., O'Brien, L., Uckert, K., & Steinberg, L. (2011). Peers increase adolescent risk taking by enhancing activity in the brain's reward circuitry. *Developmental Science, 14*(2), F1-F10. doi: 10.1111/j.1467-7687.2010.01035.x

Chopra, D. (1997). Forward. In C. B. Pert (Ed.), *Molecules of emotion: Why you feel the way you feel*. New York, NY: Scribner.

Clark, C. F. (2000). *What men hate about psychotherapy*. Tucson, AZ: Psychotherapy and Organizational Development (www.psychod.com).

Coan, J. A. (2010). Adult attachment and the brain. *Journal of Social and Personal Relationships, 27*(2), 210-217. doi:10.1177/0265407509360900

Coates, T. (2015). *Between the world and me*. New York, NY: Spiegel & Grau.

Cohen, J. D., McClure, S. M., & Yu, A. J. (2007). Should I stay or should I go? How the human brain manages the trade-off between exploitation and exploration. *Philosophical Transactions of the Royal Society B: Biological Sciences, 362*(1481), 933-942. doi:865236Q72245P111[pii];10.1098/rstb.2007.2098[doi]

Coleman, S. B. & Stanton, M. D. (1978). The role of death in the addict family. *Journal of Marital & Family Therapy, 10,* 79-91.

Cooley, C. H. (1902). *Human nature and the social order*. New York, NY: Scribner.

Cozalino, L. J. (2006). *The neuroscience of human relationships: Attachment and the developing social brain* (1st ed.). New York, NY: W.W. Norton.

Crocker, L. D., Jurick, S. M., Thomas, K. R., Keller, A. V., Sanderson-Cimino, M., Boyd, B., … Jak, A. J. (2018). Worse baseline executive functioning is associated with dropout and poorer response to trauma-focused treatment for veterans with ptsd and comorbid traumatic brain injury. *Behaviour Research & Therapy, 108,* 68-77. doi:10.1016/j.brat.2018.07.004

Cross, T. L. (1995). Understanding family resiliency from a relational world view. In H. I. McCubbin, E. A. Thompson, A. I. Thompson, & J. E. Fromer (Eds.), *Resiliency in ethnic minority families: Native and immigrant American families* (pp. 143-157). Madison, WI: University of Wisconsin-Madison Center for Family Studies.

Crowell, S. E., Beauchaine, T. P., Hsiao, R. C., Vasilev, C. A., Yaptangco, M., Linehan, M. M., … McCauley, E. (2012). Differentiating adolescent self-injury from adolescent depression: Possible implications for borderline personality development. *Journal of Abnormal Child Psychology, 40*(1), 45-57. doi:10.1007/s10802-011-9578-3

Cunningham, P. B. & Henggeler, S. (1999). Engaging multiproblem families in treatment: Lessons learned throughout the development of multisystemic therapy. *Family Process, 38*(3), 265-281.

Dakof, G. A., Tejeda, M., & Liddle, H. A. (2001). Predictors of engagement in adolescent drug abuse treatment. *Journal of the American Academy of Child and Adolescent Psychiatry, 40*(3), 274-281.

Damasio, A. R. (1994). *Descartes' error: Emotion, reason, and the human brain.* New York, NY: G.P. Putnam.

Damasio, A. R. (2003). *Looking for Spinoza: Joy, sorrow, and the feeling brain.* Orlando, FL: Harcourt.

Damasio, A. R. (2010). *The self comes to mind.* New York, NY: Pantheon.

Daneshpour, M. (1998). Muslim families and family therapy. *Journal of Marital & Family Therapy, 24*(3), 355-368. doi:10.1111/j.1752-0606.1998.tb01090.x

Daneshpour, M. (2017). *Family therapy with Muslims.* New York, NY: Routledge.

Daneshpour, M. & Dadras, I. (2013 (May/June)). Cultural neuroscience: Child and adolescent brain development. *Family Therapy Magazine*, 24-27.

Dang, J., Xiao, S., & Dewitte, S. (2015). Commentary: "Poverty impedes cognitive function" and "the poor's poor mental power". *Frontiers in Psychology, 6*, 1037-1037. doi:10.3389/fpsyg.2015.01037

Darwin, C. (1859). *Origin of the species.* London: Charles Murray.

Dash, L. (1996). *Rosa Lee: A mother and her family in urban America.* New York, NY: Basic Books.

Davidson, R. J., Kabat-Zinn, J., Schumacher, J., Rosenkranz, M., Muller, D., Santorelli, S. F., . . . Sheridan, J. F. (2003). Alterations in brain and immune function produced by mindfulness meditation. *Psychosomatic Medicine, 65*(4), 564-570. doi:10.1097/01.psy.0000077505.67574.e3

Davis, K. L. & Montag, C. (2019). Selected principles of Pankseppian affective neuroscience. *Frontiers in Neuroscience, 12*(1025). doi:10.3389/fnins.2018.01025

Davis, K. L. & Panksepp, J. (2011). The brain's emotional foundations of human personality and the affective neuroscience personality scales. *Neuroscience and Biobehavioral Review, 35*(9), 1946-1958.

DePierro, J., D'Andrea, W., Spinazzola, J., Stafford, E., van Der Kolk, B., Saxe, G., . . . Ford,

J. D. (2019). Beyond PTSD: Client presentations of developmental trauma disorder from a national survey of clinicians. *Psychological Trauma: Theory, Research, Practice, and Policy.* doi:10.1037/tra000053210.1037/tra0000532.supp (Supplemental)

de Quervain, D. J.-F., Roozendaal, B., Nitsch, R. M., McGaugh, J. L., & Hock, C. (2000). Acute cortisone administration impairs retrieval of long-term declarative memory in humans. *Nature Neuroscience, 3*(4), 313-314.

De Shazer, S. & Berg, I. K. (1992). Doing therapy: A post-structuralist re-vision. *Journal of Marital and Family Therapy, 18*(1), 71-81.

Diamond, G. & Liddle, H. A. (1996). Resolving a therapeutic impasse between parents and adolescents in multidimensional family therapy. *Journal of Consulting and Clinical Psychology, 64*(3), 481-488.

Diamond, G., Russon, J., & Levy, S. (2016). Attachment-based family therapy: A review of the empirical support. *Family Process, 55*(3), 595-610. doi:10.1111/famp.12241

Diamond, G. M., Diamond, G. S., & Liddle, H. A. (2000). The therapist-parent alliance in family-based therapy for adolescents. *Journal of Clinical Psychology, 56*(8), 1037-1050.

Diamond, G. S., Diamond, G. M., & Levy, S. A. (2014). *Attachment-based family therapy for depressed adolescents.* Washington, DC: American Psychological Association.

Diamond, G. S. & Liddle, H. A. (1999). Transforming negative parent-adolescent interactions: From impasse to dialogue. *Family Process, 38*(1), 5-26.

Diamond, G. S., Wintersteen, M. B., Brown, G. K., Diamond, G. M., Gallop, R., Shelef, K., & Levy, S. (2010). Attachment-based family therapy for adolescents with suicidal ideation: A randomized controlled trial. *Journal of the American Academy of Child & Adolescent Psychiatry, 49*(2), 122-131. doi:10.1016/j.jaac.2009.11.002

Diamond, L. M. (2004). Emerging perspectives on distinctions between romantic love and sexual desire. *Current Directions in Psychological Science, 13*(3), 116-119.

Dick, D. M. & Kendler, K. S. (2012). The impact of gene-environment interaction on alcohol use disorders. *Alcohol Research: Current Reviews, 34*(3), 318-324.

Dinkmeryer, D., McKay, G. D., Dinkmeyer, J. S., Dinkmeyer, D., and McKay, J. L. (1997). *Parenting young children: Systematic training for effective parenting (STEP) of children under six.* Circle Pines, MN: American Guidance Service.

Doidge, N. (2007). *The brain that changes itself: Stories of personal triumph from the frontiers of brain science.* New York, NY: Penguin Books.

Drysdale, A. T., Hartley, C. A., Pattwell, S. S., Ruberry, E. J., Somerville, L. H., Compton, S. N., … Walkup, J. T. (2014). Fear and anxiety from principle to practice: Implications for when to treat youth with anxiety disorders. *Biological Psychiatry, 75*(11), e19-e20. doi:10.1016/j.biopsych.2013.08.015

Dugard, J. (2016). *Freedom: My book of firsts*. New York, NY: Simon and Schuster.

Ekman, P. (2007). *Emotions revealed: Recognizing faces and feelings to improve communication and emotional life* (2nd ed.). New York, NY: Henry Holt and Company.

Engel, G. I. (1977). The need for a new medical model: A challenge to biomedicine. *Science, 196,* 129-136.

Epston, D. & White, M. (1992). *Experience, contradiction, narrative and imagination.* Adelaide, Australia: Dulwich Centre Publications.

Erickson, C. K. (2007). *The science of addiction: From neurobiology to treatment.* New York, NY: W.W. Norton.

Erickson, M. & Rossi, E. (1979). *Hypnotherapy: An exploratory casework.* New York, NY: Irvington.

Evans, D. (2002). The search hypothesis of emotion. *British Journal for the Philosophy of Science, 53*(4), 497-510.

Farah, J. d. L., Lauand, C. V., Chequi, L., Fortunato, E., Pasqualino, F., Bignotto, L. H., ··· Aprahamian, I. (2015). Severe psychotic disorder as the main manifestation of adrenal insufficiency. *Case Reports in Psychiatry, 2015,* 4. doi:10.1155/2015/512430

Felitti, V. J., Anda, R. F., Nordenberg, D., Williamson, D. F., Spitz, A., Edwards, V., ··· Marks, J. S. (1998). Relationship of childhood abuse and household dysfunction to many of the leading causes of death in adults: The adverse childhood experiences (ace) study. *American Journal of Preventive Medicine, 14,* 245-258.

Ferree, N. K. & Cahill, L. (2009). Post-event spontaneous intrusive recollections and strength of memory for emotional events in men and women. *Consciousness & Cognition, 18*(1), 126-134.

Fincher, J. (1981). *The brain: Mystery of matter and mind.* Washington, DC: U.S. News Books.

Fischer, E. P., Sherman, M. D., McSweeney, J. C., Pyne, J. M., Owen, R. R., & Dixon, L. B. (2015). Perspectives of family and veterans on family programs to support reintegration of returning veterans with posttraumatic stress disorder. *Psychological Services, 12*(3), 187- 198. doi:10.1037/ser0000033

Fishbane, M. D. (2007). Wired to connect: Neuroscience, relationships and therapy. *Family Process, 46*, 395-412.

Fishbane, M. D. (2008). News from neuroscience: Applications to couple therapy. *American Family Therapy Academy Monograph Series* (Winter), 20-28.

Fisher, H. E. (2004a). *Why we love: The nature and chemistry of romantic love.* New York, NY: Holt.

Fisher, H. E. (2004b). Your brain in love. *Time, 163*(3), 80-83.

Fisher, H.E. (2004c). Dumped! *New Scientist, 181*(2434), 40-43.

Fisher, H. E. (2009). Why him? Why her? *Psychotherapy Networker, 33*(3), 28-59.

Fisher, H.E., Aron, A., & Brown, L. L. (2005). Romantic love: An fMRI study of a neural mechanism for mate choice. *Journal of Comparative Neurology, 493*(1), 58-62.

Fisher, H. E., Aron, A., & Brown, L. L. (2006). Romantic love: A mammalian brain system for mate choice. *Philosophical Transactions of the Royal Society of London B: Biological Science, 361*(1476), 2173-2186.

Fisher, H. E., Aron, A., Mashek, D., Li, H., & Brown, L. L. (2002). Defining the brain systems of lust, romantic attraction, and attachment. *Archives of Sexual Behavior, 31*(5), 413-419.

Fisher, H. E., Brown, L. L., Aron, A., Strong, G., & Mashek, D. (2010). Reward, addiction, and emotion regulation systems associated with rejection in love. *Journal of Neurophysiology, 104*(1), 51-60.

Fivush, R. (2011). The development of autobiographical memory. *Annual Review of Psychology, 62,* 559-582.

Foerschner, A. M. (2010). The history of mental illness: From 'skull drills' to 'happy pills'. *Student Pulse, 2*(9), 1-4.

Ford, J. D. (2008). Trauma, posttraumatic stress disorder and ethnoracial minorities: Toward diversity and cultural competence in principles and practices. *Clinical Psychology: Science and Practice, 15,* 62-67.

Forgeard, M. J., Haigh, E. A., Beck, A. T., Davidson, R. J., Henn, F. A., Maier, S. F., ··· Seligman, M. E. (2011). Beyond depression: Towards a process-based approach to research, diagnosis, and treatment. *Clinical Psychology, 18*(4), 275-299. doi:10.1111/j.1468-2850.2011.01259.x [doi]

Foucault, M. (1973). *The birth of the clinic: An archaeology of medical perception.* London: Tavistock.

Frank, C. (2001). Why do we fall in-and out of-love? Dr. Helen fisher unravels the mystery. *Biography Magazine, 2,* 86-87.

Franklin, A. J., Boyd-Franklin, N., & Kelly, S. (2006). Racism and invisibility: Race-related stress, emotional abuse and psychological trauma for people of color. In L. V. Blitz & M. P. Greene (Eds.), *Racism and racial identity: Reflections on urban practice in mental health and social services* (pp. 9-30). Binghamton, NY: Haworth Maltreatment and Trauma Press/ The Haworth

Press.

Friel, J. C. & Friel, L. D. O. (2012). *The power and grace between nasty or nice*. Deerfield Beach, FL: Health Communications, Inc.

Fristad, M. A., Ackerman, J. P., & Nick, E. A. (2018). Adaptation of multi-family psychoeducational psychotherapy (mf-pep) for adolescents with mood disorders: Preliminary findings. *Evidence-Based Practice Child and Adolescent Mental Health, 3*(4), 252-262. doi:10.108 0/23794925.2018.1509031

Garland, E. L., Hanley, A. W., Goldin, P. R., & Gross, J. J. (2017). Testing the mindfulness-to-meaning theory: Evidence for mindful positive emotion regulation from a reanalysis of longitudinal data. *PLoS One, 12*(12), e0187727. doi:10.1371/journal.pone.0187727

Gaskill, R. L. & Perry, B. D. (2017). A neurosequential therapeutics approach to guided play, play therapy, and activities for children who won't talk. In C. A. Malchiodi & D. A. Crenshaw (Eds.), *What to do when children clam up in psychotherapy: Interventions to facilitate communication*. (pp. 38-66). New York, NY: Guilford Press.

Gecas, V. & Schwalbe, M. L. (1983). Beyond the looking-glass self: Social structure and efficacy-based self-esteem. *Social Psychology Quarterly, 46*(2), 77-88.

Gendlin, E. T. (1996). *Focusing-oriented psychotherapy*. New York, NY: Guilford.

Gershon, M. (1998). *The second brain*. New York, NY: Harper-Collins.

Gil, E. (2006). *Helping abused and traumatized children: Integrating directive and nondirective approaches*. New York, NY: Guilford Press.

Gil, E. (2010). *Working with children to heal interpersonal trauma: The power of play*. New York, NY: Guilford Press.

Gil, E. (2015). Posttraumatic play: A robust path to resilience. In D. A. Crenshaw, R. Brooks, & S. Goldstein (Eds.), *Play therapy interventions to enhance resilience* (pp. 107-125). New York, NY: Guilford Press.

Gil, E. (2017). *Posttraumatic play in children: What clinicians need to know*. New York, NY: Guilford Press.

Goldberg, S. (February 2015). The art of recovery. *National Geographic, 227*, 2.

Goldstein, J. M., Jerram, M., Abbs, B., Whitfield-Gabrieli, S., & Makris, N. (2010). Sex differences in stress response circuitry activation dependent on female hormonal cycle. *The Journal of Neuroscience, 30*(2), 431-438.

Gong, G. H. & Yong Evans, A. C. (2011). Brain connectivity: Gender makes a difference. *The Neuroscientist, 17*(5), 575-591.

Gottman, J. M. (1993). The roles of conflict engagement, escalation, and avoidance in marital interaction: A longitudinal view of five types of couples. *Journal of Consulting and Clinical Psychology, 61*(1), 6-15.

Gottman, J. M., Jacobson, N. S., Rushe, R. H., Shortt, J. W., Babcock, J., La Taillade, J. J., & Waltz, J. (1995). The relationship between heart rate reactivity, emotionally aggressive behavior, and general violence in batterers. *Journal of Family Psychology, 9*(3), 227-248.

Gottman, J. M., Katz, L. F., & Hooven, C. (1997). *Meta-emotion: How families communicate emotionally.* Mahwah, NJ: Lawrence Erlbaum Associates.

Gottman, J. M. & Levenson, R. W. (1985). A valid procedure for obtaining self-report of affect in marital interaction. *Journal of Consulting and Clinical Psychology, 53*(2), 151-160.

Greenberg, G. (2013). *The book of woe: The DSM and the unmaking of psychiatry.* New York, NY: Penguin.

Grepmair, L., Mitterlehner, F., Loew, T., Bachler, E., Rother, W., & Nickel, M. (2007). Promoting mindfulness in psychotherapists in training influences the treatment results of their patients: A randomized, double-blind, controlled study. *Psychotherapy Psychosomatics, 76*(6), 332-338.

Griffith, J. L. & Griffith, M. E. (1994). *The body speaks.* New York, NY: BasicBooks.

Gros, D. F., Price, M., Yuen, E. K., & Acierno, R. (2013). Predictors of completion of exposure therapy in OEF/OIF veterans with posttraumatic stress disorder. *Depression & Anxiety, 30*(11), 1107-1113. doi:10.1002/da.22207

Gross, J. J. (1998). Sharpening the focus: Emotion regulation, arousal, and social competence. *Psychological Inquiry, 9*(4), 289-290.

Gross, J. J. & Jazaieri, H. (2014). Emotion, emotion regulation, and psychopathology: An affective science perspective. *Clinical Psychological Science, 2*(4), 387-401. doi:10.1177/2167702614536164

Gross, J. J., & John, O. P. (2003). Individual differences in two emotion regulation processes: Implications for affect, relationships, and well-being. *Journal of Personality and Social Psychology, 85*(2), 348-362. doi:10.1037/0022-3514.85.2.348

Gross, J. J. & Levenson, R. W. (1997). Hiding feelings: The acute effects of inhibiting negative and positive emotion. *Journal of Abnormal Psychology, 106*(1), 95-103.

Gross, J. J. & Munoz, R. F. (1995). Emotion regulation and mental health. *Clinical Psychology: Science & Practice, 2*(2), 151-164.

Grove, D. (1988). *Healing the wounded child within.* Edwardsville, IL: David Grove Seminars.

Hambrick, E. P., Brawner, T. W., Perry, B. D., Brandt, K., Hofmeister, C., & Collins, J. O. (2019). Beyond the ace score: Examining relationships between timing of developmental adversity, relational health and developmental outcomes in children. *Archives of Psychiatric Nursing,*

33(3), 238-247. doi:https://doi.org/10.1016/j.apnu.2018.11.001

Hamlin, J. K., Wynn, K., & Bloom, P. (2007). Social evaluation by preverbal infants. *Nature, 450*(7169), 557-559.

Hamlin, J. K., Wynn, K., & Bloom, P. (2010). Three-month-olds show a negativity bias in their social evaluations. *Developmental Science, 13*(6), 923-929.

Hanna, S. M. (1995). On paradox: Empathy before strategy. *Journal of Family Psychotherapy, 6*(1), 85-88.

Hanna, S. M. (1997). A developmental-interactional model. In T. D. Hargrave & S. M. Hanna (Eds.), *The aging family: New visions in theory, practice and reality* (pp. 101-130). New York, NY: Brunner/Mazel.

Hanna, S. M. (2009). *Why evidence-based family therapies work: Simple truths.* Presented at the American Association of Marriage and Family Therapy Annual Conference, Sacramento, CA.

Hanna, S. M. (2010). *Implications of neuroscience for couples therapy.* Alexandria, VA: American Association for Marriage and Family Therapy.

Hanna, S. M. (2019). *The practice of family therapy: Key elements across models* (5th ed.). New York, NY: Routledge.

Hanna, S. M., Harper, J. M., & Nelson, N. J. (2011). Neurocybernetics and siblings: New maps for family therapy. *Presented at the American association for marriage and family therapy annual conference.* Fort worth, TX.

Hardy, K. V. & Laszloffy, T. A. (2005). *Teens who hurt: Clinical interventions to break the cycle of adolescent violence.* New York, NY: Guilford Press.

Hargrave, T. D., & Hanna, S. M. (Eds.) (1997). *The aging family: New visions in theory, practice, and reality.* Philadelphia, PA: Brunner/Mazel.

Hargrave, T. D., Jennings, G., & Anderson, W. A. (1991). The development of a relational ethics scale. *Journal of Marital and Family Therapy, 7*(2), 145-158.

Hargrave, T. D. & Pfitzer, F. (2003). *The new contextual therapy: Guiding the power of give and take.* New York, NY: Routledge.

Hargrave, T. D. & Pfitzer, F. (2011). *Restoration therapy: Understanding and guiding healing in marriage and family therapy.* New York, NY: Routledge.

Hargrave, T. D., Zasowski, N. E., & Yoon Hammer, M. (2019). *Advances and techniques in restoration therapy.* New York, NY: Routledge.

Harrington, A. (2019). Mind fixers: *Psychiatry's troubled search for the biology of mental illness.* New York, NY: Norton.

Harrison, P. J., Geddes, J. R., & Tunbridge, E. M. (2018). The emerging neurobiology of bipolar disorder. *Trends in neurosciences, 41*(1), 18-30. doi:10.1016/j.tins.2017.10.006

Hartling, L. M. (2007). Humiliation: Real pain, a pathway to violence. *Brazilian Journal of Sociology of Emotion, 6*(17), 466-479.

Hebb, D. O. (1949). *The organization of behavior: A neuropsychological theory.* New York, NY: John Wiley and Sons.

Heinrichs, M. & Domes, G. (2008). Neuropeptides and social behaviour: Effects of oxytocin and vasopressin in humans. *Progress in Brain Research, 170,* 337-350.

Heller, L. & LaPierre, A. (2012). *Healing developmental trauma: How early trauma affects self-regulation, self-image, and the capacity for relationship.* Berkeley, CA: North Atlantic Books.

Henggeler, S. W. & Cunningham, P. B. (1996). Multisystemic therapy: An effective violence prevention. *Journal of Adolescence, 19*(1), 47.

Henggeler, S. W., Pickrel, S. G., & Brondino, M. J. (1999). Multisystemic treatment of substance-abusing and dependent delinquents: Outcomes, treatment fidelity, and transportability. *Mental Health Services Research, 1*(3), 171-184.

Henggeler, S. W., Schoenwald, S. K., Borduin, C. M., Rowland, M. D., & Cunningham, P. B. (1998). *Multisystemic treatment of antisocial behavior in children and adolescents.* New York, NY: Guilford Press.

Higgins, S. T. & Petry, N. M. (1999). Contingency management. Incentives for sobriety. *Alcohol Research and Health, 23*(2), 122-127.

Hiller, J. (2004). Speculations on the links between feelings, emotions and sexual behaviour: Are vasopressin and oxytocin involved? *Sexual and Relationship Therapy, 19*(4), 393-429.

Hoizey, D. & Hoizey, M.-J. (1993). *A history of Chinese medicine.* Vancouver, Canada: UBC Press.

Holmes, S. C., Facemire, V. C., & DaFonseca, A. M. (2016). Expanding criterion a for posttraumatic stress disorder: Considering the deleterious impact of oppression. *Traumatology, 22*(4), 314-321. doi:10.1037/trm0000104

Hong, F. F. (2004). History of medicine in china: When medicine took an alternative path. *McGill Journal of Medicine, 8,* 79-84.

Hood, B. (2012). *The self illusion: How the social brain creates identity.* New York, NY: Oxford University Press.

Horwitz, S. H. (1997). Treating families with traumatic loss: Transitional family therapy. In C. R. Figley, Bride, B.E. & Mazza, N. (Eds.), *Death and grieving: The traumatology of grieving* (pp. 211-230). New York, NY: Taylor & Francis.

Hoskinson, S. (2016). *What is organic intelligence?* Retrieved from Organic Intelligence website:

https://organicintelligence〉org

Howard, J. (1978). *Families.* New York, NY: Simon & Schuster.

Hubbard, I. J., Harris, D., Kilkenny, M. F., Faux, S. G., Pollack, M. R., & Cadilhac, D. A. (2012). Adherence to clinical guidelines improves patient outcomes in Australian audit of stroke rehabilitation practice. *Archives of Physical Medical Rehabilitation, 93*(6), 965-971.

Hughes, A. E., Crowell, S. E., Uyeji, L., & Coan, J. A. (2012). A developmental neuroscience of borderline pathology: Emotion dysregulation and social baseline theory. *Journal of Abnormal Child Psychology, 40*(1), 21-33. doi:10.1007/s10802-011-9555-x

Imber-Black, E., Roberts, J., & Whiting, R. (1988). *Rituals in families and family therapy.* New York, NY: Norton.

Ishak, W. W., Berman, D. S., & Peters, A. (2008). Male anorgasmia treated with oxytocin. *Journal of Sexual Medicine, 5*(4), 1022-1024.

Ishii, H., Nagashima, M., Tanno, M., Nakajima, A., & Yoshino, S. (2003). Does being easily moved to tears as a response to psychological stress reflect response to treatment and the general prognosis in patients with rheumatoid arthritis? *Clinical and Experimental Rheumatology, 21*(5), 611-616.

Izuma, K., Saito, D. N., & Sadato, N. (2008). Processing of social and monetary rewards in the human striatum. *Neuron, 58*(2), 284-294. doi:S0896-6273(08)00266-3 [pii];10.1016/j.neuron.2008.03.020 [doi]

Jack. F., MacDonald, S., Reese, E., & Hayne, H. (2009). Maternal reminiscing style during early childhood predicts the age of adolescents' earliest memories. *Child Development, 80*(2), 496-505.

Jackson, J. S., Knight, K. M., & Rafferty, J. A. (2010). Race and unhealthy behaviors: Chronic stress, the HPA axis, and physical and mental health disparities over the life course. *American Journal of Public Health, 100*(5), 933-939.

James, B. D., Boyle, P. A., Buchman, A. S., & Bennett, D. A. (2011). Relation of late-life social activity with incident disability among community-dwelling older adults. *The Journals of Gerontology Series A: Biological Sciences and Medical Sciences, 66A*(4), 467-473.

Jäncke, L. (2009). The plastic human brain. *Restorative Neurology and Neuroscience, 27*, 521-538.

Janet, P. (1925). *Les médications psychologiques.* Paris: Alcan.

Jella, S. A. & Shannahoff-Khalsa, D. S. (1993). The effects of unilateral forced nostril breathing on cognitive performance. *International Journal of Neuroscience, 73*(1-2), 61-68.

Jenkins, A. (1991). *Invitations to responsibility: The therapeutic engagement of men who are violent and abusive.* Adelaide, Australia: Dulwich Centre Publications.

Jobes, D. A., Gregorian, M. J., & Colborn, V. A. (2018). A stepped care approach to clinical suicide prevention. *Psychological Services, 15*(3), 243-250. doi:10.1037/ser0000229

Johnson, S. M. (1996). *The practice of emotionally focused marital therapy: Creating connection.* New York, NY: Bruner/Mazel.

Johnson, S. M. (1998). Listening to the music: Emotion as a natural part of systems theory. *Journal of Systemic Therapies, 17,* 1-18.

Johnson, S. M. (2002). *Emotionally focused couple therapy with trauma survivors: Strengthening attachment bonds.* New York, NY: Guilford Press.

Johnson, S. M. (2020). *The practice of emotionally focused marital therapy: Creating connection* (3rd ed.). New York, NY: Routledge.

Johnson, S. M., Bradley, B., Furrow, J., Lee, A., Palmer, G., Tilley, D., & Woolley, S. (2005). *Becoming an emotionally focused couple therapist: The workbook.* New York, NY: Routledge.

Johnson, S. M., Burgess Moser, M., Beckes, L., Smith, A., Dalgleish, T., Halchuk, R., … Coan, J. A. (2013). Soothing the threatened brain: Leveraging contact comfort with emotionally focused therapy. *PLoS One, 8*(11), e79314-e79314. doi:10.1371/journal.pone.0079314

Johnson, S. M., Makinen, J. A., & Millikan, J. W. (2001). Attachment injuries in couple relationships: A new perspective on impasses in couples therapy. *Journal of Marital and Family Therapy, 27*(2), 145-156.

Kabat-Zinn, J. (2006). *Coming to our senses: Healing ourselves and the world through mindfulness.* New York, NY: Hyperion.

Kabat-Zinn, J., Wheeler, E., Light, T., Skillings, A., Scharf, M., Cropley, T. G., … Bernhard, J. (1998). Influence of a mindfulness-based stress reduction intervention on rates of skin clearing in patients with moderate to severe psoriasis undergoing phototherapy (UVB) and photochemotherapy (PUVA). *Psychomatic Medicine, 60,* 625-632.

Kantor, D. & Lehr, W. (1975). *Inside the family: Toward a theory of family process.* New York, NY: Harper and Row.

Keenan-Miller, D. & Miklowitz, D. J. (2011). Interpersonal functioning in pediatric bipolar disorder. *Clinical Psychology: Science & Practice, 18*(4), 342-356. doi:10.1111/j.1468-2850.2011.01266.x

Keim, J. P. (1993). Triangulation and the art of negotiation. *Journal of Systemic Therapies, 12*(4), 76-87.

Keim, J. P. (1995). Strategic therapy. In M. Elkaim (Ed.), *Panorama des thérapies familiales.* Paris: Editions du Seuil.

Keim, J. P. (1998). Working with oppositional children. In F. Dattlio (Ed.), *Case studies in couple and family therapy* (pp. 132–157). New York, NY: Guilford Press.

Keim, J. P. (2000). The strategic therapy of oppositional behavior. In D. Lawson (Ed.), *The casebook in family therapy*. Pacific Grove, CA: Brooks-Cole.

Keim, J. P. (2014). *Oppositional defiant disorder, differences, and justice injury*. Retrieved from www.oppositional.com

Keyes, K. M., Cerdà, M., Brady, J. E., Havens, J. R., & Galea, S. (2014). Understanding the rural-urban differences in nonmedical prescription opioid use and abuse in the united states. *American Journal of Public Health, 104*(2), e52–e59. doi:10.2105/AJPH.2013.301709

Kiecolt-Glaser, J. K. (2009). Psychoneuroimmunology psychology's gateway to the biomedical future. *Perspectives in Psychological Science, 4*(4), 367–369.

Kiecolt-Glaser, J. K., Bane, C., Glaser, R., & Malarkey, W. B. (2003). Love, marriage, and divorce: Newlyweds' stress hormones foreshadow relationship changes. *Journal of Consulting Clinical Psychology, 71*(1), 176–188.

Kiecolt-Glaser, J. K., Glaser, R., Cacioppo, J. T., & Malarkey, W. B. (1998). Marital stress: Immunologic, neuroendocrine, and autonomic correlates. *Annals of the New York Academy of Science, 840*, 656–663.

Kiecolt-Glaser, J. K., Loving, T. L., Stowell, J. R., Malarkey, W. B., Lemeshow, S., Dickinson, S. L., & Glaser, R. (2005). Hostile marital interactions, proinflammatory cytokine production, and wound healing. *Archives of General Psychiatry, 62*(12), 1377–1384.

Kiecolt-Glaser, J. K. & Newton, T. L. (2001). Marriage and health: His and hers. *Psychological Bulletin, 127*(4), 472–503.

Kircanski, K., Lieberman, M. D., & Craske, M. G. (2012). Feelings into words: Contributions of language to exposure therapy. *Psychological Science, 23*(10), 1086–1091.

Koenig, H. G., Ames, D., Youssef, N. A., Oliver, J. P., Volk, F., Teng, E. J., … Pearce, M. (2018). Screening for moral injury: The moral injury symptom scale-military version short form. *Military Medicine, 183*(11–12), e659–e665. doi:10.1093/milmed/usy017

Kogan, S. M., Cho, J., Beach, S. R. H., Smith, A. K., & Nishitani, S. (2018). Oxytocin receptor gene methylation and substance use problems among young African American men. *Drug and Alcohol Dependence, 192*, 309–315. doi:https://doi.org/10.1016/j.drugalcdep.2018.08.022

Konorski, J. (1948). *Conditioned reflexes and neuron organization*. Cambridge, England: Cambridge University Press.

Kopacz, M. S., Ames, D., & Koenig, H. G. (2019). It's time to talk about physician burnout and moral injury. *The Lancet. Psychiatry, 6*(11), e28–e28. doi:10.1016/S2215-0366(19)30385-2

Kropotkin, P. (1902). *Mutual aid: A factor of evolution*. London: Heinemann.

Laird, R. D. (2011). Teenage driving offers challenges and potential rewards for developmentalists. *Child Development Perspectives, 5*(4), 311-316.

Landau, J. (1982). Therapy with families in cultural transition. In M. McGoldrick, J. K. Pearce, & J. Giordano (Eds.), *Ethnicity and family therapy* (pp. 552-572). New York, NY: Guilford.

Landau, J., Garrett, J., Shea, R. R., Stanton, M. D., Brinkman-Sull, D., & Baciewicz, G. (2000). Strength in numbers: The arise method for mobilizing family and network to engage substance abusers in treatment. A relational intervention sequence for engagement. *American Journal of Drug Alcohol Abuse, 26*(3), 379-398.

Landau, J. & Griffiths, J. (1981). The South African family in transition: Training and therapeutic implications. *Journal of Marital and Family Therapy, 7*, 339-344. doi:10.1111/j.1752-0606.1981.tb01386.x

Landau, J. & Hissett, J. (2008). Mild traumatic brain injury: Impact on identity and ambiguous loss in the family. *Families, Systems, & Health, 26*. doi:10.1037/1091-7527.26.1.69

Landau-Stanton, J. (1985). Adolescents, families, and cultural transition: A treatment model. In M. P. Mirkin & S. L. Koman (Eds.), *Handbook of adolescents and family therapy* (pp. 363-381). New York, NY: Gardner Press.

Landau-Stanton, J. (1986). Competence, impermanence, and transitional mapping: A model for systems consultation. In L. C. Wynne, S. McDaniel, & T. Weber (Eds.), *Systems consultations: A new perspective for family therapy* (pp. 253-269). New York, NY: Guilford.

Landau-Stanton, J., Clements, C. D., & Stanton, M. D. (1993). Psychotherapeutic intervention: From individual through group to extended network. In J. Landau-Stanton & C. D. Clements (Eds.), *Aids, health and mental health: A primary source book* (pp. 214-265). New York, NY: Brunner/Mazel.

LeDoux, J. (2003). The emotional brain, fear and the amygdala. *Cellular and Lolecular Neurobiology, 23*, 727-738.

Lee, F. S., Heimer, H., Giedd, J. N., Lein, E. S., Šestan, N., Weinberger, D. R., & Casey, B. J. (2014). *Mental health. Adolescent mental health - opportunity and obligation.* Science (New York, NY), 346(6209), 547-549. doi:10.1126/science.1260497

Leisman, G., Melillo, R., & Carrick, F. R. (2013). Clinical motor and cognitive neurobehavioral relationships in the basal ganglia. In F. A. Barrios & C. Bauer (Eds.), *Basal ganglia: An integrative view* (pp. 1-30). Free Access Internet: Intechopen.

Levine, P. A. (1997). *Waking the tiger: Healing trauma*. Berkeley, CA: North Atlantic Books.

Levine, P. A. (2010). *In an unspoken voice: How the body releases trauma and restores goodness.* Berkeley, CA: North Atlantic Books.

Levine, P. A. & Kline, M. (2008). *Trauma-proofing your kids: A parents' guide for instilling confidence, joy and resilience*. Berkeley, CA: North Atlantic Books.

Liddle, H. A. (2000). *Multidimensional family therapy treatment manual*. Rockville, MD: Center for Substance Abuse Treatment.

Liddle, H. A. (2014). Adapting and implementing an evidence-based treatment with justice-involved adolescents: The example of multidimensional family therapy. *Family Process, 53*(3), 516-528. doi:10.1111/famp.12094

Liddle, H. A. & Schwartz, S. J. (2002). Attachment and family therapy: Clinical utility of adolescent-family attachment research. *Family Process, 41*(3), 455-476.

Lieberman, M. D., Eisenberger, N. I., Crockett, M. J., Tom, S. M., Pfeifer, J. H., & Way, B. M. (2007). Putting feelings into words. *Psychological Science, 18*(5), 421-428.

Lincoln, K. D., Taylor, R. J., Bullard, K. M., Chatters, L. M., Woodward, A. T., Himle, J. A., & Jackson, J. S. (2010). Emotional support, negative interaction and DSM IV lifetime disorders among older African Americans: Findings from the national survey of American life (NSAL). *International Journal of Geriatric Psychiatry, 25*(6), 612-621.

Lindaman, S. (2016). *How polyvagal theory helps us understand the effectiveness of theraplay*. Theraplay Institute Newsletter, Winter, 2016.

Linehan, M. M. (1993). *Cognitive-behavioral treatment of borderline personality disorder*. New York, NY: Guilford.

Linehan, M. M., Comtois, K. A., Murray, A. M., Brown, M. Z., Gallop, R. J., Heard, H. L., … Lindenboim, N. (2006). Two-year randomized controlled trial and follow-up of dialectical behavior therapy vs therapy by experts for suicidal behaviors and borderline personality disorder. *Archives of General Psychiatry, 63*(7), 757-766. doi:10.1001/archpsyc.63.7.757

Litz, B. T., Stein, N., Delaney, E., Lebowitz, L., Nash, W. P., Silva, C., & Maguen, S. (2009). Moral injury and moral repair in war veterans: A preliminary model and intervention strategy. *Clinical Psychology Review, 29*(8), 695-706. doi:10.1016/j.cpr.2009.07.003

Lloyd-Fox, S., Blasi, A., Mercure, E., Elwell, C. E., & Johnson, M. H. (2012). The emergence of cerebral specialization for the human voice over the first months of life. *Social Neuroscience, 7*(3), 317-330. doi:10.1080/17470919.2011.614696 [doi]

Loucks, E. B., Sullivan, L. M., D'Agostino, R. B., Sr., Larson, M. G., Berkman, L. F., & Benjamin, E. J. (2006). Social networks and inflammatory markers in the Framingham heart study. *Journal of Biosocial Science, 38*(6), 835-842. doi:S0021932005001203 [pii];10.1017/ S0021932005001203 [doi]

Lucksted, A., McFarlane, W., Downing, D., & Dixon, L. (2012). Recent developments in family psychoeducation as an evidence-based practice. *Journal of Marital & Family Therapy, 38*(1), 101-121. doi:10.1111/j.1752-0606.2011.00256.x

Luders, E., Gaser, C., Narr, K. L., & Toga, A. W. (2009). Why sex matters: Brain size independent differences in gray matter distributions between men and women. *Journal of Neuroscience, 29*(45), 14265-14270.

Luna, B., Padmanabhan, A., & O'Hearn, K. (2010). What has fMRI told us about the development of cognitive control through adolescence? *Brain and Cognition, 72*(1), 101-113. doi:10.1016/j.bandc.2009.08.005

MacKinnon, L. (2012). The neurosequential model of therapeutics: An interview with Bruce Perry. *Australian & New Zealand Journal of Family Therapy, 33*(3), 210-218. doi:10.1017/ aft.2012.26

MacNeilage, P. F., Rogers, L. J., & Vallortigara, G. (2009). Origins of the left & right brain. *Scientific American, 301*(1), 60-67.

Main, M. (1995). Attachment: Overview, with implications for clinical work. In S. Goldberg, R. Muir, & J. Kerr (Eds.), *Attachment theory: Social, developmental, and clinical perspectives* (pp. 407-474). Hillsdale, NJ: Analytic Press.

Mani, A., Mullainathan, S., Shafir, E., & Zhao, J. (2013). Poverty impedes cognitive function. *Science, 341*(6149), 976-980.

Maté, G. (2010). *In the realm of hungry ghosts.* Berkley, CA: North Atlantic Books.

Mays, V. M., Coleman, L. M., & Jackson, J. S. (1996). Perceived race-based discrimination, employment status, and job stress in a national sample of black women: Implications for health outcomes. *Journal of Occupational Health Psychology, 1*(3), 319-329.

McCarthy, M. M., Arnold, A. P., Ball, G. F., Blaustein, J. D., & De Vries, G. J. (2012). Sex differences in the brain: The not so inconvenient truth. *Journal of Neuroscience, 32*(7), 2241-2247.

McDaniel, S. H., Hepworth, J., & Doherty, W. (1992). *Medical family therapy: A biopsychosocial approach to families with health problems.* New York, NY: Basic Books.

McElroy, A. & Townsend, P. K. (1989). Medical anthropology in ecological perspective. *Medical Anthropology Quarterly, 3*(4), 405-407.

McFarlane, W. (2002). *Multifamily groups in the treatment of severe psychiatric disorders.* New York, NY: Guilford Press.

McFarlane, W. R. (2011). Prevention of the first episode of psychosis. *The Psychiatric Clinics of North America, 34*(1), 95-107. doi:10.1016/j.psc.2010.11.012

McFarlane, W. R. (2016). Family interventions for schizophrenia and the psychoses: A review. *Family Process, 55*(3), 460-482. doi:10.1111/famp.12235

McFarlane, W. R., Dunne, E., Lukens, E., Newmark, M., McLaughlin-Toran, J., Deakins, S., & Horen, B. (1993). From research to clinical practice: Dissemination of New York State's family psychoeducation project. *Hospital Community Psychiatry, 44*(3), 265-270.

McFarlane, W. R., Link, B., Dushay, R., Marchal, J., & Crilly, J. (1995). Psychoeducational multiple family groups: Four-year relapse outcome in schizophrenia. *Family Process, 34*(2), 127-144.

McFarlane, W. R. & Maio, H. A. (2011). How campuses respond to troubled students. *Chronicle of Higher Education, 57,* B18-B19.

McInnis, M. G., Assari, S., Kamali, M., Ryan, K., Langenecker, S. A., Saunders, E. F., … Prechter Bipolar Clinical Research Collaborative (2017). Cohort profile: The Heinz C. Prechter longitudinal study of bipolar disorder. *International Journal of Epidemiology, 47*(1), 28-28n. doi:10.1093/ije/dyx229

Mehta, P. H., Jones, A. C., & Josephs, R. A. (2008). The social endocrinology of dominance: Basal testosterone predicts cortisol changes and behavior following victory and defeat. *Journal of Personality and Social Psychology, 94*(6), 1078-1093.

Mehta, P. H. & Josephs, R. A. (2010). Testosterone and cortisol jointly regulate dominance: Evidence for a dual-hormone hypothesis. *Hormones and Behavior, 58*(5), 898-906.

Melillo, R. (2015). *Disconnected kids: The groundbreaking brain balance program for children with autism, ADHD, dyslexia, and other neurological disorders.* New York, NY: TarcherPerigee Books.

Merikangas, K. R., Akiskal, H. S., Angst, J., Greenberg, P. E., Hirschfeld, R. M. A., Petukhova, M., & Kessler, R. C. (2007). Lifetime and 12-month prevalence of bipolar spectrum disorder in the national comorbidity survey replication. *Archives of General Psychiatry, 64*(5), 543-552. doi:10.1001/archpsyc.64.5.543

Miklowitz, D. J., Axelson, D. A., George, E. L., Taylor, D. O., Schneck, C. D., Sullivan, A. E., … Birmaher, B. (2009). Expressed emotion moderates the effects of family-focused treatment for bipolar adolescents. Journal of the American Academy of Child & Adolescent Psychiatry, 48(6), 643-651. doi:10.1097/CHI.0b013e3181a0ab9d

Miklowitz, D. J. & Chung, B. (2016). Family-focused therapy for bipolar disorder: Reflections on 30 years of research. *Family Process, 55*(3), 483-499. doi:10.1111/famp.12237

Miklowitz, D. J., Otto, M. W., Frank, E., Reilly-Harrington, N. A., Kogan, J. N., Sachs, G. S., … Wisniewski, S. R. (2007). Intensive psychosocial intervention enhances functioning in patients with bipolar depression: Results from a 9-month randomized controlled trial. *American Journal of Psychiatry, 164*(9), 1340-1347. doi:10.1176/appi.ajp.2007.07020311

Miklowitz, D. J., Schneck, C. D., Walshaw, P. D., Garrett, A. S., Singh, M. K., Sugar, C. A., &

Chang, K. D. (2019). Early intervention for youth at high risk for bipolar disorder: A multisite randomized trial of family-focused treatment. *Early Intervention Psychiatry, 13*(2), 208-216. doi:10.1111/eip.12463

Miller, S. D., Duncan, B. L., & Hubble, M. A. (1997). *Escape from babel: Toward a unifying language for psychotherapy practice.* New York, NY: Norton.

Miller, W. R. & Rollnick, S. (2013). *Motivational interviewing: Helping people change* (3rd ed.). New York, NY: Guilford Press.

Minuchin, S. (1974). *Families and family therapy.* Cambridge, MA: Harvard University Press.

Minuchin, S. (1987). My many voices. In J. K. Zeig (Ed.), *The evolution of psychotherapy* (pp. 5-28). New York, NY: Brunner/Mazel.

Minuchin, S., Rosman, B. L., & Baker, L. (1978). *Psychosomatic families: Anorexia nervosa in context.* Cambridge, MA: Harvard University Press.

Morgan, O. J. (2019). *Addiction, attachment, trauma and recovery: The power of connection.* New York, NY: Norton.

Mukamel, R., Ekstrom, A. D., Kaplan, J., Iacoboni, M., & Fried, I. (2010). Single-neuron responses in humans during execution and observation of actions. *Current Biology, 20,* 750-756.

Najavits, L. M. (2015). *The problem of dropout from "gold standard" PTSD therapies.* F1000Prime Reports, 7, 43. doi:10.12703/p7-43

National Institute on Drug Abuse (2012). *The matrix model (stimulants).* Washington DC: U.S. Department of Health and Human Services.

Nelson, N. (2010). *Personal communication.*

O'Brien, L., Albert, D., Chein, J., & Steinberg, L. (2011). Adolescents prefer more immediate rewards when in the presence of their peers. *Journal of Research on Adolescence, 21*(4), 747-753.

Ogden, P. & Minton, K. (2000). Sensorimotor psychotherapy: One method for processing traumatic memory. *Traumatology, 3*(3), 149-173.

Ogden, P., Minton, K., & Pain, C. (2006a). *Trauma and the body: A sensorimotor approach to psychotherapy.* New York, NY: Guilford.

Ogden, P., Pain, C., & Fisher, J. (2006b). A sensorimotor approach to the treatment of trauma and dissociation. *Psychiatric Clinics of North America, 29.*

O'Hanlon, S. & O'Hanlon, W. (1999a). Possibility therapy with families. In S. O'Hanlon & B. Bertolino (Eds.), *Evolving possibilities: Selected papers of Bill O'Hanlon* (pp. 185-204). New York, NY: Brunner/Mazel.

O'Hanlon, W. (1999b). Frozen in time: Possibility therapy with adults who were sexually abused as children. In S. O'Hanlon & B. Bertolino (Eds.), *Evolving possibilities: Selected papers of Bill O'Hanlon* (pp. 169-184). New York, NY: Brunner/Mazel.

O'Hanlon, W. H. (1987). *Taproots*. New York, NY: Norton.

Olff, M., Frijling, J. L., Kubzansky, L. D., Bradley, B., Ellenbogen, M. A., Cardoso, C., . . . Van Zuiden, M. (2013). The role of oxytocin in social bonding, stress regulation and mental health: An update on the moderating effects of context and interindividual differences. *Psychoneuroendocrinology, 38*(9), 1883-1894. doi:https://doi.org/10.1016/j.psyneuen.2013.06.019

Ong, Q., Theseira, W., & Ng, I. Y. H. (2019). Reducing debt improves psychological functioning and changes decision-making in the poor. *PNAS Proceedings of the National Academy of Sciences of the United States of America, 116*(15), 7244-7249. doi:10.1073/ pnas.1810901116

Otten, M. & Jonas, K. (2013). Humiliation as an intense emotional experience: Evidence from the electro-encephalogram. *Social Neuroscience, 9*, 1-13. doi:10.1080/17470919.2013.855660

Otto, R. (1950). *The idea of the holy*. London, UK: Oxford University Press.

Panksepp, J. (2007). Can play diminish ADHD and facilitate the construction of the social brain? *Journal of the Canadian Academy of Child and Adolescent Psychiatry, 16*(2), 57-66.

Panksepp, J. (2009). Brain emotional systems and qualities of mental life: From animal models of affect to implications for psychotherapeutics. In D. Fosha, D. J. Siegel, & M. F. Solomon (Eds.), *The healing power of emotion: Affective neuroscience, development and clinical practice*. New York, NY: W.W. Norton.

Panksepp, J. (2010). Affective neuroscience of the emotional brainmind: Evolutionary perspectives and implications for understanding depression. *Dialogues in Clinical Neuroscience, 12*(4), 533-545.

Panksepp, J. (2011). Cross-species affective neuroscience decoding of the primal affective experiences of humans and related animals. *PLoS One, 6*(9), e21236.

Panksepp, J. & Bivin, L. (2012). *The archaeology of mind: Neuroevolutionary origins of human emotions*. New York, NY: W.W. Norton.

Panksepp, J., Burgdorf, J., Turner, C., & Gordon, N. (2003). Modeling ADHD-type arousal with unilateral frontal cortex damage in rats and beneficial effects of play therapy. *Brain & Cognition, 52*(1), 97-105. doi:10.1016/S0278-2626(03)00013-7

Panksepp, J. & Watt, D. (2011). Why does depression hurt? Ancestral primary-process separation-distress (panic/grief) and diminished brain reward (seeking) processes in the genesis of depressive affect. *Psychiatry, 74*(1), 5-13.

Panksepp, J. & Zellner, M. R. (2004). Towards a neurobiologically based unified theory of aggression. *Revue internationale de psychologie sociale, 17*(2), 37-61.

Parikh, S. V., Zaretsky, A., Beaulieu, S., Yatham, L. N., Young, L. T., Patelis-Siotis, I., … Streiner, D. L. (2012). A randomized controlled trial of psychoeducation or cognitivebehavioral therapy in bipolar disorder: A Canadian network for mood and anxiety treatments (CANMAT) study [cme]. *Journal of Clinical Psychiatry, 73*(6), 803-810. doi:10.4088/ JCP.11m07343

Parker-Pope, T. (2010, 4/12/2010). *Is marriage good for your health?* New York Times.

Patterson, G. R., DeBaryshe, B. D., & Ramsey, E. (1989). A developmental perspective on antisocial behavior. *American Psychologist, 44*(2), 329-335. doi:10.1037/0003-066X.44.2.329

Pattwell, S. S., Duhoux, S., Hartley, C. A., Johnson, D. C., Jing, D., Elliott, M. D., … Lee, F. S. (2012). Altered fear learning across development in both mouse and human. *Proceedings of the National Academy of Sciences of the United States of America, 109*(40), 16318-16323. doi:10.1073/pnas.1206834109

Patwardhan, K. (2008). Concepts of human physiology in ayurveda. In P. K. Roy (Ed.), *Sowarigpa and ayurveda* (pp. 53-73). Sarnath, Varanasi: Central Institute of Higher Tibetan Studies.

Payne, P., Levine, P. A., & Craine-Godreau, M. A. (2015). Somatic experiencing: Using interoception and proprioception as core elements of trauma therapy. *Frontiers in Psychology, 6*(93). doi:10.3389/fpsyg.2015.00093

Paz, R., Gelbard-Sagiv, H., Mukamel, R., Harel, M., Malach, R., & Fried, I. (2010). A neural substrate in the human hippocampus for linking successive events. *Proceedings of the National Academy of Sciences of the United States of America, 107*(13), 6046-6051.

Perel, E. (2007). *Mating in captivity: Unlocking erotic intelligence.* New York, NY: Harper Perennial.

Perel, E. (2011). Erotic fantasy reconsidered: From tragedy to triumph. *American Family Therapy Academy Monograph,* 7(spring), 9-15.

Perry, B. D. (2006). Helping a traumatized child. *Brown University Child & Adolescent Behavior Letter, 22,* 1-2.

Perry, B. D. (2009). Examining child maltreatment through a neurodevelopmental lens: Clinical applications of the neurosequential model of therapeutics. *Journal of Loss and Trauma, 14*(4), 240-255.

Perry, B. D. (2014). The neurosequential model of therapeutics: Application of a developmentally sensitive and neurobiology-informed approach to clinical problem solving in maltreated children. In K. Brandt, B. D. Perry, S. Seligman, & E. Tronick (Eds.), *Infant and early childhood mental health: Core concepts and clinical practice* (pp. 21-53). Arlington, VA:

American Psychiatric Publishing, Inc.

Perry, B. D. & Dobson, C. L. (2013). The neurosequential model of therapeutics. In J. D. Ford (Ed.), *Treating complex traumatic stress disorders in children and adolescents: Scientific foundations and therapeutic models* (pp. 249-260). New York, NY: Guilford Press.

Perry, B. D., Pollard, R. A., Blakley, T. L., Baker, W. L., & Vigilante, D. (1995). Childhood trauma, the neurobiology of adaptation, and "use-dependent" development of the brain: How "states" become "traits". *Infant Mental Health Journal, 16*(4), 271-291.

Pert, C. B. (1997). *Molecules of emotion: Why you feel the way you feel.* New York, NY: Scribner.

Pfaff, D. W. (1999). *Drive: Neurobiological and molecular mechanisms of sexual motivation.* Cambridge, MA: The MIT Press.

Pieterse, A. L., Carter, R. T., Evans, S. A., & Walter, R. A. (2010). An exploratory examination of the associations among racial and ethnic discrimination, racial climate, and traumarelated symptoms in a college student population. *Journal of Counseling Psychology, 57*(3), 255-263. doi:2010-14017-001 [pii];10.1037/a0020040 [doi]

Porges, S. W. (1995). Orienting in a defensive world: Mammalian modifications of our evolutionary heritage. A polyvagal theory. *Psychophysiology, 32*(4), 301-318.

Porges, S. W. (1997). Emotion: An evolutionary by-product of the neural regulation of the autonomic nervous system. *Annals of New York Academy of Science, 807,* 62-77.

Porges, S. W. (1998). Love: An emergent property of the mammalian autonomic nervous system. *Psychoneuroendocrinology, 23*(8), 837-861.

Porges, S. W. (2001). The polyvagal theory: Phylogenetic substrates of a social nervous system. *International Journal of Psychophysiology, 42*(2), 123-146.

Porges, S. W. (2007). The polyvagal perspective. *Biological Psychology, 74*(2), 116-143.

Porges, S. W. (2014). *Clinical insights from the polyvagal theory: The transformative power of feeling safe.* New York, NY: W. W. Norton.

Porges, S. W. (2017). *A pocket guide to polyvagal theory: The transformative power of feeling safe.* New York, NY: W.W. Norton.

Porges, S. W., Bazhenova, O. V., Bal, E., Carlson, N., Sorokin, Y., Heilman, K. J., … Lewis, G. F. (2014). Reducing auditory hypersensitivities in autistic spectrum disorder: Preliminary findings evaluating the listening project protocol. *Frontiers In Pediatrics, 2,* 80-80. doi:10.3389/fped.2014.00080

Porges, S. W. & Furman, S. A. (2011). The early development of the autonomic nervous system provides a neural platform for social behavior: A polyvagal perspective. *Infant Child Development, 20*(1), 106-118. doi:10.1002/icd.688 [doi]

Porges, S. W. & Peper, E. (2015). When not saying no does not mean yes: Psychophysiological factors involved in date rape. *Biofeedback, 43*(1), 45-48. doi:10.5298/1081-5937-43.1.01

Preston, S. D., Bechara, A., Damasio, H., Grabowski, T. J., Stansfield, R. B., Mehta, S., & Damasio, A. R. (2007). The neural substrates of cognitive empathy. *Social Neuroscience, 2*(3-4), 254-275.

Prince. (2019). *The beautiful ones.* New York, NY: NPG Music Publishing LLC.

Rawson, R. & McCann, M. (2014). *The matrix model of intensive outpatient treatment.* Los Angeles, CA: The Matrix Institute.

Rawson, R. A., Huber, A., McCann, M., Shoptaw, S., Farabee, D., Reiber, C., & Ling, W. (2002). A comparison of contingency management and cognitive-behavioral approaches during methadone maintenance treatment for cocaine dependence. *Archives of General Psychiatry, 59*(9), 817-824. doi:10.1001/archpsyc.59.9.817

Reeb, K. G., Graham, A. V., Kitson, G. C., Zyzanski, S. J., Weber, M. A., & Engel, A. (1986). Defining family in family medicine: Perceived family vs. Household structure in an urban black population. *The Journal of Family Practice, 23*(4), 351-355.

Rizzolatti, G. & Craighero, L. (2004). The mirror-neuron system. *Annual Review of Neuroscience, 27,* 169-192.

Robison, M., Lindaman, S., Clemmons, M. P., Doyle-Buckwalter, K., & Ryan, M. (2009). "I deserve a family": The evolution of an adolescent's behavior and beliefs about himself and others when treated with theraplay in residential care. *Child and Adolescent Social Work Journal, 26*(4), 291-306.

Robles, T. F., & Kiecolt-Glaser, J. K. (2003). The physiology of marriage: Pathways to health. *Physiology and Behavior, 79*(3), 409-416. doi:S0031938403001604 [pii]

Rolland, J. (1994). *Families, illness and disability: An integrated treatment model.* New York, NY: Basic Books.

Rose, S., Bisson, J., Churchill, R., & Wessely, S. (2002). Psychological debriefing for preventing post traumatic stress disorder (PTSD). *Cochrane Database System Review* (2), CD000560.

Rosen, S. (1988). What makes ericksonian therapy so effective? In J. K. Zeig & S. R. Lankton (Eds.), *Developing Ericksonian therapy* (pp. 5-29). New York, NY: Brunner/Mazel.

Rosenberg, S. & Gara, M. A. (1983). Contemporary perspectives and future directions of personality and social psychology. *Journal of Personality and Social Psychology, 45*(1), 57-73. doi:10.1037/0022-3514.45.1.57

Rosin, H. (Writer). (2016, July 15). *How a Danish town helped young Muslims turn away from ISIS,* Invisibilia: National Public Radio NPR.

Ross, G. (2008). *Beyond the trauma vortex into the healing vortex: A guide for psychology and education.* Los Angeles, CA: International Trauma Healing Institute.

Rossi, E. L. (1983). Milton h. Erickson: A biographical sketch. In E. Rossi, M. O. Ryan, & F. A. Sharp (Eds.), *Healing in hypnosis: The seminars, workshops and lectures of Milton H. Erickson, volume I* (pp. 1-59). New York, NY: Irvington.

Rossi, E. L. (2002). *The psycholbiology of gene expression: Neuroscience and neurogenesis in hypnosis and the healing arts.* New York, NY: W.W. Norton.

Rothschild, B. (2010). *8 keys to safe trauma recovery: Take-charge strategies to empower your healing.* New York, NY: W.W. Norton.

Rueveni, U. (1992). Fatherhood revisited: Intergenerational therapy in the nick of time. *GrassRoutes: Stories from Family and Systemic Therapists, 1*(1), 8.

Rutter, M. (2012). Gene-environment interdependence. *European Journal of Developmental Psychology, 9*(4), 391-412. Doi:10.1080/17405629.2012.661174

Saint-Exupéry, A. (2000). The little prince. New York, NY: Harcourt, Inc.

Sanders, G. L. (Fall 1990). Violence, sex, and therapeutic healing. *The Calgary Participator, 1*(1), 1-6.

Saphire-Bernstein, S., Way, B. M., Kim, H. S., Sherman, D. K., & Taylor, S. E. (2011). Oxytocin receptor gene (OXTR) is related to psychological resources. *Proceedings of the National Academy of Sciences, 108*(37), 15118. doi:10.1073/pnas.1113137108

Sapolsky, R. M. (2004). *Why don't zebras get ulcers?* (3rd ed.). New York, NY: Henry Holt.

Sapolsky, R. M. (2017). *Behave: The biology of humans at our best and worst.* New York, NY: Penguin Press.

Satir, V. (1972). *People making.* Palo Alto, CA: Science and Behavior Books.

Schauer, J. (1993). Daddy and granddaddy. *GrassRoutes: Stories from Family and Systemic Therapists, 2*(1), 16-20.

Schore, A. N. (2000). Attachment and the regulation of the right brain. *Attachment and Human Development, 2*(1), 23-47.

Schore, A. N. (2001). Effects of a secure attachment relationship on right brain development, affect regulation, and infant mental health. *Infant Mental Health Journal, 22*(1-2), 7-66.

Schore, A. N. (2003). *Affect dysregulation and disorders of the self.* New York, NY: Norton and Company.

Schore, A. N. (2005). Back to basics: Attachment, affect regulation, and the developing right brain: Linking developmental neuroscience to pediatrics. *Pediatrics in Review, 26*(6), 204-217.

Schore, A. N. (2012). *The science of the art of psychotherapy.* New York, NY: W.W. Norton.

Schulte-Rüther, M., Markowitsch, H. J., Fink, G. R., & Piefke, M. (2007). Mirror neuron and theory of mind mechanisms involved in face-to-face interactions: A functional magnetic resonance imaging approach to empathy. *Journal of Cognitive Neuroscience, 19*(8), 1354-1372.

Seaburn, D., Landau-Stanton, J., & Horwitz, S. (1995). *Core techniques in family therapy integrating family therapy: Handbook of family psychology and systems theory* (pp. 5-26). Washington, DC, US: American Psychological Association.

Seligman, M. E. & Maier, S. F. (1967). Failure to escape traumatic shock. *Journal of Experimental Psychology, 74*(1), 1-9. doi:10.1037/h0024514

Seligman, M. E., Maier, S. F., & Geer, J. H. (1968). Alleviation of learned helplessness in the dog. *Journal of Abnormal Psychology, 73*(3), 256-262. doi:10.1037/h0025831

Seth, A., Suzuki, K., & Critchley, H. (2012). An interoceptive predictive coding model of conscious presence. *Frontiers in Psychology, 2*(395). doi:10.3389/fpsyg.2011.00395

Shapiro, F. (2017). *Eye movement desensitization and reprocessing (EMDR) therapy* (3rd ed.). New York, NY: Guilford Press.

Sheff, N. (2008, February 26, 2008) *Memoirs of meth addiction from a father and a son/ Interviewer: T. Gross.* Philadelphia: Fresh Air WHYY, National Public Radio.

Sheff, N. (2011). *We all fall down: Living with addiction.* New York, NY: Little, Brown & Co.

Shepard, B., O'Neill, L., & Guenette, F. (2006). Counseling with first nations women: Considerations of oppression and renewal. *International Journal for the Advancement of Counseling, 28,* 227-240.

Sherman, M. D., Fischer, E. P., Sorocco, K., & McFarlane, W. R. (2011). Adapting the multifamily group model to the veterans affairs system: The reach program. *Couple and Family Psychology: Research and Practice, 1*(S), 74-84. Doi:10.1037/2160-4096.1.S.74

Shirtcliff, E. A., Vitacco, M. J., Graf, A. R., Gostisha, A. J., Merz, J. L., & Zahn-Waxler, C. (2009). Neurobiology of empathy and callousness: Implications for the development of antisocial behavior. *Behavioral Sciences & the Law, 27*(2), 137-171. doi:10.1002/bsl.862

Siegel, D. J. (1999). *The developing mind: Toward a neurobiology of interpersonal experience.* New York, NY: Guilford Press.

Siegel, D. J. (2010). *Mindsight: The new science of personal transformation.* New York, NY: Bantam.

Siegel, D. J. (2012). *The developing mind: Toward a neurobiology of interpersonal experience* (4th ed.). New York, NY: Guilford Press.

Simpson, E. A., Murray, L., Paukner, A., & Ferrari, P. F. (2014). The mirror neuron system as revealed through neonatal imitation: Presence from birth, predictive power and evidence of plasticity. Philosophical transactions of the Royal Society of London. *Series B, Biological Sciences, 369*(1644), 20130289-20130289. doi:10.1098/rstb.2013.0289

Sluzki, C. (1992). Transformations: A blueprint for narrative changes in therapy. *Family Process, 31*(3), 217-230.

Sluzki, C. E. (2007). Interfaces: Toward a new generation of systemic models in family research and practice. *Family Process, 46*(2), 173-184.

Sluzki, C. E. (2008). Saudades at the edge of the self and the merits of "portable families". *Transcultural Psychiatry, 45*(3), 379-390.

Sluzki, C. E. (2010). Personal social networks and health: Conceptual and clinical implications of their reciprocal impact. *Families, Systems, & Health, 28*(1), 1-18.

Small, M. F. (2011). *The anthropology of marriage and family.* Paper presented at the 2011 American Association of Marriage and Family Therapy annual conference: The science of relationships, Fort Worth, TX.

Smart, E. A. (2013). *My life.* New York, NY: St. Martin's Press.

Smith, J. D., Dishion, T. J., Shaw, D. S., Wilson, M. N., Winter, C. C., & Patterson, G. R. (2014). Coercive family process and early-onset conduct problems from age 2 to school entry. *Developmental Psychopathology, 26*, 917-932. doi:10.1017/S0954579414000169

Smith, J.E. & Meyers, R. J. (2004). *Motivating substance abusers to enter treatment: Working with family members*. New York, NY: Guilford Press.

Snyder, J. J. (2016). *Coercive family processes and the development of child social behavior and self-regulation the oxford handbook of coercive relationship dynamics* (pp. 101-113). New York, NY, US: Oxford University Press.

Sori, C. F. & Schnur, S. (2013). Integrating a neurosequential approach in the treatment of traumatized children: An interview with Eliana Gil, part ii. *The Family Journal, XX*(X), 1-8.

Spencer, H. (1864). *Principles of biology*. London: Williams and Norgate.

Sprenkle, D. H. (2012). Intervention research in couple and family therapy: A methodological and substantive review and an introduction to the special issue. *Journal of Marital & Family Therapy, 38*(1), 3-29.

Sroufe, L. A., Carlson, E. A., Levy, A. K., & Egeland, B. (1999). Implications of attachment theory for developmental psychopathology. *Development and Psychopathology, 11*(1), 1-13.

Stahmann, R. F. & Hiebert, W. J. (1998). *Premarital and remarital counseling: The professional's handbook* (3rd ed.). New York, NY: Wiley and Sons.

Stanton, M. D. (1992). The time line and the "why now?" Question: A technique and rationale for therapy, training, organizational consultation and research. *Journal of Marital and Family*

Therapy, 18(4), 331-344.

Stanton, M. D., & Heath, A. W. (2004). Family/couples approaches to treatment engagement and therapy. In J. H. Lowinson, P. Ruiz, R. B. Millman, & J. G. Langrod (Eds.), *Substance abuse: A comprehensive textbook* (4th ed., pp. 679-689). Baltimore, MD: Lippincott Williams & Wilkins.

Stanton, M. D. & Todd, T. C. (1982). *The family therapy of drug abuse and addiction.* New York, NY: Guilford Press.

Steinglass, P. (1998). Multiple family discussion groups for patients with chronic medical illness. *Families, Systems & Health, 16,* 55-70.

Steinglass, P., Bennett, L., Wolin, S., & Reiss, D. (1987). *The alcoholic family.* New York, NY: Basic Books.

Stepp, S. D., Epler, A. J., Jahng, S., & Trull, T. J. (2008). The effect of dialectical behavior therapy skills use on borderline personality disorder features. *Journal of personality disorders, 22*(6), 549-563. doi:10.1521/pedi.2008.22.6.549

Stith, S. M., McCollum, E. E., & Rosen, K. H. (2011). *Couples therapy for domestic violence: Finding safe solutions.* Washington, DC: American Psychological Association.

Suddaby, K. & Landau, J. (1998). Positive and negative timelines: A technique for restoring. *Family Process, 37*(3), 287-298.

Sullivan, A. E., Judd, C. M., Axelson, D. A., & Miklowitz, D. J. (2012). Family functioning and the course of adolescent bipolar disorder. *Behavior Therapy, 43,* 837-847.

Swain, J. E., Lorberbaum, J. P., Kose, S., & Strathearn, L. (2007). Brain basis of early parent-infant interactions: Psychology, physiology, and in vivo functional neuroimaging studies. *Journal of Child Psychiatry and Psychology, 48*(3-4), 262-287. doi:JCPP1731 [pii];10.1111/j.1469-7610.2007.01731.x [doi]

Sweeney, M. S. (2009). Brain: The complete mind. Washington, DC: National Geographic.

Szafranski, D. D., Snead, A., Allan, N. P., Gros, D. F., Killeen, T., Flanagan, J., … Back, S. E. (2017). Integrated, exposure-based treatment for PTSD and comorbid substance use disorders: Predictors of treatment dropout. *Addictive Behaviors, 73,* 30-35. doi:https://doi.org/10.1016/j.addbeh.2017.04.005

Tabibnia, G., Lieberman, M. D., & Craske, M. G. (2008). The lasting effect of words on feelings: Words may facilitate exposure effects to threatening images. *Emotion, 8*(3), 307-317.

Tang, Y.-Y., Lu, Q., Feng, H., Tang, R., & Posner, M. I. (2015). Short-term meditation increases blood flow in anterior cingulate cortex and insula. *Frontiers in Psychology, 6,* 212-212. doi:10.3389/fpsyg.2015.00212

Tannen, D. (1994). *Talking from 9 to 5: How women's and men's conversational styles affect who gets heard, who gets credit, and what gets done at work.* New York, NY: Morrow.

Taylor, S. E. (2006). Tend and befriend: Biobehavioral bases of affiliation under stress. *Current Directions in Psychological Science, 15*(6), 273-277.

Taylor, S. E., Klein, L. C., Lewis, B. P., Gruenewald, T. L., Gurung, R. A. R., & Updegraff, J. A. (2000). Biobehavioral responses to stress in females: Tend-and-befriend, not fight-orflight. *Psychological Review, 107,* 411-429.

Taylor, S. E., Lewis, B. P., Gruenewald, T. L., Gurung, R. A. R., Updegraff, J. A., & Klein, L. C. (2002). Sex differences in biobehavioral responses to threat: Reply to Geary and Flinn (2002). *Psychological Review, 109*(4), 751-753.

The Brainstorm Consortium (2018, June 21). *Analysis of shared heritability in common disorders of the brain. Science.* doi:10.1126/science.aap8757

Tiemeier, H., Lenroot, R. K., Greenstein, D. K., Tran, L., Pierson, R., & Giedd, J. N. (2010). Cerebellum development during childhood and adolescence: A longitudinal morphometric MRI study. *NeuroImage, 49*(1), 63-70. doi:10.1016/j.neuroimage.2009.08.016

Trauma Transformed (2020). *Nmt/nme communities of practice.* Retrieved from http://traumatransformed.org/nmtnme-communities-of-practice/

Trevarthen, C. (1996). Lateral asymmetries in infancy: Implications for the development of the hemispheres. *Neuroscience and Biobehavioral Reviews, 20*(4), 571-586. doi: 0149-7634(95)00070-4 [pii]

Tucker, C., Schieffer, K., Wills, T., Hull, C., & Murphy, Q. (2017). Enhancing social-emotional skills in at-risk preschool students through theraplay based groups: The sunshine circle model. *International Journal of Play Therapy, 26*(4), 185-195.

Tung, J. & Gilad, Y. (2013). Social environmental effects on gene regulation. *Cellular and Molecular Life Sciences, 70,* 4323-4339.

Uckert, S., Fuhlenriede, M. H., Becker, A. J., Stief, C. G., Scheller, F., Knapp, W. H., & Jonas, U. (2003). Is there an inhibitory role of cortisol in the mechanism of male sexual arousal and penile erection? *Urology Research, 31*(6), 402-406.

Van Anders, S. M. & Dunn, E. J. (2009). Are gonadal steroids linked with orgasm perceptions and sexual assertiveness in women and men? *Hormones and Behavior, 56,* 206-213.

Van der Kolk, B. (2000). Posttraumatic stress disorder and the nature of trauma. *Dialogues in Clinicial Neuroscience, 2*(1), 7-22.

Van der Kolk, B. (2005). Developmental trauma disorder: Toward a rational diagnosis for children with complex trauma histories. *Psychiatric Annals, 35*(5), 401-408.

Van der Kolk, B. (2014). *The body keeps the score: Brain, mind, and body in the healing of trauma.* New York, NY: Viking.

Van der Kolk, B. A. (2003). The neurobiology of childhood trauma and abuse. *Child and Adolescent Psychiatric Clinics of North America, 12*(2), 293-317.

Van der Kolk, B. A. (2009). [Developmental trauma disorder: Towards a rational diagnosis for chronically traumatized children]. *Prax Kinderpsychol Kinderpsychiatr, 58*(8), 572-586.

Van der Kolk, B. A., Roth, S., Pelcovitz, D., Sunday, S., & Spinazzola, J. (2005). Disorders of extreme stress: The empirical foundation of a complex adaptation to trauma. *Journal Trauma Stress, 18*(5), 389-399.

Van Wingen, G., Mattern, C., Verkes, R. J., Buitelaar, J., & Fernàndez, G. (2010). Testosterone reduces amygdala-orbitofrontal cortex coupling. *Psychoneuroendocrinology, 35*(1), 105-113.

Veroff, J., Kulka, R. A., & Douvan, E. (1981). *Mental health in America: Patterns of helpseeking from 1957-1976.* New York, NY: Basic Books.

Vohs, K. D. (2013). The poor's poor mental power. Science, 341(6149), 969. doi:10.1126/science.1244172 Waldegrave, C. (1990). Social justice and family therapy. *Dulwich Centre Newsletter, 1*, 6-45.

Waldegrave, C. (1990). *Social justice and family therapy.* Dulwich Centre Newsletter, 1, 6-45.

Wallmark, Z., Deblieck, C., & Iacoboni, M. (2018). Neurophysiological effects of trait empathy in music listening. *Frontiers in Behavioral Neuroscience, 12,* 66. doi:10.3389/ fnbeh.2018.C0066

Walters, K. L., Simoni, J. M., & Evans-Campbell, T. (2002). Substance use among American Indians and Alaska natives: Incorporating culture in an 'indigenist' stress-coping paradigm. *Public Health Reports, 117*(3), S104-S117.

Wang, L. S., Hui Tang, F. Z., & Yufeng Hu, D. (2012). Combined structural and resting-state functional mri analysis of sexual dimorphism in the young adult human brain: An MVPA approach. *NeuroImage, 61*(4), 931-940.

Watzlawick, P., Beavin, J., & Jackson, D. (Eds.). (1967). *Pragmatics of human communication.* New York, NY: Norton.

Weiner, A. (2016). *The matrix model in the new healthcare world: Implementing EBPS.* Los Angeles, CA: The Matrix Institute.

Wells, G. L. & Olson, E. A. (2003). Eyewitness testimony. *Annual Review of Psychology, 54,* 277-295.

Westphal, M., Aldao, A., & Jackson, C. (2017). Emotion dysregulation in comorbid posttraumatic stress disorder and substance use disorders: A narrative review. *Military Psychology (American Psychological Association), 29*(3), 216-233. doi:10.1037/mil0000157

Whipple, B. & Komisaruk. B.R. (2012) Brain (pet) responses to vaginal-cervical self-stimulation in women with complete spinal cord injury: Preliminary findings. *Journal of Sex and Marital Therapy, 28,* 79-86.

White, L. O., Wu, J., Borelli, J. L., Rutherford, H. J., David, D. H., Kim-Cohen, J., … Crowley, M. J. (August, 2012). Attachment dismissal predicts frontal slow-wave ERPS during rejection by unfamiliar peers. *Emotion, 12*(4), 690-700. doi:10.1037/a0026750

White, M. (1986). Negative explanation, restraint, and double description: A template for family therapy. *Family Process, 25*(2), 169-184.

White, M. (1988). *Saying hullo again: The incorporation of the lost relationship in the resolution of grief.* Dulwich Centre Newsletter (Spring), 29-36.

White, M. (1990, 10/1990). *Couple therapy and deconstruction.* Paper presented at the American Association for Marriage and Family Therapy Annual Conference.

White, M. (1995). *Re-authoring lives: Interviews & essays.* Adelaide, Australia: Dulwich Centre Publications.

White, M. & Epston, D. (1991). *Narrative means to therapeutic ends.* New York, NY: Norton.

Williams, J. B., Pang, D., Delgado, B., Kocherginsky, M., Tretiakova, M., Krausz, T., …Conzen, S. D. (2009). A model of gene-environment interaction reveals altered mammary gland gene expression and increased tumor growth following social isolation. *Cancer Prevention Research, 2*(10), 850-861. doi:10.1158/1940-6207.CAPR-08-0238

Wilson, E. O. (1998). *Consilience: The unity of knowledge.* New York, NY: Knopf.

Witelson, S. F. (2007). Sex and the single hemisphere: Specialization of the right hemisphere for spatial processing. In E. Gillian (Ed.), *Sex and the brain* (pp. 541-544). Cambridge, MA: MIT Press.

Witelson, S. F., Glezer, I. I., & Kigar, D. L. (1995). Women have greater density of neurons in posterior temporal cortex. *Journal of Neuroscience, 15*(5 Pt 1), 3418-3428.

Wium-Andersen, I. K., Vinberg, M., Kessing, L. V., & McIntyre, R. S. (2017). Personalized medicine in psychiatry. *Nord J Psychiatry, 71*(1), 12-19. doi:10.1080/08039488.2016.1216163

Wolin, S. J., & Wolin, S. (1993). *The resilient self: How survivors of troubled families rise above adversity.* New York, NY: Villard.

Woods, V. D., King, N., Hanna, S. M., & Murray, C. (2012). *"We ain't crazy! Just coping with a crazy system" Pathways into the black population for eliminating mental health disparities.* Sacramento, CA: California Department of Mental Health.

Yarber, W. L. & Sayad, B. W. (2013). *Human sexuality: Diversity in contemporary America.* New York, NY: McGraw-Hill.

Zak, P. J. (2008). The neurobiology of trust. *Scientific American, 298*(6), 88-92.

Zak, P. J., Kurzban, R., Ahmadi, S., Swerdloff, R. S., Park, J., Efremidze, L., ··· Matzner, W. (2009). Testosterone administration decreases generosity in the ultimatum game. *PLoS One, 4*(12), e8330.

Zak, P. J., Kurzban, R., & Matzner, W. T. (2005). Oxytocin is associated with human trustworthiness. *Hormones and Behavior, 48*(5), 522-527.

Zak, P. J., Stanton, A. A., & Ahmadi, S. (2007). Oxytocin increases generosity in humans. *PLoS One, 2*(11), e1128.

Zeig, J. K. & Lankton, S. (1988). *Developing Ericksonian therapy.* New York, NY: Brunner/Mazel.

Zellner, M. R., Watt, D. F., Solms, M., & Panksepp, J. (2011). Affective neuroscientific and neuropsychoanalytic approaches to two intractable psychiatric problems: Why depression feels so bad and what addicts really want. *Neuroscience and Biobehavioral Reviews, 35*(9), 2000-2008. doi:S0149-7634(11)00006-6 [pii];10.1016/j.neubiorev.2011.01.003 [doi]

찾아보기

인명

내용

저자 소개

Suzanne Midori Hanna 박사는 교육자 겸 프로그램 개발자로 30년 이상의 경력을 가진 커플가족치료사이다. 『가족치료의 실천: 모델을 넘어서는 주요 요소들(제5판)』의 저자이기도 하다. 그녀는 미국 커플가족치료협회의 임상 펠로우이자 공인 슈퍼바이저이며, 미국 위스콘신, 켄터키, 캘리포니아 및 미네소타주의 COAMFTE*에서 교수, 프로그램 개발자 겸 감독관으로 활동하고 있다. 현재 미국 카펠라 대학교의 교수로 재직하고 있다.

* 역자 주: COAMFTE(Commission on Accreditation for Marriage and Family Therapy Education)는 미국과 캐나다의 커플가족치료 교육 및 훈련 인증 기관이다.

역자 소개

박수룡(Park, Soo-Ryong)

서울대학교 의과대학 의학과

정신건강의학과 전문의

한국가족치료학회 슈퍼바이저

현 라온부부가족상담센터 원장

전영주(Chun, Young-Ju)

Purdue University 아동발달가족학과 박사

한국가족치료학회 슈퍼바이저

한국상담학회 수련감독자

현 신라대학교 복지상담학부 교수

서미아(Seo, Mi-A)

연세대학교 정신간호학 박사

한국가족치료학회 슈퍼바이저

현 단국대학교 상담학과 교수

김현수(Kim, Hyun-Soo)

Northern Illinois University 심리학과, 임상심리전공 박사

licensed clinical psychologist(Washington State, USA)

한국임상심리학회 임상심리전문가

보건복지부 정신보건임상심리사 1급

현 한양대학교 아동심리치료학과(학과 간 통합과정) 및 교육대학원 교수

최지원(Choi, Ji-Won)

서울여자대학교 대학원 상담 및 임상심리학 박사

한국가족치료학회 슈퍼바이저

한국상담학회 및 한국상담심리학회 슈퍼바이저

현 서울신학대학교 학생상담센터 교수

김수지(Kim, Soo-Jee)

연세대학교 아동가족학과 박사

한국가족치료학회 슈퍼바이저

현 수원대학교 사회복지대학원 특임교수

한양사이버대학교 아동학과 겸임교수

성신여자대학교 생애복지대학원 가족상담 · 치료학과 겸임교수

연세우리가족상담센터 센터장

커플가족치료
신경과학과 마음챙김의 통합 (원서 2판)

The Transparent Brain in Couple and Family Therapy
Mindful Integrations with Neuroscience (Second Edition)

2025년 3월 5일 1판 1쇄 인쇄
2025년 3월 10일 1판 1쇄 발행

지은이 • Suzanne Midori Hanna
옮긴이 • 박수룡 · 전영주 · 서미아 · 김현수 · 최지원 · 김수지
펴낸이 • 김진환
펴낸곳 • ㈜학지사
04031 서울특별시 마포구 양화로 15길 20 마인드월드빌딩
대표전화 • 02-330-5114 팩스 • 02-324-2345
등록번호 • 제313-2006-000265호

홈페이지 • http://www.hakjisa.co.kr
인스타그램 • https://www.instagram.com/hakjisabook

ISBN 978-89-997-3338-3 93180

정가 25,000원